中国教育统计年鉴

EDUCATIONAL STATISTICS YEARBOOK OF CHINA

2021

中华人民共和国
教育部发展规划司

DEPARTMENT OF DEVELOPMENT PLANNING
MINISTRY OF EDUCATION
THE PEOPLE'S REPUBLIC OF CHINA

图书在版编目（CIP）数据

中国教育统计年鉴. 2021 = Educational Statistics Yearbook of China 2021：汉英对照 / 中华人民共和国教育部发展规划司编. —北京：中国统计出版社，2022. 12
ISBN 978-7-5230-0045-8

Ⅰ. ①中… Ⅱ. ①中… Ⅲ. ①教育统计-统计资料-中国-2021-年鉴-汉、英 Ⅳ. ①G526. 6-54

中国版本图书馆 CIP 数据核字（2022）第 213986 号

中国教育统计年鉴 2021

作　　者/ 中华人民共和国教育部发展规划司
责任编辑/ 罗浩
封面设计/ 黄晨
出版发行/ 中国统计出版社有限公司
地　　址/ 北京市丰台区西三环南路甲 6 号　邮政编码/100073
电　　话/ 邮购（010）63376909　书店（010）68783171
网　　址/ http：//www. zgtjcbs. com
印　　刷/ 河北鑫兆源印刷有限公司
经　　销/ 新华书店
开　　本/ 787mm×1092mm　1/16
字　　数/ 1050 千字
印　　张/ 33
版　　别/ 2022 年 12 月第 1 版
版　　次/ 2022 年 12 月第 1 次印刷
定　　价/ 268. 00 元

如有印装错误，本社发行部负责调换。

《中国教育统计年鉴》
编辑委员会名单

说　　明

《中国教育统计年鉴》（2021）是一本反映我国教育事业发展情况的统计资料，是由教育部发展规划司根据全国各省、自治区、直辖市教育厅（教委）上报的学校基层统计调查数据整理汇编而成。教育部教育管理信息中心承担了数据的计算机处理汇总工作。

本年鉴包括以下部分：综合部分、高等教育、中等教育、初等教育、特殊教育、学前教育、各级各类学校的分布情况、办学条件、科学研究等，是各有关部门研究教育改革发展、制定教育规划等方面的资料性年刊。

本资料所涉及的全国性统计数据，均未包括香港特别行政区、澳门特别行政区和台湾地区数据；所有数据均不包含人力资源和社会保障部管理的技工学校数据；具有法人资格的中外合作办学，指具有法人资格的中外及内地（大陆）与港澳台地区合作办学机构；凡未注明年份的均为2021年数据。

符号使用说明：年鉴各表中的“—”表示该项统计指标数据不详或无该项数据；“＊”或“①”表示本表下有注解。

Notes

The Educational Statistics Yearbook of China (2021) is an informational yearbook comprehensively reflecting the development of the educational undertaking of the People' s Republic of China, and it was compiled by the Department of Development and Planning of Chinese Ministry of Education, based on the synthetic statistical returns relating to schools of various types and levels completed by the Provincial Education Department (or the Educational Commissions) of the provincial governments and the governments of various autonomous regions and municipalities directly under the State Council. All data were processed and calculated using Computers by the Educational Management Information Center of Ministry of Education.

This yearbook is composed of following parts: summary tables, higher education, secondary education, primary education, special education, preprimary education, geographical distribution of schools by type and level, Physical Facilities, Scientific Research Activities, etc. The yearbook is a requisite reference for all departments concerned with the study of educational reform and development.

The national statistics covered in this yearbookdo not include data from the Hong Kong Special Administrative Region, the Macao Special Administrative Region, and Taiwan Region. Data from the Skilled Workers School administered by the Ministry of Human Resources and Social Security of the People' s Republic of China are not included in this yearbook. The Chinese-Foreign Cooperation in Running Schools with Legal Personality refers to Chinese-Foreign Cooperation in Running Schools and Cooperation in Running Schools between mainland educational institutions and educational institutions from the HKSAR, the MSAR or Taiwan with Legal Personality. All data, without specific notes, were collected in 2021.

Symbol instructions: "—" indicates that the data of this statistical indicator are unknown or unavailable; " * " or "①" indicates that there is an annotation below the table.

备　　注

2011年，我部对教育事业统计报表进行了全面改革，贯彻实施了国家统计局首次颁布的《统计用城乡划分代码》。新的城乡划分标准，将原来的城市、县镇、农村的三个分类调整为三大类七小类，即城区（含主城区、城乡结合部）、镇区（含镇中心区、镇乡结合区、特殊区域）、乡村（含乡中心区、村庄）。

2021 年全国教育事业发展统计公报[1]

2021 年是党和国家历史上具有里程碑意义的一年。在党中央、国务院坚强领导下，教育系统坚持以习近平新时代中国特色社会主义思想为指导，全面贯彻党的十九大和十九届历次全会精神，沉着应对百年变局和世纪疫情，积极推进教育事业改革发展，构建新发展格局迈出新步伐，高质量发展取得新成效，实现了“十四五”良好开局。

一、综　　合

全国共有各级各类学校[2] 52.93 万所，各级各类学历教育在校生 2.91 亿人，专任教师 1844.37 万人。

二、学前教育

全国共有幼儿园 29.48 万所，比上年增加 3117 所，增长 1.07%。其中，普惠性幼儿园[3] 24.47 万所，比上年增加 1.06 万所，增长 4.55%，占全国幼儿园的比例 83.00%。

学前教育在园幼儿[4] 4805.21 万人，比上年减少 13.06 万人，下降 0.27%。其中，普惠性幼儿园在园幼儿 4218.20 万人，比上年增加 135.37 万人，增长 3.32%，占全国在园幼儿的比例 87.78%，比上年提高 3.05 个百分点。

学前教育毛入园率[5] 88.1%，比上年提高 2.9 个百分点。

学前教育专任教师[6] 319.10 万人，专任教师中专科以上学历比例 87.60%。

三、义务教育

全国共有义务教育阶段学校[7] 20.72 万所。义务教育阶段[8] 招生 3488.02 万人，在校生 1.58 亿人，专任教师 1057.19 万人，九年义务教育巩固率[9] 95.4%。

1. 小学阶段教育[10]

全国共有普通小学 15.43 万所，比上年减少 3700 所，下降 2.34%。另有小学教学点 8.36 万个，比上年减少 6672 个。

小学阶段招生 1782.58 万人，比上年减少 25.51 万人，下降 1.41%；在校生 1.08 亿人，比上年增加 54.58 万人，增长 0.51%；毕业生 1718.03 万人，比上年增加 77.71 万人，增长

4.74%。

小学阶段教育专任教师[11] 660.08万人；生师比16.33：1；专任教师学历合格率[12] 99.98%；专任教师中本科以上学历比例70.30%。

小学共有校舍建筑面积87128.98万平方米，比上年增加2551.73万平方米。设施设备配备达标的学校[13] 比例情况分别为：体育运动场（馆）面积达标学校92.60%，体育器械配备达标学校96.76%，音乐器材配备达标学校96.48%，美术器材配备达标学校96.45%，数学自然实验仪器配备达标学校96.16%。

小学阶段共有班级287.06万个，比上年增加1.02万个。56人以上大班和超大班2.10万个，比上年减少1.21万个，占总班数的比例0.73%，比上年下降0.43个百分点。其中，66人以上的超大班482个，比上年减少441个，占总班数的比例0.02%，比上年下降0.02个百分点。

2. 初中阶段教育[14]

全国共有初中5.29万所（含职业初中9所），比上年增加66所，增长0.12%。

初中阶段招生1705.44万人，比上年增加73.34万人，增长4.49%；在校生5018.44万人，比上年增加104.35万人，增长2.12%；毕业生1587.15万人，比上年增加51.86万人，增长3.38%。

初中阶段教育专任教师[15] 397.11万人；生师比12.64：1；专任教师学历合格率99.91%；专任教师中本科以上学历比例90.05%。

初中共有校舍建筑面积75593.70万平方米，比上年增加3751.09万平方米。设施设备配备达标的学校比例情况分别为：体育运动场（馆）面积达标学校95.02%，体育器械配备达标学校97.79%，音乐器材配备达标学校97.51%，美术器材配备达标学校97.49%，理科实验仪器配备达标学校97.41%。

初中阶段共有班级109.89万个，比上年增加2.55万个。56人以上大班和超大班7225个，比上年减少5470个，占总班数的比例0.66%，比上年下降0.53个百分点。其中，66人以上的超大班106个，比上年减少119个，占总班数的比例0.01%，比上年下降0.01个百分点。

3. 进城务工人员随迁子女[16]

义务教育阶段在校生中进城务工人员随迁子女1372.41万人。其中，在小学就读984.11万人，在初中就读388.30万人。

四、特 殊 教 育

全国共有特殊教育学校2288所，比上年增加44所，增长1.96%。

招收各种形式[17] 的特殊教育学生14.91万人，比上年增加16人；在校生91.98万人，比上年增加3.90万人，增长4.42%。其中，在特殊教育学校就读在校生33.04万人，占特殊教育在校生的比例35.92%。

特殊教育专任教师[18] 6.94万人。

五、高中阶段教育

高中阶段毛入学率[19] 91.4%，比上年提高0.2个百分点。

1. 普通高中教育[20]

全国共有普通高中 1.46 万所，比上年增加 350 所，增长 2.46%。

普通高中招生 904.95 万人，比上年增加 28.51 万人，增长 3.25%；在校生 2605.03 万人，比上年增加 110.58 万人，增长 4.43%；毕业生 780.23 万人，比上年减少 6.30 万人，下降 0.80%。

普通高中教育专任教师[21] 202.83 万人；生师比 12.84：1；专任教师学历合格率 98.82%。

普通高中共有校舍建筑面积 64362.11 万平方米，比上年增加 4312.00 万平方米。普通高中设施设备配备达标的学校比例情况分别为：体育运动场（馆）面积达标学校 93.66%，体育器械配备达标学校 96.00%，音乐器材配备达标学校 95.19%，美术器材配备达标学校 95.40%，理科实验仪器配备达标学校 95.61%。

2. 中等职业教育[22]

全国共有中等职业学校 7294 所，同口径比上年减少 179 所。

中等职业教育[23] 招生 488.99 万人，同口径比上年增加 4.38 万人，增长 0.90%；在校生 1311.81 万人，同口径比上年增加 43.98 万人，增长 3.47%；毕业生 375.37 万人，同口径比上年减少 8.09 万人，下降 2.11%。

中等职业教育专任教师[24] 69.54 万人；生师比 18.86：1；专任教师中本科以上学历比例 93.57%；“双师型”专任教师占专业（技能）课程专任教师比例 55.51%。

六、高 等 教 育

全国共有高等学校 3012 所。其中，普通本科学校 1238 所（含独立学院 164 所），比上年减少 11 所；本科层次职业学校 32 所，比上年增加 11 所；高职（专科）学校 1486 所，比上年增加 18 所；成人高等学校 256 所，比上年减少 9 所。另有培养研究生的科研机构 233 所。

各种形式的高等教育在学总规模[25] 4430 万人，比上年增加 247 万人。高等教育毛入学率 57.8%，比上年提高 3.4 个百分点。普通本科学校校均规模[26] 16366 人，本科层次职业学校校均规模 18403 人，高职（专科）学校校均规模 9470 人。

研究生招生 117.65 万人，比上年增加 7.00 万人，增长 6.32%；其中，博士生 12.58 万人，硕士生 105.07 万人。在学研究生 333.24 万人，比上年增加 19.28 万人，增长 6.14%；其中，在学博士生 50.95 万人，在学硕士生 282.29 万人。毕业研究生 77.28 万人，其中，毕业博士生 7.20 万人，毕业硕士生 70.07 万人。

普通本科招生 444.60 万人，比上年增加 5.33 万人，增长 1.21%，另有专科起点本科招生 71.77 万人；在校生 1893.10 万人，比上年增加 74.70 万人，增长 4.11%；毕业生 428.10 万人，比上年增加 7.59 万人，增长 1.80%。

职业本科招生 4.14 万人，比上年增加 2946 人，增长 7.66%，另有专科起点本科招生 1.51 万人。在校生 12.93 万人，比上年增加 5.59 万人，增长 76.18%。

高职（专科）招生 552.58 万人（含五年制高职转入专科招生 45.20 万人），同口径比上年减少 18.03 万人，下降 3.16%；在校生 1590.10 万人，比上年增加 130.55 万人，增长 8.94%；毕业生 398.41 万人，比上年增加 21.72 万人，增长 5.77%。

成人本专科招生378.53万人，比上年增加14.77万人，增长4.06%；在校生832.65万人，比上年增加55.36万人，增长7.12%；毕业生277.95万人，比上年增加30.99万人，增长12.55%。

网络本专科招生283.92万人，比上年增加6.01万人，增长2.16%；在校生873.90万人，比上年增加27.45万人，增长3.24%；毕业生259.06万人，比上年减少13.19万人，下降4.84%。

全国高等教育自学考试学历教育报考625.78万人次，取得毕业证书48.94万人。

高等教育专任教师[27] 188.52万人，其中，普通本科学校126.97万人；本科层次职业学校2.56万人；高职（专科）学校57.02万人；成人高等学校1.97万人。普通本科学校生师比[28] 17.90：1，本科层次职业学校生师比19.38：1，高职（专科）学校生师比19.85：1。

普通、职业高等学校共有校舍建筑面积[29] 108767.29万平方米，比上年增加3472.37万平方米，增长3.30%。生均占地面积58.29平方米，生均校舍建筑面积27.90平方米，生均教学科研实习仪器设备值为17091.23元。

七、民办教育

全国共有各级各类民办学校18.57万所，比上年减少989所，占全国各级各类学校总数的比例35.08%。在校生5628.76万人，比上年增加64.31万人，占全国各级各类在校生总数的比例19.34%。其中：

民办幼儿园16.67万所，比上年减少1254所，占全国幼儿园总数的比例56.54%；在园幼儿2312.03万人，比上年减少66.52万人，占全国学前教育在园幼儿的比例48.11%。

民办义务教育阶段学校1.22万所，比上年减少67所，占全国义务教育阶段学校总数的比例5.87%；在校生1674.10万人，比上年减少10.89万人，占全国义务教育阶段在校生的比例10.60%。

民办普通高中4008所，比上年增加314所，占全国普通高中总数的比例27.48%；在校生450.34万人，比上年增加49.05万人，占全国普通高中在校生的比例17.29%。

民办中等职业学校1978所，比上年增加25所，占全国中等职业学校总数的比例27.12%；在校生267.63万人，比上年增加18.23万人，占全国中等职业教育在校生的比例20.40%。

民办高校764所，比上年减少9所，占全国高校总数的比例25.37%。其中，普通本科学校390所；本科层次职业学校22所；高职（专科）学校350所；成人高等学校2所。民办普通、职业本专科在校生845.74万人，比上年增加54.40万人，占全国普通、职业本专科在校生的比例24.19%。

注释：

[1] 各项统计数据均未包括香港特别行政区、澳门特别行政区和台湾地区。部分数据因四舍五入的原因，存在着与分项合计不等的情况。

[2] 各级各类学校是指经县级以上人民政府及其教育行政部门按照国家规定批准设立，以及县级以上人民政府其他有关行政部门审批设立并报教育行政部门备案的各级各类学校。不包括军事院校、人力资源和社会保

障部门管理的技工学校。下同。

［3］普惠性幼儿园包括公办幼儿园和普惠性民办幼儿园。

［4］学前教育在园幼儿含独立设置的幼儿园和其他学校附设幼儿班幼儿。

［5］学前教育毛入园率，是指学前教育在园（班）幼儿数（不考虑年龄）占3~5岁年龄组人口数的百分比。

［6］学前教育专任教师，是指在独立设置的幼儿园和其他学校附设幼儿班中承担学前教育的专任教师。

［7］义务教育阶段学校数包括普通小学、初级中学、职业初中、九年一贯制学校。

［8］义务教育阶段招生数、在校生数包括普通小学、小学教学点、初级中学、职业初中、九年一贯制学校以及十二年一贯制学校小学段和初中段、完全中学初中段、其他学校附设小学班和附设初中班的招生数和在校生数。

［9］九年义务教育巩固率，是指初中毕业班学生数占该年级入小学一年级时学生数的百分比。

［10］小学学校数仅包含普通小学；学生数包含普通小学、小学教学点、九年一贯制学校小学段、十二年一贯制学校小学段和其他学校附设小学班学生；校舍等相关数据包含普通小学和小学教学点。

［11］小学阶段教育专任教师是指在普通小学、小学教学点、九年一贯制学校小学段、十二年一贯制学校小学段和其他学校附设小学班中承担小学教育的专任教师。不包括上述学校附设其他层级教育教学班的专任教师。

［12］专任教师学历合格率，是指某一级教育具有国家规定的最低学历要求的专任教师数占该级教育专任教师总数的百分比。各级教育教师的最低学历要求，参照《中华人民共和国教师法》中的相关规定：取得小学教师资格，应当具备中等师范学校毕业及其以上学历；取得初级中学教师、初级职业学校文化、专业课教师资格，应当具备高等师范专科学校或者其他大学专科毕业及其以上学历；取得高级中学教师资格和中等专业学校、技工学校、职业高中文化课、专业课教师资格，应当具备高等师范院校本科或者其他大学本科毕业及其以上学历。

［13］设施设备配备达标的学校，是指体育运动场（馆）面积、体育器械配备达到《教育部卫生部财政部关于印发国家学校体育卫生条件试行基本标准的通知》（教体艺〔2008〕5号）的相关标准；音乐器材配备、美术器材配备、数学自然实验仪器配备、理科实验仪器配备等达到各省、自治区、直辖市规定的仪器配备相关标准。含小学、初中和普通高中。

［14］初中学校数、校舍等相关数据包含普通初中、九年一贯制学校和职业初中；学生数包含初级中学、职业初中、九年一贯制学校初中段、十二年一贯制学校初中段、完全中学初中段和其他学校附设初中班学生。

［15］初中阶段教育专任教师，是指在初级中学、职业初中、九年一贯制学校初中段、十二年一贯制学校初中段、完全中学初中段和其他学校附设初中班中承担初中教育的专任教师。不包括上述学校附设其他层级教育教学班的专任教师。

［16］进城务工人员随迁子女，是指户籍登记在外省（区、市）、本省外县（区）的乡村，随务工父母到输入地的城区、镇区（同住）并在校接受义务教育的适龄儿童少年。

［17］各种形式特殊教育包括特殊教育学校、其他学校附设特教班、普通学校随班就读和送教上门。

［18］特殊教育专任教师含特殊教育学校和其他学校附设特教班中承担特殊教育的专任教师。不包括特殊教育学校附设其他普通教育教学班的专任教师。

［19］高中阶段毛入学率，是指高中阶段在校生（不考虑年龄）占15~17岁年龄组人口数的百分比。

［20］普通高中学校数、校舍等相关数据包含高级中学、完全中学和十二年一贯制学校。

［21］普通高中教育专任教师，是指在高级中学、完全中学高中段、十二年一贯制学校高中段和其他学校附设高中班中承担普通高中教育的专任教师。不包括上述学校附设其他层级教育教学班的专任教师。

［22］中等职业教育学校数、校舍等相关数据包含普通中等专业学校、职业高中和成人中等专业学校。不包括人力资源和社会保障部门管理的技工学校。

［23］中等职业教育招生、在校生、毕业生等相关数据包含普通中等专业学校、职业高中、成人中等专业学校和其他学校附设中职班学生数。不包括人力资源和社会保障部门管理的技工学校学生。

[24] 中等职业教育专任教师是指在普通中等专业学校、职业高中、成人中等专业学校和其他学校附设中职班中承担中职教育的专任教师。不包括上述学校附设其他层级教育教学班的专任教师。

[25] 高等教育在学总规模包括研究生、普通本科、职业本科和高职（专科）、成人本专科、网络本专科、高等教育自学考试本专科等各种形式的高等教育在学人数。

[26] 高等学校校均规模，仅包含普通本科、职业本科和高职（专科）在校生，不包含成人本专科、网络本专科和研究生在校生。

[27] 高等教育专任教师是指普通本科学校、本科层次职业学校、高职（专科）学校和成人高等学校中承担高等教育的专任教师。不包含上述学校附设其他层级教育教学班的专任教师。

[28] 高等教育学校生师比，是指折合在校生与专任教师之比。不包括高等教育学校附设其他层级教育教学班的学生和专任教师。

[29] 校舍建筑面积、占地、教学科研实习仪器设备值包含学校产权和非学校产权独立使用。

资料来源：

所有数据均来自教育部。

目　　录

第一部分　教育事业发展

一、综 合 部 分

二、高 等 教 育

三、中 等 教 育

四、初 等 教 育

五、特 殊 教 育

六、学 前 教 育

七、专 门 学 校

八、成人中小学

九、各级各类学校分布情况

第二部分　办 学 条 件

一、教 育 经 费

二、教育基本建设投资

第三部分　科学研究活动及其他

一、自然科学与技术

二、社 会 科 学

附　表

CONTENTS

Part Ⅰ

THE DEVELOPMENT OF THE EDUCATIONAL UNDERTAKING

Summary Tables

Higher Education

Secondary Education

Primary Education

Special Education Schools

Pre-primary Education

Specialized Schools

Adult Primary and Secondary Schools

Geographical Distribution of Schools by Type and Level

Part Ⅱ

PHYSICAL FACILITIES

Public Expenditure on Education

Capital Construction Investment in the Educational Sector

Part Ⅲ

SCIENTIFIC RESEARCH ACTIVITIES AND OTHER

Natural Science and Technology

Social Science

Appendixes

第一部分
Part I

教育事业发展
THE DEVELOPMENT OF THE EDUCATIONAL UNDERTAKING

一、综合部分
Summary Tables

各级各类学校校数、教职工、专任教师情况

Number of Schools, Educational Personnel and Full-time Teachers by Type and Level

	学校数(所) Schools	教职工数(人) Educational Personnel	专任教师数(人) Full-time Teachers
总　计 Total	**529324**	**23373371**	**18443728**
一、高等教育学校 Higher Education Schools	**3012**	**2785592**	**1913817**
1. 普通本科院校 Academic HEIs	1238	1931463	1272996
#独立学院 of Which: Independent Institutions	164	82566	59874
2. 本科层次职业学校 Professional HEIs	32	32202	25743
3. 高职(专科)院校 Vocational HEIs	1486	787355	595014
4. 成人高等学校 Adult HEIs	256	34363	19973
5. 其他普通高教机构(不计校数) Other Institutions	(21)	209	91
二、高中阶段学校 Upper Secondary Schools	**21879**	**3947581**	**3380405**
1. 普通高中 Regular Senior Secondary Schools	14585	3119854	2709469
完全中学 Combined Secondary Schools	5384	1163066	1038107
高级中学 Regular High Schools	7407	1483279	1318430
十二年一贯制学校 12-Year Schools	1794	473509	352932
2. 中等职业教育(不含技工学校) Upper Secondary Vocational Education	7294	827727	670936
中等职业学校 Upper Secondary Vocational Education	7294	816327	662487
其他中职机构(不计校数) Other Secondary Vocational Education Institutions	(297)	11400	8449
三、义务教育阶段学校 Compulsory Education Schools	**207150**	**10907695**	**9999469**
1. 初中学校 Lower Secondary Schools	52871	4685682	4206393
初级中学 Regular Lower Secondary Schools	34629	2914044	2674538
九年一贯制学校 9-Year Schools	18233	1771403	1531649
职业初中 Vocational Lower Secondary Schools	9	235	206
2. 普通小学 Regular Primary Schools	154279	6222013	5793076
小学 Primary Schools	154279	5846493	5440724
小学教学点(不计校数) External Teaching Sites	(83623)	375520	352352
四、特殊教育学校 Special Education Schools	**2288**	**82529**	**70925**
五、幼儿园 Kindergartens	**294832**	**5646384**	**3076579**
六、专门学校 Specialized Schools	**104**	**3149**	**2249**
七、成人中小学 Adult Primary and Secondary Schools	**59**	**441**	**284**

注：1. 专任教师按照学校类型划分。其中，完全中学的教职工数和专任教师数计入高中阶段教育；九年一贯制学校的教职工数和专任教师数计入初中阶段教育；十二年一贯制学校的教职工数和专任教师数计入高中阶段教育；
2. "( )"内数据为不计校数；
3. 高中阶段数据均不包含人力资源和社会保障部管理的技工学校数据。下同。

Note: 1. Full-time teachers are classified by school types. Of which, educational personnel and full-time teachers of combined secondary schools are calculated into upper secondary education; educational personnel and full-time teachers of 9-year schools are calculated into Lower secondary education; Educational personnel and full-time teachers of 12-year schools are calculated into upper secondary education;
2. The data within "( )" are not calculated as the number of schools;
3. Data from the Skilled Workers School administered by Ministry of Human Resources and Social Security of the People's Republic of China are not included in the data of Upper Secondary Education Level for 2021. Similarly hereinafter.

各级各类学历教育学生情况

Number of Students of Formal Education by Type and Level

单位:人
unit: person

	毕业生数 Graduates	招生数 Entrants	在校生数 Enrolment
一、高等教育 Higher Education			
1. 研究生 Postgraduates	772761	1176526	3332373
博　士 Doctor's Degree	72019	125823	509453
硕　士 Master's Degree	700742	1050703	2822920
2. 普通本科 Undergraduates	4280970	4445969	18931044
3. 职业本专科 Vocational Undergraduates	3984094	5567182	16030263
本　科 Normal Courses	0	41381	129297
专　科 Short-cycle Courses	3984094	5525801	15900966
4. 成人本专科 Undergraduates in Adult HEIs	2779485	3785288	8326521
本　科 Normal Courses	1420887	2042982	4591098
专　科 Short-cycle Courses	1358598	1742306	3735423
5. 网络本专科生 Web-based Undergraduates	2590593	2839192	8739006
本　科 Normal Courses	898773	1186772	3328548
专　科 Short-cycle Courses	1691820	1652420	5410458
二、高中阶段教育 Upper Secondary Education			
1. 普通高中 Regular Senior Secondary Schools	7802267	9049538	26050291
完全中学 Combined Secondary Schools	2397452	2749108	7965364
高级中学 Regular High Schools	4998715	5689530	16464641
十二年一贯制学校 12-Year Schools	382330	578148	1532731
附设普通高中班 Subsidiary Regular Senior Secondary School Class	23770	32752	87555
2. 中等职业教育 Upper Secondary Vocational Education	3753709	4889890	13118146
中等职业学校 Upper Secondary Vocational Education	3407194	4543445	12111730
附设中职班 Subsidiary Secondary vocational Class	346515	346445	1006416
三、义务教育阶段教育 Compulsory Education	**33051790**	**34880187**	**157983722**
1. 初中阶段 Lower Secondary Education	15871485	17054376	50184373
初级中学 Regular Lower Secondary Schools	10807177	11277586	33434886
九年一贯制学校 9-Year Schools	2624001	3100495	8869279
十二年一贯制学校 12-Year Schools	499971	578829	1695322
完全中学 Combined Secondary Schools	1895733	2062584	6071342
职业初中 Vocational Lower Secondary Schools	770	238	724
附设普通初中班 Lower Sec. Classes Attached	43767	34625	112724
附设职业初中班 Vocational Lower Sec. Classes Attached	66	19	96
2. 小学阶段 Primary Schools	17180305	17825811	107799349
小学 Primary Schools	14377087	14743480	89820477
九年一贯制学校 9-Year Schools	2119817	2147139	13028261
十二年一贯制学校 12-Year Schools	281751	273160	1712099
小学教学点(不计校数) External Teaching Sites	311632	642486	3034528
附设小学班 Subsidiary Primary School Class	90018	19546	203984
四、特殊教育 Special Education	**145899**	**149062**	**919767**
#特殊教育学校 of Which:Special Education Schools	47799	48509	330375
五、学前教育 Pre-school Education Institutions	**17147905**	**15262381**	**48052063**
幼儿园 Kindergartens	15617234	14176978	45391336
附设幼儿班 Subsidiary Toddler Class	1530671	1085403	2660727
六、专门学校 Specialized Schools	**4244**	**5746**	**7160**
七、成人中小学 Adult Primary and Secondary Schools	**5133**	**7274**	**11611**

注:1. 完全中学、九年一贯制学校、十二年一贯制学校和附设教学班的学生数按教育层次分别计入对应教育阶段的学生数中;
2. 特殊教育学生数中包括特殊教育学校、附设特教班、随班就读和送教上门等各类形式学生。

Note:1. Numbers of students in combined secondary schools, 9-year schools, 12-year schools are classified by educational levels;
2. Special education covers various forms including special education schools, attached special education classes, regular classes and 'home delivery' teaching.

各级各类民办学校校数、教职工、专任教师情况

Number of Non-government Schools, Educational Personnel and Full-time Teachers by Type and Level

	学校数（所）Schools	教职工数（人）Educational Personnel	专任教师数（人）Full-time Teachers
总　计 Total	**185701**	**5620079**	**3455482**
一、高等教育学校 Higher Education Schools	**764**	**498379**	**369605**
1. 普通本科院校 Academic HEIs	390	321146	235382
#独立学院 of Which: Independent Institutions	164	82566	59874
2. 本科层次职业学校 Professional HEIs	22	20630	16506
3. 高职（专科）院校 Vocational HEIs	350	156568	117704
4. 成人高等学校 Adult HEIs	2	35	13
5. 其他普通高教机构（不计校数）Other Institutions	(15)	0	0
二、高中阶段学校 Upper Secondary Schools	**5986**	**921862**	**416477**
1. 普通高中 Regular Senior Secondary Schools	4008	776783	583498
完全中学 Combined Secondary Schools	1038	214686	168800
高级中学 Regular High Schools	1536	166542	131211
十二年一贯制学校 12-Year Schools	1434	395555	283487
2. 中等职业教育（不含技工学校）Upper Secondary Vocational Education	1978	145079	103949
三、义务教育阶段学校 Compulsory Education Schools	**12161**	**1050583**	**1055100**
1. 初中学校 Lower Secondary Schools	6152	737388	556638
初级中学 Regular Lower Secondary Schools	1236	134368	107171
九年一贯制学校 9-Year Schools	4914	603020	449467
职业初中 Vocational Lower Secondary Schools	2	0	0
2. 普通小学 Regular Primary Schools	6009	313195	235003
四、特殊教育学校 Special Education Schools	**82**	**2644**	**1761**
五、幼儿园 Kindergartens	**166702**	**3146423**	**1612464**
六、专门学校 Specialized Schools	**6**	**188**	**75**

注：1. 专任教师按照学校类型划分。其中，完全中学的教职工数和专任教师数计入高中阶段教育；九年一贯制学校的教职工数和专任教师数计入初中阶段教育；十二年一贯制学校的教职工数和专任教师数计入高中阶段教育；

2. “（）”内数据为不计校数。

Note: 1. Full-time teachers are classified by school types. Of which, educational personnel and full-time teachers of combined secondary schools are calculated into upper secondary education; educational personnel and full-time teachers of 9-year schools are calculated into Lower secondary education; Educational personnel and full-time teachers of 12-year schools are calculated into upper secondary education;

2. The data within “( )” are not calculated as the number of schools.

各级各类民办教育学生情况

Number of Students of Non-government Education by Type and Level

单位:人
unit: person

	毕业生数 Graduates	招生数 Entrants	在校生数 Enrolment
一、高等教育 Higher Education			
1. 研究生 Postgraduates	752	1369	3162
2. 普通本科 Undergraduates	1045627	1033370	4736848
3. 职业本专科 Vocational Undergraduates	801184	1271105	3720542
本　科 Normal Courses	0	30810	115467
专　科 Short-cycle Courses	801184	1240295	3605075
4. 成人本专科 Undergraduates in Adult HEIs	206287	421983	774904
本　科 Normal Courses	30294	73708	141449
专　科 Short-cycle Courses	175993	348275	633455
二、高中阶段教育 Upper Secondary Education	**1850860**	**2743954**	**7179759**
1. 普通高中 Regular Senior Secondary Schools	1131454	1689282	4503430
完全中学 Combined Secondary Schools	375740	480748	1345905
高级中学 Regular High Schools	451909	726685	1886479
十二年一贯制学校 12-Year Schools	303805	481849	1271046
2. 中等职业教育 Upper Secondary Vocational Education	719406	1054672	2676329
三、义务教育阶段教育 Compulsory Education	**3906741**	**3791173**	**16741010**
1. 初中阶段 Lower Secondary Education	2211286	2434498	7212729
初级中学 Regular Lower Secondary Schools	527725	504943	1602401
九年一贯制学校 9-Year Schools	865814	1063478	3011817
十二年一贯制学校 12-Year Schools	423859	474955	1410006
完全中学 Combined Secondary Schools	393886	391122	1188505
职业初中 Vocational Lower Secondary Schools	2	0	0
2. 小学阶段 Primary Schools	1695455	1356675	9528281
小学 Primary Schools	714228	570839	4055609
九年一贯制学校 9-Year Schools	744440	585595	4118308
十二年一贯制学校 12-Year Schools	236787	200241	1354364
四、特殊教育 Special Education	**1267**	**1847**	**10190**
五、学前教育 Pre-school Education Institutions	**8162542**	**6992403**	**23120312**
六、专门学校 Specialized Schools	**41**	**319**	**922**

注:1. 完全中学、九年一贯制学校、十二年一贯制学校和附设教学班的学生数按教育层次分别计入对应教育阶段的学生数中;
2. 特殊教育学生数中包括特殊教育学校、附设特教班、随班就读和送教上门等各类形式学生;

Note:1. Numbers of students in combined secondary schools, 9-year schools, 12-year schools are classified by educational levels;
2. Special education covers various forms including special education schools, attached special education classes, regular classes and ‘home delivery’ teaching.

各级各类教育在校生情况

Number of Students of Formal Education by Type and Level

单位:人
unit:person

	总计 Total	#女 of Which: Female	占比(%) Percentage	#少数民族 of Which: Minority	占比(%) Percentage
一、高等教育 Higher Education	**55359207**	**27807170**	**50.23**	**5003593**	**9.04**
1. 研究生 Postgraduates	3332373	1717458	51.54	192881	5.79
博　士 Doctor's Degree	509453	214877	42.18	28225	5.54
硕　士 Master's Degree	2822920	1502581	53.23	164656	5.83
2. 普通本科 Undergraduates	18931044	10080059	53.25	1836474	9.70
3. 职业本专科 Vocational Undergraduates	16030263	7480989	46.67	1743548	10.88
本　科 Normal Courses	129297	63017	48.74	10131	7.84
专　科 Short-cycle Courses	15900966	7417972	46.65	1733417	10.90
4. 成人本专科 Undergraduates in Adult HEIs	8326521	4805346	57.71	616653	7.41
本　科 Normal Courses	4591098	2707640	58.98	351542	7.66
专　科 Short-cycle Courses	3735423	2097706	56.16	265111	7.10
5. 网络本专科生 Web-based Undergraduates	8739006	3723318	42.61	614037	7.03
本　科 Normal Courses	3328548	1507692	45.30	213623	6.42
专　科 Short-cycle Courses	5410458	2215626	40.95	400414	7.40
二、高中阶段教育 Upper Secondary Education					
1. 普通高中 Regular Senior Secondary Schools	26050291	13081492	50.22	2877750	11.05
完全中学 Combined Secondary Schools	7965364	4000048	50.22	807873	10.14
高级中学 Regular High Schools	16464641	8361952	50.79	1964638	11.93
十二年一贯制学校 12-Year Schools	1532731	678126	44.24	97954	6.39
附设普通高中班 Subsidiary Regular Senior Secondary School Class	87555	41366	47.25	7285	8.32
2. 中等职业教育 Upper Secondary Vocational Education	13118146	5855494	44.64	1402089	10.69
中等职业学校 Upper Secondary Vocational Education	12111730	5361443	44.27	1257252	10.38
附设中职班 Subsidiary Secondary vocational Class	1006416	494051	49.09	144837	14.39

续表

	总计 Total	#女 of Which: Female	占比(%) Percentage	#少数民族 of Which: Minority	占比(%) Percentage
三、义务教育阶段教育 Compulsory Education	**157983722**	**73669500**	**46.63**	**19568628**	**12.39**
1. 初中阶段 Lower Secondary Education	50184373	23309774	46.45	5914086	11.78
初级中学 Regular Lower Secondary Schools	33434886	15706835	46.98	4399675	13.16
九年一贯制学校 9-Year Schools	8869279	3986784	44.95	784896	8.85
十二年一贯制学校 12-Year Schools	1695322	713436	42.08	101530	5.99
完全中学 Combined Secondary Schools	6071342	2850926	46.96	609062	10.03
职业初中 Vocational Lower Secondary Schools	724	284	39.23	247	34.12
附设普通初中班 Lower Sec. Classes Attached	112724	51487	45.68	18658	16.55
附设职业初中班 Vocational Lower Sec. Classes Attached	96	22	22.92	18	18.75
2. 小学阶段 Primary Schools	107799349	50359726	46.72	13654542	12.67
小学 Primary Schools	89820477	42162793	46.94	11833350	13.17
九年一贯制学校 9-Year Schools	13028261	5915542	45.41	1193029	9.16
十二年一贯制学校 12-Year Schools	1712099	726775	42.45	107451	6.28
小学教学点(不计校数) External Teaching Sites	3034528	1462560	48.20	502365	16.55
附设小学班 Subsidiary Primary School Class	203984	92056	45.13	18347	8.99
四、特殊教育 Special Education	**919767**	**336940**	**36.63**	**132793**	**14.44**
#特殊教育学校 of Which: Special Education Schools	330375	118572	35.89	35651	10.79
五、学前教育 Pre-school Education Institutions	**48052063**	**22734444**	**47.31**	**5223593**	**10.87**
幼儿园 Kindergartens	45391336	21462819	47.28	4958750	10.92
附设幼儿班 Subsidiary Toddler Class	2660727	1271625	47.79	264843	9.95
六、专门学校 Specialized Schools	**7160**	**1237**	**17.28**	**956**	**13.35**
七、成人中小学 Adult Primary and Secondary Schools	**11611**	**4784**	**41.20**	**1115**	**9.60**

注:1. 完全中学、九年一贯制学校、十二年一贯制学校和附设教学班的学生数按教育层次分别计入对应教育阶段的学生数中;
2. 特殊教育学生数中包括特殊教育学校、附设特教班、随班就读和送教上门等各类形式学生;

Note:1. Numbers of students in combined secondary schools, 9-year schools, 12-year schools are classified by educational levels;
2. Special education covers various forms including special education schools, attached special education classes, regular classes and 'home delivery' teaching.

各级各类学校教职工情况

Number of Educational Personnel of Schools by Type and Level

单位:人
unit:person

	教职工数 Educational Personnel	#女 of Which: Female	占比(%) Percentage	#少数民族 of Which: Minority	占比(%) Percentage
一、高等教育学校 Higher Education Schools	**2785592**	**1429739**	**51.33**	**172319**	**6.19**
1. 普通本科院校 Academic HEIs	1931463	960124	49.71	119376	6.18
#独立学院 of Which:Independent Institutions	82566	47351	57.35	3932	4.76
2. 本科层次职业学校 Professional HEIs	32202	16868	52.38	2621	8.14
3. 高职(专科)院校 Vocational HEIs	787355	433556	55.06	48845	6.20
4. 成人高等学校 Adult HEIs	34363	19049	55.43	1454	4.23
5. 其他普通高教机构(不计校数) Other Institutions	209	142	67.94	23	11.00
二、高中阶段学校 Upper Secondary Schools	**3947581**	**2268937**	**57.48**	**314156**	**7.96**
1. 普通高中 Regular Senior Secondary Schools	3119854	1821687	58.39	256404	8.22
完全中学 Combined Secondary Schools	1163066	676756	58.19	92292	7.94
高级中学 Regular High Schools	1483279	819891	55.28	141228	9.52
十二年一贯制学校 12-Year Schools	473509	325040	68.64	22884	4.83
2. 中等职业教育(不含技工学校) Upper Secondary Vocational Education	827727	447250	54.03	57752	6.98
中等职业学校 Upper Secondary Vocational Education	816327	441183	54.04	57386	7.03
其他中职机构(不计校数) Other Secondary Vocational Education Institutions	11400	6067	53.22	366	3.21
三、义务教育阶段学校 Compulsory Education Schools	**10907695**	**7237157**	**66.35**	**1109627**	**10.17**
1. 初中学校 Lower Secondary Schools	4685682	2847749	60.78	426046	9.09
初级中学 Regular Lower Secondary Schools	2914044	1665273	57.15	304948	10.46
九年一贯制学校 9-Year Schools	1771403	1182353	66.75	121033	6.83
职业初中 Vocational Lower Secondary Schools	235	123	52.34	65	27.66
2. 普通小学 Regular Primary Schools	6222013	4389408	70.55	683581	10.99
小学 Primary Schools	5846493	4186215	71.60	637152	10.90
小学教学点(不计校数) External Teaching Sites	375520	203193	54.11	46429	12.36
四、特殊教育学校 Special Education Schools	**82529**	**59566**	**72.18**	**7836**	**9.49**
五、幼儿园 Kindergartens	**5646384**	**5231849**	**92.66**	**438646**	**7.77**
六、专门学校 Specialized Schools	**3149**	**1349**	**42.84**	**369**	**11.72**
七、成人中小学 Adult Primary and Secondary Schools	**441**	**101**	**22.90**	**50**	**11.34**

各级各类教育专任教师情况

Number of Full-time Teachers of Schools by Type and Level

单位:人

unit:person

	专任教师数 Full-time Teachers	#女 of Which: Female	占比(%) Percentage	#少数民族 of Which: Minority	占比(%) Percentage
一、高等教育学校 Higher Education Schools	**1885214**	**982617**	**52.12**	**117015**	**6.21**
1. 普通本科院校 Academic HEIs	1269719	629689	49.59	77938	6.14
#独立学院 of Which:Independent Institutions	59874	34915	58.31	2874	4.80
2. 本科层次职业学校 Professional HEIs	25560	13786	53.94	2123	8.31
3. 高职(专科)院校 Vocational HEIs	570171	327091	57.37	36073	6.33
4. 成人高等学校 Adult HEIs	19673	11984	60.92	870	4.42
5. 其他普通高教机构(不计校数)Other Institutions	91	67	73.63	11	12.09
二、高中阶段学校 Upper Secondary Schools	**2723788**	**1542829**	**56.64**	**225084**	**8.26**
1. 普通高中 Regular Senior Secondary Schools	2028341	1146403	56.52	177244	8.74
完全中学 Combined Secondary Schools	593757	331678	55.86	46474	7.83
高级中学 Regular High Schools	1313349	743690	56.63	123678	9.42
十二年一贯制学校 12-Year Schools	115475	67417	58.38	6548	5.67
附设普通高中班 Subsidiary Regular Senior Secondary School Class	5760	3618	62.81	544	9.44
2. 中等职业教育 Upper Secondary Vocational Education	695447	396426	57.00	47840	6.88
中等职业学校 Upper Secondary Vocational Education	661684	375924	56.81	45420	6.86
附设中职班 Subsidiary Secondary vocational Class	33763	20502	60.72	2420	7.17
三、义务教育阶段教育 Compulsory Education	**10571920**	**7145471**	**67.59**	**1028810**	**9.73**
1. 初中阶段 Lower Secondary Education	3971121	2373454	59.77	362846	9.14
初级中学 Regular Lower Secondary Schools	2665701	1559386	58.50	272177	10.21
九年一贯制学校 9-Year Schools	731972	444967	60.79	49554	6.77
十二年一贯制学校 12-Year Schools	124489	85203	68.44	6160	4.95
完全中学 Combined Secondary Schools	440896	279047	63.29	34088	7.73
职业初中 Vocational Lower Secondary Schools	206	117	56.80	58	28.16
附设普通初中班 Lower Sec. Classes Attached	7857	4734	60.25	809	10.30
附设职业初中班 Vocational Lower Sec. Classes Attached	0	0		0	
2. 小学阶段 Primary Schools	6600799	4772017	72.29	665964	10.09
小学 Primary Schools	5359510	3904282	72.85	565280	10.55
九年一贯制学校 9-Year Schools	790249	593548	75.11	55515	7.03
十二年一贯制学校 12-Year Schools	110045	91063	82.75	5486	4.99
小学教学点(不计校数) External Teaching Sites	329855	174752	52.98	38879	11.79
附设小学班 Subsidiary Primary School Class	11140	8372	75.15	804	7.22
四、特殊教育 Special Education	**69353**	**51997**	**74.97**	**6683**	**9.64**
#特殊教育学校 of Which: Special Education Schools	68613	51363	74.86	6654	9.70
五、学前教育 Pre-school Education Institutions	**3190989**	**3114588**	**97.61**	**262970**	**8.24**
幼儿园 Kindergartens	3076486	3008745	97.80	254274	8.27
附设幼儿班 Subsidiary Toddler Class	114503	105843	92.44	8696	7.59
六、专门学校 Specialized Schools	**2180**	**999**	**45.83**	**249**	**11.42**
七、成人中小学 Adult Primary and Secondary Schools	**284**	**85**	**29.93**	**41**	**14.44**

注:专任教师按照教育层次划分。完全中学、九年一贯制学校、十二年一贯制学校和附设教学班的专任教师数按教育层次分别计入对应教育阶段的专任教师数中。

Note: Numbers of full-time teachers in combined secondary schools, 9-year schools, 12-year schools are classified by educational levels.

各级各类

Number of Schools by

	2012	2013	2014
一、高等教育 Higher Education			
(一)研究生培养机构(不计校数) Institutions Providing Postgraduate Programs	811	830	788
1. 普通高校 Regular HEIs	534	548	571
2. 科研机构 Research Institutes	277	282	217
(二)普通高等学校 Regular HEIs	2442	2491	2529
1. 普通本科院校 Academic HEIs	1145	1170	1202
2. 本科层次职业学校 Professional HEIs	—	—	—
3. 高职(专科)院校 Vocational HEIs	1297	1321	1327
4. 其他普通高教机构(不计校数) Other Institutions	36	33	31
(三)成人高等学校 Adult HEIs	348	297	295
二、高中阶段学校 Upper Secondary Schools	**23271**	**22732**	**22313**
1. 普通高中 Regular Senior Secondary Schools	13509	13352	13253
2. 中等职业教育 Upper Secondary Vocational Education	9762	9380	9060
中等职业学校 Upper Secondary Vocational Education	9762	9380	9060
其他中职机构(不计校数) Other Secondary Vocational Education Institutions	509	451	402
三、义务教育阶段学校 Compulsory Education Schools	**281801**	**266333**	**254000**
1. 初中学校 Lower Secondary Schools	53216	52804	52623
普通初中 Regular Lower Secondary Schools	53167	52764	52597
职业初中 Vocational Lower Secondary Schools	49	40	26
2. 普通小学 Regular Primary Schools	228585	213529	201377
小学 Primary Schools	228585	213529	201377
小学教学点(不计校数) External Teaching Sites	69796	82768	88967
四、特殊教育学校 Special Education Schools	**1853**	**1933**	**2000**
五、幼儿园 Kindergartens	**181251**	**198553**	**209881**
六、专门学校 Specialized Schools	**79**	**78**	**79**
七、成人中小学 Adult Primary and Secondary Schools	**29089**	**24219**	**20171**

学校校数
Type and Level

单位:所
unit: institution

2015	2016	2017	2018	2019	2020	2021
792	793	815	815	828	827	827
575	576	578	580	593	594	594
217	217	237	235	235	233	233
2560	2596	2631	2663	2688	2738	2756
1219	1237	1243	1245	1265	1270	1238
—	—	—	—	—	—	32
1341	1359	1388	1418	1423	1468	1486
28	25	24	22	21	21	21
292	284	282	277	268	265	256
21897	**21750**	**21736**	**21587**	**21650**	**21708**	**21879**
13240	13383	13555	13737	13964	14235	14585
8657	8367	8181	7850	7686	7473	7294
8657	8367	8181	7850	7686	7473	7294
486	342	312	285	286	348	297
242930	**229751**	**218903**	**213793**	**212563**	**210784**	**207150**
52405	52118	51894	51982	52415	52805	52871
52383	52102	51879	51971	52404	52795	52862
22	16	15	11	11	10	9
190525	177633	167009	161811	160148	157979	154279
190525	177633	167009	161811	160148	157979	154279
93035	98437	102998	101398	96456	90295	83623
2053	**2080**	**2107**	**2152**	**2192**	**2244**	**2288**
223683	**239812**	**254950**	**266677**	**281174**	**291715**	**294832**
86	**89**	**93**	**92**	**94**	**95**	**104**
16332	**12806**	**10607**	**9196**	**7054**	**5141**	**59**

各级各类学历
Number of Students of Formal

	2012	2013	2014
一、高等教育 Higher Education			
(一)研究生(人) Postgraduates (person)	1719818	1793953	1847689
(二)普通本科 Undergraduates	1427.09	1494.44	1541.07
(三)职业本专科 Vocational Undergraduates	964.23	973.64	1006.63
本　科 Normal Courses	—	—	—
专　科 Short-cycle Courses	964.23	973.64	1006.63
(四)成人本专科 Undergraduates in Adult HEIs	583.11	626.41	653.12
(五)网络本专科生 Web-based Undergraduates	570.41	614.64	631.45
二、高中阶段教育 Upper Secondary Education	**4157.05**	**3972.26**	**3816.78**
1. 普通高中 Regular Senior Secondary Schools	2467.17	2435.88	2400.47
2. 中等职业教育 Upper Secondary Vocational Education	1689.88	1536.38	1416.31
三、义务教育阶段教育 Compulsory Education	**14458.96**	**13800.67**	**13835.70**
1. 初中阶段 Lower Secondary Education	4763.06	4440.12	4384.63
普通初中Regular Lower Secondary Schools	4761.18	4439.07	4383.86
职业初中Vocational Lower Secondary Schools	1.88	1.05	0.77
2. 小学阶段 Primary Schools	9695.90	9360.55	9451.07
四、特殊教育 Special Education	**37.88**	**36.81**	**39.49**
五、学前教育 Pre-school Education Institutions	**3685.76**	**3894.69**	**4050.71**
六、专门学校 Specialized Schools	**1.06**	**0.93**	**0.85**
七、成人中小学 Adult Primary and Secondary Schools	**241.83**	**183.56**	**177.59**

各级各类学历
Number of Entrants of Formal

	2012	2013	2014
一、高等教育 Higher Education			
(一)研究生(人) Postgraduates (person)	589673	611381	621323
(二)普通本科 Undergraduates	374.06	381.43	383.42
(三)职业本专科 Vocational Undergraduates	314.78	318.40	337.98
本　科 Normal Courses	—	—	—
专　科 Short-cycle Courses	314.78	318.40	337.98
(四)成人本专科 Undergraduates in Adult HEIs	243.96	256.49	265.60
(五)网络本专科生 Web-based Undergraduates	196.45	220.07	206.19
二、高中阶段教育 Upper Secondary Education	**1441.69**	**1363.96**	**1291.96**
1. 普通高中 Regular Senior Secondary Schools	844.61	822.70	796.60
2. 中等职业教育 Upper Secondary Vocational Education	597.08	541.26	495.36
三、义务教育阶段教育 Compulsory Education	**3285.43**	**3191.45**	**3106.24**
1. 初中阶段 Lower Secondary Education	1570.77	1496.09	1447.82
普通初中Regular Lower Secondary Schools	1570.24	1495.73	1447.58
职业初中Vocational Lower Secondary Schools	0.53	0.35	0.24
2. 小学阶段 Primary Schools	1714.66	1695.36	1658.42
四、特殊教育 Special Education	**6.57**	**6.60**	**7.07**
五、学前教育 Pre-school Education Institutions	**1911.92**	**1970.03**	**1987.78**
六、专门学校 Specialized Schools	**0.45**	**0.39**	**0.35**

注:2017年起,硕士研究生在校生数含有在职人员攻读硕士学位学生。

note:From 2017,The number of On-the-job Personnel of Master's degree Programs are included in the Number of enrolment of Master's degree.

教育学生数

Education by Type and Level

单位:万人

unit: 10 thousand persons

2015	2016	2017	2018	2019	2020	2021
1911406	1981051	2639561	2731257	2863712	3139598	3332373
1576. 68	1612. 95	1648. 63	1697. 33	1748. 24	1818. 41	1893. 10
1048. 61	1082. 89	1104. 95	1133. 70	1283. 29	1466. 89	1603. 03
—	—	—	—	2. 58	7. 34	12. 93
1048. 61	1082. 89	1104. 95	1133. 70	1280. 71	1459. 55	1590. 10
635. 94	584. 39	544. 14	590. 99	668. 56	777. 29	832. 65
628. 47	644. 93	735. 93	825. 66	857. 83	846. 45	873. 90
3709. 64	**3642. 51**	**3628. 84**	**3589. 00**	**3630. 48**	**3762. 29**	**3916. 84**
2374. 40	2366. 65	2374. 55	2375. 37	2414. 31	2494. 45	2605. 03
1335. 24	1275. 86	1254. 29	1213. 63	1216. 17	1267. 84	1311. 81
14004. 13	**14242. 38**	**14535. 76**	**14991. 84**	**15388. 37**	**15639. 44**	**15798. 37**
4311. 95	4329. 37	4442. 06	4652. 59	4827. 13	4914. 09	5018. 44
4311. 44	4329. 00	4441. 79	4652. 38	4826. 69	4913. 87	5018. 36
0. 51	0. 37	0. 27	0. 21	0. 44	0. 22	0. 07
9692. 18	9913. 01	10093. 70	10339. 25	10561. 24	10725. 35	10779. 93
44. 22	**49. 17**	**57. 88**	**66. 59**	**79. 46**	**88. 08**	**91. 98**
4264. 83	**4413. 86**	**4600. 14**	**4656. 42**	**4713. 88**	**4818. 26**	**4805. 21**
0. 79	**0. 72**	**0. 60**	**0. 68**	**0. 65**	**0. 60**	**0. 72**
135. 11	**115. 68**	**92. 06**	**92. 74**	**56. 65**	**35. 62**	**1. 16**

教育招生数

Education by Type and Level

单位:万人

unit: 10 thousand persons

2015	2016	2017	2018	2019	2020	2021
645055	667064	806103	857966	916503	1106551	1176526
389. 42	405. 40	410. 75	422. 16	431. 29	443. 12	444. 60
348. 43	343. 21	350. 74	368. 83	483. 61	524. 34	556. 72
—	—	—	—	—	—	4. 14
348. 43	343. 21	350. 74	368. 83	483. 61	524. 34	552. 58
236. 75	211. 23	217. 53	273. 31	302. 21	363. 76	378. 53
203. 40	229. 61	286. 11	320. 91	288. 55	277. 91	283. 92
1276. 43	**1269. 06**	**1251. 57**	**1221. 21**	**1296. 90**	**1361. 05**	**1393. 94**
796. 61	802. 92	800. 05	792. 71	839. 49	876. 44	904. 95
479. 82	466. 14	451. 52	428. 50	457. 41	484. 61	488. 99
3140. 06	**3239. 64**	**3313. 77**	**3469. 89**	**3507. 89**	**3440. 19**	**3488. 02**
1411. 02	1487. 17	1547. 22	1602. 59	1638. 85	1632. 10	1705. 44
1410. 85	1487. 03	1547. 13	1602. 53	1638. 76	1632. 04	1705. 41
0. 18	0. 14	0. 10	0. 06	0. 08	0. 06	0. 02
1729. 04	1752. 47	1766. 55	1867. 30	1869. 04	1808. 09	1782. 58
8. 33	**9. 15**	**11. 08**	**12. 35**	**14. 42**	**14. 90**	**14. 91**
2008. 85	**1922. 09**	**1937. 95**	**1863. 91**	**1688. 23**	**1791. 40**	**1526. 24**
0. 38	**0. 33**	**0. 32**	**0. 32**	**0. 38**	**0. 30**	**0. 57**

各级各类
Number of Educational Personnel

	2012	2013	2014
一、高等教育学校 Higher Education Schools	**225.44**	**229.63**	**233.57**
1. 普通本科院校 Academic HEIs	162.76	165.75	170.31
2. 本科层次职业学校 Professional HEIs	—	—	—
3. 高职(专科)院校 Vocational HEIs	62.24	63.00	62.50
4. 成人高等学校 Adult HEIs	6.56	5.64	5.29
5. 其他普通高教机构(不计校数)Other Institutions	0.43	0.87	0.76
二、高中阶段学校 Upper Secondary Schools	**338.39**	**335.76**	**337.63**
1. 普通高中 Regular Senior Secondary Schools	246.26	247.36	250.94
2. 中等职业教育(不含技工学校) Upper Secondary Vocational Education	92.13	88.40	86.69
三、义务教育阶段学校 Compulsory Education Schools	**947.76**	**942.37**	**944.46**
1. 初中学校 Lower Secondary Schools	393.91	392.88	395.57
普通初中 Regular Lower Secondary Schools	393.74	392.77	395.49
职业初中 Vocational Lower Secondary Schools	0.17	0.11	0.08
2. 普通小学 Regular Primary Schools	553.85	549.49	548.89
四、特殊教育学校 Special Education Schools	**5.36**	**5.51**	**5.74**
五、幼儿园 Kindergartens	**249.00**	**282.68**	**314.22**
六、专门学校 Specialized Schools	**0.27**	**0.27**	**0.28**
七、成人中小学 Adult Primary and Secondary Schools	**7.41**	**5.70**	**5.88**

各级各类
Number of Full-time Teachers

	2012	2013	2014
一、高等教育学校 Higher Education Schools	**144.03**	**149.69**	**153.45**
1. 本科院校 Academic HEIs	101.40	105.50	109.17
2. 本科层次职业学校 Professional HEIs	—	—	—
3. 高职(专科)院校 Vocational HEIs	42.34	43.66	43.83
4. 成人高等学校 Adult HEIs	3.94	3.36	3.15
5. 其他普通高教机构(不计校数)Other Institutions	0.30	0.53	0.46
二、高中阶段学校 Upper Secondary Schools	**227.91**	**229.78**	**232.65**
1. 普通高中 Regular Senior Secondary Schools	159.50	162.90	166.27
2. 中等职业教育 Upper Secondary Vocational Education	68.41	66.88	66.38
三、义务教育阶段教育 Compulsory Education	**909.75**	**907.14**	**912.99**
1. 初中阶段 Lower Secondary Education	351.20	348.68	349.60
普通初中 Regular Lower Secondary Schools	350.28	348.00	348.77
职业初中 Vocational Lower Secondary Schools	0.15	0.10	0.08
2. 小学阶段 Primary Schools	558.55	558.46	563.39
四、特殊教育 Special Education	**4.37**	**4.57**	**4.81**
五、学前教育 Pre-school Education Institutions	**147.92**	**166.35**	**184.41**
六、专门学校 Specialized Schools	**0.18**	**0.19**	**0.19**
七、成人中小学 Adult Primary and Secondary Schools	**4.37**	**3.30**	**3.73**

学校教职工数
of School by Type and Level

单位:万人
unit: 10 thousand persons

2015	2016	2017	2018	2019	2020	2021
236.93	**240.48**	**244.30**	**248.75**	**256.67**	**266.87**	**278.56**
172.76	175.06	177.23	180.10	186.66	192.35	193.15
—	—	—	—	—	—	3.22
63.93	65.26	66.95	68.53	69.94	74.45	78.74
5.13	4.31	4.14	3.80	3.61	3.25	3.44
0.25	0.16	0.11	0.13	0.07	0.07	0.02
338.47	**341.29**	**347.62**	**354.21**	**363.52**	**375.25**	**394.76**
254.32	259.19	266.51	274.25	283.37	294.87	311.99
84.15	82.10	81.11	79.96	80.15	80.38	82.77
946.57	**953.48**	**972.34**	**992.62**	**1020.30**	**1046.94**	**1090.77**
397.63	399.75	407.81	419.37	435.04	450.31	468.57
397.57	399.70	407.76	419.34	435.00	450.27	468.54
0.06	0.05	0.05	0.03	0.04	0.04	0.02
548.94	553.73	564.53	573.25	585.26	596.63	622.20
5.95	**6.25**	**6.51**	**6.81**	**7.21**	**7.64**	**8.25**
349.58	**381.78**	**419.29**	**453.15**	**491.57**	**519.82**	**564.64**
0.30	**0.29**	**0.29**	**0.29**	**0.28**	**0.29**	**0.31**
3.86	**2.93**	**2.43**	**2.43**	**2.08**	**1.71**	**0.04**

学校专任教师数
of Schools by Type and Level

单位:万人
unit: 10 thousand persons

2015	2016	2017	2018	2019	2020	2021
157.26	**160.20**	**163.32**	**167.28**	**174.01**	**183.30**	**188.52**
111.64	113.40	115.05	117.43	122.53	127.61	126.97
—	—	—	—	—	—	2.56
45.46	46.69	48.21	49.77	51.44	55.64	57.02
3.02	2.52	2.40	2.19	2.06	1.90	1.97
0.16	0.10	0.07	0.07	0.04	0.05	0.01
234.78	**237.66**	**241.44**	**244.81**	**250.14**	**258.19**	**272.38**
169.54	173.35	177.40	181.26	185.92	193.32	202.83
65.24	64.31	64.04	63.55	64.22	64.87	69.54
916.44	**927.91**	**949.50**	**973.31**	**1001.83**	**1029.63**	**1057.19**
347.93	349.00	355.01	364.12	374.92	386.21	397.11
347.51	348.73	354.82	363.87	374.71	386.04	397.09
0.06	0.05	0.04	0.03	0.04	0.03	0.02
568.51	578.91	594.49	609.19	626.91	643.42	660.08
5.03	**5.32**	**5.60**	**5.87**	**6.24**	**6.62**	**6.94**
205.10	**223.21**	**243.21**	**258.14**	**276.31**	**291.34**	**319.10**
0.21	**0.21**	**0.22**	**0.21**	**0.22**	**0.21**	**0.22**
2.28	**1.71**	**1.46**	**1.47**	**1.32**	**1.05**	**0.03**

教育规模
Size of Education

单位：万人
unit: 10 thousand person

年份 Year	学校数(万所) Schools (10 Thousand)	在校生数 Enrolment	教职工数 Educational Personnel	教育人口 Educational Population	教育人口比重(%) Propotion of Education Population
2012	52. 30	32142. 44	1809. 89	33952. 34	25. 07
2013	51. 95	31813. 11	1837. 32	33650. 43	25. 10
2014	51. 42	31734. 68	1874. 02	33608. 70	24. 70
2015	51. 24	31907. 15	1915. 29	33822. 43	25. 22
2016	51. 17	32294. 45	1959. 57	34254. 02	25. 55
2017	51. 38	32986. 70	2025. 87	35012. 57	26. 11
2018	51. 88	30116. 98	2090. 71	32207. 69	24. 02
2019	53. 01	30940. 28	2174. 31	33114. 59	24. 70
2020	53. 71	31628. 29	2251. 47	33879. 77	25. 27
2021	52. 93	30209. 78	2337. 34	32547. 11	23. 05

小学学龄儿童净入学率
Net Enrolment Ratio of School-age Children in Primary Schools

单位：%
unit: %

年份 Year	学龄儿童入学率 Net Enrollment Ratio of School-age Children		
	全国学龄儿童数(万人) No. of School-age Children (10,000 persons)	已入学学龄儿童数(万人) No. of School-age Children Enrolled (10,000 persons)	净入学率 Net Enrolment Ratio
2012	9296. 8	9282. 7	99. 85
2013	8962. 1	8935. 7	99. 71
2014	9107. 1	9090. 1	99. 81
2015	9368. 2	9356. 7	99. 88
2016	9583. 6	9575. 9	99. 92
2017	9779. 2	9770. 2	99. 91
2018	10021. 8	10016. 8	99. 95
2019	10255. 4	10248. 8	99. 94
2020	10426. 9	10422. 9	99. 96
2021	10489. 4	10479. 3	99. 90

各级教育毛入学率
Gross Enrolment Ratio of Education by Level

单位:%
unit: %

年份 Year	学前教育 Pre-school Education Institutions 3-5 周岁 the Age of 3-5	小学 Primary Education 按各地相应学龄计算 According to Provincial Entrant Age Primary Schools Years	初中阶段 Lower Secondary Education 12-14 周岁 the Age of 12-14	高中阶段 Senior Secondary Education 15-17 周岁 the Age of 15-17	高等教育 Higher Education 18-22 周岁 the Age of 18-22
2012	64. 5	104. 3	102. 1	85. 0	30. 0
2013	67. 5	104. 4	104. 1	86. 0	34. 5
2014	70. 5	103. 8	103. 5	86. 5	37. 5
2015	75. 0	103. 5	104. 0	87. 0	40. 0
2016	77. 4	104. 4	104. 0	87. 5	42. 7
2017	79. 6	104. 8	103. 5	88. 3	45. 7
2018	81. 7	103. 2	100. 9	88. 8	48. 1
2019	83. 4	103. 0	102. 6	89. 5	51. 6
2020	85. 2	102. 9	102. 5	91. 2	54. 4
2021	88. 1	102. 9	102. 5	91. 4	57. 8

各级普通学校毕业生升学率
Promotion Ratio of Graduates of Regular School by Level

单位:%
unit: %

年份 Year	小学升初中 Promotion Ratio of Primary Schools Graduates	初中升高中阶段 Promotion Ratio of Lower Secondary Schools Graduates
2012	98. 3	88. 4
2013	98. 3	91. 2
2014	98. 3	95. 1
2015	98. 0	94. 1
2016	98. 2	93. 7
2017	98. 7	94. 9
2018	98. 8	95. 2
2019	99. 1	94. 5
2020	99. 5	94. 6
2021	99. 3	91. 7

注:2021 年高中阶段招生不含技工学校招生数。

Note:The number of entrants from the Skilled Workers School are not included in data of upper Secondary Education Level for 2021.

每十万人口各级学校平均在校生数
Number of Enrolment of Per 100,000 Inhabitants by Level

单位:人
unit: person

年份 Year	普通高校 Higher Educations	高中阶段 Upper Secondary Education	初中阶段 Lower Secondary Education	小学 Primary Education	学前教育 Pre-primary Education
2012	2335	3411	3535	7196	2736
2013	2418	3227	3279	6913	2876
2014	2488	3100	3222	6946	2977
2015	2524	2965	3152	7086	3118
2016	2530	2887	3150	7211	3211
2017	2576	2872	3213	7300	3327
2018	2658	2828	3347	7438	3350
2019	2857	2850	3459	7569	3378
2020	3126	2948	3510	7661	3441
2021	3301	2774	3554	7634	3403

注:2021 年高中阶段数据均不包含人力资源和社会保障部管理的技工学校数据。

Note: Data from the Skilled Workers School administered by Ministry of Human Resources and Social Security of the People's Republic of China are not included in the data of Upper Secondary Education Level for 2021.

各级普通学校生师比
Pupil-Teacher Ratio of Regular Schools by Level

年份 Year	普通小学 Regular Primary Schools	初中 Lower Secondary Schools	普通高中 Regular Senior Secondary Schools	中等职业学校 Upper Secondary Vocational Schools	普通高校 Regular HEIs			
					全国 Total	本科院校 Academic HEIs	本科层次职业学校 Professional HEIs	专科院校 Higher Vocational Colleges
2012	17.36	13.59	15.47	24.19	17.52	17.65	—	17.23
2013	16.76	12.76	14.95	22.64	17.53	17.71	—	17.11
2014	16.78	12.57	14.44	21.34	17.68	17.73	—	17.57
2015	17.05	12.41	14.01	20.47	17.73	17.69	—	17.77
2016	17.12	12.41	13.65	19.68	17.07	16.78	—	17.73
2017	16.98	12.52	13.39	19.59	17.52	17.42	—	17.74
2018	16.97	12.79	13.10	19.10	17.56	17.42	—	17.89
2019	16.85	12.88	12.99	18.94	17.95	17.39	—	19.24
2020	16.67	12.73	12.90	19.54	18.37	17.51	—	20.28
2021	16.33	12.64	12.84	18.86	18.54	17.90	19.38	19.85

普通高等学校普通本专科学生校均规模

Average Size of Undergraduates in Regular HEIs

单位：人

unit: person

	2011	2012	2013	2014	2015	2016	2017	2018	2019	2020	2021
全国 Total	9446	9675	9814	9995	10197	10342	10430	10605	11260	11982	12671
普通本科院校 Academic HEIs	13564	13999	14261	14342	14444	14532	14639	14896	15179	15749	16366
本科层次职业学校 Professional HEIs	—	—	—	—	—	—	—	—	—	—	18403
高职(专科)院校 Vocational HEIs	5813	5858	5876	6057	6336	6528	6662	6837	7776	8723	9470

注：校均规模为在校生数除以对应校数。

Note: Average size is the ratio of total number of enrolment to the total number of schools.

各级自学考试基本情况

Basic Statistics of State-administered Examination for Self-learners by Level

	2016		2017		2018		2019		2020		2021	
	上半年 First Half Year	下半年 Second Half Year	上半年 First Half Year	下半年 Second Half Year	上半年 First Half Year	下半年 Second Half Year	上半年 First Half Year	下半年 Second Half Year	上半年 First Half Year	下半年 Second Half Year	上半年 First Half Year	下半年 Second Half Year
毕业生人数 Graduates	347140	330577	274725	277962	237208	250022	238303	251509	105236	318571	272420	216970
本科 Normal Courses	254879	263075	210970	221055	185994	190569	183143	185955	88157	231679	201031	169812
专科 Short-cycle Courses	92261	67502	63755	56907	51214	59453	55160	65554	17079	86892	71389	47158
单科合格科次数Passed Main-Courses	2855921	2513098	2682435	2504247	2942559	2673901	3378552	3127968	2949289	2859475	3358810	2698351
本科 Normal Courses	2347555	2067903	2171782	2009382	2325451	2085794	2570222	2204138	2056033	2006692	2341294	1963063
专科 Short-cycle Courses	508366	445195	510653	494865	617108	588107	808330	923830	893256	852783	1017516	735288
报考人数 Applicants	2750218	2290815	2412888	2296550	2828854	2618068	3136597	2827120	2821222	2695270	3358840	2898998
本科 Normal Courses	2146408	1807546	1917029	1788173	2216480	1994549	2389190	2018302	2024522	1909221	2366015	2114603
专科 Short-cycle Courses	603810	483269	495859	508377	612374	623519	747407	808818	796700	786049	992825	784395
首次报考人数 First Time	554570	294099	535775	439351	711340	521915	732818	538544	642620	395483	655058	485224
本科 Normal Courses	456637	220421	434544	316074	549708	369288	505585	330539	454347	263501	463689	343964
专科 Short-cycle Courses	97933	73678	101231	123277	161632	152627	227233	208005	188273	131982	191369	141260
报考科次 Main-Courses be Examined	6786402	5745116	5972349	5926499	7092517	6927957	7948634	7392526	7186579	6759263	8398189	7420946
本科 Normal Courses	5309048	4586816	4773788	4630705	5526888	5212612	6007860	5186586	5125554	4768994	5998023	5378814
专科 Short-cycle Courses	1477354	1158300	1198561	1295794	1565629	1715345	1940774	2205940	2061025	1990269	2400166	2042132
实考人数 Actual Examined	2189452	1789483	2021450	1860619	2283251	2048059	2599638	2296669	2175821	2183416	2768900	2269165
本科 Normal Courses	1764552	1430793	1612102	1451171	1806075	1581334	1992093	1634902	1552515	1536954	1933743	1651720
专科 Short-cycle Courses	424900	358690	409348	409448	477176	466725	607545	661767	623306	646462	835157	617445
实考科次 Actual Main-Courses Examined	5025861	4221829	4752930	4560068	5335682	4984108	6165532	5609084	5201476	5142102	6492385	5427760
本科 Normal Courses	4107894	3427073	3819337	3572982	4206232	3816564	4693912	3914919	3692705	3605172	4592914	3930391
专科 Short-cycle Courses	917967	794756	933593	987086	1129450	1167544	1471620	1694165	1508771	1536930	1899471	1497369
在档考生人数 Exmainees with Study Record	35799532	35763054	35954775	36116164	36590296	36862189	37356704	37643739	37461843	37538755	37921393	38189647
本科 Normal Courses	14899943	14857289	15010292	15105311	15469025	15647744	15970186	16114770	16169382	16201204	16463862	16638014
专科 Short-cycle Courses	20761460	20767636	20806354	20872724	20983142	21076316	21248389	21390840	21154332	21199422	21319402	21413504
其中:新生数 of Which: Current Session	554570	294099	535775	439351	711340	521915	732818	538544	642620	395483	655058	485224
本科 Normal Courses	456637	220421	434544	316074	549708	369288	505585	330539	454347	263501	463689	343964
专科 Short-cycle Courses	97933	73678	101231	123277	161632	152627	227233	208005	188273	131982	191369	141260

二、高等教育
Higher Education

高等教育学校(机构)数

Number of Higher Education Institutions

单位:所
unit: institution

	合计 Total	中央 HEIs under Central Ministries and Agencies	教育部 Under MOE	其他部门 Under Other Central Agencies	地方 HEIs under Local Auth.	教育部门 Run by Edu. Dept.	其他部门 Run by Non-ed. Dept.	地方企业 Run by Local Enterprises	民办 Non-government	具有法人资格的中外合作办学
一、研究生培养机构(不计校数) Institutions Providing Postgraduate Programs	827	301	76	225	520	454	65	1	5	1
1. 普通本科学校 Academic HEIs	594	111	76	35	478	454	24	0	5	0
2. 科研机构 Research Institutes	233	190	0	190	42	0	41	1	0	1
二、高等教育学校 Higher Education Institutions										
1. 普通本科学校 Academic HEIs	1238	114	76	38	725	648	77	0	390	9
#独立学院 of Which: Independent Institutions	164	0	0	0	0	0	0	0	164	0
2. 本科层次职业学校 Professional HEIs	32	0	0	0	10	9	1	0	22	0
3. 高职(专科)学校 Vocational HEIs	1486	4	0	4	1129	580	503	46	350	3
4. 成人高等学校 Adult HEIs	256	13	1	12	241	85	120	36	2	0
5. 其他普通高教机构(不计校数) Other Non-government HEIs	21	1	0	1	5	2	3	0	15	0

注:具有法人资格的中外合作办学是指具有法人资格的中外及内地(大陆)与港澳台地区合作办学机构。下同。

Note: The Chinese-Foreign Cooperation in Running Schools with Legal Personality refers to Chinese-Foreign Cooperation in Running Schools and Cooperation in Running Schools between mainland educational institutions and educational institutions from the HKSAR, the MSAR or Taiwan with Legal Personality. Similarly hereinafter.

普通、职业高等学校校数

Number of Regular Higher Educational Institutions

单位:所
unit: institution

	合计 Total	普通本科学校 Academic HEIs	本科层次职业学校 Professional HEIs	高职(专科)学校 Vocational HEIs	
				小计 Subtotal	其中:高等职业学校 of Which: Tertiary Vocational-technical Colleges
总　计 Total	**2756**	**1238**	**32**	**1486**	**1333**
综合大学 Comprehensive University	662	299	6	357	353
理工院校 Polytechnic	977	361	19	597	587
农业院校 Agriculture	85	40	1	44	44
林业院校 Forestry	20	7	0	13	13
医药院校 Medicine and Pharmacy	220	106	2	112	71
师范院校 Normal School	248	154	0	94	6
语文院校 Language and Literature	53	32	1	20	19
财经院校 Finance and Economics	272	128	2	142	136
政法院校 Political Science and Law	69	36	0	33	31
体育院校 Physical Culture	37	16	0	21	20
艺术院校 Art	95	45	1	49	49
民族院校 Ethnic Nationality	18	14	0	4	4

普通、职业高等学校在校生规模

Size of Enrolment of Regular Higher Educational Institutions

单位:所
unit: institution

	学校数 Institutions	300人及以下 300 and under	301-500人 301 to 500	501-1000人 501 to 1000	1001-1500人 1001 to 1500	1501-2000人 1501 to 2000	2001-3000人 2001 to 3000	3001-4000人 3001 to 4000	4001-5000人 4001 to 5000	5001-10000人 5001 to 10000	10001-20000人 10001 to 20000	20001-30000人 20001 to 30000	30001人及以上 30001 and Over
总计 Total	**2756**	**56**	**12**	**39**	**29**	**45**	**82**	**75**	**115**	**661**	**1199**	**352**	**91**
综合大学 Comprehensive University	662	13	5	4	3	8	19	16	22	133	302	99	38
理工院校 Polytechnic	977	21	1	14	9	17	29	24	26	221	460	125	30
农业院校 Agriculture	85	1	1	0	1	1	0	2	3	13	40	15	8
林业院校 Forestry	20	0	0	0	0	0	1	1	0	4	11	3	0
医药院校 Medicine and Pharmacy	220	1	2	5	3	4	1	4	10	73	100	17	0
师范院校 Normal School	248	0	0	4	4	2	5	3	13	61	104	45	7
语文院校 Language and Literature	53	3	0	1	0	3	1	1	3	14	22	4	1
财经院校 Finance and Economics	272	10	0	0	3	1	7	8	8	64	128	36	7
政法院校 Political Science and Law	69	4	1	0	2	2	5	8	7	31	9	0	0
体育院校 Physical Culture	37	1	1	6	1	1	4	2	5	14	2	0	0
艺术院校 Art	95	2	1	5	3	6	10	6	17	30	13	2	0
民族院校 Ethnic Nationality	18	0	0	0	0	0	0	0	1	3	8	6	0

高等教育学生数

Number of Students in Higher Education Institutions

单位:人
unit: person

	毕(结)业生数 Graduates	授予学位数 Degrees Awarded	招生数 Entrants	在校生数 Enrolment	预计毕业生数 Estimated Graduates for Next Year
研究生 Postgraduates	772761	764393	1176526	3332373	1118211
博　士 Doctor's Degree	72019	70514	125823	509453	193127
硕　士 Master's Degree	700742	693879	1050703	2822920	925084
普通本科 Undergraduates	4280970	4249274	4445969	18931044	4847707
职业本专科 Vocational Undergraduates	3984094	0	5567182	16030263	5220566
本　科 Normal Courses	0	0	41381	129297	9288
专　科 Short-cycle Courses	3984094	—	5525801	15900966	5211278
成人本专科 Undergraduates in Adult HEIs	2779485	208956	3785288	8326521	3438328
本　科 Normal Courses	1420887	208956	2042982	4591098	1781638
专　科 Short-cycle Courses	1358598	—	1742306	3735423	1656690
网络本专科生 Web-based Undergraduates	2590593	88986	2839192	8739006	—
本　科 Normal Courses	898773	88986	1186772	3328548	—
专　科 Short-cycle Courses	1691820	—	1652420	5410458	—
普通预科生 College-preparatory Classes	—	—	—	79681	—
国际学生 International Student	95353	31847	93643	255720	—

高等教育分举办者

Number of Enrolment for Master's Degree

	学校(机构)数(所)(Institutes)	毕业生数 Graduates	博士 Doctor's Degree	硕士 Master's Degree	招生数 Entrants	博士 Doctor's Degree	硕士 Master's Degree
总　计 Total	**827**	**772761**	**72019**	**700742**	**1176526**	**125823**	**1050703**
全日制 Full-time Students	—	685458	71791	613667	1050001	122940	927061
非全日制 Part-time Students	—	87303	228	87075	126525	2883	123642
一、中央 HEIs under Central Ministries and Agencies	301	362516	55468	307048	505985	92837	413148
1. 教育部 Under MOE	76	292068	41036	251032	399482	70172	329310
2. 其他部门 Under Other Central Agencies	225	70448	14432	56016	106503	22665	83838
二、地方 HEIs under Local Auth.	526	410245	16551	393694	670541	32986	637555
1. 教育部门 Run by Edu. Dept.	454	401306	16430	384876	653934	32606	621328
2. 其他部门 Run by Non-ed. Dept.	65	8115	121	7994	15109	380	14729
3. 地方企业 Run by Local Enterprises	1	3	0	3	0	0	0
4. 民办 Non-government	5	752	0	752	1369	0	1369
5. 具有法人资格的中外合作办学	1	69	0	69	129	0	129

高等教育分举办者

Number of Enrolment for Master's Degree

	学校(机构)数(所)(Institutes)	毕业生数 Graduates	博士 Doctor's Degree	硕士 Master's Degree	招生数 Entrants	博士 Doctor's Degree	硕士 Master's Degree
总　计 Total	**594**	**764603**	**70689**	**693914**	**1165569**	**123862**	**1041707**
全日制 Full-time Students	—	678357	70466	607891	1039588	120980	918608
非全日制 Part-time Students	—	86246	223	86023	125981	2882	123099
一、中央 HEIs under Central Ministries and Agencies	111	355838	54179	301659	497313	90938	406375
1. 教育部 Under MOE	76	292068	41036	251032	399482	70172	329310
2. 其他部门 Under Other Central Agencies	35	63770	13143	50627	97831	20766	77065
二、地方 HEIs under Local Auth.	483	408765	16510	392255	668256	32924	635332
1. 教育部门 Run by Edu. Dept.	454	401306	16430	384876	653934	32606	621328
2. 其他部门 Run by Non-ed. Dept.	24	6707	80	6627	12953	318	12635
3. 地方企业 Run by Local Enterprises	0	0	0	0	0	0	0
4. 民办 Non-government	5	752	0	752	1369	0	1369
5. 具有法人资格的中外合作办学	0	0	0	0	0	0	0

研究生数(总计)
Programs by Providers (Total)

单位:人
unit: person

在校生数 Enrolment	博士 Doctor's Degree	硕士 Master's Degree	预计毕业生数 Estimated Graduates for Next Year	博士 Doctor's Degree	硕士 Master's Degree
3332373	**509453**	**2822920**	**1118211**	**193127**	**925084**
2897925	499196	2398729	916619	190346	726273
434448	10257	424191	201592	2781	198811
1552952	385347	1167605	563839	140116	423723
1240800	293898	946902	459303	105754	353549
312152	91449	220703	104536	34362	70174
1779421	124106	1655315	554372	53011	501361
1737727	122723	1615004	542109	52500	489609
38126	1383	36743	10999	511	10488
0	0	0	0	0	0
3162	0	3162	987	0	987
406	0	406	277	0	277

研究生数(普通本科学校)
Programs by Providers (Academic HEIs)

单位:人
unit: person

在校生数 Enrolment	博士 Doctor's Degree	硕士 Master's Degree	预计毕业生数 Estimated Graduates for Next Year	博士 Doctor's Degree	硕士 Master's Degree
3299770	**501346**	**2798424**	**1106711**	**189304**	**917407**
2867760	491149	2376611	906525	186575	719950
432010	10197	421813	200186	2729	197457
1526633	377502	1149131	554382	136432	417950
1240800	293898	946902	459303	105754	353549
285833	83604	202229	95079	30678	64401
1773137	123844	1649293	552329	52872	499457
1737727	122723	1615004	542109	52500	489609
32248	1121	31127	9233	372	8861
0	0	0	0	0	0
3162	0	3162	987	0	987
0	0	0	0	0	0

高等教育分举办者研究生数
Number of Enrolment for Master's Degree

	学校（机构）数（所）(Institutes)	毕业生数 Graduates	博士 Doctor's Degree	硕士 Master's Degree	招生数 Entrants	博士 Doctor's Degree	硕士 Master's Degree
总　计 Total	**233**	**8158**	**1330**	**6828**	**10957**	**1961**	**8996**
全日制 Full-time Students	—	7101	1325	5776	10413	1960	8453
非全日制 Part-time Students	—	1057	5	1052	544	1	543
一、中央 HEIs under Central Ministries and Agencies	190	6678	1289	5389	8672	1899	6773
1. 教育部 Under MOE	0	0	0	0	0	0	0
2. 其他部门 Under Other Central Agencies	190	6678	1289	5389	8672	1899	6773
二、地方 HEIs under Local Auth.	43	1480	1367	113	2285	2094	191
1. 教育部门 Run by Edu. Dept.	0	0	0	0	0	0	0
2. 其他部门 Run by Non-ed. Dept.	41	1408	1367	41	2156	2094	62
3. 地方企业 Run by Local Enterprises	1	3	0	3	0	0	0
4. 民办 Non-government	0	0	0	0	0	0	0
5. 具有法人资格的中外合作办学	1	69	0	69	129	0	129

高等教育分学科
Number of Postgraduate Students

	毕业生数 Graduates	博士 Doctor's Degree	硕士 Master's Degree	招生数 Entrants	博士 Doctor's Degree	硕士 Master's Degree
总　计 Total	**772761**	**72019**	**700742**	**1176526**	**125823**	**1050703**
#女 of Which：Female	422398	30639	391759	607362	53831	553531
学术学位 Academic Degree	363572	67889	295683	509435	107708	401727
专业学位 Professional Degree	409189	4130	405059	667091	18115	648976
哲　学 Philosophy	3931	679	3252	4675	1038	3637
经济学 Economics	35267	2250	33017	50733	3427	47306
法　学 Law	50410	3278	47132	70423	5879	64544
教育学 Education	56666	1200	55466	80739	3292	77447
文　学 Literature	36205	2132	34073	47555	3338	44217
历史学 History	5816	835	4981	7818	1325	6493
理　学 Science	61454	14906	46548	95211	22977	72234
工　学 Engineering	267399	26659	240740	418893	52433	366460
农　学 Agriculture	33592	3254	30338	59679	5408	54271
医　学 Medicine	89257	12546	76711	142549	19846	122703
军事学 Military Science	81	16	65	91	8	83
管理学 Management	106435	3517	102918	159358	5509	153849
艺术学 Art	26248	747	25501	38776	1317	37459
交叉学科 Interdisciplinary	0	0	0	26	26	0

(培养研究生的科研机构)
Programs by Providers (Research Institutes)

单位:人
unit: person

在校生数 Enrolment	博士 Doctor's Degree	硕士 Master's Degree	预计毕业生数 Estimated Graduates for Next Year	博士 Doctor's Degree	硕士 Master's Degree
32603	**8107**	**24496**	**11500**	**3823**	**7677**
30165	8047	22118	10094	3771	6323
2438	60	2378	1406	52	1354
26319	7845	18474	9457	3684	5773
0	0	0	0	0	0
26319	7845	18474	9457	3684	5773
6284	5616	668	2043	1627	416
0	0	0	0	0	0
5878	5616	262	1766	1627	139
0	0	0	0	0	0
0	0	0	0	0	0
406	0	406	277	0	277

门类研究生数(总计)
by Academic Field (Total)

单位:人
unit: person

在校生数 Enrolment	博士 Doctor's Degree	硕士 Master's Degree	预计毕业生数 Estimated Graduates for Next Year	博士 Doctor's Degree	硕士 Master's Degree
3332373	**509453**	**2822920**	**1118211**	**193127**	**925084**
1717458	214877	1502581	582813	82937	499876
1575340	460145	1115195	519681	181844	337837
1757033	49308	1707725	598530.0	11283	587247.0
15707	4942	10765	5857	2242	3615
129141	16653	112488	50131	7922	42209
197811	26183	171628	69176	11631	57545
227879	12499	215380	93879.0	4590	89289.0
129072	15484	113588	46243	7323	38920
24420	6342	18078	8705	3026	5679
285066	91999	193067	88343	33832	54511
1194599	215273	979326	365441	76499	288942
160093	21416	138677	54354	8304	46050
387806	65181	322625	109465	22275	87190
257	51	206	78	26	52
473201	28259	444942	194350	13403	180947
107295	5145	102150	32189	2054	30135
26	26	0	0	0	0

高等教育分学科门类

Number of Postgraduate Students by

	毕业生数 Graduates	博士 Doctor's Degree	硕士 Master's Degree	招生数 Entrants	博士 Doctor's Degree	硕士 Master's Degree
总　计 Total	**764603**	**70689**	**693914**	**1165569**	**123862**	**1041707**
#:女 of Which: Female	418518	30162	388356	602130	52943	549187
学术学位 Academic Degree	357690	66586	291104	501435	105864	395571
专业学位 Professional Degree	406913	4103	402810	664134	17998	646136
哲　学 Philosophy	3827	656	3171	4576	1022	3554
经济学 Economics	34679	2196	32483	49986	3337	46649
法　学 Law	49699	3178	46521	69584	5797	63787
教育学 Education	56666	1200	55466	80739	3292	77447
文　学 Literature	36165	2132	34033	47484	3338	44146
历史学 History	5763	835	4928	7764	1325	6439
理　学 Science	60793	14737	46056	94162	22716	71446
工　学 Engineering	264719	26175	238544	415092	51755	363337
农　学 Agriculture	32393	3042	29351	58226	5079	53147
医　学 Medicine	88442	12374	76068	141084	19512	121572
军事学 Military Science	80	16	64	87	8	79
管理学 Management	105408	3471	101937	158325	5435	152890
艺术学 Art	25969	677	25292	38434	1220	37214
交叉学科 Interdisciplinary	0	0	0	26	26	0

研究生数(普通本科学校)
Academic Field (Academic HEIs)

单位:人
unit: person

在校生数 Enrolment	博士 Doctor's Degree	硕士 Master's Degree	预计毕业生数 Estimated Graduates for Next Year	博士 Doctor's Degree	硕士 Master's Degree
3299770	**501346**	**2798424**	**1106711**	**189304**	**917407**
1702355	211695	1490660	577509	81556	495953
1550811	452306	1098505	511175	178091	333084
1748959	49040	1699919	595536	11213	584323
15386	4859	10527	5735	2197	3538
126989	16089	110900	49114	7548	41566
195401	25798	169603	68412	11446	56966
227879	12499	215380	93879	4590	89289
128854	15484	113370	46170	7323	38847
24252	6342	17910	8652	3026	5626
281949	90887	191062	87218	33212	54006
1183151	212213	970938	361802	75174	286628
155733	20226	135507	52728	7744	44984
383878	64227	319651	108378	21969	86409
245	51	194	74	26	48
469830	27829	442001	192708	13128	179580
106197	4816	101381	31841	1921	29920
26	26	0	0	0	0

高等教育分学科门类研究生数

Number of Postgraduate Students by

	毕业生数 Graduates	博士 Doctor's Degree	硕士 Master's Degree	招生数 Entrants	博士 Doctor's Degree	硕士 Master's Degree
总　计 Total	**8158**	**1330**	**6828**	**10957**	**1961**	**8996**
#女 of Which: Female	3880	477	3403	5232	888	4344
学术学位 Academic Degree	5882	1303	4579	8000	1844	6156
专业学位 Professional Degree	2276	27	2249	2957	117	2840
哲　学 Philosophy	104	23	81	99	16	83
经济学 Economics	588	54	534	747	90	657
法　学 Law	711	100	611	839	82	757
教育学 Education	0	0	0	0	0	0
文　学 Literature	40	0	40	71	0	71
历史学 History	53	0	53	54	0	54
理　学 Science	661	169	492	1049	261	788
工　学 Engineering	2680	484	2196	3801	678	3123
农　学 Agriculture	1199	212	987	1453	329	1124
医　学 Medicine	815	172	643	1465	334	1131
军事学 Military Science	1	0	1	4	0	4
管理学 Management	1027	46	981	1033	74	959
艺术学 Art	279	70	209	342	97	245
交叉学科 Interdisciplinary	0	0	0	0	0	0

(培养研究生的科研机构)
Academic Field (Research Institutes)

单位:人
unit: person

在校生数 Enrolment	博士 Doctor's Degree	硕士 Master's Degree	预计毕业生数 Estimated Graduates for Next Year	博士 Doctor's Degree	硕士 Master's Degree
32603	**8107**	**24496**	**11500**	**3823**	**7677**
15103	3182	11921	5304	1381	3923
24529	7839	16690	8506	3753	4753
8074	268	7806	2994	70	2924
321	83	238	122	45	77
2152	564	1588	1017	374	643
2410	385	2025	764	185	579
0	0	0	0	0	0
218	0	218	73	0	73
168	0	168	53	0	53
3117	1112	2005	1125	620	505
11448	3060	8388	3639	1325	2314
4360	1190	3170	1626	560	1066
3928	954	2974	1087	306	781
12	0	12	4	0	4
3371	430	2941	1642	275	1367
1098	329	769	348	133	215
0	0	0	0	0	0

普通高等教育工科分大类本科学生数

Number of Engineering Students for Normal Courses of Regular HEIs by Subfield

单位：人
unit: person

	毕业生数(人) Graduates	招生数(人) Entrants	在校生数(人) Enrolment
总　计 Total	**1403297**	**1562825**	**6439996**
力学类 Mechanics	4385	5461	19682
机械类 Mechanical Engineering	204217	209662	866142
仪器类 Instrument	17159	13273	62510
材料类 Materials Science	67530	79193	303289
能源动力类 Thermal and Nuclear Energy	24892	28595	111487
电气类 Electric	91239	85455	385962
电子信息类 Electronic Information	174104	199159	789811
自动化类 Automation	54244	69002	274115
计算机类 Computer	316380	383869	1641978
土木类 Civil Engineering	121974	117298	506495
水利类 Hydraulics	13488	14310	56725
测绘类 Sruvey and Measure	12194	13964	54465
化工与制药类 Chemical Engineering and Pharmaceutics	51096	57647	219288
地质类 Geology	9214	10237	40742
矿业类 Mining Industry	10607	13180	48858
纺织类 Textile	8975	9014	36433
轻工类 Light Industry	7004	6880	27441
交通运输类 Transportation	30639	30278	138677
海洋工程类 Ocean Engineering	3104	4296	15225
航空航天类 Aeronautics and Astronautics	7555	13738	44987
农业工程类 Agriculture Engineering	6223	5386	24477
林业工程类 Forestry Engineering	2398	2588	9706
环境科学与工程类 Environmental Science and Engineering	37593	44674	168849
生物医学工程类 Biomedical Engineering	6404	7425	29625
食品科学与工程类 Food Science and Engineering	42069	46298	182639
建筑类 Architectural	34618	39566	180408
安全科学与工程类 Safety Science and Engineering	10282	12317	46620
生物工程类 Biological Engineering	20074	22720	86739
公安技术类 Public Security Technology	8034	12358	44203
其他 Other	5602	4982	22418

高等教育本专科分举办者学生数

Number of Students for Regular and Adult Programs by Providers in HEIs

单位:人

unit: person

	毕业生数 Graduates	本科 Normal Courses	专科 Short-cycle Courses	招生数 Entrants	本科 Normal Courses	专科 Short-cycle Courses	在校生数 Enrolment	本科 Normal Courses	专科 Short-cycle Courses	预计毕业生数 Estimated Graduates for Next Year	本科 Normal Courses	专科 Short-cycle Courses
一、普通本科 Undergraduate in Academic HEIs	**4280970**	**4280970**	**—**	**4445969**	**4445969**	**—**	**18931044**	**18931044**	**—**	**4847707**	**4847707**	**—**
1. 中央 HEIs under Central Ministries and Agencies	429308	429308	—	473231	473231	—	1886539	1886539	—	467117	467117	—
#教育部 of Which: under MOE	323664	323664	—	351777	351777	—	1408252	1408252	—	349044	349044	—
2. 地方 HEIs under Local Auth.	3851662	3851662	—	3972738	3972738	—	17044505	17044505	—	4380590	4380590	—
#民办 of Which: Non-government	1045627	1045627	—	1033370	1033370	—	4736848	4736848	—	1242152	1242152	—
二、职业本专科 Undergraduate in Professional HEIs	**3984094**	**0**	**3984094**	**5567182**	**41381**	**5525801**	**16030263**	**129297**	**15900966**	**5220566**	**9288**	**5211278**
1. 中央 HEIs under Central Ministries and Agencies	15688	0	15688	14285	0	14285	45085	0	45085	15738	0	15738
#教育部 of Which: under MOE	1579	0	1579	943	0	943	3101	0	3101	1077	0	1077
2. 地方 HEIs under Local Auth.	3968406	0	3968406	5552897	41381	5511516	15985178	129297	15855881	5204828	9288	5195540
#民办 of Which: Non-government	801184	0	801184	1271105	30810	1240295	3720542	115467	3605075	1159330	8384	1150946
三、成人本专科 Undergraduate in Adult HEIs	**2779485**	**1420887**	**1358598**	**3785288**	**2042982**	**1742306**	**8326521**	**4591098**	**3735423**	**3438328**	**1781638**	**1656690**
1. 中央 HEIs under Central Ministries and Agencies	178429	135324	43105	183946	162590	21356	485802	409712	76090	217801	173199	44602
#教育部 of Which: under MOE	149554	116440	33114	151839	136748	15091	406824	348732	58092	193309	155145	38164
2. 地方 HEIs under Local Auth.	2601056	1285563	1315493	3601342	1880392	1720950	7840719	4181386	3659333	3220527	1608439	1612088
#民办 of Which: Non-government	206287	30294	175993	421983	73708	348275	774904	141449	633455	287032	49269	237763
四、网络本专科 Web-based Undergraduates	**2590593**	**898773**	**1691820**	**2839192**	**1186772**	**1652420**	**8739006**	**3328548**	**5410458**	**—**	**—**	**—**
1. 中央 HEIs under Central Ministries and Agencies	2174886	751232	1423654	2290498	940128	1350370	7340154	2750605	4589549	—	—	—
#教育部 of Which: under MOE	2105378	721523	1383855	2270688	924118	1346570	7245487	2691902	4553585	—	—	—
2. 地方 HEIs under Local Auth.	415707	147541	268166	548694	246644	302050	1398852	577943	820909	—	—	—
#民办 of Which: Non-government	0	0	0	0	0	0	0	0	0	—	—	—

普通、职业本专科

Number of Undergraduate Students by

	毕业生数 Graduates	普通本科 Normal Courses	职业本科 Vocational Undergraduate	高职(专科) Short-cycle Courses	招生数 Entrants	普通本科 Normal Courses	职业本科 Vocational Undergraduate	高职(专科) Short-cycle Courses
总　计 Total	**8265064**	**4280970**	**0**	**3984094**	**10013151**	**4445969**	**41381**	**5525801**
#女 of Which:Female	4412644	2368720	0	2043924	5313188	2713686	26632	2572870
一、普通、职业高等学校 Regular HEIs	**8252195**	**4280970**	**0**	**3971225**	**10000385**	**4445969**	**41381**	**5513035**
(一)按类型分 by Type								
1. 普通本科学校 Academic HEIs	4746211	4263388	0	482823	4840236	4444172	338	395726
#独立学院 of Which: Independent Institutions	364269	345911	0	18358	317071	295103	0	21968
2. 本科层次职业学校 Professional HEIs	123589	17580	0	106009	159401	1797	41043	116561
3. 高职(专科)学校 Vocational HEIs	3381906	—	—	3381906	5000591	—	—	5000591
4. 其他普通高教机构(不计校数) Other Institutions	489	2	0	487	157	0	0	157
(二)按性质类型分 by Type of School								
综合大学 Comprehensive Universities	2248560	1178609	0	1069951	2641714	1206287	9289	1426138
理工院校 Polytechnic	2969634	1314549	0	1655085	3777332	1377628	22561	2377143
农业院校 Agriculture	297550	182055	0	115495	379286	194613	2932	181741
林业院校 Forestry	67500	34797	0	32703	83628	33374	0	50254
医药院校 Medicine and Pharmacy	551658	255348	0	296310	673506	272782	982	399742
师范院校 Normal School	831224	598777	0	232447	899675	619454	0	280221
语文院校 Language and Literature	119074	74144	0	44930	148082	78776	1919	67387
财经院校 Finance and Economics	823424	439866	0	383558	980272	437724	2349	540199
政法院校 Political Science and Law	101967	49295	0	52672	113232	57863	0	55369
体育院校 Physical Culture	37910	26396	0	11514	51725	26821	0	24904
艺术院校 Art	133091	66387	0	66704	175013	76788	1349	96876
民族院校 Ethnic Nationality	70603	60747	0	9856	76920	63859	0	13061
二、成人高等学校 Adult HEIs	**12869**	**0**	**0**	**12869**	**12766**	**0**	**0**	**12766**

分性质类别学生数
Type of Courses in Regular HEIs

单位：人
unit: person

在校生数 Enrolment	普通本科 Normal Courses	职业本科 Vocational Undergra-duate	高职（专科） Short-cycle Courses	预计毕业生数 Estimated	普通本科 Normal Courses	职业本科 Vocational Undergra-duate	高职（专科） Short-cycle Courses
34961307	**18931044**	**129297**	**15900966**	**10068273**	**4847707**	**9288**	**5211278**
17561048	10080059	63017	7417972	4990790	2570133	4478	2416179
34923582	**18931044**	**129297**	**15863241**	**10052993**	**4847707**	**9288**	**5195998**
20260563	18872351	338	1387874	5374260	4827316	0	546944
1515641	1437647	0	77994	422246	395225	0	27021
588882	58693	128959	401230	174164	20391	9288	144485
14072993	—	—	14072993	4504064	—	—	4504064
1144	0	0	1144	505	0	0	505
9381177	5173533	34561	4173083	2726731	1345103	4163	1377465
12677419	5829894	68178	6779347	3698674	1503118	3134	2192422
1322967	801906	2932	518129	374536	201160	0	173376
281286	138541	0	142745	82669	35931	0	46738
2391341	1238619	982	1151740	647982	278365	0	369617
3393659	2607683	0	785976	949341	679807	0	269534
538710	330537	6174	201999	152365	82504	0	69861
3494622	1905032	10868	1578722	1024748	498862	1991	523895
393245	225223	0	168022	109838	53150	0	56688
172702	110849	0	61853	45142	27891	0	17251
581246	311273	5602	264371	163133	76968	0	86165
295208	257954	0	37254	77834	64848	0	12986
37725	**0**	**0**	**37725**	**15280**	**0**	**0**	**15280**

成人本专科分

Number of Students for Adult

	毕业生数 Graduates	本科 Normal Courses	专科 Short-cycle Courses	招生数 Entrants	本科 Normal Courses	专科 Short-cycle Courses
总　计 Total	**2779485**	**1420887**	**1358598**	**3785288**	**2042982**	**1742306**
#:女 of Which:Female	1652115	891142	760973	2149819	1176639	973180
一、成人高等学校 Adult HEIs	**167129**	**14818**	**152311**	**204580**	**15121**	**189459**
职工高等学校 Workers´ Colleges	50819	49755	1064	74793	72462	2331
农民高等学校 Peasants´ Colleges	256	256	0	1863	1863	0
管理干部学院 Institutes for Administration	7982	6637	1345	4953	4626	327
教育学院 Educational Colleges	28171	20449	7722	41173	31988	9185
独立函授学院 Independent Correspondence Colleges	0	0	0	0	0	0
开放大学 The Open University	79901	75214	4687	81798	78520	3278
其他成人高教机构 Other Adult HEIs	0	0	0	0	0	0
二、普通、职业高等学校 Regular HEIs	**2612356**	**1406069**	**1206287**	**3580708**	**2027861**	**1552847**
函授 Correspondence	1697095	910981	786114	2725032	1563623	1161409
业余 Spare time Schools	911843	494233	417610	855667	464238	391429
脱产 Full-time Courses for Adults	3418	855	2563	9	0	9

性质类别学生数
Programs by Type of Schools in HEIs

单位:人
unit: person

在校生数 Enrolment	本科 Normal Courses	专科 Short-cycle Courses	预计毕业生数 Estimated Graduates for Next Year	本科 Normal Courses	专科 Short-cycle Courses
8326521	**4591098**	**3735423**	**3438328**	**1781638**	**1656690**
4805346	2707640	2097706	1990329	1064732	925597
452996	**35532**	**417464**	**212826**	**17482**	**195344**
144751	140692	4059	62115	60401	1714
2716	2716	0	853	853	0
8838	8240	598	3885	3614	271
87610	66082	21528	38152	27512	10640
0	0	0	0	0	0
209081	199734	9347	107821	102964	4857
0	0	0	0	0	0
7873525	**4555566**	**3317959**	**3225502**	**1764156**	**1461346**
5637235	3253736	2383499	2299045	1258339	1040706
2235877	1301594	934283	926145	505671	420474
413	236	177	312	146	166

普通本科分学科门类学生数

Number of Regular Students for Normal Courses in HEIs by Discipline

单位：人
unit: person

	毕业生数 Graduates	招生数 Entrants	在校生数 Enrolment	预计毕业生数 Estimated Graduates for Next Year
总　计 Total	**4280970**	**4445969**	**18931044**	**4847707**
# 女 of Which: Female	2368720	2713686	10080059	2570133
#师范生 of Which: Normal University Students	426665	467046	1981164	—
哲学 Philosophy	2488	3504	11864	2646
经济学 Economics	249130	226299	980747	266886
法学 Law	152722	163208	675628	167461
教育学 Education	184333	207406	883226	225233
文学 Literature	422799	437285	1862465	474406
历史学 History	19656	26871	98705	21941
理学 Science	280389	326123	1272888	309334
工学 Engineering	1403297	1562825	6439996	1634568
农学 Agriculture	71879	80676	315781	78620
医学 Medicine	302039	321960	1508482	339280
管理学 Management	785537	637849	3018471	862915
艺术学 Art	406701	451963	1862791	464417

职业本科分专业大类学生数
Number of Regular Students for Short-cycle Courses in HEIs by Discipline

单位:人
unit: person

	毕业生数 Graduates	#职业类证书 of Which: Occupational Certificates	#职业技能等级证书 of Which: Vocational Skill Level Certificate	招生数 Entrants	在校生数 Enrolment	#现代学徒制 of Which: Modern Apprenticeships	预计毕业生数 Estimated Graduates for Next Year
总　计 Total	**0**	**0**	**0**	**41381**	**129297**	**35**	**9288**
#女 of Which: Female	0	0	0	26632	63017	12	4478
农林牧渔大类 Agriculture, Forestry, Husbandry and Fishery	0	0	0	331	331	0	0
资源环境与安全大类 Resources Environment and Security	0	0	0	859	1307	0	0
能源动力与材料大类 Energy Power and Materials	0	0	0	200	200	0	0
土木建筑大类 Civil Engineering and Architecture	0	0	0	3796	12491	0	894
水利大类 Water Resources	0	0	0	0	0	0	0
装备制造大类 Equipment Manufacturing	0	0	0	5066	15272	0	1019
生物与化工大类 Biology and Chemical Engineering	0	0	0	384	550	0	2
轻工纺织大类 Light Industry and Textile	0	0	0	142	197	0	1
食品药品与粮食大类 Food, Medicine and Grain	0	0	0	135	609	0	28
交通运输大类 Transport and Communication	0	0	0	1475	3541	0	68
电子信息大类 Electronic Information	0	0	0	10016	31041	35	1322
医药卫生大类 Medicine and Health Care	0	0	0	1838	5324	0	362
财经商贸大类 Finance, Economics, Commerce and Trade	0	0	0	7879	29326	0	3427
旅游大类 Tourism	0	0	0	320	1527	0	421
文化艺术大类 Culture and Arts	0	0	0	3937	10198	0	372
新闻传播大类 Journalism and Communication	0	0	0	900	2141	0	0
教育与体育大类 Education and Sports	0	0	0	3782	14921	0	1372
公安与司法大类 Public Security and Justice	0	0	0	78	78	0	0
公共管理与服务大类 Public Administration and Service	0	0	0	243	243	0	0

高职（专科）分专业大类学生数

Number of Regular Students for Short-cycle Courses in HEIs by Discipline

单位：人
unit: person

	毕业生数 Graduates	#职业类证书 of Which: Occupational Certificates	#职业技能等级证书 of Which: Vocational Skill Level Certificate	招生数 Entrants	在校生数 Enrolment	#现代学徒制 of Which: Modern Apprenticeships	预计毕业生数 Estimated Graduates for Next Year
总　计 Total	**3984094**	**1505447**	**489046**	**5525801**	**15900966**	**253923**	**5211278**
#女 of Which: Female	2043924	753169	246177	2572870	7417972	93265	2416179
农林牧渔大类 Agriculture, Forestry, Husbandry and Fishery	68098	22155	11464	116424	326761	12390	108308
资源环境与安全大类 Resources Environment and Security	47585	16368	4745	81633	224751	6418	70648
能源动力与材料大类 Energy Power and Materials	40465	18472	7034	54933	156757	5743	50929
土木建筑大类 Civil Engineering and Architecture	282408	97284	32162	430634	1252046	16070	407422
水利大类 Water Resources	14682	4772	1781	20629	58411	1531	17769
装备制造大类 Equipment Manufacturing	402082	196608	59000	588298	1613562	47208	529634
生物与化工大类 Biology and Chemical Engineering	29271	12845	3770	46346	127555	6370	40040
轻工纺织大类 Light Industry and Textile	17841	7275	1252	22826	69319	2462	22994
食品药品与粮食大类 Food, Medicine and Grain	63208	20675	8634	92722	253419	4873	78989
交通运输大类 Transport and Communication	307791	123113	35656	386829	1103089	18524	376980
电子信息大类 Electronic Information	529861	209424	68676	813154	2301674	35246	731586
医药卫生大类 Medicine and Health Care	552134	196438	60497	785010	2215712	14316	702694
财经商贸大类 Finance, Economics, Commerce and Trade	698664	255113	107777	850443	2664212	43198	912825
旅游大类 Tourism	124153	43564	16415	164458	464728	14137	160353
文化艺术大类 Culture and Arts	193766	60510	16054	267074	769722	9975	250980
新闻传播大类 Journalism and Communication	35364	9025	2860	50436	140572	943	43901
教育与体育大类 Education and Sports	486187	192933	43906	634041	1783879	11197	584531
公安与司法大类 Public Security and Justice	44823	4967	1694	50656	154047	616	51825
公共管理与服务大类 Public Administration and Service	45711	13906	5669	69255	220750	2706	68870

成人本科分学科门类学生数
Number of Adult Students for Normal Courses in HEIs by Discipline

单位：人
unit: person

	毕业生数 Graduates	招生数 Entrants	在校生数 Enrolment	预计毕业生数 Estimated Graduates for Next Year
总　计 Total	**1420887**	**2042982**	**4591098**	**1781638**
#女 of Which: Female	891142	1176639	2707640	1064732
哲　学 Philosophy	19	0	341	66
经济学 Economics	27506	31878	76981	32772
法　学 Law	53208	85109	175184	71398
教育学 Education	143010	236311	492468	212089
文　学 Literature	86090	126128	260408	108111
历史学 History	1143	1493	3394	1575
理　学 Science	20473	24859	53446	25427
工　学 Engineering	295404	520283	1089349	415368
农　学 Agriculture	18573	28300	58203	22260
医　学 Medicine	399831	391475	1060253	408701
管理学 Management	361824	578221	1266005	463572
艺术学 Art	13806	18925	55066	20299

成人专科分专业大类学生数
Number of Adult Students for Short-cycle Courses in HEIs by Discipline

单位：人
unit: person

	毕业生数 Graduates	招生数 Entrants	在校生数 Enrolment	预计毕业生数 Estimated Graduates for Next Year
总　计 Total	**1358598**	**1742306**	**3735423**	**1656690**
#女 of Which: Female	760973	973180	2097706	925597
农林牧渔大类 Agriculture, Forestry, Husbandry and Fishery	20861	19924	44844	21119
资源环境与安全大类 Resources Environment and Security	9316	11308	23820	10610
能源动力与材料大类 Energy Power and Materials	4104	4572	10828	5437
土木建筑大类 Civil Engineering and Architecture	96204	185450	365798	153415
水利大类 Water Resources	2879	5496	10392	4255
装备制造大类 Equipment Manufacturing	107062	141117	291598	130142
生物与化工大类 Biology and Chemical Engineering	6196	26382	35850	8443
轻工纺织大类 Light Industry and Textile	1090	841	2121	1066
食品药品与粮食大类 Food, Medicine and Grain	2694	5102	9067	3047
交通运输大类 Transport and Communication	81185	49005	141937	80075
电子信息大类 Electronic Information	105227	142778	295259	130676
医药卫生大类 Medicine and Health Care	159228	131289	363193	158267
财经商贸大类 Finance, Economics, Commerce and Trade	409187	602722	1222523	520059
旅游大类 Tourism	24367	21140	49944	25320
文化艺术大类 Culture and Arts	25225	21620	54308	27642
新闻传播大类 Journalism and Communication	1609	1191	3271	2030
教育与体育大类 Education and Sports	203519	240359	536079	257446
公安与司法大类 Public Security and Justice	21862	20457	44780	21453
公共管理与服务大类 Public Administration and Service	76783	111553	229811	96188

网络本科分学科学生数

Number of Web-based Students for Normal Courses in HEIs by Discipline

单位:人
unit: person

	毕业生数 Graduates	招生数 Entrants	在校生数 Enrolment
总　计 Total	**898773**	**1186772**	**3328548**
#女 of Which: Female	450129	522563	1507692
#开放大学 of Which: Open University	272033	439688	1297193
哲　学 Philosophy	0	0	0
经济学 Economics	28438	26213	85947
法　学 Law	70152	99714	277155
教育学 Education	54175	73955	197604
文　学 Literature	45481	58270	158522
历史学 History	440	643	1307
理　学 Science	8835	14383	31375
工　学 Engineering	231649	354233	910016
农　学 Agriculture	9398	13172	30910
医　学 Medicine	72971	82618	248597
管理学 Management	373541	457271	1368487
艺术学 Art	3693	6300	18628

网络专科分专业大类学生数
Number of Web-based Students for Short-cycle Courses in HEIs by Discipline

单位：人
unit: person

	毕业生数 Graduates	招生数 Entrants	在校生数 Enrolment
总　计 Total	**1691820**	**1652420**	**5410458**
#女 of Which: Female	742930	677951	2215626
#开放大学 of Which: Open University	983333	1429584	4426159
农林牧渔大类 Agriculture, Forestry, Husbandry and Fishery	21902	22375	65077
资源环境与安全大类 Resources Environment and Security	29188	13991	47850
能源动力与材料大类 Energy Power and Materials	8672	3292	16949
土木建筑大类 Civil Engineering and Architecture	146922	197181	555193
水利大类 Water Resources	7362	6697	23067
装备制造大类 Equipment Manufacturing	103173	97870	320629
生物与化工大类 Biology and Chemical Engineering	4948	20212	35985
轻工纺织大类 Light Industry and Textile	145	0	334
食品药品与粮食大类 Food, Medicine and Grain	8884	6413	17324
交通运输大类 Transport and Communication	40254	32464	156271
电子信息大类 Electronic Information	122184	172855	481535
医药卫生大类 Medicine and Health Care	63114	81492	257609
财经商贸大类 Finance, Economics, Commerce and Trade	472746	390662	1337305
旅游大类 Tourism	9863	17730	53033
文化艺术大类 Culture and Arts	6090	7902	33312
新闻传播大类 Journalism and Communication	807	1509	4893
教育与体育大类 Education and Sports	160069	120820	470376
公安与司法大类 Public Security and Justice	72247	57132	235051
公共管理与服务大类 Public Administration and Service	413250	401823	1298665

高等教育学生

Changes in Enrolment of

	上学年初报表在校学生数 Enrolment at Beginning of Orevious Academic Year	增加学生数 Factors of Increase					
		合计 Total	招生 No. of Students Admitted	复学 Students Resuming Studies	转入 Transfers from Other Inst.	退役复学 Return to School from Army	其他 Others
博士研究生 Doctor's Degree	466549	129684	125823	2071	125	0	1665
硕士研究生 Master's Degree	2507342	1064349	1050703	5115	273	72	8186
普通本科生 Normal Courses	18184071	5346592	5163660	51971	76426	33010	21525
职业本科生 Vocational Undergraduates	73389	56591	56476	64	0	50	1
高职专科生 Short-cycle Courses	14595488	5824223	5525801	42007	165751	45858	44806
成人本科生 Normal Courses Provided by Adult HEIs	4051025	2080786	2042982	10965	2789	117	23933
成人专科生 Short-cycle Courses Provided by Adult HEIs	3721917	1786257	1742306	5945	21160	247	16599
网络本科生 NormalCourses Provided by Web-based Programs	3111899	1241485	1186772	1509	23514	0	29690
网络专科生 Short-cycle Courses Provided by Web-based Programs	5352565	1964213	1652420	6440	72460	0	232893

高等教育学生

Other Circumstances of Students

	共产党员 Member of C. P. A	共青团员 Member of C. Y. L
总 计 Total	**3121248**	**28446944**
研究生 Postgraduates	908221	2030973
博 士 Doctor's Degree	221735	174499
硕 士 Master's Degree	686486	1856474
普通本科 Undergraduates	1143535	15824865
职业本专科 Vocational Undergraduates	272194	8783503
本 科 Normal Courses	2373	86879
专 科 Short-cycle Courses	269821	8696624
成人本专科 Undergraduates in Adult HEIs	211736	951806
本 科 Normal Courses	150415	613062
专 科 Short-cycle Courses	61321	338744
网络本专科生 Web-based Undergraduates	585562	855797
本 科 Normal Courses	261144	340647
专 科 Short-cycle Courses	324418	515150

数变动情况
Higher Educations

单位：人
unit: person

减少学生数 Factors of Decrease									本学年初报表在校学生数 Enrolment at Beginning of Current Academic Year
合计 Total	毕业 Graduates	结业 Completers of Courses without Formal awards	休学 Suspended	退学 Quitting	死亡 Death	转出 Transfers to Other Inst.	应征入伍 Enlist into the Army	其他 Others	
86780	**72019**	**4807**	**1862**	**5220**	**65**	**369**	**0**	**2438**	**509453**
748771	700742	5633	6261	9445	229	2274	175	24012	2822920
4599619	4280970	73891	61438	37679	1838	69556	49116	25131	18931044
683	0	0	217	119	5	1	334	7	129297
4518745	3984094	77307	65763	111169	1306	155868	102408	20933	15900966
1540713	1420887	5922	9588	36019	30	23844	165	44258	4591098
1772751	1358598	11609	13478	52877	34	90385	1059	244711	3735423
1024836	898773	4345	2352	61131	5	0	1	58229	3328548
1906320	1691820	1114	4130	65832	15	0	1	143408	5410458

中其他情况
in Higher Education

单位：人
unit: person

民主党派 Member of Non-Communist Party	香港 From H. K	澳门 From Macao	台湾 From Taiwan	华侨 Overseas Chinese	少数民族 Minorities	残疾人 Disabled
9020	**21192**	**10748**	**12269**	**2116**	**5003593**	**56919**
3585	3221	1666	3814	465	192881	1180
1977	976	236	1303	100	28225	172
1608	2245	1430	2511	365	164656	1008
0	16579	6385	8001	1285	1836474	24956
83	359	39	134	114	1743548	28676
1	1	0	1	0	10131	139
82	358	39	133	114	1733417	28537
2371	535	860	155	251	616653	1486
1481	174	628	12	249	351542	257
890	361	232	143	2	265111	1229
2981	498	1798	165	1	614037	621
1419	114	451	50	1	213623	343
1562	384	1347	115	0	400414	278

高等教育国际
Information on International

	毕(结)业生数 Graduates
总　计 Total	**95353**
#:女 of Which:Female	15959
按学历分 by Level of Training	39027
博士研究生 Doctor's Degree	2612
硕士研究生 Master's Degree	10628
本科生 Normal Courses	21729
专科生 Short-cycle Courese	4058
培训 In-service Training	56326
按大洲分 By Continent	
亚洲 Asia	24459
非洲 Africa	10034
欧洲 Europe	2835
北美洲 North America	1019
南美洲 South America	452
大洋洲 Australia	228

高等教育学校
Number of Educational

	教职工数 Educational Personnel	专任教师 Full-time Teachers	行政人员 Adm. Personnel	教辅人员 Supporting Staff	工勤人员 Workers
总　计 Total	**2785592**	**1885214**	**400044**	**247999**	**129095**
#女 of Which: Female	1429739	982617	203868	145164	37014
#在编人员 of Which: Permanent Staff	1875454	1335788	260513	156323	63836
1. 普通本科学校 Academic HEIs	1931463	1272996	294884	187323	91184
#独立学院 of Which:Independent Institutions	82566	59874	12886	5024	4615
2. 本科层次职业学校 Professional HEIs	32202	25743	2849	2044	1466
3. 高职(专科)学校 Vocational HEIs	787355	595014	94824	53914	34382
4. 成人高等学校 Adult HEIs	34363	19973	7445	4648	2057
5. 其他普通高教机构(不计校数) Other Institutions	209	91	42	70	6

学生情况
Students in HEIs

单位：人
unit：person

授予学位数 Degrees Awarded	招生数 Entrants	在校生数 Enrolment
31847	93643	255720
13311	19577	85130
31847	45298	210903
2281	5460	25709
9814	13157	43795
19752	23908	131752
—	2773	9647
—	48345	44813
19150	28887	141071
8726	10556	47511
2418	3522	13026
960	1431	5435
384	643	2434
209	259	1430

教职工情况（总计）
Personnel in HEIs (Total)

单位：人
unit：person

专职科研人员 Full-time Researchers	其他附设机构人员 Personnel in Others Subsidiary Units	校外教师 Part-time Teachers	行业导师 Industry Mentor	外籍教师 Foreign Teachers	离退休人员 Retirees	附属中小学幼儿园教职工 Number of Educational Personnel in Affiliated Kindergartens, Primary and Secondary Schools
50644	**43993**	**465555**	**296705**	**18458**	**947272**	**29393**
19774	23968	205528	104005	4907	460220	21420
27997	30997	—	—	—	—	—
49449	35627	273894	158096	17388	731409	25813
49	118	35727	5365	334	84	166
48	52	5577	4558	49	2829	0
1055	8166	167902	132869	1018	191749	3346
92	148	18182	1182	3	21178	234
0	0	0	0	0	107	0

高等教育研究生

Number of Supervisors of

	合计 Total	29岁及以下 29 and Under	30-34岁 30 to 34
总　计 Total	**556513**	**3205**	**44268**
#女 of Which: Female	184767	1270	15573
#培养研究生的科研机构 of Which: Institutions Providing Postgraduate Programs	18289	8	461
按专业技术职务分:正高级 by Rank:Senior	252796	97	2703
副高级 Sub-Senior	241746	963	18405
中　级 Middle	61971	2145	23160
按指导关系分:博士导师 by Level of Programs Supervised:Supervisors of Doctoral Programs	11769	47	238
#女 of Which: Female	1892	15	74
硕士导师 Supervisors of Master's Degree Programs	424547	2647	39901
#女 of Which: Female	157769	1130	14630
博士、硕士导师 Supervisors of Doc. and Mas. Degree Programs	120197	511	4129
#女 of Which: Female	25106	125	869

研究生指导

Number of Supervisors of

	合计 Total	29岁及以下 29 and Under	30-34岁 30 to 34
总　计 Total	**538224**	**3197**	**43807**
#女 of Which: Female	180772	1266	15433
按专业技术职务分:正高级 by Rank:Senior	240255	97	2664
副高级 Sub-Senior	236205	963	18072
中　级 Middle	61764	2137	23071
分指导关系:博士导师 by Level of Programs Supervised:Supervisors of Doctoral Programs	10729	47	238
#女 of Which: Female	1765	15	74
硕士导师 Supervisors of Master's Degree Programs	409906	2639	39449
#女 of Which: Female	154315	1126	14493
博士、硕士导师 Supervisors of Doc. and Mas. Degree Programs	117589	511	4120
#女 of Which: Female	24692	125	866

指导教师情况(总计)
Postgraduate Programs (Total)

单位:人
unit: person

35-39 岁 35 to 39	40-44 岁 40 to 44	45-49 岁 45 to 49	50-54 岁 50 to 54	55-59 岁 55 to 59	60-64 岁 60 to 64	65 岁及以上 65 and Over
89230	**119497**	**101936**	**82698**	**88932**	**17797**	**8950**
30399	45082	37582	28226	22370	3097	1168
2521	3901	3640	3244	3754	513	247
14634	36611	49846	53952	71022	15775	8156
54853	72676	48102	27031	17124	1899	693
19743	10210	3988	1715	786	123	101
715	1157	1620	1773	3340	1397	1482
127	226	348	352	474	149	127
74834	97606	79394	61869	57331	7911	3054
27697	40451	31757	22922	16833	1765	584
13681	20734	20922	19056	28261	8489	4414
2575	4405	5477	4952	5063	1183	457

教师情况(普通高校)
Postgraduate Programs (Regular HEIs)

单位:人
unit: person

35-39 岁 35 to 39	40-44 岁 40 to 44	45-49 岁 45 to 49	50-54 岁 50 to 54	55-59 岁 55 to 59	60-64 岁 60 to 64	65 岁及以上 65 and Over
86709	**115596**	**98296**	**79454**	**85178**	**17284**	**8703**
29765	44143	36666	27495	21833	3027	1144
13899	34361	47248	51233	67562	15278	7913
53130	71048	47075	26512	16833	1883	689
19680	10187	3973	1709	783	123	101
706	1093	1459	1532	2974	1287	1393
126	216	315	318	442	140	119
72464	94106	76342	59432	54838	7669	2967
27084	39573	30972	22337	16435	1722	573
13539	20397	20495	18490	27366	8328	4343
2555	4354	5379	4840	4956	1165	452

高等教育分学科专任教师数(普通高校)
Number of Full-time Teachers by Field of Study in HEIs (Regular HEIs)

单位:人
unit: person

	合计 Total	正高级 Senior	副高级 Sub-Senior	中级 Middle	初级 Junior	未定职级 No-Ranking
总　计 Total	**1269810**	**214361**	**407449**	**479242**	**89560**	**79198**
#女 of Which: Female	629756	65928	193058	267458	57002	46310
哲学 Philosophy	37566	5298	10313	14388	4005	3562
#马克思主义哲学 of Which: Marxist Philosophy	22428	2795	6109	8724	2541	2259
经济学 Economics	54341	9336	17466	20056	3852	3631
法学 Law	71066	10113	20108	27804	7115	5926
教育学 Education	99601	10098	30132	39385	11874	8112
文学 Literature	158464	16206	46442	73708	12761	9347
历史学 History	14368	3361	4670	4873	675	789
理学 Science	153130	35605	53778	50803	5699	7245
工学 Engineering	345400	67519	121546	124216	14897	17222
农学 Agriculture	31207	7890	10358	10047	1040	1872
医学 Medicine	94908	24710	32787	28962	4838	3611
管理学 Management	109583	15476	34149	42177	9687	8094
艺术学 Art	100176	8749	25700	42823	13117	9787

专任教师教学领域所属大类情况(本科层次职业高校)

Number of Full-time Teachers by Field of Study in HEIs (Professional HEIs)

单位:人
unit: person

	合计 Total	正高级 Senior	副高级 Sub-Senior	中级 Middle	初级 Junior	未定职级 No-Ranking
总　计 Total	**25560**	**2077**	**6662**	**8818**	**3935**	**4068**
#女 of Which: Female	13786	720	3170	5159	2438	2299
#实习指导课 of Which:Practice Guidance Lessons	3135	187	909	1267	427	345
农林牧渔大类 Agriculture, Forestry, Husbandry and Fishery	361	22	99	167	17	56
资源环境与安全大类 Resources Environment and Security	519	40	142	204	85	48
能源动力与材料大类 Energy Power and Materials	455	47	144	166	51	47
土木建筑大类 Civil Engineering and Architecture	1791	127	526	613	318	207
水利大类 Water Resources	42	5	14	19	4	0
装备制造大类 Equipment Manufacturing	2252	232	756	748	241	275
生物与化工大类 Biology and Chemical Engineering	579	68	214	213	55	29
轻工纺织大类 Light Industry and Textile	132	15	36	49	15	17
食品药品与粮食大类 Food,Medicine and Grain	210	32	37	73	43	25
交通运输大类 Transport and Communication	780	49	198	263	149	121
电子信息大类 Electronic Information	3608	297	1010	1296	543	462
医药卫生大类 Medicine and Health Care	1207	128	307	462	195	115
财经商贸大类 Finance,Economics,Commerce and Trade	3667	253	918	1255	584	657
旅游大类 Tourism	347	23	85	116	73	50
文化艺术大类 Culture and Arts	3061	231	669	1001	449	711
新闻传播大类 Journalism and Communication	249	4	45	56	69	75
教育与体育大类 Education and Sports	5155	431	1230	1721	900	873
公安与司法大类 Public Security and Justice	328	24	74	110	39	81
公共管理与服务大类 Public Administration and Service	842	49	159	292	114	228

专任教师教学领域所属大类情况(专科层次职业高校)
Number of Full-time Teachers by Field of Study in HEIs (Vocational HEIs)

单位:人
unit: person

	合计 Total	正高级 Senior	副高级 Sub-Senior	中级 Middle	初级 Junior	未定职级 No-Ranking
总　计 Total	**570171**	**27694**	**141762**	**217431**	**102258**	**81026**
#女 of Which: Female	327091	12226	73208	128205	63001	50451
#实习指导课 of Which:Practice Guidance Lessons	100846	5091	26819	43230	16017	9689
农林牧渔大类 Agriculture, Forestry, Husbandry and Fishery	11896	1136	3694	4078	1686	1302
资源环境与安全大类 Resources Environment and Security	6805	327	1997	2766	1067	648
能源动力与材料大类 Energy Power and Materials	9624	548	2924	3653	1375	1124
土木建筑大类 Civil Engineering and Architecture	29521	1326	7726	11931	5171	3367
水利大类 Water Resources	2050	140	634	755	328	193
装备制造大类 Equipment Manufacturing	44510	2659	12432	17216	7436	4767
生物与化工大类 Biology and Chemical Engineering	9588	753	2904	3550	1406	975
轻工纺织大类 Light Industry and Textile	2979	221	803	1155	471	329
食品药品与粮食大类 Food,Medicine and Grain	7090	473	1800	2704	1248	865
交通运输大类 Transport and Communication	24308	1154	5959	9500	4401	3294
电子信息大类 Electronic Information	67311	2949	18182	25897	10878	9405
医药卫生大类 Medicine and Health Care	55400	3934	14181	19915	11201	6169
财经商贸大类 Finance,Economics,Commerce and Trade	65440	3032	15892	25393	11640	9483
旅游大类 Tourism	13099	505	2928	5010	2549	2107
文化艺术大类 Culture and Arts	55596	1859	11219	21221	11171	10126
新闻传播大类 Journalism and Communication	5368	171	937	2051	1186	1023
教育与体育大类 Education and Sports	129745	5262	31152	49271	23260	20800
公安与司法大类 Public Security and Justice	7884	401	1789	2972	1527	1195
公共管理与服务大类 Public Administration and Service	21957	844	4609	8393	4257	3854

高等教育分学科专任教师数(成人高校)

Number of Full-time Teachers by Field of Study in HEIs (Adult HEIs)

单位:人
unit: person

	合计 Total	正高级 Senior	副高级 Sub-Senior	中级 Middle	初级 Junior	未定职级 No-Ranking
总 计 Total	**19673**	**1101**	**6257**	**8249**	**2684**	**1382**
#:女 of Which: Female	11984	560	3681	5146	1766	831
哲学 Philosophy	784	74	264	276	102	68
#马克思主义哲学 of Which: Marxist Philosophy	341	30	117	126	48	20
经济学 Economics	1748	130	645	704	220	49
法学 Law	1025	105	334	407	120	59
教育学 Education	2637	146	860	1075	324	232
文学 Literature	2471	120	799	1124	318	110
历史学 History	226	15	77	88	31	15
理学 Science	2254	136	754	957	285	122
工学 Engineering	4371	159	1368	2002	589	253
农学 Agriculture	274	20	86	124	30	14
医学 Medicine	489	15	152	215	67	40
管理学 Management	2068	145	591	811	326	195
艺术学 Art	1326	36	327	466	272	225

高等教育专任教师分学历(位)、
Full-time Teachers by Educational Background and by

	合计 Total	#获取博士学位 of Which: Ph. D	#获取硕士学位 of Which: Master's Degree	博士 Doctor's Degree	#获取博士学位 of Which: Ph. D	#获取硕士学位 of Which: Master's Degree
1. 专任教师 Full-time Teachers	**1885214**	**546246**	**909709**	**541955**	**540277**	**1503**
#女 of Which: Female	982617	209293	561251	207800	206992	749
正高级 Senior	245233	154642	54512	152497	152277	181
副高级 Sub-Senior	562130	200648	234461	198869	198277	537
中　级 Middle	713740	167221	403002	166814	166123	628
初　级 Junior	198437	1827	125381	1833	1773	58
未定职级 No-Ranking	165674	21908	92353	21942	21827	99
2. 聘请校外教师 Part-time Teachers	**465555**	**83544**	**173620**	**81522**	**79860**	**713**
#女 of Which: Female	205528	25029	86829	24227	23612	268
正高级 Senior	80283	36640	19943	35887	35464	136
副高级 Sub-Senior	137671	26870	51781	26021	25445	286
中　级 Middle	147557	16362	64808	15824	15470	205
初　级 Junior	37193	397	15465	518	366	12
未定职级 No-Ranking	62851	3275	21623	3272	3115	74
3. 行业导师 Industry Mentor	**296705**	**35168**	**83800**	**33775**	**32997**	**411**
4. 外籍教师 Foreign Teachers	**18458**	**11030**	**4351**	**10977**	**10819**	**75**

分专业技术职务情况(总计)

Professional and Technical Position in HEIs(Total)

单位:人
unit: person

硕士 Master's Degree	#获取博士学位 of Which: Ph. D	#获取硕士学位 of Which: Master's Degree	本科 University Diploma	#获取博士学位 of Which: Ph. D	#获取硕士学位 of Which: Master's Degree	专科 Short-cycle Courses	#获取博士学位 of Which: Ph. D	#获取硕士学位 of Which: Master's Degree	高中阶段以下 Below High School Graduate
722942	**4685**	**708171**	**608493**	**1275**	**199524**	**11297**	**9**	**511**	**527**
454309	1712	447638	316008	587	112633	4375	2	231	125
33572	1630	30790	58641	731	23472	494	4	69	29
151451	1941	146164	209860	425	87576	1879	5	184	71
327379	1004	322597	215338	94	79598	4035	0	179	174
119399	48	118361	74742	6	6911	2380	0	51	83
91141	62	90259	49912	19	1967	2509	0	28	170
155650	**2968**	**146397**	**212755**	**711**	**26410**	**14891**	**5**	**100**	**737**
77816	1111	73882	97503	305	12637	5756	1	42	226
17856	935	16057	25814	238	3739	709	3	11	17
43383	1160	40426	66400	265	11036	1827	0	33	40
58214	711	55363	68687	179	9216	4719	2	24	113
14706	29	14140	19915	2	1305	1997	0	8	57
21491	133	20411	31939	27	1114	5639	0	24	510
77626	**1825**	**72079**	**157935**	**340**	**11096**	**25239**	**6**	**214**	**2130**
4500	**206**	**4230**	**2919**	**5**	**45**	**56**	**0**	**1**	**6**

高等教育专任教师分学历(位)、
Full-time Teachers by Educational Background and by

	合计 Total	#获取博士学位 of Which: Ph. D	#获取硕士学位 of Which: Master's Degree	博士 Doctor's Degree	#获取博士学位 of Which: Ph. D	#获取硕士学位 of Which: Master's Degree
1. 专任教师 Full-time Teachers	**1269810**	**530040**	**587795**	**525957**	**524598**	**1241**
#女 of Which: Female	629756	202260	360012	200833	200174	617
正高级 Senior	214361	150980	40224	148978	148795	158
副高级 Sub-Senior	407449	194470	156298	192795	192318	445
中　级 Middle	479242	162176	267745	161753	161180	527
初　级 Junior	89560	1634	73661	1634	1594	39
未定职级 No-Ranking	79198	20780	49867	20797	20711	72
2. 聘请校外教师 Part-time Teachers	**273894**	**78056**	**110299**	**76269**	**75027**	**526**
#女 of Which: Female	114443	23303	54369	22624	22131	201
正高级 Senior	67211	35030	15570	34336	34016	100
副高级 Sub-Senior	90860	24678	35590	23966	23536	221
中　级 Middle	78285	15100	39441	14603	14356	155
初　级 Junior	12926	303	7648	434	288	6
未定职级 No-Ranking	24612	2945	12050	2930	2831	44
3. 行业导师 Industry Mentor	**158096**	**32711**	**55323**	**31403**	**30806**	**300**
4. 外籍教师 Foreign Teachers	**17388**	**10932**	**3943**	**10889**	**10737**	**71**

分专业技术职务情况(普通高校)

Professional and Technical Position in HEIs(Regular HEIs)

单位:人
unit: person

硕士 Master's Degree	#获取博士学位 of Which: Ph. D	#获取硕士学位 of Which: Master's Degree	本科 University Diploma	#获取博士学位 of Which: Ph. D	#获取硕士学位 of Which: Master's Degree	专科 Short-cycle Courses	#获取博士学位 of Which: Ph. D	#获取硕士学位 of Which: Master's Degree	高中阶段以下 Below High School Graduate
484467	**4297**	**476252**	**256366**	**1136**	**110049**	**2938**	**9**	**253**	**82**
301197	1554	297937	126586	530	61358	1125	2	100	15
27090	1523	24831	37910	658	15181	363	4	54	20
109124	1772	105859	104654	375	49907	865	5	87	11
227498	915	225227	88934	81	41896	1030	0	95	27
71414	36	71194	16144	4	2417	363	0	11	5
49341	51	49141	8724	18	648	317	0	6	19
100137	**2428**	**95190**	**93996**	**596**	**14537**	**3434**	**5**	**46**	**58**
49062	910	46991	41427	261	7159	1312	1	18	18
14162	804	12833	18245	207	2629	461	3	8	7
30177	935	28369	35751	207	6977	963	0	23	3
36331	580	35058	26313	162	4223	1031	2	5	7
7502	14	7326	4756	1	314	231	0	2	3
11965	95	11604	8931	19	394	748	0	8	38
52148	**1619**	**48789**	**69563**	**283**	**6165**	**4637**	**3**	**69**	**345**
4077	**192**	**3839**	**2371**	**3**	**32**	**46**	**0**	**1**	**5**

高等教育专任教师分学历(位)、
Full-time Teachers by Educational Background and by

	合计 Total	#获取博士学位 of Which: Ph. D	#获取硕士学位 of Which: Master's Degree	博士 Doctor's Degree	#获取博士学位 of Which: Ph. D	#获取硕士学位 of Which: Master's Degree
1. 专任教师 Full-time Teachers	**25560**	**1432**	**14104**	**1423**	**1416**	**7**
#女 of Which: Female	13786	499	8494	496	492	4
正高级 Senior	2077	358	765	353	351	2
副高级 Sub-Senior	6662	524	3143	519	517	2
中　级 Middle	8818	426	5277	426	424	2
初　级 Junior	3935	14	2377	15	14	1
未定职级 No-Ranking	4068	110	2542	110	110	0
2. 聘请校外教师 Part-time Teachers	**5577**	**630**	**2178**	**578**	**552**	**0**
#女 of Which: Female	2558	168	1046	145	130	0
正高级 Senior	740	158	197	161	143	0
副高级 Sub-Senior	1871	229	698	215	208	0
中　级 Middle	1924	222	941	185	185	0
初　级 Junior	510	2	158	1	1	0
未定职级 No-Ranking	532	19	184	16	15	0
3. 行业导师 Industry Mentor	**4558**	**76**	**1251**	**70**	**70**	**0**
4. 外籍教师 Foreign Teachers	**49**	**10**	**16**	**9**	**9**	**0**

分专业技术职务情况(本科层次职业高校)
Professional and Technical Position in HEIs(Professional HEIs)

单位:人
unit: person

硕士 Master's Degree	#获取博士学位 of Which: Ph. D	#获取硕士学位 of Which: Master's Degree	本科 University Diploma	#获取博士学位 of Which: Ph. D	#获取硕士学位 of Which: Master's Degree	专科 Short-cycle Courses	#获取博士学位 of Which: Ph. D	#获取硕士学位 of Which: Master's Degree	高中阶段以下 Below High School Graduate
12192	**13**	**11693**	**11543**	**3**	**2401**	**386**	**0**	**3**	**16**
7500	6	7201	5617	1	1288	169	0	1	4
508	4	462	1196	3	300	20	0	1	0
2230	7	2080	3782	0	1060	129	0	1	2
4589	2	4391	3678	0	883	122	0	1	3
2347	0	2299	1485	0	77	81	0	0	7
2518	0	2461	1402	0	81	34	0	0	4
1980	**74**	**1776**	**2702**	**4**	**401**	**306**	**0**	**1**	**11**
984	37	878	1262	1	167	163	0	1	4
170	13	147	371	2	49	38	0	1	0
596	19	530	962	2	168	98	0	0	0
861	37	773	807	0	168	69	0	0	2
166	1	154	272	0	4	63	0	0	8
187	4	172	290	0	12	38	0	0	1
1222	**4**	**1128**	**2764**	**2**	**121**	**482**	**0**	**2**	**20**
17	**1**	**16**	**23**	**0**	**0**	**0**	**0**	**0**	**0**

高等教育专任教师分学历(位)、
Full-time Teachers by Educational Background and by

	合计 Total	#获取博士学位 of Which: Ph. D	#获取硕士学位 of Which: Master's Degree	博士 Doctor's Degree	#获取博士学位 of Which: Ph. D	#获取硕士学位 of Which: Master's Degree
1. 专任教师 Full-time Teachers	**570171**	**13456**	**298963**	**13253**	**12965**	**244**
#女 of Which: Female	327091	5727	186769	5664	5527	124
正高级 Senior	27694	3047	13084	2910	2880	18
副高级 Sub-Senior	141762	5200	72276	5102	4998	84
中　级 Middle	217431	4172	125974	4182	4075	98
初　级 Junior	102258	173	48258	179	160	18
未定职级 No-Ranking	81026	864	39371	880	852	26
2. 聘请校外教师 Part-time Teachers	**167902**	**4487**	**55659**	**4426**	**4039**	**185**
#女 of Which: Female	78836	1416	28179	1358	1258	65
正高级 Senior	11712	1376	3893	1334	1249	36
副高级 Sub-Senior	40031	1800	14053	1734	1597	64
中　级 Middle	58867	939	21715	968	862	49
初　级 Junior	21303	90	7076	81	75	6
未定职级 No-Ranking	35989	282	8922	309	256	30
3. 行业导师 Industry Mentor	**132869**	**2355**	**27017**	**2287**	**2106**	**111**
4. 外籍教师 Foreign Teachers	**1018**	**87**	**392**	**78**	**72**	**4**

分专业技术职务情况(专科层次职业高校)

Professional and Technical Position in HEIs(Vocational HEIs)

单位:人
unit: person

硕士 Master's Degree	#获取博士学位 of Which: Ph. D	#获取硕士学位 of Which: Master's Degree	本科 University Diploma	#获取博士学位 of Which: Ph. D	#获取硕士学位 of Which: Master's Degree	专科 Short-cycle Courses	#获取博士学位 of Which: Ph. D	#获取硕士学位 of Which: Master's Degree	高中阶段以下 Below High School Graduate
219495	**358**	**214007**	**329413**	**133**	**84464**	**7628**	**0**	**248**	**382**
140868	145	138130	177519	55	48386	2950	0	129	90
5691	100	5270	18973	67	7782	111	0	14	9
38298	152	36677	97442	50	35419	863	0	96	57
92222	84	90095	118168	13	35705	2726	0	76	133
44576	11	43843	55602	2	4357	1838	0	40	63
38708	11	38122	39228	1	1201	2090	0	22	120
49382	**346**	**45581**	**102804**	**102**	**9850**	**10642**	**0**	**43**	**648**
25309	116	23692	47944	42	4401	4032	0	21	193
3312	100	2895	6846	27	960	210	0	2	10
11648	150	10681	25853	53	3298	759	0	10	37
19034	60	17648	35342	17	3999	3420	0	19	103
6507	14	6154	13105	1	912	1566	0	4	44
8881	22	8203	21658	4	681	4687	0	8	454
24032	**191**	**21993**	**84850**	**55**	**4770**	**19948**	**3**	**143**	**1752**
405	**13**	**375**	**524**	**2**	**13**	**10**	**0**	**0**	**1**

高等教育专任教师分学历(位)、
Full-time Teachers by Educational Background and by

	合计 Total	#获取博士学位 of Which: Ph. D	#获取硕士学位 of Which: Master's Degree	博士 Doctor's Degree	#获取博士学位 of Which: Ph. D	#获取硕士学位 of Which: Master's Degree
1. 专任教师 Full-time Teachers	**19673**	**1318**	**8847**	**1322**	**1298**	**11**
#女 of Which: Female	11984	807	5976	807	799	4
正高级 Senior	1101	257	439	256	251	3
副高级 Sub-Senior	6257	454	2744	453	444	6
中　级 Middle	8249	447	4006	453	444	1
初　级 Junior	2684	6	1085	5	5	0
未定职级 No-Ranking	1382	154	573	155	154	1
2. 聘请校外教师 Part-time Teachers	**18182**	**371**	**5484**	**249**	**242**	**2**
#女 of Which: Female	9691	142	3235	100	93	2
正高级 Senior	620	76	283	56	56	0
副高级 Sub-Senior	4909	163	1440	106	104	1
中　级 Middle	8481	101	2711	68	67	1
初　级 Junior	2454	2	583	2	2	0
未定职级 No-Ranking	1718	29	467	17	13	0
3. 行业导师 Industry Mentor	**1182**	**26**	**209**	**15**	**15**	**0**
4. 外籍教师 Foreign Teachers	**3**	**1**	**0**	**1**	**1**	**0**

分专业技术职务情况(成人高等学校)

Professional and Technical Position in HEIs(Adult HEIs)

单位:人
unit: person

硕士 Master's Degree	#获取博士学位 of Which: Ph. D	#获取硕士学位 of Which: Master's Degree	本科 University Diploma	#获取博士学位 of Which: Ph. D	#获取硕士学位 of Which: Master's Degree	专科 Short-cycle Courses	#获取博士学位 of Which: Ph. D	#获取硕士学位 of Which: Master's Degree	高中阶段以下 Below High School Graduate
6788	**17**	**6219**	**11171**	**3**	**2610**	**345**	**0**	**7**	**47**
4744	7	4370	6286	1	1601	131	0	1	16
283	3	227	562	3	209	0	0	0	0
1799	10	1548	3982	0	1190	22	0	0	1
3070	3	2884	4558	0	1114	157	0	7	11
1062	1	1025	1511	0	60	98	0	0	8
574	0	535	558	0	37	68	0	0	27
4151	**120**	**3850**	**13253**	**9**	**1622**	**509**	**0**	**10**	**20**
2461	48	2321	6870	1	910	249	0	2	11
212	18	182	352	2	101	0	0	0	0
962	56	846	3834	3	593	7	0	0	0
1988	34	1884	6225	0	826	199	0	0	1
531	0	506	1782	0	75	137	0	2	2
458	12	432	1060	4	27	166	0	8	17
224	**11**	**169**	**758**	**0**	**40**	**172**	**0**	**0**	**13**
1	**0**	**0**	**1**	**0**	**0**	**0**	**0**	**0**	**0**

高等教育专任教师
Number of Full-time Teachers

	合计 Total	29岁及以下 29 and Under	30-34岁 30 to 34
总　计 Total	**1885214**	**207351**	**337435**
#女 of Which：Female	982617	138404	196084
正高级 Senior	245233	77	2378
副高级 Sub-Senior	562130	1034	26433
中　级 Middle	713740	30225	190116
初　级 Junior	198437	82776	72099
未定职级 No-Ranking	165674	93239	46409
一、普通本科学校 Academic HEIs	**1269719**	**103185**	**216605**
正高级 Senior	214361	76	2371
副高级 Sub-Senior	407419	988	24015
中　级 Middle	479191	19840	133489
初　级 Junior	89550	41134	31803
未定职级 No-Ranking	79198	41147	24927
二、本科层次职业学校 Professional HEIs	**25560**	**4950**	**5276**
正高级 Senior	2077	0	0
副高级 Sub-Senior	6662	3	202
中　级 Middle	8818	592	2799
初　级 Junior	3935	2015	1222
未定职级 No-Ranking	4068	2340	1053
三、专科层次职业高校 Vocational HEIs	**570171**	**97309**	**112638**
正高级 Senior	27694	1	7
副高级 Sub-Senior	141762	43	2128
中　级 Middle	217431	9565	52251
初　级 Junior	102258	38684	38141
未定职级 No-Ranking	81026	49016	20111
四、成人高等学校 Adult HEIs	**19673**	**1905**	**2904**
正高级 Senior	1101	0	0
副高级 Sub-Senior	6257	0	88
中　级 Middle	8249	227	1569
初　级 Junior	2684	942	929
未定职级 No-Ranking	1382	736	318
五、其他高等教育机构 Other Institutions	**91**	**2**	**12**
正高级 Senior	0	0	0
副高级 Sub-Senior	30	0	0
中　级 Middle	51	1	8
初　级 Junior	10	1	4
未定职级 No-Ranking	0	0	0

分年龄结构情况
by Age in HEIs

单位：人
unit: person

35-39 岁 35 to 39	40-44 岁 40 to 44	45-49 岁 45 to 49	50-54 岁 50 to 54	55-59 岁 55 to 59	60-64 岁 60 to 64	65 岁及以上 65 and Over
370316	**357417**	**229540**	**176886**	**177183**	**19783**	**9303**
206114	191341	108697	78195	56718	4792	2272
12656	34408	45761	53222	77629	13194	5908
101667	149261	109347	85712	79803	5869	3004
213153	158492	67340	35392	18166	544	312
27260	9629	4178	1607	843	33	12
15580	5627	2914	953	742	143	67
244396	**261498**	**168325**	**123254**	**129990**	**16052**	**6414**
12204	31787	40328	44569	66384	11979	4663
77859	111991	78588	56032	52629	3736	1581
135675	111085	46545	21735	10432	255	135
10443	3877	1488	519	270	12	4
8215	2758	1376	399	275	70	31
4848	**3426**	**1705**	**1422**	**1671**	**1014**	**1248**
21	131	216	281	485	400	543
1230	1538	848	768	934	520	619
2784	1448	517	308	208	80	82
439	149	55	31	20	3	1
374	160	69	34	24	11	3
117473	**88741**	**56539**	**49786**	**43353**	**2693**	**1639**
418	2381	5016	8066	10297	807	701
21908	34258	28436	27608	24976	1601	804
72348	44054	19130	12634	7150	205	94
15957	5420	2542	980	509	18	7
6842	2628	1415	498	421	62	33
3574	**3726**	**2960**	**2414**	**2164**	**24**	**2**
13	109	201	306	463	8	1
667	1465	1469	1296	1260	12	0
2328	1889	1143	713	375	4	1
417	182	93	77	44	0	0
149	81	54	22	22	0	0
25	**26**	**11**	**10**	**5**	**0**	**0**
0	0	0	0	0	0	0
3	9	6	8	4	0	0
18	16	5	2	1	0	0
4	1	0	0	0	0	0
0	0	0	0	0	0	0

高等教育专任教师授课
Teaching Situation of Full-time

	本学年授课专任教师 Full-time Teacher by Teaching Content	公共课基础课 Common Required Course	#思政课 of Which: Ideological and Political Courses	专业课 Specialized Course	本学年授课校外教师 Part-time Teacher by Teaching Content	公共课基础课 Common Required Course	#思政课 of Which: Ideological and Political Courses	专业课 Specialized Course
总　计 Total	**1176851**	**271144**	**60977**	**905707**	**226711**	**40584**	**5230**	**186127**
#女 of Which: Female	587632	149674	34019	437958	96095	17849	2205	78246
正高级 Senior	201796	28602	7443	173194	52270	7654	1285	44616
#为本科生上课 of Which: Lectures for undergraduate students	186544	26993	7054	159551	41643	6373	1143	35270
副高级 Sub-Senior	386352	80573	16715	305779	76343	13674	1841	62669
#为本科生上课 of Which: Lectures for undergraduate students	366820	76348	15946	290472	66417	11995	1682	54422
中　级 Middle	442579	114891	24171	327688	67916	12444	1397	55472
初　级 Junior	80795	27798	7545	52997	10847	2486	269	8361
未定职级 No-Ranking	65329	19280	5103	46049	19335	4326	438	15009

分类情况(普通高校)

Teachers in HEIs(Regular HEIs)

单位:人
unit: person

本学年授课行业导师 Industry Mentor by Teaching Content	公共课基础课 Common Required Course	专业课 Specialized Course	本学年授课外籍教师 Foreign Teachers by Teaching Content	公共课基础课 Common Required Course	专业课 Specialized Course	本学年不授课专任教师 Full-time Teachers by Non-teaching	进修 In-service	科研 Research	病休 Sick Leave	其他 Others
104848	**8057**	**96791**	**14243**	**2610**	**11633**	**92959**	**14785**	**25611**	**2248**	**50315**
37485	2752	34733	3914	831	3083	42124	7778	9320	1358	23668
21998	1460	20538	4520	424	4096	12565	861	5963	226	5515
13694	900	12794	2674	338	2336	2793	164	1255	44	1330
33221	2026	31195	2004	294	1710	21097	3481	7017	643	9956
25783	1453	24330	1651	265	1386	4588	1018	1205	188	2177
28320	2089	26231	2567	563	2004	36663	7305	9274	1033	19051
4088	373	3715	468	139	329	8765	1694	979	220	5872
17221	2109	15112	4684	1190	3494	13869	1444	2378	126	9921

	本学年授课专任教师 Full-time Teacher by Teaching Content	公共课基础课 Common Required Course	#思政课 of Which: Ideological and Political Courses	专业(技能)课程 Professional (Skills) Courses	#双师型 of Which: Double-teacher Type	本学年授课校外教师 Part-time Teacher by Teaching Content	公共课基础课 Common Required Course	#思政课 of Which: Ideological and Political Courses
总　计 Total	**578224**	**143514**	**37876**	**434710**	**256129**	**163505**	**26866**	**4421**
#女 of Which: Female	331728	88018	24450	243710	143833	77038	13924	2371
正高级 Senior	28879	5772	1970	23107	17704	11448	1587	416
副高级 Sub-Senior	144460	33063	8151	111397	86538	39681	6553	1146
中级 Middle	220918	53297	13418	167621	120959	57791	8863	1548
初级 Junior	103442	28098	7705	75344	22515	20834	4086	616
未定职级 No-Ranking	80525	23284	6632	57241	8413	33751	5777	695
本科层次职业学校 Professional HEIs	24590	5427	1577	19163	11358	5309	849	138
正高级 Senior	2017	441	130	1576	1001	683	98	33
副高级 Sub-Senior	6530	1320	347	5210	3695	1781	279	47
中级 Middle	8614	1801	504	6813	4810	1842	312	44
初级 Junior	3839	987	281	2852	1258	494	70	7
未定职级 No-Ranking	3590	878	315	2712	594	509	90	7
高职(专科)学校 Vocational HEIs	553634	138087	36299	415547	244771	158196	26017	4283
正高级 Senior	26862	5331	1840	21531	16703	10765	1489	383
副高级 Sub-Senior	137930	31743	7804	106187	82843	37900	6274	1099
中级 Middle	212304	51496	12914	160808	116149	55949	8551	1504
初级 Junior	99603	27111	7424	72492	21257	20340	4016	609
未定职级 No-Ranking	76935	22406	6317	54529	7819	33242	5687	688

分类情况(职业高校)
Teachers in HEIs(Vocational College)

单位:人
unit: person

专业(技能)课程 Professional (Skills) Courses	#双师型 of Which: Double-teacher Type	本学年授课行业导师 Industry Mentor by Teaching Content	#专业(技能)课程 of Which: Professional (Skills) Courses	本学年授课外籍教师 Foreign Teachers by Teaching Content	公共课基础课 Common Required Course	专业(技能)课程 Professional (Skills) Courses	本学年不授课专任教师 Full-time Teacher by Non-teaching	进修 In-service	病休 Sick Leave	其他 Others
136639	**50798**	**578224**	**434710**	**992**	**202**	**790**	**17507**	**2149**	**751**	**14607**
63114	23323	331728	243710	376	75	301	9149	1135	469	7545
9861	4724	28879	23107	44	8	36	892	55	58	779
33128	16088	144460	111397	90	8	58	3964	371	199	3394
48928	21575	220918	167621	110	21	89	5331	853	304	4174
16748	4307	103442	75344	51	26	25	2751	447	134	2170
27974	4104	80525	57241	697	115	582	4569	423	56	4090
4460	1490	24590	19163	49	10	39	970	233	38	699
585	182	2017	1576	3	0	3	60	6	11	43
1502	509	6530	5210	5	0	5	132	21	5	106
1530	644	8614	6813	6	2	4	204	46	6	152
424	109	3839	2852	4	1	3	96	40	4	52
419	46	3590	2712	31	7	24	478	120	12	346
132179	49308	553634	415547	943	192	751	16537	1916	713	13908
9276	4542	26862	21531	41	8	33	832	49	47	736
31626	15579	137930	106187	85	32	53	3832	350	194	3288
47398	20931	212304	160808	104	19	85	5127	807	298	4022
16324	4198	99603	72492	47	25	22	2655	407	130	2118
27555	4058	76935	54529	666	108	558	4091	303	44	3744

高等教育专任
Changes of Full-time

	上学年初报表专任教师数 Number of Full-time Teachers at Beginning of Previous Academic Year	增加教师数 Factors of Increase	招聘 Recruit	#应届毕业生 of Which: Graduates of Current Year	#师范生 of the Total: Normal University Students	调入 Teachers Recruited from Other Units	#外校 of Which: Graduated from other Institutions	校内变动 Change of Status in Their Own Institutions	#学段调整 of Which: Adjusting Teaching Stage	其他 Others
总　计 Total	**1851933**	**216054**	**139517**	**62977**	**6603**	**24664**	**11475**	**29745**	**654**	**22128**
#女 of Which: Female	949834	120167	79685	37728	4424	12657	5695	16235	401	11590
普通高校 Regular HEIs	1260925	119167	84720	43711	3090	8957	5823	16233	50	9257
#女 of Which: Female	616221	62440	45674	24749	2035	3718	2418	8519	28	4529
职业高校 Vocational College	572057	92980	54214	19043	3475	15515	5553	13210	604	10041
#女 of Which: Female	322568	55087	33612	12821	2364	8823	3218	7494	373	5158
成人高校 Adult HEIs	18951	3907	583	223	38	192	99	302	0	2830
#女 of Which: Female	11045	2640	399	158	25	116	59	222	0	1903

教师变动情况
Teachers in HEIs

单位:人
unit: person

减少教师数 Factors of Decrease	退休 Retirees	死亡 Death	调出 Transferred from teaching to Non-Teaching Posts	辞职 Resignation	校内变动 Change of Status in Their Own Institutions	#学段调整 of Which: Adjusting Teaching Stage	其他 Others	本学年初报表专任教师数 Number of Full-time Teachers at Beginning of Current Academic Year
182773	**20981**	**1048**	**21142**	**44387**	**51622**	**10298**	**43593**	**1885214**
87384	9839	327	10762	21895	26095	6180	18466	982617
110282	14210	783	11517	29974	24691	1403	29107	1269810
48905	6392	248	5411	14199	11387	873	11268	629756
69306	6333	254	9035	14159	26306	8785	13219	595731
36778	3220	76	5072	7577	14369	5227	6464	340877
3185	438	11	590	254	625	110	1267	19673
1701	227	3	279	119	339	80	734	11984

高等教育学校校舍情况(普通高校)
Condition of School Buildings in Higher Education (Regular HEIs)

单位:平方米
unit: m^2

	本学年学校产权校舍建筑面积 Floor Area of School Building Owned by HEIs	正在施工校舍建筑面积 Floor Area Under Construction	独立使用非学校产权校舍建筑面积 Floor Area of School Building Not Owned by HEIs
总 计 Total	**619660606. 44**	**45538873. 50**	**125189015. 64**
一、教学及辅助用房 Buildings for Instruction and Ancillary Uses	252343199. 91	22592763. 72	55330261. 22
教室 Classroom	77409366. 63	4177017. 86	18180350. 08
#艺术院校专业课教室 of Which: Art School Professional Classroom	2949872. 34	163688. 95	597632. 57
实验实习用房 Experimental Practice Room	90506038. 00	7329447. 30	20120297. 26
专职科研机构办公及研究用房 Office and Research Space for Full-time Scientific Research Institutions	24009021. 65	6033873. 69	4815016. 50
图书馆 Library	30446648. 70	2087204. 47	6035666. 27
室内体育用房 Gymnasium	17406743. 05	1619731. 15	3406190. 01
师生活动用房 Multi-functional Activity Room	5683176. 85	612818. 15	1408983. 85
会堂 Hall	5332324. 14	455263. 73	1091037. 32
继续教育用房 Continuing Education Room	1549880. 89	277407. 37	272719. 93
二、行政办公用房 Administrative	37826668. 81	1344139. 58	7537600. 46
校行政办公用房 School Administrative	16324227. 65	759479. 34	3561649. 41
院系及教师办公用房 Faculty and Faculty Offices	21502441. 16	584660. 24	3975951. 05
三、生活用房 Residential Buildings	232301340. 06	14138590. 82	58429579. 42
学生宿舍(公寓)Students' Dormitories	172525069. 36	10437192. 06	42596571. 37
食堂 Dining Halls	22927258. 24	1071841. 63	5221988. 30
单身教师宿舍(公寓) Single Teacher Dormitory	18555459. 97	1548274. 40	6334214. 41
后勤及辅助用房 Logistics and Auxiliary Rooms	18293552. 49	1081282. 73	4276805. 34
四、教工住宅 Residential Quarters for Teachers and Workers	66111840. 69	2549085. 39	—
五、其他用房 Rooms for Other Purposes	31077556. 97	4914293. 99	3891574. 54

高等教育学校校舍情况(本科层次职业高校)
Condition of School Buildings in Higher Education (Professional HEIs)

单位:平方米
unit: m^2

	本学年学校产权校舍建筑面积 Floor Area of School Building Owned by HEIs	正在施工校舍建筑面积 Floor Area Under Construction	独立使用非学校产权校舍建筑面积 Floor Area of School Building Not Owned by HEIs
总 计 Total	**10585883. 97**	**1315273. 03**	**3498710. 28**
一、教学及辅助用房 Buildings forInstruction and Ancillary Uses	5729923. 27	716145. 89	1986387. 18
教室 Classroom	1814605. 50	187957. 45	494555. 49
专业教学实训用房及场所 Professional Teaching Practice Room	2774571. 31	354945. 83	1232449. 59
图书馆 Library	642049. 76	68061. 49	59832. 20

	本学年学校产权校舍建筑面积 Floor Area of School Building Owned by HEIs	正在施工校舍建筑面积 Floor Area Under Construction	独立使用非学校产权校舍建筑面积 Floor Area of School Building Not Owned by HEIs
培训工作用房 Practice Room	132177.77	32664.00	87767.38
室内体育用房 Gymnasium	223601.27	53214.52	87240.45
大学生活动用房 Multi-functional Activity Room	142917.66	19302.60	24542.07
二、行政办公用房 Administrative	462853.23	7916.00	112291.73
系及教师教研办公用房 Faculty and Faculty Offices	200186.97	7760.00	45202.41
校级办公用房 School Administrative	262666.26	156.00	67089.32
三、生活用房 Residential Buildings	4102126.18	506833.29	1374328.40
学生宿舍(公寓)Students' Dormitories	3299597.32	409577.53	1177265.04
食堂 Dining Halls	422653.99	33313.30	68872.49
单身教师宿舍(公寓) Single Teacher Dormitory	268920.54	61520.79	90828.93
后勤及辅助用房 Logistics and Auxiliary Rooms	110954.33	2421.67	37361.94
四、教工住宅 Residential Quarters for Teachers and Workers	203201.80	0.00	—
五、其他用房 Rooms for Other Purposes	87779.49	84377.85	25702.97

高等教育学校校舍情况(专科层次职业高校)
Condition of School Buildings in Higher Education (Vocational HEIs)

单位:平方米
unit: m^2

	本学年学校产权校舍建筑面积 Floor Area of School Building Owned by HEIs	正在施工校舍建筑面积 Floor Area Under Construction	独立使用非学校产权校舍建筑面积 Floor Area of School Building Not Owned by HEIs
总　计 Total	**242180593.68**	**19348508.50**	**86558086.23**
一、教学及辅助用房 Buildings for Instruction and Ancillary Uses	121157022.65	11079536.05	45328080.97
教室 Classroom	39645957.65	2879732.36	14899410.61
专业教学实训用房及场所 Professional Teaching Practice Room	56529127.38	5321309.01	22075379.87
图书馆 Library	12718614.57	1303987.94	4130452.81
培训工作用房 Practice Room	2284867.04	438655.85	834341.82
室内体育用房 Gymnasium	6547489.03	817664.09	2315758.17
大学生活动用房 Multi-functional Activity Room	3430966.98	318186.80	1072737.69
二、行政办公用房 Administrative	13065118.48	658457.80	4630950.59
系及教师教研办公用房 Faculty and Faculty Offices	6244543.69	259808.74	2419412.28
校级办公用房 School Administrative	6820574.79	398649.06	2211538.31
三、生活用房 Residential Buildings	92352587.92	6554456.45	35152620.38
学生宿舍(公寓) Students' Dormitories	72338242.52	4920059.33	27543272.10
食堂 Dining Halls	11373074.56	702072.68	3962355.36
单身教师宿舍(公寓) Single Teacher Dormitory	3917805.61	371489.42	2065307.93
后勤及辅助用房 Logistics and Auxiliary Rooms	4723465.23	560835.02	1581684.99
四、教工住宅 Residential Quarters for Teachers and Workers	10524954.65	310710.49	—
五、其他用房 Rooms for Other Purposes	5080909.98	745347.71	1446434.29

	占地面积（平方米）Areas Occupied (m^2)	#绿化用地面积 of Which: Green Areas	#运动场地面积 of Which: Sports Areas	校园足球场（个）Cammpus Football Field	11人制足球场 11-a-side Football Field	7人制足球场 7-a-side Football Field	5人制足球场 5-a-side Football Field	图书（册）Books and Magazines in Libraries (Volume)	#当年新增 of Which: New Added	数字资源量 Digital Resources 电子图书（册）E-Books (Book)	电子期刊（册）E-Journals (Book)	学位论文（册）Degree Thesis (Book)	音视频（小时）Audio and Video (Hour)
普通高校 Regular HEIs													
学校产权 Owned by HEIs	1352966395.26	487440212.49	88253149.01	3699	2338	511	850	2073636577	76071652	1863528978	823411948	6014502796	111345689.06
非学校产权中独立使用 Not Owned by HEIs	156065903.06	43283766.10	6752700.31	249	175	31	43	15170967	633299	163797553	65014129	526129989	15445555.50
本科层次职业高校 Professional HEIs													
学校产权 Owned by HEIs	26091354.23	6425459.10	1558196.52	78	49	18	11	36669356	6551476	22317278	4530385	42401430	755914.45
非学校产权中独立使用 Not Owned by HEIs	4742664.80	1268914.67	297912.93	8	4	0	4	4988254	97454	2927896	903570	21838792	25912.30
专科层次职业高校 Vocational HEIs													
学校产权 Owned by HEIs	602409328.98	183331916.63	48859419.08	5099	1469	3304	326	818384933	64300300	913021064	657077169	2049118529	30884939.61
非学校产权中独立使用 Not Owned by HEIs	130260976.94	33939759.74	7311490.17	277	197	38	42	14140916	2917990	43934839	15084103	199682093	1555087.81
成人高等学校 Adult HEIs													
学校产权 Owned by HEIs	9119180.16	2368129.71	1038627.04	63	27	17	19	18539565	611775	22218878	66084972	66838566	624062.62
非学校产权中独立使用 Not Owned by HEIs	6946855.86	2352028.29	998828.86	238	23	10	205	10963719	123668	7240776	713449	3506490	23895.50

学校资产情况

Resources in Higher Education

职业教育仿真实训资源量（套）Vocational Education Virtual imulation Training Resources(Set)	仿真实验软件 Simulation Experiment software	仿真实训软件 Simulation Training software	仿真实习软件 Simulation Practice software	数字终端数（台）Digital Terminals (Set)	教师终端数 Number of Teachers' Terminals	学生终端数 Number of Student Terminals	教室(间) Classroom (Room)	#网络多媒体教室 of Which: Network Multimedia Classroom	固定资产总值（万元）Total Value of Fixed Asset (10,000 yuan)	#教学、科研仪器设备资产 of Which: Teaching Equipment and Instruments	#当年新增 of Which: New Added in Current Year
—	—	—	—	9965254	3110937	5859706	414389	244857	222073219.67	57951091.54	6720288.61
—	—	—	—	126537	37911	82014	90070	47578	8961707.27	475765.30	113031.22
7258	1646	4961	651	147638	19742	126475	10399	6835	3818488.15	543751.55	160776.59
66	9	56	1	3736	1029	2501	2136	1024	294630.31	22781.34	1993.37
1516498	1059712	97947	358839	3995851	749427	3060052	257339	175988	70445958.31	13723808.16	1949372.59
9378	1520	7407	451	67095	13056	51977	108808	56083	5051784.78	307916.95	53086.23
—	—	—	—	125235	37940	74544	8882	4506	1686311.47	359092.67	49490.40
—	—	—	—	74274	14216	59264	10915	5198	750829.19	145728.96	5564.33

三、中等教育
Secondary Education

普通高中校数、班数
Number of Regular Senior Secondary Schools and Classes

	学校数（所）Schools	完全中学 Combined Secondary Schools	高级中学 Regular High Schools	十二年一贯制学校 12-Year Schools	班 数（个）Classes
总 计 Total	**14585**	**5384**	**7407**	**1794**	**532318**
教育部门办 Run by Ed. Dept.	10450	4305	5821	324	433303
其他部门办 Run by Non-ed. Dept.	106	37	35	34	1995
地方企业办 Run by Local Enterprises	6	3	1	2	142
民办 Non-government	4008	1038	1536	1434	96607
具有法人资格的中外合作办学	15	1	14	0	271
城区 Urban Area	7684	2886	3667	1131	271008
教育部门办 Run by Ed. Dept.	5270	2229	2816	225	217259
其他部门办 Run by Non-ed. Dept.	81	28	25	28	1588
地方企业办 Run by Local Enterprises	4	2	0	2	75
民办 Non-government	2317	626	815	876	51841
具有法人资格的中外合作办学	12	1	11	0	245
镇区 Counties and Towns Area	6098	2216	3376	506	240646
教育部门办 Run by Ed. Dept.	4723	1864	2784	75	202699
其他部门办 Run by Non-ed. Dept.	21	7	9	5	320
地方企业办 Run by Local Enterprises	0	0	0	0	0
民办 Non-government	1351	345	580	426	37601
具有法人资格的中外合作办学	3	0	3	0	26
乡村 Rural Area	803	282	364	157	20664
教育部门办 Run by Ed. Dept.	457	212	221	24	13345
其他部门办 Run by Non-ed. Dept.	4	2	1	1	87
地方企业办 Run by Local Enterprises	2	1	1	0	67
民办 Non-government	340	67	141	132	7165
具有法人资格的中外合作办学	0	0	0	0	0
总计中：附设普通高中班 of the Total: Subsidiary Regular Senior Secondary School Class	—	—	—	—	2031

普通高中班额情况
Size of Class in Regular Senior Secondary Schools

单位:个
unit:class

	合计 Total	一年级 Grade 1	二年级 Grade 2	三年级 Grade 3
合　计 Total	**532318**	**183835**	**178133**	**170350**
25 人及以下 Under 25 Persons	7997	2291	2685	3021
26-30 人 Between 26-30	7335	1964	2508	2863
31-35 人 Between 31-35	14223	3955	5008	5260
36-40 人 Between 36-40	32362	10020	10949	11393
41-45 人 Between 41-45	62675	19955	21702	21018
46-50 人 Between 46-50	153393	55348	51130	46915
51-55 人 Between 51-55	228725	83536	76015	69174
56-60 人 Between 56-60	13111	3726	4283	5102
61-65 人 Between 61-65	8117	1927	2550	3640
66 人及以上 Over 66 Persons	4380	1113	1303	1964
城区 Urban Area	271008	92801	90891	87316
25 人及以下 Under 25 Persons	5573	1606	1854	2113
26-30 人 Between 26-30	5142	1365	1742	2035
31-35 人 Between 31-35	9582	2681	3387	3514
36-40 人 Between 36-40	20332	6288	6859	7185
41-45 人 Between 41-45	36634	11927	12731	11976
46-50 人 Between 46-50	80779	29205	26941	24633
51-55 人 Between 51-55	102211	36862	34004	31345
56-60 人 Between 56-60	6041	1721	1953	2367
61-65 人 Between 61-65	3132	737	997	1398
66 人及以上 Over 66 Persons	1582	409	423	750
镇区 Counties and Towns Area	240646	83254	80381	77011
25 人及以下 Under 25 Persons	1950	520	665	765
26-30 人 Between 26-30	1868	507	653	708
31-35 人 Between 31-35	3970	1048	1405	1517
36-40 人 Between 36-40	10541	3130	3659	3752
41-45 人 Between 41-45	23300	7136	8015	8149
46-50 人 Between 46-50	66508	23906	22091	20511
51-55 人 Between 51-55	118235	43302	39327	35606
56-60 人 Between 56-60	6687	1868	2200	2619
61-65 人 Between 61-65	4875	1158	1512	2205
66 人及以上 Over 66 Persons	2712	679	854	1179
乡村 Rural Area	20664	7780	6861	6023
25 人及以下 Under 25 Persons	474	165	166	143
26-30 人 Between 26-30	325	92	113	120
31-35 人 Between 31-35	671	226	216	229
36-40 人 Between 36-40	1489	602	431	456
41-45 人 Between 41-45	2741	892	956	893
46-50 人 Between 46-50	6106	2237	2098	1771
51-55 人 Between 51-55	8279	3372	2684	2223
56-60 人 Between 56-60	383	137	130	116
61-65 人 Between 61-65	110	32	41	37
66 人及以上 Over 66 Persons	86	25	26	35

普通高中教育学生分举办者情况

Number of Students in Rugular Senior Secondary Schools

单位:人
unit:person

	毕业生数 Graduates	招生数 Entrants	在校生数 Enrolment	#女 of Which: Female	一年级 Grade 1	二年级 Grade 2	三年级 Grade 3
总　计 Total	**7802267**	**9049538**	**26050291**	**13081492**	**9059937**	**8694635**	**8295719**
教育部门 Run by Ed. Dept.	6633740	7323319	21437515	11018317	7329709	7163102	6944704
其他部门 Run by Non-ed. Dept.	32704	31389	93519	47614	31414	30624	31481
地方企业办 Run by Local Enterprises	1770	2448	6389	2825	2449	2066	1874
民办 Non-government	1131454	1689282	4503430	2008383	1693260	1495649	1314521
具有法人资格的中外合作办学	2599	3100	9438	4353	3105	3194	3139
城区 Urban Area	3913355	4473720	12971909	6469051	4479812	4339455	4152642
教育部门办 Run by Ed. Dept.	3273320	3579232	10526590	5377605	3582920	3525826	3417844
其他部门办 Run by Non-ed. Dept.	25673	25432	74858	38044	25449	24393	25016
地方企业办 Run by Local Enterprises	863	972	2898	1425	973	1011	914
民办 Non-government	610967	865114	2358433	1047728	867497	785140	705796
具有法人资格的中外合作办学	2532	2970	9130	4249	2973	3085	3072
镇区 Counties and Towns Area	3641072	4201130	12089640	6127372	4204639	4027251	3857750
教育部门办 Run by Ed. Dept.	3175513	3508662	10255811	5301320	3511152	3419454	3325205
其他部门办 Run by Non-ed. Dept.	5203	4946	15037	7716	4954	5147	4936
地方企业办 Run by Local Enterprises	0	0	0	0	0	0	0
民办 Non-government	460289	687392	1818484	818232	688401	602541	527542
具有法人资格的中外合作办学	67	130	308	104	132	109	67
乡村 Rural Area	247840	374688	988742	485069	375486	327929	285327
教育部门办 Run by Ed. Dept.	184907	235425	655114	339392	235637	217822	201655
其他部门办 Run by Non-ed. Dept.	1828	1011	3624	1854	1011	1084	1529
地方企业办 Run by Local Enterprises	907	1476	3491	1400	1476	1055	960
民办 Non-government	60198	136776	326513	142423	137362	107968	81183
具有法人资格的中外合作办学	0	0	0	0	0	0	0

普通高中教育学生分类型情况

Number of Students in Rugular Senior Secondary Schools

单位：人
unit：person

	毕业生数 Graduates	招生数 Entrants	在校生数 Enrolment	#女 of Which：Female	一年级 Grade 1	二年级 Grade 2	三年级 Grade 3
总　计 Total	**7802267**	**9049538**	**26050291**	**13081492**	**9059937**	**8694635**	**8295719**
#女 of Which：Female	3947944	4515393	13081492	—	4520017	4359006	4202469
#少数民族 of Which：Minority Students	856356	1011100	2877750	1562623	1012253	953129	912368
#残疾人 of Which：Schools for Handicapped	11171	8937	26832	11477	8987	9093	8752
#寄宿生 of Which：Boarders	—	6663280	18152935	9193455	6668784	6043726	5440425
#随迁子女 of Which：Migrant Children	497043	655828	1854727	879818	656197	617521	581009
#外省迁入 of Which：From Other Province	166456	246910	668954	316442	247094	219118	202742
#本省外县迁入 of Which：From Other County	330587	408918	1185773	563376	409103	398403	378267
完全中学 Complete Schools	2397452	2749108	7965364	4000048	2752835	2655244	2557285
高级中学 Regular High Schools	4998715	5689530	16464641	8361952	5693857	5500752	5270032
十二年一贯制学校 12-year Schools	382330	578148	1532731	678126	580379	510287	442065
附设普通高中班 Regular Senior School Classes Attached	23770	32752	87555	41366	32866	28352	26337

普通高中学校

Number of Educational Personnel in

	教职工数 Educational Personnel	专任教师 Full-time Teachers	行政人员 Adm. Personnel
总　计 Total	**3119854**	**2709469**	**86919**
#女 of Which: Female	1821687	1606653	33310
#少数民族 of Which: Minority	256404	223710	5904
#在编人员 of Which: Permanent Staff	2273107	2093625	48936
教育部门 Run by Ed. Dept.	2325933	2112013	49465
其他部门 Run by Non-ed. Dept.	14249	11791	736
地方企业办 Run by Local Enterprises	1371	1182	79
民办 Non-government	776783	583498	36375
具有法人资格的中外合作办学	1518	985	264
城区 Urban Area	1707802	1462170	56950
教育部门办 Run by Ed. Dept.	1232572	1109484	33202
其他部门办 Run by Non-ed. Dept.	10785	8924	592
地方企业办 Run by Local Enterprises	861	787	63
民办 Non-government	462430	342143	22912
具有法人资格的中外合作办学	1154	832	181
镇区 Counties and Towns Area	1277404	1135342	25348
教育部门办 Run by Ed. Dept.	1019676	935664	14858
其他部门办 Run by Non-ed. Dept.	2819	2329	110
地方企业办 Run by Local Enterprises	0	0	0
民办 Non-government	254545	197196	10297
具有法人资格的中外合作办学	364	153	83
乡村 Rural Area	134648	111957	4621
教育部门办 Run by Ed. Dept.	73685	66865	1405
其他部门办 Run by Non-ed. Dept.	645	538	34
地方企业办 Run by Local Enterprises	510	395	16
民办 Non-government	59808	44159	3166
具有法人资格的中外合作办学	0	0	0
完全中学 Combined Secondary Schools	1163066	1038107	27715
高级中学 Regular High Schools	1483279	1318430	38107
十二年一贯制学校 12-Year Schools	473509	352932	21097

教职工数
Senior Secondary Schools

单位：人
unit: person

教辅人员 Supporting Staffs	工勤人员 Workers	其他 Others	校外教师 Part-time Teachers	外籍教师 Foreign Teachers
145007	**166834**	**11625**	**11684**	**5045**
86012	88728	6984	6693	1634
13590	12002	1198	773	82
92344	36401	1801	—	—
100478	57618	6359	8223	644
738	812	172	93	2
20	88	2	0	0
43613	108228	5069	3351	4278
158	88	23	17	121
86784	94688	7210	6722	4279
57168	29173	3545	4743	630
565	571	133	70	2
9	0	2	0	0
28997	64871	3507	1892	3568
45	73	23	17	79
51838	60960	3916	4480	496
40026	26570	2558	3217	10
130	217	33	22	0
0	0	0	0	0
11569	34158	1325	1241	444
113	15	0	0	42
6385	11186	499	482	270
3284	1875	256	263	4
43	24	6	1	0
11	88	0	0	0
3047	9199	237	218	266
0	0	0	0	0
45943	47840	3461	5138	521
69208	52453	5081	4545	738
29856	66541	3083	2001	3786

普通高中教育专任教师

Number of Full-time Teachers in Regular Senior Secondary

	合计 Total	#女 of Which: Female	道德与法治 Morality and Rule of Law	语文 Language and Literature	数学 Mathe-matics	外语 Foreign Languages	#英语 of Which: English	#日语 of Which: Japanese	#俄语 of Which: Russian	物理 Physics
总　计 Total	**2028341**	**1146403**	**125249**	**305995**	**303806**	**299236**	**294239**	**3559**	**1033**	**172041**
#女 of Which:Female	1146403	—	76253	202151	142012	235157	231121	2980	830	59244
#少数民族 of Which:Minorities	177244	105126	12274	27485	24056	23483	22965	417	59	14138
博士研究生 Doctor's Degree	2544	1452	81	241	309	127	120	4	2	408
硕士研究生 Master's Degree	248725	177210	17304	35610	32059	42492	41218	834	316	18305
本科毕业 Under-graduate	1753185	959934	106472	266765	268484	254124	250452	2688	707	151452
专科毕业 Associate Bachelor	23370	7651	1370	3300	2896	2442	2398	33	8	1850
高中阶段毕业 High School Graduate	500	152	21	75	58	49	49	0	0	26
高中阶段以下毕业 Below High School Graduate	17	4	1	4	0	2	2	0	0	0
城区 Urban Area	1054513	624240	63872	156825	157500	156058	153396	1907	432	90700
博士研究生 Doctor's Degree	2169	1252	53	200	265	86	81	3	1	370
硕士研究生 Master's Degree	168810	123043	11286	24246	21664	28596	27757	563	177	12702
本科毕业 Under-graduate	875237	497075	52117	131291	134601	126513	124715	1325	253	76980
专科毕业 Associate Bachelor	8201	2844	412	1075	967	856	836	16	1	646
高中阶段毕业 High School Graduate	89	23	3	9	3	5	5	0	0	2
高中阶段以下毕业 Below High School Graduate	7	3	1	4	0	2	2	0	0	0
镇区 Counties and Towns Area	898258	479887	56603	137876	135087	132205	130072	1483	576	75361
博士研究生 Doctor's Degree	331	188	24	36	38	38	36	1	1	31
硕士研究生 Master's Degree	71618	48371	5453	10207	9327	12384	11989	238	136	5036
本科毕业 Under-graduate	811863	426750	50217	125506	123893	118263	116548	1230	432	69163
专科毕业 Associate Bachelor	14045	4449	891	2065	1778	1477	1456	14	7	1107
高中阶段毕业 High School Graduate	391	128	18	62	51	43	43	0	0	24
高中阶段以下毕业 Below High School Graduate	10	1	0	0	0	0	0	0	0	0
乡村 Rural Area	75570	42276	4774	11294	11219	10973	10771	169	25	5980
博士研究生 Doctor's Degree	44	12	4	5	6	3	3	0	0	7
硕士研究生 Master's Degree	8297	5796	565	1157	1068	1512	1472	33	3	567
本科毕业 Under-graduate	66085	36109	4138	9968	9990	9348	9189	133	22	5309
专科毕业 Associate Bachelor	1124	358	67	160	151	109	106	3	0	97
高中阶段毕业 High School Graduate	20	1	0	4	4	1	1	0	0	0
高中阶段以下毕业 Below High School Graduate	0	0	0	0	0	0	0	0	0	0

分课程、分学历情况
Schools by Subject Taught and Educational Background

单位：人
unit：person

化学 Chemistry	生物 Biology	地理 Geography	历史 History	信息技术 Infor Technology	通用技术 General Technology	体育与健康 Physical Training and Healthy	艺术 Art	音乐 Music	美术 Fine Arts	综合实践活动 Composite Practice	其他 Others	本学年不授课专任教师 No Teaching Load in Current Year
166363	**142114**	**120224**	**121684**	**45506**	**14545**	**96635**	**3308**	**37037**	**39753**	**3680**	**14176**	**16989**
90965	91197	66843	67198	22401	5464	20152	2001	25921	20639	1625	9373	7807
14012	12434	10811	10942	4063	1167	8682	320	3605	3218	218	3020	3316
499	456	140	109	29	22	17	1	24	11	9	50	11
22670	24301	15166	17720	3953	1069	6895	297	2911	3759	315	2954	945
141642	116350	103689	102597	40779	13089	87608	2905	33475	35264	3150	10548	14792
1522	987	1209	1241	724	354	2061	105	622	705	203	587	1192
30	20	19	17	21	9	52	0	5	14	3	36	45
0	0	1	0	0	2	2	0	0	0	0	1	4
86802	73944	62827	62240	23832	7966	51026	1597	19151	20662	1900	7997	9614
454	403	120	82	27	20	7	0	15	7	7	44	9
14873	16555	10757	11943	2787	836	4691	217	2084	2441	213	2237	682
70932	56645	51558	49829	20704	6970	45499	1342	16794	17918	1609	5502	8433
539	340	391	384	310	138	811	38	258	288	70	209	469
4	1	1	2	4	2	18	0	0	8	1	5	21
0	0	0	0	0	0	0	0	0	0	0	0	0
73699	62929	52760	54708	20066	5903	41973	1542	16458	17485	1597	5324	6682
38	48	19	25	2	2	8	1	8	4	2	5	2
7036	6977	3950	5180	1061	196	1949	67	715	1153	88	620	219
65677	55282	48010	48703	18604	5498	38819	1413	15391	15940	1386	4326	5772
922	603	762	786	383	198	1165	61	339	382	119	342	665
26	19	18	14	16	7	30	0	5	6	2	30	20
0	0	1	0	0	2	2	0	0	0	0	1	4
5862	5241	4637	4736	1608	676	3636	169	1428	1606	183	855	693
7	5	1	2	0	0	2	0	1	0	0	1	0
761	769	459	597	105	37	255	13	112	165	14	97	44
5033	4423	4121	4065	1471	621	3290	150	1290	1406	155	720	587
61	44	56	71	31	18	85	6	25	35	14	36	58
0	0	0	1	1	0	4	0	0	0	0	1	4
0	0	0	0	0	0	0	0	0	0	0	0	0

普通高中教育专任教师分专业

Number of Full-time Teachers in Regular Senior

	合计 Total	#女 of Which: Female	24 岁及以下 24 and Under	25-29 岁 25 to 29	30-34 岁 30 to 34
总　计 Total	**2028341**	**1146403**	**117145**	**287230**	**304940**
#女 of Which: Female	1146403	—	88640	209227	206752
#少数民族 of Which: Minorities	177244	105126	12470	32431	33629
正高级 Senior	7589	2149	0	0	3
副高级 Sub-Senior	543817	216641	15	34	1088
中级 Middle	714834	404720	933	16377	102623
助理级 Associate	468573	324949	23576	149457	156296
员级 Junior	28450	19017	6259	12330	6005
未定职级 No-Ranking	265078	178927	86362	109032	38925
城区 Urban Area	1054513	624240	51671	140362	153388
正高级 Senior	5334	1662	0	0	0
副高级 Sub-Senior	306322	137021	6	15	671
中级 Middle	382705	232042	412	8659	56104
助理级 Associate	220607	157773	10438	71592	73857
员级 Junior	12805	8610	2746	5735	2630
未定职级 No-Ranking	126740	87132	38069	54361	20126
镇区 Counties and Towns Area	898258	479887	57725	130884	138438
正高级 Senior	2035	438	0	0	3
副高级 Sub-Senior	223403	74706	9	15	386
中级 Middle	310664	161406	481	6876	42765
助理级 Associate	230335	155259	12161	71465	76600
员级 Junior	13952	9305	3101	5894	3000
未定职级 No-Ranking	117869	78773	41973	46634	15684
乡村 Rural Area	75570	42276	7749	15984	13114
正高级 Senior	220	49	0	0	0
副高级 Sub-Senior	14092	4914	0	4	31
中级 Middle	21465	11272	40	842	3754
助理级 Associate	17631	11917	977	6400	5839
员级 Junior	1693	1102	412	701	375
未定职级 No-Ranking	20469	13022	6320	8037	3115

技术职务、分年龄结构情况
Secondary Schools by Professional Rank and Age

单位:人
unit: person

35-39 岁 35 to 39	40-44 岁 40 to 44	45-49 岁 45 to 49	50-54 岁 50 to 54	55-59 岁 55 to 59	60 岁及以上 60 and Over
348762	**341135**	**254554**	**234009**	**136206**	**4360**
216144	185173	121337	99135	19455	540
28571	24201	19696	17380	8682	184
36	230	1166	2672	3243	239
24147	85667	138012	178112	114133	2609
216553	212812	103051	46860	15078	547
90656	34671	8543	3704	1613	57
2272	907	323	216	113	25
15098	6848	3459	2445	2026	883
182282	186467	134454	127186	76409	2294
24	157	838	1853	2300	162
13686	49607	76525	99306	64977	1529
117496	116952	51803	23440	7585	254
42303	16309	3817	1555	701	35
1031	365	142	102	48	6
7742	3077	1329	930	798	308
155360	144494	112817	100847	56083	1610
10	60	293	775	854	40
9754	33628	57863	74575	46337	836
92808	89969	48342	22136	7043	244
45518	17244	4437	2042	849	19
1132	492	161	96	57	19
6138	3101	1721	1223	943	452
11120	10174	7283	5976	3714	456
2	13	35	44	89	37
707	2432	3624	4231	2819	244
6249	5891	2906	1284	450	49
2835	1118	289	107	63	3
109	50	20	18	8	0
1218	670	409	292	285	123

普通高中专任

Changes of Full-time Teachers in

	上学年初报表专任教师数 Number of Full-time Teachers at Beginning of Previous Academic Year	增加教师 Factors of Increase	招聘 Recruit	#应届毕业生 of Which: Graduates of Current Year	#师范生 of Which: Normal University Students	调入 Teachers Recruited from Other Units	#外校 of Which: Graduated from other Institutions	校内变动 With Change of Status in Their Own Institutions	#学段调整 of Which: Adjusting Teaching Stage
总　计 Total	**1933228**	**237311**	**149819**	**74277**	**50333**	**53229**	**29942**	**26785**	**11531**
#女 of Which: Female	1075617	149327	100257	53926	36955	30186	17030	14522	6731
城区 Urban Area	1011648	116423	74415	35589	23434	23588	14983	13948	6027
#女 of Which: Female	592027	74674	50209	26072	17391	13659	8610	7948	3733
镇区 Counties and Towns Area	855056	105192	64128	33846	23538	26677	13676	11788	4942
#女 of Which: Female	447057	65339	43195	24538	17226	14833	7690	6022	2718
乡村 Rural Area	66524	15696	11276	4842	3361	2964	1283	1049	562
#女 of Which: Female	36533	9314	6853	3316	2338	1694	730	552	280

普通高中学生、专任

Supplementary Information on Students and Full-time

	在校学生中 of Total Students					
	共产党员 Member of C. P. C.	共青团员 Member of C. Y. L.	华侨 Overseas Chinese	香港 From H. K	澳门 From Macao	台湾 From Taiwan
总　计 Total	**547**	**9084556**	**1213**	**12192**	**1009**	**3414**
#女 of Which: Female	253	4941352	609	5923	488	1663
城区 Urban Area	206	4648332	687	10007	866	3036
#女 of Which: Female	83	2533004	346	4895	417	1493
镇区 Counties and Towns Area	334	4165701	474	1423	54	281
#女 of Which: Female	167	2259146	236	682	29	126
乡村 Rural Area	7	270523	52	762	89	97
#女 of Which: Female	3	149202	27	346	42	44

教师变动情况
Regular Senior Secondary Schools

单位:人
unit: person

其他 Others	减少教师 Factors of Decrease	退休 Retire	死亡 Dead	调出 Transferred from teaching to Non-Teaching Posts	辞职 Resignation	校内变动 With Change of Status in Their Own Institutions	#学段调整 of Which: Adjusting Teaching Stage	其他 Others	本学年初报表专任教师数 Number of Full-time Teachers at Beginning of Current Academic Year
7478	**142198**	**17358**	**899**	**49909**	**41040**	**27626**	**11390**	**5366**	**2028341**
4362	78541	9798	281	26815	24069	14698	6498	2880	1146403
4472	73558	10869	483	21816	22388	15184	6453	2818	1054513
2858	42461	6598	179	12264	13286	8575	3885	1559	624240
2599	61990	6124	390	25698	15964	11537	4489	2277	898258
1289	32509	3014	98	13231	9287	5690	2379	1189	479887
407	6650	365	26	2395	2688	905	448	271	75570
215	3571	186	4	1320	1496	433	234	132	42276

教师政治面貌及其他
Teachers of Regular Senior Secondary Schools

单位:人
unit: person

专任教师中 of Total Full-time Teachers			
共产党员 Member of C. P. C.	共青团员 Member of C. Y. L.	民主党派 Member of Non-Communist Party	华侨 Overseas Chinese
643929	**122651**	**32641**	**90**
322751	91454	15177	51
379086	64998	27195	66
206741	49205	13205	35
244885	50146	4878	23
106284	36862	1735	15
19958	7507	568	1
9726	5387	237	1

普通高中学校

Condition of School Buildings in

	合计 Total
总　计 Total	**643621075.93**
完全中学 Complete Schools	218096238.01
高级中学 Regular High Schools	329266712.47
十二年一贯制学校 12-year Schools	96258125.45
一、教学及辅助用房 Buildings for Instruction and Ancillary Uses	241494285.16
教室 Classroom	127768766.70
专用教室 Professional Classroom	53339465.08
理化生实验室 Physical and Chemical Biology Laboratory	34334501.03
其他 Others	19004964.05
公共教学用房 Public Teaching Space	60386053.38
图书阅览室 Library	19258637.60
室内体育用房 Gymnasium	23878212.87
心理辅导室 Psychological Counseling Room	1721630.90
其他 Others	15527572.01
二、行政办公用房 Administrative	48330626.85
教师办公室 for Teachers	29134755.05
其他 Others	19195871.80
三、生活用房 Residential and Welfare	308081785.79
教工值班宿舍 Dormitories for Faculty	22016136.52
教师周转宿舍 Accommodation for Circulation of Teachers	21961722.59
学生宿舍 Students' Dormitories	165378798.42
学生餐厅 Students' Canteen	52641029.51
厕所 Toilets	18841911.03
其他 Others	27242187.72
四、其他用房 Rooms for Other Purposes	45714378.13

校舍情况

Regular Senior Secondary Schools

单位:平方米
unit:m^2

城区 Urban Area	镇区 Counties and Towns Area	乡村 Rural Area
352025801.19	**257463762.95**	**34131511.79**
122319222.34	84644491.15	11132524.52
167018018.56	148078459.12	14170234.79
62688560.29	24740812.68	8828752.48
136723305.47	93811989.13	10958990.56
68587964.51	53283554.61	5897247.58
30456868.25	20614164.12	2268432.71
18849016.50	14091006.44	1394478.09
11607851.75	6523157.68	873954.62
37678472.71	19914270.40	2793310.27
10986011.45	7440305.46	832320.69
15828781.37	6910983.20	1138448.30
1051133.04	604003.18	66494.68
9812546.85	4958978.56	756046.60
28030670.71	18227861.90	2072094.24
16325289.71	11555977.26	1253488.08
11705381.00	6671884.64	818606.16
158942582.77	130590069.78	18549133.24
10600543.25	9866643.27	1548950.00
8914640.13	11233654.08	1813428.38
83791895.47	71843584.58	9743318.37
27505982.03	22182615.49	2952431.99
10988567.57	6832907.56	1020435.90
17140954.32	8630664.80	1470568.60
28329242.24	14833842.14	2551293.75

普通高中学校

Condition of Fixed Assets and Teaching Resources

	占地面积（平方米）Areas Occupied (m^2)	#绿化用地面积 of Which: Green Areas	#运动场地面积 of Which: Sports Areas	校园足球场（个）Campus Football	11人制足球场 11-a-side Football Field	7人制足球场 7-a-side Football Field	5人制足球场 5-a-side Football Field
合　计 Total	**1166411742. 00**	**309957219. 08**	**284021251. 48**	**15696**	**9142**	**3951**	**2603**
完全中学 Complete Schools	387965353. 07	97263526. 80	111234187. 33	5684	3066	1618	1000
高级中学 Regular High Schools	628658394. 59	175871298. 88	137833544. 90	7601	4945	1600	1056
十二年一贯制学校 12-year Schools	149787994. 34	36822393. 40	34953519. 25	2411	1131	733	547
城区 Urban Area	584054872. 48	162042245. 89	146948202. 55	8652	4747	2318	1587
镇区 Counties and Towns Area	513001084. 41	128915430. 58	123077018. 57	6215	3925	1414	876
乡村 Rural Area	69355785. 11	18999542. 61	13996030. 36	829	470	219	140

普通高中学校

Other school running conditions in

	体育运动场(馆)面积达标校数 Schools No: Sports Areas Reached Standard	体育器械配备达标校数 Schools No: Sports Equip. Reached Standard	音乐器械配备达标校数 Schools No: Musical Instru. Reached Standard	美术器械配备达标校数 Schools No: Fine Arts Instru. Reached Standard
合　计 Total	**13661**	**14001**	**13883**	**13914**
完全中学 Complete Schools	5009	5259	5242	5247
高级中学 Regular High Schools	6920	6996	6903	6928
十二年一贯制学校 12-year Schools	1732	1746	1738	1739
城区 Urban Area	7143	7400	7350	7375
镇区 Counties and Towns Area	5750	5829	5771	5775
乡村 Rural Area	768	772	762	764

资产情况
in Regular Senior Secondary Schools

图书(册) Books and Magazines in Libraries (Volume)	数字终端数(台) Number of Digital Terminals (Set)	教师终端数 Number of Teachers' Terminals	学生终端数 Number of Student Terminals	教室(间) Classroom (Room)	#网络多媒体教室 of Which: Network Multimedia Classroom	固定资产总值(万元) Total Value of Fixed Asset (10,000 yuan)	#教学仪器设备资产值 of Which: Total Value of Equip and Instru.
1076882581	**6924551**	**2749820**	**4005464**	**1213731**	**920733**	**125051470. 28**	**12940600. 39**
459534117	2711617	1010915	1631002	451357	355669	40291902. 77	4947062. 61
510295727	3329877	1380300	1871227	568329	413628	64549921. 17	6076124. 24
107052737	883057	358605	503235	194045	151436	20209646. 34	1917413. 54
593487017	4090579	1654692	2319190	657705	513189	72041429. 43	8256372. 17
441369091	2553484	989752	1518030	496821	365614	46354767. 75	4170092. 94
42026473	280488	105376	168244	59205	41930	6655273. 09	514135. 27

其它办学条件
Regular Senior Secondary Schools

单位:所
unit:school

理科实验仪器达标校数 Schools No: Equip. of Natural Sci. Reached Standard	有学校首席信息官校数 Chief Information Officer	无线网全覆盖 Full Wi-Fi Coverage	有校医院(卫生室)校数 Campus Hospital	有专职校医校数 Number of full-Time Medical Schools	有专职保健人员校数 Number of Schools With Allied Health Staff
13944	**7162**	**11135**	**12505**	**9531**	**5956**
5262	2600	3994	4585	3276	2030
6958	3588	5634	6338	4992	2987
1724	974	1507	1582	1263	939
7380	4078	6137	6843	5454	3488
5801	2681	4408	5010	3612	2138
763	403	590	652	465	330

中等职业学校
Number of Secondary

	合计 Total	中央 Under Central Ministries and Agencies
中等职业学校 Secondary Vocational Schools	7294	21
#普通中专学校 of Which: Reg. Specialized Sec. Schools	3269	18
成人中专学校 Adults Specialized Sec. Schools	868	1
职业高中学校 Vocational High Schools	3157	2
其他中等职业教育机构(不计校数) Other Secondary Vocational Education Institutions	297	1

中等职业学校分办学类型及举办者的
Number of Students and Educational Personnel of

	合计 Total			中职全日制学生 Full-time Students of SVSs		
	毕业生数 Graduates	招生数 Entrants	在校学生数 Enrolment	毕业生数 Graduates	招生数 Entrants	在校学生数 Enrolment
总　计 Total	**3753709**	**4889890**	**13118146**	**3360065**	**4446626**	**12103298**
#女 of Which: Female	1692115	2183843	5855494	1516767	1979684	5396338
分办学类型:普通中专学校 by Type:Reg. Specialized Sec. Schools	1899077	2480154	6662968	1694171	2253332	6096055
成人中专学校 Adults Specialized Sec. Schools	137289	154393	338653	70215	76877	215305
职业高中学校 Vocational High Schools	1327813	1864761	4994602	1239202	1754983	4711023
其他中等职业教育机构 Other Secondary Vocational Education Institutions	43015	44137	115507	33380	39059	107242
附设中职班 Secondary Vocational Classes Attached	346515	346445	1006416	323097	322375	973673
分举办者:1. 中央 by Providers:Central Ministries and Agencies	1970	1914	6324	1970	1912	6322
2. 地方 Local Authorities	3751739	4887976	13111822	3358095	4444714	12096976
教育部门 Under Ed. Dept	2507121	3227204	8755670	2231921	2917299	7978480
其他部门 Run by Non-ed. Dept	506075	589218	1627087	458603	518528	1488829
地方企业 Run by Local Enterprises	18829	16515	51835	17386	16398	50677
民办 Non-government	719406	1054672	2676329	649877	992122	2578089
具有法人资格的中外合作办学	308	367	901	308	367	901

(机构)数

Vocational Schools

单位:所
unit:school

地方 Under Local Authorities					
小计 Subtotal	教育部门 Run by Ed. Dept.	其他部门 Run by other Dept.	地方企业 Run by Local Enterprises	民办 Non-government	具有法人资格的中外合作办学
7273	4305	927	62	1978	1
3251	1636	711	34	870	0
867	646	107	18	96	0
3155	2023	109	10	1012	1
296	145	73	4	74	0

中职学生及教职工情况

Secondary Vocational Schools by Types and Providers

单位:人
unit:person

中职非全日制学生 Part-time Students of SVSs			教职工数 Educational Personnel	#专任教师 of Which: Full-time Teachers	正高级 Senior	副高级 Sub-Senior	中级 Middle	初级 Junior	未定职级 No Rank	校外教师 Part-time Teachers	行业导师 Industry Mentor	外籍教师 Foreign Teachers
毕业生数 Graduates	招生数 Entrants	在校学生数 Enrolment										
393644	**443264**	**1014848**	**827727**	**695447**	**4462**	**167481**	**250022**	**154525**	**118957**	**64395**	**13383**	**111**
175348	204159	459156	447250	396426	2123	83685	141358	95106	74154	33291	6260	48
204906	226822	566913	418749	326828	2606	78205	116948	72825	56244	34389	8364	67
67074	77516	123348	42070	32565	320	10337	12767	4975	4166	9693	713	0
88611	109778	283579	355508	294060	882	70421	105414	67493	49850	19105	4234	41
9635	5078	8265	11400	8231	110	2225	3219	1435	1242	1208	72	3
23418	24070	32743	—	33763	544	6293	11674	7797	7455	—	—	—
0	2	2	1238	762	28	247	324	112	51	9	17	1
393644	443262	1014846	826489	694685	4434	167234	249698	154413	118906	64386	13366	110
275200	309905	777190	575431	499995	2558	139786	196848	111996	48807	37078	7634	84
47472	70690	138258	100778	76887	1061	19147	29063	18520	9096	17915	3909	18
1443	117	1158	5150	3459	42	842	1283	820	472	400	73	0
69529	62550	98240	145079	114299	773	7458	22481	23068	60519	8985	1748	8
0	0	0	51	45	0	1	23	9	12	8	2	0

中等职业学校(机构)

Number of Students in Secondary

	毕业生数 Graduates	#职业类证书 of Which: Vocational Certificate	#职业技能等级证书 of Which: Vocational Skill Level Certificate	招生数 Entrants	在校学生数 Enrolment
中职学生计 Students of SVSs Total	3753709	1934190	931859	4889890	13118146
#女 of Which: Female	1692115	857725	416592	2183843	5855494
#五年制高职中职段 of Which: 5-year Secondary Vocational Education	477966	181449	92436	656077	1823001
#附设中职班 of Which: Seconday Vocational Classes Attached	346515	77098	24035	346445	1006416
全日制 Full-time	3360065	1767656	859706	4446626	12103298
非全日制 Part-time	393644	166534	72153	443264	1014848

各类学生数
Vocational Schools

单位:人
unit:person

#现代学徒制 of Which: Modern Apprenticeships	一年级 Grade 1	二年级 Grade 2	三年级 Grade 3	四年级及以上 Over Grade 4	预计毕业生数 Estimated Graduates for Next Year
238973	4892026	4347444	3832784	45892	4058842
92463	2184385	1931910	1712770	26429	1766179
21463	656179	628451	537972	399	529615
1937	346617	334483	318294	7022	338959
231163	4449212	4026880	3587124	40082	3672599
7810	442814	320564	245660	5810	386243

中等职业学校(机构)学生分科类情况

Number of Students by Field of Education in Secondary Vocational Schools

单位:人
unit:person

	毕业生数 Graduates	#职业类证书 of Which: Vocational certificate	#职业技能等级证书 of Which: Vocational Skill Level Certificate	招生数 Entrants	在校学生数 Enrolment	预计毕业生数 Estimated Graduates for Next Year
总　计 Total	**3753709**	**1934190**	**931859**	**4889890**	**13118146**	**4058842**
#女 of Which: Female	1692115	857725	416592	2183843	5855494	1766179
农林牧渔大类 Agriculture, Forestry, Husbandry and Fishery	224756	86264	44369	235169	635204	207416
资源环境与安全大类 Resource Environment and Security	23695	9866	4578	32631	73520	21451
能源动力与材料大类 Energy Power and Materials	9826	4746	795	14015	35774	10394
土木建筑大类 Civil Engineering and Architecture	105862	52239	24325	154959	395810	124706
水利大类 Water Resources	3608	1758	924	4376	10850	3143
装备制造大类 Equipment Manufacturing	373706	221074	117685	513210	1349020	404014
生物与化工大类 Biology and Chemical Engineering	12637	4763	2225	21072	50682	13782
轻工纺织大类 Light Industry and Textile	49958	25124	13355	53025	145751	47743
食品药品与粮食大类 Food, Medicine and Grain	15286	5441	2877	24745	61123	17510
交通运输大类 Transport and Communication	425621	233886	119463	494724	1392400	446557
电子与信息大类 Electronics and Information	698092	393116	195058	1001717	2654259	797568
医药卫生大类 Medicine and Health Care	346701	138355	59401	451294	1225980	360567
财经商贸大类 Finance, Economics,Commerce and Trade	424596	221269	110594	547772	1513892	465661
旅游大类 Tourism	228095	120745	57980	281661	799422	262766
文化艺术大类 Culture and Arts	231398	116568	50753	350250	950555	272910
新闻传播大类 Journalism and Communication	28283	15290	6049	42091	106484	31342
教育与体育大类 Education and Sports	463487	243493	106101	545010	1454907	470024
公安与司法大类 Public Security and Justice	15411	6413	1516	22483	53298	16725
公共管理与服务大类 Public Administration and Services	72691	33780	13811	99686	209215	84563

注:不含国家开放大学中职部数据

Note: Data from the National Open University Secondary Vocational Department is not included

中等职业学校(机构)学生分科类情况(全日制学生)
Number of Students by Field of Education in Secondary Vocational Schools (Full-time Students)

单位:人
unit:person

	毕业生数 Graduates	#职业类证书 of Which: vocational certificate	#职业技能等级证书 of Which: Vocational Skill Level Certificate	招生数 Entrants	在校学生数 Enrolment	预计毕业生数 Estimated Graduates for Next Year
总　计 Total	**3360065**	**1767656**	**859706**	**4446626**	**12103298**	**3672599**
#女 of Which: Female	—	—	—	—	—	—
农林牧渔大类 Agriculture, Forestry, Husbandry and Fishery	123161	59433	30828	143494	399199	124626
资源环境与安全大类 Resource Environment and Security	13343	5740	2078	22783	55598	14553
能源动力与材料大类 Energy Power and Materials	7912	3771	795	12054	31158	9250
土木建筑大类 Civil Engineering and Architecture	96065	47724	22864	138845	370806	111153
水利大类 Water Resources	3249	1420	656	3416	9274	2504
装备制造大类 Equipment Manufacturing	345322	206480	109252	471374	1256092	374345
生物与化工大类 Biology and Chemical Engineering	11489	4618	2121	17450	44094	12383
轻工纺织大类 Light Industry and Textile	43347	20609	10710	45507	127967	41960
食品药品与粮食大类 Food, Medicine and Grain	14796	5333	2789	23613	58455	16330
交通运输大类 Transport and Communication	400536	223133	115351	468399	1317589	417555
电子与信息大类 Electronics and Information	625668	356212	178862	924826	2457188	727509
医药卫生大类 Medicine and Health Care	343662	137846	58991	448265	1219712	359320
财经商贸大类 Finance, Economics, Commerce and Trade	392763	208123	106321	511588	1420958	437561
旅游大类 Tourism	214777	116575	55774	258739	738000	241454
文化艺术大类 Culture and Arts	219309	112591	49555	332373	903198	260306
新闻传播大类 Journalism and Communication	27152	14889	5692	36473	99644	30273
教育与体育大类 Education and Sports	425331	215301	95199	508145	1403707	436597
公安与司法大类 Public Security and Justice	15008	6111	1297	21786	52062	15993
公共管理与服务大类 Public Administration and Services	37175	21747	10571	57496	138597	38927

中等职业学校(机构)

Number of Students by Age in Secondary

	合计 Total	14岁及以下 14 Years and Under	15岁 15 Years	16岁 16 Years
总　计 Total	**13118146**	**251660**	**2754516**	**3785157**
中职全日制学生 Full-time Students of SVSs	12103298	251270	2723471	3730249
中职非全日制学生 Part-time Students of SVSs	1014848	390	31045	54908

中等职业学校(机构)

Number of Female Students by Age in Secondary

	合计 Total	14岁及以下 14 Years and Under	15岁 15 Years	16岁 16 Years
总　计 Total	**5855494**	**133764**	**1262442**	**1693334**
中职全日制学生 Full-time Students of SVSs	5396338	133607	1249900	1669695
中职非全日制学生 Part-time Students of SVSs	459156	157	12542	23639

中等职业学校(机构)

Changes in Enrolment of Secondary

	上学年初报表在校学生数 Enrolment at Beginning of Previous Academic Year	增加学生数 Factors of Increase				
			招生 No. of Students Admitted	复学 Students Resuming Studies	转入 Transfers from Other Inst.	其他 Others
总　计 Total	**12676635**	**5166597**	**4889890**	**13909**	**224622**	**38176**
中职全日制学生 Full-time Students of SVSs	11701158	4631318	4446626	11502	160643	12547
中职非全日制学生 Part-time Students of SVSs	975477	535279	443264	2407	63979	25629

中等职业学校(机构)

Changes in Female Enrolment of Secondary

	上学年初报表在校学生数 Enrolment at Beginning of Previous Academic Year	增加学生数 Factors of Increase				
			招生 No. of Students Admitted	复学 Students Resuming Studies	转入 Transfers from Other Inst.	其他 Others
总　计 Total	**5623924**	**2301263**	**2183843**	**4714**	**98230**	**14476**
中职全日制学生 Full-time Students of SVSs	5193488	2056282	1979684	4209	68496	3893
中职非全日制学生 Part-time Students of SVSs	430436	244981	204159	505	29734	10583

分年龄学生数
Vocational Schools (Institutions)

单位:人
unit:person

17 岁 17 Years	18 岁 18 Years	19 岁 19 Years	20 岁 20 Years	21 岁 21 Years	22 岁及以上 22 Years and Over
3466341	**1460311**	**413873**	**146873**	**90909**	**748506**
3407784	1399180	359452	98100	37598	96194
58557	61131	54421	48773	53311	652312

分年龄女学生数
Vocational Schools (Institutions)

单位:人
unit:person

17 岁 17 Years	18 岁 18 Years	19 岁 19 Years	20 岁 20 Years	21 岁 21 Years	22 岁及以上 22 Years and Over
1525036	**616513**	**170738**	**60295**	**37253**	**356119**
1500662	591698	148384	41509	16140	44743
24374	24815	22354	18786	21113	311376

学生变动情况
Vocational Schools (Institutions)

单位:人
unit:person

减少学生数 Factors of Decrease	毕业 Graduates	结业 Completers of Courses Without Formal Awards	休学 Suspended	退学 Quitting	死亡 Dead	转出 Transfers to Other Inst.	其他 Others	本学年初报表在校学生数 Total Enrolment at Beginning of Current Academic Year
4725086	**3753709**	**98061**	**18253**	**455438**	**691**	**314819**	**84115**	**13118146**
4229178	3360065	55744	18008	422980	685	291358	80338	12103298
495908	393644	42317	245	32458	6	23461	3777	1014848

女学生变动情况
Vocational Schools (Institutions)

单位:人
unit:person

减少学生数 Factors of Decrease	毕业 Graduates	结业 Completers of Courses Without Formal Awards	休学 Suspended	退学 Quitting	死亡 Dead	转出 Transfers to Other Inst.	其他 Others	本学年初报表在校学生数 Total Enrolment at Beginning of Current Academic Year
2069693	**1692115**	**39716**	**8302**	**176010**	**212**	**125431**	**27907**	**5855494**
1853432	1516767	21694	8204	162729	212	116977	26849	5396338
216261	175348	18022	98	13281	0	8454	1058	459156

中等职业学校(机构)
Supplementary Information on Students in

	共产党员 Member of C. P. A	共青团员 Member of C. Y. L
总　计 Total	**15847**	**2057156**
中职全日制学生 Full-time Students of SVSs	2440	1918665
#女 of Which: Female	806	1006878
中职非全日制学生 Part-time Students of SVSs	13407	138491
#女 of Which: Female	3787	66611

中等职业学校(机构)
Information on International Students in

	毕(结)业生数 Graduates
总　计 Total	**1398**
#女 of Which: Female	244
按大洲分:by Continent	
亚洲 Asia	1355
非洲 Africa	22
欧洲 Europe	11
北美洲 North America	8
南美洲 South America	2
大洋洲 Oceania	0

中等职业学校
Number of Educational Personnel in

	教职工数 Educational Personnel	专任教师 Full-time Teachers	行政人员 Adm. Personnel	教辅人员 Supporting Staff
总计 Total	**827727**	**670936**	**59393**	**50075**
#女 of Which: Female	447250	381782	23381	25783
#在编人员 of Which:Permanent Staff	606627	517999	37602	29950

其他学生情况
Secondary Vocational Schools (Institutions)

单位:人
unit:person

香港 From HK	澳门 Macao	台湾 From Taiwan	华侨 Overseas Chinese	少数民族 Minorities	残疾人 Disabled
2344	**1043**	**453**	**167**	**1402089**	**29534**
2329	191	453	167	1240865	28834
1084	106	205	94	543868	11026
15	852	0	0	161224	700
3	487	0	0	66707	273

国际学生基本情况
Secondary Vocational Schools (Institutions)

单位:人、人次
unit:person、person-time

招生数 Entrants	在校生数(注册) Enrolment
1069	**2784**
247	795
1001	2621
1	8
32	69
17	34
16	44
2	8

(机构)教职工数
Secondary Vocational Schools

单位:人
unit:person

工勤人员 Workers	其他附设机构人员 Personnel in Others Subsidiary Units	校外教师 Part-time Teachers	行业导师 Industry Mentor	外籍教师 Foreign Teachers
46565	**758**	**64395**	**13383**	**111**
15868	436	33291	6260	48
20708	368	—	—	—

中等职业学校专任教师教学
Number of Full-time Teachers by Field of

		合计 Total	#女 of Which: Female
总　计 Total		**695447**	**396426**
#女 of Which: Female		396426	—
#实习指导课 of Which: Practice Guidance Lessons		39531	17208
专业课 Specialized Subjects	农林牧渔大类 Agriculture, Forestry, Husbandry and Fishery	21613	10664
	资源环境与安全大类 Resource Environment and Security	2438	1136
	能源动力与材料大类 Energy Power and Materials	3326	1377
	土木建筑大类 Civil Engineering and Architecture	13527	6654
	水利大类 Water Resources	1102	466
	装备制造大类 Equipment Manufacturing	51732	19544
	生物与化工大类 Biology and Chemical Engineering	5093	2644
	轻工纺织大类 Light Industry and Textile	4829	3260
	食品药品与粮食大类 Food, Medicine and Grain	3749	1895
	交通运输大类 Transport and Communication	35333	14052
	电子与信息大类 Electronics and Information	89844	46617
	医药卫生大类 Medicine and Health Care	35096	24650
	财经商贸大类 Finance, Economics, Commerce and Trade	49925	33916
	旅游大类 Tourism	25192	16842
	文化艺术大类 Culture and Arts	94715	61317
	新闻传播大类 Journalism and Communication	2376	1458
	教育与体育大类 Education and Sports	229659	135472
	公安与司法大类 Public Security and Justice	2524	1232
	公共管理与服务大类 Public Administration and Services	23374	13230

领域所属大类情况

Study in Secondary Vocational Schools

单位:人
unit:person

正高级 Senior	副高级 Sub-Senior	中级 Middle	初级 Junior	未定职级 No-Ranking
4462	**167481**	**250022**	**154525**	**118957**
2123	83685	141358	95106	74154
240	8208	14678	9369	7036
268	6509	8251	4233	2352
20	538	799	563	518
27	767	1068	744	720
90	3079	4809	3415	2134
5	257	365	299	176
423	12239	19318	12485	7267
67	1587	1905	959	575
25	978	1674	1347	805
28	724	1209	913	875
159	5189	10627	9495	9863
406	19277	33353	19870	16938
560	7364	12507	8926	5739
310	11236	17420	12336	8623
83	5100	8584	6403	5022
514	20573	33192	22070	18366
9	324	728	614	701
1334	66123	85735	44378	32089
14	413	774	589	734
120	5204	7704	4886	5460

中等职业学校教师
Full-time Teachers by Educational Background

	合计 Total	博士 Doctor's Degree	#获取博士学位 of Which: Ph. D	#获取硕士学位 of Which: Master's Degree	硕士研究生 Masters	#获取博士学位 of Which: Ph. D	#获取硕士学位 of Which: Master's Degree
1. 专任教师 Full-time Teacher	**695447**	**627**	**489**	**31**	**58365**	**15**	**48829**
#女 of Which: Female	396426	322	257	12	40957	7	35082
正高级 Senior	4462	106	94	1	643	2	452
副高级 Sub-Senior	167481	244	184	12	10067	5	7248
中　级 Middle	250022	229	176	12	24277	8	20528
初　级 Junior	154525	19	15	3	12924	0	11230
未定职级 No-Ranking	118957	29	20	3	10454	0	9371
2. 校外教师 Part-time Teacher	**64395**	**459**	**202**	**7**	**5022**	**16**	**3271**
#女 of Which: Female	33291	176	86	3	2918	6	1953
#两年以上 of Which: Two Years and Over	19248	150	106	1	1628	6	1261
正高级 Senior	1306	82	61	1	307	2	169
副高级 Sub-Senior	9509	134	94	0	1072	7	681
中　级 Middle	17007	81	34	0	1633	4	1115
初　级 Junior	8964	26	2	1	736	0	484
未定职级 No-Ranking	27609	136	11	5	1274	3	822
3. 行业导师 Industry Mentor	**13383**	**133**	**88**	**1**	**1082**	**1**	**845**
4. 外籍教师 Foreign Teachers	**111**	**5**	**4**	**0**	**37**	**0**	**31**

分学历(位)情况
in Secondary Vocational Schools

单位:人
unit: person

本科 University Diploma	#获取博士学位 of Which: Ph. D	#获取硕士学位 of Which: Master's Degree	专科 Short-cycle Courses	#获取博士学位 of Which: Ph. D	#获取硕士学位 of Which: Master's Degree	高中阶段以下 Below High School Graduate
591755	**28**	**25140**	**42758**	**2**	**174**	**1942**
335867	17	16053	18777	1	94	503
3651	2	516	51	0	0	11
154546	10	10115	2551	0	13	73
213906	15	11095	11289	0	50	321
131118	1	2508	10042	1	42	422
88534	0	906	18825	1	69	1115
48334	**127**	**737**	**9436**	**7**	**2**	**1144**
25742	33	377	4167	0	2	288
14429	1	183	2569	0	0	472
853	48	20	47	0	0	17
8007	19	195	250	0	0	46
12424	52	234	2766	0	0	103
6924	5	123	1187	0	0	91
20126	3	165	5186	7	2	887
8452	**10**	**301**	**2998**	**0**	**1**	**718**
67	**0**	**1**	**1**	**0**	**0**	**1**

中等职业教育专任
Number of Full-time Teachers by Age in

		合计 Total	29 岁以下 29 and Under	30-34 岁 30 to 34
总　计 Total		**695447**	**126501**	**107173**
#女 of Which: Female		396426	86007	68983
按专业技术职务分 by Ranks	正高级 Senior	4462	0	2
	副高级 Sub-Senior	167481	12	692
	中　级 Middle	250022	5340	32706
	初　级 Junior	154525	46628	49150
	未定职级 No-Ranking	118957	74521	24623
按学历(学位)分 by Academic Qualification	博士研究生 Doctor's Degree	627	21	81
	#获博士学位 of Which:PhD	489	13	57
	#获硕士学位 of Which:Master's Degree	31	2	7
	硕士研究生 Master's Degree	58365	12044	16780
	#获博士学位 of Which:PhD	15	0	0
	#获硕士学位 of Which:Master's Degree	48829	10892	14871
	本科 UniversityDiploma	591755	101975	84402
	#获博士学位 of Which:PhD	28	1	0
	#获硕士学位 of Which:Master's Degree	25140	1272	2278
	专科 Short-cycle Courses	42758	12098	5720
	#获博士学位 of Which:PhD	2	2	0
	#获硕士学位 of Which:Master's Degree	174	58	28
	高中阶段以下 Below High School Graduate	1942	363	190

教师分年龄情况
Secondary Vocational Schools

单位:人
unit: person

35-39岁 35 to 39	40-44岁 40 to 44	45-49岁 45 to 49	50-54岁 50 to 54	55-59岁 55 to 59	60-64岁 60 to 64	65岁以上 65 and Over
114112	**102250**	**100771**	**87743**	**54874**	**1426**	**597**
70573	59581	54451	42685	13649	349	148
54	193	683	1490	1696	215	129
8819	22579	42940	52965	38307	922	245
63415	60342	45959	29273	12699	149	139
31243	14491	8281	3160	1543	22	7
10581	4645	2908	855	629	118	77
144	119	114	83	47	12	6
108	92	100	71	33	11	4
7	6	3	5	1	0	0
13619	7641	4439	2537	1166	104	35
7	2	2	2	1	1	0
11417	6001	3211	1665	662	79	31
95623	90224	90989	79434	47676	1058	374
2	9	6	5	5	0	0
6349	6838	4689	2795	901	13	5
4550	4094	4949	5385	5583	220	159
0	0	0	0	0	0	0
17	9	16	25	21	0	0
176	172	280	304	402	32	23

中等职业学校（机构）

Teaching Situation of Full-time Teachers in

	本学年授课专任教师 Full-time Teacher by Teaching Content	公共课基础课 Common Required Course	#思政课 of Which: Ideological and Political Courses	专业（技能）课程 Specialized Course	#双师型 of Which: Double-teacher Type	本学年授课校外教师 Part-time Teacher by Teaching Content	公共课基础课 Common Required Course	#思政课 of Which: Ideological and Political Courses
总　计 Total	**682549**	**301643**	**44957**	**380906**	**211440**	**62533**	**19394**	**2384**
其中：女 of Which: Female	389841	181738	25814	208103	114710	32281	11859	1427
正高级 Senior	4295	1466	334	2829	2004	1267	262	35
副高级 Sub-Senior	163067	82138	13214	80929	55798	9362	2279	328
中　级 Middle	245127	108819	15666	136308	88901	16768	4049	573
初　级 Junior	152191	59308	7967	92883	46876	8796	2947	393
未定职级 No-Ranking	117869	49912	7776	67957	17861	26340	9857	1055

中等职业学校（机构）

Changes of Full-time Teachers in Secondary

	上学年初报表专任教师数 Number of Full-time Teachers at Beginning of Previous Academic Year	增加专任教师数 Factors of Increase	招聘 Recruit	#应届毕业生 of Which: Graduates of Current Year	#师范生 of Which: Normal University Students	调入 Teachers Recruited from Other Units	#外校 of Which: from Other SVSs	校内变动 With Change of Status in Their Own Institutions	#学段调整 of Which: Adjusting Teaching Stage	其他 Others
总　计 Total	**648494**	**118916**	**56906**	**17927**	**8009**	**21112**	**9200**	**39241**	**10853**	**1657**
其中：女 of Which: Female	361211	73466	36990	12492	5682	12306	5251	23187	6588	983

教师授课分类情况
Secondary Vocational Schools (Institutions)

单位：人
unit: person

专业（技能）课程 Specialized Course	#双师型 of Which: Double-teacher Type	本学年授课行业导师 Industry Mentor by Teaching Content	#专业（技能）课程 of Which: Specialized Course	本学年授课外籍教师 Foreign Teachers by Teaching Content	公共课基础课 Common Required Course	专业（技能）课程 Specialized Course	本学年不授课专任教师 Full-time Teacher by Non-teaching	进修 In-service	病休 Sick-Leave	其他 Others
43139	**15940**	**12898**	**11167**	**110**	**43**	**67**	**12898**	**477**	**1159**	**11262**
20422	7472	6033	5102	48	19	29	6585	283	684	5618
1005	419	345	307	7	0	7	167	1	4	162
7083	3349	2242	1986	7	1	6	4414	134	285	3995
12719	5528	3276	2904	4	0	4	4895	189	458	4248
5849	2200	1357	1173	2	1	1	2334	94	358	1882
16483	4444	5678	4797	90	41	49	1088	59	54	975

专任教师变动情况
Vocational Schools (Institutions)

单位：人
unit: person

减少专任教师数 Factors of Decrease	退休 Retirees	死亡 Death	调出 Transferred from teaching to Non-Teaching Posts	辞职 Resignation	校内变动 With Change of Status in Their Own Institutions	#学段调整 of Which: Adjusting Teaching Stage	其他 Others	本学年初报表专任教师数 Number of Full-time Teachers at Beginning of Current Academic Year
71963	**8819**	**421**	**23803**	**16399**	**19068**	**2622**	**3453**	**695447**
38251	4760	120	12680	8812	10166	1626	1713	396426

中等职业学校(机构)
Supplementary Information on Educational Personnel in

	共产党员 Member of C. P. A	共青团员 Member of C. Y. L	民主党派 Member of Non-Communist Party
教职工 Educational Personnel	274836	45521	11594
#女 of Which: Female	128295	29742	6414
专任教师 Full-time Teachers	231499	39777	10605
#女 of Which: Female	116624	26694	5935

中等职业学校
Condition of Fixed Assets and Teaching Resources

	占地面积(平方米) Areas Occupied (m^2)	#绿化用地面积 of Which: Green Areas	#运动场地面积 of Which: Sports Areas	校园足球场(个) Cammpus Football Field	11人制足球场 11-a-side Football Field	7人制足球场 7-a-side Football Field	5人制足球场 5-a-side Football Field	图书(册) Books and Magazines in Libraries (Volume)	#当年新增 of Which: New Added	数字资源量 Digital Resources 电子图书(册) E-Books (Book)	电子期刊(册) E-Journals (Book)	学位论文(册) Degree Thesis (Book)	音视频(小时) Audio and Video (Hour)
学校产权 Owned by SVSs	431556592.07	106793439.85	69229132.32	166638	98478	38369	29791	310522304	29682662	257058542	24147592	99428277	4174254.02
非学校产权中独立使用 Not Owned by SVSs	67030521.03	13602341.70	9778923.18	11864	3445	4384	4035	13101236	1112430	9011363	1103340	8224821	1635572.60

中等职业学校
Conditions of School Buildings in Secondary

	学校产权校舍建筑面积 Floor Area of School Building Owned by SVSs
总　计 Total	**218262740.22**
一、教学及辅助用房 Buildings for Instruction and Ancillary Uses	**107699183.62**
普通教室 Classroom	42270297.27
合班教室 Co-class Classroom	2172822.84
基础课实验室 Basic Course Lab	5106995.23
实训用房 Training Room	43363712.39
图书阅览室 Reading Room	5652321.90
心理咨询室 Psychological Consultation Room	410969.71
风雨操场 Outdoor playground	8722064.28
二、行政办公用房 Administrative	**14329445.54**
行政办公室 Office	12144876.08
教研室 Teaching and Research Office	2184569.46
三、生活用房 Residential Buildings	**81789326.63**
学生宿舍 Students' Dormitories	55939590.39
食堂 Dining Halls	14664256.16
单身教工宿舍 Apartments for Single	4837441.58
其他附属用房 Other Auxiliary Buildings	6348038.50
四、教工住宅 Residential Quarters for Teachers and Workers	**7040578.91**
五、其他用房 Rooms for Other Purposes	**7404205.52**

教职工其他情况

Secondary Vocational Schools (Institutions)

单位:人
unit: person

香港 From HK	澳门 From Macao	台湾 From Taiwan	华侨 Overseas Chinese	少数民族 Minorities
17	0	10	6	57752
12	0	7	5	31322
11	0	7	4	47840
8	0	6	4	26989

(机构)资产情况

in Secondary Vocational Schools (Institutions)

职业教育仿真实训资源量(套) Vocational Education Virtual imulation Training Resources(Set)				数字终端数(台) Digital Terminals (Set)			教室(间) Classroom (Room)		固定资产总值(万元) Total Value of Fixed Asset (10,000 yuan)		
	仿真实验软件 Simulation Experiment software	仿真实训软件 Simulation Training software	仿真实习软件 Simulation Practice software		教师终端数 Number of Teachers' Terminals	学生终端数 Number of Student Terminals		#网络多媒体教室 of Which: Network Multimedia Classroom		#教学、科研仪器设备资产 of Which: Teaching Equipment and Instruments	#当年新增 of Which: New Added in Current Year
153657	48329	94837	10491	3465739	796407	2580748	365989	234260	43978292.82	10274061.06	1122827.68
3944	1056	2280	608	112346	23424	82825	88550	46576	4040961.47	328112.07	48131.80

(机构)校舍情况

Vocational Schools (Institutions)

单位:平方米
unit: m^2

正在施工校舍建筑面积 Floor Area Under Construction	非学校产权中独立使用校舍建筑面积 Floor Area of School Building Not Owned by SVSs
10375891.01	**37973553.22**
5633453.21	**17760038.99**
1731126.63	7967600.46
65325.09	510860.71
97888.63	793473.12
2905412.32	5449436.59
376027.21	773634.98
17152.57	71376.44
440520.76	2193656.69
475034.04	**2392920.75**
383313.85	1918816.82
91720.19	474103.93
3497853.96	16211240.68
2588047.64	12049291.66
601780.32	2330728.50
175820.54	974372.78
132205.46	856847.74
161551.88	—
607997.92	**1609352.80**

初中阶段
Number of Schools, Classes in

	学校数(所) Schools	初级中学 Regular Junior Secondary Schools
总　计 Total	**52871**	**34629**
教育部门 Run by Ed. Dept.	46362	33324
其他部门 Run by Non-ed. Dept.	342	65
地方企业办 Run by Local Enterprises	15	4
民办 Non-government	6152	1236
具有法人资格的中外合作办学	0	0
城区 Urban Area	14715	8885
教育部门 Run by Ed. Dept.	11582	8242
其他部门 Run by Non-ed. Dept.	131	43
地方企业办 Run by Local Enterprises	6	2
民办 Non-government	2996	598
具有法人资格的中外合作办学	0	0
镇区 Counties and Towns Area	24635	17639
教育部门 Run by Ed. Dept.	22198	17154
其他部门 Run by Non-ed. Dept.	178	17
地方企业办 Run by Local Enterprises	3	1
民办 Non-government	2256	467
具有法人资格的中外合作办学	0	0
乡村 Rural Area	13521	8105
教育部门 Run by Ed. Dept.	12582	7928
其他部门 Run by Non-ed. Dept.	33	5
地方企业办 Run by Local Enterprises	6	1
民办 Non-government	900	171
具有法人资格的中外合作办学	0	0
总计中:附设初中班 of the Total:Classes Attached to Others Schools	—	—

校数、班数
Lower Secondary Education

九年一贯制学校 9-Year Schools	职业初中 Vocational Junior Secondary Schools	班数(个) Classes	一年级 Grade 1	二年级 Grade 2	三年级 Grade 3	四年级 Grade 4
18233	**9**	**1098897**	**373288**	**358410**	**355614**	**11585**
13032	6	933262	317247	303512	302109	10394
276	1	4166	1346	1357	1383	80
11	0	326	127	107	92	0
4914	2	161127	54564	53428	52024	1111
0	0	16	4	6	6	0
5827	3	439575	150030	143015	139009	7521
3338	2	350985	119981	113889	110560	6555
87	1	2120	702	690	695	33
4	0	236	102	77	57	0
2398	0	86218	29241	28353	27691	933
0	0	16	4	6	6	0
6992	4	516499	175218	168829	169182	3270
5041	3	453898	154224	147871	148707	3096
161	0	1693	525	552	569	47
2	0	14	4	5	5	0
1788	1	60894	20465	20401	19901	127
0	0	0	0	0	0	0
5414	2	142823	48040	46566	47423	794
4653	1	128379	43042	41752	42842	743
28	0	353	119	115	119	0
5	0	76	21	25	30	0
728	1	14015	4858	4674	4432	51
0	0	0	0	0	0	0
—	—	2750	844	882	994	30

初中班
Size of Classes in Lower

	合计 Total	一年级 Grade 1
合　计 Total	**1098897**	**373288**
25 人及以下 Under 25 Persons	27278	9125
26-30 人 Between 26-30	29971	9722
31-35 人 Between 31-35	55398	18141
36-40 人 Between 36-40	101090	33744
41-45 人 Between 41-45	200429	67846
46-50 人 Between 46-50	415522	144585
51-55 人 Between 51-55	261984	88491
56-60 人 Between 56-60	4825	1168
61-65 人 Between 61-65	2294	440
66 人及以上 Over 66 Persons	106	26
城区 Urban Area	439575	150030
25 人及以下 Under 25 Persons	9753	2971
26-30 人 Between 26-30	10616	3224
31-35 人 Between 31-35	21151	6499
36-40 人 Between 36-40	40533	13536
41-45 人 Between 41-45	79404	27395
46-50 人 Between 46-50	168220	59213
51-55 人 Between 51-55	106844	36525
56-60 人 Between 56-60	1866	459
61-65 人 Between 61-65	1168	208
66 人及以上 Over 66 Persons	20	0
镇区 Counties and Towns Area	516499	175218
25 人及以下 Under 25 Persons	9734	3349
26-30 人 Between 26-30	11862	4032
31-35 人 Between 31-35	22486	7737
36-40 人 Between 36-40	41433	13841
41-45 人 Between 41-45	90847	30466
46-50 人 Between 46-50	204118	70656
51-55 人 Between 51-55	132709	44417
56-60 人 Between 56-60	2310	512
61-65 人 Between 61-65	935	194
66 人及以上 Over 66 Persons	65	14
乡村 Rural Area	142823	48040
25 人及以下 Under 25 Persons	7791	2805
26-30 人 Between 26-30	7493	2466
31-35 人 Between 31-35	11761	3905
36-40 人 Between 36-40	19124	6367
41-45 人 Between 41-45	30178	9985
46-50 人 Between 46-50	43184	14716
51-55 人 Between 51-55	22431	7549
56-60 人 Between 56-60	649	197
61-65 人 Between 61-65	191	38
66 人及以上 Over 66 Persons	21	12

额情况

Secondary Schools

单位：个
unit：class

二年级 Grade 2	三年级 Grade 3	四年级 Grade 4
358410	**355614**	**11585**
9008	8142	1003
9974	9305	970
18424	17564	1269
33552	32052	1742
65912	64340	2331
133484	133979	3474
86023	86675	795
1476	2180	1
530	1324	0
27	53	0
143015	139009	7521
3034	3068	680
3401	3438	553
7082	6787	783
13298	12595	1104
25927	24628	1454
54092	52591	2324
35287	34410	622
620	786	1
274	686	0
0	20	0
168829	169182	3270
3334	2821	230
3997	3533	300
7479	6901	369
13804	13300	488
30146	29500	735
65595	66880	987
43563	44568	161
685	1113	0
201	540	0
25	26	0
46566	47423	794
2640	2253	93
2576	2334	117
3863	3876	117
6450	6157	150
9839	10212	142
13797	14508	163
7173	7697	12
171	281	0
55	98	0
2	7	0

初中教育学生
Number of Students in Lower

	毕业生数 Graduates	招生数 Entrants
总　计 Total	**15871485**	**17054376**
教育部门 Run by Ed. Dept.	13602953	14561562
其他部门 Run by Non-ed. Dept.	53780	52349
地方企业办 Run by Local Enterprises	3274	5767
民办 Non-government	2211286	2434498
具有法人资格的中外合作办学	192	200
城区 Urban Area	5981409	6909326
教育部门 Run by Ed. Dept.	4804320	5586440
其他部门 Run by Non-ed. Dept.	28090	28579
地方企业办 Run by Local Enterprises	2113	4698
民办 Non-government	1146694	1289409
具有法人资格的中外合作办学	192	200
镇区 Counties and Towns Area	7815958	8098829
教育部门 Run by Ed. Dept.	6909725	7143859
其他部门 Run by Non-ed. Dept.	21457	18950
地方企业办 Run by Local Enterprises	88	181
民办 Non-government	884688	935839
具有法人资格的中外合作办学	0	0
乡村 Rural Area	2074118	2046221
教育部门 Run by Ed. Dept.	1888908	1831263
其他部门 Run by Non-ed. Dept.	4233	4820
地方企业办 Run by Local Enterprises	1073	888
民办 Non-government	179904	209250
具有法人资格的中外合作办学	0	0

分举办者情况
Secondary Schools

单位：人
unit：person

在校生数 Enrolment	#女 of Which：Female	一年级 Grade 1	二年级 Grade 2	三年级 Grade 3	四年级 Grade 4	预计毕业生数 Estimated Graduates for Next Year
50184373	**23309774**	**17070297**	**16342147**	**16306211**	**465718**	**16300116**
42793969	20205712	14573406	13894801	13905407	420355	13904181
162493	74095	52514	52760	54381	2838	54972
14439	6062	5768	4777	3894	0	3894
7212729	3023543	2438409	2389540	2342255	42525	2336795
743	362	200	269	274	0	274
20172559	9340299	6915985	6563159	6388597	304818	6377047
16275458	7682918	5592235	5283606	5131613	268004	5123990
87278	39063	28728	28337	29094	1119	29384
10482	4659	4699	3471	2312	0	2312
3798598	1613297	1290123	1247476	1225304	35695	1221087
743	362	200	269	274	0	274
23912325	11134753	8105417	7800478	7874850	131580	7878380
21045187	9939851	7148159	6841312	6930799	124917	6935294
60839	28120	18966	19652	20502	1719	20803
598	231	181	208	209	0	209
2805701	1166551	938111	939306	923340	4944	922074
0	0	0	0	0	0	0
6099489	2834722	2048895	1978510	2042764	29320	2044689
5473324	2582943	1833012	1769883	1842995	27434	1844897
14376	6912	4820	4771	4785	0	4785
3359	1172	888	1098	1373	0	1373
608430	243695	210175	202758	193611	1886	193634
0	0	0	0	0	0	0

初中教育学生
Number of Students in Lower

	毕业生数 Graduates	招生数 Entrants
总　计 Total	**15871485**	**17054376**
#女 of Which: Female	7388171	7939481
#少数民族 of Which: Minority Students	1849425	2059330
#寄宿生 of Which: of the Total Boarders	—	7897095
#随迁子女 of Which: Migrant Children	1593847	1960942
#外省迁入 of Which: from Other Province	631905	819178
#本省外县迁入 of Which: From Other County	961942	1141764
#进城务工人员随迁子女 of Which: Children of Migrant Workers	1136205	1342791
#外省迁入 of Which: from Other Province	448935	553073
#本省外县迁入 of Which: From Other County	687270	789718
#农村留守儿童 of Which: Children Left Behind	1317593	1403043
初级中学 Regular Lower Secondary Schools	10807177	11277586
九年一贯制学校 9-Year Schools	2624001	3100495
职业初中 Vocational Lower Secondary Schools	770	238
完全中学 Complete Secondary Schools	1895733	2062584
十二年一贯制学校 12-Year Schools	499971	578829
附设普通初中班 Lower Sec. Classes Attached	43767	34625
附设职业初中班 Vocational Lower Sec. Classes Attached	66	19

分类型情况
Secondary Schools

单位：人
unit：person

在校生数 Enrolment	#女 of Which：Female	一年级 Grade 1	二年级 Grade 2	三年级 Grade 3	四年级 Grade 4	预计毕业生数 Estimated Graduates for Next Year
50184373	**23309774**	**17070297**	**16342147**	**16306211**	**465718**	**16300116**
23309774	—	7945835	7569804	7572761	221374	7571765
5914086	2833007	2060963	1947641	1894400	11082	1893715
23277650	10784568	7903777	7549882	7753605	70386	7759083
5643502	2538643	1962780	1849487	1763099	68136	1756113
2319836	1032915	819608	758095	706332	35801	701343
3323666	1505728	1143172	1091392	1056767	32335	1054770
3883013	1756590	1343547	1277071	1216530	45865	1212430
1578647	705746	553240	518404	486017	20986	483710
2304366	1050844	790307	758667	730513	24879	728720
4212677	1955415	1403674	1386972	1415983	6048	1416362
33434886	15706835	11284969	10866575	10962471	320871	10963549
8869279	3986784	3104029	2880496	2781497	103257	2775802
724	284	238	194	292	0	292
6071342	2850926	2065520	1997444	1976742	31636	1976149
1695322	713436	580808	561403	544275	8836	543396
112724	51487	34714	36020	40894	1096	40882
96	22	19	15	40	22	46

初中阶段学龄人口及
Number of School-age Population and Enrolment

	在校学龄人口数 School-age Population	#女 of Which: Female
总　计 Total	**46041225**	**21452755**
10 岁及以下 Under 10 Years	—	—
11 岁 11 Years	411988	198443
12 岁 12 Years	12836473	6059431
13 岁 13 Years	16460204	7672262
14 岁 14 Years	15453637	7116128
15 岁 15 Years	878923	406491
16 岁 16 Years	0	0
17 岁 17 Years	—	—
18 岁及以上 Over 18 Years	—	—
城区 Urban Area	18799068	8738502
10 岁及以下 Under 10 Years	—	—
11 岁 11 Years	292213	140591
12 岁 12 Years	5544346	2611230
13 岁 13 Years	6670619	3101835
14 岁 14 Years	6140170	2816607
15 岁 15 Years	151720	68239
16 岁 16 Years	0	0
17 岁 17 Years	—	—
18 岁及以上 Over 18 Years	—	—
镇区 Counties and Towns Area	21760824	10159398
10 岁及以下 Under 10 Years	—	—
11 岁 11 Years	101995	49495
12 岁 12 Years	5880138	2779873
13 岁 13 Years	7826880	3656754
14 岁 14 Years	7407943	3420255
15 岁 15 Years	543868	253021
16 岁 16 Years	0	0
17 岁 17 Years	—	—
18 岁及以上 Over 18 Years	—	—
乡村 Rural Area	5481333	2554855
10 岁及以下 Under 10 Years	—	—
11 岁 11 Years	17780	8357
12 岁 12 Years	1411989	668328
13 岁 13 Years	1962705	913673
14 岁 14 Years	1905524	879266
15 岁 15 Years	183335	85231
16 岁 16 Years	0	0
17 岁 17 Years	—	—
18 岁及以上 Over 18 Years	—	—

在校学生情况
of Lower Secondary Schools

单位:人
unit:person

在校生数 Enrolment	#女 of Which: Female	一年级 Grade 1	二年级 Grade 2	三年级 Grade 3	四年级 Grade 4
50184373	**23309774**	**17070297**	**16342147**	**16306211**	**465718**
4680	2587	3729	582	364	5
733000	366642	721879	9513	1590	18
13420302	6349804	12567539	829876	22728	159
16460204	7672262	3477677	11855293	1116966	10268
15454899	7116683	250152	3318655	11515919	370173
3664986	1608675	34836	275961	3276927	77262
364249	155578	9244	36902	311056	7047
57796	26094	3119	9912	44170	595
24257	11449	2122	5453	16491	191
20172559	9340299	6915985	6563159	6388597	304818
1791	1023	1619	131	40	1
415826	206319	411925	3494	402	5
5690315	2684408	5243746	438054	8409	106
6670619	3101835	1191466	4923145	548823	7185
6140902	2816911	59575	1126568	4703603	251156
1156483	490343	5775	63708	1043797	43203
83081	33707	1198	6057	73037	2789
10325	4313	429	1377	8254	265
3217	1440	252	625	2232	108
23912325	11134753	8105417	7800478	7874850	131580
2026	1105	1454	305	264	3
256290	129733	251058	4406	817	9
6219051	2948374	5892281	316244	10485	41
7826880	3656754	1795440	5571888	456925	2627
7408341	3420440	139105	1721744	5448466	99026
1948402	868547	18268	156479	1747533	26122
205662	88553	4960	20791	176473	3438
31805	14645	1679	5552	24326	248
13868	6602	1172	3069	9561	66
6099489	2834722	2048895	1978510	2042764	29320
863	459	656	146	60	1
60884	30590	58896	1613	371	4
1510936	717022	1431512	75578	3834	12
1962705	913673	490771	1360260	111218	456
1905656	879332	51472	470343	1363850	19991
560101	249785	10793	55774	485597	7937
75506	33318	3086	10054	61546	820
15666	7136	1011	2983	11590	82
7172	3407	698	1759	4698	17

初中学校

Number of Educational Personnel in

	教职工数 Educational Personnel	专任教师 Full-time Teachers	行政人员 Adm. Personnel
总　计 Total	**4685682**	**4206393**	**100619**
#女 of Which：Female	2847749	2613209	28606
#少数民族 of Which：Minority	426046	378285	7224
#在编人员 of Which：Permanent Staff	3655306	3434094	70978
教育部门办 Run by Ed. Dept.	3917908	3624813	72438
其他部门办 Run by Non-ed. Dept.	29282	24051	1043
地方企业办 Run by Local Enterprises	1104	891	16
民办 Non-government	737388	556638	27122
具有法人资格的中外合作办学	0	0	0
城区 Urban Area	1778710	1584412	42293
教育部门办 Run by Ed. Dept.	1379474	1279324	27736
其他部门办 Run by Non-ed. Dept.	10282	8522	482
地方企业办 Run by Local Enterprises	834	662	13
民办 Non-government	388120	295904	14062
具有法人资格的中外合作办学	0	0	0
镇区 Counties and Towns Area	2190483	1976960	41745
教育部门办 Run by Ed. Dept.	1896865	1754633	31214
其他部门办 Run by Non-ed. Dept.	16184	13204	477
地方企业办 Run by Local Enterprises	113	107	3
民办 Non-government	277321	209016	10051
具有法人资格的中外合作办学	0	0	0
乡村 Rural Area	716489	645021	16581
教育部门办 Run by Ed. Dept.	641569	590856	13488
其他部门办 Run by Non-ed. Dept.	2816	2325	84
地方企业办 Run by Local Enterprises	157	122	0
民办 Non-government	71947	51718	3009
具有法人资格的中外合作办学	0	0	0
初级中学 Regular Lower Secondary Schools	2914044	2674538	56496
九年一贯制学校 9-Year Schools	1771403	1531649	44109
职业初中 Vocational Lower Secondary Schools	235	206	14

教职工数

Lower Secondary Schools

单位：人
unit: person

教辅人员 Supporting Staffs	工勤人员 Workers	其他 Others	校外教师 Part-time Teachers	外籍教师 Foreign Teachers
144585	**217334**	**16751**	**20779**	**2372**
78100	118536	9298	14533	906
17721	20485	2331	1903	26
100337	46214	3683	—	—
113191	94973	12493	18538	100
1101	2747	340	140	0
6	186	5	0	0
30287	119428	3913	2101	2272
0	0	0	0	0
59721	87433	4851	9476	1914
41739	27629	3046	8307	80
518	615	145	47	0
6	153	0	0	0
17458	59036	1660	1122	1834
0	0	0	0	0
63429	99160	9189	8310	283
53144	50507	7367	7427	10
495	1859	149	67	0
0	3	0	0	0
9790	46791	1673	816	273
0	0	0	0	0
21435	30741	2711	2993	175
18308	16837	2080	2804	10
88	273	46	26	0
0	30	5	0	0
3039	13601	580	163	165
0	0	0	0	0
86653	86647	9710	10567	58
57928	130677	7040	10205	2314
4	10	1	7	0

初中阶段教育专任教师

Number of Full-time Teachers in Lower Secondary

	合计 Total	#女 of Which: Female	道德与法治 Morality and Legal System	语文 Language and Literature	数学 Mathe-matics	外语 Foreign Languages	#英语 of Which: English	#日语 of Which: Japanese	#俄语 of Which: Russian	科学 Science	物理 Physics
总　计 Total	**3971121**	**2373454**	**258481**	**689348**	**670948**	**626653**	**625299**	**386**	**179**	**31104**	**266303**
#女 of Which: Female	2373454	—	155196	483692	368568	518958	518126	335	158	15479	106340
#少数民族 of Which: Minorities	362846	210066	26434	63132	57305	49179	49030	73	15	442	24786
博士研究生 Doctor's Degree	1003	676	44	130	127	65	64	1	0	26	134
硕士研究生 Master's Degree	180821	144902	13075	29938	25307	35617	35367	102	51	1988	10437
本科毕业 Under-graduate	3394217	2077720	217149	602512	581306	550052	549047	265	117	27245	228092
专科毕业 Associate Bachelor	391597	149338	28040	56428	63830	40758	40660	18	11	1815	27520
高中阶段毕业 High School Graduate	3338	766	169	329	360	145	145	0	0	30	116
高中阶段以下毕业 Below High School Graduate	145	52	4	11	18	16	16	0	0	0	4
城区 Urban Area	1558277	1047342	97358	266718	262313	255424	254643	288	131	16285	104575
博士研究生 Doctor's Degree	808	568	31	103	97	37	36	1	0	21	118
硕士研究生 Master's Degree	137288	112682	9897	23132	19407	26795	26558	95	50	1509	8022
本科毕业 Under-graduate	1335194	897189	82192	231676	228783	218833	218301	185	80	14359	90257
专科毕业 Associate Bachelor	83897	36632	5194	11717	13899	9711	9700	7	1	388	6152
高中阶段毕业 High School Graduate	1019	229	44	82	113	35	35	0	0	8	26
高中阶段以下毕业 Below High School Graduate	71	42	0	8	14	13	13	0	0	0	0
镇区 Counties and Towns Area	1877894	1045687	125206	329330	318969	292700	292275	89	24	11683	125752
博士研究生 Doctor's Degree	151	81	10	21	20	23	23	0	0	4	12
硕士研究生 Master's Degree	34947	25830	2610	5453	4762	7031	7020	6	1	372	1936
本科毕业 Under-graduate	1612084	933670	105571	290574	276645	261769	261411	74	19	10280	107730
专科毕业 Associate Bachelor	229043	85694	16918	33108	37368	23798	23742	9	4	1013	16014
高中阶段毕业 High School Graduate	1618	405	94	171	171	78	78	0	0	14	56
高中阶段以下毕业 Below High School Graduate	51	7	3	3	3	1	1	0	0	0	4
乡村 Rural Area	534950	280425	35917	93300	89666	78529	78381	9	24	3136	35976
博士研究生 Doctor's Degree	44	27	3	6	10	5	5	0	0	1	4
硕士研究生 Master's Degree	8586	6390	568	1353	1138	1791	1789	1	0	107	479
本科毕业 Under-graduate	446939	246861	29386	80262	75878	69450	69335	6	18	2606	30105
专科毕业 Associate Bachelor	78657	27012	5928	11603	12563	7249	7218	2	6	414	5354
高中阶段毕业 High School Graduate	701	132	31	76	76	32	32	0	0	8	34
高中阶段以下毕业 Below High School Graduate	23	3	1	0	1	2	2	0	0	0	0

分课程、分学历情况

Schools by Subject Taught and Educational Background

单位：人
unit: person

化学 Chemistry	生物 Biology	历史与社会 History and Society	地理 Geography	历史 History	体育与健康 Physical Training and Healthy	艺术 Art	音乐 Music	美术 Fine Arts	综合实践活动 Compre-hensive Practice	#信息技术 of Which: Information Technique	#劳动与技术 of Which: Skills Teaching	其他 Others	本学年不授课专任教师 No Teaching Load in Current Year
167745	**168945**	**30386**	**160538**	**214774**	**238299**	**6414**	**109401**	**107964**	**145929**	**99212**	**36968**	**36686**	**41203**
93293	105379	17063	91165	121701	49893	3454	79909	64718	60441	43447	13300	19406	18799
15642	15637	1372	15107	20585	22206	385	10212	8995	13540	9469	3267	7632	10255
119	145	1	65	40	20	3	13	10	26	11	9	22	13
9138	9707	1507	6976	10716	9251	251	3765	4776	4501	3754	529	2810	1061
143862	139454	25769	133231	179186	199713	5013	94329	90949	118976	84288	27192	26899	30480
14579	19494	3082	20116	24677	28632	1129	11193	12098	22068	11073	9011	6700	9438
45	139	26	146	150	666	18	101	119	343	81	218	237	199
2	6	1	4	5	17	0	0	12	15	5	9	18	12
65072	63670	12791	59715	81539	100762	2103	42543	41518	54276	39197	11722	14407	17208
110	126	0	56	30	13	3	11	7	18	7	9	16	11
6607	7240	1142	5404	8251	7017	192	2821	3470	3400	2863	391	2215	767
55101	52611	11073	50510	68600	86109	1674	37167	35189	46293	33846	9668	10677	14090
3246	3656	570	3714	4636	7228	228	2512	2809	4511	2466	1624	1425	2301
8	32	5	31	21	388	6	32	33	54	15	30	64	37
0	5	1	0	1	7	0	0	10	0	0	0	10	2
79282	81729	13627	78181	103665	107258	3234	51622	51244	69767	45649	19092	17208	17437
8	14	0	9	8	6	0	1	2	7	3	0	6	0
2042	2011	281	1241	1993	1780	49	739	1050	876	713	97	480	241
68709	67890	11493	64681	86708	89225	2524	44377	43258	55790	38627	13427	12598	12262
8498	11745	1837	12165	14873	16048	654	6456	6872	12877	6254	5435	3986	4813
23	69	16	83	82	191	7	49	60	206	47	128	133	115
2	0	0	2	1	8	0	0	2	11	5	5	5	6
23391	23546	3968	22642	29570	30279	1077	15236	15202	21886	14366	6154	5071	6558
1	5	1	0	2	1	0	1	1	1	1	0	0	2
489	456	84	331	472	454	10	205	256	225	178	41	115	53
20052	18953	3203	18040	23878	24379	815	12785	12502	16893	11815	4097	3624	4128
2835	4093	675	4237	5168	5356	247	2225	2417	4680	2353	1952	1289	2324
14	38	5	32	47	87	5	20	26	83	19	60	40	47
0	1	0	2	3	2	0	0	0	4	0	4	3	4

初中阶段教育专任教师分专业技术

Number of Full-time Teachers in Lower Secondary

	合计 Total	#女 of Which: Female	24岁及以下 24 and Under	25-29岁 25 to 29	30-34岁 30 to 34
总　计 Total	**3971121**	**2373454**	**225764**	**566074**	**541603**
#女 of Which: Female	2373454	—	177283	431022	392724
#少数民族 of Which: Minorities	362846	210066	19792	57478	54091
正高级 Senior	3985	1706	0	0	9
副高级 Sub-Senior	839480	383648	28	82	1059
中级 Middle	1510438	842624	1257	26778	144360
助理级 Associate	1003307	703003	42166	288414	298947
员级 Junior	68956	48347	14764	30010	13321
未定职级 No-Ranking	544955	394126	167549	220790	83907
城区 Urban Area	1558277	1047342	87090	223887	219384
正高级 Senior	2261	1151	0	0	6
副高级 Sub-Senior	327658	191939	5	42	439
中级 Middle	593583	384934	465	10107	60393
助理级 Associate	382132	283358	16420	110515	115023
员级 Junior	20450	14508	3749	8575	4242
未定职级 No-Ranking	232193	171452	66451	94648	39281
镇区 Counties and Towns Area	1877894	1045687	104078	250940	246240
正高级 Senior	1371	458	0	0	3
副高级 Sub-Senior	399072	155602	17	25	477
中级 Middle	729482	372032	612	12286	63569
助理级 Associate	478565	325371	19461	131160	141562
员级 Junior	35921	25093	8100	15577	6789
未定职级 No-Ranking	233483	167131	75888	91892	33840
乡村 Rural Area	534950	280425	34596	91247	75979
正高级 Senior	353	97	0	0	0
副高级 Sub-Senior	112750	36107	6	15	143
中级 Middle	187373	85658	180	4385	20398
助理级 Associate	142610	94274	6285	46739	42362
员级 Junior	12585	8746	2915	5858	2290
未定职级 No-Ranking	79279	55543	25210	34250	10786

职务、分年龄结构情况
Schools by Professional Rank and Age

单位:人
unit: person

35-39 岁 35 to 39	40-44 岁 40 to 44	45-49 岁 45 to 49	50-54 岁 50 to 54	55-59 岁 55 to 59	60 岁及以上 60 and Over
561334	**651601**	**640882**	**527325**	**253252**	**3286**
371294	379289	332211	252460	36479	692
55637	58602	56277	42676	18181	112
32	181	825	1700	1165	73
23717	110730	235300	299516	167672	1376
300779	414541	348765	200045	73168	745
193454	107177	46006	19419	7638	86
5921	2438	1288	771	408	35
37431	16534	8698	5874	3201	971
228915	252649	240189	214536	90088	1539
9	104	432	980	675	55
9454	42171	88727	123999	62087	734
124299	163078	131175	80082	23652	332
75458	39499	15860	6987	2331	39
2086	901	492	263	127	15
17609	6896	3503	2225	1216	364
263105	315535	317911	250812	127962	1311
11	58	318	591	379	11
10651	52443	113589	138909	82464	497
139528	200463	175300	98120	39278	326
94323	53790	24092	9976	4172	29
3016	1147	624	420	230	18
15576	7634	3988	2796	1439	430
69314	83417	82782	61977	35202	436
12	19	75	129	111	7
3612	16116	32984	36608	23121	145
36952	51000	42290	21843	10238	87
23673	13888	6054	2456	1135	18
819	390	172	88	51	2
4246	2004	1207	853	546	177

初中专任教师
Changes of Full-time Teachers in

	上学年初报表专任教师数 Number of Full-time Teachers at Beginning of Previous Academic Year	增加教师 Factors of Increase	招聘 Recruit	#应届毕业生 of Which: Graduates of Current Year	#师范生 of Which: Normal University Students	调入 Teachers Recruited from Other Units	#外校 of Which: Graduated from other Institutions	校内变动 With Change of Status in Their Own Institutions	#学段调整 of Which: Adjusting Teaching Stage
总　计 Total	**3860741**	**502108**	**244280**	**108298**	**69948**	**188978**	**107824**	**52891**	**20062**
#女 of Which: Female	2270332	328251	178234	81982	53457	111977	64680	27911	11667
城区 Urban Area	1485403	215886	113746	48592	30771	70891	43306	22856	9483
#女 of Which: Female	988956	149763	84644	37537	24010	45868	28255	13534	5904
镇区 Counties and Towns Area	1837826	219845	98044	44921	29544	92943	51467	22886	8036
#女 of Which: Female	1005411	137755	70339	33502	22302	53005	29663	10938	4378
乡村 Rural Area	537512	66377	32490	14785	9633	25144	13051	7149	2543
#女 of Which: Female	275965	40733	23251	10943	7145	13104	6762	3439	1385

初中学生、专任教师
Supplementary Information on Students and Full-time

	在校学生中 of Total Students				
	共青团员 Member of C. Y. L.	华侨 Overseas Chinese	香港 From H. K	澳门 From Macao	台湾 From Taiwan
总　计 Total	**2006939**	**2935**	**46696**	**1609**	**5963**
#女 of Which: Female	1041221	1449	20730	693	2815
城区 Urban Area	616507	1973	40173	1362	5272
#女 of Which: Female	320136	988	18069	594	2492
镇区 Counties and Towns Area	1070324	803	4365	160	541
#女 of Which: Female	552917	389	1875	68	259
乡村 Rural Area	320108	159	2158	87	150
#女 of Which: Female	168168	72	786	31	64

变动情况
Lower Secondary Schools

单位：人
unit: person

其他 Others	减少教师 Factors of Decrease	退休 Retire	死亡 Dead	调出 Transferred from teaching to Non-Teaching Posts	辞职 Resignation	校内变动 With Change of Status in Their Own Institutions	#学段调整 of Which: Adjusting Teaching Stage	其他 Others	本学年初报表专任教师数 Number of Full-time Teachers at Beginning of Current Academic Year
15959	**391728**	**44341**	**2242**	**202733**	**71453**	**58115**	**21844**	**12844**	**3971121**
10129	225129	26404	697	114446	45884	30640	12921	7058	2373454
8393	143012	19915	814	56526	38467	21799	9132	5491	1558277
5717	91377	14111	371	34758	25371	13240	5781	3526	1047342
5972	179777	19562	1092	101597	25382	26656	9337	5488	1877894
3473	97479	10280	254	55516	15930	12884	5328	2615	1045687
1594	68939	4864	336	44610	7604	9660	3375	1865	534950
939	36273	2013	72	24172	4583	4516	1812	917	280425

政治面貌及其他
Teachers of Lower Secondary Schools

单位：人
unit: person

专任教师中 of Total Full-time Teachers			
共产党员 Member of C. P. C.	共青团员 Member of C. Y. L.	民主党派 Member of Non-Communist Party	华侨 Overseas Chinese
1110925	**239147**	**27220**	**107**
527706	185936	16522	74
491507	114585	21834	70
295912	91121	13852	54
477145	91414	4506	21
182749	69834	2268	10
142273	33148	880	16
49045	24981	402	10

初中学校
Condition of School Buildings in

	合计 Total
总　计 Total	**755936974.87**
初级中学 Regular Lower Secondary Schools	475256561.74
九年一贯制学校 9-Year Schools	280627552.97
职业初中 Vocational Lower Secondary Schools	52860.16
一、教学及辅助用房 Buildings for Instruction and Ancillary Uses	318691676.67
教室 Classroom	188019159.60
专用教室 Professional Classroom	68619666.76
理化生实验室 Physical and Chemical Biology Laboratory	39602422.12
其他 Others	29017244.64
公共教学用房 Public Teaching Space	62052850.31
图书阅览室 Library	18532693.10
室内体育用房 Gymnasium	19076208.73
心理辅导室 Psychological Counseling Room	2752450.75
其他 Others	21691497.73
二、行政办公用房 Administrative	60507707.83
教师办公室 for Teachers	37696368.63
其他 Others	22811339.20
三、生活用房 Residential and Welfare	312219110.55
教工值班宿舍 Dormitories for Faculty	26186260.33
教师周转宿舍 Accommodation for Circulation of Teachers	31800343.91
学生宿舍 Students' Dormitories	133591173.50
学生餐厅 Students' Canteen	58840527.08
厕所 Toilets	25453458.89
其他 Others	36347346.84
四、其他用房 Rooms for Other Purposes	64518479.82

校舍情况
Lower Secondary Schools

单位:平方米
unit:m²

城区 Urban Area	镇区 Counties and Towns Area	乡村 Rural Area
276041151.08	**359022643.26**	**120873180.53**
156048391.49	247272139.16	71936031.09
119978540.59	111722791.94	48926220.44
14219.00	27712.16	10929.00
130051888.56	143012250.29	45627537.82
71448189.32	88199099.57	28371870.71
27563346.64	30770694.73	10285625.39
14479656.88	18704883.11	6417882.13
13083689.76	12065811.62	3867743.26
31040352.60	24042455.99	6970041.72
7665938.62	8233850.58	2632903.90
12023516.63	5795876.19	1256815.91
1126091.26	1180286.32	446073.17
10224806.09	8832442.90	2634248.74
25525782.76	26429362.61	8552562.46
15167714.47	16933777.47	5594876.69
10358068.29	9495585.14	2957685.77
88691503.99	165235700.62	58291905.94
5474187.38	15028665.32	5683407.63
5377738.29	18227404.97	8195200.65
31983435.32	76072119.01	25535619.17
18514411.43	30095567.05	10230548.60
10485355.07	11207177.37	3760926.45
16856376.50	14604766.90	4886203.44
31771975.77	24345329.74	8401174.31

初中学校

Condition of Fixed Assets and Teaching

	占地面积(平方米) Areas Occupied (m^2)	#绿化用地面积 of Which: Green Areas	#运动场地面积 of Which: Sports Areas	校园足球场(个) Campus Football	11人制足球场 11-a-side Football Field	7人制足球场 7-a-side Football Field	5人制足球场 5-a-side Football Field
总　计 Total	**1746085659.64**	**371386954.28**	**521831133.30**	**39563**	**12464**	**15777**	**11322**
初级中学 Regular Lower Secondary Schools	1143478195.14	244798138.52	339790188.27	25440	8285	10490	6665
九年一贯制学校 9-Year Schools	602476588.11	126567378.76	181987022.03	14120	4178	5286	4656
职业初中 Vocational Lower Secondary Schools	130876.39	21437.00	53923.00	3	1	1	1
城区 Urban Area	508237433.73	117469394.78	176497862.02	13050	4382	5304	3364
镇区 Counties and Towns Area	886849644.11	184642694.53	254974115.19	18751	6309	7368	5074
乡村 Rural Area	350998581.80	69274864.97	90359156.09	7762	1773	3105	2884

初中学校

Other school running conditions in

	体育运动场(馆)面积达标校数 Schools No: Sports Areas Reached Standard	体育器械配备达标校数 Schools No: Sports Equip. Reached Standard	音乐器械配备达标校数 Schools No: Musical Instru. Reached Standard	美术器械配备达标校数 Schools No: Fine Arts Instru. Reached Standard
总　计 Total	**50239**	**51700**	**51553**	**51543**
初级中学 Regular Lower Secondary Schools	32890	33932	33865	33858
九年一贯制学校 9-Year Schools	17345	17764	17683	17682
职业初中 Vocational Lower Secondary Schools	4	4	5	3
城区 Urban Area	13531	14209	14155	14152
镇区 Counties and Towns Area	23723	24240	24185	24183
乡村 Rural Area	12985	13251	13213	13208

资产情况
Resources in Lower Secondary Schools

图书（册）Books and Magazines in Libraries (Volume)	数字终端数（台）Number of Digital Terminals (Set)	教师终端数 Number of Teachers' Terminals	学生终端数 Number of Student Terminals	教室（间）Classroom (Room)	#网络多媒体教室 of Which: Network Multimedia Classroom	固定资产总值（万元）Total Value of Fixed Asset (10,000 yuan)	#教学仪器设备资产值 of Which: Total Value of Equip and Instru.
1890147306	**10535152**	**3874618**	**6427461**	**1990484**	**1505137**	**127211533.19**	**15125749.48**
1261905582	6691456	2463569	4083613	1168633	881402	74172061.09	9264358.43
628150175	3843174	1410903	2343480	821738	623669	53030944.44	5860667.69
91549	522	146	368	113	66	8527.66	723.37
721320711	4413449	1731905	2587472	754027	610930	53627890.20	7045895.49
892222008	4617097	1644602	2873250	914979	674778	56314314.65	6157440.79
276604587	1504606	498111	966739	321478	219429	17269328.34	1922413.20

其它办学条件
Lower Secondary Schools

单位:所
unit:school

理科实验仪器达标校数 Schools No: Equip. of Natural Sci. Reached Standard	有学校首席信息官校数 Chief Information Officer	无线网全覆盖 Full Wi-Fi Coverage	有校医院（卫生室）校数 Campus Hospital	有专职校医校数 Number of full-Time Medical Schools	有专职保健人员校数 Number of Schools With Allied Health Staff
51502	**22343**	**40193**	**36757**	**14610**	**11651**
34001	14279	25711	23882	9031	6932
17497	8064	14478	12873	5577	4719
4	0	4	2	2	0
14082	7640	11937	11948	6917	5359
24202	9760	18334	16834	5934	4611
13218	4943	9922	7975	1759	1681

四、初等教育
Primary Education

小学校数、教学点数及班数

Number of Schools, External Teaching Sites and Classes in Primary Schools

	学校数(所) Schools	班数(个) Classes
总　计 Total	**154279**	**2870637**
教育部门 Run by Ed. Dept.	148120	2616685
其他部门 Run by Non-ed. Dept.	130	7619
地方企业办 Run by Local Enterprises	20	485
民办 Non-government	6009	245848
具有法人资格的中外合作办学	0	0
城区 Urban Area	30055	1013942
教育部门 Run by Ed. Dept.	27840	876840
其他部门 Run by Non-ed. Dept.	74	3406
地方企业办 Run by Local Enterprises	13	353
民办 Non-government	2128	133343
具有法人资格的中外合作办学	0	0
镇区 Counties and Towns Area	42677	997151
教育部门 Run by Ed. Dept.	40578	913940
其他部门 Run by Non-ed. Dept.	37	3504
地方企业办 Run by Local Enterprises	1	33
民办 Non-government	2061	79674
具有法人资格的中外合作办学	0	0
乡村 Rural Area	81547	859544
教育部门 Run by Ed. Dept.	79702	825905
其他部门 Run by Non-ed. Dept.	19	709
地方企业办 Run by Local Enterprises	6	99
民办 Non-government	1820	32831
具有法人资格的中外合作办学	0	0
总计中:小学教学点(不计校数) External Teaching Sites	83623	216234
附设小学班 Other Primary Schools Attached	—	5232

小学班额情况
Size Classes in Primary Schools

单位:个
unit:class

	合计 Total	一年级 Grade 1	二年级 Grade 2	三年级 Grade 3	四年级 Grade 4	五年级 Grade 5	六年级 Grade 6	复式班 Multiple-grade Classes
合　计 Total	**2870637**	**501727**	**500064**	**496463**	**483973**	**455989**	**428485**	**3936**
25 人及以下 Under 25 Persons	530056	117921	109812	90904	79276	70576	57719	3848
26-30 人 Between 26-30	181803	29899	31227	31685	30839	30321	27778	54
31-35 人 Between 31-35	237472	38500	40163	40683	39994	40701	37409	22
36-40 人 Between 36-40	381433	64092	65325	65349	63541	62717	60403	6
41-45 人 Between 41-45	722762	130079	125668	127643	120758	111878	106732	4
46-50 人 Between 46-50	395662	61183	64470	66776	70971	66474	65786	2
51-55 人 Between 51-55	400496	58497	61578	70032	74511	68705	67173	0
56-60 人 Between 56-60	12697	1060	1295	2072	2361	2739	3170	0
61-65 人 Between 61-65	7774	478	508	1256	1643	1801	2088	0
66 人及以上 Over 66 Persons	482	18	18	63	79	77	227	0
城　区 Urban Area	1013942	183087	178570	177285	172664	158647	143660	29
25 人及以下 Under 25 Persons	35692	7127	6557	5955	5603	5763	4658	29
26-30 人 Between 26-30	29804	5416	5221	4939	4843	5045	4340	0
31-35 人 Between 31-35	56210	10075	9976	9484	8804	9518	8353	0
36-40 人 Between 36-40	134083	25566	24353	22650	21375	20970	19169	0
41-45 人 Between 41-45	334587	66545	62532	59809	54876	48193	42632	0
46-50 人 Between 46-50	198275	33486	34102	33857	35299	32053	29478	0
51-55 人 Between 51-55	213428	33768	34757	38700	39581	34649	31973	0
56-60 人 Between 56-60	7033	739	745	1078	1245	1468	1758	0
61-65 人 Between 61-65	4560	354	324	772	990	963	1157	0
66 人及以上 Over 66 Persons	270	11	3	41	48	25	142	0
镇　区 Counties and Towns Area	997151	163725	164582	169812	170230	165596	162868	338
25 人及以下 Under 25 Persons	93091	20283	18483	15645	14069	13198	11083	330
26-30 人 Between 26-30	52851	9299	9299	9068	8593	8630	7959	3
31-35 人 Between 31-35	81330	13753	13797	13698	13459	13837	12782	4
36-40 人 Between 36-40	149564	24664	25416	25297	24976	24880	24331	0
41-45 人 Between 41-45	295354	50586	49052	51859	49437	47370	47049	1
46-50 人 Between 46-50	154244	22621	24289	25795	27642	26345	27552	0
51-55 人 Between 51-55	163364	22165	23676	27280	30547	29551	30145	0
56-60 人 Between 56-60	4426	242	397	755	916	1014	1102	0
61-65 人 Between 61-65	2765	107	161	401	570	728	798	0
66 人及以上 Over 66 Persons	162	5	12	14	21	43	67	0
乡　村 Rural Area	859544	154915	156912	149366	141079	131746	121957	3569
25 人及以下 Under 25 Persons	401273	90511	84772	69304	59604	51615	41978	3489
26-30 人 Between 26-30	99148	15184	16707	17678	17403	16646	15479	51
31-35 人 Between 31-35	99932	14672	16390	17501	17731	17346	16274	18
36-40 人 Between 36-40	97786	13862	15556	17402	17190	16867	16903	6
41-45 人 Between 41-45	92821	12948	14084	15975	16445	16315	17051	3
46-50 人 Between 46-50	43143	5076	6079	7124	8030	8076	8756	2
51-55 人 Between 51-55	23704	2564	3145	4052	4383	4505	5055	0
56-60 人 Between 56-60	1238	79	153	239	200	257	310	0
61-65 人 Between 61-65	449	17	23	83	83	110	133	0
66 人及以上 Over 66 Persons	50	2	3	8	10	9	18	0

小学教育分
Number of Students

	毕业生数 Graduates	招生数 Entrants	招生中接受学前教育 of Which: Those Received the Pre-school Education			
			未接受过 Not trained	一年 One Year	两年 Two Years	三年 Three Years
总　计 Total	**17180305**	**17825811**	**96313**	**925891**	**718595**	**16085012**
教育部门 Run by Ed. Dept.	15438087	16412537	90496	863118	684822	14774101
其他部门 Run by Non-ed. Dept.	44356	52369	206	1869	1625	48669
地方企业办 Run by Local Enterprises	2407	4230	1	91	33	4105
民办 Non-government	1695455	1356675	5610	60813	32115	1258137
具有法人资格的中外合作办学	0	0	0	0	0	0
城　区 Urban Area	6445647	7949401	42347	309603	189948	7407503
教育部门 Run by Ed. Dept.	5580367	7093215	38481	273413	171119	6610202
其他部门 Run by Non-ed. Dept.	20517	26540	132	477	774	25157
地方企业办 Run by Local Enterprises	1502	3855	1	91	0	3763
民办 Non-government	843261	825791	3733	35622	18055	768381
具有法人资格的中外合作办学	0	0	0	0	0	0
镇　区 Counties and Towns Area	6853935	6439156	26055	287657	257491	5867953
教育部门 Run by Ed. Dept.	6206095	6032518	24512	268322	246364	5493320
其他部门 Run by Non-ed. Dept.	20166	21254	72	1379	762	19041
地方企业办 Run by Local Enterprises	178	172	0	0	33	139
民办 Non-government	627496	385212	1471	17956	10332	355453
具有法人资格的中外合作办学	0	0	0	0	0	0
乡　村 Rural Area	3880723	3437254	27911	328631	271156	2809556
教育部门 Run by Ed. Dept.	3651625	3286804	27503	321383	267339	2670579
其他部门 Run by Non-ed. Dept.	3673	4575	2	13	89	4471
地方企业办 Run by Local Enterprises	727	203	0	0	0	203
民办 Non-government	224698	145672	406	7235	3728	134303
具有法人资格的中外合作办学	0	0	0	0	0	0

举办者学生数
in Primary Schools

单位：人
unit: person

在校生数 Enrolment	#女 of Which: Female	一年级 Grade 1	二年级 Grade 2	三年级 Grade 3	四年级 Grade 4	五年级 Grade 5	六年级 Grade 6	预计毕业生数 Estimated Graduates for Next Year
107799349	**50359726**	**17834789**	**18072801**	**18688851**	**18642585**	**17641575**	**16918748**	**17440732**
97959843	46185197	16420957	16572370	17003950	16871739	15911241	15179586	15666695
293696	140084	52379	51104	51016	49373	46212	43612	45148
17529	8099	4231	3752	2657	2391	2016	2482	2482
9528281	4026346	1357222	1445575	1631228	1719082	1682106	1693068	1726407
0	0	0	0	0	0	0	0	0
44602238	20699489	7951315	7791580	7829912	7675397	6986833	6367201	6722051
39192424	18360127	7094872	6919566	6874358	6707388	6090796	5505444	5832026
140217	66340	26544	24646	24074	23247	20969	20737	20919
13552	6408	3856	3292	2133	1797	1233	1241	1241
5256045	2266614	826043	844076	929347	942965	873835	839779	867865
0	0	0	0	0	0	0	0	0
40723223	18942694	6442774	6559754	6935769	7060054	6871321	6853551	6978587
37491257	17611430	6036005	6108939	6410058	6475364	6258219	6202672	6322246
127460	61052	21258	21748	22164	21976	21269	19045	20399
1206	542	172	204	207	230	195	198	198
3103300	1269670	385339	428863	503340	562484	591638	631636	635744
0	0	0	0	0	0	0	0	0
22473888	10717543	3440700	3721467	3923170	3907134	3783421	3697996	3740094
21276162	10213640	3290080	3543865	3719534	3688987	3562226	3471470	3512423
26019	12692	4577	4710	4778	4150	3974	3830	3830
2771	1149	203	256	317	364	588	1043	1043
1168936	490062	145840	172636	198541	213633	216633	221653	222798
0	0	0	0	0	0	0	0	0

小学教育分
Number of Students

	毕业生数 Graduates	招生数 Entrants	在校生数 Enrolment	#女 of Which: Female
总　计 Total	**17180305**	**17825811**	**107799349**	**50359726**
#女 of Which: Female	7993192	8354491	50359726	—
#少数民族 of Which: Minority Students	2023283	2333014	13654542	6562546
#寄宿生 of Which: Boarders	—	846309	10621907	4736137
#随迁子女 of Which: Migrant Children	2155020	2354533	14427823	6536791
#外省迁入 of Which: From Other Province	970658	1045069	6454138	2905959
#本省外县迁入 of Which: From Other County	1184362	1309464	7973685	3630832
#进城务工人员随迁子女 of Which: Children of Migrant Workers	1532122	1590972	9841120	4475086
#外省迁入 of Which: From Other Province	658914	667989	4185169	1888379
#本省外县迁入 of Which: From Other County	873208	922983	5655951	2586707
#农村留守儿童 of Which: Children Left Behind	1262665	1071499	7779315	3613528
小学 Primary Schools	14377087	14743480	89820477	42162793
九年一贯制学校 9-Year Schools	2119817	2147139	13028261	5915542
十二年一贯制学校 12-Year Schools	281751	273160	1712099	726775
小学教学点 External Teaching Sites	311632	642486	3034528	1462560
附设小学班 Primary School Classes	90018	19546	203984	92056

类型学生数
in Primary Schools

单位:人
unit:person

一年级 Grade 1	二年级 Grade 2	三年级 Grade 3	四年级 Grade 4	五年级 Grade 5	六年级 Grade 6	预计毕业生数 Estimated Graduates for Next Year
17834789	**18072801**	**18688851**	**18642585**	**17641575**	**16918748**	**17440732**
8357609	8476373	8723410	8718467	8222855	7861012	8108939
2334571	2359778	2412693	2297610	2150571	2099319	2112439
846891	1013238	1461200	2005065	2382137	2913376	2925968
2355144	2394914	2538855	2536650	2386713	2215547	2320564
1045316	1073438	1144157	1149879	1075718	965630	1033220
1309828	1321476	1394698	1386771	1310995	1249917	1287344
1591259	1619571	1722644	1734118	1632911	1540617	1601567
668141	687266	738037	746971	699970	644784	678126
923118	932305	984607	987147	932941	895833	923441
1073073	1195043	1318605	1378055	1388563	1425976	1432232
14750160	14970807	15562763	15592931	14799998	14143818	14562374
2148078	2123648	2218538	2252653	2160237	2125107	2217396
273433	272158	290044	300527	286354	289583	298192
643598	686365	595757	470654	365088	273066	275326
19520	19823	21749	25820	29898	87174	87444

小学学龄人口及

Number of School-age Population and

	在校学龄人口数 School-age Population	#女 of Which: Female	在校生数 Enrolment	#女 of Which: Female
总　计 Total	**104793184**	**49017043**	**107799349**	**50359726**
5 岁及以下 Under 5 Years	—	—	73454	39629
6 岁 6 Years	14379610	6816444	15020160	7131275
7 岁 7 Years	18035763	8452119	18035763	8452119
8 岁 8 Years	18348778	8588863	18348778	8588863
9 岁 9 Years	18814596	8793460	18814596	8793460
10 岁 10 Years	17643164	8226045	17643164	8226045
11 岁 11 Years	16651965	7711586	16706783	7735158
12 岁 12 Years	919308	428526	2915177	1286142
13 岁 13 Years	—	—	183358	79790
14 岁 14 Years	—	—	35687	16520
15 岁及以上 Over 15 Years	—	—	22429	10725
城　区 Urban Area	43665466	20293574	44602238	20699489
5 岁及以下 Under 5 Years	—	—	22810	13017
6 岁 6 Years	6804837	3212976	6953691	3287108
7 岁 7 Years	7859958	3662824	7859958	3662824
8 岁 8 Years	7722285	3591669	7722285	3591669
9 岁 9 Years	7801934	3620479	7801934	3620479
10 岁 10 Years	7029725	3252432	7029725	3252432
11 岁 11 Years	6309514	2892608	6339559	2905014
12 岁 12 Years	137213	60586	835742	352554
13 岁 13 Years	—	—	31111	12152
14 岁 14 Years	—	—	3573	1462
15 岁及以上 Over 15 Years	—	—	1850	778
镇　区 Counties and Towns Area	39490281	18392154	40723223	18942694
5 岁及以下 Under 5 Years	—	—	32624	17347
6 岁 6 Years	5139809	2431501	5428878	2572593
7 岁 7 Years	6542696	3055121	6542696	3055121
8 岁 8 Years	6797314	3167660	6797314	3167660
9 岁 9 Years	7078357	3292162	7078357	3292162
10 岁 10 Years	6839982	3174058	6839982	3174058
11 岁 11 Years	6690003	3086330	6709154	3094901
12 岁 12 Years	402120	185322	1203941	529767
13 岁 13 Years	—	—	70543	30079
14 岁 14 Years	—	—	12210	5496
15 岁及以上 Over 15 Years	—	—	7524	3510
乡　村 Rural Area	21637437	10331315	22473888	10717543
5 岁及以下 Under 5 Years	—	—	18020	9265
6 岁 6 Years	2434964	1171967	2637591	1271574
7 岁 7 Years	3633109	1734174	3633109	1734174
8 岁 8 Years	3829179	1829534	3829179	1829534
9 岁 9 Years	3934305	1880819	3934305	1880819
10 岁 10 Years	3773457	1799555	3773457	1799555
11 岁 11 Years	3652448	1732648	3658070	1735243
12 岁 12 Years	379975	182618	875494	403821
13 岁 13 Years	—	—	81704	37559
14 岁 14 Years	—	—	19904	9562
15 岁及以上 Over 15 Years	—	—	13055	6437

在校学生情况
Enrolment of Primary Schools

单位：人
unit：person

一年级 Grade 1	二年级 Grade 2	三年级 Grade 3	四年级 Grade 4	五年级 Grade 5	六年级 Grade 6
17834789	**18072801**	**18688851**	**18642585**	**17641575**	**16918748**
72916	528	10	—	—	—
14898998	120051	1105	6	—	—
2792564	15106555	134837	1800	7	—
63475	2754373	15344133	184348	2419	30
4712	81647	3065991	15462862	195088	4296
1109	6415	117644	2822691	14462592	232713
609	1857	16445	138610	2794831	13754431
176	649	4574	21137	149768	2738873
97	315	2021	6048	24179	150698
32	174	1111	2637	6851	24882
101	237	980	2446	5840	12825
7951315	7791580	7829912	7675397	6986833	6367201
22720	89	1	—	—	—
6910713	42488	490	0	—	—
997257	6812745	49463	492	1	—
19070	913577	6719899	69231	504	4
1079	21140	1031595	6672375	74928	817
270	1143	25953	902004	6013609	86746
114	220	1891	28246	866207	5442881
18	74	384	2183	27801	805282
31	32	129	492	2746	27681
6	28	53	186	616	2684
37	44	54	188	421	1106
6442774	6559754	6935769	7060054	6871321	6853551
32332	287	5	—	—	—
5378057	50455	364	2	—	—
1005326	5482026	54622	720	2	—
24799	991858	5704538	75102	1007	10
1681	31884	1125691	5838650	78578	1873
333	2229	42952	1082733	5614373	97362
134	593	4817	51788	1106146	5545676
51	208	1403	7262	59064	1135953
19	103	631	1988	7999	59803
2	44	353	906	2175	8730
40	67	393	903	1977	4144
3440700	3721467	3923170	3907134	3783421	3697996
17864	152	4	—	—	—
2610228	27108	251	4	—	—
789981	2811784	30752	588	4	—
19606	848938	2919696	40015	908	16
1952	28623	908705	2951837	41582	1606
506	3043	48739	837954	2834610	48605
361	1044	9737	58576	822478	2765874
107	367	2787	11692	62903	797638
47	180	1261	3568	13434	63214
24	102	705	1545	4060	13468
24	126	533	1355	3442	7575

小学学校
Number of Educational Personnel

	教职工数 Educational Personnel	专任教师 Full-time Teachers
总　计 Total	**6222013**	**5793076**
#女 of Which：Female	4389408	4173908
#少数民族 of Which：Minority	683581	612280
#在编人员 of Which：Permanent Staff	5233623	5009582
教育部门 Run by Ed. Dept.	5900042	5550376
其他部门 Run by Non-ed. Dept.	7942	6985
地方企业办 Run by Local Enterprises	834	712
民办 Non-government	313195	235003
具有法人资格的中外合作办学	0	0
城　区 Urban Area	2212651	2070082
教育部门 Run by Ed. Dept.	2052314	1948677
其他部门 Run by Non-ed. Dept.	4034	3650
地方企业办 Run by Local Enterprises	554	507
民办 Non-government	155749	117248
具有法人资格的中外合作办学	0	0
镇　区 Counties and Towns Area	2261621	2108634
教育部门 Run by Ed. Dept.	2155245	2029304
其他部门 Run by Non-ed. Dept.	2982	2540
地方企业办 Run by Local Enterprises	42	38
民办 Non-government	103352	76752
具有法人资格的中外合作办学	0	0
乡　村 Rural Area	1747741	1614360
教育部门 Run by Ed. Dept.	1692483	1572395
其他部门 Run by Non-ed. Dept.	926	795
地方企业办 Run by Local Enterprises	238	167
民办 Non-government	54094	41003
具有法人资格的中外合作办学	0	0

教职工数
in Primary Schools

单位：人
unit：person

行政人员 Adm. Personnel	教辅人员 Supporting Staffs	工勤人员 Workers	其他 Others	校外教师 Part-time Teachers	外籍教师 Foreign Teachers
114167	**116732**	**171774**	**26264**	**56737**	**593**
39059	65200	94394	16847	45602	236
10027	24980	31930	4364	5758	13
97823	83169	38639	4410	—	—
101321	104816	119619	23910	55534	194
264	164	499	30	101	1
32	9	77	4	0	0
12550	11743	51579	2320	1102	398
0	0	0	0	0	0
42310	35330	57948	6981	22363	494
35976	28738	33305	5618	21654	140
146	101	122	15	66	1
17	9	17	4	0	0
6171	6482	24504	1344	643	353
0	0	0	0	0	0
37568	44412	62718	8289	15686	25
33303	40582	44279	7777	15304	16
93	54	285	10	35	0
2	0	2	0	0	0
4170	3776	18152	502	347	9
0	0	0	0	0	0
34289	36990	51108	10994	18688	74
32042	35496	42035	10515	18576	38
25	9	92	5	0	0
13	0	58	0	0	0
2209	1485	8923	474	112	36
0	0	0	0	0	0

小学教育专任教师

Number of Full-time Teachers in Primary School by

	总计 Total	#女 of Which: Female	道德与法治 Morality and Rule of Law	语文 Language and Literature	数学 Mathematics	外语 Foreign Languages	#英语 of Which: English	#日语 of Which: Japanese
总 计 Total	**6600799**	**4772017**	**262486**	**2293097**	**1805020**	**563863**	**562584**	**181**
#女 of Which: Female	4772017	—	146604	1925392	1273357	509833	509196	160
#少数民族 of Which: Minorities	665964	434637	29279	224152	188384	39300	39173	6
博士研究生 Doctor's Degree	339	245	22	69	78	39	39	0
硕士研究生 Master's Degree	124226	108592	2921	42266	22227	18737	18679	6
本科毕业 Under-graduate	4516064	3497995	151903	1612966	1200194	451780	450958	121
专科毕业 Associate Bachelor	1856305	1133601	99810	611158	552225	91807	91420	54
高中阶段毕业 High School Graduate	102507	31138	7735	26285	29935	1485	1473	0
高中阶段以下毕业 Below High School Graduate	1358	446	95	353	361	15	15	0
城 区 Urban Area	2488913	2018210	82386	875967	617346	233121	232712	54
博士研究生 Doctor's Degree	259	193	14	55	51	26	26	0
硕士研究生 Master's Degree	98991	87763	2198	34327	17368	14528	14479	6
本科毕业 Under-graduate	1931400	1601556	58038	692358	474871	194367	194090	41
专科毕业 Associate Bachelor	445238	322836	21292	146490	122038	23973	23892	7
高中阶段毕业 High School Graduate	12895	5796	836	2719	3000	223	221	0
高中阶段以下毕业 Below High School Graduate	130	66	8	18	18	4	4	0
镇 区 Counties and Towns Area	2414174	1743359	102513	827731	689980	197834	197352	61
博士研究生 Doctor's Degree	38	27	6	4	12	9	9	0
硕士研究生 Master's Degree	17843	14970	492	5653	3339	2857	2851	0
本科毕业 Under-graduate	1606432	1232198	56163	572750	450574	157495	157193	35
专科毕业 Associate Bachelor	754849	484183	42854	241582	226506	36947	36777	26
高中阶段毕业 High School Graduate	34666	11844	2972	7671	9467	523	519	0
高中阶段以下毕业 Below High School Graduate	346	132	26	71	82	3	3	0
乡 村 Rural Area	1697712	1010453	77587	589399	497694	132908	132520	66
博士研究生 Doctor's Degree	42	25	2	10	15	4	4	0
硕士研究生 Master's Degree	7392	5859	231	2286	1520	1352	1349	0
本科毕业 Under-graduate	978232	664241	37702	347858	274749	99918	99675	45
专科毕业 Associate Bachelor	656218	326582	35664	223086	203681	30887	30751	21
高中阶段毕业 High School Graduate	54946	13498	3927	15895	17468	739	733	0
高中阶段以下毕业 Below High School Graduate	882	248	61	264	261	8	8	0

分课程、分学历情况
Subject Taught and Educational Background

单位：人
unit:person

#俄语 of Which: Russian	体育 Physical	科学 Science	艺术 Arts	音乐 Music	美术 Fine Arts	综合实践活动 Practical Activities	#信息技术 of Which: Information Technique	#劳动与技术 of Which: Skills Teaching	其他 Others	本学年不授课专任教师 Full-time Teacher by Non-teaching
23	**435534**	**243943**	**28284**	**294475**	**283239**	**266415**	**170087**	**71747**	**72307**	**52136**
15	121755	130269	18809	240077	205084	127198	77474	36772	44321	29318
2	40764	24980	2418	27590	23931	27841	17166	7894	19793	17532
0	24	51	3	13	5	15	8	5	9	11
4	10814	5580	410	6484	7906	4046	3172	555	2049	786
8	288431	146359	16781	215849	201117	163516	112523	37588	40220	26948
11	125780	85888	10433	69109	70025	91575	51669	30098	27223	21272
0	10347	5985	645	2979	4129	7177	2689	3450	2735	3070
0	138	80	12	41	57	86	26	51	71	49
9	188277	92073	8271	126673	121471	93302	57531	26169	29361	20665
0	15	49	2	11	3	15	8	5	7	11
3	8589	4625	325	5257	6236	3229	2540	435	1682	627
2	141620	65510	5764	102644	95319	67579	43930	17201	19608	13722
4	36018	21056	2096	18346	19265	21463	10725	8007	7526	5675
0	2011	824	84	413	639	1006	325	514	523	617
0	24	9	0	2	9	10	3	7	15	13
11	150947	91069	11545	104282	100871	95030	57423	28484	26149	16223
0	2	0	1	1	1	0	0	0	2	0
1	1655	712	43	892	1238	570	441	84	283	109
5	94815	50860	6526	73380	68554	54291	36549	13302	13298	7726
5	50618	37048	4705	28869	29578	37195	19547	13480	11481	7466
0	3810	2426	268	1128	1488	2942	879	1596	1067	904
0	47	23	2	12	12	32	7	22	18	18
3	96310	60801	8468	63520	60897	78083	55133	17094	16797	15248
0	7	2	0	1	1	0	0	0	0	0
0	570	243	42	335	432	247	191	36	84	50
1	51996	29989	4491	39825	37244	41646	32044	7085	7314	5500
2	39144	27784	3632	21894	21182	32917	21397	8611	8216	8131
0	4526	2735	293	1438	2002	3229	1485	1340	1145	1549
0	67	48	10	27	36	44	16	22	38	18

小学教育专任教师分专业技术

Number of Full-time Teachers in Primary

	合计 Total	#女 of Which Female	24岁及以下 24 and Under	25-29岁 25 to 29
合　计 Total	**6600799**	**4772017**	**441353**	**1117527**
#女 of Which：Female	4772017	—	376359	943892
#少数民族 of Which：Minorities	665964	434637	42522	105652
正高级 Senior	2589	1424	0	0
副高级 Sub-Senior	660273	357312	16	84
中级 Middle	2704163	1794110	1407	40186
助理级 Associate	1936240	1539504	73730	565188
员级 Junior	197826	158949	38123	83899
未定职级 No-Ranking	1099708	920718	328077	428170
城　区 Urban Area	2488913	2018210	173327	452066
正高级 Senior	1448	976	0	0
副高级 Sub-Senior	187866	134600	2	14
中级 Middle	1017858	798279	479	13116
助理级 Associate	750383	631340	30377	226155
员级 Junior	53739	45162	8652	22238
未定职级 No-Ranking	477619	407853	133817	190543
镇　区 Counties and Towns Area	2414174	1743359	154859	373892
正高级 Senior	781	368	0	0
副高级 Sub-Senior	268323	146793	11	46
中级 Middle	1016276	674072	495	15841
助理级 Associate	700055	562187	26176	196557
员级 Junior	73442	60118	15760	31148
未定职级 No-Ranking	355297	299816	112417	130300
乡　村 Rural Area	1697712	1010453	113167	291569
正高级 Senior	360	80	0	0
副高级 Sub-Senior	204084	75919	3	24
中级 Middle	670029	321759	433	11229
助理级 Associate	485802	345977	17177	142476
员级 Junior	70645	53669	13711	30513
未定职级 No-Ranking	266792	213049	81843	107327

职务、分年龄结构情况

Schools by Professional Rank and Age

单位:人
unit:person

30-34 岁 30 to 34	35-39 岁 35 to 39	40-44 岁 40 to 44	45-49 岁 45 to 49	50-54 岁 50 to 54	55-59 岁 55 to 59	60 岁及以上 60 and Over
1085700	**967007**	**1073965**	**853270**	**698361**	**360538**	**3078**
905293	747701	768506	566034	430088	33226	918
102683	107110	108855	90972	71033	36974	163
4	33	204	597	1065	656	30
1386	23478	110935	176135	212930	134788	521
235890	489270	730177	575475	430420	199938	1400
614624	356120	190645	77510	39220	19069	134
45173	17528	6497	3181	2178	1217	30
188623	80578	35507	20372	12548	4870	963
429345	379783	404453	329704	253937	65175	1123
2	15	99	387	610	315	20
376	6844	33770	56679	65234	24707	240
88786	187211	281875	238593	171997	35318	483
239359	142235	72286	25533	11291	3104	43
13136	5741	2127	1033	584	215	13
87686	37737	14296	7479	4221	1516	324
393209	370659	411984	315676	257141	135787	967
2	14	73	154	322	213	3
651	9970	45536	71648	86248	54054	159
90155	193574	281778	208435	152159	73421	418
226909	134227	69669	27176	13240	6054	47
16405	6091	2102	903	669	356	8
59087	26783	12826	7360	4503	1689	332
263146	216565	257528	207890	187283	159576	988
0	4	32	56	133	128	7
359	6664	31629	47808	61448	56027	122
56949	108485	166524	128447	106264	91199	499
148356	79658	48690	24801	14689	9911	44
15632	5696	2268	1245	925	646	9
41850	16058	8385	5533	3824	1665	307

小学专任教
Changes of Full-time

	上学年初报表专任教师数 Number of Full-time Teachers at Beginning of Previous Academic Year	增加教师 Factors of Increase	招聘 Recruit	#应届毕业生 of Which: Graduates of Current Year	#师范生 of Which: Normal University Students	调入 Teachers Recruited from Other Units	#外校 of Which: Graduated from other Institutions	校内变动 With Change of Status in Their Own Institutions
总　计 Total	**6434123**	**1019162**	**404435**	**156524**	**101581**	**483577**	**249321**	**91442**
#女 of Which: Female	4578885	746115	334609	128938	83733	323779	171405	56288
城　区 Urban Area	2339740	381670	192587	70362	44650	142638	83406	26086
#女 of Which: Female	1884527	308449	162228	59251	37712	110270	65005	19121
镇　区 Counties and Towns Area	2337798	356644	123726	50973	33369	190685	99272	31081
#女 of Which: Female	1669319	259822	102033	41823	27427	130563	69362	18594
乡　村 Rural Area	1756585	280848	88122	35189	23562	150254	66643	34275
#女 of Which: Female	1025039	177844	70348	27864	18594	82946	37038	18573

小学学生、教职工
Supplementary Information on Students and

	在校学生中 of Total Students				
	共青团员 Member of C. Y. L.	华侨 Overseas Chinese	香港 From H. K	澳门 From Macao	台湾 From Taiwan
总　计 Total	**208**	**13858**	**93601**	**4069**	**13306**
#女 of Which: Female	114	6402	41107	1733	6268
城　区 Urban Area	15	9221	82038	3464	11415
#女 of Which: Female	10	4253	36016	1459	5338
镇　区 Counties and Towns Area	35	3336	8505	455	1512
#女 of Which: Female	16	1555	3745	198	748
乡　村 Rural Area	158	1301	3058	150	379
#女 of Which: Female	88	594	1346	76	182

师变动情况
Teachers in Primary Schools

单位：人
unit：person

#学段调整 of Which: Adjusting Teaching Stage	其他 Others	减少教师 Factors of Decrease	退休 Retire	死亡 Dead	调出 Transferred from teaching to Non-Teaching Posts	辞职 Resignation	校内变动 With Change of Status in Their Own Institutions	#学段调整 of Which Adjusting Teaching Stage	其他 Others	本学年初报表专任教师数 Number of Full-time Teachers at Beginning of Current Academic Year
13569	**39708**	**852486**	**92643**	**3626**	**498523**	**110392**	**121634**	**25113**	**25668**	**6600799**
8589	31439	552978	55069	1240	318470	82586	78433	19620	17180	4772022
4247	20359	232497	27243	912	108217	62782	22625	5051	10718	2488913
2872	16830	174766	21176	502	79399	48881	16401	3908	8407	2018210
5751	11152	280268	34524	1244	168502	29360	38781	8497	7857	2414174
3631	8632	185782	20967	449	112627	21538	25231	6690	4970	1743359
3571	8197	339721	30876	1470	221804	18250	60228	11565	7093	1697712
2086	5977	192430	12926	289	126444	12167	36801	9022	3803	1010453

政治面貌及其他
Educational Personnelof Primary Schools

单位：人
unit：person

教职工中 of Total Staff and Workers				专任教师中 of Total Full-time Teachers			
共产党员 Member of C. P. C.	共青团员 Member of C. Y. L.	民主党派 Member of Non-Communist Party	华侨 Overseas Chinese	共产党员 Member of C. P. C.	共青团员 Member of C. Y. L.	民主党派 Member of Non-Communist Party	华侨 Overseas Chinese
1583285	**393946**	**19650**	**210**	**1624625**	**473683**	**20312**	**230**
901274	331575	14362	164	965274	401290	14977	177
648695	203964	12727	153	692742	255503	13372	161
470815	176206	9774	129	513807	220726	10340	133
541413	106492	4332	20	554308	128813	4499	38
280015	90232	3123	14	299026	109723	3266	27
393177	83490	2591	37	377575	89367	2441	31
150444	65137	1465	21	152441	70841	1371	17

	合计 Total
总　计 Total	**871289751.42**
小学 Primary Schools	802563346.05
小学教学点 External Teaching Sites	68726405.37
一、教学及辅助用房 Buildings for Instruction and Ancillary Uses	474016826.93
教室 Classroom	329155892.97
专用教室 Professional Classroom	64578527.35
公共教学用房 Public Teaching Space	80282406.61
图书阅览室 Library	24580916.98
室内体育用房 Gymnasium	19261985.95
心理辅导室 Psychological Counseling Room	4450854.90
其他 Others	31988648.78
二、行政办公用房 Administrative	73205119.89
教师办公室 for Teachers	48813765.22
其他 Others	24391354.67
三、生活用房 Residential and Welfare	232089473.26
教工值班宿舍 Dormitories for Faculty	23015482.46
教师周转宿舍 Accommodation for Circulation of Teachers	32364169.53
学生宿舍 Students' Dormitories	46460792.28
学生餐厅 Students' Canteen	47331801.86
厕所 Toilets	37806569.85
其他 Others	45110657.28
四、其他用房 Rooms for Other Purposes	91978331.34

校舍情况
in Primary Schools

单位:平方米
unit:m^2

城区 Urban Area	镇区 Counties and Towns Area	乡村 Rural Area
291803778.13	**300541613.25**	**278944360.04**
289583114.42	291554853.16	221425378.47
2220663.71	8986760.09	57518981.57
168464205.57	163121765.38	142430855.98
107549606.92	117187717.45	104418568.60
24652739.66	21397809.90	18527977.79
36261858.99	24536238.03	19484309.59
7797553.77	7932165.26	8851197.95
12504307.69	4947384.64	1810293.62
1441104.23	1386275.14	1623475.53
14518893.30	10270412.99	7199342.49
27429440.55	24547868.96	21227810.38
16824760.84	16577165.79	15411838.59
10604679.71	7970703.17	5815971.79
57031730.56	85203836.63	89853906.07
3296601.53	8464931.30	11253949.63
3561686.75	12978983.92	15823498.86
5586057.05	20280209.05	20594526.18
12082059.21	17944130.74	17305611.91
12987713.09	12393368.28	12425488.48
19517612.93	13142213.34	12450831.01
38878401.45	27668142.28	25431787.61

小学学校
Condition of Fixed Assets and

	占地面积（平方米）Areas Occupied（㎡）	#绿化用地面积 of Which Green Areas	#运动场地面积 of Which Sports Areas	校园足球场（个）Campus Football	11人制足球场 11-a-side Football Field	7人制足球场 7-a-side Football Field	5人制足球场 5-a-side Football Field
合计 Total	**2364891616.79**	**436126520.32**	**771749568.98**	**78828**	**7706**	**23944**	**47178**
小学 Primary Schools	2056764621.60	386385763.20	690009660.06	72855	7598	23331	41926
小学教学点 External Teaching Sites	308126995.19	49740757.12	81739908.92	5973	108	613	5252
城区 Urban Area	533424076.07	109387889.90	212885260.68	22653	2588	8806	11259
镇区 Counties and Towns Area	780732904.05	140760306.49	266550074.58	24714	3256	8052	13406
乡村 Rural Area	1050734636.67	185978323.93	292314233.72	31461	1862	7086	22513

小学学校其
Other school running conditions

	体育运动场（馆）面积达标校数 Schools No：Sports Areas Reached Standard	体育器械配备达标校数 Schools No：Sports Equip. Reached Standard	音乐器械配备达标校数 Schools No：Musical Instru. Reached Standard	美术器械配备达标校数 Schools No：Fine Arts Instru. Reached Standard
合　计 Total	**142864**	**149284**	**148841**	**148797**
城　区 Urban Area	26689	29054	29002	28972
镇　区 Counties and Towns Area	40072	41684	41610	41610
乡　村 Rural Area	76103	78546	78229	78215

资产情况
Teaching Resources in Primary Schools

图书(册) Books and Magazines in Libraries (Volume)	数字终端数(台) Number of Digital Terminals (Set)	教师终端数 Number of Teachers' Terminals	学生终端数 Number of Student Terminals	教室(间) Classroom (Room)	#网络多媒体教室 of Which: Network Multimedia Classroom	固定资产总值(万元) Total Value of Fixed Asset (10,000 yuan)	#教学仪器设备资产值 of Which: Total Value of Equip and Instru.
2649622398	**16058859**	**5378382**	**10334781**	**3830264**	**2774165**	**145946561. 86**	**20977883. 08**
2518661238	15257304	5107591	9827155	3385106	2569917	138708264. 78	20109848. 06
130961160	801555	270791	507626	445158	204248	7238297. 08	868035. 02
1012739640	6203502	2294149	3770915	1167960	988961	58007848. 61	9632920. 89
960372310	5422066	1775914	3541408	1266132	943968	49581133. 30	6728881. 30
676510448	4433291	1308319	3022458	1396172	841236	38357579. 94	4616080. 89

它办学条件
in Primary Schools

单位:所
unit:school

教学自然实验仪器达标校数 Schools No:Equip. of Natural Sci. Reached Standard	有学校首席信息官校数 Chief Information Officer	无线网全覆盖 Full Wi-Fi Coverage	有校医院(卫生室)校数 Campus Hospital	有专职校医校数 Number of full-Time Medical Schools	有专职保健人员校数 Number of Schools With Allied Health Staff
148348	**52672**	**116280**	**86085**	**19066**	**19161**
28799	14802	24659	22588	8779	8205
41458	14782	33482	25527	5898	5320
78091	23088	58139	37970	4389	5636

五、特殊教育
Special Education Schools

	班数(个) Classes	毕业生数 Graduates	招生数 Entrants	在校生数 Enrolment	#女 of Which: Female	学前教育阶段 Pre-primary Education
总　计 Total	**32114**	**145899**	**149062**	**919767**	**336940**	**5264**
#女 of Which: Female	—	54025	55750	336940	—	1754
#少数民族学生 of Which: Minority Students	—	22434	22772	132793	52452	417
#寄宿生 of Which: Boarders	—	—	31118	184988	69351	478
#特殊教育学校中:寄宿生 of the Special Education Schools: Boarders	—	—	13344	109150	39206	474
#送教上门 of Which: Home delivery Teaching	—	28655	30209	205034	74416	122
视力残疾 Visual Impairment	—	8956	6979	41806	16686	95
听力残疾 Hearing Impairment	—	16804	15727	92984	39234	1157
言语残疾 Speech Disability	—	5475	6255	37566	13284	71
肢体残疾 Extremity Disability	—	32890	30347	178404	67574	97
智力残疾 Intellectual Disability	—	65748	67988	443191	159217	2399
精神残疾 Mental Disability	—	5753	8165	44021	11564	997
多重残疾 Multiple Disability	—	10273	13601	81795	29381	448
特殊教育学校 Special Education Schools	31453	47799	48509	330375	118572	5035
#送教上门 of Which: Home delivery Teaching	—	9838	9968	84160	30964	122
小学附设特教班 Classes Attached to Primary Schools	495	392	441	3085	1075	7
小学随班就读 Followers In Primary Schools	—	40985	34264	317178	117626	—
# 小学学校送教上门 of Which: Home delivery Teaching in Primary Schools	—	9133	8302	80089	28319	—
初中附设特教班 Special Classes Attached to Junior High Schools	40	39	67	319	94	0
初中随班就读 Followers in Junior High Schools	—	37631	45164	146876	55727	—
#初中学校送教上门 of Which: Home delivery Teaching in Junior High Schools	—	9684	11939	40785	15133	—
其他学校附设特教班 Special Classes Attached to Other Schools	126	236	376	1060	394	222
城　区 Urban Area	17725	49187	52772	316785	112258	4340
镇　区 County and Town Area	12301	66469	64972	388112	144173	771
乡　村 Rural Area	2088	30243	31318	214870	80509	153

基本情况
Special Education

单位：人
unit：person

Primary Education						初中阶段 Lower Secondary Education				高中阶段 Upper Secondary Education		
一年级 Grade 1	二年级 Grade 2	三年级 Grade 3	四年级 Grade 4	五年级 Grade 5	六年级 Grade 6	一年级 Grade 1	二年级 Grade 2	三年级 Grade 3	四年级 Grade 4	一年级 Grade 1	二年级 Grade 2	三年级及以上 Over Grade 3
71967	**94349**	**107016**	**115408**	**119932**	**107784**	**91816**	**96079**	**94546**	**2861**	**4708**	**4100**	**3937**
26169	34019	38646	41725	43493	39039	34839	35655	35345	1076	1857	1683	1640
10811	13704	16096	16815	17168	15646	13848	13807	13677	84	271	224	225
8262	11007	13748	16853	18840	19545	29598	29790	30091	375	2403	2064	1934
7059	9131	10642	12279	13093	12426	12982	12454	11971	275	2392	2052	1920
15418	21532	22873	27831	29863	22594	20309	22172	21223	466	247	175	209
2414	3497	4092	4760	4865	5071	4764	5357	5642	87	404	380	378
7281	8958	10331	10274	10425	10466	9254	9710	10146	249	1619	1489	1625
3312	4348	4816	4985	4867	4522	3347	3588	3568	42	33	34	33
11127	15931	18648	20754	22619	21868	20190	22912	23697	373	77	56	55
35178	46419	53266	57643	59937	51771	43716	43914	41342	1924	2207	1823	1652
4747	5236	5487	5787	5480	4829	3574	3729	3810	77	114	97	57
7908	9960	10376	11205	11739	9257	6971	6869	6341	109	254	221	137
28242	33509	37397	40658	41547	34560	34415	31756	29917	1393	4439	3873	3634
6980	9237	10119	12222	12613	8851	8303	7617	7091	374	247	175	209
427	440	536	545	628	421	29	25	27	0	0	0	0
34799	48038	56286	58554	60463	59038	—	—	—	—	—	—	—
8438	12295	12754	15609	17250	13743	—	—	—	—	—	—	—
49	58	34	33	44	22	51	17	11	0	0	0	0
—	—	—	—	—	—	45315	49726	50459	1376	—	—	—
—	—	—	—	—	—	12006	14555	14132	92	—	—	—
12	9	9	9	0	0	0	0	0	0	269	227	303
27259	32795	36362	37022	38156	33542	30783	32133	30989	1861	4215	3680	3648
26365	35159	40638	45931	48781	44940	46751	48836	48583	803	263	185	106
18343	26395	30016	32455	32995	29302	14282	15110	14974	197	230	235	183

特殊教育学
Basic Statistics of

	学校数（所）Schools	班数（个）Classes	毕业生数 Graduates	招生数 Entrants	在校生数 Total In-school Students	#女 of Which: Female	学前教育阶段 Pre-primary Education	小学阶段 一年级 Grade 1	小学阶段 二年级 Grade 2
总计 Total	**2288**	**31453**	**47799**	**48509**	**330375**	**118572**	**5035**	**28242**	**33509**
#女 of Which: Female	—	—	17810	17253	118572	—	1672	9719	11702
#少数民族学生 of Which: Minority Students	—	—	4769	5187	35651	13166	406	3257	3673
#寄宿生 of Which: Boarders	—	—	—	13344	109150	39206	474	7059	9131
#送教上门 of Which: Home Delivery Teaching	—	—	9838	9968	84160	30964	122	6980	9237
盲人学校 Visual Impairment	26	379	782	698	3597	1338	67	292	265
聋人学校 Hearing Impairment	380	5592	9214	9092	64278	23859	987	5482	6174
培智学校 Intellectual Disability	591	6829	9780	10937	67367	23000	1135	6222	6865
其他特殊教育学校 Other Disability	1291	18653	28023	27782	195133	70375	2846	16246	20205
城　区 Urban Area	1148	17316	26978	28759	180833	64431	4176	15740	17914
镇　区 County and Town Area	961	12091	18188	16948	129943	47176	718	10888	13552
乡　村 Rural Area	179	2046	2633	2802	19599	6965	141	1614	2043

特殊教育学
Number of Educational Personnel

	教职工数 Educational Personnel	专任教师 Full-time Teachers
合　计 Total	**82529**	**70925**
#女 of Which: Female	59566	53136
#少数民族 of Which: Minorities	7836	6801
#在编人员 of Which: Permanent Staff	72378	65548
#接受过专业教育 of Which: Professionally Educated	65159	59462

特殊教育专任
Number of Full-time Teachers in Special

	合计 Total	博士研究生 Doctor's Degree	硕士研究生 Master's Degree
总　计 Total	**69353**	**19**	**2197**
#女 of Which: Female	51997	16	1813
城　区 Urban Area	42553	15	1977
#女 of Which: Female	32394	14	1632
镇　区 County and Town Area	22850	4	165
#女 of Which: Female	16690	2	133
乡　村 Rural Area	3950	0	55
#女 of Which: Female	2913	0	48

校基本情况

Special Education Schools

单位:人
unit:person

Primary School				初中阶段 Lower Secondary School				高中阶段 Senior Secondary School		
三年级 Grade 3	四年级 Grade 4	五年级 Grade 5	六年级 Grade 6	一年级 Grade 1	二年级 Grade 2	三年级 Grade 3	四年级 Grade 4	一年级 Grade 1	二年级 Grade 2	三年级及以上 Over Grade 3
37397	**40658**	**41547**	**34560**	**34415**	**31756**	**29917**	**1393**	**4439**	**3873**	**3634**
13004	14388	14874	12322	12665	11568	11257	514	1760	1593	1534
4260	4481	4714	3969	3697	3224	3205	48	271	223	223
10642	12279	13093	12426	12982	12454	11971	275	2392	2052	1920
10119	12222	12613	8851	8303	7617	7091	374	247	175	209
284	369	296	286	307	370	336	12	265	207	241
7439	7922	8555	6568	6676	5888	5362	196	1064	949	1016
7520	8111	7895	6519	7026	6702	6162	489	1020	872	829
22154	24256	24801	21187	20406	18796	18057	696	2090	1845	1548
19938	20029	20971	17703	18299	17693	16547	1026	3965	3467	3365
15164	18038	18181	14780	13903	12150	11676	339	263	185	106
2295	2591	2395	2077	2213	1913	1694	28	211	221	163

校教职工数

in Special Education Schools

单位:人
unit:person

行政人员 Adm. Personnel	教辅人员 Supporting Staffs	工勤人员 Workers	外教师 Part-time Teachers	外籍教师 Foreign Teachers
3529	**3524**	**4551**	**615**	**6**
1624	2494	2312	493	6
289	294	452	42	3
3176	1924	1730	—	—
2306	1898	1493	242	0

教师分学历情况

Education Schools by Educational Background

单位:人
unit:person

本科毕业 Under-graduate	专科毕业 Associate Bachelor	高中阶段毕业 High School Graduate	高中阶段以下毕业 Below High School Graduate
51431	**14897**	**770**	**39**
39195	10432	510	31
33142	7002	408	9
25606	4851	286	5
15521	6832	303	25
11506	4837	188	24
2768	1063	59	5
2083	744	36	2

特殊教育专任教师分专业

Number of Full-time Teachers in Special

	合计 Total	#女 of Which Female	24 岁及以下 24 and Under	25-29 岁 25 to 29
总　计 Total	**69353**	**51997**	**5036**	**10788**
#女 of Which：Female	51997	—	4316	9051
#少数民族 of Which：Minority Students	6683	5008	521	1281
正高级 Senior	122	78	0	0
副高级 Sub-Senior	11923	7813	0	0
中级 Middle	28004	20390	9	301
助理级 Associate	18163	14454	1046	6534
员级 Junior	2360	1920	721	991
未定职级 No-Ranking	8781	7342	3260	2962
城　区 Urban Area	42553	32394	3045	6614
正高级 Senior	79	55	0	0
副高级 Sub-Senior	7273	5011	0	0
中级 Middle	17478	13066	7	208
助理级 Associate	11214	8906	714	4145
员级 Junior	1187	951	318	495
未定职级 No-Ranking	5322	4405	2006	1766
镇　区 Counties and Towns Area	22850	16690	1597	3309
正高级 Senior	43	23	0	0
副高级 Sub-Senior	4144	2511	0	0
中级 Middle	9211	6440	2	76
助理级 Associate	5773	4613	270	1892
员级 Junior	946	783	344	394
未定职级 No-Ranking	2733	2320	981	947
乡　村 Rural Area	3950	2913	394	865
正高级 Senior	0	0	0	0
副高级 Sub-Senior	506	291	0	0
中级 Middle	1315	884	0	17
助理级 Associate	1176	935	62	497
员级 Junior	227	186	59	102
未定职级 No-Ranking	726	617	273	249

技术职务、分年龄结构情况
Education Schools by Professional Rank and Age

单位：人
unit：person

30-34 岁 30 to 34	35-39 岁 35 to 39	40-44 岁 40 to 44	45-49 岁 45 to 49	50-54 岁 50 to 54	55-59 岁 55 to 59	60 岁及以上 60 and Over
9518	**9844**	**10972**	**10810**	**9140**	**3227**	**18**
7874	7736	8235	7663	6248	863	11
1007	1003	1084	856	672	256	3
0	0	10	25	53	33	1
15	505	1829	3461	4086	2021	6
2914	5743	7248	6334	4420	1031	4
5105	2764	1423	749	445	96	1
362	160	75	22	24	5	0
1122	672	387	219	112	41	6
6262	6011	6545	6702	5565	1795	14
0	0	6	20	26	26	1
7	324	1107	2236	2451	1143	5
2071	3610	4381	3887	2758	552	4
3273	1610	772	411	245	43	1
219	76	48	11	16	4	0
692	391	231	137	69	27	3
2720	3259	3902	3627	3181	1251	4
0	0	4	5	27	7	0
7	162	639	1106	1459	770	1
692	1872	2539	2143	1474	413	0
1549	964	577	297	177	47	0
118	47	26	8	8	1	0
354	214	117	68	36	13	3
536	574	525	481	394	181	0
0	0	0	0	0	0	0
1	19	83	119	176	108	0
151	261	328	304	188	66	0
283	190	74	41	23	6	0
25	37	1	3	0	0	0
76	67	39	14	7	1	0

特殊教育专任
Changes of Full-time Teachers

	上学年初报表专任教师数 Number of Full-time Teachers at Beginning of Previous Academic Year	增加教师 Factors of Increase	招聘 Recruit	#应届毕业生 of Which: Graduates of Current Year	#师范生 of Which: Normal University Students	调入 Teachers Recruited from Other Units	#外校 of Which: Graduated from other Institutions	校内变动 With Change of Status in Their Own Institutions
总　计 Total	**66169**	**8567**	**4401**	**1853**	**1441**	**2574**	**1341**	**1211**
#女 of Which: Female	49373	6438	3594	1518	1213	1656	848	884
城　区 Urban Area	40964	5178	2861	1263	965	1291	728	761
#女 of Which: Female	31017	3966	2307	1020	805	877	495	568
镇　区 Counties and Towns Area	21602	2674	1192	418	341	1064	498	328
#女 of Which: Female	15739	1957	1003	348	290	663	293	223
乡　村 Rural Area	3603	715	348	172	135	219	115	122
#女 of Which: Female	2617	515	284	150	118	116	60	93

教师变动情况
in Special Education Schools

单位:人
unit:person

#学段调整 of Which: Adjusting Teaching Stage	其他 Others	减少教师 Factors of Decrease	退休 Retire	死亡 Dead	调出 Transferred from teaching to Non-Teaching Posts	辞职 Resignation	校内变动 With Change of Status in Their Own Institutions	#学段调整 of Which Adjusting Teaching Stage	其他 Others	本学年初报表专任教师数 Number of Full-time Teachers at Beginning of Current Academic Year
120	**381**	**5383**	**899**	**38**	**1249**	**688**	**2276**	**732**	**233**	**69353**
100	304	3814	641	21	821	508	1649	551	174	51997
97	265	3589	509	23	674	465	1733	538	185	42553
82	214	2589	372	11	430	341	1292	418	143	32394
8	90	1426	348	15	462	151	417	97	33	22850
5	68	1006	241	10	318	116	298	87	23	16690
15	26	368	42	0	113	72	126	97	15	3950
13	22	219	28	0	73	51	59	46	8	2913

特殊教育学校校舍情况
Condition of School Buildings in Special Education Schools

单位:平方米
unit:m^2

	合计 Total
总　计 Total	**12288974.60**
一、教学及辅助用房 Buildings for Instruction and Ancillary Uses	5711073.36
普通教室 Classroom	2594927.87
专用教室 Professional Classroom	1846449.16
公共活动及康复用房 Public Activity and Rehabilitation Room	1269696.33
图书阅览室 Reading Room	208262.46
体育康复训练室 Physical Rehabilitation Training Room	323349.37
心理咨询室 Psychological Consultation Room	80505.06
其他 Others	657579.44
二、行政办公用房 Administrative	1178501.88
教师办公室 for Teachers	645270.05
其他 Others	533231.83
三、生活用房 Residential and Welfare	3765006.34
学生宿舍 Students' Dormitories	1760149.91
学生餐厅 Students' Canteen	699122.64
学生厕所 Students' Toilets	439835.40
其他 Others	865898.39
四、其他用房 Rooms for Other Purposes	1634393.02

	占地面积（平方米）Areas Occupied（m^2）	#绿化用地面积 of Which：Green Areas	#运动场地面积 of Which：Sports Areas	校园足球场（个）Campus Football（Set）	11人制足球场 11-a-side Football Field	7人制足球场 7-a-side Football Field	5人制足球场 5-a-side Football Field
总　计 Total	**24484564. 77**	**5404165. 12**	**6092887. 41**	**609**	**64**	**178**	**367**
城　区 Urban Area	14075299. 05	3400079. 93	3393346. 60	371	33	118	220
镇　区 Counties and Towns Area	8317230. 59	1571317. 52	2201639. 96	193	25	44	124
乡　村 Rural Area	2092035. 13	432767. 67	497900. 85	45	6	16	23

校资产情况
Resources in Special Education Schools

图书(册) Books and Magazines in Libraries (Volume)	数字终端数(台) Number of Digital Terminals (Set)	教师终端数 Number of Teachers' Terminals	学生终端数 Number of Student Terminals	教室(间) Classroom (Room)	#网络多媒体教室 of Which: Network Multimedia Classroom	固定资产总值(万元) Total Value of Fixed Asset (10,000 yuan)	#教学仪器设备资产值 of Which: Total Value of Equip and Instru.
12346331	**142765**	**82767**	**53657**	**41148**	**21222**	**2741827. 22**	**469644. 30**
8168853	96701	56418	35080	25245	12881	1885878. 79	336034. 86
3556419	39316	22311	16037	13776	7180	712091. 57	112582. 53
621059	6748	4038	2540	2127	1161	143856. 86	21026. 91

六、学前教育
Pre-primary Education

幼儿园园数、班数

Number of Kindergartens, Classes in Pre-Primary Education

	园数(所) Kindergartens	班数(个) Classes
总　计 Total	294832	1797500
教育部门 Run by Ed. Dept.	108700	752512
其他部门办 Run by Non-ed. Dept.	1614	21082
地方企业 Run by Local Enterprises	1629	14710
事业单位 Run by Public Institutions	3838	26244
部队 Run by Army	483	3727
集体办 Run by Communities	11860	70589
民办 Non-government	166702	908574
#普惠性民办幼儿园 Inclusive Voluntary Kindergartens	116574	655583
具有法人资格的中外合作办学	6	62
城　区 Urban Area	99620	757797
教育部门 Run by Ed. Dept.	20729	235377
其他部门办 Run by Non-ed. Dept.	1023	12723
地方企业 Run by Local Enterprises	1342	12587
事业单位 Run by Public Institutions	1618	14464
部队 Run by Army	450	3593
集体办 Run by Communities	4729	37655
民办 Non-government	69723	441336
#普惠性民办幼儿园 Inclusive Voluntary Kindergartens	46642	299497
具有法人资格的中外合作办学	6	62
镇　区 County and Town Area	96694	632386
教育部门 Run by Ed. Dept.	32211	272873
其他部门办 Run by Non-ed. Dept.	448	5375
地方企业 Run by Local Enterprises	205	1532
事业单位 Run by Public Institutions	970	6313
部队 Run by Army	13	43
集体办 Run by Communities	2476	17103
民办 Non-government	60371	329147
#普惠性民办幼儿园 Inclusive Voluntary Kindergartens	43333	246920
具有法人资格的中外合作办学	0	0
乡　村 Rural Area	98518	407317
教育部门 Run by Ed. Dept.	55760	244262
其他部门办 Run by Non-ed. Dept.	143	2984
地方企业 Run by Local Enterprises	82	591
事业单位 Run by Public Institutions	1250	5467
部队 Run by Army	20	91
集体办 Run by Communities	4655	15831
民办 Non-government	36608	138091
#普惠性民办幼儿园 Inclusive Voluntary Kindergartens	26599	109166
具有法人资格的中外合作办学	0	0
总计中:附设幼儿班 of the Total:Kinder. Classes Attached to School	—	122709

学前教育幼儿数
Number of Children in Pre-primary Education

单位：人
unit：person

	入园(班)人数 Entrants	在园(班)人数 Enrolment	#女 of Which：Female	托班 Nursery Class	小班 K1	中班 K2	大班 K3	混合班 Mixed Class	离园(班)人数 Leavers
总　计 Total	**15262381**	**48052063**	**22734444**	**555018**	**11948371**	**16455186**	**17685452**	**1408036**	**17147905**
#女 of Which：Female	7244848	22734444	—	262258	5663913	7801098	8341361	665814	8062842
#少数民族 of Which：Minorities	1815812	5223618	2494254	42830	1192493	1639053	2000883	348334	2024195
#残疾人 of Which：Disability	9269	33076	11521	432	5230	9120	15008	3282	21843
教育部门 Run by Ed. Dept.	7053782	21022868	10003479	138154	5337745	7089624	7480218	977127	7689609
其他部门 Run by Non-ed. Dept.	205404	654275	312791	9597	173731	223792	213841	33314	213929
地方企业 Run by Local Enterprises	140178	443126	210830	6697	121432	159380	150215	5402	115192
事业单位 Run by Public Institutions	238838	735543	349094	13009	171708	243200	273257	34369	278394
部队 Run by Army	32706	107791	51562	1681	31600	40484	33014	1012	27378
集体 Run by Communities	598600	1966610	934965	13463	517033	706181	694842	35091	660450
民办 Non-government	6992403	23120312	10870986	372336	5594624	7991994	8839637	321721	8162542
#普惠性民办幼儿园 Inclusive Voluntary Kindergartens	5115989	17251807	8118658	252609	4117201	5976790	6708091	197116	6161859
具有法人资格的中外合作办学	470	1538	737	81	498	531	428	0	411
城　区 Urban Area	6605905	21178133	10014310	283149	5621020	7461352	7561807	250805	6701169
教育部门 Run by Ed. Dept.	2430959	7390687	3518651	62139	2135468	2635333	2469523	88224	2189361
其他部门 Run by Non-ed. Dept.	126814	411215	194903	7057	117205	145433	134671	6849	125485
地方企业 Run by Local Enterprises	121526	382078	181981	6107	105526	136631	128801	5013	98020
事业单位 Run by Public Institutions	129328	439880	209278	10181	114595	152474	157558	5072	139428
部队 Run by Army	31775	104681	50073	1681	30642	39218	32137	1003	26660
集体 Run by Communities	347176	1134702	538218	7746	307763	410964	400535	7694	365732
民办 Non-government	3417857	11313352	5320469	188157	2809323	3940768	4238154	136950	3756072
#普惠性民办幼儿园 Inclusive Voluntary Kindergartens	2373687	7979257	3756247	116894	1957777	2791545	3044996	68045	2678972
具有法人资格的中外合作办学	470	1538	737	81	498	531	428	0	411
镇　区 County and Town Area	5543277	17703736	8358425	209163	4318662	6103228	6720736	351947	6425061
教育部门 Run by Ed. Dept.	2680072	8283573	3932504	53966	2095851	2874129	3054193	205434	2991575
其他部门 Run by Non-ed. Dept.	50893	157120	75761	1574	38301	51684	54075	11486	55758
地方企业 Run by Local Enterprises	13763	44298	20974	495	11857	16630	15047	269	12146
事业单位 Run by Public Institutions	61568	179992	85005	1974	36346	58397	72903	10372	75506
部队 Run by Army	312	1055	497	0	311	418	317	9	270
集体 Run by Communities	146230	485801	231673	3712	125343	174163	174806	7777	169167
民办 Non-government	2590439	8551897	4012011	147442	2010653	2927807	3349395	116600	3120639
#普惠性民办幼儿园 Inclusive Voluntary Kindergartens	1956429	6601295	3099727	106180	1529657	2260124	2624650	80684	2435637
具有法人资格的中外合作办学	0	0	0	0	0	0	0	0	0
乡　村 Rural Area	3113199	9170194	4361709	62706	2008689	2890606	3402909	805284	4021675
教育部门 Run by Ed. Dept.	1942751	5348608	2552324	22049	1106426	1580162	1956502	683469	2508673
其他部门 Run by Non-ed. Dept.	27697	85940	42127	966	18225	26675	25095	14979	32686
地方企业 Run by Local Enterprises	4889	16750	7875	95	4049	6119	6367	120	5026
事业单位 Run by Public Institutions	47942	115671	54811	854	20767	32329	42796	18925	63460
部队 Run by Army	619	2055	992	0	647	848	560	0	448
集体 Run by Communities	105194	346107	165074	2005	83927	121054	119501	19620	125551
民办 Non-government	984107	3255063	1538506	36737	774648	1123419	1252088	68171	1285831
#普惠性民办幼儿园 Inclusive Voluntary Kindergartens	785873	2671255	1262684	29535	629767	925121	1038445	48387	1047250
具有法人资格的中外合作办学	0	0	0	0	0	0	0	0	0

学前教育分年龄幼儿数(总计)
Number of Children in Pre-primary Education by Age(Total)

单位:人
unit:person

	入园(班)人数 Entrants	在园(班)人数 Enrolment	离园(班)人数 Leavers
总　计 Total	**15262381**	**48052063**	**17147905**
#女 of Which: Female	7244848	22734444	8062842
少数民族 of Which: Minorities	1815812	5223593	2024195
残疾人 of Which: Disability	9269	33072	21843
2岁及以下 2 Years and Under	596677	639444	—
3岁 3 years	10460295	11853040	—
4岁 4 years	2376811	16630016	—
5岁 5 years	1580660	17239722	372726
6岁及以上 6 years and over	247938	1689841	16775179
教育部门 Run by Ed. Dept.	7053782	21022868	7689609
2岁及以下 2 Years and Under	179444	189246	—
3岁 3 years	4784303	5203620	—
4岁 4 years	1095220	7221550	—
5岁 5 years	828340	7472800	183759
6岁及以上 6 years and over	166475	935652	7505850
其他部门 Run by Non-ed. Dept.	205404	654275	213929
2岁及以下 2 Years and Under	8904	9429	—
3岁 3 years	153403	167261	—
4岁 4 years	29367	224244	—
5岁 5 years	10946	216068	9755
6岁及以上 6 years and over	2784	37273	204174
地方企业 Run by Local Enterprises	140178	443126	115192
2岁及以下 2 Years and Under	6308	7394	—
3岁 3 years	108683	124245	—
4岁 4 years	15965	161325	—
5岁 5 years	8699	143743	1831
6岁及以上 6 years and over	523	6419	113361
事业单位 Run by Public Institutions	238838	735543	278394
2岁及以下 2 Years and Under	12549	13773	—
3岁 3 years	145560	170405	—
4岁 4 years	33055	245209	—
5岁 5 years	40647	272113	5514
6岁及以上 6 years and over	7027	34043	272880
部队 Run by Army	32706	107791	27378
2岁及以下 2 Years and Under	1629	1647	—
3岁 3 years	28826	31990	—
4岁 4 years	1654	40850	—
5岁 5 years	574	32514	267
6岁及以上 6 years and over	23	790	27111
集体 Run by Communities	598600	1966610	660450
2岁及以下 2 Years and Under	15519	16384	—
3岁 3 years	479363	517456	—
4岁 4 years	68643	715247	—
5岁 5 years	31977	683054	4246
6岁及以上 6 years and over	3098	34469	656204
民办 Non-government	6992403	23120312	8162542
2岁及以下 2 Years and Under	372260	401490	—
3岁 3 years	4759751	5637565	—
4岁 4 years	1132907	8021051	—
5岁 5 years	659477	8419011	167354
6岁及以上 6 years and over	68008	641195	7995188
具有法人资格的中外合作办学	470	1538	411
2岁及以下 2 Years and Under	64	81	—
3岁 3 years	406	498	—
4岁 4 years	0	540	—
5岁 5 years	0	419	0
6岁及以上 6 years and over	0	0	411

学前教育分年龄幼儿数(城区)

Number of Children in Pre-primary Education by Age(Urban Area)

单位:人
unit:person

	入园(班)人数 Entrants	在园(班)人数 Enrolment	离园(班)人数 Leavers
总　计 Total	**6605905**	**21178133**	**6701169**
#女 of Which: Female	3133609	10014310	3142681
少数民族 of Which: Minorities	455664	1340119	415887
残疾人 of Which: Disability	4182	14991	6551
2 岁及以下 2 Years and Under	277728	299588	—
3 岁 3 years	5010851	5636081	—
4 岁 4 years	795917	7496399	—
5 岁 5 years	472536	7320112	114068
6 岁及以上 6 years and over	48873	425953	6587101
教育部门 Run by Ed. Dept.	2430959	7390687	2189361
2 岁及以下 2 Years and Under	66392	70402	—
3 岁 3 years	1973998	2114825	—
4 岁 4 years	223419	2641759	—
5 岁 5 years	148604	2427960	45059
6 岁及以上 6 years and over	18546	135741	2144302
其他部门 Run by Non-ed. Dept.	126814	411215	125485
2 岁及以下 2 Years and Under	6863	7261	—
3 岁 3 years	108156	118136	—
4 岁 4 years	8067	148356	—
5 岁 5 years	3308	132764	2225
6 岁及以上 6 years and over	420	4698	123260
地方企业 Run by Local Enterprises	121526	382078	98020
2 岁及以下 2 Years and Under	5661	6648	—
3 岁 3 years	94336	107686	—
4 岁 4 years	13362	138742	—
5 岁 5 years	7659	123530	1516
6 岁及以上 6 years and over	508	5472	96504
事业单位 Run by Public Institutions	129328	439880	139428
2 岁及以下 2 Years and Under	9706	10654	—
3 岁 3 years	98474	115256	—
4 岁 4 years	11641	153837	—
5 岁 5 years	7932	150338	3194
6 岁及以上 6 years and over	1575	9795	136234
部队 Run by Army	31775	104681	26660
2 岁及以下 2 Years and Under	1625	1643	—
3 岁 3 years	27978	31030	—
4 岁 4 years	1607	39654	—
5 岁 5 years	542	31604	267
6 岁及以上 6 years and over	23	750	26393
集体 Run by Communities	347176	1134702	365732
2 岁及以下 2 Years and Under	8685	9192	—
3 岁 3 years	285354	307343	—
4 岁 4 years	36815	412193	—
5 岁 5 years	15428	391256	2403
6 岁及以上 6 years and over	894	14718	363329
民办 Non-government	3417857	11313352	3756072
2 岁及以下 2 Years and Under	178732	193707	—
3 岁 3 years	2422149	2841307	—
4 岁 4 years	501006	3961318	—
5 岁 5 years	289063	4062241	59404
6 岁及以上 6 years and over	26907	254779	3696668
具有法人资格的中外合作办学	470	1538	411
2 岁及以下 2 Years and Under	64	81	—
3 岁 3 years	406	498	—
4 岁 4 years	0	540	—
5 岁 5 years	0	419	0
6 岁及以上 6 years and over	0	0	411

学前教育分年龄幼儿数(镇区)
Number of Children in Pre-primary Education by Age(County and Town Area)

单位:人
unit:person

	入园(班)人数 Entrants	在园(班)人数 Enrolment	离园(班)人数 Leavers
总　计 Total	**5543277**	**17703736**	**6425061**
#女 of Which: Female	2625511	8358425	3012678
少数民族 of Which: Minorities	708329	2108900	776055
残疾人 of Which: Disability	2952	10700	8249
2岁及以下 2 Years and Under	233171	248699	—
3岁 3 years	3718256	4269711	—
4岁 4 years	899871	6107207	—
5岁 5 years	595640	6416222	160238
6岁及以上 6 years and over	96339	661897	6264823
教育部门 Run by Ed. Dept.	2680072	8283573	2991575
2岁及以下 2 Years and Under	75313	79183	—
3岁 3 years	1853942	2040764	—
4岁 4 years	400526	2877992	—
5岁 5 years	291476	2957939	78442
6岁及以上 6 years and over	58815	327695	2913133
其他部门 Run by Non-ed. Dept.	50893	157120	55758
2岁及以下 2 Years and Under	1272	1341	—
3岁 3 years	31690	34623	—
4岁 4 years	12043	50988	—
5岁 5 years	4655	54689	5848
6岁及以上 6 years and over	1233	15479	49910
地方企业 Run by Local Enterprises	13763	44298	12146
2岁及以下 2 Years and Under	576	673	—
3岁 3 years	10562	12420	—
4岁 4 years	1889	16548	—
5岁 5 years	722	14202	254
6岁及以上 6 years and over	14	455	11892
事业单位 Run by Public Institutions	61568	179992	75506
2岁及以下 2 Years and Under	1822	2019	—
3岁 3 years	29200	34800	—
4岁 4 years	11309	56722	—
5岁 5 years	14938	69832	1251
6岁及以上 6 years and over	4299	16619	74255
部队 Run by Army	312	1055	270
2岁及以下 2 Years and Under	0	0	—
3岁 3 years	296	309	—
4岁 4 years	13	420	—
5岁 5 years	3	314	0
6岁及以上 6 years and over	0	12	270
集体 Run by Communities	146230	485801	169167
2岁及以下 2 Years and Under	3893	4092	—
3岁 3 years	115580	124362	—
4岁 4 years	16593	175376	—
5岁 5 years	8879	170484	617
6岁及以上 6 years and over	1285	11487	168550
民办 Non-government	2590439	8551897	3120639
2岁及以下 2 Years and Under	150295	161391	—
3岁 3 years	1676986	2022433	—
4岁 4 years	457498	2929161	—
5岁 5 years	274967	3148762	73826
6岁及以上 6 years and over	30693	290150	3046813
具有法人资格的中外合作办学	0	0	0
2岁及以下 2 Years and Under	0	0	—
3岁 3 years	0	0	—
4岁 4 years	0	0	—
5岁 5 years	0	0	0
6岁及以上 6 years and over	0	0	0

学前教育分年龄幼儿数(乡村)

Number of Children in Pre-primary Education by Age(Rural Area)

单位:人
unit:person

	入园(班)人数 Entrants	在园(班)人数 Enrolment	离园(班)人数 Leavers
总　计 Total	**3113199**	**9170194**	**4021675**
#女 of Which: Female	1485728	4361709	1907483
少数民族 of Which: Minorities	651819	1774574	832253
残疾人 of Which: Disability	2135	7381	7043
2岁及以下 2 Years and Under	85778	91157	—
3岁 3 years	1731188	1947248	—
4岁 4 years	681023	3026410	—
5岁 5 years	512484	3503388	98420
6岁及以上 6 years and over	102726	601991	3923255
教育部门 Run by Ed. Dept.	1942751	5348608	2508673
2岁及以下 2 Years and Under	37739	39661	—
3岁 3 years	956363	1048031	—
4岁 4 years	471275	1701799	—
5岁 5 years	388260	2086901	60258
6岁及以上 6 years and over	89114	472216	2448415
其他部门 Run by Non-ed. Dept.	27697	85940	32686
2岁及以下 2 Years and Under	769	827	—
3岁 3 years	13557	14502	—
4岁 4 years	9257	24900	—
5岁 5 years	2983	28615	1682
6岁及以上 6 years and over	1131	17096	31004
地方企业 Run by Local Enterprises	4889	16750	5026
2岁及以下 2 Years and Under	71	73	—
3岁 3 years	3785	4139	—
4岁 4 years	714	6035	—
5岁 5 years	318	6011	61
6岁及以上 6 years and over	1	492	4965
事业单位 Run by Public Institutions	47942	115671	63460
2岁及以下 2 Years and Under	1021	1100	—
3岁 3 years	17886	20349	—
4岁 4 years	10105	34650	—
5岁 5 years	17777	51943	1069
6岁及以上 6 years and over	1153	7629	62391
部队 Run by Army	619	2055	448
2岁及以下 2 Years and Under	4	4	—
3岁 3 years	552	651	—
4岁 4 years	34	776	—
5岁 5 years	29	596	0
6岁及以上 6 years and over	0	28	448
集体 Run by Communities	105194	346107	125551
2岁及以下 2 Years and Under	2941	3100	—
3岁 3 years	78429	85751	—
4岁 4 years	15235	127678	—
5岁 5 years	7670	121314	1226
6岁及以上 6 years and over	919	8264	124325
民办 Non-government	984107	3255063	1285831
2岁及以下 2 Years and Under	43233	46392	—
3岁 3 years	660616	773825	—
4岁 4 years	174403	1130572	—
5岁 5 years	95447	1208008	34124
6岁及以上 6 years and over	10408	96266	1251707
具有法人资格的中外合作办学	0	0	0
2岁及以下 2 Years and Under	0	0	—
3岁 3 years	0	0	—
4岁 4 years	0	0	—
5岁 5 years	0	0	0
6岁及以上 6 years and over	0	0	0

幼儿园
Number of Educational

	教职工数 Educational Personnel	园长 Kindergarten Principals	专任教师 Full-time Teachers
总　计 Total	**5646384**	**310683**	**3076579**
#女 of Which: Female	5231849	280782	3008836
#少数民族 of Which: Minorities	438646	25370	254277
#在编人员 of Which: Permanent Staff	807729	79498	635758
#接受过专业教育 of Which: Pre-primary Education Programmes	4014406	244926	2672556
教育部门 Run by Ed. Dept.	2018043	94151	1209981
其他部门 Run by Non-ed. Dept.	75040	2576	39980
地方企业 Run by Local Enterprises	61180	2565	31710
事业单位 Run by Public Institutions	82024	4536	44843
部队 Run by Army	18594	782	9141
集体 Run by Communities	244785	12449	135725
民办 Non-government	3146423	193616	1605059
#普惠性民办幼儿园 Inclusive Voluntary Kindergartens	2207871	138379	1128830
具有法人资格的中外合作办学	295	8	140
城区 Urban Area	2948635	133074	1541881
教育部门 Run by Ed. Dept.	895169	29284	508929
其他部门 Run by Non-ed. Dept.	57797	1898	30611
地方企业 Run by Local Enterprises	53238	2178	27387
事业单位 Run by Public Institutions	58128	2467	30340
部队 Run by Army	18045	746	8827
集体 Run by Communities	146628	6243	78441
民办 Non-government	1719335	90250	857206
#普惠性民办幼儿园 Inclusive Voluntary Kindergartens	1129280	61082	565999
具有法人资格的中外合作办学	295	8	140
镇区 County and Town Area	1891148	106937	1075865
教育部门 Run by Ed. Dept.	747781	33851	467301
其他部门 Run by Non-ed. Dept.	14721	545	8057
地方企业 Run by Local Enterprises	5968	282	3255
事业单位 Run by Public Institutions	15417	1095	9620
部队 Run by Army	201	16	115
集体 Run by Communities	57212	2789	33200
民办 Non-government	1049848	68359	554317
#普惠性民办幼儿园 Inclusive Voluntary Kindergartens	775446	50499	407527
具有法人资格的中外合作办学	0	0	0
乡村 Rural Area	806601	70672	458833
教育部门 Run by Ed. Dept.	375093	31016	233751
其他部门 Run by Non-ed. Dept.	2522	133	1312
地方企业 Run by Local Enterprises	1974	105	1068
事业单位 Run by Public Institutions	8479	974	4883
部队 Run by Army	348	20	199
集体 Run by Communities	40945	3417	24084
民办 Non-government	377240	35007	193536
#普惠性民办幼儿园 Inclusive Voluntary Kindergartens	303145	26798	155304
具有法人资格的中外合作办学	0	0	0

教职工数
Personnel in Kindergartens

单位:人
unit:person

保育员 Caretakers	卫生保健人员 Health Care Workers	行政人员 Adm. Personnel	教辅人员 Supporting Staffs	工勤人员 Workers	校外教师 Part-time Teachers	外籍教师 Foreign Teachers
1221740	**168543**	**128633**	**103739**	**636467**	**62949**	**3878**
1209415	158449	109725	84300	380342	54997	1969
90186	7573	6441	10001	44798	13747	78
27016	13612	20034	17542	14269	—	—
653838	95260	76632	53286	217908	30478	1995
400276	47611	32684	46604	186736	46530	114
14555	2345	2491	1965	11128	7885	43
13079	1944	2226	1215	8441	137	3
16184	2401	2548	1831	9681	918	2
3366	776	1009	642	2878	68	0
50779	7432	4452	3019	30929	1473	13
723428	106018	83213	48447	386642	5935	3680
515167	74403	51855	29727	269510	4164	396
73	16	10	16	32	3	23
649625	97755	89887	61990	374423	14542	3473
183097	26957	22244	24368	100290	10941	84
11171	1960	2247	1748	8162	286	43
11444	1726	2000	1010	7493	73	2
12027	1981	2271	1266	7776	411	2
3286	761	989	634	2802	68	0
31912	4819	3069	2218	19926	288	10
396615	59535	57057	30730	227942	2472	3309
264276	39543	33450	17209	147721	1560	331
73	16	10	16	32	3	23
409465	50034	30113	30123	188611	27115	308
147793	14349	7981	15601	60905	19996	6
2899	332	205	184	2499	3632	0
1179	164	172	158	758	63	1
2566	283	204	349	1300	210	0
20	5	5	6	34	0	0
11945	1534	767	499	6478	643	3
243063	33367	20779	13326	116637	2571	298
182383	24436	14143	9152	87306	1864	51
0	0	0	0	0	0	0
162650	20754	8633	11626	73433	21292	97
69386	6305	2459	6635	25541	15593	24
485	53	39	33	467	3967	0
456	54	54	47	190	1	0
1591	137	73	216	605	297	0
60	10	15	2	42	0	0
6922	1079	616	302	4525	542	0
83750	13116	5377	4391	42063	892	73
68508	10424	4262	3366	34483	740	14
0	0	0	0	0	0	0

学前教育专任

Breakdown of Kindergarten Full-time

	合计 Total	博士研究生 Doctor's Degree	硕士研究生 Master's Degree
总　计 Total	**3190989**	**66**	**7423**
#女 of Which: Female	3114588	61	7094
城　区 Urban Area	1559463	32	6384
镇　区 County and Town Area	1109449	16	786
乡　村 Rural Area	522077	18	253

学前教育专任教师分专业

Number of Full-time Teachers in Pre-primary

	合计 Total	#女 of Which Female	24 岁及以下 24 and Under	25-29 岁 25 to 29
总　计 Total	**3190989**	**3114588**	**775699**	**906065**
#女 of Which: Female	3114588	—	762928	888615
#少数民族 of Which: Minority Students	262970	249225	66958	80011
正高级 Senior	425	327	0	0
副高级 Sub-Senior	36620	29219	50	120
中级 Middle	236556	218891	1043	8984
助理级 Associate	420977	405360	23976	164223
员级 Junior	151705	147287	35664	60483
未定职级 No-Ranking	2344706	2313504	714966	672255
城　区 Urban Area	1559463	1538017	442284	443432
正高级 Senior	178	162	0	0
副高级 Sub-Senior	12490	11942	19	43
中级 Middle	115732	113048	392	3982
助理级 Associate	208069	202804	11953	81244
员级 Junior	1559463	1538017	442284	443432
未定职级 No-Ranking	1151509	1139799	413271	331323
镇　区 Counties and Towns Area	1109449	1084088	241869	314240
正高级 Senior	171	121	0	0
副高级 Sub-Senior	15124	12417	19	54
中级 Middle	85867	79417	467	3368
助理级 Associate	150090	144624	8521	59100
员级 Junior	51462	50009	12607	21707
未定职级 No-Ranking	806735	797500	220255	230011
乡　村 Rural Area	522077	492483	91546	148393
正高级 Senior	76	44	0	0
副高级 Sub-Senior	9006	4860	12	23
中级 Middle	34957	26426	184	1634
助理级 Associate	62818	57932	3502	23879
员级 Junior	28758	27016	6408	11936
未定职级 No-Ranking	386462	376205	81440	110921

教师分学历情况

Teachers by Educational Background

单位:人
unit:person

本科毕业 Under-graduate	专科毕业 Associate Bachelor	高中阶段毕业 High School Graduate	高中阶段以下毕业 Below High School Graduate
920388	**1867484**	**364760**	**30868**
889036	1829660	358381	30356
515634	918734	113117	5562
295969	654070	145806	12802
108785	294680	105837	12504

技术职务、分年龄结构情况

Education by Professional Rank and Age

单位:人
unit:person

30-34 岁 30 to 34	35-39 岁 35 to 39	40-44 岁 40 to 44	45-49 岁 45 to 49	50-54 岁 50 to 54	55-59 岁 55 to 59	60 岁及以上 60 and Over
702945	**379553**	**206253**	**117319**	**83183**	**18871**	**1101**
692265	372596	200300	111998	76682	8251	953
51662	30913	15609	9219	6392	2167	39
49	29	29	48	138	111	21
377	1804	5583	8543	13501	6610	32
42129	51049	52302	40197	34536	6154	162
126782	58658	26613	12250	7359	1069	47
30291	14166	6503	2862	1430	291	15
503317	253847	115223	53419	26219	4636	824
320588	173507	90138	50577	34459	4019	459
14	13	19	29	58	37	8
175	887	2298	3359	4577	1116	16
22819	26585	24406	19635	17022	821	70
63781	29142	12568	5683	3427	241	30
320588	173507	90138	50577	34459	4019	459
219267	109394	47188	20322	8741	1676	327
256563	139216	77888	43334	29637	6367	335
26	9	7	14	57	48	10
137	670	2371	3637	5751	2475	10
14434	18702	20467	14617	11764	2003	45
44997	20863	9602	4289	2376	336	6
9759	4235	1833	815	440	62	4
187210	94737	43608	19962	9249	1443	260
125794	66830	38227	23408	19087	8485	307
9	7	3	5	23	26	3
65	247	914	1547	3173	3019	6
4876	5762	7429	5945	5750	3330	47
18004	8653	4443	2278	1556	492	11
6000	2445	1011	498	356	101	3
96840	49716	24427	13135	8229	1517	237

幼儿园教职工政治面貌及其他

Supplementary Information on Educational Personnel of Kindergarten

单位:人
unit: person

	教职工中 of Total Staff and Workers				专任教师中 of Total Full-time Teachers			
	共产党员 Member of C. P. C.	共青团员 Member of C. Y. L.	民主党派 Member of Non-Communist Party	华侨 Overseas Chinese	共产党员 Member of C. P. C.	共青团员 Member of C. Y. L.	民主党派 Member of Non-Communist Party	华侨 Overseas Chinese
总　计 Total	**318812**	**677173**	**14349**	**149**	**211651**	**578905**	**7079**	**9**
#女 of Which: Female	276974	658144	13282	124	196053	566180	6956	8
城区 Urban Area	168991	439346	7651	95	110406	377013	3408	4
#女 of Which: Female	154873	429349	7068	78	106756	370762	3371	3
镇区 Counties and Towns Area	104340	172820	5192	38	71443	146298	2759	3
#女 of Which: Female	89272	167732	4854	34	65641	142862	2720	3
乡村 Rural Area	45481	65007	1506	16	29802	55594	912	2
#女 of Which: Female	32829	61063	1360	12	23656	52556	865	2

幼儿园校舍情况

Condition of Kindergarten Buildings

单位:平方米
unit: m^2

	合计 Total	城区 Urban Area	镇区 Counties and Towns Area	乡村 Rural Area
总　计 Total	**460645200. 21**	**213857908. 18**	**164931071. 93**	**81856220. 10**
一、教学及辅助用房 Buildings for Instruction and Ancillary Uses	328722261. 56	152801834. 37	118258232. 24	57662194. 95
班级活动单元 Class Activities Unit	302268781. 52	139134181. 05	109465251. 16	53669349. 31
活动室 Recreational	180234366. 65	83568467. 83	64883099. 04	31782799. 78
寝室 Bedroom	72433228. 38	33050106. 93	26799216. 64	12583904. 81
卫生间 Toilet	31500632. 67	14252630. 17	11377813. 56	5870188. 94
其他 Others	18100553. 82	8262976. 12	6405121. 92	3432455. 78
综合活动室 Multi-functional Room	26453480. 04	13667653. 32	8792981. 08	3992845. 64
二、行政办公用房 Administrative	36704324. 84	15827219. 08	13253470. 07	7623635. 69
办公室 Office	20136200. 26	8381779. 52	7391103. 73	4363317. 01
保健观察室 Health Observation Room	7032848. 89	2689433. 16	2587104. 57	1756311. 16
其他 Others	9535275. 69	4756006. 40	3275261. 77	1504007. 52
三、生活用房 Residential and Welfare	45617047. 57	21088287. 38	15664097. 27	8864662. 92
厨房 Kitchen	23533723. 48	10683561. 34	8164173. 94	4685988. 20
其他 Others	22083324. 09	10404726. 04	7499923. 33	4178674. 72
四、其他用房 Rooms for Other Purposes	49601566. 24	24140567. 35	17755272. 35	7705726. 54

幼儿园资产情况

Condition of Fixed Assets and Teaching Resources in Kindergartens

单位：人
unit: person

	占地面积（平方米） Areas Occupied (m^2)	#绿化用地面积 of Which: Green Areas	#室外游戏场地 of Which: Outdoor Playground	图书（册） Books and Magazines in Libraries (Volume)
总 计 Total	**760462304.92**	**136393073.21**	**262772377.45**	**534905638**
城 区 Urban Area	285769085.95	52227496.12	104090329.67	251144470
镇 区 Counties and Towns Area	272286358.36	47994565.52	93253881.37	193865110
乡 村 Rural Area	202406860.61	36171011.57	65428166.41	89896058

七、专门学校
Specialized Schools

专门学校基本情况

Basic Statistics of Specialized Schools

单位:人
unit: person

	学校数（所）Schools	班数（个）Classes	离校人数 Sclools Leavers	入校人数 No. of Persons Enrolled	在校生数 Enrolment	教职工数 Educational Personnel	#专任教师 of Which: Full-time Teachers
合　计 Total	**104**	**368**	**4244**	**5746**	**7160**	**3149**	**2249**
#女 of Which: Female	—	—	602	840	1237	1349	1031

八、成人中小学
Adult Primary and Secondary Schools

成人中、小学

Basic Statistics of Adult Primary and

	学校数(所) Schools	教学班(点)(个) External Teaching Sites	离校人数 No. of Persons Left School	#女 of Which: Female	入校人数 No. of Persons Enrolled	#女 of Which: Female
一、成人中学 Adult Secondary Schools	**34**	**265**	**5047**	**2156**	**6327**	**2370**
#少数民族 of Which: Minority	—	—	131	—	268	—
职工中学 Sec. Schools for Staff and workers	0	45	1315	732	1397	996
高中 Senior Sec. Schools for Staff and workers	0	45	1315	732	1397	996
初中 Lower Secondary Schools for Staff and workers	0	0	0	0	0	0
农民中学 Sec. Schools for Peasants	34	220	3732	1424	4930	1374
高中 Senior Sec. Schools for Peasants	5	18	829	462	797	322
初中 Lower Secondary Schools for Peasants	29	202	2903	962	4133	1052
二、成人小学 Adult Primary Schools	**25**	**39**	**86**	**45**	**947**	**684**
#少数民族 of Which: Minority	—	—	0	—	720	—
职工小学 General Primary Schools for Staff and workers	0	0	0	0	0	0
农民小学 General Primary Schools for Peasants	25	39	86	45	947	684

基本情况
Secondary Schools

单位:人
unit: person

在校生数 Total In-school Students	#女 of Which: Female	教职工数 Educational Personnel	#女 of Which: Female	专任教师 Full-time Teacher	#女 of Which: Female
10406	**3944**	**375**	**78**	**237**	**69**
286	—	7	—	5	—
4017	2039	25	9	21	7
4017	2039	25	9	21	7
0	0	0	0	0	0
6389	1905	350	69	216	62
1248	533	85	14	51	8
5141	1372	265	55	165	54
1205	**840**	**66**	**23**	**47**	**16**
829	—	43	—	36	—
0	0	0	0	0	0
1205	840	66	23	47	16

九、各级各类学校分布情况

Geographical Distribution of Schools by Type and Level

地　区 Region	普通、职业高校 Regular HEIs	其中：中央部门办 of Which: HEIs under Central Ministries and Agencies	普通本科学校 Academic HEIs
总计 Total	**2756**	**118**	**1238**
北　京 Beijing	92	39	67
天　津 Tianjin	56	3	30
河　北 Hebei	123	4	58
山　西 Shanxi	82	0	32
内蒙古 Inner Mongolia	54	0	17
辽　宁 Liaoning	114	5	62
吉　林 Jilin	66	2	37
黑龙江 Heilongjiang	80	3	39
上　海 Shanghai	64	10	39
江　苏 Jiangsu	167	10	77
浙　江 Zhejiang	109	1	58
安　徽 Anhui	121	2	46
福　建 Fujian	89	2	38
江　西 Jiangxi	106	0	42
山　东 Shandong	153	3	67
河　南 Henan	156	1	56
湖　北 Hubei	130	8	68
湖　南 Hunan	128	3	51
广　东 Guangdong	160	4	65
广　西 Guangxi	85	0	36
海　南 Hainan	21	0	7
重　庆 Chongqing	69	2	25
四　川 Sichuan	134	6	52
贵　州 Guizhou	75	0	28
云　南 Yunnan	82	1	32
西　藏 Tibet	7	0	4
陕　西 Shaanxi	97	6	55
甘　肃 Gansu	49	2	20
青　海 Qinghai	12	0	4
宁　夏 Ningxia	20	1	8
新　疆 Xinjiang	55	0	18

学校(机构)数
Education Institutions

单位：所
unit: institution

本科层次职业学校 Professional HEIs	高职(专科)院校 Vocational HEIs	成人高等学校 Adult HEIs	其中:中央部门办 of Which: HEIs under Central Ministries and Agencies
32	**1486**	**256**	**13**
0	25	23	8
0	26	13	0
3	62	6	1
2	48	9	0
0	37	2	0
1	51	18	2
0	29	14	0
0	41	16	0
1	24	12	0
1	89	8	1
2	49	8	0
0	75	6	0
1	50	3	0
3	61	5	0
3	83	11	0
1	99	10	0
0	62	14	0
1	76	12	0
2	93	14	0
2	47	4	0
1	13	1	0
1	43	3	0
1	81	13	1
1	46	3	0
0	50	1	0
0	3	0	0
2	40	14	0
2	27	4	0
0	8	2	0
0	12	1	0
1	36	6	0

高等学校(机

Number of Postgraduates Students in

地 区 Region	毕(结)业生数 Graduates	#女 of Which: Female	博 士 Doctor's Degree	硕 士 Master's Degree	授予学位数 Degree Awarded	招生数 Entrants	#女 of Which: Female	博士 Doctor's Degree
总 计 Total	**772761**	**422398**	**72019**	**700742**	**764393**	**1176526**	**607362**	**125823**
北 京 Beijing	110995	58873	21301	89694	110401	150583	75750	31349
天 津 Tianjin	21465	12184	2057	19408	21290	30040	16289	3616
河 北 Hebei	17518	10024	569	16949	17272	27041	14630	1204
山 西 Shanxi	12285	7463	558	11727	12334	18928	10563	951
内蒙古 Inner Mongolia	7992	5243	257	7735	7887	12700	7531	550
辽 宁 Liaoning	39634	22054	2420	37214	39148	56495	29203	4128
吉 林 Jilin	23271	14642	2068	21203	22810	31360	18278	3431
黑龙江 Heilongjiang	23011	12045	2082	20929	22996	38055	18106	4560
上 海 Shanghai	56088	30354	6539	49549	56076	77879	39558	11971
江 苏 Jiangsu	62620	31387	5502	57118	62371	94607	45170	9613
浙 江 Zhejiang	25512	12998	2375	23137	24861	47505	23768	5014
安 徽 Anhui	20530	9862	2009	18521	20218	36847	16587	3693
福 建 Fujian	16543	9291	1271	15272	16396	26816	13958	2129
江 西 Jiangxi	14061	7580	342	13719	14007	21980	11139	983
山 东 Shandong	34454	19896	1861	32593	34202	53567	29077	3726
河 南 Henan	17397	10618	536	16861	17154	30546	17345	1201
湖 北 Hubei	43762	23096	4714	39048	43779	68720	34445	7504
湖 南 Hunan	26590	14901	2268	24322	26422	36179	19070	3806
广 东 Guangdong	38911	21002	3735	35176	38616	64501	33043	7023
广 西 Guangxi	12015	6669	337	11678	12178	21554	11935	868
海 南 Hainan	2372	1406	75	2297	2305	4737	2529	376
重 庆 Chongqing	22291	13312	1359	20932	21436	33147	18651	2280
四 川 Sichuan	35505	18552	2798	32707	34786	50662	25027	4864
贵 州 Guizhou	7468	4476	195	7273	6939	12166	7383	550
云 南 Yunnan	13648	8138	463	13185	13651	23011	1298	1133
西 藏 Tibet	732	407	27	705	733	1826	1015	91
陕 西 Shaanxi	40759	20976	3225	37534	38546	62770	30571	6331
甘 肃 Gansu	12834	7108	732	12102	12753	19734	10627	1678
青 海 Qinghai	1896	1226	36	1860	1859	3443	2115	167
宁 夏 Ningxia	2611	1700	92	2519	2544	4536	2816	249
新 疆 Xinjiang	7991	4915	216	7775	8423	14591	8195	784

构)研究生数

Higher Education Institutions

单位:人
unit:person

					预计毕业生数			
硕士 Master's Degree	在校生数 Enrolment	#女 of Which: Female	博士 Doctor's Degree	硕士 Master's Degree	Estimated Graduates for Next Year	#女 of Which: Female	博士 Doctor's Degree	硕士 Master's Degree
1050703	**3332373**	**1717458**	**509453**	**2822920**	**1118211**	**582813**	**193127**	**925084**
119234	446966	219227	130306	316660	163690	81751	48396	115294
26424	86320	46459	14210	72110	30297	16567	5759	24538
25837	72913	40191	4808	68105	22610	12934	1994	20616
17977	50254	28393	3732	46522	16285	9603	1617	14668
12150	33926	20137	2253	31673	12121	7291	1136	10985
52367	156925	82032	17838	139087	49785	26716	7274	42511
27929	91053	53622	14581	76472	34070	20151	7435	26635
33495	102619	50260	18738	83881	34701	16986	7369	27332
65908	233268	117543	46970	186298	86046	43586	16180	69866
84994	271469	130002	40876	230593	91214	43992	16936	74278
42491	129860	64146	19447	110413	37790	18524	6488	31302
33154	98600	43733	13486	85114	29552	13758	4193	25359
24687	76592	39782	8969	67623	25157	13358	3370	21787
20997	59005	30513	3407	55598	18401	9875	1438	16963
49841	149077	81213	15001	134076	47354	25509	4996	42358
29345	79744	45706	4607	75137	23771	14008	1441	22330
61216	198569	99204	31729	166840	67702	33767	13315	54387
32373	110493	57968	17307	93186	38224	20488	6102	32122
57478	174309	88864	25020	149289	56927	27943	9179	47748
20686	55806	30555	2963	52843	16936	8914	1094	15842
4361	12818	7070	1086	11732	4064	2372	250	3814
30867	97402	55590	8905	88497	34748	20693	3035	31713
45798	146476	72862	19370	127106	50080	25235	8771	41309
11616	31675	19216	1543	30132	8523	5140	437	8086
21878	63559	36115	4720	58839	20038	11298	1922	18116
1735	4255	2354	272	3983	1066	583	63	1003
56439	185421	91108	26951	158470	60312	31276	9041	51271
18056	54704	29342	6296	48408	17761	9592	2334	15427
3276	8800	5367	544	8256	2763	1693	170	2593
4287	11527	7120	804	10723	3986	2346	273	3713
13807	37968	21764	2714	35254	12237	6864	1119	11118

普通高校

Number of Postgraduates in Regular

地区 Region	毕(结)业生数 Graduates	#女 of Which: Female	博士 Doctor's Degree	硕士 Master's Degree	授予学位数 Degree Awarded	招生数 Entrants	#女 of Which: Female	博士 Doctor's Degree
总 计 Total	**764603**	**418518**	**70689**	**693914**	**756377**	**1165569**	**602130**	**123862**
北 京 Beijing	105655	56219	20138	85517	105183	143629	72300	29614
天 津 Tianjin	21442	12177	2057	19385	21267	30015	16286	3616
河 北 Hebei	17456	10018	569	16887	17210	27037	14629	1204
山 西 Shanxi	12210	7427	558	11652	12260	18813	10511	951
内蒙古 Inner Mongolia	7992	5243	257	7735	7887	12685	7530	550
辽 宁 Liaoning	39590	22038	2417	37173	39104	56428	29181	4122
吉 林 Jilin	23221	14603	2068	21153	22761	31287	18238	3431
黑龙江 Heilongjiang	22745	11922	2062	20683	22730	37506	17843	4529
上 海 Shanghai	55427	30021	6502	48925	55419	77141	39183	11907
江 苏 Jiangsu	62470	31323	5476	56994	62221	94347	45079	9558
浙 江 Zhejiang	25385	12953	2375	23010	24735	47200	23588	5013
安 徽 Anhui	20526	9862	2009	18517	20214	36839	16587	3693
福 建 Fujian	16443	9227	1271	15172	16296	26678	13859	2129
江 西 Jiangxi	14055	7579	342	13713	14001	21976	11139	983
山 东 Shandong	34364	19849	1861	32503	34113	53426	29017	3726
河 南 Henan	17352	10605	534	16818	17110	30464	17326	1198
湖 北 Hubei	43448	22987	4705	38743	43466	68356	34316	7497
湖 南 Hunan	26502	14863	2268	24234	26334	36060	19024	3806
广 东 Guangdong	38795	20961	3724	35071	38507	64355	32970	7015
广 西 Guangxi	12015	6669	337	11678	12178	21554	11935	868
海 南 Hainan	2372	1406	75	2297	2305	4737	2529	376
重 庆 Chongqing	22232	13282	1359	20873	21377	33079	18611	2280
四 川 Sichuan	35232	18420	2773	32459	34517	50216	24816	4837
贵 州 Guizhou	7460	4474	195	7265	6931	12147	7382	550
云 南 Yunnan	13615	8132	460	13155	13618	22976	12979	1129
西 藏 Tibet	732	407	27	705	733	1826	1015	91
陕 西 Shaanxi	40587	20914	3205	37382	38373	62531	30520	6316
甘 肃 Gansu	12782	7096	721	12061	12701	19691	10611	1673
青 海 Qinghai	1896	1226	36	1860	1859	3443	2115	167
宁 夏 Ningxia	2611	1700	92	2519	2544	4536	2816	249
新 疆 Xinjiang	7991	4915	216	7775	8423	14591	8195	784

研究生数
Higher Education Institutions

单位：人
unit：person

					预计毕业生数			
硕 士 Master's Degree	在校生数 Enrolment	#女 of Which：Female	博 士 Doctor's Degree	硕 士 Master's Degree	Estimated Graduates for Next Year	#女 of Which：Female	博 士 Doctor's Degree	硕 士 Master's Degree
1041707	**3299770**	**1702355**	**501346**	**2798424**	**1106711**	**577509**	**189304**	**917407**
114015	425696	209059	123286	302410	155659	77966	45015	110644
26399	86244	46441	14210	72034	30271	16559	5759	24512
25833	72868	40171	4808	68060	22571	12916	1994	20577
17862	49952	28244	3732	46220	16216	9559	1617	14599
12135	33897	20135	2253	31644	12114	7290	1136	10978
52306	156728	81972	17810	138918	49730	26700	7268	42462
27856	90864	53518	14581	76283	34013	20118	7435	26578
32977	101190	49544	18592	82598	34337	16802	7308	27029
65234	231074	116475	46670	184404	85225	43157	16042	69183
84789	270647	129754	40594	230053	90975	43922	16834	74141
42187	129183	63780	19439	109744	37658	18462	6484	31174
33146	98579	43733	13486	85093	29547	13758	4193	25354
24549	76214	39525	8969	67245	25055	13292	3370	21685
20993	58990	30510	3407	55583	18396	9873	1438	16958
49700	148701	81040	15001	133700	47257	25464	4996	42261
29266	79505	45650	4593	74912	23699	13992	1439	22260
60859	197496	98829	31692	165804	67380	33666	13308	54072
32254	110153	57816	17307	92846	38109	20434	6102	32007
57340	173884	88659	24996	148888	56782	27876	9171	47611
20686	55806	30555	2963	52843	16936	8914	1094	15842
4361	12818	7070	1086	11732	4064	2372	250	3814
30799	97216	55480	8905	88311	34691	20662	3035	31656
45379	145184	72238	19268	125916	49669	25027	8720	40949
11597	31631	19211	1543	30088	8516	5139	437	8079
21847	63457	36087	4704	58753	20004	11292	1914	18090
1735	4255	2354	272	3983	1066	583	63	1003
56215	184682	90956	26844	157838	60079	31232	8997	51082
18018	54561	29298	6273	48288	17706	9579	2323	15383
3276	8800	5367	544	8256	2763	1693	170	2593
4287	11527	7120	804	10723	3986	2346	273	3713
13807	37968	21764	2714	35254	12237	6864	1119	11118

地 区 Region	毕(结)业生数 Graduates	#女 of Which: Female	博 士 Doctor's Degree	硕 士 Master's Degree	授予学位数 Degree Awarded	招生数 Entrants	#女 of Which: Female	博士 Doctor's Degree
总 计 Total	**8158**	**3880**	**1330**	**6828**	**8016**	**10957**	**5232**	**1961**
北 京 Beijing	5340	2654	1163	4177	5218	6954	3450	1735
天 津 Tianjin	23	7	0	23	23	25	3	0
河 北 Hebei	62	6	0	62	62	4	1	0
山 西 Shanxi	75	36	0	75	74	115	52	0
内蒙古 Inner Mongolia	0	0	0	0	0	15	1	0
辽 宁 Liaoning	44	16	3	41	44	67	22	6
吉 林 Jilin	50	39	0	50	49	73	40	0
黑龙江 Heilongjiang	266	123	20	246	266	549	263	31
上 海 Shanghai	661	333	37	624	657	738	375	64
江 苏 Jiangsu	150	64	26	124	150	260	91	55
浙 江 Zhejiang	127	45	0	127	126	305	180	1
安 徽 Anhui	4	0	0	4	4	8	0	0
福 建 Fujian	100	64	0	100	100	138	99	0
江 西 Jiangxi	6	1	0	6	6	4	0	0
山 东 Shandong	90	47	0	90	89	141	60	0
河 南 Henan	45	13	2	43	44	82	19	3
湖 北 Hubei	314	109	9	305	313	364	129	7
湖 南 Hunan	88	38	0	88	88	119	46	0
广 东 Guangdong	116	41	11	105	109	146	73	8
广 西 Guangxi	0	0	0	0	0	0	0	0
海 南 Hainan	0	0	0	0	0	0	0	0
重 庆 Chongqing	59	30	0	59	59	68	40	0
四 川 Sichuan	273	132	25	248	269	446	211	27
贵 州 Guizhou	8	2	0	8	8	19	1	0
云 南 Yunnan	33	6	3	30	33	35	9	4
西 藏 Tibet	0	0	0	0	0	0	0	0
陕 西 Shaanxi	172	62	20	152	173	239	51	15
甘 肃 Gansu	52	12	11	41	52	43	16	5
青 海 Qinghai	0	0	0	0	0	0	0	0
宁 夏 Ningxia	0	0	0	0	0	0	0	0
新 疆 Xinjiang	0	0	0	0	0	0	0	0

研究生数
in Research Institutions

单位:人
unit:person

					预计毕业生数			
硕 士 Master's Degree	在校生数 Enrolment	#女 of Which: Female	博 士 Doctor's Degree	硕 士 Master's Degree	Estimated Graduates for Next Year	#女 of Which: Female	博 士 Doctor's Degree	硕 士 Master's Degree
8996	**32603**	**15103**	**8107**	**24496**	**11500**	**5304**	**3823**	**7677**
5219	21270	10168	7020	14250	8031	3785	3381	4650
25	76	18	0	76	26	8	0	26
4	45	20	0	45	39	18	0	39
115	302	149	0	302	69	44	0	69
15	29	2	0	29	7	1	0	7
61	197	60	28	169	55	16	6	49
73	189	104	0	189	57	33	0	57
518	1429	716	146	1283	364	184	61	303
674	2194	1068	300	1894	821	429	138	683
205	822	248	282	540	239	70	102	137
304	677	366	8	669	132	62	4	128
8	21	0	0	21	5	0	0	5
138	378	257	0	378	102	66	0	102
4	15	3	0	15	5	2	0	5
141	376	173	0	376	97	45	0	97
79	239	56	14	225	72	16	2	70
357	1073	375	37	1036	322	101	7	315
119	340	152	0	340	115	54	0	115
138	425	205	24	401	145	67	8	137
0	0	0	0	0	0	0	0	0
0	0	0	0	0	0	0	0	0
68	186	110	0	186	57	31	0	57
419	1292	624	102	1190	411	208	51	360
19	44	5	0	44	7	1	0	7
31	102	28	16	86	34	6	8	26
0	0	0	0	0	0	0	0	0
224	739	152	107	632	233	44	44	189
38	143	44	23	120	55	13	11	44
0	0	0	0	0	0	0	0	0
0	0	0	0	0	0	0	0	0
0	0	0	0	0	0	0	0	0

高等教育普通

Number of Regular Students for

地　区 Region	毕(结)业生数 Graduates	#女 of Which: Female	授予学位数 Degree Awarded
总　计 Total	**4280970**	**2368720**	**4249274**
北　京 Beijing	124012	63750	123909
天　津 Tianjin	84843	47312	85368
河　北 Hebei	198519	111273	198202
山　西 Shanxi	132905	77041	131868
内蒙古 Inner Mongolia	65721	38706	64885
辽　宁 Liaoning	166638	84935	166041
吉　林 Jilin	120331	65152	120008
黑龙江 Heilongjiang	131227	70185	130420
上　海 Shanghai	92227	50999	91262
江　苏 Jiangsu	278580	147208	273412
浙　江 Zhejiang	157518	91925	156462
安　徽 Anhui	167216	85181	165949
福　建 Fujian	125132	69627	124634
江　西 Jiangxi	135101	69324	134272
山　东 Shandong	277063	152668	277326
河　南 Henan	305896	174125	304875
湖　北 Hubei	220745	115347	217638
湖　南 Hunan	179771	102466	178247
广　东 Guangdong	282227	151905	282311
广　西 Guangxi	129050	78100	127857
海　南 Hainan	27783	16380	27133
重　庆 Chongqing	112774	65770	111796
四　川 Sichuan	226120	128076	224500
贵　州 Guizhou	89564	54184	87159
云　南 Yunnan	126824	78951	125450
西　藏 Tibet	5847	3192	5632
陕　西 Shaanxi	171857	93401	170730
甘　肃 Gansu	71429	38827	70332
青　海 Qinghai	9554	5392	9495
宁　夏 Ningxia	20231	11587	20025
新　疆 Xinjiang	44265	25731	42076

本科学生数
Normal in Higher Education

单位:人
unit:person

招生数 Entrants	#女 of Which: Female	在校生数 Enrolment	#女 of Which: Female	预计毕业生数 Estimated Graduates for NextYear	#女 of Which: Female
4445969	**2713686**	**18931044**	**10080059**	**4847707**	**2570133**
136298	69413	548951	271732	137184	68743
89647	48140	372830	195874	95592	48855
218750	134555	925538	502603	228456	122952
124848	77582	532480	294870	136922	74801
63785	43454	280205	158600	72560	41840
174452	89797	728339	353655	183849	89168
121406	70261	509652	274566	128903	69636
137601	74373	574384	296482	142124	74918
98187	53229	405818	211593	105886	55091
287265	159364	1209970	612798	312443	157981
156244	99253	680131	373597	178751	99209
173681	101459	745625	364010	191784	92839
130884	78574	553638	296510	141998	76909
155224	96360	656050	334119	167760	86671
266467	181692	1175328	636429	306874	161944
297261	202404	1299765	716421	346496	194739
224745	132621	975490	497336	253027	121959
200983	114359	818193	441784	199151	109908
293721	177131	1266623	654883	328997	167547
133445	95984	588884	342334	148509	81856
29858	18275	125765	69297	32433	19370
119748	77397	506480	282134	127557	70051
245431	153480	1041510	556392	267664	140427
89575	60048	404847	236822	103459	59921
115063	89503	515446	311555	139637	84788
7245	3770	28521	14422	6125	3004
177779	105856	739600	387989	189962	101873
76110	46216	320959	172554	81093	42787
12176	7377	45306	25877	10823	6089
24085	15043	94950	54112	22386	12221
64005	36716	259766	138709	59302	32036

地 区 Region	毕(结)业生数 Graduates	#女 of Which: Female	本 科 Normal Courses	专 科 Short-cycle Courses	授予学位数 Degree Awarded	招生数 Entrants	#女 of Which: Female	本 科 Normal Courses
总 计 Total	**3984094**	**2043924**	**0**	**3984094**	**0**	**5567182**	**2599502**	**41381**
北 京 Beijing	26930	13343	0	26930	0	23459	10999	0
天 津 Tianjin	58619	25866	0	58619	0	68837	28374	0
河 北 Hebei	210340	109793	0	210340	0	264044	123496	1007
山 西 Shanxi	86536	48608	0	86536	0	133250	55893	2852
内蒙古 Inner Mongolia	64623	31074	0	64623	0	81084	32748	0
辽 宁 Liaoning	91688	46084	0	91688	0	115630	48718	753
吉 林 Jilin	61046	28693	0	61046	0	84902	34560	0
黑龙江 Heilongjiang	65262	30422	0	65262	0	101443	42420	0
上 海 Shanghai	43428	21249	0	43428	0	48819	22175	662
江 苏 Jiangsu	245065	116498	0	245065	0	322598	149923	1019
浙 江 Zhejiang	142901	71501	0	142901	0	191246	92473	1638
安 徽 Anhui	159788	82433	0	159788	0	266486	117741	0
福 建 Fujian	99608	52273	0	99608	0	163032	78361	1850
江 西 Jiangxi	175079	84944	0	175079	0	231861	108578	3381
山 东 Shandong	340792	182923	0	340792	0	444616	215436	6069
河 南 Henan	372488	191087	0	372488	0	526403	247026	2586
湖 北 Hubei	195663	93297	0	195663	0	246130	112390	0
湖 南 Hunan	214411	111469	0	214411	0	273583	130284	332
广 东 Guangdong	292180	151956	0	292180	0	400596	194797	3293
广 西 Guangxi	156959	83918	0	156959	0	270500	128004	5148
海 南 Hainan	25522	13189	0	25522	0	36438	16593	1602
重 庆 Chongqing	103009	52518	0	103009	0	177028	79080	1896
四 川 Sichuan	225524	121569	0	225524	0	314946	146039	1349
贵 州 Guizhou	121651	66513	0	121651	0	165632	80376	982
云 南 Yunnan	132489	75882	0	132489	0	204595	104693	0
西 藏 Tibet	3207	1594	0	3207	0	3570	1855	0
陕 西 Shaanxi	120016	57046	0	120016	0	173248	75704	2734
甘 肃 Gansu	68604	33620	0	68604	0	92207	44475	1441
青 海 Qinghai	10582	5229	0	10582	0	11363	5910	0
宁 夏 Ningxia	14530	8596	0	14530	0	24500	11684	0
新 疆 Xinjiang	55554	30737	0	55554	0	105136	58697	787

本专科学生数
Undergraduate in Higher Education

单位：人
unit：person

专 科 Short-cycle Courses	在校生数 Enrolment	其中：女 of Which： Female	本 科 Normal Courses	专 科 Short-cycle Courses	预计毕业生数 Estimated Graduates for Next Year	#女 of Which： Female	本 科 Normal Courses	专 科 Short-cycle Courses
5525801	**16030263**	**7480989**	**129297**	**15900966**	**5220566**	**2420657**	**9288**	**5211278**
23459	68027	32112	0	68027	27501	12888	0	27501
68837	210523	89325	0	210523	70084	30833	0	70084
263037	778792	381014	1007	777785	262728	134886	0	262728
130398	358294	158029	4724	353570	115707	53060	0	115707
81084	226604	98026	0	226604	74742	34275	0	74742
114877	450063	164231	2726	447337	194372	57363	0	194372
84902	245900	103192	0	245900	88715	35566	0	88715
101443	304723	123834	0	304723	106987	39143	0	106987
48157	142915	67651	1038	141877	50427	23368	38	50389
321579	900835	409424	4278	896557	289892	133669	904	288988
189608	530165	257256	3533	526632	181498	83179	184	181314
266486	759366	330562	0	759366	244610	105103	0	244610
161182	469724	220869	5952	463772	152543	67310	0	152543
228480	692616	317208	11636	680980	230944	103911	519	230425
438547	1254584	614191	18240	1236344	441637	216224	0	441637
523817	1386675	666843	8764	1377911	448249	214605	601	447648
246130	724233	322761	0	724233	232234	103292	0	232234
273251	777910	378597	332	777578	263983	125284	0	263983
397303	1273156	611287	19104	1254052	329830	162183	4178	325652
265352	732158	335695	12423	719735	234555	103251	1048	233507
34836	119364	49911	7426	111938	39075	16602	296	38779
175132	496240	215114	7683	488557	162138	67979	790	161348
313597	879315	429535	5602	873713	269105	142468	0	269105
164650	476794	240517	982	475812	155567	82174	0	155567
204595	528635	277120	0	528635	166623	92987	0	166623
3570	12783	6288	0	12783	4564	2149	0	4564
170514	543740	228064	9436	534304	183326	75065	210	183116
90766	292419	138143	1441	290978	90478	42439	0	90478
11363	31819	16503	0	31819	10627	5246	0	10627
24500	66104	31526	0	66104	20566	10099	0	20566
104349	295787	166161	2970	292817	77259	44056	520	76739

高等教育成人

Number of Adult Students for Normal and

地 区 Region	毕(结)业生数 Graduates	#女 of Which: Female	本 科 Normal Courses	专 科 Short-cycle Courses	授予学位数 Degree Awarded	招生数 Entrants	#女 of Which: Female	本 科 Normal Courses
总 计 Total	**2779485**	**1652115**	**1420887**	**1358598**	**208956**	**3785288**	**2149819**	**2042982**
北 京 Beijing	47739	24028	31520	16219	7329	28831	13391	24642
天 津 Tianjin	14991	8052	6376	8615	319	24078	12282	13062
河 北 Hebei	177367	103627	100768	76599	8519	181178	105532	84312
山 西 Shanxi	27248	16744	19940	7308	1749	58255	29553	40970
内蒙古 Inner Mongolia	8469	5114	7202	1267	416	11328	6472	9135
辽 宁 Liaoning	93156	50091	44711	48445	6178	124084	63324	73824
吉 林 Jilin	68354	41507	37299	31055	1192	128424	77447	72484
黑龙江 Heilongjiang	36436	21459	25656	10780	2861	58162	30976	40327
上 海 Shanghai	42847	25067	31291	11556	5752	46377	24498	31000
江 苏 Jiangsu	230202	118085	128500	101702	22689	279491	137293	164491
浙 江 Zhejiang	133038	73709	56384	76654	18667	185368	100343	90450
安 徽 Anhui	105941	64208	55552	50389	6952	128286	78227	73446
福 建 Fujian	36002	22765	18572	17430	1873	73077	43935	33178
江 西 Jiangxi	70362	47893	41405	28957	27939	168728	90528	101773
山 东 Shandong	280241	167449	165086	115155	25949	451062	262145	268564
河 南 Henan	205296	132611	107186	98110	9780	308099	190540	145076
湖 北 Hubei	111742	63377	57818	53924	2652	155106	90139	95530
湖 南 Hunan	222620	128395	105300	117320	2995	295025	158424	153962
广 东 Guangdong	299581	192091	98587	200994	11625	431525	254470	163481
广 西 Guangxi	115900	75333	54778	61122	26506	161171	99473	81008
海 南 Hainan	6389	4524	3649	2740	142	15030	8920	4999
重 庆 Chongqing	31301	15442	7799	23502	811	20608	11320	7597
四 川 Sichuan	144057	89682	67726	76331	3203	168487	99008	85062
贵 州 Guizhou	30090	19575	18474	11616	2429	28999	19199	18575
云 南 Yunnan	81350	52252	47165	34185	2808	72322	43427	45468
西 藏 Tibet	4279	2356	2756	1523	480	3945	2412	3366
陕 西 Shaanxi	86572	45368	42493	44079	3409	98728	50426	64403
甘 肃 Gansu	23586	12575	11213	12373	307	43076	24012	30396
青 海 Qinghai	4551	3037	3539	1012	2460	4911	3089	3860
宁 夏 Ningxia	13233	7943	7680	5553	378	11665	6788	6683
新 疆 Xinjiang	26545	17756	14462	12083	587	19862	12226	11858

本专科学生数

Short-cycle Courses in Higher Education

单位：人
unit：person

专 科 Short-cycle Courses	在校生数 Enrolment	#女 of Which：Female	本 科 Normal Courses	专 科 Short-cycle Courses	预计毕业生数 Estimated Graduates for Next Year	#女 of Which：Female	本 科 Normal Courses	专 科 Short-cycle Courses
1742306	**8326521**	**4805346**	**4591098**	**3735423**	**3438328**	**1990329**	**1781638**	**1656690**
4189	98977	50118	83170	15807	49668	24974	38718	10950
11016	45045	23379	23900	21145	20561	10959	10544	10017
96866	406496	241886	210402	196094	176159	108154	89365	86794
17285	145149	77909	104659	40490	39201	22557	28271	10930
2193	24220	14206	19529	4691	11637	6848	9165	2472
50260	256883	136366	152319	104564	105964	52722	56022	49942
55940	244875	149881	139891	104984	108962	68812	59987	48975
17835	111792	60692	80281	31511	45573	24313	32322	13251
15377	136322	73500	97210	39112	52649	27740	35609	17040
115000	610980	304236	361258	249722	270202	130514	155541	114661
94918	362119	193366	171787	190332	166921	88294	75991	90930
54840	282097	174712	176221	105876	116988	73444	71153	45835
39899	158045	96598	75276	82769	37984	23548	18378	19606
66955	400509	228976	246177	154332	109803	63812	63592	46211
182498	906118	531637	558340	347778	411110	248554	251117	159993
163023	637355	396946	315923	321432	279836	179048	129292	150544
59576	350034	201914	209250	140784	171911	96766	92354	79557
141063	610334	331640	324036	286298	267626	148533	130397	137229
268044	975147	593564	380130	595017	331248	203808	109103	222145
80163	345860	217377	176426	169434	144146	89991	67171	76975
10031	29338	18566	12855	16483	9016	6404	3414	5602
13011	56626	29751	21100	35526	29809	15136	8796	21013
83425	381385	232474	195174	186211	169174	100704	78146	91028
10424	86992	55110	51780	35212	50365	31187	27793	22572
26854	248078	149543	156720	91358	80562	50232	48694	31868
579	14232	8005	10728	3504	4817	2935	3714	1103
34325	223466	108422	126231	97235	109708	51887	52362	57346
12680	81992	44807	54867	27125	22409	12140	11530	10879
1051	9723	6243	7526	2197	4542	3010	3610	932
4982	25632	16057	15641	9991	11128	6798	6618	4510
8004	60700	37465	32291	28409	28649	16505	12869	15780

高等教育网络本
Number of Web-based Students for Normal

地 区 Region	毕(结)业生数 Graduates	#女 of Which: Female	本 科 Normal Courses	专 科 Short-cycle Courses	授予学位数 Degree Awarded
总 计 Total	**2590593**	**1193059**	**898773**	**1691820**	**88986**
北 京 Beijing	1414741	640043	378373	1036368	21018
天 津 Tianjin	53288	25123	23917	29371	1779
河 北 Hebei	0	0	0	0	0
山 西 Shanxi	0	0	0	0	0
内蒙古 Inner Mongolia	0	0	0	0	0
辽 宁 Liaoning	133112	57968	67436	65676	6925
吉 林 Jilin	70811	42105	36693	34118	2170
黑龙江 Heilongjiang	17876	6943	9278	8598	2805
上 海 Shanghai	46266	24733	19238	27028	2429
江 苏 Jiangsu	55380	25312	27285	28095	10758
浙 江 Zhejiang	6083	3908	5555	528	1971
安 徽 Anhui	22	3	22	0	0
福 建 Fujian	40515	24799	23784	16731	3122
江 西 Jiangxi	0	0	0	0	0
山 东 Shandong	61831	27022	29368	32463	6173
河 南 Henan	32969	16621	22144	10825	2885
湖 北 Hubei	96493	40326	33626	62867	1742
湖 南 Hunan	14515	7784	8124	6391	425
广 东 Guangdong	120039	64966	24268	95771	1442
广 西 Guangxi	0	0	0	0	0
海 南 Hainan	0	0	0	0	0
重 庆 Chongqing	68092	30884	37143	30949	3329
四 川 Sichuan	174012	70745	80597	93415	13587
贵 州 Guizhou	0	0	0	0	0
云 南 Yunnan	30387	13780	1614	28773	19
西 藏 Tibet	0	0	0	0	0
陕 西 Shaanxi	126522	55907	56280	70242	6342
甘 肃 Gansu	27639	14087	14028	13611	65
青 海 Qinghai	0	0	0	0	0
宁 夏 Ningxia	0	0	0	0	0
新 疆 Xinjiang	0	0	0	0	0

科、专科生学生数
and Short-cycle Courses in Higher Education

单位：人
unit: person

招生数 Entrants	#女 of Which: Female	本　科 Normal Courses	专　科 Short-cycle Courses	在校生数 Enrolment	#女 of Which: Female	本　科 Normal Courses	专　科 Short-cycle Courses
2839192	**1200514**	**1186772**	**1652420**	**8739006**	**3723318**	**3328548**	**5410458**
1763625	734320	516335	1247290	5678117	2391280	1611425	4066692
35946	16026	34515	1431	132727	60303	96268	36459
0	0	0	0	0	0	0	0
0	0	0	0	0	0	0	0
0	0	0	0	0	0	0	0
89381	44167	82288	7093	344403	160244	257487	86916
69398	36086	49267	20131	188800	100381	124932	63868
36689	13131	26383	10306	56839	20329	37915	18924
60516	32918	32850	27666	146043	79128	76023	70020
93300	38804	42439	50861	210529	86205	90317	120212
0	0	0	0	4274	2308	3491	783
0	0	0	0	106	18	106	0
45959	29165	35624	10335	99253	59972	68279	30974
0	0	0	0	0	0	0	0
32101	9649	24713	7388	125778	44078	81831	43947
21773	10660	21773	0	92738	44779	76927	15811
38750	11240	22977	15773	173939	63037	92073	81866
0	0	0	0	7071	3348	4752	2319
150451	67131	28580	121871	398939	189736	87502	311437
0	0	0	0	0	0	0	0
0	0	0	0	0	0	0	0
57822	26415	48880	8942	152323	65423	113628	38695
172346	66281	110533	61813	433736	156067	253163	180573
0	0	0	0	0	0	0	0
47436	16147	10341	37095	145809	53520	17813	127996
0	0	0	0	0	0	0	0
104378	43252	79953	24425	288244	117803	190549	97695
19321	5122	19321	0	59338	25359	44067	15271
0	0	0	0	0	0	0	0
0	0	0	0	0	0	0	0
0	0	0	0	0	0	0	0

地 区 Region	教职工数 Educational Personnel	专任教师 Full-time Teachers	行政人员 Adm. Personnel	教辅人员 Supporting Staffs	工勤人员 Workers	专职科研人员 Full-time Researchers
总 计 Total	**2785592**	**1913817**	**400044**	**247999**	**129095**	**50644**
北 京 Beijing	159893	75522	29548	20157	11889	12475
天 津 Tianjin	49167	33001	8974	4682	1627	554
河 北 Hebei	122861	90778	15783	8977	6308	246
山 西 Shanxi	65427	41725	9317	7592	3628	2191
内蒙古 Inner Mongolia	42292	28741	7065	4260	1810	228
辽 宁 Liaoning	98962	64279	17563	10888	4989	695
吉 林 Jilin	66241	42737	11283	6968	4255	462
黑龙江 Heilongjiang	76972	50064	12912	7111	4947	873
上 海 Shanghai	85114	49424	16399	12087	2856	2755
江 苏 Jiangsu	176401	120757	27809	15325	6861	3119
浙 江 Zhejiang	110379	74738	17928	9887	2280	3133
安 徽 Anhui	94639	72059	10543	6082	3519	1473
福 建 Fujian	78684	54335	13906	6535	2680	817
江 西 Jiangxi	94144	70001	8722	11508	3468	350
山 东 Shandong	178945	133352	22308	14756	5181	2107
河 南 Henan	184830	143055	17503	9840	8465	1628
湖 北 Hubei	139049	91681	21790	13230	7727	3087
湖 南 Hunan	114460	82332	14803	10072	4861	894
广 东 Guangdong	193522	131176	26748	16917	7857	8517
广 西 Guangxi	79042	56989	10833	5818	4728	275
海 南 Hainan	19584	13149	2796	1725	1670	97
重 庆 Chongqing	70612	53287	9401	4110	2488	250
四 川 Sichuan	141708	99679	18387	10335	7470	2365
贵 州 Guizhou	55953	41025	7687	4783	1969	271
云 南 Yunnan	63507	45453	8608	5335	3657	270
西 藏 Tibet	4052	2738	727	340	158	15
陕 西 Shaanxi	113997	77464	17346	10607	4984	786
甘 肃 Gansu	44431	32626	5300	2800	1779	299
青 海 Qinghai	8490	5156	1168	819	1098	243
宁 夏 Ningxia	13426	9749	1916	1032	420	135
新 疆 Xinjiang	38808	26745	4971	3421	3466	34

教职工情况(总计)
Personnel in HEIs(Total)

单位:人
unit:person

其他附设机构人员 Personnel in Others Subsidiary Units	校外教师 Part-time Teachers	行业导师 Industry Mentor	外籍教师 Foreign Teachers	离退休人员 Retirees	附属中小学幼儿园职工 Affiliated Kindergarten, Primary and Secondary Schools Staff
43993	**465555**	**296705**	**18458**	**947272**	**29393**
10302	14819	10667	1800	83615	3607
329	10392	4654	421	28195	343
769	19494	8952	499	36652	216
974	5068	4598	63	25915	1257
188	6679	2306	66	18318	446
548	11235	11651	766	52679	290
536	6794	4734	398	29896	1274
1065	18074	5391	373	31225	95
1593	13928	10607	1956	57529	909
2530	44109	32868	1986	62421	513
2413	18949	17656	1207	32371	332
963	21285	10504	236	26274	944
411	15160	9423	598	19334	966
95	15194	9295	599	19909	1845
1241	20450	31493	1057	49876	1750
4339	28447	12780	722	37966	1500
1534	25152	11853	490	61114	1655
1498	25719	12846	464	39629	1551
2307	38473	21126	1602	38765	1997
399	17315	11581	305	15964	1075
147	3199	610	135	2507	196
1076	15825	8139	588	20337	492
3472	21122	14031	707	45435	894
218	9765	3909	107	16548	883
184	9531	11789	373	18539	202
74	96	34	0	1699	0
2810	10557	7906	752	44437	1639
1627	8334	1139	100	12318	667
6	1008	380	3	187	559
174	1107	631	39	2985	18
171	8275	3152	46	14633	1278

地 区 Region	教职工数 Educational Personnel	专任教师 Full-time Teachers	行政人员 Adm. Personnel	教辅人员 Supporting Staffs	工勤人员 Workers	专职科研人员 Full-time Researchers
总 计 Total	**1429739**	**999951**	**203868**	**145164**	**37014**	**19774**
北 京 Beijing	82672	35010	18385	13074	4323	5459
天 津 Tianjin	26250	17611	4930	2757	525	249
河 北 Hebei	68619	53682	7429	5327	1725	112
山 西 Shanxi	37281	25715	4157	4983	880	1031
内蒙古 Inner Mongolia	23817	17507	3181	2606	286	132
辽 宁 Liaoning	53198	36415	8975	6481	777	309
吉 林 Jilin	35009	24625	5114	4196	707	194
黑龙江 Heilongjiang	39828	28207	5831	4002	877	331
上 海 Shanghai	44691	24577	10553	6942	849	1041
江 苏 Jiangsu	85812	58197	14900	8862	1528	1127
浙 江 Zhejiang	54141	35330	10307	5647	772	1066
安 徽 Anhui	44365	34205	4857	3458	1020	410
福 建 Fujian	39858	27186	7382	3698	1045	317
江 西 Jiangxi	45858	34273	4097	6385	855	181
山 东 Shandong	91315	71783	9030	8224	1033	836
河 南 Henan	96952	77430	7908	5683	2326	628
湖 北 Hubei	66369	44431	10564	7847	1974	1001
湖 南 Hunan	57980	42813	7193	6068	1080	216
广 东 Guangdong	97000	65307	14670	9310	3025	3215
广 西 Guangxi	42151	30115	5888	3394	2394	144
海 南 Hainan	10360	7101	1395	1042	715	34
重 庆 Chongqing	35472	26749	5027	2520	610	86
四 川 Sichuan	72910	52575	9274	5577	2798	910
贵 州 Guizhou	29919	22350	3940	2861	524	141
云 南 Yunnan	35192	25785	4492	3129	1556	110
西 藏 Tibet	2063	1424	352	214	19	9
陕 西 Shaanxi	57097	39765	8090	6220	882	200
甘 肃 Gansu	21302	16040	2331	1638	344	103
青 海 Qinghai	4435	2876	530	498	431	96
宁 夏 Ningxia	7452	5769	846	624	108	65
新 疆 Xinjiang	20371	15098	2240	1897	1026	21

女教职工情况(总计)
Personnel in HEIs(Total)

单位:人
unit:person

其他附设机构人员 Personnel in Others Subsidiary Units	校外教师 Part-time Teachers	行业导师 Industry Mentor	外籍教师 Foreign Teachers	离退休人员 Retirees	附属中小学幼儿园职工 Affiliated Kindergarten, Primary and Secondary Schools Staff
23968	**411056**	**104005**	**4907**	**460220**	**21420**
6421	12966	3608	428	46254	2508
178	8966	1833	113	13472	288
344	18802	3197	187	17763	184
515	5446	1922	13	11827	920
105	6482	1140	26	8988	314
241	11824	4445	197	24375	234
173	6676	1944	147	14142	849
580	17736	2051	152	15424	80
729	11908	3267	511	26480	634
1198	37646	9988	485	29065	433
1019	15718	6446	311	15870	292
415	15556	3150	65	11640	602
230	11924	3387	112	9291	792
67	13572	3535	146	9056	1308
409	18578	12213	333	23017	1276
2977	26900	4890	215	17657	1302
552	23972	3358	123	30940	1111
610	20510	3653	104	19686	1159
1473	32644	6736	408	20967	1523
216	15422	4703	132	8312	853
73	2506	207	58	1405	170
480	13360	2662	117	8837	309
1776	17382	4600	135	21869	627
103	9054	1464	38	8583	530
120	9566	5409	127	9585	144
45	56	14	0	783	0
1940	8696	2393	144	20209	1221
846	6642	322	43	5751	432
4	1048	211	3	83	361
40	1076	263	15	1465	14
89	8422	994	19	7424	950

高等教育学校(机构)
Number of Educational

地　区 Region	教职工数 Educational Personnel	专任教师 Full-time Teachers	行政人员 Adm. Personnel	教辅人员 Supporting Staffs	工勤人员 Workers	专职科研人员 Full-time Researchers
总　计 Total	**1931672**	**1273087**	**294926**	**187393**	**91190**	**49449**
北　京 Beijing	148327	69850	26237	18464	11083	12422
天　津 Tianjin	38298	25434	7194	3592	1303	521
河　北 Hebei	80224	57886	10797	6303	4323	193
山　西 Shanxi	44247	28261	6066	4900	2480	2190
内蒙古 Inner Mongolia	25958	16896	4662	2973	1066	189
辽　宁 Liaoning	77157	49356	13949	8854	3895	678
吉　林 Jilin	52543	33380	8663	5896	3611	461
黑龙江 Heilongjiang	56370	36325	9610	5329	3387	854
上　海 Shanghai	75487	43091	14533	11105	2473	2709
江　苏 Jiangsu	122677	81267	20230	11326	4624	3061
浙　江 Zhejiang	79313	52633	13273	7022	1098	2981
安　徽 Anhui	59574	43800	7181	4302	2215	1442
福　建 Fujian	53528	35532	9868	5154	1907	731
江　西 Jiangxi	55887	40112	6078	7146	2123	333
山　东 Shandong	118629	85379	15766	11360	3163	2059
河　南 Henan	108656	81501	12480	7073	5585	1581
湖　北 Hubei	105426	67588	17067	10737	5772	3041
湖　南 Hunan	69415	48196	9445	6638	2940	887
广　东 Guangdong	126068	80101	18265	11953	5114	8405
广　西 Guangxi	49735	34270	7384	3903	3577	235
海　南 Hainan	12666	8414	1873	1003	1232	64
重　庆 Chongqing	43751	32089	6257	3064	1569	193
四　川 Sichuan	94220	64052	13325	6865	4634	2276
贵　州 Guizhou	32080	22343	4753	3523	1026	247
云　南 Yunnan	43016	30221	5735	4055	2621	257
西　藏 Tibet	3026	1983	541	285	128	15
陕　西 Shaanxi	87230	58080	13857	8486	3388	746
甘　肃 Gansu	29732	20410	4262	2354	1051	292
青　海 Qinghai	6061	3297	829	689	1006	234
宁　夏 Ningxia	9622	6913	1425	717	258	135
新　疆 Xinjiang	22749	14427	3321	2322	2538	17

教职工情况(普通高校)
Personnel in HEIs(Regular HEIs)

单位:人
unit:person

其他附设机构人员 Personnel in Others Subsidiary Units	校外教师 Part-time Teachers	行业导师 Industry Mentor	外籍教师 Foreign Teachers	离退休人员 Retirees	附属中小学幼儿园职工 Affiliated Kindergarten, Primary and Secondary Schools Staff
35627	**273894**	**158096**	**17388**	**731516**	**25813**
10271	13330	10161	1783	75826	3607
254	4915	3228	420	20468	343
722	9483	6628	493	27687	216
350	3909	3068	58	18250	1137
172	4352	1623	51	11775	433
425	7223	9602	760	38340	272
532	5084	2086	372	23990	1269
865	12456	2447	361	21621	51
1576	10412	9344	1889	53527	909
2169	28073	12596	1888	51016	422
2306	9124	6716	1022	26803	305
634	9752	5188	220	18513	938
336	8925	5016	539	15169	501
95	8812	5310	562	14612	1749
902	12012	19908	912	37054	1403
436	14659	5689	696	25134	1221
1221	15646	6583	469	47545	1618
1309	15470	8587	432	28438	1196
2230	19916	7677	1484	30767	1055
366	9399	3879	283	11516	954
80	1408	365	94	1962	196
579	6739	3578	587	16540	492
3068	12550	7561	681	33613	742
188	4944	1274	103	10797	832
127	7377	4198	314	13630	202
74	70	34	0	1432	0
2673	7233	3622	748	34730	1558
1363	4476	964	94	9281	578
6	622	238	3	138	559
174	858	266	38	2454	18
124	4665	660	32	8888	1037

高等教育学校(机构)

Number of Female Educational

地　区 Region	教职工数 Educational Personnel	专任教师 Full-time Teachers	行政人员 Adm. Personnel	教辅人员 Supporting Staffs	工勤人员 Workers	专职科研人员 Full-time Researchers
总　计 Total	**960266**	**631895**	**153733**	**110772**	**25707**	**19196**
北　京 Beijing	75787	31234	16589	12046	4097	5421
天　津 Tianjin	19763	12882	4011	2087	423	222
河　北 Hebei	43328	32926	5108	3720	1166	83
山　西 Shanxi	24624	16767	2734	3284	560	1030
内蒙古 Inner Mongolia	14273	9980	2124	1800	172	103
辽　宁 Liaoning	40991	27262	7274	5345	604	295
吉　林 Jilin	27081	18634	3916	3541	626	193
黑龙江 Heilongjiang	28573	19880	4365	3030	556	320
上　海 Shanghai	38619	20348	9432	6369	736	1011
江　苏 Jiangsu	56306	35718	10956	6606	945	1106
浙　江 Zhejiang	37416	23204	7901	4011	314	1017
安　徽 Anhui	26548	19477	3366	2516	528	404
福　建 Fujian	25715	16527	5120	2829	781	272
江　西 Jiangxi	26057	18430	2998	3949	440	173
山　东 Shandong	58923	44149	6542	6497	583	817
河　南 Henan	55295	43079	5742	4253	1456	603
湖　北 Hubei	48705	31247	8368	6428	1237	980
湖　南 Hunan	32520	22424	4737	4010	615	211
广　东 Guangdong	61240	37678	10232	6640	2091	3164
广　西 Guangxi	25935	17278	4047	2325	1965	124
海　南 Hainan	6554	4351	970	666	497	23
重　庆 Chongqing	20881	15078	3400	1852	259	59
四　川 Sichuan	46488	31890	6879	3699	1624	872
贵　州 Guizhou	16736	11634	2535	2142	218	124
云　南 Yunnan	23261	16562	2957	2387	1162	106
西　藏 Tibet	1504	1001	257	175	17	9
陕　西 Shaanxi	42987	28767	6624	5027	531	187
甘　肃 Gansu	14381	10004	2010	1401	160	102
青　海 Qinghai	3042	1738	380	414	414	92
宁　夏 Ningxia	5213	3940	638	441	89	65
新　疆 Xinjiang	11520	7806	1521	1282	841	8

女教职工情况(普通高校)
Personnel in HEIs(Regular HEIs)

单位:人
unit:person

其他附设机构人员 Personnel in Others Subsidiary Units	校外教师 Part-time Teachers	行业导师 Industry Mentor	外籍教师 Foreign Teachers	离退休人员 Retirees	附属中小学幼儿园职工 Affiliated Kindergarten, Primary and Secondary Schools Staff
18963	**228886**	**51153**	**4502**	**357001**	**18472**
6400	11184	3397	422	41907	2508
138	4266	1303	113	9753	288
325	8614	2083	185	13132	184
249	3990	1072	11	8293	811
94	4208	842	18	5726	301
211	7294	3608	194	18078	216
171	4944	955	133	11329	845
422	12746	818	151	10506	38
723	8160	2750	483	24649	634
975	21864	3300	436	23885	344
969	6776	2196	256	13102	272
257	5760	954	60	8272	596
186	5988	1534	93	7307	396
67	7426	1916	133	6793	1224
335	10014	7603	266	17047	986
162	13178	1968	206	11809	1043
445	15158	1618	113	24250	1099
523	10972	1964	96	14468	852
1435	16414	2568	373	16683	775
196	7708	1238	123	6079	747
47	1054	107	36	1142	170
233	5392	698	116	7095	309
1524	9654	2263	124	16146	517
83	4086	476	38	5666	516
87	7318	2043	105	6952	144
45	42	14	0	720	0
1851	5374	1138	140	15969	1161
704	3360	252	41	4451	359
4	756	144	3	63	361
40	776	111	15	1199	14
62	4410	220	19	4530	762

高等教育学校(机构)教职工
Number of Educational Personnel in HEIs

地 区 Region	教职工数 Educational Personnel	专任教师 Full-time Teachers	行政人员 Adm. Personnel	教辅人员 Supporting Staffs	工勤人员 Workers	专职科研人员 Full-time Researchers
总 计 Total	**32202**	**25743**	**2849**	**2044**	**1466**	**48**
北 京 Beijing	0	0	0	0	0	0
天 津 Tianjin	0	0	0	0	0	0
河 北 Hebei	3402	2901	221	144	133	3
山 西 Shanxi	2208	1311	367	429	100	1
内蒙古 Inner Mongolia	0	0	0	0	0	0
辽 宁 Liaoning	480	357	81	30	12	0
吉 林 Jilin	0	0	0	0	0	0
黑龙江 Heilongjiang	0	0	0	0	0	0
上 海 Shanghai	569	447	81	33	5	0
江 苏 Jiangsu	1011	817	93	90	11	0
浙 江 Zhejiang	1441	1165	129	115	32	0
安 徽 Anhui	0	0	0	0	0	0
福 建 Fujian	564	414	102	27	21	0
江 西 Jiangxi	2349	1694	255	253	145	2
山 东 Shandong	3369	2896	335	59	74	5
河 南 Henan	1342	1130	61	101	50	0
湖 北 Hubei	0	0	0	0	0	0
湖 南 Hunan	760	601	78	20	61	0
广 东 Guangdong	2763	2258	109	83	266	9
广 西 Guangxi	3504	2891	181	268	135	18
海 南 Hainan	1126	948	80	98	0	0
重 庆 Chongqing	958	740	109	12	95	2
四 川 Sichuan	981	678	108	72	123	0
贵 州 Guizhou	1011	793	143	40	35	0
云 南 Yunnan	0	0	0	0	0	0
西 藏 Tibet	0	0	0	0	0	0
陕 西 Shaanxi	1641	1318	158	107	50	8
甘 肃 Gansu	2103	1822	144	55	82	0
青 海 Qinghai	0	0	0	0	0	0
宁 夏 Ningxia	0	0	0	0	0	0
新 疆 Xinjiang	620	562	14	8	36	0

情况(本科层次职业高校)
(Professional HEIs)

单位:人
unit:person

其他附设机构人员 Personnel in Others Subsidiary Units	校外教师 Part-time Teachers	行业导师 Industry Mentor	外籍教师 Foreign Teachers	离退休人员 Retirees	附属中小学幼儿园职工 Affiliated Kindergarten, Primary and Secondary Schools Staff
52	**5577**	**4558**	**49**	**2829**	**0**
0	0	0	0	0	0
0	0	0	0	0	0
0	1026	311	1	1007	0
0	161	213	0	339	0
0	0	0	0	0	0
0	170	137	0	0	0
0	0	0	0	0	0
0	0	0	0	0	0
3	112	22	0	23	0
0	41	171	8	186	0
0	178	346	0	84	0
0	0	0	0	0	0
0	103	105	0	0	0
0	419	244	1	0	0
0	143	872	24	0	0
0	103	0	0	0	0
0	0	0	0	0	0
0	27	8	0	0	0
38	183	741	7	0	0
11	489	932	5	220	0
0	285	0	3	0	0
0	363	0	0	0	0
0	255	146	0	0	0
0	630	14	0	177	0
0	0	0	0	0	0
0	0	0	0	0	0
0	279	57	0	0	0
0	214	0	0	793	0
0	0	0	0	0	0
0	0	0	0	0	0
0	396	239	0	0	0

高等教育学校(机构)女教
Number of Female Educational

地　区 Region	教职工数 Educational Personnel	专任教师 Full-time Teachers	行政人员 Adm. Personnel	教辅人员 Supporting Staffs	工勤人员 Workers	专职科研人员 Full-time Researchers
总　计 Total	**16868**	**13909**	**1304**	**1137**	**475**	**19**
北　京 Beijing	0	0	0	0	0	0
天　津 Tianjin	0	0	0	0	0	0
河　北 Hebei	1698	1537	60	72	28	1
山　西 Shanxi	1330	830	180	280	39	1
内蒙古 Inner Mongolia	0	0	0	0	0	0
辽　宁 Liaoning	250	215	28	7	0	0
吉　林 Jilin	0	0	0	0	0	0
黑龙江 Heilongjiang	0	0	0	0	0	0
上　海 Shanghai	371	305	47	18	0	0
江　苏 Jiangsu	553	445	55	52	1	0
浙　江 Zhejiang	818	679	64	65	10	0
安　徽 Anhui	0	0	0	0	0	0
福　建 Fujian	317	235	64	14	4	0
江　西 Jiangxi	1097	811	105	155	25	1
山　东 Shandong	1923	1728	141	38	13	3
河　南 Henan	685	588	40	46	11	0
湖　北 Hubei	0	0	0	0	0	0
湖　南 Hunan	361	261	58	15	27	0
广　东 Guangdong	1443	1199	51	56	120	4
广　西 Guangxi	1798	1537	93	116	35	7
海　南 Hainan	566	481	28	57	0	0
重　庆 Chongqing	451	368	46	6	30	1
四　川 Sichuan	534	336	75	31	92	0
贵　州 Guizhou	588	490	62	25	11	0
云　南 Yunnan	0	0	0	0	0	0
西　藏 Tibet	0	0	0	0	0	0
陕　西 Shaanxi	905	768	67	53	16	1
甘　肃 Gansu	871	805	35	28	3	0
青　海 Qinghai	0	0	0	0	0	0
宁　夏 Ningxia	0	0	0	0	0	0
新　疆 Xinjiang	309	291	5	3	10	0

职工情况(本科层次职业高校)
Personnel in HEIs(Professional HEIs)

单位:人
unit:person

其他附设机构人员 Personnel in Others Subsidiary Units	校外教师 Part-time Teachers	行业导师 Industry Mentor	外籍教师 Foreign Teachers	离退休人员 Retirees	附属中小学幼儿园职工 Affiliated Kindergarten, Primary and Secondary Schools Staff
24	**5116**	**1825**	**23**	**1478**	**0**
0	0	0	0	0	0
0	0	0	0	0	0
0	1042	149	0	566	0
0	140	77	0	176	0
0	0	0	0	0	0
0	132	69	0	0	0
0	0	0	0	0	0
0	0	0	0	0	0
1	102	10	0	10	0
0	32	44	4	84	0
0	166	122	0	47	0
0	0	0	0	0	0
0	62	32	0	0	0
0	286	82	0	0	0
0	90	378	16	0	0
0	64	0	0	0	0
0	0	0	0	0	0
0	12	1	0	0	0
13	160	323	1	0	0
10	532	360	2	124	0
0	246	0	0	0	0
0	282	0	0	0	0
0	182	52	0	0	0
0	746	7	0	108	0
0	0	0	0	0	0
0	0	0	0	0	0
0	302	10	0	0	0
0	156	0	0	363	0
0	0	0	0	0	0
0	0	0	0	0	0
0	382	109	0	0	0

高等教育学校(机构)教职工
Number of Educational Personnel

地 区 Region	教职工数 Educational Personnel	专任教师 Full-time Teachers	行政人员 Adm. Personnel	教辅人员 Supporting Staffs	工勤人员 Workers	专职科研人员 Full-time Researchers
总 计 Total	**787355**	**595014**	**94824**	**53914**	**34382**	**1055**
北 京 Beijing	8374	4358	2239	1122	605	24
天 津 Tianjin	10070	7100	1644	913	306	33
河 北 Hebei	38454	29555	4542	2465	1795	50
山 西 Shanxi	17730	11630	2558	2005	923	0
内蒙古 Inner Mongolia	15894	11596	2324	1189	730	39
辽 宁 Liaoning	19397	13560	3026	1751	921	16
吉 林 Jilin	11807	8175	2265	815	549	1
黑龙江 Heilongjiang	18731	12665	2884	1576	1406	0
上 海 Shanghai	7855	5325	1481	676	350	16
江 苏 Jiangsu	47812	35368	6741	3402	1882	58
浙 江 Zhejiang	28727	20429	4273	2653	1122	143
安 徽 Anhui	34033	27724	3151	1600	1220	31
福 建 Fujian	24107	18172	3751	1282	741	86
江 西 Jiangxi	35057	27649	2225	4026	1142	15
山 东 Shandong	55807	44375	5972	3192	1886	43
河 南 Henan	73982	59887	4786	2571	2788	47
湖 北 Hubei	33140	23760	4625	2454	1942	46
湖 南 Hunan	43133	32811	5030	3305	1811	7
广 东 Guangdong	61479	46738	7781	4517	2301	103
广 西 Guangxi	25179	19421	3166	1577	971	22
海 南 Hainan	5540	3709	790	590	422	29
重 庆 Chongqing	25790	20423	2990	1013	819	55
四 川 Sichuan	45436	34295	4721	3305	2622	89
贵 州 Guizhou	22732	17809	2750	1216	903	24
云 南 Yunnan	20431	15198	2873	1254	1036	13
西 藏 Tibet	1026	755	186	55	30	0
陕 西 Shaanxi	23077	16879	2968	1659	1409	32
甘 肃 Gansu	12244	10142	831	363	637	7
青 海 Qinghai	2255	1761	310	88	87	9
宁 夏 Ningxia	3630	2712	451	305	162	0
新 疆 Xinjiang	14426	11033	1490	975	864	17

情况（专科层次职业高校）
in HEIs (Vocational HEIs)

单位：人
unit: person

其他附设机构人员 Personnel in Others Subsidiary Units	校外教师 Part-time Teachers	行业导师 Industry Mentor	外籍教师 Foreign Teachers	离退休人员 Retirees	附属中小学幼儿园职工 Affiliated Kindergarten, Primary and Secondary Schools Staff
8166	**167902**	**132869**	**1018**	**191749**	**3346**
26	931	498	17	4962	0
74	4132	1426	1	6618	0
47	8169	2013	5	7575	0
614	952	1317	5	6493	120
16	2275	683	15	6524	13
123	2267	1905	6	10657	18
2	1672	2638	26	4362	5
200	5387	2944	12	8349	44
7	2030	1234	67	2332	0
361	15304	19912	90	10833	91
107	6580	9936	183	5036	27
307	11434	5316	16	7150	6
75	6109	4302	59	3783	231
0	5946	3677	36	4854	96
339	8215	10713	121	12584	347
3903	11248	7061	26	12054	279
313	9450	5231	21	13325	37
169	10103	4225	32	10839	355
39	14878	12708	111	7499	942
22	7399	6754	16	3804	121
0	1506	245	38	444	0
490	8305	4561	1	3505	0
404	7603	6296	26	11287	152
30	3876	2621	4	5372	51
57	2078	7563	59	4739	0
0	26	0	0	267	0
130	2822	4155	4	8228	81
264	3606	175	6	2237	89
0	386	142	0	47	0
0	249	365	1	531	0
47	2964	2253	14	5459	241

高等教育学校(机构)女教职工
Number of Female Educational Personnel

地　区 Region	教职工数 Educational Personnel	专任教师 Full-time Teachers	行政人员 Adm. Personnel	教辅人员 Supporting Staffs	工勤人员 Workers	专职科研人员 Full-time Researchers
总　计 Total	**433556**	**341968**	**45249**	**30548**	**10357**	**498**
北　京 Beijing	4942	2888	1185	671	165	17
天　津 Tianjin	5976	4408	854	549	98	27
河　北 Hebei	23129	18919	2150	1485	528	28
山　西 Shanxi	10658	7773	1116	1268	235	0
内蒙古 Inner Mongolia	9285	7351	1032	749	113	29
辽　宁 Liaoning	10954	8337	1427	1006	141	13
吉　林 Jilin	6795	5161	1062	492	77	1
黑龙江 Heilongjiang	10330	7715	1309	853	295	0
上　海 Shanghai	4940	3543	889	384	110	10
江　苏 Jiangsu	26087	19852	3508	1966	517	21
浙　江 Zhejiang	15427	11141	2223	1525	444	44
安　徽 Anhui	17340	14457	1411	845	468	6
福　建 Fujian	13560	10285	2099	827	260	45
江　西 Jiangxi	18296	14751	916	2236	386	7
山　东 Shandong	29908	25509	2282	1611	416	16
河　南 Henan	40502	33441	2044	1322	855	25
湖　北 Hubei	17437	13012	2162	1401	734	21
湖　南 Hunan	24545	19755	2289	1987	428	5
广　东 Guangdong	32478	25236	4033	2396	741	47
广　西 Guangxi	14072	11072	1694	906	377	13
海　南 Hainan	3094	2215	356	301	214	8
重　庆 Chongqing	14083	11284	1565	645	318	26
四　川 Sichuan	25343	19992	2209	1794	1058	38
贵　州 Guizhou	12526	10176	1325	693	295	17
云　南 Yunnan	11897	9202	1535	729	394	4
西　藏 Tibet	559	423	95	39	2	0
陕　西 Shaanxi	12094	9551	1232	906	304	12
甘　肃 Gansu	5881	5106	262	192	178	1
青　海 Qinghai	1291	1073	140	57	17	4
宁　夏 Ningxia	2133	1744	194	176	19	0
新　疆 Xinjiang	7994	6596	651	537	170	13

情况（专科层次职业高校）
in HEIs(Vocational HEIs)

单位：人
unit：person

其他附设机构人员 Personnel in Others Subsidiary Units	校外教师 Part-time Teachers	行业导师 Industry Mentor	外籍教师 Foreign Teachers	离退休人员 Retirees	附属中小学幼儿园职工 Affiliated Kindergarten, Primary and Secondary Schools Staff
4936	**157672**	**50781**	**382**	**91691**	**2755**
16	1064	208	6	2828	0
40	2972	530	0	3245	0
19	8370	965	2	3885	0
266	1272	773	2	2894	109
11	2226	298	8	3255	13
30	2418	762	3	4668	18
2	1710	983	14	2174	4
158	4722	1233	1	4269	42
4	2048	503	28	1022	0
223	15098	6560	45	4906	89
50	5350	4128	55	2522	20
153	9724	2196	5	3096	6
44	5868	1821	19	1818	203
0	5848	1516	13	2077	84
74	8386	4232	51	5916	290
2815	11226	2901	9	5504	259
107	8758	1720	10	6566	12
81	9394	1678	8	5078	307
25	12680	3845	34	4006	748
10	7140	3095	7	1874	106
0	1206	100	22	214	0
245	7230	1964	1	1597	0
252	7122	2267	11	5453	110
20	3852	981	0	2709	14
33	2168	3348	22	2558	0
0	14	0	0	63	0
89	2796	1220	4	3530	60
142	3092	70	2	931	73
0	292	67	0	19	0
0	300	152	0	266	0
27	3326	665	0	2748	188

地　区 Region	教职工数 Educational Personnel	专任教师 Full-time Teachers	行政人员 Adm. Personnel	教辅人员 Supporting Staffs	工勤人员 Workers	专职科研人员 Full-time Researchers
总　计 Total	**34363**	**19973**	**7445**	**4648**	**2057**	**92**
北　京 Beijing	3192	1314	1072	571	201	29
天　津 Tianjin	799	467	136	177	18	0
河　北 Hebei	781	436	223	65	57	0
山　西 Shanxi	1242	523	326	258	125	0
内蒙古 Inner Mongolia	440	249	79	98	14	0
辽　宁 Liaoning	1928	1006	507	253	161	1
吉　林 Jilin	1891	1182	355	257	95	0
黑龙江 Heilongjiang	1871	1074	418	206	154	19
上　海 Shanghai	1203	561	304	273	28	30
江　苏 Jiangsu	4901	3305	745	507	344	0
浙　江 Zhejiang	898	511	253	97	28	9
安　徽 Anhui	1032	535	211	180	84	0
福　建 Fujian	485	217	185	72	11	0
江　西 Jiangxi	851	546	164	83	58	0
山　东 Shandong	1140	702	235	145	58	0
河　南 Henan	850	537	176	95	42	0
湖　北 Hubei	483	333	98	39	13	0
湖　南 Hunan	1152	724	250	109	49	0
广　东 Guangdong	3212	2079	593	364	176	0
广　西 Guangxi	624	407	102	70	45	0
海　南 Hainan	252	78	53	34	16	4
重　庆 Chongqing	113	35	45	21	5	0
四　川 Sichuan	1071	654	233	93	91	0
贵　州 Guizhou	130	80	41	4	5	0
云　南 Yunnan	60	34	0	26	0	0
西　藏 Tibet	0	0	0	0	0	0
陕　西 Shaanxi	2049	1187	363	355	137	0
甘　肃 Gansu	352	252	63	28	9	0
青　海 Qinghai	174	98	29	42	5	0
宁　夏 Ningxia	174	124	40	10	0	0
新　疆 Xinjiang	1013	723	146	116	28	0

教职工情况(成人高校)
Personnel in HEIs(Adult HEIs)

单位:人
unit:person

其他附设机构人员 Personnel in Others Subsidiary Units	校外教师 Part-time Teachers	行业导师 Industry Mentor	外籍教师 Foreign Teachers	离退休人员 Retirees	附属中小学幼儿园职工 Affiliated Kindergarten, Primary and Secondary Schools Staff
148	**18182**	**1182**	**3**	**21178**	**234**
5	558	8	0	2827	0
1	1345	0	0	1109	0
0	816	0	0	383	0
10	46	0	0	833	0
0	52	0	0	19	0
0	1575	7	0	3682	0
2	38	10	0	1544	0
0	231	0	0	1255	0
7	1374	7	0	1647	0
0	691	189	0	386	0
0	3067	658	2	448	0
22	99	0	0	611	0
0	23	0	0	382	234
0	17	64	0	443	0
0	80	0	0	238	0
0	2437	30	0	778	0
0	56	39	0	244	0
20	119	26	0	352	0
0	3496	0	0	499	0
0	28	16	1	424	0
67	0	0	0	101	0
7	418	0	0	292	0
0	714	28	0	535	0
0	315	0	0	202	0
0	76	28	0	170	0
0	0	0	0	0	0
7	223	72	0	1479	0
0	38	0	0	7	0
0	0	0	0	2	0
0	0	0	0	0	0
0	250	0	0	286	0

地　区 Region	教职工数 Educational Personnel	专任教师 Full-time Teachers	行政人员 Adm. Personnel	教辅人员 Supporting Staffs	工勤人员 Workers	专职科研人员 Full-time Researchers
总　计 Total	**19049**	**12179**	**3582**	**2707**	**475**	**61**
北　京 Beijing	1943	888	611	357	61	21
天　津 Tianjin	511	321	65	121	4	0
河　北 Hebei	464	300	111	50	3	0
山　西 Shanxi	669	345	127	151	46	0
内蒙古 Inner Mongolia	259	176	25	57	1	0
辽　宁 Liaoning	1003	601	246	123	32	1
吉　林 Jilin	1133	830	136	163	4	0
黑龙江 Heilongjiang	925	612	157	119	26	11
上　海 Shanghai	761	381	185	171	3	20
江　苏 Jiangsu	2866	2182	381	238	65	0
浙　江 Zhejiang	480	306	119	46	4	5
安　徽 Anhui	477	271	80	97	24	0
福　建 Fujian	266	139	99	28	0	0
江　西 Jiangxi	408	281	78	45	4	0
山　东 Shandong	561	397	65	78	21	0
河　南 Henan	470	322	82	62	4	0
湖　北 Hubei	227	172	34	18	3	0
湖　南 Hunan	554	373	109	56	10	0
广　东 Guangdong	1839	1194	354	218	73	0
广　西 Guangxi	346	228	54	47	17	0
海　南 Hainan	146	54	41	18	4	3
重　庆 Chongqing	57	19	16	17	3	0
四　川 Sichuan	545	357	111	53	24	0
贵　州 Guizhou	69	50	18	1	0	0
云　南 Yunnan	34	21	0	13	0	0
西　藏 Tibet	0	0	0	0	0	0
陕　西 Shaanxi	1111	679	167	234	31	0
甘　肃 Gansu	169	125	24	17	3	0
青　海 Qinghai	102	65	10	27	0	0
宁　夏 Ningxia	106	85	14	7	0	0
新　疆 Xinjiang	548	405	63	75	5	0

女教职工情况(成人高校)

Personnel in HEIs(Adult HEIs)

单位:人
unit:person

其他附设机构人员 Personnel in Others Subsidiary Units	校外教师 Part-time Teachers	行业导师 Industry Mentor	外籍教师 Foreign Teachers	离退休人员 Retirees	附属中小学幼儿园职工 Affiliated Kindergarten, Primary and Secondary Schools Staff
45	**19382**	**246**	**0**	**10050**	**193**
5	718	3	0	1519	0
0	1728	0	0	474	0
0	776	0	0	180	0
0	44	0	0	464	0
0	48	0	0	7	0
0	1980	6	0	1629	0
0	22	6	0	639	0
0	268	0	0	649	0
1	1598	4	0	799	0
0	652	84	0	190	0
0	3426	0	0	199	0
5	72	0	0	272	0
0	6	0	0	166	193
0	12	21	0	186	0
0	88	0	0	54	0
0	2432	21	0	344	0
0	56	20	0	124	0
6	132	10	0	140	0
0	3390	0	0	278	0
0	42	10	0	235	0
26	0	0	0	49	0
2	456	0	0	145	0
0	424	18	0	270	0
0	370	0	0	100	0
0	80	18	0	75	0
0	0	0	0	0	0
0	224	25	0	710	0
0	34	0	0	6	0
0	0	0	0	1	0
0	0	0	0	0	0
0	304	0	0	146	0

高等教育专任教师学历、

Number of Full-time Teacher by Academic Qualification

地区 Region	合计 Total	按学历分 By Academic Qualifications				
		博士 Doctor's Degree	硕士 Master's Degree	本科 Normal Courses	专科 Short-cycle Courses	高中阶段以下 Below High School Graduate
总计 Total	**1885214**	**541955**	**722942**	**608493**	**11297**	**527**
北京 Beijing	74880	51911	15817	7028	122	2
天津 Tianjin	32926	13312	11395	8099	99	21
河北 Hebei	89828	15611	37476	36155	559	27
山西 Shanxi	40697	9913	17075	13430	276	3
内蒙古 Inner Mongolia	27230	5418	11077	10519	197	19
辽宁 Liaoning	63557	19974	24378	18876	320	9
吉林 Jilin	42354	13315	17035	11859	139	6
黑龙江 Heilongjiang	49417	13592	19114	16528	163	20
上海 Shanghai	49253	29055	14087	5958	150	3
江苏 Jiangsu	119915	49837	40848	29016	205	9
浙江 Zhejiang	74738	28547	26730	19254	183	24
安徽 Anhui	70720	15576	31515	23098	506	25
福建 Fujian	53073	14915	19613	18255	272	18
江西 Jiangxi	68056	11969	25171	30013	879	24
山东 Shandong	130590	35694	49909	44043	909	35
河南 Henan	138217	22753	59359	54988	1099	18
湖北 Hubei	91271	29365	34315	26865	672	54
湖南 Hunan	79971	19785	29367	30319	484	16
广东 Guangdong	130890	38674	49304	41898	939	75
广西 Guangxi	56983	9192	27505	19947	331	8
海南 Hainan	13061	2995	5388	4559	112	7
重庆 Chongqing	52132	13569	21454	16776	326	7
四川 Sichuan	98324	21621	40879	35285	526	13
贵州 Guizhou	40740	6996	15866	17595	278	5
云南 Yunnan	44282	7790	17667	18430	383	12
西藏 Tibet	2738	434	1381	908	15	0
陕西 Shaanxi	76256	27053	29477	19027	651	48
甘肃 Gansu	32621	6620	12115	13665	208	13
青海 Qinghai	5133	978	1392	2709	53	1
宁夏 Ningxia	9564	1904	4071	3531	54	4
新疆 Xinjiang	25797	3587	12162	9860	187	1

专业技术职务情况(总计)
and Professional Rank in HEIs (Total)

单位:人
unit:person

按专业技术职务分 By Professional Rank				
正高级 Senior	副高级 Sub-Senior	中级 Middle	初级 Junior	未定职级 No-Ranking
245233	**562130**	**713740**	**198437**	**165674**
21261	27671	21477	2013	2458
4952	10521	13344	2661	1448
11347	26183	33988	7958	10352
3005	11773	17667	5737	2515
3203	8879	11008	1956	2184
9643	21115	26406	4458	1935
6944	13794	15186	5357	1073
8311	16901	17972	3801	2432
9777	16045	18647	3159	1625
17921	41046	46152	8438	6358
11194	21422	30985	5279	5858
7358	19501	26508	10092	7261
6413	16743	20534	6383	3000
5862	17160	26063	9293	9678
15372	39677	51608	16059	7874
11094	35527	54430	24100	13066
12811	31103	31764	8403	7190
9219	23203	31847	6927	8775
17391	35032	50170	10159	18138
5923	14457	21407	3472	11724
1825	3522	4548	1429	1737
6078	14441	20958	5529	5126
10041	25549	37123	17101	8510
4091	12267	12905	5656	5821
4618	12047	15836	5602	6179
355	792	1066	287	238
10485	24663	29025	7899	4184
4484	10708	11715	3587	2127
726	1601	1548	647	611
1599	2599	2729	1636	1001
1930	6188	9124	3359	5196

高等教育专任教师学历、专业
Number of Full-time Teacher by Academic Qualification

地区 Region	合计 Total	按学历分 By Academic Qualifications				
		博士 Doctor's Degree	硕士 Master's Degree	本科 Normal Courses	专科 Short-cycle Courses	高中阶段以下 Below High School Graduate
总计 Total	**1269810**	**525957**	**484467**	**256366**	**2938**	**82**
北京 Beijing	69629	51056	13468	5016	88	1
天津 Tianjin	25413	13154	8290	3939	29	1
河北 Hebei	57874	15144	24886	17653	186	5
山西 Shanxi	27735	9841	12354	5479	59	2
内蒙古 Inner Mongolia	16636	5277	7584	3749	24	2
辽宁 Liaoning	49275	19744	19509	9926	94	2
吉林 Jilin	33373	13152	13593	6584	42	2
黑龙江 Heilongjiang	36325	13462	15584	7228	42	9
上海 Shanghai	43001	28611	10726	3579	83	2
江苏 Jiangsu	81184	46596	23789	10751	46	2
浙江 Zhejiang	52633	27530	15398	9621	77	7
安徽 Anhui	43800	15263	20467	7986	84	0
福建 Fujian	35532	14491	13216	7778	46	1
江西 Jiangxi	40039	11706	15079	13068	183	3
山东 Shandong	84902	34801	31364	18470	254	13
河南 Henan	80486	22104	37525	20487	368	2
湖北 Hubei	67578	29118	25247	12974	239	0
湖南 Hunan	47886	19274	17095	11441	70	6
广东 Guangdong	80101	35572	28905	15445	175	4
广西 Guangxi	34270	8930	17656	7626	58	0
海南 Hainan	8414	2829	3415	2139	28	3
重庆 Chongqing	32089	12936	12591	6513	49	0
四川 Sichuan	64052	21114	28361	14380	194	3
贵州 Guizhou	22275	6725	10203	5314	32	1
云南 Yunnan	30221	7678	13266	9141	133	3
西藏 Tibet	1983	423	1120	427	13	0
陕西 Shaanxi	58057	26697	22009	9214	132	5
甘肃 Gansu	20410	6521	8934	4897	58	0
青海 Qinghai	3297	972	1013	1304	8	0
宁夏 Ningxia	6913	1883	3090	1920	17	3
新疆 Xinjiang	14427	3353	8730	2317	27	0

技术职务情况(普通高校)
and Professional Rank in HEIs (Regular HEIs)

单位:人
unit:person

按专业技术职务分 By Professional Rank				
正高级 Senior	副高级 Sub-Senior	中级 Middle	初级 Junior	未定职级 No-Ranking
214361	**407449**	**479242**	**89560**	**79198**
20890	25726	19134	1577	2302
4618	8030	10073	1741	951
9215	18195	22186	3190	5088
2788	8197	12026	3134	1590
2581	5545	6953	709	848
8353	16977	19980	2918	1047
6232	11373	12011	3430	327
7154	12675	13058	1970	1468
9508	14699	15764	2001	1029
15625	28727	29767	4003	3062
9798	15740	21450	2264	3381
6241	13155	16538	4560	3306
5620	12409	14140	2363	1000
4499	11693	16644	3547	3656
12535	27607	34616	6713	3431
8598	22947	33688	9697	5556
11877	24481	22729	3918	4573
7787	14569	18790	2591	4149
14997	22692	29418	4809	8185
5059	9994	13196	1061	4960
1581	2482	2946	488	917
5010	9913	13205	2182	1779
8712	18053	24879	8266	4142
3412	8069	6766	1392	2636
4056	8886	11326	2756	3197
324	632	843	134	50
9659	19582	22186	4266	2364
3908	7219	7018	1371	894
636	1206	1071	166	218
1442	2045	1842	993	591
1646	3931	4999	1350	2501

高等教育专任教师学历、专业

Number of Full-time Teacher by Academic Qualification and

地　区 Region	合计 Total	按学历分 By Academic Qualifications				
		博　士 Doctor's Degree	硕　士 Master's Degree	本　科 Normal Courses	专　科 Short-cycle Courses	高中阶段以下 Below High School Graduate
总　计 Total	**25560**	**1423**	**12192**	**11543**	**386**	**16**
北　京 Beijing	0	0	0	0	0	0
天　津 Tianjin	0	0	0	0	0	0
河　北 Hebei	2901	112	1595	1153	34	7
山　西 Shanxi	1311	4	627	675	4	1
内蒙古 Inner Mongolia	0	0	0	0	0	0
辽　宁 Liaoning	352	32	161	144	15	0
吉　林 Jilin	0	0	0	0	0	0
黑龙江 Heilongjiang	0	0	0	0	0	0
上　海 Shanghai	447	28	261	156	2	0
江　苏 Jiangsu	817	254	416	147	0	0
浙　江 Zhejiang	1165	94	594	465	9	3
安　徽 Anhui	0	0	0	0	0	0
福　建 Fujian	414	7	166	237	4	0
江　西 Jiangxi	1694	30	763	872	29	0
山　东 Shandong	2839	163	1302	1284	88	2
河　南 Henan	1130	58	455	611	6	0
湖　北 Hubei	0	0	0	0	0	0
湖　南 Hunan	601	66	274	253	8	0
广　东 Guangdong	2258	72	1088	1042	56	0
广　西 Guangxi	2891	72	1589	1214	15	1
海　南 Hainan	948	107	408	415	18	0
重　庆 Chongqing	731	23	359	326	21	2
四　川 Sichuan	667	6	253	381	27	0
贵　州 Guizhou	793	136	389	268	0	0
云　南 Yunnan	0	0	0	0	0	0
西　藏 Tibet	0	0	0	0	0	0
陕　西 Shaanxi	1217	78	720	387	32	0
甘　肃 Gansu	1822	34	570	1200	18	0
青　海 Qinghai	0	0	0	0	0	0
宁　夏 Ningxia	0	0	0	0	0	0
新　疆 Xinjiang	562	47	202	313	0	0

技术职务情况(本科层次职业高校)
Professional Rank in HEIs (Professional HEIs)

单位:人
unit:person

按专业技术职务分 By Professional Rank				
正高级 Senior	副高级 Sub-Senior	中　级 Middle	初　级 Junior	未定职级 No-Ranking
2077	**6662**	**8818**	**3935**	**4068**
0	0	0	0	0
0	0	0	0	0
192	809	1098	294	508
26	441	637	154	53
0	0	0	0	0
18	92	124	108	10
0	0	0	0	0
0	0	0	0	0
39	95	132	175	6
68	259	441	49	0
95	340	427	87	216
0	0	0	0	0
13	87	145	139	30
144	367	404	168	611
448	682	794	605	310
123	278	328	197	204
0	0	0	0	0
58	162	205	93	83
204	521	654	455	424
181	612	999	191	908
79	206	404	156	103
39	182	301	60	149
16	97	129	266	159
69	304	310	50	60
0	0	0	0	0
0	0	0	0	0
77	329	391	364	56
154	651	710	274	33
0	0	0	0	0
0	0	0	0	0
34	148	185	50	145

高等教育专任教师学历、专业
Number of Full-time Teacher by Academic Qualification

地　区 Region	合计 Total	按学历分 By Academic Qualifications				
		博　士 Doctor's Degree	硕　士 Master's Degree	本　科 Normal Courses	专　科 Short-cycle Courses	高中阶段以下 Below High School Graduate
总　计 Total	**570171**	**13253**	**219495**	**329413**	**7628**	**382**
北　京 Beijing	3937	441	1870	1604	21	1
天　津 Tianjin	7046	148	2960	3850	69	19
河　北 Hebei	28621	355	10862	17071	318	15
山　西 Shanxi	11159	64	3982	6915	198	0
内蒙古 Inner Mongolia	10345	137	3371	6648	172	17
辽　宁 Liaoning	12985	187	4484	8124	183	7
吉　林 Jilin	7824	102	2900	4721	97	4
黑龙江 Heilongjiang	12018	120	3376	8399	113	10
上　海 Shanghai	5244	364	2854	1961	64	1
江　苏 Jiangsu	34614	2436	14856	17167	148	7
浙　江 Zhejiang	20429	900	10568	8854	93	14
安　徽 Anhui	26385	291	10865	14788	416	25
福　建 Fujian	16910	395	6140	10136	222	17
江　西 Jiangxi	25777	220	9116	15758	662	21
山　东 Shandong	42147	721	17030	23811	565	20
河　南 Henan	56109	584	21208	33585	716	16
湖　北 Hubei	23418	245	9012	13674	433	54
湖　南 Hunan	30760	435	11853	18104	358	10
广　东 Guangdong	46452	2999	18866	23876	669	42
广　西 Guangxi	19415	172	8027	10953	256	7
海　南 Hainan	3621	59	1522	1970	66	4
重　庆 Chongqing	19277	610	8498	9913	251	5
四　川 Sichuan	32951	482	12037	20132	290	10
贵　州 Guizhou	17592	135	5254	11956	243	4
云　南 Yunnan	14027	112	4382	9274	250	9
西　藏 Tibet	755	11	261	481	2	0
陕　西 Shaanxi	15805	271	6475	8621	411	27
甘　肃 Gansu	10137	63	2534	7411	116	13
青　海 Qinghai	1738	5	342	1345	45	1
宁　夏 Ningxia	2527	21	970	1510	25	1
新　疆 Xinjiang	10146	168	3020	6801	156	1

技术职务情况(专科层次职业高校)
and Professional Rank in HEIs (Vocational HEIs)

单位:人
unit:person

按专业技术职务分 By Professional Rank				
正高级 Senior	副高级 Sub-Senior	中级 Middle	初级 Junior	未定职级 No-Ranking
27694	**141762**	**217431**	**102258**	**81026**
245	1455	1749	379	109
320	2319	3058	857	492
1921	7075	10562	4347	4716
182	2957	4809	2364	847
602	3250	3980	1220	1293
1210	3603	5957	1357	858
593	2030	2761	1703	737
1058	3745	4504	1757	954
215	1114	2441	909	565
2007	10989	14603	4105	2910
1273	5149	8879	2870	2258
1084	6171	9728	5458	3944
756	4158	6170	3863	1963
1166	4941	8790	5481	5399
2366	11152	15855	8651	4123
2350	12155	20204	14112	7288
930	6524	8928	4427	2609
1362	8268	12563	4119	4448
2162	11400	19196	4512	9182
649	3727	6997	2205	5837
158	827	1160	771	705
1029	4331	7432	3287	3198
1287	7219	11801	8447	4197
605	3866	5796	4200	3125
559	3150	4498	2842	2978
31	160	223	153	188
704	4463	5924	3081	1633
413	2737	3874	1914	1199
75	356	451	468	388
152	534	849	603	389
230	1937	3689	1796	2494

高等教育专任教师学历、专业

Number of Full-time Teacher by Academic Qualification

地　区 Region	合计 Total	按学历分 By Academic Qualifications				
		博　士 Doctor's Degree	硕　士 Master's Degree	本　科 Normal Courses	专　科 Short-cycle Courses	高中阶段以下 Below High School Graduate
总　计 Total	**19673**	**1322**	**6788**	**11171**	**345**	**47**
北　京 Beijing	1314	414	479	408	13	0
天　津 Tianjin	467	10	145	310	1	1
河　北 Hebei	432	0	133	278	21	0
山　西 Shanxi	492	4	112	361	15	0
内蒙古 Inner Mongolia	249	4	122	122	1	0
辽　宁 Liaoning	945	11	224	682	28	0
吉　林 Jilin	1157	61	542	554	0	0
黑龙江 Heilongjiang	1074	10	154	901	8	1
上　海 Shanghai	561	52	246	262	1	0
江　苏 Jiangsu	3300	551	1787	951	11	0
浙　江 Zhejiang	511	23	170	314	4	0
安　徽 Anhui	535	22	183	324	6	0
福　建 Fujian	217	22	91	104	0	0
江　西 Jiangxi	546	13	213	315	5	0
山　东 Shandong	702	9	213	478	2	0
河　南 Henan	492	7	171	305	9	0
湖　北 Hubei	275	2	56	217	0	0
湖　南 Hunan	724	10	145	521	48	0
广　东 Guangdong	2079	31	445	1535	39	29
广　西 Guangxi	407	18	233	154	2	0
海　南 Hainan	78	0	43	35	0	0
重　庆 Chongqing	35	0	6	24	5	0
四　川 Sichuan	654	19	228	392	15	0
贵　州 Guizhou	80	0	20	57	3	0
云　南 Yunnan	34	0	19	15	0	0
西　藏 Tibet	0	0	0	0	0	0
陕　西 Shaanxi	1177	7	273	805	76	16
甘　肃 Gansu	252	2	77	157	16	0
青　海 Qinghai	98	1	37	60	0	0
宁　夏 Ningxia	124	0	11	101	12	0
新　疆 Xinjiang	662	19	210	429	4	0

技术职务情况(成人高校)

and Professional Rank in HEIs (Adult HEIs)

单位:人
unit:person

按专业技术职务分 By Professional Rank				
正高级 Senior	副高级 Sub-Senior	中 级 Middle	初 级 Junior	未定职级 No-Ranking
1101	**6257**	**8249**	**2684**	**1382**
126	490	594	57	47
14	172	213	63	5
19	104	142	127	40
9	178	195	85	25
20	84	75	27	43
62	443	345	75	20
119	391	414	224	9
99	481	410	74	10
15	137	310	74	25
221	1071	1341	281	386
28	193	229	58	3
33	175	242	74	11
24	89	79	18	7
53	159	225	97	12
23	236	343	90	10
23	147	210	94	18
4	98	107	58	8
12	204	289	124	95
28	419	902	383	347
34	124	215	15	19
7	7	38	14	12
0	15	20	0	0
26	180	314	122	12
5	28	33	14	0
3	11	12	4	4
0	0	0	0	0
45	289	524	188	131
9	101	113	28	1
15	39	26	13	5
5	20	38	40	21
20	172	251	163	56

高等教育资产情况
Condition of Fixed Assets and Teaching

地 区 Region	占地面积(平方米) Areas Occupied (m^2)	#绿化用地面积 of Which: Green Areas	#运动场地面积 of Which: Sports Areas	校园足球场(个) Cammpus Football Field	11人制足球场 11-a-side Football Field	7人制足球场 7-a-side Football Field	5人制足球场 5-a-side Football Field	图书(册) Books and Magazines in Libraries (Volume)	#当年新增 of Which: New Added	数字资源量 Digital Resources: 电子图书(册) E-Books (Book)	电子期刊(册) E-Journals (Book)	学位论文(册) Degree Thesis (Book)
总 计 Total	**1990586258.63**	**679565717.93**	**139709391.65**	**8939**	**3883**	**3850**	**1206**	**2947230431**	**147535203**	**2821086198**	**1551104474**	**8172861321**
北 京 Beijing	56687915.06	15853249.84	3930745.35	237	111	59	67	122209935	3210229	128185038	42677302	436091666
天 津 Tianjin	36627503.09	10494041.87	2637548.90	105	66	19	20	54744885	1363793	57953088	19789945	211276549
河 北 Hebei	79461242.90	22982625.95	6315213.47	282	175	44	63	128545408	10116347	100005954	16205679	409862007
山 西 Shanxi	54681151.83	9882603.19	3128723.21	123	93	19	11	60243300	2538223	49556890	15163274	224883794
内蒙古 Inner Mongolia	34021355.94	10349116.73	2715155.68	170	81	22	67	39710402	1237643	33731757	9618730	130689432
辽 宁 Liaoning	69039159.24	22277792.34	5641122.93	265	177	39	49	104444210	2991215	92055362	34222710	269619255
吉 林 Jilin	32037806.07	11499389.33	2143596.69	106	75	14	17	70440766	3095160	52121848	14771257	238277318
黑龙江 Heilongjiang	63872350.49	17039927.92	4816679.66	136	106	16	14	84129845	2536310	70857417	26002223	232271385
上 海 Shanghai	37787667.85	13907104.42	2758620.44	174	89	46	39	81225515	2534488	27770113	9138851	31121114
江 苏 Jiangsu	131147129.86	46330787.64	8953374.96	356	249	66	41	195592185	7661496	245935489	532161811	932801571
浙 江 Zhejiang	71121787.64	24090751.65	6268748.17	253	172	33	48	130667621	6054972	110218348	156278836	456094640
安 徽 Anhui	77217167.75	27910872.72	6065230.58	253	183	27	43	107928338	6001873	114309250	52215708	307209697
福 建 Fujian	58194627.93	19307899.06	4091779.84	195	126	27	42	88660068	4280876	74129861	56716225	213501305
江 西 Jiangxi	74847622.87	29086744.77	5609824.92	210	158	29	23	111292489	5994397	96806298	18991191	225718801
山 东 Shandong	137168435.35	49853450.05	10376754.72	393	245	57	91	202676852	10675925	140995210	49831383	485755195
河 南 Henan	129726833.41	36661149.17	9326138.37	273	238	19	16	202629774	12194786	126472185	39869024	432250179
湖 北 Hubei	93278134.88	35020207.82	6758163.25	286	182	55	49	148529871	5829301	127470291	36722981	345121446
湖 南 Hunan	73820473.14	25089782.00	5192587.98	218	160	25	33	124286829	7470348	416076216	36323051	325002250
广 东 Guangdong	116653144.22	41238836.73	8730493.96	370	239	71	60	202478438	11117301	151866744	54074718	535024207
广 西 Guangxi	78933741.45	18387047.20	4030542.48	211	112	22	77	83883587	6613183	84246735	37154658	308349363
海 南 Hainan	14362513.06	4619157.71	825178.81	39	22	9	8	20871845	1315627	22230618	6448618	75716579
重 庆 Chongqing	54358898.63	17600289.79	3764107.95	3117	98	2988	31	80486860	5130218	79170083	52072752	196835155
四 川 Sichuan	98606762.28	33939337.59	7345653.63	320	206	37	77	150042950	8276204	131479857	35487936	334914190
贵 州 Guizhou	44541270.00	16032775.25	3252352.15	140	99	9	32	56625975	5034225	55266820	9805848	97289834
云 南 Yunnan	46959847.09	17124808.35	3214481.01	177	95	20	62	75035202	4370913	48081805	140122306	94404127
西 藏 Tibet	3476051.38	1108224.17	310774.74	17	11	2	4	4390388	360469	4391425	1325375	21205024
陕 西 Shaanxi	69534769.59	21424251.68	5594831.17	214	143	21	50	119325159	3354156	109736936	27893179	287378851
甘 肃 Gansu	37215800.00	9697513.33	2556787.66	118	69	24	25	43414232	2713903	35549779	9935234	99923946
青 海 Qinghai	5499509.87	1846197.71	367913.54	27	11	6	10	7420181	285724	4554403	845982	19114210
宁 夏 Ningxia	13913020.85	4881471.33	736315.75	37	24	4	9	13920123	740573	10753291	2515165	45746667
新 疆 Xinjiang	95792564.91	64028310.62	2249949.68	117	68	21	28	31377198	2435325	19107087	6722522	149411564

(学校产权)(总计)

Resources in HEIs (Owned by HEIs) (Total)

音视频(小时) Audio and Video (Hour)	职业教育仿真实训资源量(套) Vocational Education Virtual imulation Training Resources(Set)	仿真实验软件 Simulation Experiment software	仿真实训软件 Simulation Training software	仿真实习软件 Simulation Practice software	数字终端数(台) Digital Terminals (Set)	教师终端数 Number of Teachers' Terminals	学生终端数 Number of Student Terminals	教室(间) Classroom (Room)	#网络多媒体教室 of Which: Network Multimedia Classroom	固定资产总值(万元) Total Value of Fixed Asset (10,000 yuan)	#教学、科研仪器设备资产 of Which: Teaching Equipment and Instruments	#当年新增 of Which: New Added in Current Year
143610605.74	**1523756**	**1061358**	**102908**	**359490**	**14233978**	**3918046**	**9120777**	**691009**	**432186**	**298023977.58**	**72577743.93**	**8879928.20**
10792853.71	1830	832	950	48	803657	271801	459592	21125	14987	22184667.10	7297745.01	735303.50
8058414.56	2487	558	1585	344	284918	74069	202750	10079	5935	7705091.00	1951150.10	188285.24
3589455.12	7328	1243	5656	429	547568	154523	373575	35755	21049	10213227.48	2103965.71	236911.03
8308405.17	2912	218	2582	112	262622	87892	146762	18883	10085	6253314.32	1244923.17	146376.30
2895767.16	1318	296	950	72	231024	85100	142847	14017	9332	4844443.81	1157342.32	117052.09
5167001.20	3731	847	2563	321	569321	142104	339373	27481	14841	10973361.82	2484175.74	228366.05
2253099.10	2762	389	2322	51	384299	106828	208796	6690	3896	6403922.59	1805389.09	138486.39
3400021.57	1454	63	1095	296	367214	128298	227454	21171	10843	7989161.46	2076330.74	234695.52
1802975.30	2838	294	2446	98	525091	222702	271941	17594	12520	12661239.94	4480332.47	606508.98
9214067.92	10114	2116	7017	981	1180166	313794	696623	42193	29457	22352925.30	5641013.78	557306.12
8947744.03	5533	1048	4155	330	652029	216482	389300	31223	22077	14456502.79	3516951.96	483362.86
8715636.41	1391472	1034087	12157	345228	472845	116600	326224	31834	18573	9373734.96	2427587.59	334154.10
2724846.07	4068	794	2561	713	398438	91914	292044	18263	11892	8905852.00	2188933.10	240283.86
4423387.11	2894	1336	1337	221	382688	76281	285972	32733	20064	8208370.96	1668196.43	222694.59
5176667.36	8254	1611	6223	420	856967	262380	568788	53986	33189	18422476.22	4084702.31	702835.65
5787398.65	10876	2226	7953	697	878728	160462	627847	14562	9080	13388537.63	3368265.91	391107.55
3446879.96	2295	460	1612	223	680320	196553	434989	39548	23811	13925819.16	3532595.91	412866.17
5489095.81	5327	2997	1923	407	529882	150081	351404	33794	21631	10007907.64	2104463.09	253896.74
8137296.61	15117	3149	10801	1167	1097391	251472	695563	32943	24729	21428826.47	5446085.94	853507.42
3086840.94	3469	1278	2026	165	415975	79170	320849	21608	13038	7773844.00	1815521.33	274740.62
4946149.00	1451	596	834	21	77874	15762	57988	5357	2477	2041583.01	372222.43	53566.19
9282061.80	17784	603	11454	5727	376964	98180	253037	22026	15713	7935521.68	1405131.68	175936.90
3729451.98	3886	1335	2263	288	675480	160051	422277	36977	22683	13239987.95	3158941.39	412554.81
5413120.43	2568	681	1771	116	259642	64313	171622	25407	14273	5271716.23	968321.90	143132.59
1202469.27	1416	271	1111	34	285630	53228	203400	9273	3903	6721462.34	1070632.23	125368.03
248843.75	47	4	42	1	30066	12348	14621	1090	850	452201.87	123421.88	19362.63
4171076.88	1933	291	1478	164	568869	210245	337549	29758	18601	14533984.96	2906289.72	297787.76
1295569.72	2427	846	1003	578	185058	53733	116195	14777	9010	4607469.54	944472.71	120359.75
211589.47	1417	168	1239	10	54408	14395	39255	1949	1541	682513.85	241903.34	51998.85
454327.55	1567	289	1150	128	68223	19122	48191	4971	2544	1623508.56	350943.58	35832.64
1238092.13	3181	432	2649	100	130621	28163	93949	13942	9562	3440800.92	639791.37	85287.27

高等教育资产情况
Condition of Fixed Assets and Teaching

地 区 Region	占地面积（平方米）Areas Occupied (m^2)			校园足球场（个）Campus Football Field				图书(册) Books and Magazines in Libraries (Volume)		数字资源量 Digital Resources		
		#绿化用地面积 of Which: Green Areas	#运动场地面积 of Which: Sports Areas		11人制足球场 11-a-side Football Field	7人制足球场 7-a-side Football Field	5人制足球场 5-a-side Football Field		#当年新增 of Which: New Added	电子图书（册）E-Books (Book)	电子期刊（册）E-Journals (Book)	学位论文（册）Degree Thesis (Book)
总 计 Total	**1352966395.26**	**487440212.49**	**88253149.01**	**3699**	**2338**	**511**	**850**	**2073636577**	**76071652**	**1863528978**	**823411948**	**6014502796**
北 京 Beijing	50374643.57	13643407.69	3382048.55	202	94	49	59	108943881	2997346	114767830	39218338	389152701
天 津 Tianjin	29293872.78	8803500.80	1975325.67	71	45	9	17	41815923	992079	48602162	18151936	171979282
河 北 Hebei	51577066.01	16019548.65	4408713.78	190	110	28	52	86495036	5166458	78726630	12589451	322902182
山 西 Shanxi	43713262.71	6712057.12	1924639.15	71	56	7	8	41735717	2116051	39518606	12666613	173361271
内蒙古 Inner Mongolia	18288217.87	5400547.58	1439298.52	87	46	10	31	26617480	830195	20994546	8390215	87715235
辽 宁 Liaoning	55736503.18	18290736.39	4176786.52	199	129	31	39	84317764	2231702	79246952	31128887	227728858
吉 林 Jilin	28013321.26	10222102.10	1740885.85	78	58	9	11	59516739	1519756	43676333	13090739	202432259
黑龙江 Heilongjiang	42379878.40	12226389.78	3473704.39	82	59	13	10	64030667	1327436	62999051	23847552	203697641
上 海 Shanghai	33036331.20	12878482.90	2349717.33	143	74	33	36	71548518	2208713	26484394	9057531	31121112
江 苏 Jiangsu	87113891.48	29626476.27	5347489.17	211	145	40	26	133567958	4761941	187343035	69016239	554822942
浙 江 Zhejiang	48533275.32	17320946.86	4030366.17	153	107	14	32	91429023	3080913	78814816	45368852	283950882
安 徽 Anhui	47961975.32	19257513.00	3230430.19	128	104	6	18	66338541	2280231	75416813	42818993	234556943
福 建 Fujian	40115861.51	13911831.91	2754732.03	122	78	14	30	64076355	1948658	60619413	18563253	150744624
江 西 Jiangxi	46222170.23	20126750.92	3506679.97	123	88	19	16	71135596	2530918	59371554	8532583	156319951
山 东 Shandong	85958865.40	31035581.56	5660420.42	233	152	23	58	132808964	4958775	102178612	38285032	349855128
河 南 Henan	79163820.08	23465390.71	5291580.77	149	132	10	7	130078154	5947816	91866215	29586351	316362649
湖 北 Hubei	67813417.16	27074092.21	4426282.05	199	114	44	41	113497715	4128709	99247212	31991811	278268912
湖 南 Hunan	44562200.50	16169264.98	2957139.84	124	86	13	25	81233842	2774920	77529258	29122712	212520933
广 东 Guangdong	74724517.64	27127140.47	5285311.72	207	138	32	37	130220132	5887450	98981934	44268443	384371564
广 西 Guangxi	51462728.80	12092366.49	2583607.13	115	63	9	43	56275358	2239149	50540810	29026477	199468222
海 南 Hainan	11233996.42	3514733.19	515434.10	21	12	4	5	13696026	496616	12577478	4406806	46632276
重 庆 Chongqing	35182503.59	11949179.36	2156046.19	74	53	6	15	51226818	1983614	48835529	50024634	147119626
四 川 Sichuan	68241587.97	25051909.58	4762573.37	206	108	30	68	101751477	4759571	92638545	26462110	226524281
贵 州 Guizhou	23061432.30	9232214.01	1581222.02	67	47	5	15	34340886	1918435	33274217	8219450	77572421
云 南 Yunnan	30286875.97	11724992.24	1965613.77	120	49	14	57	53333159	1827427	38670524	138226429	85955552
西 藏 Tibet	2635758.05	831854.02	238042.85	13	7	2	4	3619206	148669	4051425	1110002	16166366
陕 西 Shaanxi	52035082.40	17242047.54	3823726.78	145	95	15	35	94813143	2494128	85200429	23305058	219005756
甘 肃 Gansu	19452185.74	5452977.80	1389997.67	66	38	12	16	30830140	1336830	27435144	7864635	75100381
青 海 Qinghai	3750386.19	1461127.98	214040.15	19	6	4	9	4892023	71458	3581502	797963	18183686
宁 夏 Ningxia	8844026.08	2977153.62	514424.86	24	13	2	9	10219970	430609	8496483	2075694	36756581
新 疆 Xinjiang	72196740.13	56597894.76	1146868.03	57	32	4	21	19230366	675079	11841526	6197159	134152579

(学校产权)(普通高校)

Resources in HEIs (Owned by HEIs) (Regular HEIs)

音视频(小时) Audio and Video (Hour)	数字终端数(台) Digital Terminals (Set)	教师终端数 Number of Teachers' Terminals	学生终端数 Number of Student Terminals	教室(间) Classroom (Room)	#网络多媒体教室 of Which: Network Multimedia Classroom	固定资产总值(万元) Total Value of Fixed Asset (10,000 yuan)	#教学、科研仪器设备资产 of Which: Teaching Equipment and Instruments	#当年新增 of Which: New Added in Current Year
111345689. 06	**9965254**	**3110937**	**5859706**	**414389**	**244857**	**222073219. 67**	**57951091. 54**	**6720288. 61**
9847733. 90	726963	257087	404877	16324	12086	20553181. 27	6841286. 16	692889. 61
7951755. 56	218236	65976	144690	6767	4096	6399331. 56	1645973. 09	161058. 56
3065756. 13	366711	114800	235298	22804	12495	6830324. 29	1536821. 28	133379. 34
8196491. 67	181000	70440	86090	11831	5907	4660399. 82	973003. 81	116878. 00
2309247. 16	144637	58264	84273	7263	4404	2862452. 15	789836. 88	90728. 94
4141211. 53	439364	118508	244032	19954	10445	9084695. 15	2088193. 90	175649. 07
2186533. 30	314998	92224	160801	5232	2797	5441501. 90	1541689. 96	106568. 44
2681967. 07	280005	102338	168958	13816	7172	6569316. 60	1756467. 41	192203. 66
1746355. 30	453733	203683	220016	13348	9412	11436957. 47	4177425. 53	576206. 70
7409530. 20	808471	255141	406792	23278	15110	16127430. 44	4479917. 16	424883. 58
7676562. 85	424607	180562	207255	19133	13140	10850456. 47	2806034. 86	380885. 12
7865003. 94	299625	78970	194969	17112	9597	6574240. 68	1873962. 80	247323. 79
2007004. 37	273232	72563	194544	10654	7083	6923059. 14	1785019. 89	182884. 52
2619349. 21	237661	49440	172572	17287	9632	5426491. 03	1134852. 17	115819. 03
3969508. 49	560792	197757	345735	30561	16626	13078903. 10	3056092. 95	549365. 91
5027843. 25	564902	108481	393622	7252	4758	8885847. 44	2368603. 52	244631. 00
2921212. 96	502065	163610	294168	26025	14630	11112922. 81	2996678. 98	342734. 39
2861405. 16	347371	115648	211530	16696	9410	6417139. 99	1505304. 48	160634. 78
5227023. 47	676804	181564	366450	18499	13314	15375966. 58	4208140. 21	625878. 94
2310327. 33	251666	53436	184720	13057	7461	5126765. 09	1243070. 65	140788. 85
704090. 00	49690	11442	35093	3432	1249	1457968. 73	271676. 29	42904. 86
2640131. 80	261819	74351	165672	12568	8318	5401143. 59	1025653. 12	111466. 19
3232502. 87	468806	127204	268100	22672	13127	9331907. 51	2489313. 15	312356. 76
4989050. 25	150250	44967	87804	13856	7010	2869796. 71	570821. 84	72452. 49
973703. 67	198975	39546	135903	5993	2293	4521994. 56	777436. 65	84620. 86
242393. 75	24904	10505	11302	645	547	347549. 21	105124. 48	10913. 62
3620317. 63	456439	185672	250651	20108	12374	12010398. 23	2445124. 74	248083. 34
1111096. 01	122352	39711	68747	8027	4218	3071045. 34	650756. 11	67692. 99
164312. 05	38474	11627	26311	1171	818	405865. 49	150976. 76	35665. 46
440243. 55	47198	12636	34562	3031	1378	1008755. 50	242975. 04	24985. 85
1206024. 63	73504	12784	54169	5993	3950	1909411. 80	412857. 67	47753. 95

地 区 Region	占地面积(平方米) Areas Occupied (m^2)	#绿化用地面积 of Which: Green Areas	#运动场地面积 of Which: Sports Areas	校园足球场(个) Cammpus Football Field	11人制足球场 11-a-side Football Field	7人制足球场 7-a-side Football Field	5人制足球场 5-a-side Football Field	图书(册) Books and Magazines in Libraries (Volume)	#当年新增 of Which: New Added	数字资源量 Digital Resources 电子图书(册) E-Books (Book)	电子期刊(册) E-Journals (Book)	学位论文(册) Degree Thesis (Book)
总 计 Total	**26091354.23**	**6425459.10**	**1558196.52**	**78**	**49**	**18**	**11**	**36669356**	**6551476**	**22317278**	**4530385**	**42401430**
北 京 Beijing	0.00	0.00	0.00	0	0	0	0	0	0	0	0	0
天 津 Tianjin	0.00	0.00	0.00	0	0	0	0	0	0	0	0	0
河 北 Hebei	2751326.91	954325.15	117228.87	5	5	0	0	3947078	1156070	1585000	453915	6024295
山 西 Shanxi	1432114.03	401116.95	65069.76	3	3	0	0	2830000	45976	442375	18885	3658378
内蒙古 Inner Mongolia	0.00	0.00	0.00	0	0	0	0	0	0	0	0	0
辽 宁 Liaoning	490495.50	71200.00	65305.00	2	1	1	0	537300	16045	130000	491927	88000
吉 林 Jilin	0.00	0.00	0.00	0	0	0	0	0	0	0	0	0
黑龙江 Heilongjiang	0.00	0.00	0.00	0	0	0	0	0	0	0	0	0
上 海 Shanghai	361633.00	52944.00	22000.00	1	1	0	0	633000	6000	70000	0	0
江 苏 Jiangsu	804143.77	321568.64	62600.00	11	3	6	2	1316592	97392	591899	1464087	10388754
浙 江 Zhejiang	1269727.12	340790.00	87743.91	3	3	0	0	1939887	814887	720896	68022	1244187
安 徽 Anhui	0.00	0.00	0.00	0	0	0	0	0	0	0	0	0
福 建 Fujian	343325.00	46527.00	38178.00	3	2	0	1	678300	700	400000	557810	0
江 西 Jiangxi	2140643.44	768718.18	115596.20	4	4	0	0	3193077	457849	3333981	261517	7478725
山 东 Shandong	1997862.09	879866.84	172168.51	13	4	5	4	4001726	182153	3531865	802379	3901163
河 南 Henan	637624.50	170870.25	113469.05	2	2	0	0	1260000	0	1650000	3502	121176
湖 北 Hubei	0.00	0.00	0.00	0	0	0	0	0	0	0	0	0
湖 南 Hunan	568891.74	125471.96	46520.00	1	1	0	0	797112	14112	30000	8000	20000
广 东 Guangdong	1594377.10	350025.62	98203.19	5	4	1	0	3255600	57000	1703600	7000	43127
广 西 Guangxi	4742221.97	645587.60	133954.33	7	3	1	3	3872535	2076903	2014985	4876	0
海 南 Hainan	795111.94	227878.91	42380.71	2	1	1	0	1630904	115904	1550000	5761	250089
重 庆 Chongqing	632136.59	148974.00	75352.00	1	1	0	0	931000	152000	450000	3378	434165
四 川 Sichuan	521456.12	160128.00	25230.00	5	3	1	1	990800	43000	523000	218292	4500000
贵 州 Guizhou	364077.35	102995.00	27774.39	1	1	0	0	599888	144319	740223	70059	0
云 南 Yunnan	0.00	0.00	0.00	0	0	0	0	0	0	0	0	0
西 藏 Tibet	0.00	0.00	0.00	0	0	0	0	0	0	0	0	0
陕 西 Shaanxi	764494.96	234290.00	85214.00	2	2	0	0	1402200	69700	947000	13102	596418
甘 肃 Gansu	3115652.90	163679.00	130950.60	6	5	1	0	1944136	361466	1402454	77840	3652933
青 海 Qinghai	0.00	0.00	0.00	0	0	0	0	0	0	0	0	0
宁 夏 Ningxia	0.00	0.00	0.00	0	0	0	0	0	0	0	0	0
新 疆 Xinjiang	764038.20	258502.00	33258.00	1	0	1	0	908221	740000	500000	33	20

产权)(本科层次职业高校)
(Owned by HEIs)(Professional HEIs)

音视频(小时) Audio and Video (Hour)	职业教育仿真实训资源量(套) Vocational Education Virtual imulation Training Resources(Set)	仿真实验软件 Simulation Experiment software	仿真实训软件 Simulation Training software	仿真实习软件 Simulation Practice software	数字终端数(台) Digital Terminals (Set)	教师终端数 Number of Teachers' Terminals	学生终端数 Number of Student Terminals	教室(间) Classroom (Room)	#网络多媒体教室 of Which: Network Multimedia Classroom	固定资产总值(万元) Total Value of Fixed Asset (10,000 yuan)	#教学、科研仪器设备资产 of Which: Teaching Equipment and Instruments	#当年新增 of Which: New Added in Current Year
755914.45	**7258**	**1646**	**4961**	**651**	**147638**	**19742**	**126475**	**10399**	**6835**	**3818488.15**	**543751.55**	**160776.59**
0	0	0	0	0	0	0	0	0	0	0.00	0.00	0.00
0	0	0	0	0	0	0	0	0	0	0.00	0.00	0.00
12242.43	671	140	482	49	19603	3368	16235	1209	683	278252.18	81860.03	34299.32
6500	868	28	821	19	11427	2233	8952	461	461	463772.50	41738.24	4201.65
0	0	0	0	0	0	0	0	0	0	0.00	0.00	0.00
343545	45	2	43	0	3098	193	2625	220	153	58975.51	4571.47	1112.65
0	0	0	0	0	0	0	0	0	0	0.00	0.00	0.00
0	0	0	0	0	0	0	0	0	0	0.00	0.00	0.00
4000	223	49	172	2	3262	349	2913	254	140	57491.58	7718.24	167.69
35926	376	0	370	6	6052	892	4669	484	484	141404.80	29267.36	6218.50
48213	320	11	309	0	9535	1150	8085	411	407	220368.17	27486.82	16987.06
0	0	0	0	0	0	0	0	0	0	0.00	0.00	0.00
9875	18	15	3	0	1809	122	1687	196	96	53252.67	10315.76	2446.55
167668.5	598	148	427	23	10339	951	9388	1078	586	160458.88	28011.94	4144.59
14099.02	299	30	252	17	14340	2123	12217	1002	620	351217.65	35038.65	6210.44
468	96	46	35	15	4040	1156	2884	0	0	11062.34	4534.07	2801.06
0	0	0	0	0	0	0	0	0	0	0.00	0.00	0.00
12000	11	5	6	0	5298	204	5094	321	120	144870.52	8199.54	778.56
14406.5	55	5	49	1	15182	999	14183	985	945	395276.50	32614.42	6272.03
0	217	64	153	0	13678	1442	12236	892	495	257853.99	67067.44	49395.64
4192	1155	550	600	5	5549	1054	4495	561	321	171786.80	19853.80	2983.96
31000	715	94	571	50	2139	141	1998	134	107	147972.75	13541.42	2264.22
0	1	0	0	1	2310	90	2150	525	154	64643.00	9540.33	3974.83
886	30	1	29	0	1480	894	548	312	108	67064.24	11002.69	1850.34
0	0	0	0	0	0	0	0	0	0	0.00	0.00	0.00
0	0	0	0	0	0	0	0	0	0	0.00	0.00	0.00
39792	90	7	80	3	6711	1204	5507	301	252	251110.93	27657.77	1601.60
11050	1413	451	511	451	11136	1129	10007	774	485	356706.06	75216.19	12140.90
0	0	0	0	0	0	0	0	0	0	0.00	0.00	0.00
0	0	0	0	0	0	0	0	0	0	0.00	0.00	0.00
51	57	0	48	9	650	48	602	279	218	164947.08	8515.37	925.00

高等教育资产情况(学校

Condition of Fixed Assets and Teaching Resources

地　区 Region	占地面积(平方米) Areas Occupied (m^2)	#绿化用地面积 of Which: Green Areas	#运动场地面积 of Which: Sports Areas	校园足球场(个) Cammpus Football Field	11人制足球场 11-a-side Football Field	7人制足球场 7-a-side Football Field	5人制足球场 5-a-side Football Field	图书(册) Books and Magazines in Libraries (Volume)	#当年新增 of Which: New Added	数字资源量 Digital Resources 电子图书(册) E-Books (Book)	电子期刊(册) E-Journals (Book)	学位论文(册) Degree Thesis (Book)
总　计 Total	**602409328.98**	**183331916.63**	**48859419.08**	**5099**	**1469**	**3304**	**326**	**818384933**	**64300300**	**913021064**	**657077169**	**2049118529**
北　京 Beijing	5581144.97	2015875.47	491615.80	32	17	9	6	11271156	200039	9769821	2401256	41673754
天　津 Tianjin	7163925.57	1661204.07	649571.23	33	21	9	3	12423542	361114	9303354	1638009	39297267
河　北 Hebei	24792472.04	5910032.45	1702571.82	85	58	16	11	37458256	3771692	18344349	3147964	76892884
山　西 Shanxi	9400151.47	2753369.40	1115538.30	48	34	12	2	15334772	374867	9375899	2474626	47863645
内蒙古 Inner Mongolia	15699992.07	4938743.15	1274017.16	82	35	12	35	13028952	406546	12699152	1228515	42974197
辽　宁 Liaoning	12174173.92	3834395.98	1263912.89	59	43	6	10	18044148	735793	12599871	2583331	40558488
吉　林 Jilin	3769895.33	1234144.42	368540.60	26	16	5	5	10002886	1555055	7522449	1579286	32914433
黑龙江 Heilongjiang	21036811.74	4714612.86	1294160.17	50	44	3	3	18828075	1160684	7046203	2103853	27274624
上　海 Shanghai	4160760.65	940829.60	374681.23	29	14	12	3	8439068	309063	1194464	81320	2
江　苏 Jiangsu	42788996.72	16287653.43	3500654.79	132	101	19	12	59782594	2572864	57413221	461663574	363894221
浙　江 Zhejiang	21049398.52	6334689.67	2107924.09	94	61	18	15	36617299	2149580	29332596	81733500	162992620
安　徽 Anhui	28655990.59	8623387.02	2777028.39	123	78	20	25	40997397	3721642	37649437	8713194	58638525
福　建 Fujian	17636994.69	5321594.15	1286827.81	69	46	12	11	23339412	2273190	12765427	4084452	57196891
江　西 Jiangxi	26032937.06	7993839.67	1960018.75	82	65	10	7	35995716	2961030	30252741	10067091	60150125
山　东 Shandong	48317488.62	17617597.65	4447444.79	143	88	27	28	64955042	5520363	35260506	10581434	128834372
河　南 Henan	49789887.45	13000809.47	3900161.63	119	104	8	7	70644926	6243770	32899917	10270171	115766354
湖　北 Hubei	25305278.11	7907561.61	2313755.20	83	67	10	6	34605453	1678592	28217409	4728790	66852534
湖　南 Hunan	28369159.88	8692014.65	2162010.14	90	72	11	7	41749655	4675867	338409746	7192329	112461317
广　东 Guangdong	39482570.24	13509994.27	3311668.05	156	96	37	23	68279815	5167315	50053963	9596938	147713106
广　西 Guangxi	22662473.45	5627189.27	1308430.02	89	46	12	31	23242994	2294484	31640940	7880592	103981141
海　南 Hainan	2251277.27	840585.32	264964.00	16	9	4	3	5449666	702085	7866640	2036051	28834214
重　庆 Chongqing	18474237.15	5478417.43	1520800.76	3038	44	2980	14	28082342	2994604	29884554	2044740	49281364
四　川 Sichuan	29457159.47	8633703.72	2498152.79	106	92	6	8	46751577	3472395	37440767	8177934	103889662
贵　州 Guizhou	21003954.54	6679435.67	1609703.83	69	49	3	17	21596189	2965471	20088880	1516339	19717413
云　南 Yunnan	16644073.34	5391650.11	1247867.24	57	46	6	5	21702043	2543486	9311281	1812518	7420095
西　藏 Tibet	840293.33	276370.15	72731.89	4	4	0	0	771182	211800	340000	215373	5038658
陕　西 Shaanxi	16025895.01	3773442.74	1597558.39	61	43	6	12	21814958	758900	20429082	4522756	65656603
甘　肃 Gansu	14617398.56	4074656.53	1030839.39	45	25	11	9	10436496	1013533	5958681	1992759	21170632
青　海 Qinghai	1739286.28	383969.73	151773.39	8	5	2	1	2498758	214266	972901	48019	930524
宁　夏 Ningxia	5068994.77	1904317.71	221890.89	13	11	2	0	3700153	309964	2256808	439471	8990086
新　疆 Xinjiang	22416256.17	6975829.26	1032603.65	58	35	16	7	10540411	980246	6720005	520984	10258778

产权)(专科层次职业高校)
in HEIs (Owned by HEIs)(Vocational HEIs)

音视频(小时) Audio and Video (Hour)	职业教育仿真实训资源量(套) Vocational Education Virtual imulation Training Resources(Set)	仿真实验软件 Simulation Experiment software	仿真实训软件 Simulation Training software	仿真实习软件 Simulation Practice software	数字终端数(台) Digital Terminals (Set)	教师终端数 Number of Teachers' Terminals	学生终端数 Number of Student Terminals	教室(间) Classroom (Room)	#网络多媒体教室 of Which: Network Multimedia Classroom	固定资产总值(万元) Total Value of Fixed Asset (10,000 yuan)	#教学、科研仪器设备资产 of Which: Teaching Equipment and Instruments	#当年新增 of Which: New Added in Current Year
30884939.61	**1516498**	**1059712**	**97947**	**358839**	**3995851**	**749427**	**3060052**	**257339**	**175988**	**70445958.31**	**13723808.16**	**1949372.59**
869193.88	1830	832	950	48	64916	10582	49884	3991	2418	1294316.15	428976.10	40179.62
106659.00	2487	558	1585	344	62916	7169	55222	3175	1770	1267088.27	294214.42	26180.33
475384.11	6657	1103	5174	380	158647	36007	120004	11552	7759	3084065.56	478528.85	68410.32
104266.50	2044	190	1761	93	67982	13748	51009	6346	3669	1112430.14	226431.22	25212.72
586520.00	1318	296	950	72	85844	26555	58574	6714	4893	1973041.91	365343.71	26245.05
642380.14	3686	845	2520	321	118054	20580	88238	6581	4024	1739263.26	369358.97	49552.75
63436.50	2762	389	2322	51	58857	10880	43453	1223	940	865969.15	240043.19	28958.39
717559.00	1454	63	1095	296	81334	24508	55000	6916	3503	1364027.53	307226.81	40820.51
46923.00	2615	245	2274	96	57850	16056	41380	3279	2448	1026322.43	247002.14	25019.00
1765211.72	9738	2116	6647	975	357845	55709	279707	18116	13683	6045941.94	1124036.02	126192.64
1208714.18	5213	1037	3846	330	213089	33166	170839	11339	8290	3338322.16	671281.40	83546.76
814626.47	1391472	1034087	12157	345228	171990	37375	130280	14249	8847	2740537.44	545279.42	85016.92
693659.70	4050	779	2558	713	121672	18796	95234	7315	4622	1902257.75	384241.43	54733.33
1440869.40	2296	1188	910	198	127382	22407	100321	14156	9638	2548590.82	465236.44	84285.51
1185757.85	7955	1581	5971	403	275578	60820	207154	21868	15612	4889205.63	974115.49	145758.79
742548.40	10780	2180	7918	682	306744	50170	229056	7163	4271	4465831.80	986127.50	143542.10
499778.00	2295	460	1612	223	176553	32554	139713	13352	9036	2803233.45	532686.33	69848.53
2615690.65	5316	2992	1917	407	175860	33772	133884	16442	11975	3423366.28	583707.18	92022.13
2787663.64	15062	3144	10752	1166	396732	65849	309679	13023	10235	5546770.81	1189435.12	220316.35
776513.61	3252	1214	1873	165	147724	23844	121434	7469	5028	2364094.48	497217.70	84033.30
4237867.00	296	46	234	16	20995	3010	17016	1288	871	393927.45	75109.77	7342.65
6607706.00	17069	509	10883	5677	112703	23577	85257	9191	7183	2372085.32	360312.33	61717.89
477662.31	3885	1335	2263	287	198951	31763	148561	13299	9172	3780248.62	652461.88	95285.21
421049.18	2538	680	1742	116	106197	18272	81997	11109	7099	2313101.37	382800.55	67978.68
227527.60	1416	271	1111	34	85616	13442	66822	3280	1610	2181275.70	290274.17	40520.49
6450.00	47	4	42	1	5162	1843	3319	445	303	104652.66	18297.40	8449.01
499678.25	1843	284	1398	161	98770	21195	77225	8535	5688	2163495.83	408571.51	46989.71
173211.60	1014	395	492	127	49867	12483	36148	5863	4243	1152717.27	214994.43	40191.02
45841.42	1417	168	1239	10	15408	2633	12559	747	707	229161.46	87600.68	13954.39
14084.00	1567	289	1150	128	21025	6486	13629	1940	1166	614753.05	107968.54	10846.79
30506.50	3124	432	2601	91	53588	14176	37454	7373	5285	1345862.62	214927.46	36221.70

高等教育资产情况(学校
Condition of Fixed Assets and Teaching Resources

地　区 Region	占地面积(平方米) Areas Occupied (m^2)	#绿化用地面积 of Which: Green Areas	#运动场地面积 of Which: Sports Areas	校园足球场(个) Cammpus Football Field	11人制足球场 11-a-side Football Field	7人制足球场 7-a-side Football Field	5人制足球场 5-a-side Football Field	图书(册) Books and Magazines in Libraries (Volume)	#当年新增 of Which: New Added	数字资源量 Digital Resources 电子图书(册) E-Books (Book)	电子期刊(册) E-Journals (Book)	学位论文(册) Degree Thesis (Book)
总　计 Total	**9119180.16**	**2368129.71**	**1038627.04**	**63**	**27**	**17**	**19**	**18539565**	**611775**	**22218878**	**66084972**	**66838566**
北　京 Beijing	732126.52	193966.68	57081.00	3	0	1	2	1994898	12844	3647387	1057708	5265211
天　津 Tianjin	169704.74	29337.00	12652.00	1	0	1	0	505420	10600	47572	0	0
河　北 Hebei	340377.94	98719.70	86699.00	2	2	0	0	645038	22127	1349975	14349	4042646
山　西 Shanxi	135623.62	16059.72	23476.00	1	0	0	1	342811	1329	220010	3150	500
内蒙古 Inner Mongolia	33146.00	9826.00	1840.00	1	0	0	1	63970	902	38059	0	0
辽　宁 Liaoning	637986.64	81459.97	135118.52	5	4	1	0	1544998	7675	78539	18565	1243909
吉　林 Jilin	254589.48	43142.81	34170.24	2	1	0	1	921141	20349	923066	101232	2930626
黑龙江 Heilongjiang	455660.35	98925.28	48815.10	4	3	0	1	1271103	48190	812163	50818	1299120
上　海 Shanghai	228943.00	34847.92	12221.88	1	0	1	0	604929	10712	21255	0	0
江　苏 Jiangsu	440097.89	95089.30	42631.00	2	0	1	1	925041	229299	587334	17911	3695654
浙　江 Zhejiang	269386.68	94325.12	42714.00	3	1	1	1	681412	9592	1350040	29108462	7906951
安　徽 Anhui	599201.84	29972.70	57772.00	2	1	1	0	592400	0	1243000	683521	14014229
福　建 Fujian	98446.73	27946.00	12042.00	1	0	1	0	566001	58328	345021	33510710	5559790
江　西 Jiangxi	451872.14	197436.00	27530.00	1	1	0	0	968100	44600	3848022	130000	1770000
山　东 Shandong	894219.24	320404.00	96721.00	4	1	2	1	911120	14634	24227	162538	3164532
河　南 Henan	135501.38	24078.74	20926.92	3	0	1	2	646694	3200	56053	9000	0
湖　北 Hubei	159439.61	38554.00	18126.00	4	1	1	2	426703	22000	5670	2380	0
湖　南 Hunan	320221.02	103030.41	26918.00	3	1	1	1	506220	5449	107212	10	0
广　东 Guangdong	851679.24	251676.37	35311.00	2	1	1	0	722891	5536	1127247	202337	2896410
广　西 Guangxi	66317.23	21903.84	4551.00	0	0	0	0	492700	2647	50000	242713	4900000
海　南 Hainan	82127.43	35960.29	2400.00	0	0	0	0	95249	1022	236500	0	0
重　庆 Chongqing	70021.30	23719.00	11909.00	4	0	2	2	246700	0	0	0	0
四　川 Sichuan	386558.72	93596.29	59697.47	3	3	0	0	549096	1238	877545	629600	247
贵　州 Guizhou	111805.81	18130.57	33651.91	3	2	1	0	89012	6000	1163500	0	0
云　南 Yunnan	28897.78	8166.00	1000.00	0	0	0	0	0	0	100000	83359	1028480
西　藏 Tibet	0.00	0.00	0.00	0	0	0	0	0	0	0	0	0
陕　西 Shaanxi	709297.22	174471.40	88332.00	6	3	0	3	1294858	31428	3160425	52263	2120074
甘　肃 Gansu	30562.80	6200.00	5000.00	1	1	0	0	203460	2074	753500	0	0
青　海 Qinghai	9837.40	1100.00	2100.00	0	0	0	0	29400	0	0	0	0
宁　夏 Ningxia	0.00	0.00	0.00	0	0	0	0	0	0	0	0	0
新　疆 Xinjiang	415530.41	196084.60	37220.00	1	1	0	0	698200	40000	45556	4346	5000187

产权)(成人高校)
in HEIs (Owned by HEIs) (Adult HEIs)

音视频(小时) Audio and Video (Hour)	职业教育仿真实训资源量(套) Vocational Education Virtual imulation Training Resources(Set)	仿真实验软件 Simulation Experiment software	仿真实训软件 Simulation Training software	仿真实习软件 Simulation Practice software	数字终端数(台) Digital Terminals (Set)	教师终端数 Number of Teachers' Terminals	学生终端数 Number of Student Terminals	教室(间) Classroom (Room)	#网络多媒体教室 of Which: Network Multimedia Classroom	固定资产总值(万元) Total Value of Fixed Asset (10,000 yuan)	#教学、科研仪器设备资产 of Which: Teaching Equipment and Instruments	#当年新增 of Which: New Added in Current Year
624062.62	**0**	**0**	**0**	**0**	**125235**	**37940**	**74544**	**8882**	**4506**	**1686311.47**	**359092.67**	**49490.40**
75925.93	0	0	0	0	11778	4132	4831	810	483	337169.68	27482.75	2234.28
0.00	0	0	0	0	3766	924	2838	137	69	38671.17	10962.59	1046.36
36072.45	0	0	0	0	2607	348	2038	190	112	20585.46	6755.55	822.05
1147.00	0	0	0	0	2213	1471	711	245	48	16711.86	3749.90	83.92
0.00	0	0	0	0	543	281	0	40	35	8949.75	2161.73	78.10
39864.53	0	0	0	0	8805	2823	4478	726	219	90427.89	22051.40	2051.58
3129.30	0	0	0	0	10444	3724	4542	235	159	96451.54	23655.94	2959.56
495.50	0	0	0	0	5875	1452	3496	439	168	55817.32	12636.52	1671.35
5697.00	0	0	0	0	10246	2614	7632	713	520	140468.47	48186.56	5115.60
3400.00	0	0	0	0	7798	2052	5455	315	180	38148.12	7793.24	11.39
14254.00	0	0	0	0	4798	1604	3121	340	240	47356.00	12148.88	1943.93
36006.00	0	0	0	0	1230	255	975	473	129	58956.84	8345.37	1813.39
14307.00	0	0	0	0	1725	433	579	98	91	27282.44	9356.02	219.46
195500.00	0	0	0	0	7306	3483	3691	212	208	72830.23	40095.88	18445.46
7302.00	0	0	0	0	6257	1680	3682	555	331	103149.85	19455.22	1500.52
16539.00	0	0	0	0	3042	655	2285	147	51	25796.05	9000.82	133.39
25889.00	0	0	0	0	1702	389	1108	171	145	9662.90	3230.60	283.24
0.00	0	0	0	0	1353	457	896	335	126	22530.85	7251.90	461.27
108203.00	0	0	0	0	8673	3060	5251	436	235	110812.58	15896.18	1040.10
0.00	0	0	0	0	2907	448	2459	190	54	25130.44	8165.53	522.83
0.00	0	0	0	0	1640	256	1384	76	36	17900.03	5582.57	334.72
3224.00	0	0	0	0	303	111	110	133	105	14320.02	5624.80	488.60
19286.80	0	0	0	0	5413	994	3466	481	230	63188.82	7626.03	938.01
2135.00	0	0	0	0	1715	180	1273	130	56	21753.91	3696.82	851.08
1238.00	0	0	0	0	1039	240	675	0	0	18192.08	2921.40	226.67
0.00	0	0	0	0	0	0	0	0	0	0.00	0.00	0.00
11289.00	0	0	0	0	6949	2174	4166	814	287	108979.97	24935.70	1113.11
212.11	0	0	0	0	1703	410	1293	113	64	27000.87	3505.98	334.84
1436.00	0	0	0	0	526	135	385	31	16	47486.90	3325.90	2379.00
0.00	0	0	0	0	0	0	0	0	0	0.00	0.00	0.00
1510.00	0	0	0	0	2879	1155	1724	297	109	20579.43	3490.87	386.62

高等教育资产情况(非学校

Condition of Fixed Assets and Teaching Resources

地 区 Region	占地面积(平方米) Areas Occupied (m^2)	#绿化用地面积 of Which: Green Areas	#运动场地面积 of Which: Sports Areas	校园足球场(个) Cammpus Football Field	11人制足球场 11-a-side Football Field	7人制足球场 7-a-side Football Field	5人制足球场 5-a-side Football Field	图书(册) Books and Magazines in Libraries (Volume)	#当年新增 of Which: New Added	数字资源量 Digital Resources 电子图书(册) E-Books (Book)	电子期刊(册) E-Journals (Book)	学位论文(册) Degree Thesis (Book)
总 计 Total	**298016400.66**	**80844468.80**	**15360932.27**	**772**	**399**	**79**	**294**	**45263856**	**3772411**	**217901064**	**81715251**	**751157364**
北 京 Beijing	5976190.64	1752462.28	453813.98	16	11	3	2	384392	26657	10937490	8498134	19795940
天 津 Tianjin	4650145.69	736297.00	329941.60	10	6	3	1	81672	3219	8200487	2099688	27362626
河 北 Hebei	12512958.12	2203354.78	756213.14	33	16	6	11	3973745	405634	16493038	7080572	34099439
山 西 Shanxi	5751520.42	1154523.04	552515.63	12	12	0	0	1290334	300000	2492000	2949750	18566597
内蒙古 Inner Mongolia	2631924.22	496584.24	336705.96	19	4	0	15	201690	6500	1445986	260370	4800456
辽 宁 Liaoning	6249010.83	1625456.77	517466.28	12	10	1	1	1247212	0	4942058	528123	1448501
吉 林 Jilin	8962064.82	3318145.28	789962.46	27	19	5	3	259800	0	0	0	0
黑龙江 Heilongjiang	4962472.83	1010969.60	179824.10	8	7	0	1	237791	237791	5355085	9576476	35163171
上 海 Shanghai	2833858.10	834717.29	201436.40	8	5	3	0	632290	1149	57133402	20532998	193817896
江 苏 Jiangsu	21578776.28	7905515.67	1184127.77	65	46	8	11	2425544	73794	5662385	716870	9624212
浙 江 Zhejiang	11992425.17	2908168.35	592779.83	31	15	9	7	4655445	109717	4732665	1767302	49718508
安 徽 Anhui	4580435.77	853553.65	374686.98	14	12	2	0	589579	8000	7311281	1545368	13780823
福 建 Fujian	10770526.51	2889066.31	657937.58	16	11	0	5	3260245	168977	3322368	1407576	11388212
江 西 Jiangxi	12310586.16	3589182.29	414037.41	7	4	3	0	734803	90803	3864317	180322	1382705
山 东 Shandong	23206344.97	6790934.22	886091.56	34	22	4	8	521714	201046	2473663	938970	10652565
河 南 Henan	17763271.49	3456882.60	871844.03	23	21	1	1	8185060	694534	8971359	3704833	42253334
湖 北 Hubei	12442248.48	2413655.96	594036.58	23	17	2	4	273806	21098	9995726	1986792	25383702
湖 南 Hunan	11900049.19	2805936.91	588716.08	221	15	4	202	1829789	24527	14248700	2142429	23389531
广 东 Guangdong	32487729.62	10518169.78	1503556.20	41	28	7	6	5499792	933903	12559635	3429448	51667134
广 西 Guangxi	8072886.57	1765961.14	443738.54	20	16	3	1	341995	155200	4949542	827965	9295539
海 南 Hainan	3939026.51	497461.54	89006.47	2	2	0	0	135000	11000	2110000	120540	58668205
重 庆 Chongqing	6895281.14	2419923.32	129996.63	4	3	0	1	898509	1413	2416000	69672	10814139
四 川 Sichuan	33019557.37	8989075.82	1646465.23	46	40	4	2	2037184	12308	9927938	6145393	42569756
贵 州 Guizhou	6583716.55	3719545.76	300497.09	13	11	0	2	3835414	100298	6455558	2132691	14878223
云 南 Yunnan	7817362.09	2290750.34	350385.00	25	16	5	4	442874	53529	4632688	2181651	21781943
西 藏 Tibet	0.00	0.00	0.00	1	0	0	1	13234	0	0	0	0
陕 西 Shaanxi	10227212.04	2369266.43	393362.12	17	10	4	3	270811	54347	3639000	695655	6459357
甘 肃 Gansu	4655939.66	309185.91	94349.21	6	5	1	0	801341	26716	3217626	186832	12003069
青 海 Qinghai	33333.00	13333.00	1260.00	5	4	1	0	0	0	0	0	0
宁 夏 Ningxia	615175.02	222260.00	48900.00	9	7	0	2	150251	50251	411067	8831	391781
新 疆 Xinjiang	2594371.40	984129.52	77278.41	4	4	0	0	52540	0	0	0	0

产权中独立使用)(总计)
in HEIs (Not Owned by HEIs) (Total)

音视频(小时) Audio and Video (Hour)	职业教育仿真实训资源量(套) Vocational Education Virtual imulation Training Resources(Set)	仿真实验软件 Simulation Experiment software	仿真实训软件 Simulation Training software	仿真实习软件 Simulation Practice software	数字终端数(台) Digital Terminals (Set)	教师终端数 Number of Teachers' Terminals	学生终端数 Number of Student Terminals	教室(间) Classroom (Room)	#网络多媒体教室 of Which: Network Multimedia Classroom	固定资产总值(万元) Total Value of Fixed Asset (10,000 yuan)	#教学、科研仪器设备资产 of Which: Teaching Equipment and Instruments	#当年新增 of Which: New Added in Current Year
17050451.11	**9444**	**1529**	**7463**	**452**	**271642**	**66212**	**195756**	**211929**	**109883**	**15058951.54**	**952192.55**	**173675.15**
6298351.10	26	18	6	2	14831	7086	7745	1769	1197	316290.77	60275.68	1503.02
349449.50	22	5	14	3	2463	629	1660	2860	1369	118771.52	8571.16	2119.04
552628.46	309	15	223	71	5200	2024	3176	4425	1602	232474.09	18063.08	2014.61
341302.00	31	3	25	3	6512	2041	4092	4930	1570	442654.70	30060.71	1840.64
26416.00	1	0	1	0	3308	720	2566	1079	523	139076.32	3528.61	163.62
66157.00	330	40	270	20	6032	954	4979	3328	1619	582973.00	36504.88	1319.48
0.00	2	2	0	0	2162	156	1553	11701	6920	53736.86	11444.83	0.00
151367.18	55	3	52	0	19615	16483	3132	2426	1154	819418.58	77888.55	61908.56
3677440.74	27	13	10	4	578	21	557	1984	1082	203369.67	26544.10	3377.42
128808.00	502	73	419	10	27142	1935	24812	6738	3968	563920.85	60794.33	9696.00
301928.50	43	1	31	11	39361	4471	34890	4305	2945	1072202.69	59263.64	6747.60
420771.70	400	225	155	20	8376	747	7629	3791	1814	162648.85	14560.70	1320.27
62572.59	1845	86	1759	0	2696	111	2573	4154	2401	701020.43	18910.41	1702.91
830102.73	164	41	110	13	2061	210	1851	4084	1922	157564.60	10476.79	2609.48
90077.90	285	165	117	3	8296	1511	6458	27617	10362	715114.74	46940.28	10525.03
349531.43	382	29	344	9	19493	2326	15815	52076	29400	1198561.86	83348.08	7383.15
520220.40	219	49	129	41	6532	1901	4627	4208	2246	342738.66	42134.25	4288.45
392935.24	130	17	98	15	5191	2414	2400	4968	2760	725678.24	62729.05	11249.06
700273.25	2222	118	2059	45	33534	8605	24784	14222	9294	1936726.69	80304.85	18215.61
86091.30	69	26	43	0	13393	2425	7173	2761	1581	236376.75	13700.71	2013.18
18489.60	4	1	3	0	4660	500	4160	307	238	230240.14	3645.00	335.00
36197.00	222	33	172	17	5819	3163	2656	2486	1172	187396.24	6420.43	552.55
887794.69	514	107	251	156	13597	2184	10581	13439	8150	2738168.97	102695.75	10555.14
84918.30	105	7	98	0	7392	1479	4994	3411	1428	450993.13	30017.31	663.71
445394.00	131	18	113	0	6753	1536	5025	23168	10546	605822.77	20561.21	8762.58
0.00	0	0	0	0	0	0	0	12	0	608.50	0.00	0.00
101034.50	22	0	22	0	1120	1	922	3542	1741	33191.95	4119.53	299.82
78198.00	152	32	115	5	2059	371	1688	536	218	62525.14	11416.89	1421.24
0.00	1225	402	819	4	0	0	0	227	219	6105.90	998.00	0.00
52000.00	0	0	0	0	0	0	0	348	149	1660.88	1414.51	32.07
0.00	5	0	5	0	3466	208	3258	1027	293	20918.07	4859.25	1055.91

高等教育资产情况(非学校
Condition of Fixed Assets and Teaching Resources

地 区 Region	占地面积(平方米) Areas Occupied (m^2)	#绿化用地面积 of Which: Green Areas	#运动场地面积 of Which: Sports Areas	校园足球场(个) Cammpus Football Field	11人制足球场 11-a-side Football Field	7人制足球场 7-a-side Football Field	5人制足球场 5-a-side Football Field	图书(册) Books and Magazines in Libraries (Volume)	#当年新增 of Which: New Added	数字资源量 Digital Resources: 电子图书(册) E-Books (Book)	电子期刊(册) E-Journals (Book)	学位论文(册) Degree Thesis (Book)
总 计 Total	**156065903.06**	**43283766.10**	**6752700.31**	**249**	**175**	**31**	**43**	**15170967**	**633299**	**163797553**	**65014129**	**526129989**
北 京 Beijing	4207416.89	1071242.84	287578.98	11	7	2	2	350836	12101	9903934	8479403	19795940
天 津 Tianjin	2015919.23	249199.00	110258.60	4	3	1	0	19631	0	8176820	2059209	27362626
河 北 Hebei	7432713.63	849638.94	271638.33	7	7	0	0	415467	13000	12941017	6840310	33046164
山 西 Shanxi	2869776.59	520527.67	215183.28	4	4	0	0	349781	0	2392000	2812420	14441597
内蒙古 Inner Mongolia	901850.10	145319.00	52721.00	6	2	0	4	201690	6500	1445986	260370	4800456
辽 宁 Liaoning	2664036.39	769255.50	163693.42	1	1	0	0	2892	0	4550000	380388	1345231
吉 林 Jilin	5461032.04	1922209.90	404002.47	14	10	2	2	212600	0	0	0	0
黑龙江 Heilongjiang	3999759.93	807644.60	90230.10	6	6	0	0	148591	148591	3768903	1652532	27487567
上 海 Shanghai	1299812.13	399041.69	43850.04	1	1	0	0	273559	1149	48007545	19541444	168818118
江 苏 Jiangsu	12246443.00	3997406.07	839994.08	49	34	7	8	2061730	63278	4191681	61145	71000
浙 江 Zhejiang	7305649.15	1780350.73	217388.64	18	7	6	5	67389	689	3951366	459770	9480000
安 徽 Anhui	715151.11	131822.50	42104.38	4	4	0	0	0	0	6068281	1538543	13505973
福 建 Fujian	7394685.54	2053358.08	446085.17	11	7	0	4	2150590	46974	3125470	1387426	4802129
江 西 Jiangxi	5288917.17	1857978.13	166533.00	3	3	0	0	68500	8500	1200000	69456	1000
山 东 Shandong	11637969.15	3306020.43	378840.07	22	12	3	7	10000	0	2036412	550212	7827965
河 南 Henan	4728934.12	889337.34	359548.43	4	4	0	0	4730946	43791	7577581	2970880	32495075
湖 北 Hubei	8098127.02	1144497.88	384751.50	17	11	2	4	145206	20098	6486725	1982755	25383702
湖 南 Hunan	6013419.65	1801869.74	290832.43	7	5	2	0	1062897	15310	10248691	2125103	23112931
广 东 Guangdong	18161415.45	6984089.13	563119.11	11	9	0	2	324706	140865	3666368	1857153	17933045
广 西 Guangxi	2556192.51	406431.56	108674.30	6	5	1	0	0	0	4349542	616929	4137175
海 南 Hainan	2026032.62	75861.34	13277.47	0	0	0	0	0	0	0	0	0
重 庆 Chongqing	2057312.26	1530400.21	7028.80	0	0	0	0	444991	0	2180000	8540	8695000
四 川 Sichuan	18017918.90	4135312.14	698159.73	17	12	3	2	444082	9508	6878680	5836916	35655233
贵 州 Guizhou	4023982.33	2710859.36	102725.36	7	5	0	2	564059	0	4059187	1364238	9173980
云 南 Yunnan	4088820.65	1612326.99	143203.15	6	6	0	0	134698	23956	3627238	1594891	18981943
西 藏 Tibet	0.00	0.00	0.00	0	0	0	0	13234	0	0	0	0
陕 西 Shaanxi	6982835.32	1777500.03	261907.12	9	6	2	1	270811	54347	2000000	377264	5773070
甘 肃 Gansu	3576307.77	229992.17	54425.57	3	3	0	0	702081	24642	964126	186832	12003069
青 海 Qinghai	33333.00	13333.00	1260.00	0	0	0	0	0	0	0	0	0
宁 夏 Ningxia	109327.02	0.00	0.00	0	0	0	0	0	0	0	0	0
新 疆 Xinjiang	150812.39	110940.13	33685.78	1	1	0	0	0	0	0	0	0

产权中独立使用)(普通高校)
in HEIs (Not Owned by HEIs) (Regular HEIs)

音视频(小时) Audio and Video (Hour)	数字终端数(台) Digital Terminals (Set)	教师终端数 Number of Teachers' Terminals	学生终端数 Number of Student Terminals	教室(间) Classroom (Room)	#网络多媒体教室 of Which: Network Multimedia Classroom	固定资产总值(万元) Total Value of Fixed Asset (10,000 yuan)	#教学、科研仪器设备资产 of Which: Teaching Equipment and Instruments	#当年新增 of Which: New Added in Current Year
15445555.50	**126537**	**37911**	**82014**	**90070**	**47578**	**8961707.27**	**475765.30**	**113031.22**
6297966.80	14745	7000	7745	1377	899	256152.54	59489.83	1499.94
349429.50	91	6	85	979	422	103471.93	6127.71	1699.71
526061.53	825	825	0	2335	478	90073.64	5059.61	49.00
331302.00	2384	888	1323	1240	589	103294.67	17016.29	98.26
26416.00	1908	720	1166	361	163	18895.99	3525.61	163.62
60785.00	358	35	323	1161	645	305830.50	527.92	8.00
0.00	1586	118	1125	7881	4391	50857.63	10534.96	0.00
144108.18	19212	16420	2792	1144	583	782568.58	73300.53	60645.46
3396298.64	156	0	156	623	209	110013.45	20423.28	3203.27
3600.00	24858	1602	22957	4905	2858	351186.57	38522.44	7989.26
8387.00	14587	503	14084	1181	814	554706.47	14592.69	2745.08
419585.70	0	0	0	195	133	7674.86	290.50	0.00
59069.19	1350	50	1300	2215	1156	553343.58	12711.45	444.67
821746.50	13	0	13	1775	424	77877.78	4638.35	2062.21
58682.90	2831	456	2245	2702	1385	462474.95	16620.43	9120.80
192237.43	5179	894	3922	23775	13527	610719.39	25344.19	806.26
519940.40	5770	1874	3896	2310	1431	261358.03	38425.70	3071.29
392935.24	4209	2230	1720	3538	2137	633048.06	42088.42	9013.21
430972.00	1177	48	1041	5585	4122	1006452.46	4698.18	2234.84
80900.00	11744	1945	6004	1376	784	111183.36	186.00	0.00
0.00	0	0	0	0	0	34617.00	0.00	0.00
13726.00	0	0	0	229	182	40632.40	941.43	11.84
643939.69	5587	817	4524	6147	3275	1762251.71	57467.86	2950.65
80256.30	2218	1116	389	741	346	142873.21	1911.47	0.00
429401.00	1578	99	1298	12991	5167	439323.96	9122.30	3436.88
0.00	0	0	0	0	0	608.50	0.00	0.00
79610.50	898	0	898	2231	1243	26993.20	2814.53	299.82
78198.00	1570	252	1318	276	103	48722.65	5219.62	421.24
0.00	0	0	0	19	19	6105.90	998.00	0.00
0.00	0	0	0	141	93	0.00	0.00	0.00
0.00	1703	13	1690	637	0	8394.30	3166.00	1055.91

高等教育资产情况(非学校产权中

Condition of Fixed Assets and Teaching Resources in HEIs (Not

地 区 Region	占地面积(平方米) Areas Occupied (m^2)	#绿化用地面积 of Which: Green Areas	#运动场地面积 of Which: Sports Areas	校园足球场(个) Cammpus Football Field	11人制足球场 11-a-side Football Field	7人制足球场 7-a-side Football Field	5人制足球场 5-a-side Football Field	图书(册) Books and Magazines in Libraries (Volume)	#当年新增 of Which: New Added	数字资源量 Digital Resources 电子图书(册) E-Books (Book)	电子期刊(册) E-Journals (Book)	学位论文(册) Degree Thesis (Book)
总 计 Total	**4742664. 80**	**1268914. 67**	**297912. 93**	**8**	**4**	**0**	**4**	**4988254**	**97454**	**2927896**	**903570**	**21838792**
北 京 Beijing	0. 00	0. 00	0. 00	0	0	0	0	0	0	0	0	0
天 津 Tianjin	0. 00	0. 00	0. 00	0	0	0	0	0	0	0	0	0
河 北 Hebei	291623. 58	60656. 00	63674. 00	6	2	0	4	2036311	1000	2000	100000	0
山 西 Shanxi	134393. 16	36216. 54	16544. 89	1	1	0	0	0	0	0	0	0
内蒙古 Inner Mongolia	0. 00	0. 00	0. 00	0	0	0	0	0	0	0	0	0
辽 宁 Liaoning	0. 00	0. 00	0. 00	0	0	0	0	0	0	0	0	0
吉 林 Jilin	0. 00	0. 00	0. 00	0	0	0	0	0	0	0	0	0
黑龙江 Heilongjiang	0. 00	0. 00	0. 00	0	0	0	0	0	0	0	0	0
上 海 Shanghai	0. 00	0. 00	0. 00	0	0	0	0	0	0	0	0	0
江 苏 Jiangsu	0. 00	0. 00	0. 00	0	0	0	0	0	0	0	0	0
浙 江 Zhejiang	0. 00	0. 00	0. 00	0	0	0	0	60000	0	0	0	0
安 徽 Anhui	0. 00	0. 00	0. 00	0	0	0	0	0	0	0	0	0
福 建 Fujian	32572. 00	11180. 00	15400. 00	0	0	0	0	0	0	0	0	0
江 西 Jiangxi	1011223. 02	436839. 39	6800. 00	0	0	0	0	0	0	0	0	0
山 东 Shandong	773549. 40	46666. 69	50320. 00	0	0	0	0	0	0	0	0	0
河 南 Henan	0. 00	0. 00	0. 00	0	0	0	0	0	0	0	0	0
湖 北 Hubei	0. 00	0. 00	0. 00	0	0	0	0	0	0	0	0	0
湖 南 Hunan	0. 00	0. 00	0. 00	0	0	0	0	0	0	0	0	0
广 东 Guangdong	387444. 52	180046. 00	17734. 63	0	0	0	0	0	0	1000000	26578	12031870
广 西 Guangxi	1057086. 26	217102. 67	25967. 00	0	0	0	0	0	0	0	11036	5158364
海 南 Hainan	0. 00	0. 00	0. 00	0	0	0	0	0	0	0	0	0
重 庆 Chongqing	0. 00	0. 00	0. 00	0	0	0	0	0	0	0	0	0
四 川 Sichuan	153600. 59	65039. 00	26113. 00	0	0	0	0	0	0	0	0	0
贵 州 Guizhou	575162. 27	107585. 38	47359. 41	0	0	0	0	2891943	96454	1925896	765956	4648558
云 南 Yunnan	0. 00	0. 00	0. 00	0	0	0	0	0	0	0	0	0
西 藏 Tibet	0. 00	0. 00	0. 00	0	0	0	0	0	0	0	0	0
陕 西 Shaanxi	326010. 00	107583. 00	28000. 00	1	1	0	0	0	0	0	0	0
甘 肃 Gansu	0. 00	0. 00	0. 00	0	0	0	0	0	0	0	0	0
青 海 Qinghai	0. 00	0. 00	0. 00	0	0	0	0	0	0	0	0	0
宁 夏 Ningxia	0. 00	0. 00	0. 00	0	0	0	0	0	0	0	0	0
新 疆 Xinjiang	0. 00	0. 00	0. 00	0	0	0	0	0	0	0	0	0

独立使用)(本科层次职业高校)
Owned by HEIs)(Professional HEIs)

音视频(小时) Audio and Video (Hour)	职业教育仿真实训资源量(套) Vocational Education Virtual imulation Training Resources(Set)				数字终端数(台) Digital Terminals (Set)			教室(间) Classroom (Room)		固定资产总值(万元) Total Value of Fixed Asset (10,000 yuan)		
		仿真实验软件 Simulation Experiment software	仿真实训软件 Simulation Training software	仿真实习软件 Simulation Practice software		教师终端数 Number of Teachers' Terminals	学生终端数 Number of Student Terminals		#网络多媒体教室 of Which: Network Multimedia Classroom		#教学、科研仪器设备资产 of Which: Teaching Equipment and Instruments	#当年新增 of Which: New Added in Current Year
25912.30	**66**	**9**	**56**	**1**	**3736**	**1029**	**2501**	**2136**	**1024**	**294630.31**	**22781.34**	**1993.37**
0.00	0	0	0	0	0	0	0	0	0	0.00	0.00	0.00
0.00	0	0	0	0	0	0	0	0	0	0.00	0.00	0.00
0.00	48	4	44	0	1822	716	1106	189	120	18935.50	1901.80	74.70
0.00	0	0	0	0	0	0	0	44	44	0.00	0.00	0.00
0.00	0	0	0	0	0	0	0	0	0	0.00	0.00	0.00
0.00	10	0	9	1	0	0	0	0	0	8130.01	580.52	560.00
0.00	0	0	0	0	0	0	0	0	0	0.00	0.00	0.00
0.00	0	0	0	0	0	0	0	0	0	0.00	0.00	0.00
0.00	0	0	0	0	0	0	0	0	0	28500.20	0.00	0.00
0.00	0	0	0	0	0	0	0	0	0	0.00	0.00	0.00
0.00	0	0	0	0	514	169	345	13	13	1748.27	1627.11	694.96
0.00	0	0	0	0	0	0	0	0	0	0.00	0.00	0.00
0.00	0	0	0	0	0	0	0	55	15	0.00	0.00	0.00
0.00	0	0	0	0	0	0	0	281	164	10336.74	0.00	0.00
0.00	0	0	0	0	0	0	0	164	79	331.50	71.50	0.00
0.00	0	0	0	0	0	0	0	480	260	72380.22	10429.77	0.00
0.00	0	0	0	0	0	0	0	0	0	0.00	0.00	0.00
0.00	0	0	0	0	0	0	0	0	0	0.00	0.00	0.00
16209.00	8	5	3	0	0	0	0	0	0	98198.00	0.00	0.00
5191.30	0	0	0	0	0	0	0	47	0	0.00	0.00	0.00
0.00	0	0	0	0	0	0	0	0	0	0.00	0.00	0.00
0.00	0	0	0	0	0	0	0	0	0	0.00	0.00	0.00
0.00	0	0	0	0	0	0	0	113	113	16299.71	339.00	0.00
4512.00	0	0	0	0	1400	144	1050	530	133	33250.81	6006.71	663.71
0.00	0	0	0	0	0	0	0	0	0	0.00	0.00	0.00
0.00	0	0	0	0	0	0	0	0	0	0.00	0.00	0.00
0.00	0	0	0	0	0	0	0	220	83	0.00	0.00	0.00
0.00	0	0	0	0	0	0	0	0	0	6519.35	1824.93	0.00
0.00	0	0	0	0	0	0	0	0	0	0.00	0.00	0.00
0.00	0	0	0	0	0	0	0	0	0	0.00	0.00	0.00
0.00	0	0	0	0	0	0	0	0	0	0.00	0.00	0.00

高等教育资产情况(非学校产权中

Condition of Fixed Assets and Teaching Resources

地 区 Region	占地面积(平方米) Areas Occupied (m^2)	#绿化用地面积 of Which: Green Areas	#运动场地面积 of Which: Sports Areas	校园足球场(个) Cammpus Football Field	11人制足球场 11-a-side Football Field	7人制足球场 7-a-side Football Field	5人制足球场 5-a-side Football Field	图书(册) Books and Magazines in Libraries (Volume)	#当年新增 of Which: New Added	数字资源量 Digital Resources 电子图书(册) E-Books (Book)	电子期刊(册) E-Journals (Book)	学位论文(册) Degree Thesis (Book)
总 计 Total	**130260976.94**	**33939759.74**	**7311490.17**	**277**	**197**	**38**	**42**	**14140916**	**2917990**	**43934839**	**15084103**	**199682093**
北 京 Beijing	1394457.93	386048.84	164735.00	4	4	0	0	33556	14556	1033556	18731	0
天 津 Tianjin	2503008.70	476439.00	203719.00	4	3	1	0	12000	0	0	36351	0
河 北 Hebei	4746620.70	1278359.84	404940.81	19	6	6	7	1366967	391634	3550021	140262	1053275
山 西 Shanxi	2591398.02	568317.83	302087.46	6	6	0	0	666353	300000	100000	137330	4125000
内蒙古 Inner Mongolia	1730074.12	351265.24	283984.96	13	2	0	11	0	0	0	0	0
辽 宁 Liaoning	2604092.32	576856.52	214696.88	7	5	1	1	216800	0	110544	0	0
吉 林 Jilin	3376693.52	1380794.61	348677.54	12	8	3	1	6000	0	0	0	0
黑龙江 Heilongjiang	949916.90	203219.00	82143.00	2	1	0	1	89200	89200	1586182	7923944	7675604
上 海 Shanghai	1516597.97	432023.60	156326.36	7	4	3	0	355731	0	9125847	991554	24999778
江 苏 Jiangsu	9331575.72	3908049.60	344073.69	16	12	1	3	363814	10516	1470704	655725	9553212
浙 江 Zhejiang	2719251.06	463157.74	123929.79	2	2	0	0	374920	32612	38000	1178182	36835390
安 徽 Anhui	3865284.66	721731.15	332582.60	10	8	2	0	561600	8000	240000	6825	274850
福 建 Fujian	3343268.97	824528.23	196452.41	5	4	0	1	1109655	122003	196898	20150	6586083
江 西 Jiangxi	6010445.97	1294364.77	240704.41	4	1	3	0	666303	82303	2664317	110866	1381705
山 东 Shandong	10794826.42	3438247.10	456931.49	12	10	1	1	511714	201046	437251	388758	2824600
河 南 Henan	12904232.87	2530254.55	497020.22	19	17	1	1	1885968	650743	1393778	733953	9758259
湖 北 Hubei	4341864.46	1269158.08	209285.08	6	6	0	0	128600	1000	3509001	4037	0
湖 南 Hunan	5804782.52	987215.17	293083.65	12	10	0	2	429192	1217	4000000	17326	276600
广 东 Guangdong	11701729.88	2555285.04	526331.45	19	12	4	3	2059529	759079	3457490	1113481	21702117
广 西 Guangxi	4459607.80	1142426.91	309097.24	14	11	2	1	341995	155200	600000	200000	0
海 南 Hainan	1912993.89	421600.20	75729.00	2	2	0	0	135000	11000	2110000	120540	58668205
重 庆 Chongqing	4837968.88	889523.11	122967.83	4	3	0	1	453518	1413	236000	61132	2119139
四 川 Sichuan	14521945.74	4675117.25	876388.79	27	26	1	0	1592727	2800	3049258	308477	6914523
贵 州 Guizhou	1752977.38	853981.82	122065.39	5	5	0	0	249153	3844	470475	2497	1055685
云 南 Yunnan	3728541.44	678423.35	207181.85	19	10	5	4	308176	29573	1005450	586760	2800000
西 藏 Tibet	0.00	0.00	0.00	1	0	0	1	0	0	0	0	0
陕 西 Shaanxi	2849158.72	467045.40	90965.00	6	3	2	1	0	0	1639000	318391	686287
甘 肃 Gansu	1079631.89	79193.74	39923.64	3	2	1	0	32000	0	1500000	0	0
青 海 Qinghai	0.00	0.00	0.00	5	4	1	0	0	0	0	0	0
宁 夏 Ningxia	505848.00	222260.00	48900.00	9	7	0	2	150251	50251	411067	8831	391781
新 疆 Xinjiang	2382180.49	864872.05	36565.63	3	3	0	0	40194	0	0	0	0

独立使用)(专科层次职业高校)
in HEIs (Not Owned by HEIs)(Vocational HEIs)

音视频(小时) Audio and Video (Hour)	职业教育仿真实训资源量(套) Vocational Education Virtual imulation Training Resources(Set)	仿真实验软件 Simulation Experiment software	仿真实训软件 Simulation Training software	仿真实习软件 Simulation Practice software	数字终端数(台) Digital Terminals (Set)	教师终端数 Number of Teachers' Terminals	学生终端数 Number of Student Terminals	教室(间) Classroom (Room)	#网络多媒体教室 of Which: Network Multimedia Classroom	固定资产总值(万元) Total Value of Fixed Asset (10,000 yuan)	#教学、科研仪器设备资产 of Which: Teaching Equipment and Instruments	#当年新增 of Which: New Added in Current Year
1555087.81	**9378**	**1520**	**7407**	**451**	**67095**	**13056**	**51977**	**108808**	**56083**	**5051784.78**	**307916.95**	**53086.23**
384.30	26	18	6	2	82	82	0	266	205	30541.13	677.77	0.00
0.00	22	5	14	3	312	120	192	1220	641	8224.12	258.61	250.76
26566.93	261	11	179	71	2553	483	2070	1675	951	122214.95	10646.67	1890.91
10000.00	31	3	25	3	3252	763	2489	2705	931	317469.60	7632.58	1707.31
0.00	1	0	1	0	0	0	0	718	360	120180.33	3.00	0.00
0.00	320	40	261	19	0	0	0	1627	784	208061.57	13830.94	742.48
0.00	2	2	0	0	430	18	302	3524	2436	1378.24	550.20	0.00
7259.00	55	3	52	0	403	63	340	1213	517	20803.55	3225.32	256.20
281142.10	27	13	10	4	422	21	401	1277	833	64843.02	6120.82	174.15
125208.00	502	73	419	10	2284	333	1855	1825	1105	212704.27	22263.88	1706.74
282856.00	43	1	31	11	902	10	892	928	512	227872.66	6855.54	1577.73
0.00	400	225	155	20	1217	747	470	2063	1046	95931.60	6970.20	1320.27
3503.40	1845	86	1759	0	1346	61	1273	1884	1230	147676.85	6198.96	1258.24
8356.23	164	41	110	13	2048	210	1838	2028	1334	69350.08	5838.44	547.27
31012.00	285	165	117	3	5465	1055	4213	24751	8898	252308.29	30248.35	1404.23
157294.00	382	29	344	9	14314	1432	11893	27410	15474	467901.38	34465.70	6576.58
280.00	219	49	129	41	762	27	731	1898	815	80038.63	3708.55	1217.16
0.00	130	17	98	15	255	0	255	1212	536	85593.36	18615.41	2115.86
246843.25	2214	113	2056	45	2516	418	2041	5715	3557	642971.54	25739.09	13491.87
0.00	69	26	43	0	1528	467	1061	1318	789	124597.83	13370.42	2010.50
18489.60	4	1	3	0	4660	500	4160	307	238	195623.14	3645.00	335.00
22471.00	222	33	172	17	5819	3163	2656	2257	990	146763.84	5479.00	540.71
243855.00	514	107	251	156	8010	1367	6057	7028	4652	958478.19	44888.89	7604.49
150.00	105	7	98	0	2202	15	2187	1825	850	258539.26	16819.60	0.00
15993.00	131	18	113	0	5175	1437	3727	10137	5369	166498.81	11438.91	5325.70
0.00	0	0	0	0	0	0	0	12	0	0.00	0.00	0.00
21424.00	22	0	22	0	0	0	0	953	382	6162.75	1288.00	0.00
0.00	152	32	115	5	489	119	370	260	115	7283.14	4372.34	1000.00
0.00	1225	402	819	4	0	0	0	208	200	0.00	0.00	0.00
52000.00	0	0	0	0	0	0	0	207	56	1660.88	1414.51	32.07
0.00	5	0	5	0	649	145	504	357	277	10111.77	1350.25	0.00

高等教育资产情况(非学校产权中
Condition of Fixed Assets and Teaching Resources

地 区 Region	占地面积(平方米) Areas Occupied (m^2)			校园足球场(个) Cammpus Football Field				图书(册) Books and Magazines in Libraries (Volume)		数字资源量 Digital Resources		
		#绿化用地面积 of Which: Green Areas	#运动场地面积 of Which: Sports Areas		11人制足球场 11-a-side Football Field	7人制足球场 7-a-side Football Field	5人制足球场 5-a-side Football Field		#当年新增 of Which: New Added	电子图书(册) E-Books (Book)	电子期刊(册) E-Journals (Book)	学位论文(册) Degree Thesis (Book)
总 计 Total	**6946855.86**	**2352028.29**	**998828.86**	**238**	**23**	**10**	**205**	**10963719**	**123668**	**7240776**	**713449**	**3506490**
北 京 Beijing	374315.82	295170.60	1500.00	1	0	1	0	0	0	0	0	0
天 津 Tianjin	131217.76	10659.00	15964.00	2	0	1	1	50041	3219	23667	4128	0
河 北 Hebei	42000.21	14700.00	15960.00	1	1	0	0	155000	0	0	0	0
山 西 Shanxi	155952.65	29461.00	18700.00	1	1	0	0	274200	0	0	0	0
内蒙古 Inner Mongolia	0.00	0.00	0.00	0	0	0	0	0	0	0	0	0
辽 宁 Liaoning	980882.12	279344.75	139075.98	4	4	0	0	1027520	0	281514	147735	103270
吉 林 Jilin	124339.26	15140.77	37282.45	1	1	0	0	41200	0	0	0	0
黑龙江 Heilongjiang	12796.00	106.00	7451.00	0	0	0	0	0	0	0	0	0
上 海 Shanghai	17448.00	3652.00	1260.00	0	0	0	0	3000	0	10	0	0
江 苏 Jiangsu	757.56	60.00	60.00	0	0	0	0	0	0	0	0	0
浙 江 Zhejiang	1967524.96	664659.88	251461.40	11	6	3	2	4153136	76416	743299	129350	3403118
安 徽 Anhui	0.00	0.00	0.00	0	0	0	0	27979	0	1003000	0	0
福 建 Fujian	0.00	0.00	0.00	0	0	0	0	0	0	0	0	0
江 西 Jiangxi	0.00	0.00	0.00	0	0	0	0	0	0	0	0	0
山 东 Shandong	0.00	0.00	0.00	0	0	0	0	0	0	0	0	0
河 南 Henan	130104.50	37290.71	15275.38	0	0	0	0	1568146	0	0	0	0
湖 北 Hubei	2257.00	0.00	0.00	0	0	0	0	0	0	0	0	0
湖 南 Hunan	81847.02	16852.00	4800.00	202	0	2	200	337700	8000	9	0	0
广 东 Guangdong	2237139.77	798749.61	396371.01	11	7	3	1	3115557	33959	4435777	432236	102
广 西 Guangxi	0.00	0.00	0.00	0	0	0	0	0	0	0	0	0
海 南 Hainan	0.00	0.00	0.00	0	0	0	0	0	0	0	0	0
重 庆 Chongqing	0.00	0.00	0.00	0	0	0	0	0	0	0	0	0
四 川 Sichuan	326092.14	113607.43	45803.71	2	2	0	0	375	0	0	0	0
贵 州 Guizhou	231594.57	47119.20	28346.93	1	1	0	0	130259	0	0	0	0
云 南 Yunnan	0.00	0.00	0.00	0	0	0	0	0	0	0	0	0
西 藏 Tibet	0.00	0.00	0.00	0	0	0	0	0	0	0	0	0
陕 西 Shaanxi	69208.00	17138.00	12490.00	1	0	0	1	0	0	0	0	0
甘 肃 Gansu	0.00	0.00	0.00	0	0	0	0	67260	2074	753500	0	0
青 海 Qinghai	0.00	0.00	0.00	0	0	0	0	0	0	0	0	0
宁 夏 Ningxia	0.00	0.00	0.00	0	0	0	0	0	0	0	0	0
新 疆 Xinjiang	61378.52	8317.34	7027.00	0	0	0	0	12346	0	0	0	0

独立使用)(成人高校)
in HEIs (Not Owned by HEIs)(Adult HEIs)

音视频(小时) Audio and Video (Hour)	职业教育仿真实训资源量(套) Vocational Education Virtual imulation Training Resources(Set)	仿真实验软件 Simulation Experiment software	仿真实训软件 Simulation Training software	仿真实习软件 Simulation Practice software	数字终端数(台) Digital Terminals (Set)	教师终端数 Number of Teachers' Terminals	学生终端数 Number of Student Terminals	教室(间) Classroom (Room)	#网络多媒体教室 of Which: Network Multimedia Classroom	固定资产总值(万元) Total Value of Fixed Asset (10,000 yuan)	#教学、科研仪器设备资产 of Which: Teaching Equipment and Instruments	#当年新增 of Which: New Added in Current Year
23895.50	**0**	**0**	**0**	**0**	**74274**	**14216**	**59264**	**10915**	**5198**	**750829.19**	**145728.96**	**5564.33**
0.00	0	0	0	0	4	4	0	126	93	29597.10	108.08	3.08
20.00	0	0	0	0	2060	503	1383	661	306	7075.47	2184.84	168.57
0.00	0	0	0	0	0	0	0	226	53	1250.00	455.00	0.00
0.00	0	0	0	0	876	390	280	941	6	21890.43	5411.84	35.07
0.00	0	0	0	0	1400	0	1400	0	0	0.00	0.00	0.00
5372.00	0	0	0	0	5674	919	4656	540	190	60950.91	21565.50	9.00
0.00	0	0	0	0	146	20	126	296	93	1501.00	359.67	0.00
0.00	0	0	0	0	0	0	0	69	54	16046.45	1362.70	1006.90
0.00	0	0	0	0	0	0	0	84	40	13.00	0.00	0.00
0.00	0	0	0	0	0	0	0	8	5	30.00	8.00	0.00
10685.50	0	0	0	0	23358	3789	19569	2183	1606	287875.29	36188.30	1729.84
1186.00	0	0	0	0	7159	0	7159	1533	635	59042.39	7300.00	0.00
0.00	0	0	0	0	0	0	0	0	0	0.00	0.00	0.00
0.00	0	0	0	0	0	0	0	0	0	0.00	0.00	0.00
383.00	0	0	0	0	0	0	0	0	0	0.00	0.00	0.00
0.00	0	0	0	0	0	0	0	411	139	47560.87	13108.42	0.30
0.00	0	0	0	0	0	0	0	0	0	1342.00	0.00	0.00
0.00	0	0	0	0	727	184	425	218	87	7036.82	2025.23	120.00
6249.00	0	0	0	0	29841	8139	21702	2922	1615	189104.69	49867.57	2488.89
0.00	0	0	0	0	121	13	108	20	8	595.56	144.29	2.68
0.00	0	0	0	0	0	0	0	0	0	0.00	0.00	0.00
0.00	0	0	0	0	0	0	0	0	0	0.00	0.00	0.00
0.00	0	0	0	0	0	0	0	151	110	1139.36	0.00	0.00
0.00	0	0	0	0	1572	204	1368	315	99	16329.85	5279.53	0.00
0.00	0	0	0	0	0	0	0	40	10	0.00	0.00	0.00
0.00	0	0	0	0	0	0	0	0	0	0.00	0.00	0.00
0.00	0	0	0	0	222	1	24	138	33	36.00	17.00	0.00
0.00	0	0	0	0	0	0	0	0	0	0.00	0.00	0.00
0.00	0	0	0	0	0	0	0	0	0	0.00	0.00	0.00
0.00	0	0	0	0	0	0	0	0	0	0.00	0.00	0.00
0.00	0	0	0	0	1114	50	1064	33	16	2412.00	343.00	0.00

高等教育校舍情况(总计)
Conditions of School Buildings in HEIs (Total)

单位:平方米
unit: m^2

地 区 Region	学校产权校舍建筑面积 Floor Area of School Building Owned by HEIs	正在施工校舍建筑面积 Floor Area Under Construction	非学校产权中独立使用建筑面积 Floor Area of School Building Not Owned by HEIs
总 计 Total	**878557490.13**	**66327046.50**	**219480456.27**
北 京 Beijing	43243198.51	2029676.86	2863498.15
天 津 Tianjin	16393576.52	460011.44	2800606.72
河 北 Hebei	39617511.02	1490888.33	4449195.45
山 西 Shanxi	21724384.42	1360264.57	3470985.25
内蒙古 Inner Mongolia	14746544.55	1205844.59	1002407.20
辽 宁 Liaoning	32846803.49	2112703.90	4287030.95
吉 林 Jilin	6626655.03	787638.35	12729376.48
黑龙江 Heilongjiang	26680462.16	848240.89	4123612.51
上 海 Shanghai	24691825.14	2835063.32	2327527.85
江 苏 Jiangsu	61410743.89	2874158.09	9608870.23
浙 江 Zhejiang	41649717.30	2229224.39	7065909.85
安 徽 Anhui	38646371.73	1936579.94	2459934.01
福 建 Fujian	24723814.01	2302324.45	6502485.95
江 西 Jiangxi	35172012.33	1581110.51	5514843.94
山 东 Shandong	64586922.60	5795394.13	9450526.39
河 南 Henan	14944932.62	3960563.09	58423918.29
湖 北 Hubei	52011926.88	2562988.05	5585244.45
湖 南 Hunan	38099220.06	1765193.03	5739066.21
广 东 Guangdong	54953589.44	6651168.04	20000729.23
广 西 Guangxi	30472725.92	2367688.66	4072307.68
海 南 Hainan	5967416.15	710209.39	1175898.55
重 庆 Chongqing	25805009.73	1887013.44	3143454.88
四 川 Sichuan	42248319.28	3322617.43	16299321.34
贵 州 Guizhou	23788125.21	2109653.07	2617431.15
云 南 Yunnan	5879470.98	2934698.46	18605773.81
西 藏 Tibet	1558934.31	232400.85	13770.95
陕 西 Shaanxi	48123108.03	4419721.04	3364895.76
甘 肃 Gansu	18658574.50	1792141.39	423401.16
青 海 Qinghai	2733571.51	222603.41	210871.95
宁 夏 Ningxia	3864317.65	212885.60	426526.63
新 疆 Xinjiang	16687705.16	1326377.79	721033.30

高等教育校舍情况(普通高校)
Conditions of School Buildings in HEIs (Regular HEIs)

单位:平方米
unit: m^2

地 区 Region	学校产权校舍建筑面积 Floor Area of School Building Owned by HEIs	正在施工校舍建筑面积 Floor Area Under Construction	非学校产权中独立使用建筑面积 Floor Area of School Building Not Owned by HEIs
总 计 Total	**619660606. 44**	**45538873. 50**	**125189015. 64**
北 京 Beijing	39033124. 84	2008322. 76	2428303. 29
天 津 Tianjin	13387446. 46	425619. 76	1591619. 04
河 北 Hebei	25938555. 90	946453. 27	2026581. 17
山 西 Shanxi	15577782. 54	903311. 85	1349778. 18
内蒙古 Inner Mongolia	8829998. 03	710785. 08	448239. 26
辽 宁 Liaoning	26872397. 98	1748792. 13	2520634. 07
吉 林 Jilin	5847004. 95	608524. 22	9604410. 02
黑龙江 Heilongjiang	20721463. 11	788566. 58	3196818. 03
上 海 Shanghai	22209776. 36	2727037. 82	1236037. 59
江 苏 Jiangsu	40761074. 08	2580906. 17	6827601. 76
浙 江 Zhejiang	29564662. 31	1817456. 11	4168651. 05
安 徽 Anhui	24827806. 52	1283132. 76	414509. 52
福 建 Fujian	17769969. 56	1418613. 95	3550061. 48
江 西 Jiangxi	22533230. 40	796741. 44	2090303. 52
山 东 Shandong	43381538. 64	3258881. 77	5426812. 71
河 南 Henan	10253519. 79	2631684. 69	33181752. 65
湖 北 Hubei	38428816. 65	2215383. 73	3942524. 29
湖 南 Hunan	22866791. 45	991280. 10	3885678. 39
广 东 Guangdong	35931668. 21	4315272. 89	10639947. 96
广 西 Guangxi	20046800. 65	782586. 46	1659303. 80
海 南 Hainan	4353540. 43	585126. 46	453053. 96
重 庆 Chongqing	17552738. 57	1108291. 62	718018. 37
四 川 Sichuan	30219132. 65	1689381. 79	8073998. 06
贵 州 Guizhou	13464087. 28	1075649. 85	912189. 13
云 南 Yunnan	3997044. 75	1537608. 11	11539818. 67
西 藏 Tibet	1174155. 56	224425. 63	0. 00
陕 西 Shaanxi	38010453. 64	3544833. 53	2485814. 81
甘 肃 Gansu	11464641. 31	1497725. 37	268646. 18
青 海 Qinghai	1834294. 63	160411. 67	24149. 00
宁 夏 Ningxia	2629807. 97	188362. 10	276673. 89
新 疆 Xinjiang	10177281. 22	967703. 83	247085. 79

高等教育校舍情况(本科层次职业高校)
Conditions of School Buildings in HEIs (Professional HEIs)

单位:平方米
unit:m^2

地　区 Region	学校产权校舍建筑面积 Floor Area of School Building Owned by HEIs	正在施工校舍建筑面积 Floor Area Under Construction	非学校产权中独立使用建筑面积 Floor Area of School Building Not Owned by HEIs
总　计 Total	**10585883.97**	**1315273.03**	**3498710.28**
北　京 Beijing	0.00	0.00	0.00
天　津 Tianjin	0.00	0.00	0.00
河　北 Hebei	1576989.51	1855.00	120492.28
山　西 Shanxi	890621.36	63856.00	130060.35
内蒙古 Inner Mongolia	0.00	0.00	0.00
辽　宁 Liaoning	205628.92	0.00	41963.71
吉　林 Jilin	0.00	0.00	0.00
黑龙江 Heilongjiang	0.00	0.00	0.00
上　海 Shanghai	160096.57	73406.10	0.00
江　苏 Jiangsu	415843.31	32356.37	10705.90
浙　江 Zhejiang	600109.87	0.00	90271.51
安　徽 Anhui	0.00	0.00	0.00
福　建 Fujian	171930.71	217292.45	225145.85
江　西 Jiangxi	572260.06	12792.26	444351.03
山　东 Shandong	910057.27	317978.98	370443.48
河　南 Henan	0.00	0.00	498937.99
湖　北 Hubei	0.00	0.00	0.00
湖　南 Hunan	312535.72	0.00	0.00
广　东 Guangdong	879690.67	155203.60	274547.04
广　西 Guangxi	1014659.12	0.00	583016.21
海　南 Hainan	399200.49	85552.93	0.00
重　庆 Chongqing	300638.11	65688.42	80122.00
四　川 Sichuan	267217.64	125000.00	176286.85
贵　州 Guizhou	202955.49	70129.00	272287.23
云　南 Yunnan	0.00	0.00	0.00
西　藏 Tibet	0.00	0.00	0.00
陕　西 Shaanxi	429113.45	55107.92	180078.85
甘　肃 Gansu	1052205.61	39054.00	0.00
青　海 Qinghai	0.00	0.00	0.00
宁　夏 Ningxia	0.00	0.00	0.00
新　疆 Xinjiang	224130.09	0.00	0.00

高等教育校舍情况(专科层次职业高校)
Conditions of School Buildings in HEIs (Vocational HEIs)

单位:平方米
unit:m²

地　区 Region	学校产权校舍建筑面积 Floor Area of School Building Owned by HEIs	正在施工校舍建筑面积 Floor Area Under Construction	非学校产权中独立使用建筑面积 Floor Area of School Building Not Owned by HEIs
总　计 Total	**242180593.68**	**19348508.50**	**86558086.23**
北　京 Beijing	3572973.91	0.00	381277.24
天　津 Tianjin	2933071.75	34391.68	1045450.82
河　北 Hebei	11912477.44	542580.06	2159821.41
山　西 Shanxi	5103909.62	393096.72	1827467.84
内蒙古 Inner Mongolia	5859049.55	495059.51	554167.94
辽　宁 Liaoning	5425510.33	363911.77	1351548.04
吉　林 Jilin	676420.03	106191.13	2956636.07
黑龙江 Heilongjiang	5671103.07	59674.31	870999.57
上　海 Shanghai	2035307.56	34619.40	1052994.44
江　苏 Jiangsu	20012034.34	260895.55	2769805.01
浙　江 Zhejiang	11219744.10	399367.78	1408916.68
安　徽 Anhui	13439651.07	653447.18	2030257.99
福　建 Fujian	6668208.56	666418.05	2727278.62
江　西 Jiangxi	11824898.45	771576.81	2980189.39
山　东 Shandong	19836680.90	2218533.38	3653270.20
河　南 Henan	4637792.88	1328878.40	24592464.49
湖　北 Hubei	13458281.29	347604.32	1640463.16
湖　南 Hunan	14664900.88	773912.93	1780088.98
广　东 Guangdong	17820232.56	2180691.55	7922310.48
广　西 Guangxi	9295830.10	1585102.20	1824243.95
海　南 Hainan	1133847.91	39530.00	722844.59
重　庆 Chongqing	7874028.81	713033.40	2336647.24
四　川 Sichuan	11516608.70	1508235.64	7905699.62
贵　州 Guizhou	10056768.38	963874.22	1432954.79
云　南 Yunnan	1877705.23	1397090.35	7040356.14
西　藏 Tibet	384778.75	7975.22	13770.95
陕　西 Shaanxi	9077118.87	819779.59	622113.13
甘　肃 Gansu	6081879.56	255362.02	154754.98
青　海 Qinghai	880116.38	62191.74	186722.95
宁　夏 Ningxia	1234509.68	24523.50	149852.74
新　疆 Xinjiang	5995153.02	340960.09	462716.78

高等教育校舍情况(成人高校)
Conditions of School Buildings in HEIs (Adult HEIs)

单位:平方米
unit:m²

地　区 Region	学校产权校舍建筑面积 Floor Area of School Building Owned by HEIs	正在施工校舍建筑面积 Floor Area Under Construction	非学校产权中独立使用建筑面积 Floor Area of School Building Not Owned by HEIs
总　计 Total	**6130406.04**	**124391.47**	**4234644.12**
北　京 Beijing	637099.76	21354.10	53917.62
天　津 Tianjin	73058.31	0.00	163536.86
河　北 Hebei	189488.17	0.00	142300.59
山　西 Shanxi	152070.90	0.00	163678.88
内蒙古 Inner Mongolia	57496.97	0.00	0.00
辽　宁 Liaoning	343266.26	0.00	372885.13
吉　林 Jilin	103230.05	72923.00	168330.39
黑龙江 Heilongjiang	287895.98	0.00	55794.91
上　海 Shanghai	286644.65	0.00	38495.82
江　苏 Jiangsu	221792.16	0.00	757.56
浙　江 Zhejiang	265201.02	12400.50	1398070.61
安　徽 Anhui	378914.14	0.00	15166.50
福　建 Fujian	113705.18	0.00	0.00
江　西 Jiangxi	241623.42	0.00	0.00
山　东 Shandong	458645.79	0.00	0.00
河　南 Henan	53619.95	0.00	150763.16
湖　北 Hubei	124828.94	0.00	2257.00
湖　南 Hunan	254992.01	0.00	73298.84
广　东 Guangdong	321998.00	0.00	1163923.75
广　西 Guangxi	115436.05	0.00	5743.72
海　南 Hainan	80827.32	0.00	0.00
重　庆 Chongqing	77604.24	0.00	8667.27
四　川 Sichuan	245360.29	0.00	143336.81
贵　州 Guizhou	64314.06	0.00	0.00
云　南 Yunnan	4721.00	0.00	25599.00
西　藏 Tibet	0.00	0.00	0.00
陕　西 Shaanxi	606422.07	0.00	76888.97
甘　肃 Gansu	59848.02	0.00	0.00
青　海 Qinghai	19160.50	0.00	0.00
宁　夏 Ningxia	0.00	0.00	0.00
新　疆 Xinjiang	291140.83	17713.87	11230.73

普通高中校数、班数(总计)
Number of Schools and Classes in Regular Senior Secondary Schools (Total)

地 区 Region	学校数 (所) Schools	完全中学 Combined Secondary Schools	高级中学 Regular High Schools	十二年一贯制学校 12-Year Schools	班 数 (个) Classes	一年级 Grade 1	二年级 Grade 2	三年级 Grade 3
总 计 Total	**14585**	**5384**	**7407**	**1794**	**532318**	**183835**	**178133**	**170350**
北 京 Beijing	332	171	35	126	5370	1828	1858	1684
天 津 Tianjin	191	107	69	15	4287	1446	1506	1335
河 北 Hebei	738	247	416	75	32305	11451	10966	9888
山 西 Shanxi	517	221	242	54	14492	4969	4749	4774
内蒙古 Inner Mongolia	307	117	164	26	9657	3231	3304	3122
辽 宁 Liaoning	431	52	346	33	13869	4604	4651	4614
吉 林 Jilin	263	61	179	23	9093	3038	3077	2978
黑龙江 Heilongjiang	366	78	265	23	11772	3900	3981	3891
上 海 Shanghai	262	88	143	31	4888	1656	1636	1596
江 苏 Jiangsu	609	81	464	64	26411	9417	8848	8146
浙 江 Zhejiang	631	82	481	68	19910	6746	6688	6476
安 徽 Anhui	679	272	313	94	23664	7932	7991	7741
福 建 Fujian	557	441	73	43	14760	5098	4919	4743
江 西 Jiangxi	544	264	173	107	22798	7804	7592	7402
山 东 Shandong	723	105	521	97	38402	13007	13191	12204
河 南 Henan	970	135	686	149	45790	16422	15057	14311
湖 北 Hubei	548	66	424	58	18337	6397	6111	5829
湖 南 Hunan	686	224	377	85	26340	9277	8685	8378
广 东 Guangdong	1076	544	328	204	41199	14292	13703	13204
广 西 Guangxi	521	196	291	34	22386	8057	7436	6893
海 南 Hainan	133	87	10	36	4043	1441	1347	1255
重 庆 Chongqing	269	230	31	8	12315	4222	4133	3960
四 川 Sichuan	806	518	162	126	29012	9853	9558	9601
贵 州 Guizhou	478	133	288	57	19214	6522	6394	6298
云 南 Yunnan	616	364	210	42	19254	6718	6594	5942
西 藏 Tibet	39	6	30	3	1494	512	512	470
陕 西 Shaanxi	453	190	224	39	13935	4787	4578	4570
甘 肃 Gansu	363	141	205	17	10959	3652	3660	3647
青 海 Qinghai	107	32	64	11	2723	932	916	875
宁 夏 Ningxia	70	19	49	2	3236	1113	1098	1025
新 疆 Xinjiang	300	112	144	44	10403	3511	3394	3498

普通高中校数、班数(城区)

Number of Schools and Classes in Regular Senior Secondary Schools (Urban Area)

地区 Region	学校数(所) Schools	完全中学 Combined Secondary Schools	高级中学 Regular High Schools	十二年一贯制学校 12-Year Schools	班数(个) Classes	一年级 Grade 1	二年级 Grade 2	三年级 Grade 3
总计 Total	**7684**	**2886**	**3667**	**1131**	**271008**	**92801**	**90891**	**87316**
北京 Beijing	299	159	30	110	5165	1756	1783	1626
天津 Tianjin	158	106	39	13	3567	1210	1244	1113
河北 Hebei	317	130	162	25	13468	4724	4543	4201
山西 Shanxi	285	162	88	35	7487	2568	2464	2455
内蒙古 Inner Mongolia	162	61	85	16	4981	1670	1705	1606
辽宁 Liaoning	328	44	258	26	10040	3323	3355	3362
吉林 Jilin	155	30	111	14	5827	1930	1964	1933
黑龙江 Heilongjiang	202	46	140	16	6794	2251	2298	2245
上海 Shanghai	233	78	126	29	4347	1476	1455	1416
江苏 Jiangsu	347	42	262	43	14608	5035	4942	4631
浙江 Zhejiang	368	56	265	47	11969	4053	4023	3893
安徽 Anhui	244	96	111	37	8874	2916	3020	2938
福建 Fujian	220	163	29	28	7105	2448	2387	2270
江西 Jiangxi	251	131	59	61	9818	3311	3331	3176
山东 Shandong	408	59	293	56	21420	7253	7343	6824
河南 Henan	403	62	289	52	17256	6164	5661	5431
湖北 Hubei	343	47	253	43	11398	3932	3791	3675
湖南 Hunan	281	110	129	42	10091	3540	3380	3171
广东 Guangdong	711	315	240	156	29089	10092	9655	9342
广西 Guangxi	255	97	137	21	10588	3796	3508	3284
海南 Hainan	72	50	5	17	2392	838	792	762
重庆 Chongqing	152	131	17	4	7156	2429	2406	2321
四川 Sichuan	385	218	74	93	13839	4701	4552	4586
贵州 Guizhou	190	56	97	37	7061	2376	2350	2335
云南 Yunnan	282	167	80	35	7313	2479	2513	2321
西藏 Tibet	24	5	16	3	904	293	311	300
陕西 Shaanxi	248	135	87	26	6760	2314	2221	2225
甘肃 Gansu	122	41	73	8	3699	1238	1226	1235
青海 Qinghai	44	12	25	7	1074	370	352	352
宁夏 Ningxia	40	11	28	1	1912	649	655	608
新疆 Xinjiang	155	66	59	30	5006	1666	1661	1679

普通高中校数、班数(镇区)
Number of Schools and Classes in Regular Senior Secondary Schools (County and Town Area)

地区 Region	学校数(所) Schools	完全中学 Combined Secondary Schools	高级中学 Regular High Schools	十二年一贯制学校 12-Year Schools	班数(个) Classes	一年级 Grade 1	二年级 Grade 2	三年级 Grade 3
总计 Total	**6098**	**2216**	**3376**	**506**	**240646**	**83254**	**80381**	**77011**
北京 Beijing	16	5	4	7	117	38	44	35
天津 Tianjin	29	1	26	2	642	210	234	198
河北 Hebei	365	98	229	38	17089	5997	5825	5267
山西 Shanxi	197	48	134	15	6222	2136	2036	2050
内蒙古 Inner Mongolia	136	52	76	8	4510	1507	1542	1461
辽宁 Liaoning	91	6	80	5	3478	1162	1177	1139
吉林 Jilin	95	28	62	5	2998	1011	1026	961
黑龙江 Heilongjiang	151	30	115	6	4679	1535	1591	1553
上海 Shanghai	20	5	14	1	417	139	140	138
江苏 Jiangsu	255	38	199	18	11621	4321	3849	3451
浙江 Zhejiang	219	16	190	13	6943	2341	2327	2275
安徽 Anhui	400	163	190	47	14047	4756	4729	4562
福建 Fujian	294	241	42	11	7027	2405	2335	2287
江西 Jiangxi	266	121	107	38	12452	4293	4087	4072
山东 Shandong	277	44	203	30	15609	5222	5354	5033
河南 Henan	508	70	357	81	26745	9482	8824	8439
湖北 Hubei	187	17	156	14	6492	2297	2174	2021
湖南 Hunan	360	107	215	38	14863	5230	4855	4778
广东 Guangdong	291	195	67	29	9765	3355	3244	3166
广西 Guangxi	248	93	145	10	11438	4108	3823	3507
海南 Hainan	46	32	4	10	1327	486	447	394
重庆 Chongqing	100	82	14	4	4244	1477	1420	1347
四川 Sichuan	386	279	79	28	14320	4826	4720	4774
贵州 Guizhou	258	68	174	16	11344	3849	3785	3710
云南 Yunnan	290	175	112	3	10998	3883	3755	3360
西藏 Tibet	3	0	3	0	106	35	36	35
陕西 Shaanxi	178	46	123	9	6606	2247	2175	2184
甘肃 Gansu	231	93	129	9	7109	2360	2388	2361
青海 Qinghai	56	19	33	4	1495	507	508	480
宁夏 Ningxia	28	8	20	0	1295	446	437	412
新疆 Xinjiang	117	36	74	7	4648	1593	1494	1561

普通高中校数、班数（乡村）

Number of Schools and Classes in Regular Senior Secondary Schools (Rural Area)

地 区 Region	学校数（所）Schools	完全中学 Combined Secondary Schools	高级中学 Regular High Schools	十二年一贯制学校 12-Year Schools	班 数（个）Classes	一年级 Grade 1	二年级 Grade 2	三年级 Grade 3
总 计 Total	**803**	**282**	**364**	**157**	**20664**	**7780**	**6861**	**6023**
北 京 Beijing	17	7	1	9	88	34	31	23
天 津 Tianjin	4	0	4	0	78	26	28	24
河 北 Hebei	56	19	25	12	1748	730	598	420
山 西 Shanxi	35	11	20	4	783	265	249	269
内蒙古 Inner Mongolia	9	4	3	2	166	54	57	55
辽 宁 Liaoning	12	2	8	2	351	119	119	113
吉 林 Jilin	13	3	6	4	268	97	87	84
黑龙江 Heilongjiang	13	2	10	1	299	114	92	93
上 海 Shanghai	9	5	3	1	124	41	41	42
江 苏 Jiangsu	7	1	3	3	182	61	57	64
浙 江 Zhejiang	44	10	26	8	998	352	338	308
安 徽 Anhui	35	13	12	10	743	260	242	241
福 建 Fujian	43	37	2	4	628	245	197	186
江 西 Jiangxi	27	12	7	8	528	200	174	154
山 东 Shandong	38	2	25	11	1373	532	494	347
河 南 Henan	59	3	40	16	1789	776	572	441
湖 北 Hubei	18	2	15	1	447	168	146	133
湖 南 Hunan	45	7	33	5	1386	507	450	429
广 东 Guangdong	74	34	21	19	2345	845	804	696
广 西 Guangxi	18	6	9	3	360	153	105	102
海 南 Hainan	15	5	1	9	324	117	108	99
重 庆 Chongqing	17	17	0	0	915	316	307	292
四 川 Sichuan	35	21	9	5	853	326	286	241
贵 州 Guizhou	30	9	17	4	809	297	259	253
云 南 Yunnan	44	22	18	4	943	356	326	261
西 藏 Tibet	12	1	11	0	484	184	165	135
陕 西 Shaanxi	27	9	14	4	569	226	182	161
甘 肃 Gansu	10	7	3	0	151	54	46	51
青 海 Qinghai	7	1	6	0	154	55	56	43
宁 夏 Ningxia	2	0	1	1	29	18	6	5
新 疆 Xinjiang	28	10	11	7	749	252	239	258

普通高中教育学生数(总计)

Number of Students in Regular Senior Secondary Schools (Total)

单位:人
unit:person

地 区 Region	毕业生数 Graduates	招生数 Entrants	在校生数 Enrolment	#女 of Which: Female	一年级 Grade 1	二年级 Grade 2	三年级 Grade 3
总 计 Total	**7802267**	**9049538**	**26050291**	**13081492**	**9059937**	**8694635**	**8295719**
北 京 Beijing	45077	62263	176095	88697	62771	61546	51778
天 津 Tianjin	51828	64707	190701	97193	64763	67664	58274
河 北 Hebei	447668	585863	1648476	848477	585955	559560	502961
山 西 Shanxi	207577	235639	683118	349408	235720	222006	225392
内蒙古 Inner Mongolia	132419	138161	410955	212548	138230	143094	129631
辽 宁 Liaoning	187630	205136	609690	315112	205165	203874	200651
吉 林 Jilin	125455	150919	450088	230939	150932	151165	147991
黑龙江 Heilongjiang	174127	190854	573916	294788	190899	193782	189235
上 海 Shanghai	51692	60462	174454	87599	60998	59824	53632
江 苏 Jiangsu	345900	449416	1251876	593086	450147	419580	382149
浙 江 Zhejiang	251695	284764	837036	413886	284880	281872	270284
安 徽 Anhui	359916	390969	1163441	539867	391299	391139	381003
福 建 Fujian	196437	245357	699277	345501	245480	232620	221177
江 西 Jiangxi	341650	397179	1158428	526721	398017	383221	377190
山 东 Shandong	539843	628796	1826401	920454	628904	626015	571482
河 南 Henan	717596	851108	2376877	1188622	852323	779846	744708
湖 北 Hubei	276792	329871	945007	451771	330785	312740	301482
湖 南 Hunan	394244	480904	1354094	660547	481249	444554	428291
广 东 Guangdong	592106	705236	2007726	990405	705621	668054	634051
广 西 Guangxi	353003	427099	1212148	638133	427411	399788	384949
海 南 Hainan	56505	68311	193696	95062	68878	64806	60012
重 庆 Chongqing	201782	217560	639982	325481	217928	215055	206999
四 川 Sichuan	452530	489874	1438246	741591	490555	471727	475964
贵 州 Guizhou	327933	331022	965576	496105	331752	320580	313244
云 南 Yunnan	289905	356676	1015711	554791	357031	345325	313355
西 藏 Tibet	24678	26656	75736	41390	26782	25452	23502
陕 西 Shaanxi	230361	226178	650421	326560	226508	212614	211299
甘 肃 Gansu	171143	171832	515162	260511	171892	171561	171709
青 海 Qinghai	41827	45715	131406	69295	45861	43991	41554
宁 夏 Ningxia	50447	57485	167356	89811	57552	56601	53203
新 疆 Xinjiang	162501	173526	507195	287141	173649	164979	168567

普通高中教育学生数(城区)
Number of Students in Regular Senior Secondary Schools (Urban Area)

单位:人
unit:person

地　区 Region	毕业生数 Graduates	招生数 Entrants	在校生数 Enrolment	#女 of Which: Female	一年级 Grade 1	二年级 Grade 2	三年级 Grade 3
总　计 Total	**3913355**	**4473720**	**12971909**	**6469051**	**4479812**	**4339455**	**4152642**
北　京 Beijing	43286	59770	169688	85454	60264	59268	50156
天　津 Tianjin	42682	53293	157434	79842	53344	55545	48545
河　北 Hebei	192264	241472	685645	351480	241502	231292	212851
山　西 Shanxi	104498	120750	350183	178691	120794	113946	115443
内蒙古 Inner Mongolia	68612	70501	209492	107537	70537	73544	65411
辽　宁 Liaoning	131646	146559	435112	222762	146582	144965	143565
吉　林 Jilin	81585	95556	286930	146685	95564	96118	95248
黑龙江 Heilongjiang	99549	108295	324579	166500	108323	109415	106841
上　海 Shanghai	45449	53638	154282	77269	54091	52967	47224
江　苏 Jiangsu	198275	237139	683970	324057	237491	231843	214636
浙　江 Zhejiang	152960	170730	503231	246732	170813	169754	162664
安　徽 Anhui	134988	142028	429468	199704	142175	144921	142372
福　建 Fujian	98318	118496	339715	166156	118553	113604	107558
江　西 Jiangxi	150721	166266	492111	222444	166483	165398	160230
山　东 Shandong	302697	345630	1005861	512372	345707	344516	315638
河　南 Henan	263738	314175	881625	439260	315383	288854	277388
湖　北 Hubei	172330	201942	582657	278011	202688	192586	187383
湖　南 Hunan	147017	181072	510349	242690	181260	170090	158999
广　东 Guangdong	418211	494276	1409250	689419	494599	467633	447018
广　西 Guangxi	167045	201096	568461	293321	201301	186962	180198
海　南 Hainan	34506	39610	113922	54700	39666	38139	36117
重　庆 Chongqing	115254	123114	366247	187245	123313	122972	119962
四　川 Sichuan	211430	228125	667384	340103	228420	217887	221077
贵　州 Guizhou	118401	115080	338843	171305	115306	111829	111708
云　南 Yunnan	112771	131101	380067	208099	131205	129320	119542
西　藏 Tibet	16195	14902	45013	24663	14961	15111	14941
陕　西 Shaanxi	107106	108689	313688	156039	108896	102176	102616
甘　肃 Gansu	56805	57911	174433	86553	57936	57717	58780
青　海 Qinghai	16668	17747	51720	27077	17792	16797	17131
宁　夏 Ningxia	30712	33623	99042	52550	33661	33917	31464
新　疆 Xinjiang	77636	81134	241507	130331	81202	80369	79936

普通高中教育学生数(镇区)
Number of Students in Regular Senior Secondary Schools (County and Town Area)

单位:人
unit:person

地 区 Region	毕业生数 Graduates	招生数 Entrants	在校生数 Enrolment	#女 of Which: Female	一年级 Grade 1	二年级 Grade 2	三年级 Grade 3
总 计 Total	**3641072**	**4201130**	**12089640**	**6127372**	**4204639**	**4027251**	**3857750**
北 京 Beijing	977	1304	3594	1869	1312	1249	1033
天 津 Tianjin	8144	10114	29546	15380	10119	10769	8658
河 北 Hebei	239471	307580	873966	454461	307639	297624	268703
山 西 Shanxi	91690	102357	296458	152532	102391	96470	97597
内蒙古 Inner Mongolia	61518	65500	194697	101674	65533	67091	62073
辽 宁 Liaoning	51449	53511	159496	84755	53515	53807	52174
吉 林 Jilin	40853	50549	149922	78180	50554	50812	48556
黑龙江 Heilongjiang	71289	77415	235722	121899	77431	80183	78108
上 海 Shanghai	5024	5375	16034	8257	5448	5511	5075
江 苏 Jiangsu	145193	209557	559682	265068	209917	185080	164685
浙 江 Zhejiang	88899	99269	292269	147146	99296	98116	94857
安 徽 Anhui	213407	236393	697620	323902	236569	234310	226741
福 建 Fujian	91558	115718	331337	165843	115780	110170	105387
江 西 Jiangxi	185134	221497	641413	294058	222116	209728	209569
山 东 Shandong	225719	259104	758120	378106	259133	259180	239807
河 南 Henan	434696	497468	1406348	704906	497475	462711	446162
湖 北 Hubei	99003	119555	340290	163238	119723	112953	107614
湖 南 Hunan	228713	273449	772999	383962	273514	251728	247757
广 东 Guangdong	144455	169167	485052	246274	169213	161514	154325
广 西 Guangxi	182108	218563	625849	336274	218666	207689	199494
海 南 Hainan	18093	23859	65247	33488	23913	21902	19432
重 庆 Chongqing	71688	77479	225140	113574	77639	75910	71591
四 川 Sichuan	230762	246170	729416	380506	246510	239933	242973
贵 州 Guizhou	199224	201716	588206	305832	202209	196391	189606
云 南 Yunnan	164842	209250	591645	323863	209475	200570	181600
西 藏 Tibet	1483	1996	5393	2897	1996	1825	1572
陕 西 Shaanxi	116160	107689	311925	158619	107809	102398	101718
甘 肃 Gansu	112108	111346	333436	170090	111381	111625	110430
青 海 Qinghai	23825	25313	72599	38641	25413	24557	22629
宁 夏 Ningxia	19675	22947	66943	36648	22976	22412	21555
新 疆 Xinjiang	73912	79920	229276	135430	79974	73033	76269

普通高中教育学生数(乡村)

Number of Students in Regular Senior Secondary Schools (Rural Area)

单位:人
unit:person

地 区 Region	毕业生数 Graduates	招生数 Entrants	在校生数 Enrolment	#女 of Which: Female	一年级 Grade 1	二年级 Grade 2	三年级 Grade 3
总 计 Total	**247840**	**374688**	**988742**	**485069**	**375486**	**327929**	**285327**
北 京 Beijing	814	1189	2813	1374	1195	1029	589
天 津 Tianjin	1002	1300	3721	1971	1300	1350	1071
河 北 Hebei	15933	36811	88865	42536	36814	30644	21407
山 西 Shanxi	11389	12532	36477	18185	12535	11590	12352
内蒙古 Inner Mongolia	2289	2160	6766	3337	2160	2459	2147
辽 宁 Liaoning	4535	5066	15082	7595	5068	5102	4912
吉 林 Jilin	3017	4814	13236	6074	4814	4235	4187
黑龙江 Heilongjiang	3289	5144	13615	6389	5145	4184	4286
上 海 Shanghai	1219	1449	4138	2073	1459	1346	1333
江 苏 Jiangsu	2432	2720	8224	3961	2739	2657	2828
浙 江 Zhejiang	9836	14765	41536	20008	14771	14002	12763
安 徽 Anhui	11521	12548	36353	16261	12555	11908	11890
福 建 Fujian	6561	11143	28225	13502	11147	8846	8232
江 西 Jiangxi	5795	9416	24904	10219	9418	8095	7391
山 东 Shandong	11427	24062	62420	29976	24064	22319	16037
河 南 Henan	19162	39465	88904	44456	39465	28281	21158
湖 北 Hubei	5459	8374	22060	10522	8374	7201	6485
湖 南 Hunan	18514	26383	70746	33895	26475	22736	21535
广 东 Guangdong	29440	41793	113424	54712	41809	38907	32708
广 西 Guangxi	3850	7440	17838	8538	7444	5137	5257
海 南 Hainan	3906	4842	14527	6874	5299	4765	4463
重 庆 Chongqing	14840	16967	48595	24662	16976	16173	15446
四 川 Sichuan	10338	15579	41446	20982	15625	13907	11914
贵 州 Guizhou	10308	14226	38527	18968	14237	12360	11930
云 南 Yunnan	12292	16325	43999	22829	16351	15435	12213
西 藏 Tibet	7000	9758	25330	13830	9825	8516	6989
陕 西 Shaanxi	7095	9800	24808	11902	9803	8040	6965
甘 肃 Gansu	2230	2575	7293	3868	2575	2219	2499
青 海 Qinghai	1334	2655	7087	3577	2656	2637	1794
宁 夏 Ningxia	60	915	1371	613	915	272	184
新 疆 Xinjiang	10953	12472	36412	21380	12473	11577	12362

普通高中教育女学生数
Number of Female Students in Regular Senior Secondary Schools

单位:人
unit:person

地　区 Region	毕业生数 Graduates	招生数 Entrants	在校生数 Enrolment	一年级 Grade 1	二年级 Grade 2	三年级 Grade 3
总　计 Total	**3947944**	**4515393**	**13081492**	**4520017**	**4359006**	**4202469**
北　京 Beijing	22853	31042	88697	31308	30872	26517
天　津 Tianjin	26280	32838	97193	32863	34292	30038
河　北 Hebei	232868	299671	848477	299687	288162	260628
山　西 Shanxi	107298	119331	349408	119381	112718	117309
内蒙古 Inner Mongolia	68271	71319	212548	71343	73507	67698
辽　宁 Liaoning	95431	104681	315112	104694	104503	105915
吉　林 Jilin	64871	77088	230939	77089	77308	76542
黑龙江 Heilongjiang	90123	97856	294788	97873	99015	97900
上　海 Shanghai	26488	30018	87599	30297	29950	27352
江　苏 Jiangsu	168118	211869	593086	212101	196795	184190
浙　江 Zhejiang	127546	139059	413886	139118	139145	135623
安　徽 Anhui	168591	180061	539867	180186	181720	177961
福　建 Fujian	101204	119392	345501	119449	115116	110936
江　西 Jiangxi	152534	181152	526721	181535	174477	170709
山　东 Shandong	275908	313212	920454	313274	313470	293710
河　南 Henan	360429	423349	1188622	423991	390070	374561
湖　北 Hubei	133160	156302	451771	156655	149567	145549
湖　南 Hunan	193220	234246	660547	234369	217363	208815
广　东 Guangdong	290349	347880	990405	348104	329095	313206
广　西 Guangxi	190514	222739	638133	222874	210359	204900
海　南 Hainan	27917	33364	95062	33525	31633	29904
重　庆 Chongqing	101582	111495	325481	111646	108969	104866
四　川 Sichuan	233555	252262	741591	252552	243282	245757
贵　州 Guizhou	170663	168434	496105	168815	164577	162713
云　南 Yunnan	162090	191093	554791	191262	188527	175002
西　藏 Tibet	13098	14340	41390	14387	13836	13167
陕　西 Shaanxi	114067	113400	326560	113544	106043	106973
甘　肃 Gansu	85904	86773	260511	86797	86556	87158
青　海 Qinghai	22054	23841	69295	23918	23230	22147
宁　夏 Ningxia	27536	30441	89811	30471	30664	28676
新　疆 Xinjiang	93422	96845	287141	96909	94185	96047

普通中学学校教职工数(总计)
Number of Educational Personnel in General Secondary Schools (Total)

单位:人
unit:person

地 区 Region	教职工数 Educational Personnel	专任教师 Full-time Teachers	行政人员 Adm. Personnel	教辅人员 Supporting Staffs	工勤人员 Workers	其 他 Others	校外教师 Part-time Teachers	外籍教师 Foreign Teachers
总 计 Total	**7805536**	**6915862**	**187538**	**289592**	**384168**	**28376**	**32463**	**7417**
北 京 Beijing	96583	76803	6866	9758	3029	127	677	1547
天 津 Tianjin	59482	51652	3364	3261	1074	131	226	97
河 北 Hebei	446471	393380	13223	16720	22871	277	672	22
山 西 Shanxi	227979	192423	6418	12691	15477	970	519	10
内蒙古 Inner Mongolia	141871	114253	5969	14507	6521	621	377	5
辽 宁 Liaoning	207975	179845	17379	7029	3384	338	303	3
吉 林 Jilin	142743	119864	7112	12476	3133	158	192	3
黑龙江 Heilongjiang	173745	148280	7388	12014	5623	440	1987	11
上 海 Shanghai	96239	79704	4824	7112	4456	143	432	1406
江 苏 Jiangsu	429517	384876	6108	16585	20374	1574	1415	1046
浙 江 Zhejiang	275730	247115	5504	9478	13001	632	588	745
安 徽 Anhui	336501	300042	7655	8104	20069	631	713	58
福 建 Fujian	203076	180871	5118	7782	8189	1116	996	157
江 西 Jiangxi	274971	258936	2204	5902	7833	96	507	7
山 东 Shandong	586421	543712	8254	18203	15583	669	1023	187
河 南 Henan	655418	587454	15057	15148	35693	2066	5307	54
湖 北 Hubei	280163	242644	7261	10325	18102	1831	2789	146
湖 南 Hunan	373112	342808	6868	9001	13402	1033	2133	38
广 东 Guangdong	709301	603988	15913	29089	57428	2883	1110	1333
广 西 Guangxi	281119	246601	3383	8142	17841	5152	607	30
海 南 Hainan	64640	54545	1459	1829	6215	592	738	128
重 庆 Chongqing	148334	136385	2882	3238	5248	581	1124	77
四 川 Sichuan	451325	407676	7117	11768	23545	1219	2790	130
贵 州 Guizhou	250310	216055	4807	5106	22775	1567	226	32
云 南 Yunnan	247301	227598	2667	3933	11705	1398	833	44
西 藏 Tibet	19650	19119	140	230	161	0	459	0
陕 西 Shaanxi	207483	182052	7618	9694	7275	844	11	67
甘 肃 Gansu	157864	148812	1915	3863	3091	183	145	26
青 海 Qinghai	36712	32847	291	296	3023	255	325	0
宁 夏 Ningxia	37437	35510	289	816	666	156	374	4
新 疆 Xinjiang	186063	160012	2485	15492	7381	693	2865	4

普通中学学校教职工数(城区)
Number of Educational Personnel in General Secondary Schools (Urban Area)

单位:人
unit:person

地区 Region	教职工数 Educational Personnel	专任教师 Full-time Teachers	行政人员 Adm. Personnel	教辅人员 Supporting Staffs	工勤人员 Workers	其他 Others	校外教师 Part-time Teachers	外籍教师 Foreign Teachers
总计 Total	**3486512**	**3046582**	**99243**	**146505**	**182121**	**12061**	**16198**	**6193**
北京 Beijing	83259	67015	5739	7852	2553	100	666	1367
天津 Tianjin	46306	39702	2716	2910	871	107	223	97
河北 Hebei	156073	137055	4817	6073	8016	112	423	8
山西 Shanxi	102329	84891	3602	5312	8120	404	237	5
内蒙古 Inner Mongolia	59735	49910	3224	4588	1920	93	195	5
辽宁 Liaoning	121120	105095	9949	3751	2193	132	214	3
吉林 Jilin	65582	55482	2881	5164	1949	106	137	2
黑龙江 Heilongjiang	81477	70895	3412	4793	2200	177	444	10
上海 Shanghai	82368	68699	4153	6225	3167	124	369	1259
江苏 Jiangsu	219584	196357	3640	9093	9792	702	630	804
浙江 Zhejiang	165523	147363	3490	5917	8460	293	384	600
安徽 Anhui	100058	89644	2426	2522	5313	153	346	45
福建 Fujian	88902	78630	2711	3462	3594	505	603	120
江西 Jiangxi	100591	94451	1275	2066	2737	62	245	7
山东 Shandong	286838	265139	4299	10060	6968	372	271	139
河南 Henan	203107	179947	6140	4984	11292	744	1885	22
湖北 Hubei	143712	123435	4190	5778	9421	888	1900	109
湖南 Hunan	120876	108153	2673	4169	5345	536	690	12
广东 Guangdong	474829	395842	9176	23617	44346	1848	922	1176
广西 Guangxi	105792	90519	1956	4289	7438	1590	246	22
海南 Hainan	30969	25666	863	1008	3153	279	409	41
重庆 Chongqing	76418	70272	1874	2041	1957	274	882	63
四川 Sichuan	183974	157883	3969	7893	13482	747	649	108
贵州 Guizhou	77330	66544	2012	1327	7057	390	144	26
云南 Yunnan	73199	66556	1403	1656	3160	424	234	44
西藏 Tibet	7798	7521	81	97	99	0	335	0
陕西 Shaanxi	89048	77439	4425	3466	3210	508	6	67
甘肃 Gansu	44611	41507	848	1070	1154	32	76	25
青海 Qinghai	12081	11239	108	126	484	124	56	0
宁夏 Ningxia	17283	16377	186	350	320	50	135	4
新疆 Xinjiang	65740	57354	1005	4846	2350	185	2242	3

普通中学学校教职工数(镇区)

Number of Educational Personnel in General Secondary Schools (County and Town Area)

单位:人
unit:person

地　区 Region	教职工数 Educational Personnel	专任教师 Full-time Teachers	行政人员 Adm. Personnel	教辅人员 Supporting Staffs	工勤人员 Workers	其　他 Others	校外教师 Part-time Teachers	外籍教师 Foreign Teachers
总　计 Total	**3467887**	**3112302**	**67093**	**115267**	**160120**	**13105**	**12790**	**779**
北　京 Beijing	7689	5677	599	1146	246	21	3	96
天　津 Tianjin	9591	8678	437	302	157	17	3	0
河　北 Hebei	234789	207093	6521	9233	11784	158	170	14
山　西 Shanxi	98509	85524	2017	5371	5199	398	235	4
内蒙古 Inner Mongolia	72773	57045	2322	8971	4022	413	168	0
辽　宁 Liaoning	67624	58061	5660	2777	981	145	52	0
吉　林 Jilin	52726	44639	2495	4696	856	40	30	0
黑龙江 Heilongjiang	70612	60058	2919	4670	2758	207	873	1
上　海 Shanghai	10696	8587	519	668	916	6	41	76
江　苏 Jiangsu	194913	175184	2175	6922	9802	830	711	236
浙　江 Zhejiang	89274	81387	1496	2757	3461	173	156	83
安　徽 Anhui	185702	164674	4105	4478	12074	371	285	13
福　建 Fujian	89806	80829	1741	3454	3252	530	312	4
江　西 Jiangxi	139016	131097	673	3154	4074	18	202	0
山　东 Shandong	259610	241151	3380	7145	7677	257	681	48
河　南 Henan	361323	324708	7176	8636	19772	1031	2992	31
湖　北 Hubei	111234	97165	2426	3922	6908	813	733	36
湖　南 Hunan	195852	181634	3171	4343	6280	424	1140	20
广　东 Guangdong	179595	161375	4853	3851	8668	848	125	50
广　西 Guangxi	151166	135040	1196	3345	8574	3011	301	2
海　南 Hainan	24411	21270	335	527	2106	173	260	22
重　庆 Chongqing	58563	53988	767	969	2602	237	199	14
四　川 Sichuan	213392	199926	2307	3198	7633	328	1605	21
贵　州 Guizhou	146551	127130	2237	3148	13162	874	81	6
云　南 Yunnan	126247	116769	829	1892	6002	755	513	0
西　藏 Tibet	6831	6735	19	38	39	0	28	0
陕　西 Shaanxi	102694	90978	2496	5320	3598	302	3	0
甘　肃 Gansu	91832	86775	922	2433	1592	110	66	1
青　海 Qinghai	18263	16023	140	152	1837	111	189	0
宁　夏 Ningxia	15927	15089	87	400	256	95	190	0
新　疆 Xinjiang	80676	68013	1073	7349	3832	409	443	1

普通中学学校教职工数(乡村)
Number of Educational Personnel in General Secondary Schools (Rural Area)

单位:人
unit:person

地 区 Region	教职工数 Educational Personnel	专任教师 Full-time Teachers	行政人员 Adm. Personnel	教辅人员 Supporting Staffs	工勤人员 Workers	其 他 Others	校外教师 Part-time Teachers	外籍教师 Foreign Teachers
总 计 Total	**851137**	**756978**	**21202**	**27820**	**41927**	**3210**	**3475**	**445**
北 京 Beijing	5635	4111	528	760	230	6	8	84
天 津 Tianjin	3585	3272	211	49	46	7	0	0
河 北 Hebei	55609	49232	1885	1414	3071	7	79	0
山 西 Shanxi	27141	22008	799	2008	2158	168	47	1
内蒙古 Inner Mongolia	9363	7298	423	948	579	115	14	0
辽 宁 Liaoning	19231	16689	1770	501	210	61	37	0
吉 林 Jilin	24435	19743	1736	2616	328	12	25	1
黑龙江 Heilongjiang	21656	17327	1057	2551	665	56	670	0
上 海 Shanghai	3175	2418	152	219	373	13	22	71
江 苏 Jiangsu	15020	13335	293	570	780	42	74	6
浙 江 Zhejiang	20933	18365	518	804	1080	166	48	62
安 徽 Anhui	50741	45724	1124	1104	2682	107	82	0
福 建 Fujian	24368	21412	666	866	1343	81	81	33
江 西 Jiangxi	35364	33388	256	682	1022	16	60	0
山 东 Shandong	39973	37422	575	998	938	40	71	0
河 南 Henan	90988	82799	1741	1528	4629	291	430	1
湖 北 Hubei	25217	22044	645	625	1773	130	156	1
湖 南 Hunan	56384	53021	1024	489	1777	73	303	6
广 东 Guangdong	54877	46771	1884	1621	4414	187	63	107
广 西 Guangxi	24161	21042	231	508	1829	551	60	6
海 南 Hainan	9260	7609	261	294	956	140	69	65
重 庆 Chongqing	13353	12125	241	228	689	70	43	0
四 川 Sichuan	53959	49867	841	677	2430	144	536	1
贵 州 Guizhou	26429	22381	558	631	2556	303	1	0
云 南 Yunnan	47855	44273	435	385	2543	219	86	0
西 藏 Tibet	5021	4863	40	95	23	0	96	0
陕 西 Shaanxi	15741	13635	697	908	467	34	2	0
甘 肃 Gansu	21421	20530	145	360	345	41	3	0
青 海 Qinghai	6368	5585	43	18	702	20	80	0
宁 夏 Ningxia	4227	4044	16	66	90	11	49	0
新 疆 Xinjiang	39647	34645	407	3297	1199	99	180	0

普通中学学校女教职工数
Number of Female Educational Personnel in General Secondary Schools

单位：人
unit: person

地 区 Region	教职工数 Educational Personnel	专任教师 Full-time Teachers	行政人员 Adm. Personnel	教辅人员 Supporting Staffs	工勤人员 Workers	其 他 Others	校外教师 Part-time Teachers	外籍教师 Foreign Teachers
总 计 Total	**4669436**	**4219862**	**61916**	**164112**	**207264**	**16282**	**21226**	**2540**
北 京 Beijing	70940	59282	3828	6776	991	63	516	578
天 津 Tianjin	41794	37915	1437	2083	287	72	157	34
河 北 Hebei	311254	285115	4234	9428	12310	167	527	5
山 西 Shanxi	154437	135696	2256	7176	8695	614	365	1
内蒙古 Inner Mongolia	90948	79179	1868	7390	2240	271	201	0
辽 宁 Liaoning	141266	128962	6606	4676	831	191	159	0
吉 林 Jilin	94902	85044	2162	6336	1263	97	140	0
黑龙江 Heilongjiang	109207	99223	2206	5788	1745	245	1435	2
上 海 Shanghai	69159	59096	2711	5158	2107	87	277	430
江 苏 Jiangsu	245172	223720	1825	8497	10318	812	748	397
浙 江 Zhejiang	169359	153341	2000	5707	7942	369	303	253
安 徽 Anhui	164157	146375	1961	3842	11681	298	372	15
福 建 Fujian	108374	97462	1773	4424	4123	592	691	49
江 西 Jiangxi	151726	142995	896	3519	4263	53	315	1
山 东 Shandong	350459	331039	2383	8875	7827	335	732	59
河 南 Henan	431420	396654	4718	8253	20771	1024	3771	14
湖 北 Hubei	144527	126457	1962	4738	10423	947	1723	61
湖 南 Hunan	214240	199765	1482	5148	7222	623	1403	8
广 东 Guangdong	436076	378537	4121	20009	31730	1679	685	482
广 西 Guangxi	168204	147872	1409	5164	10553	3206	333	13
海 南 Hainan	38018	32292	626	1232	3552	316	489	37
重 庆 Chongqing	79431	74065	1005	1712	2448	201	743	25
四 川 Sichuan	250594	226995	2139	7440	13093	927	1724	30
贵 州 Guizhou	127074	107233	1361	2176	15301	1003	118	6
云 南 Yunnan	136367	126236	935	2105	6154	937	458	10
西 藏 Tibet	10614	10364	39	152	59	0	121	0
陕 西 Shaanxi	124425	113135	2635	4982	3222	451	6	19
甘 肃 Gansu	72867	69759	301	1717	1032	58	74	9
青 海 Qinghai	21461	19040	91	171	1979	180	189	0
宁 夏 Ningxia	21530	20718	80	364	253	115	304	1
新 疆 Xinjiang	119434	106296	866	9074	2849	349	2147	1

普通中学教职工总数中民办教职工数
Number of Educational Personnel in Non-Government General Secondary Schools

单位:人
unit:person

地区 Region	教职工数 Educational Personnel	专任教师 Full-time Teachers	行政人员 Adm. Personnel	教辅人员 Supporting Staffs	工勤人员 Workers	其他 Others	校外教师 Part-time Teachers	外籍教师 Foreign Teachers
总计 Total	**1514171**	**1140136**	**63497**	**73900**	**227656**	**8982**	**5452**	**6550**
北京 Beijing	14601	8773	2208	1920	1648	52	49	1249
天津 Tianjin	6036	4640	557	484	322	33	103	80
河北 Hebei	125713	98983	5537	4386	16643	164	154	14
山西 Shanxi	60622	42287	3068	3035	11909	323	173	9
内蒙古 Inner Mongolia	10745	7852	797	426	1586	84	19	4
辽宁 Liaoning	17387	14141	1446	770	970	60	265	3
吉林 Jilin	15332	11895	903	800	1640	94	9	1
黑龙江 Heilongjiang	10205	7718	572	547	1325	43	2	2
上海 Shanghai	16782	12477	1092	2015	1189	9	158	1318
江苏 Jiangsu	77883	61557	2508	3958	9605	255	205	918
浙江 Zhejiang	77509	59977	2874	3867	10404	387	264	671
安徽 Anhui	86737	63590	3901	3162	15777	307	116	55
福建 Fujian	33941	24969	2069	1859	4790	254	29	136
江西 Jiangxi	38319	29729	1380	3073	4080	57	91	7
山东 Shandong	114024	95125	3685	4694	10285	235	57	177
河南 Henan	183704	140619	7675	5445	28845	1120	1138	43
湖北 Hubei	55450	38650	2491	2427	11311	571	1009	138
湖南 Hunan	68434	53530	2183	3296	8718	707	298	27
广东 Guangdong	242194	176799	6547	14451	42607	1790	360	1199
广西 Guangxi	32709	22830	1570	1567	6265	477	229	22
海南 Hainan	16015	10310	876	858	3708	263	2	114
重庆 Chongqing	10836	8032	565	568	1590	81	18	69
四川 Sichuan	80934	56476	2921	5985	14913	639	307	129
贵州 Guizhou	45114	31781	2321	1252	9367	393	56	32
云南 Yunnan	32332	26631	1348	1066	2988	299	235	44
西藏 Tibet	0	0	0	0	0	0	0	0
陕西 Shaanxi	27934	21308	1773	1275	3312	266	2	65
甘肃 Gansu	6441	4847	344	379	864	7	38	21
青海 Qinghai	882	622	70	4	186	0	7	0
宁夏 Ningxia	2265	1826	114	150	173	2	11	1
新疆 Xinjiang	3091	2162	102	181	636	10	48	2

普通高中教育专任教师分学历、
Number of Full-time Teachers in Regular Senior Secondary

地区 Region	合计 Total	#女 of Which: Female	按学历分 By Academic Qualifications					
			博士研究生 Doctoral Degree	硕士研究生 Master's Degree	本科毕业 Under-graduate	专科毕业 Associate Bachelor	高中阶段毕业 High School Graduate	高中阶段毕业以下 Below High School Graduate
总　计 Total	**2028341**	**1146403**	**2544**	**248725**	**1753185**	**23370**	**500**	**17**
北　京 Beijing	21798	15767	792	7403	13581	22	0	0
天　津 Tianjin	17123	12391	56	3344	13659	61	3	0
河　北 Hebei	125082	85213	63	13435	110352	1222	10	0
山　西 Shanxi	65048	42384	166	8600	55507	751	24	0
内蒙古 Inner Mongolia	39273	25461	15	7106	31728	419	3	2
辽　宁 Liaoning	53745	37652	22	6768	46493	446	15	1
吉　林 Jilin	34369	23434	47	4458	29708	155	1	0
黑龙江 Heilongjiang	44127	29299	10	4585	39043	474	15	0
上　海 Shanghai	19391	13075	260	5804	13326	1	0	0
江　苏 Jiangsu	113133	59683	86	23573	89336	132	6	0
浙　江 Zhejiang	76319	42124	86	11736	64370	123	4	0
安　徽 Anhui	86288	37864	13	7691	77685	895	4	0
福　建 Fujian	54804	28554	20	5637	48482	660	5	0
江　西 Jiangxi	72115	35839	4	7499	61614	2959	39	0
山　东 Shandong	155902	88378	47	21806	132510	1508	28	3
河　南 Henan	164350	98346	128	19472	142634	2108	8	0
湖　北 Hubei	71973	32213	71	7725	62928	1036	207	6
湖　南 Hunan	95092	46550	129	8072	85250	1621	20	0
广　东 Guangdong	157383	88724	365	25340	130854	818	6	0
广　西 Guangxi	76598	46908	9	4798	70327	1446	18	0
海　南 Hainan	15175	8985	8	1334	13624	209	0	0
重　庆 Chongqing	42322	22071	32	5062	36780	440	8	0
四　川 Sichuan	106673	53411	56	9892	95531	1188	6	0
贵　州 Guizhou	70536	34708	10	4561	64963	990	12	0
云　南 Yunnan	75028	42452	7	4367	69964	669	19	2
西　藏 Tibet	6288	3436	1	428	5795	64	0	0
陕　西 Shaanxi	56934	32018	30	8390	47918	586	10	0
甘　肃 Gansu	47335	20776	2	5283	40613	1419	18	0
青　海 Qinghai	10719	5988	4	804	9720	185	6	0
宁　夏 Ningxia	12079	6883	2	1389	10577	106	3	2
新　疆 Xinjiang	41339	25816	3	2363	38313	657	2	1

分专业技术职务情况(总计)

Schools by Educational Background and Professional Rank (Total)

单位:人
unit:person

按专业技术职务分 By Professional Rank					
正高级 Senior	副高级 Sub-senior	中 级 Middle	助理级 Associate	员 级 Junior	未定职级 No-Ranking
7589	**543817**	**714834**	**468573**	**28450**	**265078**
186	8440	6541	4721	71	1839
88	6645	6955	2385	140	910
341	24731	45199	24530	3316	26965
183	13739	22422	18469	838	9397
137	10881	14755	8606	433	4461
103	24173	18415	5719	208	5127
165	10470	13488	6333	364	3549
118	13407	18642	8674	442	2844
172	5451	8169	4142	118	1339
612	40302	40461	18755	907	12096
273	25796	25867	16657	363	7363
217	25491	28371	16334	1719	14156
193	17130	19509	12557	400	5015
166	20837	20790	13991	1280	15051
567	32843	56544	42668	1563	21717
109	31913	50349	50536	3429	28014
260	21967	28751	12813	1556	6626
411	25728	32284	20577	2701	13391
596	39624	63019	34710	2026	17408
153	14590	25144	21615	1627	13469
57	3829	5388	3645	262	1994
232	11253	15965	11550	206	3116
484	33844	39241	23074	985	9045
358	15794	23553	19317	920	10594
386	21301	22225	18212	266	12638
19	1022	2225	2274	441	307
234	15308	22709	13400	332	4951
503	12761	19441	11513	96	3021
33	2783	3010	3271	265	1357
49	3363	4560	2848	267	992
184	8401	10842	14677	909	6326

普通高中教育专任教师分学历、

Number of Full-time Teachers in Regular Senior Secondary Schools

地 区 Region	合 计 Total	#女 of Which: Female	按学历分 By Academic Qualifications					
			博士研究生 Doctoral Degree	硕士研究生 Master's Degree	本科毕业 Under-graduate	专科毕业 Associate Bachelor	高中阶段毕业 High School Graduate	高中阶段毕业以下 Below High School Graduate
总 计 Total	**1054513**	**624240**	**2169**	**168810**	**875237**	**8201**	**89**	**7**
北 京 Beijing	20756	15040	775	6974	12987	20	0	0
天 津 Tianjin	14217	10467	56	3090	11021	49	1	0
河 北 Hebei	53959	37740	11	6994	46665	288	1	0
山 西 Shanxi	32956	22070	104	4818	27761	271	2	0
内蒙古 Inner Mongolia	20474	13469	11	4451	15804	206	2	0
辽 宁 Liaoning	39283	27962	22	5471	33525	255	10	0
吉 林 Jilin	22419	15452	43	3171	19096	109	0	0
黑龙江 Heilongjiang	26378	17843	6	3377	22675	318	2	0
上 海 Shanghai	17282	11762	253	5409	11620	0	0	0
江 苏 Jiangsu	64715	35787	72	15725	48840	77	1	0
浙 江 Zhejiang	46121	25910	74	8304	37681	61	1	0
安 徽 Anhui	32825	15526	10	3703	28818	294	0	0
福 建 Fujian	26231	15621	15	4019	22019	176	2	0
江 西 Jiangxi	32100	16830	3	4760	26239	1088	10	0
山 东 Shandong	89751	52771	36	14031	75095	566	22	1
河 南 Henan	62406	37941	77	9510	52137	677	5	0
湖 北 Hubei	45987	21883	34	6090	39424	429	4	6
湖 南 Hunan	37549	19187	110	4820	32000	617	2	0
广 东 Guangdong	111110	64014	342	21550	88833	383	2	0
广 西 Guangxi	37234	23422	5	3657	33164	402	6	0
海 南 Hainan	9053	5511	2	809	8140	102	0	0
重 庆 Chongqing	25414	13610	31	3982	21277	121	3	0
四 川 Sichuan	53207	27530	45	7064	45652	442	4	0
贵 州 Guizhou	26508	14225	6	2830	23375	293	4	0
云 南 Yunnan	29162	17200	7	2914	26077	164	0	0
西 藏 Tibet	3842	2079	1	322	3483	36	0	0
陕 西 Shaanxi	26652	16119	13	5171	21249	219	0	0
甘 肃 Gansu	15472	7732	2	2614	12598	256	2	0
青 海 Qinghai	4294	2511	0	435	3796	62	1	0
宁 夏 Ningxia	7244	4233	2	997	6197	46	2	0
新 疆 Xinjiang	19912	12793	1	1748	17989	174	0	0

分专业技术职务情况(城区)

by Educational Background and Professional Rank (Urban Area)

单位:人
unit: person

按专业技术职务分 By Professional Rank					
正高级 Senior	副高级 Sub-senior	中　级 Middle	助理级 Associate	员　级 Junior	未定职级 No-Ranking
5334	**306322**	**382705**	**220607**	**12805**	**126740**
184	8202	6230	4409	71	1660
86	5638	5717	1863	132	781
212	11657	21663	9908	1793	8726
129	7234	11074	8980	368	5171
101	6231	7305	4091	281	2465
88	17989	13196	4013	92	3905
122	6882	9006	4026	234	2149
85	8512	11450	4512	268	1551
163	4908	7269	3649	94	1199
476	24702	23073	9203	328	6933
217	15985	15622	9798	225	4274
136	10075	11272	5883	545	4914
136	7964	8781	6094	199	3057
109	10414	9752	6000	602	5223
404	19943	34499	23628	472	10805
72	13717	20480	17445	1183	9509
199	15298	17615	7797	722	4356
229	10667	13012	7245	1062	5334
491	29756	43673	22340	1342	13508
119	7164	12909	9601	603	6838
35	2365	3190	2103	195	1165
175	7089	9900	6217	138	1895
323	17578	20181	10412	472	4241
236	6117	8716	6678	281	4480
269	8881	8508	6000	211	5293
16	777	1445	1180	303	121
132	7366	10226	6121	91	2716
194	4460	6555	2954	32	1277
19	1142	1147	1317	90	579
40	2231	2836	1465	54	618
137	5378	6403	5675	322	1997

普通高中教育专任教师分学历、
Number of Full-time Teachers in Regular Senior Secondary Schools by

地　区 Region	合　计 Total	#女 of Which: Female	按学历分 By Academic Qualifications					
			博士研究生 Doctoral Degree	硕士研究生 Master's Degree	本科毕业 Under-graduate	专科毕业 Associate Bachelor	高中阶段毕业 High School Graduate	高中阶段毕业以下 Below High School Graduate
总　计 Total	**898258**	**479887**	**331**	**71618**	**811863**	**14045**	**391**	**10**
北　京 Beijing	633	430	12	262	358	1	0	0
天　津 Tianjin	2540	1688	0	239	2288	11	2	0
河　北 Hebei	64353	43027	43	5693	57789	822	6	0
山　西 Shanxi	28764	18174	62	3183	25058	439	22	0
内蒙古 Inner Mongolia	18110	11560	4	2574	15332	197	1	2
辽　宁 Liaoning	13079	8735	0	1159	11756	158	5	1
吉　林 Jilin	11045	7451	4	1116	9881	43	1	0
黑龙江 Heilongjiang	16597	10741	4	1164	15269	147	13	0
上　海 Shanghai	1619	1018	4	327	1288	0	0	0
江　苏 Jiangsu	47616	23463	13	7659	39884	55	5	0
浙　江 Zhejiang	26343	14102	8	2834	23455	44	2	0
安　徽 Anhui	50783	21235	3	3853	46338	585	4	0
福　建 Fujian	26372	11992	4	1473	24432	460	3	0
江　西 Jiangxi	38654	18409	1	2693	34163	1769	28	0
山　东 Shandong	61680	33004	11	7148	53717	796	6	2
河　南 Henan	95219	56196	51	8591	85211	1363	3	0
湖　北 Hubei	24547	9756	37	1506	22227	574	203	0
湖　南 Hunan	52457	24766	18	2940	48608	884	7	0
广　东 Guangdong	37330	20008	11	2687	34239	389	4	0
广　西 Guangxi	38201	22838	0	1028	36136	1025	12	0
海　南 Hainan	4971	2772	6	358	4505	102	0	0
重　庆 Chongqing	14135	6997	1	902	12961	268	3	0
四　川 Sichuan	50600	24334	11	2633	47252	702	2	0
贵　州 Guizhou	41181	18970	3	1445	39062	663	8	0
云　南 Yunnan	42567	23370	0	1310	40751	485	19	2
西　藏 Tibet	472	243	0	20	452	0	0	0
陕　西 Shaanxi	28031	14822	14	2966	24709	332	10	0
甘　肃 Gansu	31263	12784	0	2623	27476	1148	16	0
青　海 Qinghai	5962	3239	4	342	5499	112	5	0
宁　夏 Ningxia	4745	2587	0	382	4300	60	1	2
新　疆 Xinjiang	18389	11176	2	508	17467	411	0	1

分专业技术职务情况(镇区)
Educational Background and Professional Rank (County and Town Area)

单位:人
unit:person

按专业技术职务分 By Professional Rank					
正高级 Senior	副高级 Sub-senior	中 级 Middle	助理级 Associate	员 级 Junior	未定职级 No-Ranking
2035	**223403**	**310664**	**230335**	**13952**	**117869**
1	130	208	196	0	98
2	863	1091	457	8	119
108	12380	21992	13884	1150	14839
47	6174	10498	8700	295	3050
32	4491	7268	4428	149	1742
14	5714	4874	1534	79	864
43	3400	4183	2202	112	1105
31	4543	6814	3956	161	1092
5	391	709	419	23	72
123	15229	17109	9496	579	5080
46	8782	9099	5998	102	2316
79	14956	16532	9984	1002	8230
51	8640	9970	5854	192	1665
56	10196	10810	7801	646	9145
156	12364	20798	17992	925	9445
31	17576	28655	31106	2108	15743
59	6222	10609	4681	820	2156
177	13999	17700	12292	1571	6718
49	7834	16069	10283	521	2574
32	7202	11916	11786	1023	6242
9	1192	1807	1290	63	610
50	3549	4963	4460	62	1051
155	15474	18183	12034	484	4270
100	9171	14070	11959	638	5243
113	11886	12934	11248	55	6331
1	40	129	253	16	33
97	7397	11604	6758	235	1940
302	8144	12625	8419	61	1712
12	1587	1795	1854	99	615
9	1121	1717	1373	199	326
45	2756	3933	7638	574	3443

普通高中教育专任教师分学历、

Number of Full-time Teachers in Regular Senior Secondary Schools by

地　区 Region	合　计 Total	#女 of Which: Female	按学历分 By Academic Qualifications					
			博士研究生 Doctoral Degree	硕士研究生 Master's Degree	本科毕业 Under-graduate	专科毕业 Associate Bachelor	高中阶段毕业 High School Graduate	高中阶段毕业以下 Below High School Graduate
总　计 Total	**75570**	**42276**	**44**	**8297**	**66085**	**1124**	**20**	**0**
北　京 Beijing	409	297	5	167	236	1	0	0
天　津 Tianjin	366	236	0	15	350	1	0	0
河　北 Hebei	6770	4446	9	748	5898	112	3	0
山　西 Shanxi	3328	2140	0	599	2688	41	0	0
内蒙古 Inner Mongolia	689	432	0	81	592	16	0	0
辽　宁 Liaoning	1383	955	0	138	1212	33	0	0
吉　林 Jilin	905	531	0	171	731	3	0	0
黑龙江 Heilongjiang	1152	715	0	44	1099	9	0	0
上　海 Shanghai	490	295	3	68	418	1	0	0
江　苏 Jiangsu	802	433	1	189	612	0	0	0
浙　江 Zhejiang	3855	2112	4	598	3234	18	1	0
安　徽 Anhui	2680	1103	0	135	2529	16	0	0
福　建 Fujian	2201	941	1	145	2031	24	0	0
江　西 Jiangxi	1361	600	0	46	1212	102	1	0
山　东 Shandong	4471	2603	0	627	3698	146	0	0
河　南 Henan	6725	4209	0	1371	5286	68	0	0
湖　北 Hubei	1439	574	0	129	1277	33	0	0
湖　南 Hunan	5086	2597	1	312	4642	120	11	0
广　东 Guangdong	8943	4702	12	1103	7782	46	0	0
广　西 Guangxi	1163	648	4	113	1027	19	0	0
海　南 Hainan	1151	702	0	167	979	5	0	0
重　庆 Chongqing	2773	1464	0	178	2542	51	2	0
四　川 Sichuan	2866	1547	0	195	2627	44	0	0
贵　州 Guizhou	2847	1513	1	286	2526	34	0	0
云　南 Yunnan	3299	1882	0	143	3136	20	0	0
西　藏 Tibet	1974	1114	0	86	1860	28	0	0
陕　西 Shaanxi	2251	1077	3	253	1960	35	0	0
甘　肃 Gansu	600	260	0	46	539	15	0	0
青　海 Qinghai	463	238	0	27	425	11	0	0
宁　夏 Ningxia	90	63	0	10	80	0	0	0
新　疆 Xinjiang	3038	1847	0	107	2857	72	2	0

分专业技术职务情况(乡村)

by Educational Background and Professional Rank (Rural Area)

单位:人
unit:person

按专业技术职务分 By Professional Rank					
正高级 Senior	副高级 Sub-senior	中 级 Middle	助理级 Associate	员 级 Junior	未定职级 No-Ranking
220	**14092**	**21465**	**17631**	**1693**	**20469**
1	108	103	116	0	81
0	144	147	65	0	10
21	694	1544	738	373	3400
7	331	850	789	175	1176
4	159	182	87	3	254
1	470	345	172	37	358
0	188	299	105	18	295
2	352	378	206	13	201
4	152	191	74	1	68
13	371	279	56	0	83
10	1029	1146	861	36	773
2	460	567	467	172	1012
6	526	758	609	9	293
1	227	228	190	32	683
7	536	1247	1048	166	1467
6	620	1214	1985	138	2762
2	447	527	335	14	114
5	1062	1572	1040	68	1339
56	2034	3277	2087	163	1326
2	224	319	228	1	389
13	272	391	252	4	219
7	615	1102	873	6	170
6	792	877	628	29	534
22	506	767	680	1	871
4	534	783	964	0	1014
2	205	651	841	122	153
5	545	879	521	6	295
7	157	261	140	3	32
2	54	68	100	76	163
0	11	7	10	14	48
2	267	506	1364	13	886

普通高中学校

Condition of School Buildings in Regular

	校舍建筑面积 Floor Space	教学及辅助用房 Buildings for Instruction and Ancillary Uses	教室 Classroom	专用教室 Professional Classroom	理化生实验室 Physical and Chemical Biology Laboratory	其他 Others	公共教学用房 Public Teaching Space	图书阅览室 Library	室内体育用房 Gymnasium	心理辅导室 Psychological Counseling Room	其他 Others
总　计 Total	**643621075.93**	**241494285.16**	**127768766.70**	**53339465.08**	**34334501.03**	**19004964.05**	**60386053.38**	**19258637.60**	**23878212.87**	**1721630.90**	**15527572.01**
北　京 Beijing	12668966.88	5545914.24	2029263.79	1454886.48	573250.20	881636.28	2061763.97	347359.10	689038.34	39241.74	986124.79
天　津 Tianjin	5706679.37	2418563.84	1107848.63	593151.47	353044.02	240107.45	717563.74	179435.68	334368.24	31651.11	172108.71
河　北 Hebei	34109588.62	12285318.04	7077916.74	2772541.83	1999199.15	773342.68	2434859.47	1084144.36	771089.84	68094.31	511530.96
山　西 Shanxi	20144090.17	6955433.72	3359041.32	1816592.30	1066351.50	750240.80	1779800.10	672461.27	449935.17	60813.61	596590.05
内蒙古 Inner Mongolia	11070487.63	4599791.66	1914790.10	1215162.19	603998.77	611163.42	1469839.37	332963.00	642290.91	46603.47	447981.99
辽　宁 Liaoning	12298100.78	4865008.95	2239984.07	967181.44	539831.35	427350.09	1657843.44	412129.12	741421.16	34981.51	469311.65
吉　林 Jilin	7017210.69	2506292.46	1362029.46	522158.51	302988.87	219169.64	622104.49	147028.71	327086.78	21906.62	126082.38
黑龙江 Heilongjiang	9254205.81	3598965.22	1873225.48	752841.37	501682.74	251158.63	972898.37	245807.32	534399.50	19370.71	173320.84
上　海 Shanghai	7825913.22	3623702.96	1333217.03	947728.46	516826.82	430901.64	1342757.47	285798.38	647170.15	35868.26	373920.68
江　苏 Jiangsu	34442107.72	14518764.54	6365048.87	3650168.02	2413202.86	1236965.16	4503547.65	1516864.71	1902555.75	114650.12	969477.07
浙　江 Zhejiang	30164047.47	11501985.92	5159371.32	2585497.14	1664344.26	921152.88	3757117.46	1122636.89	1892628.01	98827.60	643024.96
安　徽 Anhui	30875698.73	11477254.60	6883223.09	2355219.73	1722639.83	632579.90	2238811.78	915648.48	792209.33	84811.76	446142.21
福　建 Fujian	24258479.40	10292765.96	4711499.34	2742151.47	1868476.62	873674.85	2839115.15	1004905.90	1072963.20	100740.88	660505.17
江　西 Jiangxi	24158930.98	9888798.23	5554027.75	1949415.29	1181828.90	767586.39	2385355.19	816146.48	790071.90	65983.98	713152.83
山　东 Shandong	44226935.31	15222029.64	7621149.94	3714862.04	2411780.16	1303081.88	3886017.66	1141990.40	1437273.25	111583.43	1195170.58
河　南 Henan	41458297.65	13609596.19	8850757.78	2322278.82	1676814.67	645464.15	2436559.59	1019477.89	764144.64	76694.03	576243.03
湖　北 Hubei	21599853.63	7101105.02	4085031.44	1493902.92	1087509.64	406393.28	1522170.66	546798.77	589595.65	53070.65	332705.59
湖　南 Hunan	30733929.92	10951342.45	5840772.42	1989103.22	1424889.17	564214.05	3121466.81	958570.67	1587688.72	72247.81	502959.61
广　东 Guangdong	62074208.85	23746491.97	12791714.99	5008476.11	3145222.45	1863253.66	5946300.87	1725876.04	2626765.99	153346.95	1440311.89
广　西 Guangxi	23464736.12	8138142.84	5061647.53	1477475.93	1024304.18	453171.75	1599019.38	628733.42	594638.22	55340.42	320307.32
海　南 Hainan	6113664.27	2262725.20	1219715.15	494065.06	297572.65	196492.41	548944.99	171903.22	252104.59	9753.42	115183.76
重　庆 Chongqing	16079922.83	6940919.46	3886898.35	1407698.38	851647.18	556051.20	1646322.73	386155.45	552594.47	28600.11	678972.70
四　川 Sichuan	38289137.73	15151461.80	9312802.94	2952139.03	1883544.70	1068594.33	2886519.83	903532.88	960949.55	94926.70	927110.70
贵　州 Guizhou	22375780.53	7060399.08	3713598.77	1599266.91	1130685.52	468581.39	1747533.40	624472.51	676218.53	54689.82	392152.54
云　南 Yunnan	25136417.09	8900173.94	5093401.75	1840711.38	1186990.92	653720.46	1966060.81	668375.73	623256.08	42440.22	631988.78
西　藏 Tibet	1790834.67	549429.69	276259.77	133327.09	87573.71	45753.38	139842.83	34975.47	74360.57	2091.97	28414.82
陕　西 Shaanxi	16997237.95	6104933.33	3122141.66	1591299.04	933074.33	658224.71	1391492.63	481849.53	472139.00	49406.01	388098.09
甘　肃 Gansu	10284188.86	3764087.06	2087784.42	888733.52	627360.39	261373.13	787569.12	298001.64	239879.63	37597.92	212089.93
青　海 Qinghai	3268555.02	1344188.26	610280.83	463122.49	239032.29	224090.20	270784.94	102441.66	103113.72	9678.57	55550.99
宁　夏 Ningxia	3213939.56	1391115.72	611729.60	409226.95	272125.84	137101.11	370159.17	110830.62	141599.80	10140.35	107588.40
新　疆 Xinjiang	12518928.47	5177583.17	2612592.37	1229080.49	746707.34	482373.15	1335910.31	371322.30	594662.18	36476.84	333448.99

校舍情况(总计)
Regular Senior Secondary Schools (Total)

单位:平方米
unit: m^2

行政办公用房 Administrative	教师办公室 for Teachers	其 他 Others	生活用房 Residential and Welfare	教工值班宿舍 Dormitories for Faculty	教师周转宿舍 Accommodation for Circulation of Teachers	学生宿舍 Students' Dormitories	学生餐厅 Students' Canteen	厕 所 Toilets	其 他 Others	其他用房 Rooms for Other Purposes
48330626.85	**29134755.05**	**19195871.80**	**308081785.79**	**22016136.52**	**21961722.59**	**165378798.42**	**52641029.51**	**18841911.03**	**27242187.72**	**45714378.13**
1489717.07	587405.09	902311.98	5244188.59	254391.03	234658.13	1370618.72	765786.55	482271.18	2136462.98	389146.98
653606.86	378704.80	274902.06	2025923.92	84975.91	46800.60	823676.26	399472.60	230010.97	440987.58	608584.75
2359431.19	1587522.55	771908.64	17162978.53	1099834.08	645712.12	10072278.30	3357449.40	852596.85	1135107.78	2301860.86
1697782.33	1073768.41	624013.92	9603007.60	863705.53	419939.08	5279226.06	1861977.97	587916.65	590242.31	1887866.52
977495.32	627129.91	350365.41	4614743.63	125157.94	127488.16	2582961.96	921284.40	388151.35	469699.82	878457.02
1223884.46	655102.28	568782.18	5898645.60	192021.34	78695.33	2902928.51	1179198.89	456297.14	1089504.39	310561.77
667553.56	398633.03	268920.53	2911351.18	71569.17	38020.03	1493181.65	643174.25	254332.22	411073.86	932013.49
890629.50	546918.03	343711.47	3665111.89	90112.01	53222.53	1968153.88	709567.16	278884.55	565171.76	1099499.20
843175.75	368467.39	474708.36	2641202.71	73761.92	81150.72	1130708.14	423939.98	301248.21	630393.74	717831.80
3061731.31	1759912.84	1301818.47	14008257.39	846001.03	687995.30	7406029.75	2815670.76	910534.46	1342026.09	2853354.48
2156461.19	1219121.38	937339.81	13544916.48	905373.28	778259.83	7508994.50	2570812.90	822804.63	958671.34	2960683.88
2152607.01	1223692.36	928914.65	15358605.88	1358308.58	1053953.28	8547122.75	2608145.32	786255.49	1004820.46	1887231.24
1711132.77	862737.32	848395.45	9912673.71	420048.86	1238122.50	5017328.91	1504870.39	548675.94	1183627.11	2341906.96
1895125.31	1126728.02	768397.29	10847280.37	329636.11	1122580.11	6189760.55	1817977.31	714942.48	672383.81	1527727.07
3535595.43	2284808.18	1250787.25	21602519.56	846043.59	1054208.71	11493043.08	4316188.01	1541316.65	2351719.52	3866790.68
3170383.70	2205629.31	964754.39	22378924.83	1723382.95	1268503.40	13037369.38	4122106.08	1081477.26	1146085.76	2299392.93
1600138.09	1018335.16	581802.93	11429826.49	1489113.66	1123039.98	5686983.73	1794270.67	492092.76	844325.69	1468784.03
1897748.20	1181205.55	716542.65	15981276.02	1837538.47	2216868.80	7711425.30	2596438.84	762260.20	856744.41	1903563.25
3995270.99	2346168.85	1649102.14	29162279.07	3428753.72	2261688.88	15162380.34	4138821.54	1873375.45	2297259.14	5170166.82
1279165.60	873694.06	405471.54	13215465.05	1260299.47	1424940.02	7609163.59	1805409.90	586970.28	528681.79	831962.63
405286.43	249042.81	156243.62	3177723.15	280912.51	512914.83	1557329.99	444172.99	179395.35	202997.48	267929.49
932870.25	551387.20	381483.05	7252505.75	642859.40	537331.83	4088492.81	1197366.31	368201.82	418253.58	953627.37
2311907.40	1378359.13	933548.27	18853425.86	1247985.74	1172993.57	11029437.93	3078167.15	1058378.64	1266462.83	1972342.67
1488185.41	886288.75	601896.66	12431910.77	665941.29	1247551.46	7391909.85	1809759.50	609232.54	707516.13	1395285.27
1712335.86	1099656.46	612679.40	13345699.46	734005.59	792539.24	7190926.18	2063103.68	836600.92	1728523.85	1178207.83
102252.59	75852.53	26400.06	1066551.86	22568.43	322557.88	445303.51	154535.30	46203.35	75383.39	72600.53
1365517.20	932057.98	433459.22	8043682.91	718514.34	555386.23	4060767.82	1333191.65	667847.75	707975.12	1483104.51
968621.42	652728.51	315892.91	4383067.73	268566.40	272252.98	2142377.34	705074.46	402499.97	592296.58	1168412.65
309924.73	154694.93	155229.80	1480603.80	7862.61	124998.08	699624.18	251578.56	154394.94	242145.43	133838.23
317340.41	190917.48	126422.93	1312368.14	27274.16	26606.44	758904.36	270264.39	119875.78	109443.01	193115.29
1157749.51	638084.75	519664.76	5525067.86	99617.40	440742.54	3020389.09	981252.60	446865.25	536200.98	658527.93

普通高中学校
Condition of School Buildings in

	校舍建筑面积 Floor Space	教学及辅助用房 Buildings for Instruction and Ancillary Uses									
			教　室 Classroom	专用教室 Professional Classroom			公共教学用房 Public Teaching Space				
					理化生实验室 Physical and Chemical Biology Laboratory	其　他 Others		图书阅览室 Library	室内体育用房 Gymnasium	心理辅导室 Psychological Counseling Room	其　他 Others
总　计 Total	**352025801.19**	**136723305.47**	**68587964.51**	**30456868.25**	**18849016.50**	**11607851.75**	**37678472.71**	**10986011.45**	**15828781.37**	**1051133.04**	**9812546.85**
北　京 Beijing	11664418.70	5175541.47	1868742.66	1363718.67	522949.04	840769.63	1943080.14	323070.62	651085.86	36188.91	932734.75
天　津 Tianjin	5018683.81	2175335.81	978185.57	526376.02	314869.17	211506.85	670774.22	165817.93	314005.13	29464.90	161486.26
河　北 Hebei	14039786.27	5254310.83	2953519.13	1177581.42	875663.36	301918.06	1123210.28	517553.83	350737.52	37131.19	217787.74
山　西 Shanxi	11353496.78	3959980.42	1946988.17	994076.57	563340.93	430735.64	1018915.68	359250.68	286495.33	34904.89	338264.78
内蒙古 Inner Mongolia	5907115.07	2484957.64	1013614.59	634751.15	301596.43	333154.72	836591.90	183480.60	367410.12	25566.16	260135.02
辽　宁 Liaoning	9254242.83	3704853.30	1643823.88	747693.13	397854.43	349838.70	1313336.29	320186.68	580529.27	28511.12	384109.22
吉　林 Jilin	4259968.80	1530469.86	766714.08	337448.68	209658.44	127790.24	426307.10	101017.04	224745.50	13923.50	86621.06
黑龙江 Heilongjiang	5500428.83	2183786.69	1100570.46	462047.23	310507.62	151539.61	621169.00	174083.89	340132.42	11488.43	95464.26
上　海 Shanghai	6893929.34	3242966.92	1205792.30	861325.97	479848.42	381477.55	1175848.65	256161.76	573215.21	30802.59	315669.09
江　苏 Jiangsu	20662663.03	8712628.82	3808385.02	2131762.83	1420388.68	711374.15	2772480.97	883890.44	1228855.58	71193.51	588541.44
浙　江 Zhejiang	18889908.71	7281414.65	3231743.75	1608791.52	1032769.75	576021.77	2440879.38	720397.17	1246042.97	64360.23	410079.01
安　徽 Anhui	11441233.02	4660625.11	2670652.66	965274.61	693361.69	271912.92	1024697.84	380510.33	404225.03	33507.86	206454.62
福　建 Fujian	11896676.63	5176448.80	2233674.21	1434330.92	937457.20	496873.72	1508443.67	535601.14	606840.09	55718.60	310283.84
江　西 Jiangxi	11130245.70	4634296.52	2490784.85	973154.89	577751.87	395403.02	1170356.78	390813.65	386195.78	41634.75	351712.60
山　东 Shandong	25775251.16	8926885.56	4231384.74	2242820.02	1380010.31	862809.71	2452680.80	659499.36	919233.70	66037.71	807910.03
河　南 Henan	15992632.31	5451235.88	3392872.40	997911.02	711382.04	286528.98	1060452.46	433149.14	387154.44	34499.78	205649.10
湖　北 Hubei	13737295.34	4811734.71	2728011.83	1009799.12	726625.59	283173.53	1073923.76	381210.84	432849.09	33446.92	226416.91
湖　南 Hunan	13306973.91	5153042.11	2516027.42	967466.71	677540.66	289926.05	1669547.98	436248.62	941851.73	35880.73	255566.90
广　东 Guangdong	44805091.88	17414495.42	9121781.41	3637420.50	2211701.36	1425719.14	4655293.51	1263178.09	2134589.56	120289.06	1137236.80
广　西 Guangxi	12129606.42	4401176.21	2549941.53	846677.35	577045.12	269632.23	1004557.33	352012.67	420902.83	32886.46	198755.37
海　南 Hainan	3390265.63	1248956.36	708216.81	267276.53	138673.14	128603.39	273463.02	83255.05	98098.71	5369.93	86739.33
重　庆 Chongqing	10307935.50	4611651.94	2504550.97	908335.77	552896.96	355438.81	1198765.20	267592.88	456046.06	21254.16	453872.10
四　川 Sichuan	20968753.66	8287418.32	4860669.75	1610731.01	927958.70	682772.31	1816017.56	493410.96	648365.71	59807.79	614433.10
贵　州 Guizhou	9089850.45	2858896.92	1365173.72	632455.16	424617.91	207837.25	861268.04	272042.83	309228.75	21848.11	258148.35
云　南 Yunnan	11395466.65	4124299.37	2187834.29	834214.39	523262.35	310952.04	1102250.69	312303.49	439293.61	22885.91	327767.68
西　藏 Tibet	1062898.99	338207.36	167731.24	87085.28	53591.45	33493.83	83390.84	16923.59	46343.26	1654.59	18469.40
陕　西 Shaanxi	8543447.42	3267166.01	1637320.08	827462.08	454690.16	372771.92	802383.85	253214.16	302185.52	28804.93	218179.24
甘　肃 Gansu	3695103.39	1382156.53	703779.03	310483.97	226373.60	84110.37	367893.53	104209.59	170105.07	17973.05	75605.82
青　海 Qinghai	1384398.32	592155.00	252859.74	213288.93	98413.10	114875.83	126006.33	46017.76	49048.50	5759.22	25180.85
宁　夏 Ningxia	1975370.39	852137.22	367274.07	253947.40	161553.58	92393.82	230915.75	73098.49	99734.79	6762.30	51320.17
新　疆 Xinjiang	6552662.25	2824073.71	1379344.15	591159.40	364663.44	226495.96	853570.16	226808.17	413234.23	21575.75	191952.01

校舍情况(城区)

Senior Secondary Schools (Urban Area)

单位:平方米
unit:m^2

行政办公用房 Administrative	教师办公室 for Teachers	其他 Others	生活用房 Residential and Welfare	教工值班宿舍 Dormitories for Faculty	教师周转宿舍 Accommodation for Circulation of Teachers	学生宿舍 Students' Dormitories	学生餐厅 Students' Canteen	厕所 Toilets	其他 Others	其他用房 Rooms for Other Purposes
28030670.71	**16325289.71**	**11705381.00**	**158942582.77**	**10600543.25**	**8914640.13**	**83791895.47**	**27505982.03**	**10988567.57**	**17140954.32**	**28329242.24**
1402776.53	552146.59	850629.94	4703650.95	211657.01	221970.77	1156877.57	688464.36	442715.45	1981965.79	382449.75
593565.75	341699.13	251866.62	1685211.34	68857.67	29528.05	635544.19	338084.82	200704.69	412491.92	564570.91
1114932.54	771514.72	343417.82	6680654.99	348754.30	224939.98	3930211.77	1282610.43	358800.47	535338.04	989887.91
1014773.40	649226.48	365546.92	5179420.16	419640.48	193376.60	2875520.98	977606.52	342725.43	370550.15	1199322.80
510313.88	325960.16	184353.72	2406682.31	60355.10	92491.71	1325201.84	457938.51	208529.25	262165.90	505161.24
939329.74	481393.37	457936.37	4382115.93	160615.06	64741.14	1997020.07	857146.29	363766.54	938826.83	227943.86
438144.32	260464.85	177679.47	1748492.63	50314.83	14987.76	811903.89	380094.39	161381.03	329810.73	542861.99
512055.63	309599.09	202456.54	2068758.95	46667.01	33347.75	1032183.54	405172.64	166808.26	384579.75	735827.56
752894.72	333057.29	419837.43	2259163.11	62169.58	58173.94	947155.32	369538.71	267326.53	554799.03	638904.59
1886006.31	1034433.52	851572.79	7989628.45	371053.07	251708.19	4277423.17	1671451.86	588786.02	829206.14	2074399.45
1397528.88	754217.89	643310.99	8258227.29	523252.94	407006.39	4613973.39	1577657.36	520722.25	615614.96	1952737.89
895105.18	474970.61	420134.57	5037716.47	319069.29	200483.07	2954840.41	903152.76	309641.71	350529.23	847786.26
905155.62	474739.53	430416.09	4600789.70	191404.01	550611.27	2372175.14	681231.55	291597.28	513770.45	1214282.51
938331.53	570191.20	368140.33	4615077.50	146376.09	389960.42	2584490.46	858422.96	359920.37	275907.20	942540.15
2105767.76	1329952.95	775814.81	12284728.92	457358.14	519990.36	6280741.19	2433030.73	924071.52	1669536.98	2457868.92
1329832.39	871979.35	457853.04	8173679.33	641677.75	304168.44	4809022.82	1572228.97	427499.40	419081.95	1037884.71
1075353.37	693599.11	381754.26	6881926.84	917647.37	483113.06	3499029.41	1130167.21	328454.93	523514.86	968280.42
806894.05	484607.49	322286.56	6410637.77	690890.54	732399.72	3152451.98	1063083.35	371597.76	400214.42	936399.98
2915089.78	1678535.21	1236554.57	20416748.31	2237891.86	1347622.98	10684762.44	3064992.28	1442806.70	1638672.05	4058758.37
651395.97	448404.45	202991.52	6526967.33	510936.21	552846.38	3881573.16	934716.94	348715.94	298178.70	550066.91
240983.51	157158.72	83824.79	1737056.28	154173.76	261577.23	829440.90	245926.81	100741.07	145196.51	163269.48
646144.10	370211.80	275932.30	4353743.45	350518.90	229778.42	2496428.70	706896.57	247296.33	322824.53	696396.01
1380369.47	773561.74	606807.73	9934711.37	613817.49	399944.52	5934597.74	1691144.67	648985.99	646220.96	1366254.50
602114.48	362351.28	239763.20	4999719.20	273611.33	390424.51	3023904.20	723999.58	245952.31	341827.27	629119.85
857552.78	537330.87	320221.91	5901256.83	325799.17	304515.71	2874365.31	852886.95	391492.28	1152197.41	512357.67
60990.37	44458.65	16531.72	610828.90	3854.91	174840.72	249433.81	93913.86	30767.80	58017.80	52872.36
754567.92	504836.54	249731.38	3646918.17	265859.39	174487.18	1828843.31	579980.39	387716.52	410031.38	874795.32
351582.73	220791.69	130791.04	1432314.42	91089.24	74096.47	670605.16	207803.00	160328.82	228391.73	529049.71
156059.43	65119.56	90939.87	558206.10	1565.78	45989.45	238099.57	84787.24	67401.85	120362.21	77977.79
196849.74	111337.57	85512.17	793412.42	14534.63	13309.39	440602.13	170621.94	79593.58	74750.75	132971.01
598208.83	337438.30	260770.53	2664137.35	69130.34	172208.55	1383471.90	501228.38	201719.49	336378.69	466242.36

普通高中学校

Condition of School Buildings in Regular Senior

	校舍建筑面积 Floor Space	教学及辅助用房 Buildings for Instruction and Ancillary Uses	教室 Classroom	专用教室 Professional Classroom	理化生实验室 Physical and Chemical Biology Laboratory	其他 Others	公共教学用房 Public Teaching Space	图书阅览室 Library	室内体育用房 Gymnasium	心理辅导室 Psychological Counseling Room	其他 Others
总 计 Total	**257463762.95**	**93811989.13**	**53283554.61**	**20614164.12**	**14091006.44**	**6523157.68**	**19914270.40**	**7440305.46**	**6910983.20**	**604003.18**	**4958978.56**
北 京 Beijing	523968.27	178402.62	73635.48	47571.84	26315.34	21256.50	57195.30	11551.79	13611.68	1235.69	30796.14
天 津 Tianjin	617975.91	220800.48	117455.97	59492.22	32003.25	27488.97	43852.29	12083.07	20099.86	1907.67	9761.69
河 北 Hebei	17207014.76	6206852.81	3612894.88	1446427.75	1038600.83	407826.92	1147530.18	514711.63	352696.18	28349.36	251773.01
山 西 Shanxi	7492293.22	2604606.07	1199558.12	738630.73	457246.57	281384.16	666417.22	263358.59	144601.84	23927.72	234529.07
内蒙古 Inner Mongolia	4850710.88	1998392.90	843452.86	551192.85	290890.97	260301.88	603747.19	142707.46	260510.06	20604.01	179925.66
辽 宁 Liaoning	2655397.13	1039587.77	535261.06	201679.61	129868.96	71810.65	302647.10	84055.33	132321.78	5860.47	80409.52
吉 林 Jilin	2289588.45	822661.88	476889.76	174841.22	88247.98	86593.24	170930.90	40786.76	93772.41	7420.12	28951.61
黑龙江 Heilongjiang	3484150.12	1322515.85	715416.31	273612.57	179037.16	94575.41	333486.97	67083.03	187032.08	7351.28	72020.58
上 海 Shanghai	627017.07	258910.48	88406.62	59716.27	26449.22	33267.05	110787.59	21915.62	56991.02	4020.23	27860.72
江 苏 Jiangsu	13349037.01	5644333.74	2489586.89	1477189.36	965253.45	511935.91	1677557.49	613999.39	657667.83	42828.61	363061.66
浙 江 Zhejiang	9246161.56	3498731.34	1630713.88	819526.15	546307.52	273218.63	1048491.31	336109.01	524333.68	27761.09	160287.53
安 徽 Anhui	18246479.37	6460869.40	3983135.62	1317594.96	970597.37	346997.59	1160138.82	511293.53	375769.94	49230.26	223845.09
福 建 Fujian	10588163.68	4531628.73	2247014.89	1121892.86	811475.89	310416.97	1162720.98	417127.45	415689.17	41682.80	288221.56
江 西 Jiangxi	12262330.21	5011571.02	2915420.77	945608.17	586157.99	359450.18	1150542.08	402909.32	384801.82	22712.23	340118.71
山 东 Shandong	16283648.27	5630177.95	3080764.27	1337624.86	948622.29	389002.57	1211788.82	420683.52	415801.80	37437.59	337865.91
河 南 Henan	23036109.41	7361345.76	4956078.99	1190525.02	874568.50	315956.52	1214741.75	534255.11	334930.23	36898.28	308658.13
湖 北 Hubei	7317949.93	2146831.58	1272380.34	462992.80	345096.05	117896.75	411458.44	147026.93	143015.75	18153.73	103262.03
湖 南 Hunan	15895554.94	5334524.49	3027298.14	946266.45	695526.03	250740.42	1360959.90	484334.17	605762.71	33169.31	237693.71
广 东 Guangdong	12890116.27	5012758.82	2962751.84	1091155.88	762245.61	328910.27	958851.10	364112.24	326364.03	25343.22	243031.61
广 西 Guangxi	10606852.50	3514255.73	2384396.32	592830.94	423756.15	169074.79	537028.47	257276.37	156116.75	21308.87	102326.48
海 南 Hainan	1907769.05	738159.47	395285.22	146420.41	90722.01	55698.40	196453.84	71382.17	97792.02	3011.62	24268.03
重 庆 Chongqing	4772035.04	1917751.05	1146619.48	402935.02	249031.18	153903.84	368196.55	101087.07	81198.44	6472.44	179438.60
四 川 Sichuan	15936359.98	6374704.20	4153719.44	1260986.65	904288.00	356698.65	959998.11	386489.74	276127.59	32441.74	264939.04
贵 州 Guizhou	11749341.04	3769554.17	2126921.89	870898.11	649397.32	221500.79	771734.17	318742.01	291499.47	30493.37	130999.32
云 南 Yunnan	12179267.83	4267037.73	2619738.33	904623.03	600965.98	303657.05	742676.37	324866.66	140869.84	18118.39	258821.48
西 藏 Tibet	117861.02	28443.28	7668.02	5685.90	2319.30	3366.60	15089.36	676.08	6005.00	101.75	8306.53
陕 西 Shaanxi	7274877.56	2493727.13	1315169.40	690442.43	442563.87	247878.56	488115.30	206651.51	121495.83	18506.94	141461.02
甘 肃 Gansu	6406619.40	2325979.32	1353460.07	561041.16	387653.56	173387.60	411478.09	189158.05	68722.56	19085.87	134511.61
青 海 Qinghai	1681414.07	689190.07	316959.76	238355.45	135555.59	102799.86	133874.86	50769.57	50528.88	3672.45	28903.96
宁 夏 Ningxia	1181658.46	511660.90	235679.73	148837.75	105945.66	42892.09	127143.42	36422.13	41064.01	3107.05	46550.23
新 疆 Xinjiang	4786040.54	1896022.39	999820.26	527565.70	324296.84	203268.86	368636.43	106680.15	133788.94	11789.02	116378.32

校舍情况(镇区)

Secondary Schools (County and Town Area)

单位:平方米
unit:m^2

行政办公用房 Administrative			生活用房 Residential and Welfare							其他用房 Rooms for Other Purposes
	教师办公室 for Teachers	其 他 Others		教工值班宿舍 Dormitories for Faculty	教师周转宿舍 Accommodation for Circulation of Teachers	学生宿舍 Students' Dormitories	学生餐厅 Students' Canteen	厕 所 Toilets	其 他 Others	
18227861.90	**11555977.26**	**6671884.64**	**130590069.78**	**9866643.27**	**11233654.08**	**71843584.58**	**22182615.49**	**6832907.56**	**8630664.80**	**14833842.14**
43057.26	18553.99	24503.27	302508.39	30115.90	4064.00	120101.92	46744.71	24391.58	77090.28	0.00
53542.82	33954.20	19588.62	299618.77	14668.24	11220.55	171375.59	55038.12	26435.52	20880.75	44013.84
1094660.82	720807.74	373853.08	8968127.95	602626.28	362287.65	5276101.77	1789142.74	432398.02	505571.49	937373.18
594372.97	376433.29	217939.68	3728517.14	374596.13	177325.36	2044989.02	728059.84	215873.06	187673.73	564797.04
452129.98	292365.98	159764.00	2080027.88	47416.75	33946.45	1184381.63	442761.98	169264.88	202256.19	320160.12
255972.86	154246.97	101725.89	1309571.59	20050.54	7245.69	807519.43	286796.69	79985.29	107973.95	50264.91
213512.06	125243.44	88268.62	961652.47	15171.34	8449.85	559925.44	215214.53	84323.82	78567.49	291762.04
357068.41	221464.60	135603.81	1465310.77	36533.68	19274.78	866350.00	282857.10	102142.12	158153.09	339255.09
61062.45	22960.51	38101.94	253200.92	10369.38	6887.41	127322.30	41924.61	21739.01	44958.21	53843.22
1143730.20	702933.92	440796.28	5821979.48	467258.85	403476.11	3026973.79	1111603.58	310418.69	502248.46	738993.59
649872.21	394434.99	255437.22	4289931.04	291141.79	287737.75	2374445.92	833258.85	244788.59	258558.14	807626.97
1183409.76	715176.98	468232.78	9658288.40	938600.06	782220.86	5267808.30	1607304.81	450946.33	611408.04	943911.81
682652.76	336695.93	345956.83	4428124.89	207201.67	553697.42	2215892.73	675045.29	226225.15	550062.63	945757.30
915769.55	533740.93	382028.62	5821997.32	157835.84	688618.10	3350211.78	900189.64	337297.76	387844.20	512992.32
1311805.36	875878.14	435927.22	8196840.79	348306.91	449384.48	4604265.59	1667301.70	530878.75	596703.36	1144824.17
1662583.67	1208996.70	453586.97	12822588.22	1000098.82	877976.38	7447329.32	2283981.92	566520.25	646681.53	1189591.76
497294.91	307262.24	190032.67	4182508.41	514094.29	596557.92	1982875.76	625648.22	153275.39	310056.83	491315.03
1018158.44	645184.51	372973.93	8633843.24	1001316.83	1376431.19	4102046.42	1390310.38	343957.73	419780.69	909028.77
827804.23	513055.10	314749.13	6185826.63	910346.65	656143.02	3208399.86	742905.05	312943.17	355088.88	863726.59
573358.11	397749.85	175608.26	6274799.35	718975.88	829443.67	3505394.42	813881.95	212850.34	194253.09	244439.31
121377.60	60810.75	60566.85	997555.42	90800.90	180079.30	503062.27	139867.32	49989.20	33756.43	50676.56
248184.21	154144.94	94039.27	2358862.14	244675.89	230535.19	1306366.68	405536.26	94984.37	76763.75	247237.64
857886.01	558305.65	299580.36	8151056.42	560805.39	719765.64	4652306.38	1283212.42	374863.01	560103.58	552713.35
794802.97	487455.77	307347.20	6558160.82	357407.84	779523.40	3847397.96	955840.05	299536.70	318454.87	626823.08
746256.41	492937.60	253318.81	6552443.65	327950.07	403750.56	3862207.65	1071358.67	397644.71	489531.99	613530.04
6037.78	3531.68	2506.10	74351.60	155.00	30588.00	30217.00	7609.00	2208.60	3574.00	9028.36
546182.27	377358.21	168824.06	3796465.13	377188.36	300035.37	1948659.75	662848.00	231598.10	276135.55	438503.03
598874.70	422425.83	176448.87	2863546.20	165944.56	190643.51	1426250.48	485476.46	235787.89	359443.30	618219.18
146765.20	86990.87	59774.33	793403.15	3669.47	69093.63	400135.66	149061.04	79108.18	92335.17	52055.65
116273.80	77544.61	38729.19	493912.88	10139.20	10282.05	310754.52	92884.49	36198.20	33654.42	59810.88
453402.12	237331.34	216070.78	2265048.72	21180.76	186968.79	1312515.24	388950.07	184333.15	171100.71	171567.31

普通高中学校

Condition of School Buildings in Regular

	校舍建筑面积 Floor Space	教学及辅助用房 Buildings for Instruction and Ancillary Uses	教室 Classroom	专用教室 Professional Classroom	理化生实验室 Physical and Chemical Biology Laboratory	其他 Others	公共教学用房 Public Teaching Space	图书阅览室 Library	室内体育用房 Gymnasium	心理辅导室 Psychological Counseling Room	其他 Others
总 计 Total	**34131511.79**	**10958990.56**	**5897247.58**	**2268432.71**	**1394478.09**	**873954.62**	**2793310.27**	**832320.69**	**1138448.30**	**66494.68**	**756046.60**
北 京 Beijing	480579.91	191970.15	86885.65	43595.97	23985.82	19610.15	61488.53	12736.69	24340.80	1817.14	22593.90
天 津 Tianjin	70019.65	22427.55	12207.09	7283.23	6171.60	1111.63	2937.23	1534.68	263.25	278.54	860.76
河 北 Hebei	2862787.59	824154.40	511502.73	148532.66	84934.96	63597.70	164119.01	51878.90	67656.14	2613.76	41970.21
山 西 Shanxi	1298300.17	390847.23	212495.03	83885.00	45764.00	38121.00	94467.20	49852.00	18838.00	1981.00	23796.20
内蒙古 Inner Mongolia	312661.68	116441.12	57722.65	29218.19	11511.37	17706.82	29500.28	6774.94	14370.73	433.30	7921.31
辽 宁 Liaoning	388460.82	120567.88	60899.13	17808.70	12107.96	5700.74	41860.05	7887.11	28570.11	609.92	4792.91
吉 林 Jilin	467653.44	153160.72	118425.62	9868.61	5082.45	4786.16	24866.49	5224.91	8568.87	563.00	10509.71
黑龙江 Heilongjiang	269626.86	92662.68	57238.71	17181.57	12137.96	5043.61	18242.40	4640.40	7235.00	531.00	5836.00
上 海 Shanghai	304966.81	121825.56	39018.11	26686.22	10529.18	16157.04	56121.23	7721.00	16963.92	1045.44	30390.87
江 苏 Jiangsu	430407.68	161801.98	67076.96	41215.83	27560.73	13655.10	53509.19	18974.88	16032.34	628.00	17873.97
浙 江 Zhejiang	2027977.20	721839.93	296913.69	157179.47	85266.99	71912.48	267746.77	66130.71	122251.36	6706.28	72658.42
安 徽 Anhui	1187986.34	355760.09	229434.81	72350.16	58680.77	13669.39	53975.12	23844.62	12214.36	2073.64	15842.50
福 建 Fujian	1773639.09	584688.43	230810.24	185927.69	119543.53	66384.16	167950.50	52177.31	50433.94	3339.48	61999.77
江 西 Jiangxi	766355.07	242930.69	147822.13	30652.23	17919.04	12733.19	64456.33	22423.51	19074.30	1637.00	21321.52
山 东 Shandong	2168035.88	664966.13	309000.93	134417.16	83147.56	51269.60	221548.04	61807.52	102237.75	8108.13	49394.64
河 南 Henan	2429555.93	797014.55	501806.39	133842.78	90864.13	42978.65	161365.38	52073.64	42059.97	5295.97	61935.80
湖 北 Hubei	544608.36	142538.73	84639.27	21111.00	15788.00	5323.00	36788.46	18561.00	13730.81	1470.00	3026.65
湖 南 Hunan	1531401.07	463775.85	297446.86	75370.06	51822.48	23547.58	90958.93	37987.88	40074.28	3197.77	9699.00
广 东 Guangdong	4379000.70	1319237.73	707181.74	279899.73	171275.48	108624.25	332156.26	98585.71	165812.40	7714.67	60043.48
广 西 Guangxi	728277.20	222710.90	127309.68	37967.64	23502.91	14464.73	57433.58	19444.38	17618.64	1145.09	19225.47
海 南 Hainan	815629.59	275609.37	116213.12	80368.12	68177.50	12190.62	79028.13	17266.00	56213.86	1371.87	4176.40
重 庆 Chongqing	999952.29	411516.47	235727.90	96427.59	49719.04	46708.55	79360.98	17475.50	15349.97	873.51	45662.00
四 川 Sichuan	1384024.09	489339.28	298413.75	80421.37	51298.00	29123.37	110504.16	23632.18	36456.25	2677.17	47738.56
贵 州 Guizhou	1536589.04	431947.99	221503.16	95913.64	56670.29	39243.35	114531.19	33687.67	75490.31	2348.34	3004.87
云 南 Yunnan	1561682.61	508836.84	285829.13	101873.96	62762.59	39111.37	121133.75	31205.58	43092.63	1435.92	45399.62
西 藏 Tibet	610074.66	182779.05	100860.51	40555.91	31662.96	8892.95	41362.63	17375.80	22012.31	335.63	1638.89
陕 西 Shaanxi	1178912.97	344040.19	169652.18	73394.53	35820.30	37574.23	100993.48	21983.86	48457.65	2094.14	28457.83
甘 肃 Gansu	182466.07	55951.21	30545.32	17208.39	13333.23	3875.16	8197.50	4634.00	1052.00	539.00	1972.50
青 海 Qinghai	202742.63	62843.19	40461.33	11478.11	5063.60	6414.51	10903.75	5654.33	3536.34	246.90	1466.18
宁 夏 Ningxia	56910.71	27317.60	8775.80	6441.80	4626.60	1815.20	12100.00	1310.00	801.00	271.00	9718.00
新 疆 Xinjiang	1180225.68	457487.07	233427.96	110355.39	57747.06	52608.33	113703.72	37833.98	47639.01	3112.07	25118.66

校舍情况(乡村)

Senior Secondary Schools (Rural Area)

单位:平方米
unit: m²

行政办公用房 Administrative	教师办公室 for Teachers	其他 Others	生活用房 Residential and Welfare	教工值班宿舍 Dormitories for Faculty	教师周转宿舍 Accommodation for Circulation of Teachers	学生宿舍 Students' Dormitories	学生餐厅 Students' Canteen	厕所 Toilets	其他 Others	其他用房 Rooms for Other Purposes
2072094. 24	**1253488. 08**	**818606. 16**	**18549133. 24**	**1548950. 00**	**1813428. 38**	**9743318. 37**	**2952431. 99**	**1020435. 90**	**1470568. 60**	**2551293. 75**
43883. 28	16704. 51	27178. 77	238029. 25	12618. 12	8623. 36	93639. 23	30577. 48	15164. 15	77406. 91	6697. 23
6498. 29	3051. 47	3446. 82	41093. 81	1450. 00	6052. 00	16756. 48	6349. 66	2870. 76	7614. 91	0. 00
149837. 83	95200. 09	54637. 74	1514195. 59	148453. 50	58484. 49	865964. 76	285696. 23	61398. 36	94198. 25	374599. 77
88635. 96	48108. 64	40527. 32	695070. 30	69468. 92	49237. 12	358716. 06	156311. 61	29318. 16	32018. 43	123746. 68
15051. 46	8803. 77	6247. 69	128033. 44	17386. 09	1050. 00	73378. 49	20583. 91	10357. 22	5277. 73	53135. 66
28581. 86	19461. 94	9119. 92	206958. 08	11355. 74	6708. 50	98389. 01	35255. 91	12545. 31	42703. 61	32353. 00
15897. 18	12924. 74	2972. 44	201206. 08	6083. 00	14582. 42	121352. 32	47865. 33	8627. 37	2695. 64	97389. 46
21505. 46	15854. 34	5651. 12	131042. 17	6911. 32	600. 00	69620. 34	21537. 42	9934. 17	22438. 92	24416. 55
29218. 58	12449. 59	16768. 99	128838. 68	1222. 96	16089. 37	56230. 52	12476. 66	12182. 67	30636. 50	25083. 99
31994. 80	22545. 40	9449. 40	196649. 46	7689. 11	32811. 00	101632. 79	32615. 32	11329. 75	10571. 49	39961. 44
109060. 10	70468. 50	38591. 60	996758. 15	90978. 55	83515. 69	520575. 19	159896. 69	57293. 79	84498. 24	200319. 02
74092. 07	33544. 77	40547. 30	662601. 01	100639. 23	71249. 35	324474. 04	97687. 75	25667. 45	42883. 19	95533. 17
123324. 39	51301. 86	72022. 53	883759. 12	21443. 18	133813. 81	429261. 04	148593. 55	30853. 51	119794. 03	181867. 15
41024. 23	22795. 89	18228. 34	410205. 55	25424. 18	44001. 59	255058. 31	59364. 71	17724. 35	8632. 41	72194. 60
118022. 31	78977. 09	39045. 22	1120949. 85	40378. 54	84833. 87	608036. 30	215855. 58	86366. 38	85479. 18	264097. 59
177967. 64	124653. 26	53314. 38	1382657. 28	81606. 38	86358. 58	781017. 24	265895. 19	87457. 61	80322. 28	71916. 46
27489. 81	17473. 81	10016. 00	365391. 24	57372. 00	43369. 00	205078. 56	38455. 24	10362. 44	10754. 00	9188. 58
72695. 71	51413. 55	21282. 16	936795. 01	145331. 10	108037. 89	456926. 90	143045. 11	46704. 71	36749. 30	58134. 50
252376. 98	154578. 54	97798. 44	2559704. 13	280515. 21	257922. 88	1269218. 04	330924. 21	117625. 58	303498. 21	247681. 86
54411. 52	27539. 76	26871. 76	413698. 37	30387. 38	42649. 97	222196. 01	56811. 01	25404. 00	36250. 00	37456. 41
42925. 32	31073. 34	11851. 98	443111. 45	35937. 85	71258. 30	224826. 82	58378. 86	28665. 08	24044. 54	53983. 45
38541. 94	27030. 46	11511. 48	539900. 16	47664. 61	77018. 22	285697. 43	84933. 48	25921. 12	18665. 30	9993. 72
73651. 92	46491. 74	27160. 18	767658. 07	73362. 86	53283. 41	442533. 81	103810. 06	34529. 64	60138. 29	53374. 82
91267. 96	36481. 70	54786. 26	874030. 75	34922. 12	77603. 55	520607. 69	129919. 87	63743. 53	47233. 99	139342. 34
108526. 67	69387. 99	39138. 68	891998. 98	80256. 35	84272. 97	454353. 22	138858. 06	47463. 93	86794. 45	52320. 12
35224. 44	27862. 20	7362. 24	381371. 36	18558. 52	117129. 16	165652. 70	53012. 44	13226. 95	13791. 59	10699. 81
64767. 01	49863. 23	14903. 78	600299. 61	75466. 59	80863. 68	283264. 76	90363. 26	48533. 13	21808. 19	169806. 16
18163. 99	9510. 99	8653. 00	87207. 11	11532. 60	7513. 00	45521. 70	11795. 00	6383. 26	4461. 55	21143. 76
7100. 10	2584. 50	4515. 60	128994. 55	2627. 36	9915. 00	61388. 95	17730. 28	7884. 91	29448. 05	3804. 79
4216. 87	2035. 30	2181. 57	25042. 84	2600. 33	3015. 00	7547. 71	6757. 96	4084. 00	1037. 84	333. 40
106138. 56	63315. 11	42823. 45	595881. 79	9306. 30	81565. 20	324401. 95	91074. 15	60812. 61	28721. 58	20718. 26

地　区 Region	占地面积（平方米）Areas Occupied (m^2)	#绿化用地面积 of Which: Green Areas	#运动场地面积 of Which: Sports Areas	校园足球场（个）Campus Football	11人制足球场 11-a-side Football Field	7人制足球场 7-a-side Football Field	5人制足球场 5-a-side Football Field
总　计 Total	**1166411742.00**	**309957219.08**	**284021251.48**	**15696**	**9142**	**3951**	**2603**
北　京 Beijing	16928559.59	3793606.19	5021247.43	409	161	137	111
天　津 Tianjin	9796713.36	1744646.76	3190514.50	192	98	76	18
河　北 Hebei	60476018.41	12812220.09	14097795.57	785	479	177	129
山　西 Shanxi	36789596.00	7212439.59	8012464.36	448	254	115	79
内蒙古 Inner Mongolia	24856983.21	4970363.08	6416267.87	436	247	71	118
辽　宁 Liaoning	24688870.07	4802492.45	6863684.86	446	263	121	62
吉　林 Jilin	13885946.38	3013643.15	4442719.30	227	135	69	23
黑龙江 Heilongjiang	21694888.17	3474582.05	5564367.72	301	185	78	38
上　海 Shanghai	10988436.37	3675455.48	2713785.11	263	98	105	60
江　苏 Jiangsu	59972082.99	20806305.01	14224527.67	846	529	185	132
浙　江 Zhejiang	51377865.95	16764178.41	12243640.57	740	410	163	167
安　徽 Anhui	58103131.48	15301446.71	12631156.55	735	435	215	85
福　建 Fujian	42064499.06	11301646.43	11398822.44	626	344	138	144
江　西 Jiangxi	48601472.05	14124299.82	12027547.26	583	349	125	109
山　东 Shandong	81932032.32	23624154.50	18535426.38	892	604	192	96
河　南 Henan	77576653.90	17146870.57	14938933.37	874	505	202	167
湖　北 Hubei	42621853.32	12480978.21	8223714.43	568	328	136	104
湖　南 Hunan	56000116.82	16307025.60	12026126.02	630	427	138	65
广　东 Guangdong	97303973.94	29769707.50	25349832.05	1347	702	433	212
广　西 Guangxi	41217266.23	10491569.35	9344017.66	520	308	109	103
海　南 Hainan	12290256.89	3409246.42	2724579.01	190	104	53	33
重　庆 Chongqing	24126346.35	7008182.00	7410277.82	332	188	99	45
四　川 Sichuan	63172136.19	15088059.76	20582243.19	951	516	260	175
贵　州 Guizhou	41072785.92	11469251.12	10116433.07	452	284	105	63
云　南 Yunnan	51977444.48	15330602.79	12091859.16	529	362	104	63
西　藏 Tibet	4199165.12	881524.21	648945.76	49	30	11	8
陕　西 Shaanxi	29106879.26	6530814.92	7467404.08	477	259	152	66
甘　肃 Gansu	19898549.27	4074972.50	5582950.17	347	176	100	71
青　海 Qinghai	7158622.93	1763580.86	1664634.45	85	53	20	12
宁　夏 Ningxia	8714412.01	2678237.45	1767979.06	114	68	20	26
新　疆 Xinjiang	27818183.96	8105116.10	6697354.59	302	241	42	19

资产情况(总计)

Resources in Senior Secondary Schools (Total)

图　书(册) Books and Magazines in Libraries (Volume)	数字终端数(台) Number of Digital Terminals (Set)	教师终端数 Number of Teachers' Terminals	学生终端数 Number of Student Terminals	教　室(间) Classroom (Room)	#网络多媒体教室 of Which: Network Multimedia Classroom	固定资产总值(万元) Total Value of Fixed Asset (10,000 yuan)	#教学仪器设备资产值 of Which: Total Value of Equip and Instru.
1076882581	**6924551**	**2749820**	**4005464**	**1213731**	**920733**	**125051470. 28**	**12940600. 39**
21401053	253461	99271	123222	24987	23525	3782229. 01	966992. 45
13469909	84126	39651	42319	12369	10873	1028191. 71	163889. 74
64044445	347068	165397	176547	65972	52264	5234676. 13	458651. 42
27401290	181175	76875	99464	38950	26003	4062252. 81	307109. 72
15230083	110232	50501	57986	17400	14629	2629891. 08	258373. 07
18526117	143184	62644	72771	25118	17658	2206896. 98	232267. 59
12191075	78293	35833	38039	18906	11512	1453665. 18	132886. 08
10833360	94750	43451	48412	22362	14590	1683219. 97	178083. 53
15180833	141858	68872	71525	16380	13263	2705460. 33	460909. 68
60512527	414900	159404	245391	59316	47388	7932932. 51	741253. 88
53736224	320932	122507	188887	45936	36690	6286795. 24	749715. 64
42192931	427798	119553	305261	55117	41090	5171798. 24	467876. 36
53629003	258616	107392	144069	45162	36637	4098677. 25	549578. 54
46314500	246168	98263	142920	53709	40613	3787714. 79	433652. 28
68447802	436657	203155	222291	80734	60534	9226432. 16	748121. 90
42346330	332658	140882	183946	83050	54670	6164756. 66	439641. 48
24351757	166994	70455	93891	37738	25556	4217425. 65	343281. 15
45001412	233449	90690	138035	56845	41853	6142095. 23	531352. 15
117377602	839687	315971	504027	107991	93541	11321743. 79	1380149. 65
43682995	210942	98803	108383	38615	29928	3418124. 45	350521. 97
9896447	67381	27684	35688	11554	8888	1552681. 84	152355. 33
25358220	159247	56077	101224	29125	25986	3053954. 86	258908. 92
74904344	401896	136277	259424	78019	57416	7355730. 56	841695. 64
39783516	192428	71928	116724	38394	29631	4850896. 00	386427. 35
41145646	246280	76070	167855	54476	34195	5023577. 80	380999. 60
1805100	14908	7949	6467	2204	1724	301117. 71	16253. 13
38106573	205199	79909	124608	33139	26630	3786903. 18	413046. 38
20830603	116852	44720	71583	23300	16051	2166973. 20	194403. 94
6499360	35024	13464	21350	5696	3861	902883. 98	69550. 52
6708370	46925	14474	31386	5476	4294	864462. 07	91023. 00
15973154	115463	51698	61769	25691	19240	2637309. 90	241628. 27

地　区 Region	占地面积（平方米） Areas Occupied (m^2)	#绿化用地面积 of Which: Green Areas	#运动场地面积 of Which: Sports Areas	校园足球场（个） Campus Football	11人制足球场 11-a-side Football Field	7人制足球场 7-a-side Football Field	5人制足球场 5-a-side Football Field
总　计 Total	**584054872.48**	**162042245.89**	**146948202.55**	**8652**	**4747**	**2318**	**1587**
北　京 Beijing	14607311.63	3206638.42	4481119.81	369	142	123	104
天　津 Tianjin	8184953.66	1492343.34	2754131.74	162	87	59	16
河　北 Hebei	23352036.53	5278664.30	5577715.98	377	201	99	77
山　西 Shanxi	18839656.87	3797170.59	4371762.39	260	138	71	51
内蒙古 Inner Mongolia	11875459.46	2559363.51	2963434.82	229	120	39	70
辽　宁 Liaoning	18158687.37	3625225.34	5163956.89	346	200	97	49
吉　林 Jilin	7281946.21	1592227.99	2423317.51	127	66	42	19
黑龙江 Heilongjiang	11436640.74	1873577.29	3197474.10	165	97	45	23
上　海 Shanghai	9408945.76	3140958.28	2353260.63	228	82	91	55
江　苏 Jiangsu	34693147.25	12461101.81	8135992.62	482	294	110	78
浙　江 Zhejiang	30630874.47	10039721.69	7528833.83	466	248	107	111
安　徽 Anhui	19385891.12	5662148.47	4358675.25	272	148	82	42
福　建 Fujian	17292497.54	4670130.49	4799007.05	283	143	55	85
江　西 Jiangxi	20587706.06	5933185.95	4942727.35	263	151	66	46
山　东 Shandong	46008684.06	13668796.04	10640081.13	507	333	113	61
河　南 Henan	28334251.50	6215898.79	6063379.23	379	190	99	90
湖　北 Hubei	26888171.12	8248467.23	5286337.79	386	207	99	80
湖　南 Hunan	20912637.94	6305738.66	4807558.61	263	178	51	34
广　东 Guangdong	63201388.73	19905671.90	17391551.27	914	489	282	143
广　西 Guangxi	20188097.20	5828010.15	4451559.83	263	146	68	49
海　南 Hainan	6272297.94	1683472.75	1480175.45	97	51	33	13
重　庆 Chongqing	13915871.70	3975610.07	4449918.33	193	117	56	20
四　川 Sichuan	32073075.83	8158008.57	10001917.62	518	286	137	95
贵　州 Guizhou	15533068.67	4591942.25	4019245.64	184	110	40	34
云　南 Yunnan	20038853.78	6463258.02	4849037.58	240	155	51	34
西　藏 Tibet	2602392.55	564229.85	425064.19	32	17	9	6
陕　西 Shaanxi	14295951.25	3095808.20	3579781.51	260	125	97	38
甘　肃 Gansu	6449393.63	1574288.92	1661636.71	127	53	48	26
青　海 Qinghai	2830631.49	776631.09	615172.28	33	16	10	7
宁　夏 Ningxia	5072523.64	1639557.24	1007277.07	71	40	14	17
新　疆 Xinjiang	13701826.78	4014398.69	3167098.34	156	117	25	14

资产情况(城区)
in Senior Secondary Schools (Urban Area)

图　书 (册) Books and Magazines in Libraries (Volume)	数字终端数 (台) Number of Digital Terminals (Set)			教　室 (间) Classroom (Room)		固定资产总值 (万元) Total Value of Fixed Asset (10,000 yuan)	
		教师终端数 Number of Teachers' Terminals	学生终端数 Number of Student Terminals		#网络多媒体教室 of Which: Network Multimedia Classroom		#教学仪器设备资产值 of Which: Total Value of Equip and Instru.
593487017	**4090579**	**1654692**	**2319190**	**657705**	**513189**	**72041429. 43**	**8256372. 17**
20283144	239660	94016	117111	23193	21943	3612814. 30	918330. 72
11734216	76331	35897	38396	11049	9675	901682. 74	151227. 82
28344408	157611	75195	80114	27307	22238	2235110. 49	227074. 35
15889147	110558	46244	60741	22456	15041	2509360. 62	200899. 49
8197911	58276	26051	31027	9417	7848	1320575. 61	146519. 74
14644904	114837	51404	57910	18854	13247	1751668. 15	192494. 84
7497613	49769	23044	23507	10631	7022	902121. 48	88224. 46
6577512	57026	27144	27819	13336	8646	1011641. 52	117750. 15
13750791	129867	62603	65939	14604	12092	2397811. 25	425095. 67
35063569	246248	98112	144328	35749	28567	5089737. 98	499976. 89
33451557	205190	78941	120089	28722	23365	3930235. 33	476029. 06
15421406	193485	49495	142492	20865	15818	1915301. 83	199179. 36
25159605	132054	56322	70981	21944	18285	2122898. 04	286015. 76
20586227	116653	48677	64819	24328	18631	1735747. 14	199459. 39
42352488	268515	124120	137069	45826	34245	5565545. 86	459334. 81
18925220	140539	60621	75950	31671	21748	2239940. 48	179648. 86
15509231	115437	48391	65363	24567	17115	2784713. 35	241859. 46
18247936	108850	43656	62409	24626	17934	2926968. 29	262946. 32
83071528	615483	234381	366723	77207	67905	8514364. 65	1072149. 01
21444003	113496	52626	58067	19690	15313	1880067. 86	215743. 95
5252202	41605	16775	22075	6549	5284	715501. 71	91851. 79
15967937	100350	38540	60083	18381	16432	2106406. 64	180665. 55
37450752	226159	80638	141295	41813	31526	4282128. 29	498486. 44
14685219	76824	30120	45719	15170	11527	1942173. 72	163855. 22
17794615	114140	37590	75071	22959	15407	1992540. 40	195926. 14
1088616	9656	5502	4072	1417	1080	166554. 62	13309. 34
21458460	115255	44760	69912	18130	14736	2091014. 27	253493. 28
7792466	44464	18909	25336	7911	5543	887718. 75	74653. 47
2943468	15336	5837	9319	2224	1577	492878. 78	28563. 74
3836780	30645	9278	20408	3372	2609	592845. 69	58338. 52
9064086	66260	29803	35046	13737	10790	1423359. 60	137268. 54

普通高中学校

Condition of Fixed Assets and Teaching Resources in

地　区 Region	占地面积 （平方米） Areas Occupied （m^2）	#绿化用 地面积 of Which: Green Areas	#运动场 地面积 of Which: Sports Areas	校园足球场 （个） Campus Football	11人制 足球场 11-a-side Football Field	7人制 足球场 7-a-side Football Field	5人制 足球场 5-a-side Football Field
总　计 Total	**513001084.41**	**128915430.58**	**123077018.57**	**6215**	**3925**	**1414**	**876**
北　京 Beijing	1136158.08	216280.57	283505.18	23	9	9	5
天　津 Tianjin	1432935.70	214075.42	381478.76	26	11	14	1
河　北 Hebei	31750764.14	6329871.28	7504346.08	354	244	65	45
山　西 Shanxi	15385999.21	2888471.00	3172222.97	164	102	39	23
内蒙古 Inner Mongolia	12422118.98	2338862.26	3300827.14	194	122	26	46
辽　宁 Liaoning	5788480.75	1031406.89	1493255.64	86	56	19	11
吉　林 Jilin	5431037.05	1144529.04	1736208.50	88	63	22	3
黑龙江 Heilongjiang	9236178.43	1435691.76	2188236.26	126	82	29	15
上　海 Shanghai	1078659.90	394819.40	258236.31	27	12	11	4
江　苏 Jiangsu	24591419.95	8086953.32	5958781.76	355	229	73	53
浙　江 Zhejiang	17320746.13	5598291.09	3981410.11	227	140	40	47
安　徽 Anhui	36333239.46	9093104.61	7750673.77	432	269	126	37
福　建 Fujian	21243643.07	5712890.15	5791518.30	294	172	71	51
江　西 Jiangxi	25721816.98	7560435.19	6658875.88	291	185	50	56
山　东 Shandong	31705890.70	8689179.78	7088110.25	341	239	69	33
河　南 Henan	44050812.45	9745742.02	8032432.68	447	290	89	68
湖　北 Hubei	14647283.20	3936492.98	2754787.64	168	112	34	22
湖　南 Hunan	31808167.97	8954272.54	6556095.90	334	228	78	28
广　东 Guangdong	26106138.91	7201971.18	6435392.48	343	168	128	47
广　西 Guangxi	19364392.60	4314173.27	4533574.22	229	146	36	47
海　南 Hainan	4425329.88	1234514.67	937823.36	73	40	16	17
重　庆 Chongqing	8430752.29	2480342.54	2451941.61	111	60	34	17
四　川 Sichuan	28328647.65	6257870.23	9861881.27	397	207	115	75
贵　州 Guizhou	22880128.86	5999525.74	5609100.80	238	158	58	22
云　南 Yunnan	27578254.74	7529856.14	6482306.60	248	179	44	25
西　藏 Tibet	387087.22	62986.00	59020.13	4	3	0	1
陕　西 Shaanxi	12948731.61	2990010.56	3500130.56	176	115	43	18
甘　肃 Gansu	12996415.14	2392575.63	3825450.83	214	120	50	44
青　海 Qinghai	3829060.44	907170.77	961968.17	48	35	8	5
宁　夏 Ningxia	3415434.37	970674.21	707839.99	37	26	5	6
新　疆 Xinjiang	11225358.55	3202390.34	2819585.42	120	103	13	4

资产情况(镇区)

Senior Secondary Schools (County and Town Area)

图书(册) Books and Magazines in Libraries (Volume)	数字终端数(台) Number of Digital Terminals (Set)	教师终端数 Number of Teachers' Terminals	学生终端数 Number of Student Terminals	教室(间) Classroom (Room)	#网络多媒体教室 of Which: Network Multimedia Classroom	固定资产总值(万元) Total Value of Fixed Asset (10,000 yuan)	#教学仪器设备资产值 of Which: Total Value of Equip and Instru.
441369091	**2553484**	**989752**	**1518030**	**496821**	**365614**	**46354767.75**	**4170092.94**
544966	7447	2996	3128	916	797	91118.25	23323.10
1547656	7039	3389	3532	1195	1101	119534.50	11966.04
32371441	168765	80319	85972	34007	26644	2644800.21	207675.99
10115188	62221	27329	33781	14120	9394	1284811.22	90924.11
6741811	49574	23429	25598	7452	6352	1266649.10	108658.83
3582283	25467	10151	13110	5548	3816	364641.23	34670.45
4314604	26512	11983	13381	6293	4096	455080.42	41243.00
3988812	35729	15424	19484	8404	5589	614312.40	56893.90
1068379	9050	5097	3819	1171	870	182048.44	24305.20
24956452	165510	60363	98850	22900	18458	2757889.91	237758.61
17689503	97785	35704	59272	14144	10969	1743816.61	236893.72
25133733	218401	66768	150241	32179	23721	3097779.01	252761.43
25487663	114040	46563	65539	20500	16198	1739568.34	234185.25
24613310	123797	47645	74459	27813	20937	1960475.44	224796.03
23924670	149260	70161	75294	30968	23253	3079116.78	254509.82
21572153	176384	73504	99369	46844	29796	3507175.24	233334.52
8354701	47104	19743	26428	12353	8088	1331031.20	94392.19
24619432	115111	43981	69293	29046	21484	2938832.90	243979.65
28358023	178041	63924	110441	24251	20361	2010731.30	228228.78
21426681	93412	44334	48220	17879	13903	1358779.84	123928.56
3724259	18997	8385	9864	3713	2705	620648.47	43449.13
7847588	45696	14701	30776	8936	7955	793091.14	65155.63
35327823	164691	51988	110825	33541	24088	2823622.81	315702.13
23039402	106345	38962	64600	20903	16390	2564416.05	193737.71
21490197	118822	35116	83349	28351	17069	2655921.43	166621.24
242452	842	375	344	129	113	33692.73	1327.62
15030961	82202	31901	50251	13268	10633	1476136.47	144947.81
12701318	70585	25159	45096	14987	10239	1242694.46	116974.36
3325113	18908	7396	11482	3127	2122	370876.02	38613.98
2820590	15778	5024	10660	2008	1646	261496.89	32230.28
5407927	39969	17938	21572	9875	6827	963978.93	86903.85

地 区 Region	占地面积（平方米）Areas Occupied (m^2)	#绿化用地面积 of Which: Green Areas	#运动场地面积 of Which: Sports Areas	校园足球场（个）Campus Football	11人制足球场 11-a-side Football Field	7人制足球场 7-a-side Football Field	5人制足球场 5-a-side Football Field
总 计 Total	**69355785.11**	**18999542.61**	**13996030.36**	**829**	**470**	**219**	**140**
北 京 Beijing	1185089.88	370687.20	256622.44	17	10	5	2
天 津 Tianjin	178824.00	38228.00	54904.00	4	0	3	1
河 北 Hebei	5373217.74	1203684.51	1015733.51	54	34	13	7
山 西 Shanxi	2563939.92	526798.00	468479.00	24	14	5	5
内蒙古 Inner Mongolia	559404.77	72137.31	152005.91	13	5	6	2
辽 宁 Liaoning	741701.95	145860.22	206472.33	14	7	5	2
吉 林 Jilin	1172963.12	276886.12	283193.29	12	6	5	1
黑龙江 Heilongjiang	1022069.00	165313.00	178657.36	10	6	4	0
上 海 Shanghai	500830.71	139677.80	102288.17	8	4	3	1
江 苏 Jiangsu	687515.79	258249.88	129753.29	9	6	2	1
浙 江 Zhejiang	3426245.35	1126165.63	733396.63	47	22	16	9
安 徽 Anhui	2384000.90	546193.63	521807.53	31	18	7	6
福 建 Fujian	3528358.45	918625.79	808297.09	49	29	12	8
江 西 Jiangxi	2291949.01	630678.68	425944.03	29	13	9	7
山 东 Shandong	4217457.56	1266178.68	807235.00	44	32	10	2
河 南 Henan	5191589.95	1185229.76	843121.46	48	25	14	9
湖 北 Hubei	1086399.00	296018.00	182589.00	14	9	3	2
湖 南 Hunan	3279310.91	1047014.40	662471.51	33	21	9	3
广 东 Guangdong	7996446.30	2662064.42	1522888.30	90	45	23	22
广 西 Guangxi	1664776.43	349385.93	358883.61	28	16	5	7
海 南 Hainan	1592629.07	491259.00	306580.20	20	13	4	3
重 庆 Chongqing	1779722.36	552229.39	508417.88	28	11	9	8
四 川 Sichuan	2770412.71	672180.96	718444.30	36	23	8	5
贵 州 Guizhou	2659588.39	877783.13	488086.63	30	16	7	7
云 南 Yunnan	4360335.96	1337488.63	760514.98	41	28	9	4
西 藏 Tibet	1209685.35	254308.36	164861.44	13	10	2	1
陕 西 Shaanxi	1862196.40	444996.16	387492.01	41	19	12	10
甘 肃 Gansu	452740.50	108107.95	95862.63	6	3	2	1
青 海 Qinghai	498931.00	79779.00	87494.00	4	2	2	0
宁 夏 Ningxia	226454.00	68006.00	52862.00	6	2	1	3
新 疆 Xinjiang	2890998.63	888327.07	710670.83	26	21	4	1

资产情况(乡村)
in Senior Secondary Schools (Rural Area)

图书(册) Books and Magazines in Libraries (Volume)	数字终端数(台) Number of Digital Terminals (Set)	教师终端数 Number of Teachers' Terminals	学生终端数 Number of Student Terminals	教室(间) Classroom (Room)	#网络多媒体教室 of Which: Network Multimedia Classroom	固定资产总值(万元) Total Value of Fixed Asset (10,000 yuan)	#教学仪器设备资产值 of Which: Total Value of Equip and Instru.
42026473	**280488**	**105376**	**168244**	**59205**	**41930**	**6655273.09**	**514135.27**
572943	6354	2259	2983	878	785	78296.46	25338.63
188037	756	365	391	125	97	6974.47	695.87
3328596	20692	9883	10461	4658	3382	354765.42	23901.08
1396955	8396	3302	4942	2374	1568	268080.97	15286.11
290361	2382	1021	1361	531	429	42666.37	3194.50
298930	2880	1089	1751	716	595	90587.61	5102.30
378858	2012	806	1151	1982	394	96463.28	3418.62
267036	1995	883	1109	622	355	57266.05	3439.47
361663	2941	1172	1767	605	301	125600.64	11508.81
492506	3142	929	2213	667	363	85304.63	3518.38
2595164	17957	7862	9526	3070	2356	612743.29	36792.85
1637792	15912	3290	12528	2073	1551	158717.40	15935.57
2981735	12522	4507	7549	2718	2154	236210.87	29377.53
1114963	5718	1941	3642	1568	1045	91492.21	9396.86
2170644	18882	8874	9928	3940	3036	581769.52	34277.27
1848957	15735	6757	8627	4535	3126	417640.95	26658.11
487825	4453	2321	2100	818	353	101681.10	7029.50
2134044	9488	3053	6333	3173	2435	276294.04	24426.18
5948051	46163	17666	26863	6533	5275	796647.83	79771.86
812311	4034	1843	2096	1046	712	179276.74	10849.46
919986	6779	2524	3749	1292	899	216531.65	17054.41
1542695	13201	2836	10365	1808	1599	154457.08	13087.74
2125769	11046	3651	7304	2665	1802	249979.46	27507.07
2058895	9259	2846	6405	2321	1714	344306.23	28834.43
1860834	13318	3364	9435	3166	1719	375115.98	18452.22
474032	4410	2072	2051	658	531	100870.36	1616.18
1617152	7742	3248	4445	1741	1261	219752.44	14605.29
336819	1803	652	1151	402	269	36559.99	2776.11
230779	780	231	549	345	162	39129.18	2372.80
51000	502	172	318	96	39	10119.50	454.20
1501141	9234	3957	5151	2079	1623	249971.37	17455.88

地 区 Region	中等职业学校 Upper Secondary Vocational Schools	#中央部门 of Which: HEIs under Central Ministries and Agencies	#地方公办 of Which: HEIs under Local Auth.	#民办 of Which: Non-government	#具有法人资格的中外合作办学	普通中专学校 Reg. Specialized Sec. Schools	#中央部门 of Which: HEIs under Central Ministries and Agencies	#地方公办 of Which: HEIs under Local Auth.	#民办 of Which: Non-government	#具有法人资格的中外合作办学
总 计 Total	**7294**	**21**	**5294**	**1978**	**1**	**3269**	**18**	**2381**	**870**	**0**
北 京 Beijing	83	8	56	19	0	29	7	21	1	0
天 津 Tianjin	63	0	55	8	0	37	0	33	4	0
河 北 Hebei	602	3	423	176	0	260	3	106	151	0
山 西 Shanxi	337	0	237	100	0	86	0	74	12	0
内蒙古 Inner Mongolia	200	0	137	63	0	71	0	33	38	0
辽 宁 Liaoning	266	0	180	86	0	104	0	91	13	0
吉 林 Jilin	241	0	176	65	0	33	0	29	4	0
黑龙江 Heilongjiang	195	0	148	47	0	70	0	30	40	0
上 海 Shanghai	87	2	81	3	1	56	2	52	2	0
江 苏 Jiangsu	198	0	173	25	0	147	0	131	16	0
浙 江 Zhejiang	249	0	202	47	0	47	0	41	6	0
安 徽 Anhui	271	0	177	94	0	246	0	160	86	0
福 建 Fujian	165	0	144	21	0	165	0	144	21	0
江 西 Jiangxi	287	1	188	98	0	103	1	88	14	0
山 东 Shandong	400	1	281	118	0	255	0	179	76	0
河 南 Henan	537	1	394	142	0	139	1	117	21	0
湖 北 Hubei	261	2	198	61	0	207	2	159	46	0
湖 南 Hunan	496	0	271	225	0	37	0	31	6	0
广 东 Guangdong	382	0	284	98	0	290	0	211	79	0
广 西 Guangxi	230	0	168	62	0	230	0	168	62	0
海 南 Hainan	61	0	32	29	0	26	0	19	7	0
重 庆 Chongqing	129	0	106	23	0	25	0	21	4	0
四 川 Sichuan	383	0	229	154	0	187	0	70	117	0
贵 州 Guizhou	183	0	141	42	0	64	0	59	5	0
云 南 Yunnan	363	0	317	46	0	86	0	70	16	0
西 藏 Tibet	13	0	13	0	0	13	0	13	0	0
陕 西 Shaanxi	223	0	148	75	0	27	0	25	2	0
甘 肃 Gansu	180	0	148	32	0	93	0	86	7	0
青 海 Qinghai	33	0	27	6	0	31	0	26	5	0
宁 夏 Ningxia	31	0	24	7	0	12	0	6	6	0
新 疆 Xinjiang	145	3	136	6	0	93	2	88	3	0

(机构)数
Vocational Schools (Institutions)

单位:所
unit:institution

成人中专学校 Adults Specialized Sec. Schools	#中央部门 of Which: HEIs under Central Ministries and Agencies	#地方公办 of Which: HEIs under Local Auth.	#民办 of Which: Non-government	#具有法人资格的中外合作办学	职业高中学校 Vocational High Schools	#中央部门 of Which: HEIs under Central Ministries and Agencies	#地方公办 of Which: HEIs under Local Auth.	#民办 of Which: Non-government	#具有法人资格的中外合作办学
868	**1**	**771**	**96**	**0**	**3157**	**2**	**2142**	**1012**	**1**
10	1	8	1	0	44	0	27	17	0
13	0	13	0	0	13	0	9	4	0
158	0	152	6	0	184	0	165	19	0
23	0	23	0	0	228	0	140	88	0
23	0	23	0	0	106	0	81	25	0
0	0	0	0	0	162	0	89	73	0
69	0	69	0	0	139	0	78	61	0
19	0	17	2	0	106	0	101	5	0
8	0	7	1	0	23	0	22	0	1
10	0	9	1	0	41	0	33	8	0
11	0	11	0	0	191	0	150	41	0
14	0	12	2	0	11	0	5	6	0
0	0	0	0	0	0	0	0	0	0
41	0	41	0	0	143	0	59	84	0
21	0	14	7	0	124	1	88	35	0
154	0	106	48	0	244	0	171	73	0
5	0	2	3	0	49	0	37	12	0
81	0	67	14	0	378	0	173	205	0
1	0	1	0	0	91	0	72	19	0
0	0	0	0	0	0	0	0	0	0
1	0	1	0	0	34	0	12	22	0
42	0	39	3	0	62	0	46	16	0
14	0	9	5	0	182	0	150	32	0
5	0	5	0	0	114	0	77	37	0
117	0	116	1	0	160	0	131	29	0
0	0	0	0	0	0	0	0	0	0
3	0	3	0	0	193	0	120	73	0
14	0	12	2	0	73	0	50	23	0
1	0	1	0	0	1	0	0	1	0
2	0	2	0	0	17	0	16	1	0
8	0	8	0	0	44	1	40	3	0

地　区 Region	毕业生数 Graduates	#职业类证书 of Which: Vocational Certificate	#职业技能等级证书 of Which: Vocational Skill Level Certificate	招生数 Entrants
总　计 Total	**3753709**	**1934190**	**931859**	**4889890**
北　京 Beijing	14169	2710	1022	16495
天　津 Tianjin	24478	11518	5557	28441
河　北 Hebei	255152	150655	74884	356058
山　西 Shanxi	89969	73768	41221	118933
内蒙古 Inner Mongolia	48568	18670	6733	67352
辽　宁 Liaoning	75271	24094	5826	93188
吉　林 Jilin	33449	9351	1914	48777
黑龙江 Heilongjiang	46062	16279	6149	61788
上　海 Shanghai	31894	15151	5331	38730
江　苏 Jiangsu	181724	120023	47678	235154
浙　江 Zhejiang	159707	130864	81354	182920
安　徽 Anhui	263064	159417	84379	298376
福　建 Fujian	99079	53805	28311	139845
江　西 Jiangxi	117575	30728	16909	204856
山　东 Shandong	221047	91898	50114	293603
河　南 Henan	355674	164577	58816	442530
湖　北 Hubei	124728	55450	28665	152845
湖　南 Hunan	206223	128403	81329	282461
广　东 Guangdong	260465	154005	63488	335993
广　西 Guangxi	188153	85233	41729	272341
海　南 Hainan	32527	8249	4185	48238
重　庆 Chongqing	95217	56193	33508	136767
四　川 Sichuan	255637	143691	77356	352894
贵　州 Guizhou	128181	66780	35253	157849
云　南 Yunnan	175462	56876	15609	175398
西　藏 Tibet	9970	482	429	14585
陕　西 Shaanxi	71322	30010	7491	104372
甘　肃 Gansu	52394	30530	11174	83891
青　海 Qinghai	24061	6339	1325	31270
宁　夏 Ningxia	23721	8720	3882	28183
新　疆 Xinjiang	88766	29721	10238	85757

(机构)学生数

Vocational Schools (Institutions)

单位:人
unit:person

在校学生数 Enrolment	#现代学徒制 of Which: Modern Apprenticeships	一年级 Grade 1	二年级 Grade 2	三年级 Grade 3	四年级及以上 Grade 4 and Over	预计毕业生数 Estimated Graduates for Next Year
13118146	**238973**	**4892026**	**4347444**	**3832784**	**45892**	**4058842**
48028	194	16521	16057	12560	2890	12699
80117	126	28451	25491	25343	832	25709
910748	5312	356182	298036	254367	2163	291979
322092	2681	118944	102121	98097	2930	100125
178668	2325	67358	60190	50618	502	51637
267638	5492	93211	90329	78693	5405	78434
131079	1839	48779	42449	39613	238	42974
176725	1480	61802	59607	53042	2274	56071
108907	2045	39008	38389	29757	1753	33274
641184	22464	235225	209475	193426	3058	195922
556039	49587	183124	195283	173564	4068	180222
752140	20097	297699	241763	212375	303	243728
375367	16683	139892	122109	113366	0	114463
519162	4824	205027	169557	142395	2183	141107
839144	6813	293606	289009	255334	1195	255706
1180043	12096	443413	373150	361574	1906	375845
441214	9092	152939	147866	137616	2793	137121
746552	18947	282496	246573	215398	2085	224843
903049	5418	336115	292629	273930	375	278795
690913	5604	272466	249630	168444	373	220265
121256	170	48245	38536	34028	447	33846
364201	4410	136780	118930	107486	1005	107632
872310	14156	353071	276777	241414	1048	265689
397515	9285	157893	122864	116758	0	118531
550892	1884	175488	203806	171333	265	194524
33196	12	14471	11096	7629	0	11678
296995	4070	104405	98802	93192	596	90973
202176	3837	83922	72208	45682	364	50035
89118	462	31559	28864	25771	2924	23728
76339	898	28183	23986	24035	135	23837
245339	6670	85751	81862	75944	1782	77450

地 区 Region	毕业生数 Graduates	#职业类证书 of Which: Vocational Certificate	#职业技能等级证书 of Which: Vocational Skill Level Certificate	招生数 Entrants
总 计 Total	**1692115**	**857725**	**416592**	**2183843**
北 京 Beijing	6981	1225	319	7698
天 津 Tianjin	9826	4001	1955	12743
河 北 Hebei	117021	71713	35761	164852
山 西 Shanxi	40885	32786	18831	55690
内蒙古 Inner Mongolia	20768	8366	2860	29331
辽 宁 Liaoning	32668	10859	2151	40924
吉 林 Jilin	14773	3866	654	21777
黑龙江 Heilongjiang	19778	7768	2726	28576
上 海 Shanghai	13004	5150	1688	17406
江 苏 Jiangsu	83816	49389	20349	107257
浙 江 Zhejiang	73566	59144	35438	85440
安 徽 Anhui	121384	71003	38895	135862
福 建 Fujian	45082	25810	13266	63006
江 西 Jiangxi	56539	15407	7850	92983
山 东 Shandong	95597	37020	21475	126891
河 南 Henan	159724	74143	27419	187966
湖 北 Hubei	53328	23503	13519	69901
湖 南 Hunan	96524	60505	38638	132951
广 东 Guangdong	114069	66156	27616	151202
广 西 Guangxi	78927	35061	16645	115499
海 南 Hainan	14662	3597	1690	21034
重 庆 Chongqing	40380	23668	13801	59747
四 川 Sichuan	115558	63518	36058	156026
贵 州 Guizhou	60982	28726	14349	69561
云 南 Yunnan	83418	26134	6430	74741
西 藏 Tibet	4781	139	131	5912
陕 西 Shaanxi	32064	13531	2728	46784
甘 肃 Gansu	26237	15425	5939	39702
青 海 Qinghai	10377	2713	507	13382
宁 夏 Ningxia	10952	3824	1952	12134
新 疆 Xinjiang	38444	13575	4952	36865

(机构)女学生数

Vocational Schools (Institutions)

单位:人
unit:person

在校学生数 Enrolment	#现代学徒制 of Which: Modern Apprenticeships	一年级 Grade 1	二年级 Grade 2	三年级 Grade 3	四年级及以上 Grade 4 and Over	预计毕业生数 Estimated Graduates for Next Year
5855494	**92463**	**2184385**	**1931910**	**1712770**	**26429**	**1766179**
23032	44	7685	7615	5981	1751	6007
34405	59	12747	10701	10460	497	10341
413143	2388	164895	132165	114687	1396	128223
148982	1009	55700	47199	44858	1225	44092
78123	1017	29335	26202	22253	333	22447
119222	680	40936	39061	34707	4518	33752
57580	907	21777	18710	16885	208	17958
79068	200	28581	25593	23565	1329	23765
46902	559	17463	16402	12493	544	14011
293284	8760	107274	94745	89222	2043	90475
257849	23083	85539	90862	79947	1501	82042
350210	7861	135528	114375	100082	225	107299
169117	7021	63022	55263	50832	0	50808
238803	2007	93041	78738	65710	1314	65043
361802	1542	126893	124226	109911	772	109473
507836	4348	188170	161051	157779	836	161231
198386	3542	69848	66158	60645	1735	60962
350024	8067	132936	115334	100732	1022	103580
406917	1294	151249	130936	124478	254	118843
295338	892	115705	106018	73341	274	87671
54893	132	21039	17879	15652	323	14216
156178	995	59755	50305	45747	371	43635
390005	5159	156152	124107	109174	572	113932
178057	2282	69497	55394	53166	0	53269
228797	946	74792	81515	72308	182	85308
13805	0	5885	4639	3281	0	3949
131488	1634	46799	44182	40110	397	39284
95549	1809	39703	34055	21527	264	22495
38804	71	13429	12986	11283	1106	9158
33518	327	12134	10387	10900	97	10426
104377	3828	36876	35107	31054	1340	32484

中等职业学校(机构)分年龄学生数
Number of Students by age in Upper Secondary Vocational Schools (Institutions)

单位:人
unit:person

地区 Region	合计 Total	14岁及以下 14 Years and Under	15岁 15 Years	16岁 16 Years	17岁 17 Years	18岁 18 Years	19岁 19 Years	20岁 20 Years	21岁 21 Years	22岁及以上 22 Years and Over
总　计 Total	**13118146**	**251660**	**2754516**	**3785157**	**3466341**	**1460311**	**413873**	**146873**	**90909**	**748506**
北　京 Beijing	48028	2590	12121	14102	12165	2875	770	139	45	3221
天　津 Tianjin	80117	1441	17772	24228	23540	8530	1938	448	122	2098
河　北 Hebei	910748	14185	185390	269060	245333	92881	22269	6143	6884	68603
山　西 Shanxi	322092	7296	80577	94098	90794	27423	5539	1262	470	14633
内蒙古 Inner Mongolia	178668	3128	34439	54407	50897	21366	5797	1166	527	6941
辽　宁 Liaoning	267638	7671	53753	82064	75025	30676	8890	2226	940	6393
吉　林 Jilin	131079	3027	29702	38522	37047	12558	2989	982	524	5728
黑龙江 Heilongjiang	176725	2500	27111	43309	41986	18483	6977	2202	1782	32375
上　海 Shanghai	108907	1186	20967	30851	30276	11245	2455	531	153	11243
江　苏 Jiangsu	641184	2285	146724	191604	180562	56773	11547	2428	769	48492
浙　江 Zhejiang	556039	1782	130969	183276	174417	48455	8157	1541	498	6944
安　徽 Anhui	752140	6742	142413	205296	170372	78294	26614	16641	17374	88394
福　建 Fujian	375367	1336	86206	117243	108435	40296	6097	1021	380	14353
江　西 Jiangxi	519162	32478	159218	159272	120759	33021	7123	1943	754	4594
山　东 Shandong	839144	14055	220511	282604	240091	57962	11201	2537	870	9313
河　南 Henan	1180043	26478	240779	327488	305140	141906	40779	12173	5346	79954
湖　北 Hubei	441214	9389	110422	141822	127711	42786	5484	898	314	2388
湖　南 Hunan	746552	24380	196722	220366	184342	64400	11617	4384	3718	36623
广　东 Guangdong	903049	15112	182572	268964	260462	123867	28301	6794	2918	14059
广　西 Guangxi	690913	8111	86340	161597	148431	88921	33731	17465	13202	133115
海　南 Hainan	121256	1908	21646	30782	26580	12429	3414	717	354	23426
重　庆 Chongqing	364201	7342	84240	110818	101638	44620	11218	2824	891	610
四　川 Sichuan	872310	18370	187086	252096	230900	106206	32844	12136	5520	27152
贵　州 Guizhou	397515	5792	55310	96335	98788	71985	29628	12135	7080	20462
云　南 Yunnan	550892	5468	69488	127894	141017	95386	44101	19017	10259	38262
西　藏 Tibet	33196	1435	3578	7859	7146	5320	2784	1076	538	3460
陕　西 Shaanxi	296995	16026	80729	88461	74248	24778	5552	2054	750	4397
甘　肃 Gansu	202176	4609	38967	60272	53291	26290	9177	2884	1193	5493
青　海 Qinghai	89118	1080	7286	15107	14860	10328	5536	3454	2987	28480
宁　夏 Ningxia	76339	1465	12585	20236	21595	13841	4342	1410	501	364
新　疆 Xinjiang	245339	2993	28893	65124	68493	46410	17002	6242	3246	6936

中等职业学校(机构)分年龄女学生数
Number of Female Students by age in Upper Secondary Vocational Schools (Institutions)

单位:人
unit:person

地区 Region	合计 Total	14岁及以下 14 Years and Under	15岁 15 Years	16岁 16 Years	17岁 17 Years	18岁 18 Years	19岁 19 Years	20岁 20 Years	21岁 21 Years	22岁及以上 22 Years and Over
总　计 Total	**5855494**	**133764**	**1262442**	**1693334**	**1525036**	**616513**	**170738**	**60295**	**37253**	**356119**
北　京 Beijing	23032	1562	5611	6548	5615	1252	263	51	19	2111
天　津 Tianjin	34405	845	8047	10370	9706	3392	744	167	47	1087
河　北 Hebei	413143	7422	85737	120667	108463	39602	8306	2355	1482	39109
山　西 Shanxi	148982	3432	38216	44006	41369	12054	2410	551	193	6751
内蒙古 Inner Mongolia	78123	1620	15521	23977	22200	8771	2276	407	206	3145
辽　宁 Liaoning	119222	5304	24568	36049	32179	12415	3861	1038	390	3418
吉　林 Jilin	57580	1789	13663	16816	15420	4887	1252	400	225	3128
黑龙江 Heilongjiang	79068	1512	12283	19697	18673	7652	2546	948	748	15009
上　海 Shanghai	46902	581	9228	13207	12753	4203	757	169	48	5956
江　苏 Jiangsu	293284	1297	66419	88051	81471	24574	4899	914	260	25399
浙　江 Zhejiang	257849	970	61928	85478	80494	21532	3490	580	194	3183
安　徽 Anhui	350210	3422	66406	96528	79204	33955	11082	5994	7586	46033
福　建 Fujian	169117	713	39143	53213	49243	17908	2549	393	151	5804
江　西 Jiangxi	238803	17255	74040	73077	53888	14032	2976	803	302	2430
山　东 Shandong	361802	7087	96411	122452	102425	23202	4404	968	325	4528
河　南 Henan	507836	13301	105227	138772	128496	55826	16198	4879	2093	43044
湖　北 Hubei	198386	5131	50539	64949	55358	18475	2206	369	134	1225
湖　南 Hunan	350024	14137	94737	103073	83897	27420	4412	2006	1934	18408
广　东 Guangdong	406917	7977	86092	121066	116997	53765	11645	2933	1218	5224
广　西 Guangxi	295338	3821	38863	69894	64263	35969	13518	6584	5148	57278
海　南 Hainan	54893	987	10159	14085	12016	5095	1315	261	125	10850
重　庆 Chongqing	156178	3882	38244	47694	43015	17489	4068	1149	359	278
四　川 Sichuan	390005	9880	86655	113011	101894	46136	14004	5592	2597	10236
贵　州 Guizhou	178057	2749	24627	43891	44698	31902	13440	5679	3198	7873
云　南 Yunnan	228797	2580	29282	52533	58420	41641	19021	7593	3883	13844
西　藏 Tibet	13805	584	1530	3153	2961	2269	1157	434	216	1501
陕　西 Shaanxi	131488	8393	37223	39194	31372	9838	2119	754	285	2310
甘　肃 Gansu	95549	2642	19646	28620	24244	11749	4195	1345	521	2587
青　海 Qinghai	38804	594	3398	6644	6345	4694	2611	1490	1422	11606
宁　夏 Ningxia	33518	762	5894	8579	9450	5888	1888	631	258	168
新　疆 Xinjiang	104377	1533	13105	28040	28507	18926	7126	2858	1686	2596

地 区 Region	上学年初报表在校学生数 Enrolment at Beginning of Previous Academic Year	增加学生数 Factors of Increase	招 生 No. of Students Admitted	复 学 Students Resuming Studies	转 入 Transfers from Other Inst.	其 他 Others
总 计 Total	**12676635**	**5166597**	**4889890**	**13909**	**224622**	**38176**
北 京 Beijing	46376	17162	16495	114	553	0
天 津 Tianjin	78390	30844	28441	46	2357	0
河 北 Hebei	836897	380982	356058	1080	23564	280
山 西 Shanxi	301205	129854	118933	60	8903	1958
内蒙古 Inner Mongolia	175446	73011	67352	144	5472	43
辽 宁 Liaoning	256489	97439	93188	136	2397	1718
吉 林 Jilin	118915	51289	48777	69	2128	315
黑龙江 Heilongjiang	163552	72617	61788	39	6849	3941
上 海 Shanghai	104769	39783	38730	260	704	89
江 苏 Jiangsu	624464	248114	235154	799	11705	456
浙 江 Zhejiang	569080	189830	182920	540	6080	290
安 徽 Anhui	790443	327613	298376	156	26889	2192
福 建 Fujian	358090	141188	139845	340	424	579
江 西 Jiangxi	445493	208339	204856	318	2797	368
山 东 Shandong	777416	313954	293603	334	20005	12
河 南 Henan	1149685	467698	442530	1304	9198	14666
湖 北 Hubei	420328	158763	152845	324	5203	391
湖 南 Hunan	682869	305902	282461	946	18944	3551
广 东 Guangdong	866831	366923	335993	612	27581	2737
广 西 Guangxi	699890	277226	272341	3648	795	442
海 南 Hainan	123339	49165	48238	48	879	0
重 庆 Chongqing	342379	137535	136767	100	247	421
四 川 Sichuan	817131	364465	352894	1046	10355	170
贵 州 Guizhou	403573	163134	157849	218	3679	1388
云 南 Yunnan	599212	194264	175398	829	16700	1337
西 藏 Tibet	32120	15009	14585	78	345	1
陕 西 Shaanxi	279787	107593	104372	55	2930	236
甘 肃 Gansu	194601	88672	83891	111	4451	219
青 海 Qinghai	85922	32796	31270	9	1498	19
宁 夏 Ningxia	75524	28735	28183	69	176	307
新 疆 Xinjiang	256419	86698	85757	77	814	50

学生数变动情况
Vocational Schools (Institutions)

单位:人
unit:person

减少学生数 Factors of Decrease	毕 业 Graduates	结 业 Completers of Courses without Formal Awards	休 学 Suspended	退 学 Quitting	死 亡 Death	转 出 Transfers to Other Inst.	其 他 Others	本学年初报表在校学生数 Enrolment at Beginning of Current Academic Year
4725086	**3753709**	**98061**	**18253**	**455438**	**691**	**314819**	**84115**	**13118146**
15510	14169	128	195	648	6	167	197	48028
29117	24478	0	73	2725	6	1461	374	80117
307131	255152	346	455	21662	14	26175	3327	910748
108967	89969	421	292	7034	17	11231	3	322092
69789	48568	351	276	7196	9	9399	3990	178668
86290	75271	102	225	9294	14	1345	39	267638
39125	33449	96	535	3872	11	1072	90	131079
59444	46062	517	70	5742	7	4113	2933	176725
35645	31894	178	401	2245	12	688	227	108907
231394	181724	3090	1397	15008	40	28396	1739	641184
202871	159707	507	1505	8517	24	31183	1428	556039
365916	263064	4345	280	21458	14	51845	24910	752140
123911	99079	8207	1090	13656	21	426	1432	375367
134670	117575	2	144	9774	17	6983	175	519162
252226	221047	1219	476	23127	49	5473	835	839144
437340	355674	3272	630	38380	14	23556	15814	1180043
137877	124728	152	332	7971	31	3750	913	441214
242219	206223	1562	1463	20317	21	12495	138	746552
330705	260465	956	1388	36181	63	29049	2603	903049
286203	188153	46383	1980	45510	34	3635	508	690913
51248	32527	29	167	7265	12	1284	9964	121256
115713	95217	99	220	19522	33	575	47	364201
309286	255637	4109	1863	31530	55	14813	1279	872310
169192	128181	6209	437	25570	27	3767	5001	397515
242584	175462	12845	972	34153	49	17848	1255	550892
13933	9970	55	306	3253	2	347	0	33196
90385	71322	494	429	8601	10	8725	804	296995
81097	52394	871	323	11733	6	11743	4027	202176
29600	24061	0	62	3931	1	1543	2	89118
27920	23721	235	103	3601	8	252	0	76339
97778	88766	1281	164	5962	64	1480	61	245339

地 区 Region	上学年初报表在校学生数 Enrolment at Beginning of Previous Academic Year	增加学生数 Factors of Increase	招 生 No. of Students Admitted	复 学 Students Resuming Studies	转 入 Transfers from Other Inst.	其 他 Others
总 计 Total	**5623924**	**2301263**	**2183843**	**4714**	**98230**	**14476**
北 京 Beijing	22601	7992	7698	67	227	0
天 津 Tianjin	32013	13786	12743	21	1022	0
河 北 Hebei	375014	176242	164852	412	10960	18
山 西 Shanxi	137447	60398	55690	15	3775	918
内蒙古 Inner Mongolia	74949	31602	29331	61	2191	19
辽 宁 Liaoning	114415	42307	40924	39	759	585
吉 林 Jilin	52137	22663	21777	32	761	93
黑龙江 Heilongjiang	70636	33651	28576	18	3448	1609
上 海 Shanghai	43270	17750	17406	107	183	54
江 苏 Jiangsu	283967	113319	107257	313	5506	243
浙 江 Zhejiang	257962	88018	85440	316	2238	24
安 徽 Anhui	362831	148770	135862	54	11485	1369
福 建 Fujian	158846	63693	63006	166	195	326
江 西 Jiangxi	207597	94464	92983	135	1189	157
山 东 Shandong	332214	137074	126891	157	10022	4
河 南 Henan	502041	196880	187966	82	4130	4702
湖 北 Hubei	184162	72820	69901	122	2637	160
湖 南 Hunan	315548	144238	132951	518	9007	1762
广 东 Guangdong	384048	161739	151202	291	9530	716
广 西 Guangxi	297014	116403	115499	583	199	122
海 南 Hainan	53544	21517	21034	21	462	0
重 庆 Chongqing	145197	59885	59747	44	14	80
四 川 Sichuan	368100	160825	156026	331	4400	68
贵 州 Guizhou	183276	71809	69561	46	1700	502
云 南 Yunnan	254829	83430	74741	574	7555	560
西 藏 Tibet	13703	6103	5912	35	156	0
陕 西 Shaanxi	123822	48305	46784	23	1321	177
甘 肃 Gansu	93052	41758	39702	42	1948	66
青 海 Qinghai	37287	14213	13382	6	820	5
宁 夏 Ningxia	33585	12378	12134	41	74	129
新 疆 Xinjiang	108817	37231	36865	42	316	8

女学生数变动情况

Vocational Schools (Institutions)

单位:人
unit:person

减少学生数 Factors of Decrease	毕业 Graduates	结业 Completers of Courses without Formal Awards	休学 Suspended	退学 Quitting	死亡 Death	转出 Transfers to Other Inst.	其他 Others	本学年初报表在校学生数 Enrolment at Beginning of Current Academic Year
2069693	**1692115**	**39716**	**8302**	**176010**	**212**	**125431**	**27907**	**5855494**
7561	6981	104	80	235	2	44	115	23032
11394	9826	0	34	1141	3	229	161	34405
138113	117021	186	203	8478	6	11514	705	413143
48863	40885	129	236	2725	5	4881	2	148982
28428	20768	138	126	2837	3	3163	1393	78123
37500	32668	27	124	4177	4	500	0	119222
17220	14773	12	320	1651	5	440	19	57580
25219	19778	331	30	2256	1	1491	1332	79068
14118	13004	31	181	708	1	178	15	46902
104002	83816	1433	669	5677	10	11833	564	293284
88131	73566	158	770	3348	11	9551	727	257849
161391	121384	1539	119	8226	2	21961	8160	350210
53422	45082	2746	438	4292	6	221	637	169117
63258	56539	0	73	4078	7	2477	84	238803
107486	95597	436	217	9523	17	1539	157	361802
191085	159724	1133	218	13518	2	10977	5513	507836
58596	53328	75	153	3045	12	1808	175	198386
109762	96524	681	423	7388	5	4684	57	350024
138870	114069	316	678	12949	26	10017	815	406917
118079	78927	19743	887	16850	10	1468	194	295338
20168	14662	4	105	2360	1	460	2576	54893
48904	40380	74	111	7896	8	412	23	156178
138920	115558	1428	836	14035	19	6802	242	390005
77028	60982	2497	216	10296	7	1834	1196	178057
109462	83418	5501	469	14274	11	5372	417	228797
6001	4781	32	101	954	0	133	0	13805
40639	32064	166	207	3414	1	4376	411	131488
39261	26237	408	145	4611	3	5672	2185	95549
12696	10377	0	8	1558	0	753	0	38804
12445	10952	63	29	1249	1	151	0	33518
41671	38444	325	96	2261	23	490	32	104377

中等职业学校(机构)国际学生基本情况

Information on International Students in Upper Secondary Vocational Schools (Institutions)

单位:人、次
unit:person、person-time

地区 Region	结业生数 Graduates							
	合计 Total	#女 of Which: Female	按大洲分 by Continent					
			亚洲 Asia	非洲 Africa	欧洲 Europe	北美洲 North America	南美洲 South America	大洋洲 Australia
总计 Total	**1398**	**244**	**1355**	**22**	**11**	**8**	**2**	**0**
北京 Beijing	12	2	8	0	4	0	0	0
天津 Tianjin	1	0	1	0	0	0	0	0
河北 Hebei	1	1	0	0	1	0	0	0
山西 Shanxi	0	0	0	0	0	0	0	0
内蒙古 Inner Mongolia	106	32	106	0	0	0	0	0
辽宁 Liaoning	8	1	7	0	0	1	0	0
吉林 Jilin	0	0	0	0	0	0	0	0
黑龙江 Heilongjiang	0	0	0	0	0	0	0	0
上海 Shanghai	1	0	1	0	0	0	0	0
江苏 Jiangsu	0	0	0	0	0	0	0	0
浙江 Zhejiang	751	1	750	0	1	0	0	0
安徽 Anhui	0	0	0	0	0	0	0	0
福建 Fujian	22	26	20	0	1	1	0	0
江西 Jiangxi	0	0	0	0	0	0	0	0
山东 Shandong	27	7	10	17	0	0	0	0
河南 Henan	0	0	0	0	0	0	0	0
湖北 Hubei	0	0	0	0	0	0	0	0
湖南 Hunan	0	0	0	0	0	0	0	0
广东 Guangdong	9	4	1	0	0	6	2	0
广西 Guangxi	0	0	0	0	0	0	0	0
海南 Hainan	0	0	0	0	0	0	0	0
重庆 Chongqing	0	0	0	0	0	0	0	0
四川 Sichuan	5	2	1	0	4	0	0	0
贵州 Guizhou	0	0	0	0	0	0	0	0
云南 Yunnan	445	168	445	0	0	0	0	0
西藏 Tibet	0	0	0	0	0	0	0	0
陕西 Shaanxi	10	0	5	5	0	0	0	0
甘肃 Gansu	0	0	0	0	0	0	0	0
青海 Qinghai	0	0	0	0	0	0	0	0
宁夏 Ningxia	0	0	0	0	0	0	0	0
新疆 Xinjiang	0	0	0	0	0	0	0	0

中等职业学校(机构)教职工数

Number of Educational Personnel in Upper Secondary Vocational Schools (Institutions)

单位:人
unit:person

地 区 Region	教职工数 Educational Personnel	专任教师 Full-time Teachers	行政人员 Adm. Personnel	教辅人员 Supporting Staffs	工勤人员 Workers	其他附设机构人员 Personnel in Others Subsidiary Units	校外教师 Part-time Teachers	行业导师 Industry Mentor	外籍教师 Foreign Teachers
总 计 Total	**827727**	**670936**	**59393**	**50075**	**46565**	**758**	**64395**	**13383**	**111**
北 京 Beijing	8621	5598	1425	1108	490	0	494	120	5
天 津 Tianjin	7366	5372	1093	439	260	202	495	26	0
河 北 Hebei	65294	52449	4969	4493	3383	0	2731	544	0
山 西 Shanxi	30348	24226	2140	1893	2056	33	3868	424	1
内蒙古 Inner Mongolia	17604	13251	1674	1715	958	6	749	130	1
辽 宁 Liaoning	25364	18751	3195	1895	1523	0	1596	370	2
吉 林 Jilin	17483	13187	1716	2043	537	0	622	647	3
黑龙江 Heilongjiang	16496	12269	1720	1367	1069	71	1077	145	1
上 海 Shanghai	11667	8077	1667	1146	772	5	1167	379	33
江 苏 Jiangsu	52823	44956	2438	2511	2904	14	4301	843	13
浙 江 Zhejiang	41525	37329	1127	1859	1206	4	3212	1688	21
安 徽 Anhui	35082	30054	1813	1157	2044	14	6260	819	0
福 建 Fujian	21036	17706	1337	1266	727	0	2101	213	5
江 西 Jiangxi	23413	17239	1725	3249	1200	0	2118	1131	1
山 东 Shandong	60026	50794	3395	3403	2419	15	2911	861	4
河 南 Henan	57525	47890	3985	2844	2721	85	7560	424	0
湖 北 Hubei	27024	21984	2031	1501	1508	0	2137	72	0
湖 南 Hunan	43575	35218	3570	2243	2520	24	2580	155	0
广 东 Guangdong	57214	45124	3907	3874	4242	67	2586	1244	14
广 西 Guangxi	27724	21606	2611	1633	1864	10	2116	594	4
海 南 Hainan	5050	3603	555	358	532	2	469	273	0
重 庆 Chongqing	19738	16781	1205	596	1106	50	1667	375	0
四 川 Sichuan	49987	41124	2852	2104	3848	59	3305	1165	0
贵 州 Guizhou	20617	16965	1476	686	1479	11	2336	323	0
云 南 Yunnan	24347	19930	1281	1169	1892	75	2065	135	0
西 藏 Tibet	2645	2526	78	12	29	0	33	151	0
陕 西 Shaanxi	20961	16171	2034	1610	1146	0	491	19	0
甘 肃 Gansu	15817	13827	682	483	825	0	861	17	0
青 海 Qinghai	2778	2334	125	71	242	6	508	44	0
宁 夏 Ningxia	3950	3247	409	139	155	0	747	18	3
新 疆 Xinjiang	14627	11348	1158	1208	908	5	1232	34	0

中等职业学校(机

Number of Female Educational Personnel in

地 区 Region	教职工数 Educational Personnel	专任教师 Full-time Teachers	行政人员 Adm. Personnel	教辅人员 Supporting Staffs
总 计 Total	**447250**	**381782**	**23381**	**25783**
北 京 Beijing	5387	3948	732	605
天 津 Tianjin	4642	3698	509	284
河 北 Hebei	39833	34616	1878	2296
山 西 Shanxi	17588	15177	736	963
内蒙古 Inner Mongolia	9982	8364	560	821
辽 宁 Liaoning	15104	12329	1353	1044
吉 林 Jilin	10965	8977	709	1162
黑龙江 Heilongjiang	8968	7453	630	634
上 海 Shanghai	7154	5334	902	637
江 苏 Jiangsu	28435	25306	947	1290
浙 江 Zhejiang	23704	21764	393	1042
安 徽 Anhui	15963	14082	581	500
福 建 Fujian	11225	9735	599	697
江 西 Jiangxi	12091	9255	706	1671
山 东 Shandong	30744	27565	1085	1577
河 南 Henan	30713	27067	1498	1350
湖 北 Hubei	12685	10765	713	692
湖 南 Hunan	22935	19466	1348	1186
广 东 Guangdong	30699	24986	1675	2133
广 西 Guangxi	14822	11840	1279	902
海 南 Hainan	2487	1896	228	170
重 庆 Chongqing	10718	9415	511	300
四 川 Sichuan	26691	22847	1129	1054
贵 州 Guizhou	10518	8885	597	301
云 南 Yunnan	12263	10486	493	634
西 藏 Tibet	1389	1343	22	8
陕 西 Shaanxi	11313	9258	804	850
甘 肃 Gansu	6861	6269	162	216
青 海 Qinghai	1318	1134	31	39
宁 夏 Ningxia	2210	1924	177	70
新 疆 Xinjiang	7843	6598	394	655

构)女教职工数

Upper Secondary Vocational Schools (Institutions)

单位:人
unit:person

工勤人员 Workers	其他附设机构人员 Personnel in Others Subsidiary Units	校外教师 Part-time Teachers	行业导师 Industry Mentor	外籍教师 Foreign Teachers
15868	**436**	**33291**	**6260**	**48**
102	0	271	62	1
54	97	302	8	0
1043	0	1622	317	0
695	17	1545	217	0
235	2	444	49	0
378	0	962	199	1
117	0	383	373	1
208	43	576	53	1
279	2	577	140	20
888	4	2019	259	2
505	0	1459	605	9
795	5	2788	356	0
194	0	1103	70	3
459	0	1335	561	1
507	10	1640	675	0
750	48	3644	183	0
515	0	1205	21	0
926	9	1339	63	0
1849	56	1377	480	5
793	8	1033	327	3
192	1	192	61	0
452	40	956	182	0
1616	45	1901	686	0
735	0	1228	159	0
608	42	1128	73	0
16	0	8	28	0
401	0	260	8	0
214	0	463	1	0
109	5	315	14	0
39	0	508	3	1
194	2	708	27	0

中等职业学校(机构)专任教师

Number of Full-time Teachers By Professional Rank and Academic

地 区 Region	合 计 Total	按专业技术职务分 By Professional Rank					按学历分		
		正高级 Senior	副高级 Sub-Senior	中 级 Middle	初 级 Junior	未定职级 No-Ranking	博士研究生 Doctor's Degrees	#获取博士学位 of Which: Ph. D	#获取硕士学位 of Which: Master's Degree
总 计 Total	**695447**	**4462**	**167481**	**250022**	**154525**	**118957**	**627**	**489**	**31**
北 京 Beijing	6114	59	1984	2455	1225	391	69	59	1
天 津 Tianjin	5471	30	2017	2398	829	197	6	6	0
河 北 Hebei	53618	333	13630	20824	10309	8522	13	12	1
山 西 Shanxi	25409	33	4952	9111	6836	4477	4	1	0
内蒙古 Inner Mongolia	14375	53	3782	4923	2800	2817	6	5	0
辽 宁 Liaoning	19461	736	6401	8119	2038	2167	6	3	1
吉 林 Jilin	13392	153	4672	5241	2153	1173	8	6	1
黑龙江 Heilongjiang	12734	142	4225	4518	2458	1391	2	2	0
上 海 Shanghai	8051	54	1738	3998	1962	299	56	53	0
江 苏 Jiangsu	45535	340	15534	17199	8345	4117	123	63	8
浙 江 Zhejiang	38022	94	10885	13848	9580	3615	6	6	0
安 徽 Anhui	31196	112	8438	9924	6719	6003	28	21	1
福 建 Fujian	18693	73	4586	7376	4322	2336	10	8	1
江 西 Jiangxi	19177	125	3444	4923	3622	7063	8	8	0
山 东 Shandong	53576	558	12198	19787	12035	8998	39	33	1
河 南 Henan	51602	257	10622	18639	13351	8733	38	32	0
湖 北 Hubei	22322	105	4771	8956	5269	3221	9	9	0
湖 南 Hunan	37461	186	6903	12315	8655	9402	44	37	3
广 东 Guangdong	44944	81	7611	18580	9727	8945	36	30	3
广 西 Guangxi	21476	141	3789	7340	5394	4812	12	12	0
海 南 Hainan	3691	17	734	1250	901	789	4	3	0
重 庆 Chongqing	17779	213	4391	6090	4383	2702	5	2	3
四 川 Sichuan	41016	168	9948	12467	9508	8925	33	31	0
贵 州 Guizhou	17228	85	2897	5159	5201	3886	13	12	0
云 南 Yunnan	21620	80	7473	6492	3652	3923	6	5	1
西 藏 Tibet	2526	1	251	555	789	930	0	0	0
陕 西 Shaanxi	17331	59	3575	6657	4131	2909	19	16	2
甘 肃 Gansu	13478	90	2819	5591	3620	1358	13	7	4
青 海 Qinghai	2349	25	573	696	458	597	3	3	0
宁 夏 Ningxia	3475	14	700	1082	770	909	1	1	0
新 疆 Xinjiang	12325	45	1938	3509	3483	3350	7	3	0

专业技术职务、学历(位)情况

Qualifications in Upper Secondary Vocational Schools(Institution)

单位:人
unit:person

By Academic Qualifications

硕士研究生 Master's Degrees	#获取博士学位 of Which: Ph. D	#获取硕士学位 of Which: Master's Degree	本 科 Normal Courses	#获取博士学位 of Which: Ph. D	#获取硕士学位 of Which: Master's Degree	专 科 Short-cycle Courses	#获取博士学位 of Which: Ph. D	#获取硕士学位 of Which: Master's Degree	高中阶段及以下 Below High School Graduate
58365	**15**	**48829**	**591755**	**28**	**25140**	**42758**	**2**	**174**	**1942**
1147	0	1042	4786	0	558	102	0	0	10
728	0	688	4630	0	523	94	0	0	13
3224	2	2477	46216	0	1200	4059	0	20	106
1622	0	1275	22153	1	883	1577	0	11	53
1143	0	994	12423	1	358	760	0	1	43
1471	1	1199	17105	1	1294	821	0	7	58
1017	0	733	11841	0	335	515	0	10	11
684	0	584	11400	0	242	616	0	6	32
1954	3	1904	5910	1	764	113	0	1	18
6345	1	5594	38366	1	5875	687	0	0	14
3242	2	2984	33951	0	1392	811	0	1	12
2541	0	1942	27411	0	918	1188	0	0	28
1245	0	1141	16615	0	935	742	0	0	81
1210	1	1006	14359	0	258	3522	2	0	78
5626	1	4843	45332	0	1716	2404	0	2	175
4703	0	4085	42808	1	1067	3840	0	3	213
1524	0	1153	19109	1	290	1613	0	2	67
2705	2	2182	30715	20	570	3860	0	15	137
4676	1	3961	37934	0	2648	2179	0	2	119
1925	0	974	17775	0	507	1637	0	26	127
194	0	138	3091	0	67	336	0	0	66
1471	0	1208	15021	1	472	1197	0	40	85
2135	0	1880	35133	0	763	3649	0	1	66
1026	0	920	14583	0	392	1534	0	8	72
1010	0	797	19242	0	445	1262	0	1	100
176	0	134	2265	0	0	85	0	0	0
1621	1	1396	14566	0	327	1069	0	15	56
683	0	491	11966	0	97	799	0	0	17
84	0	67	1815	0	19	429	0	1	18
327	0	246	3003	0	84	140	0	0	4
906	0	791	10231	0	141	1118	0	1	63

中等职业学校(机构)

Condition of Fixed Assets and Teaching Resources in Upper Secondary

地 区 Region	占地面积(平方米) Areas Occupied (m^2)			校园足球场(个) Cammpus Football				图书(册) Books and Magazines in Libraries (Volume)		数字资源量 Digital Resources		
		#绿化用地面积 of Which: Green Areas	#运动场地面积 of Which: Sports Areas		11人制足球场 11-a-side Football Field	7人制足球场 7-a-side Football Field	5人制足球场 5-a-side Football Field		#当年新增 of Which: New Added in Current Year	电子图书(册) E-books (Book)	电子期刊(册) Electronic Journals (Book)	学位论文(册) Degree Thesis (Book)
总 计 Total	**431556592.07**	**106793439.85**	**69229132.32**	**166638**	**98478**	**38369**	**29791**	**310522304**	**29682662**	**257058542**	**24147592**	**99428277**
北 京 Beijing	3606897.70	776319.88	786947.00	32	13	13	6	3554464	20217	2260563	310483	763688
天 津 Tianjin	2650643.23	467749.70	449952.00	28	13	11	4	3043590	43508	11753565	78324	2505098
河 北 Hebei	24155018.85	4178693.79	4279738.64	196	135	26	35	20998320	2560655	10911182	94172	381768
山 西 Shanxi	14182119.94	2432498.49	2167886.17	111	56	27	28	8742933	531777	6108488	6771	56159
内蒙古 Inner Mongolia	9100495.78	1772062.19	1687868.65	103	50	26	27	4876406	213737	2874735	1755	0
辽 宁 Liaoning	9157154.29	1471901.74	1823764.59	117	52	45	20	6456145	79695	5078052	155310	40203
吉 林 Jilin	4994965.73	1003130.54	971967.17	53	29	13	11	4380736	313555	4047749	227	18
黑龙江 Heilongjiang	8143807.95	1257359.16	1418380.89	63	24	25	14	3256734	458310	1576682	719	33
上 海 Shanghai	3408839.35	1078005.51	696161.25	55	16	30	9	5664003	123661	8169311	116631	1705769
江 苏 Jiangsu	29990864.54	10362198.11	4412346.20	248	160	58	30	22450191	1380531	20425506	1233631	72173887
浙 江 Zhejiang	19531932.54	5792428.37	3863038.05	210	116	56	38	21228749	2589244	12396333	289235	513
安 徽 Anhui	32098263.30	8111910.13	3882452.13	25834	25746	60	28	21679401	2615837	30589425	303246	67984
福 建 Fujian	11923850.60	3086764.68	2200434.14	109	54	31	24	8488803	161515	8201863	1075735	2613640
江 西 Jiangxi	17654924.79	4463691.52	2777174.81	194	85	54	55	10548690	1972158	7535772	295734	1090657
山 东 Shandong	31938239.78	8233664.98	5421292.59	255	170	54	31	24948117	2972067	11475028	36701	481
河 南 Henan	27511096.27	5084633.24	3792308.25	192	103	51	38	17790195	1299307	8818028	358364	2089582
湖 北 Hubei	14621314.27	3806002.90	2444683.40	5606	96	5492	18	8684371	497282	2947772	219684	20942
湖 南 Hunan	22582975.22	5769267.16	3242494.41	13151	13078	38	35	12691590	1480391	6375906	819148	2082254
广 东 Guangdong	22328799.81	6765521.55	4262791.45	3036	120	2881	35	23124259	1570838	13912048	423760	37684
广 西 Guangxi	16349082.17	4490534.31	2055736.02	140	59	38	43	15531923	1978477	20653572	6187515	9555173
海 南 Hainan	1887941.76	480121.12	362032.41	27	9	16	2	1683535	87653	1612838	31687	21
重 庆 Chongqing	8909071.87	2636242.96	1497709.22	116045	57840	29106	29099	5981994	253219	24121827	10097133	65206
四 川 Sichuan	21306081.32	5404489.74	4354449.99	234	125	63	46	17473428	2802374	10042709	323653	12093
贵 州 Guizhou	15360399.89	4090211.99	2298474.65	112	71	25	16	8246533	653700	5929311	640971	1440232
云 南 Yunnan	16224667.15	4100069.71	2106407.58	112	53	38	21	7507299	436127	5768978	89183	13945
西 藏 Tibet	2558027.59	488938.59	188598.05	13	10	1	2	1149979	94933	560921	53	0
陕 西 Shaanxi	9041564.26	1996049.59	1642074.14	114	50	38	26	8543352	710964	3083541	89158	2016752
甘 肃 Gansu	8676298.15	1533705.51	1367226.23	97	43	24	30	4535719	452314	3969242	110146	121598
青 海 Qinghai	2386804.03	539676.96	346506.00	20	14	5	1	1284325	203849	952601	363200	0
宁 夏 Ningxia	4984269.76	1482857.02	508647.08	27	19	5	3	1752333	216202	2763995	11842	392784
新 疆 Xinjiang	14290180.18	3636738.71	1919589.16	104	69	19	16	4224187	908565	2140999	383421	180113

资产情况(学校产权)
Vocational Schools(Institution)(Owned by SVSs)

音视频(小时) Audio and video (Hour)	职业教育仿真实训资源量(套) Vocational Education Virtual imulation Training Resources	仿真实验软件 Simulation Experiment software	仿真实训软件 Simulation Training software	仿真实习软件 Simulation Practice software	数字终端数(台) Number of Digital Terminals (Set)	#教师终端数 of Which: Number of Teachers' Terminals	#学生终端数 of Which: Number of Student Terminals	普通教室(间) Classroom (Room)	#网络多媒体教室 of Which: Network Multimedia Classroom	固定资产总值(万元) Total Value of Fixed Asset (10,000 yuan)	#教学科研实习仪器设备资产值 of Which: Teaching Equipment and Instruments	#当年新增 of Which: New Added in Current Year
4174254.02	**153657**	**48329**	**94837**	**10491**	**3465739**	**796407**	**2580748**	**365989**	**234260**	**43978292.82**	**10274061.06**	**1122827.68**
37632.00	2385	71	2303	11	53142	10624	36850	3885	2485	891123.81	340114.03	11273.66
28692.91	578	92	403	83	35350	7117	25736	2857	1804	459584.70	134773.27	6314.20
245932.35	3762	897	2080	785	217562	62320	152064	24591	15821	1737172.22	419091.94	61186.77
86083.10	1621	222	1230	169	96297	21535	73074	13099	6403	1147278.28	257918.84	25557.44
13404.40	1144	54	830	260	52936	16584	35251	6527	4215	858811.45	213369.84	29354.27
22303.00	1049	212	784	53	102318	25434	73116	8507	5170	1104288.95	271949.64	13817.55
17416.00	769	76	538	155	49739	15944	30301	5170	2179	539499.45	166994.35	18757.08
30854.50	1111	266	700	145	48671	12222	35998	5849	3168	602361.02	153008.14	17576.13
383613.22	3123	492	2375	256	81525	20772	59093	5728	4526	1637946.01	547144.73	43967.91
349052.23	4434	716	2798	920	271741	62410	202144	27167	18934	3915721.15	849965.15	81748.11
374007.00	3154	505	2382	267	200444	51306	146259	16422	13680	2621049.43	646846.96	64955.45
336011.20	3769	888	2187	694	168898	36110	129690	23724	12942	2301584.84	464919.51	62323.22
333816.80	3827	818	2739	270	112123	20746	88138	9817	7379	1197056.22	336761.03	26898.40
43568.86	3459	561	2649	249	112714	20691	89731	12246	8190	1158994.26	268346.95	62599.67
193989.50	70096	28188	41061	847	245905	66671	172214	28017	18731	3277095.88	695879.24	78326.15
257048.00	6078	1412	3621	1045	192953	42306	143748	26275	14667	1988360.15	421418.53	54522.05
183637.00	1961	380	1399	182	118350	26500	90058	12469	8165	1482186.88	302836.65	31105.34
140036.50	2262	648	1279	335	165652	34514	127767	17658	11179	1957829.00	398019.82	49396.24
305202.20	9570	1912	6514	1144	337686	62013	264419	20135	15692	3083790.23	872452.68	88585.37
74489.60	3702	410	3161	131	141620	24828	113104	10451	7331	1351359.55	469104.92	37532.20
13880.00	361	111	245	5	20560	4753	14989	1953	1334	337645.10	98686.50	24055.07
47727.30	3437	1272	1450	715	79786	20450	58008	8752	6740	1255212.09	243104.24	19555.69
147990.35	2708	1084	1323	301	174868	39224	134068	21723	13795	2359522.12	480501.17	65945.00
53846.00	10738	5224	5400	114	80973	18080	61980	10340	6534	1269524.51	236053.89	26162.12
184813.00	1366	266	871	229	90990	19426	66411	13001	7323	1813195.90	252643.20	28114.60
1413.00	79	1	20	58	8916	2914	5588	1007	607	299739.30	28725.94	6090.85
83267.00	3339	819	1692	828	67846	16715	50705	8830	4489	799759.29	156916.00	16299.36
35354.00	1353	401	752	200	48752	12903	35125	6940	3682	794672.68	157277.26	20958.64
6158.00	219	8	210	1	16916	3970	12946	2185	876	354957.80	113226.57	15771.11
133633.00	1665	154	1495	16	20794	4920	15720	2676	1652	350473.20	84487.72	10147.38
9382.00	538	169	346	23	49712	12405	36453	7988	4567	1030497.36	191522.33	23930.66

中等职业学校(机构)资产

Condition of Fixed Assets and Teaching Resources in Upper Secondary

地 区 Region	占地面积(平方米) Areas Occupied (m^2)			校园足球场(个) Campus Football				图书(册) Books and Magazines in Libraries (Volume)		数字资源量 Digital Resources		
		#绿化用地面积 of Which: Green Areas	#运动场地面积 of Which: Sports Areas		11人制足球场 11-a-side Football Field	7人制足球场 7-a-side Football Field	5人制足球场 5-a-side Football Field		#当年新增 of Which: New Added in Current Year	电子图书(册) E-books (Book)	电子期刊(册) Electronic Journals (Book)	学位论文(册) Degree Thesis (Book)
总 计 Total	**67030521.03**	**13602341.70**	**9778923.18**	**11864**	**3445**	**4384**	**4035**	**13101236**	**1112430**	**9011363**	**1103340**	**8224821**
北 京 Beijing	414266.47	183213.25	28405.66	0	0	0	0	0	0	965	9313	12273
天 津 Tianjin	888969.07	169122.00	158013.48	6	4	0	2	117770	500	630	0	0
河 北 Hebei	5353745.97	573915.81	948471.05	59	26	11	22	804203	41243	367930	83463	2803623
山 西 Shanxi	1512958.96	233916.60	340467.44	19	3	7	9	681635	7897	454	80	0
内蒙古 Inner Mongolia	1419828.52	201717.40	283880.24	26	4	9	13	104591	689	85000	1000	0
辽 宁 Liaoning	2572922.17	416052.73	534720.11	43	18	13	12	496475	54302	3000	0	0
吉 林 Jilin	1326172.30	262736.38	218559.65	14	3	0	11	234102	14024	600	520	0
黑龙江 Heilongjiang	1154324.08	130758.82	194181.28	9	3	2	4	113726	38176	7381	0	0
上 海 Shanghai	554585.83	76340.13	87298.60	9	3	5	1	59000	0	13269	297742	0
江 苏 Jiangsu	1007913.56	210755.71	157832.10	29	7	12	10	115220	10820	3126398	25884	5397721
浙 江 Zhejiang	2104370.73	362605.38	275516.00	20	8	6	6	539211	16026	1224278	0	0
安 徽 Anhui	3525746.66	835356.74	324187.00	20	10	6	4	1017327	83362	68970	1126	224
福 建 Fujian	1209774.04	292666.72	127946.99	5	3	2	0	344330	26398	602056	200050	0
江 西 Jiangxi	3175240.88	947492.35	428817.25	34	16	8	10	585607	121715	154150	5100	0
山 东 Shandong	4636252.29	985614.11	798761.60	44	19	14	11	704364	27940	365125	16600	0
河 南 Henan	4196020.62	838332.02	457259.37	27	10	11	6	1147380	17376	112126	138125	4560
湖 北 Hubei	1298274.27	268778.10	222955.20	3217	3206	4	7	347386	3100	23438	11110	32
湖 南 Hunan	5578572.33	1201362.81	693510.45	4542	22	4211	309	1131275	100568	647515	43174	5
广 东 Guangdong	5251763.59	1168632.32	902051.69	2547	20	11	2516	248125	11667	399527	3226	0
广 西 Guangxi	3365128.87	837282.76	307626.61	13	4	6	3	341551	12175	522089	6646	50
海 南 Hainan	477555.63	121431.38	69151.49	2	0	1	1	75378	12416	11600	0	0
重 庆 Chongqing	1041058.06	152825.45	99262.77	8	2	3	3	347982	400	181300	4700	0
四 川 Sichuan	5435984.33	1218877.96	791247.49	1094	20	19	1055	1379079	286241	475982	1478	146
贵 州 Guizhou	2380207.30	532214.02	302440.85	16	11	3	2	753449	38163	25048	17282	6000
云 南 Yunnan	2976717.53	572842.61	382061.07	13	4	6	3	380017	4110	101101	3005	16
西 藏 Tibet	0.00	0.00	0.00	0	0	0	0	0	0	0	0	0
陕 西 Shaanxi	1962505.03	361350.63	302558.46	17	8	7	2	536729	20067	114801	212244	11
甘 肃 Gansu	1221794.32	219482.51	178985.40	23	7	5	11	323949	37883	376625	21468	154
青 海 Qinghai	13326.00	250.00	8046.00	1	0	0	1	0	0	0	0	0
宁 夏 Ningxia	366419.55	111000.00	48482.00	5	2	2	1	33394	3811	0	0	0
新 疆 Xinjiang	608122.07	115415.00	106225.88	2	2	0	0	137981	121361	5	4	6

情况(非学校产权中独立使用)
Vocational Schools (Institutions)(Not Owned by SVSs)

	职业教育仿真实训资源量(套) Vocational Education Virtual imulation Training Resources				数字终端数(台) Number of Digital Terminals (Set)					固定资产总值(万元) Total Value of Fixed Asset (10,000 yuan)		
音视频(小时) Audio and video (Hour)		仿真实验软件 Simulation Experiment software	仿真实训软件 Simulation Training software	仿真实习软件 Simulation Practice software		#教师终端数 of Which: Number of Teachers' Terminals	#学生终端数 of Which: Number of Student Terminals	普通教室(间) Classroom (Room)	#网络多媒体教室 of Which: Network Multimedia Classroom		#教学科研实习仪器设备资产值 of Which: Teaching Equipment and Instruments	#当年新增 of Which: New Added in Current Year
1635572.60	**3944**	**1056**	**2280**	**608**	**112346**	**23424**	**82825**	**88550**	**46576**	**4040961.47**	**328112.07**	**48131.80**
157873.00	76	0	75	1	89	20	0	585	267	15734.73	910.19	126.00
600.00	4	2	2	0	1366	247	1116	916	387	90516.34	6501.29	109.11
15158.50	366	102	160	104	8644	1924	5624	7667	2617	198729.33	18794.35	2369.54
101.00	14	2	8	4	1964	496	883	1515	599	47026.17	6405.91	606.20
16.00	34	2	30	2	1132	247	840	998	398	69554.12	4923.10	722.55
12.00	62	8	51	3	2508	805	1683	3382	1492	316040.52	9445.52	657.81
30.00	0	0	0	0	1252	432	711	2049	887	229939.71	2003.65	67.00
195.00	13	3	4	6	2093	388	1705	1553	598	46196.12	6047.37	344.65
10.00	0	0	0	0	1912	317	1487	618	308	20126.21	5429.15	0.00
363845.00	101	34	49	18	3490	878	2583	1389	695	123949.76	6685.16	193.50
2370.00	64	21	28	15	7194	1589	5577	2197	1680	240004.24	17021.65	1249.09
3481.00	148	16	118	14	4267	731	3535	2102	1044	161888.30	17607.30	915.45
1001.00	514	316	133	65	2514	568	1946	972	536	74223.65	12118.61	1038.16
264.00	304	120	84	100	2880	910	1960	2403	1277	140045.04	16380.03	8964.69
397.00	83	4	70	9	4564	919	3645	4022	2001	355512.40	20702.75	3613.13
17345.00	945	210	574	161	7939	1152	4788	4394	1876	182045.00	12343.45	2652.45
1520.00	164	87	63	14	2742	825	1627	995	757	70213.71	9652.37	1288.59
28759.50	188	25	129	34	3993	919	2872	19569	14795	158324.06	20153.86	3867.07
3804.00	371	4	366	1	10164	1683	8473	5699	4280	214760.06	29145.27	2529.09
13480.00	194	50	144	0	7023	1199	5028	2680	1830	172887.23	6769.22	517.30
1000.00	2	0	2	0	1021	315	606	342	114	47938.34	3385.80	2048.00
300.00	2	0	2	0	1116	140	976	990	364	59566.70	3526.36	717.40
7470.00	69	27	28	14	12749	2896	9739	12512	2864	391724.06	32112.77	6066.63
637.00	93	11	73	9	6862	1007	5696	2011	938	114807.27	13181.14	1812.19
4004.00	81	2	47	32	5575	1269	4115	2957	1571	270773.70	14216.57	389.59
0.00	0	0	0	0	0	0	0	0	0	0.00	0.00	0.00
1008027.00	22	8	12	2	1780	677	1100	2012	1261	60686.75	5724.06	829.61
3865.60	3	2	1	0	4360	541	3687	1197	655	106151.34	21440.88	2957.00
0.00	0	0	0	0	0	0	0	70	55	3808.00	42.00	0.00
0.00	0	0	0	0	190	10	180	335	251	9387.90	420.00	0.00
7.00	27	0	27	0	963	320	643	419	179	48400.70	5022.30	1480.00

中等职业学校(机构)校舍情况
Conditions of School Buildings in Upper Secondary Vocational Schools (Institutions)

单位:平方米
unit: m^2

地 区 Region	学校产权校舍建筑面积 Floor Area of School Building Owned by SVSs	正在施工校舍建筑面积 Floor Area Under Construction	非学校产权中独立使用校舍建筑面积 Floor Area of School Building Not Owned by SVSs
总 计 Total	**218262740.22**	**10375891.01**	**37973553.22**
北 京 Beijing	2215643.30	81928.00	141853.45
天 津 Tianjin	1396063.68	0.00	403646.50
河 北 Hebei	12204784.00	379024.37	2812657.14
山 西 Shanxi	7164894.59	501717.79	740491.85
内蒙古 Inner Mongolia	3607118.93	109900.46	502443.00
辽 宁 Liaoning	4479487.87	215820.78	1880499.39
吉 林 Jilin	2122709.89	73338.43	1089224.82
黑龙江 Heilongjiang	2691207.26	35953.60	741866.10
上 海 Shanghai	2759620.46	54324.51	385311.87
江 苏 Jiangsu	16323937.16	887632.29	934467.23
浙 江 Zhejiang	11389449.87	1047789.74	1393878.07
安 徽 Anhui	15896166.28	950063.60	1483221.37
福 建 Fujian	6312320.25	321222.96	536449.98
江 西 Jiangxi	7373675.13	347280.68	1397775.71
山 东 Shandong	15996381.25	533505.96	2515984.44
河 南 Henan	14070559.98	400969.23	2259325.96
湖 北 Hubei	8021141.50	260671.28	673973.13
湖 南 Hunan	11227590.40	715786.72	2990132.24
广 东 Guangdong	12881834.65	427317.86	3846893.70
广 西 Guangxi	8118030.55	607701.00	2117471.27
海 南 Hainan	1406532.32	14063.53	253150.75
重 庆 Chongqing	5525964.77	217423.45	610139.69
四 川 Sichuan	12299819.22	602204.76	3125047.28
贵 州 Guizhou	7611151.39	335528.42	1278427.61
云 南 Yunnan	7333087.10	543902.42	1597811.55
西 藏 Tibet	909657.94	13998.77	0.00
陕 西 Shaanxi	4813487.67	34300.97	1171329.74
甘 肃 Gansu	3774005.80	230308.86	648904.24
青 海 Qinghai	1094005.29	22640.24	19809.28
宁 夏 Ningxia	1725781.78	19907.04	240782.06
新 疆 Xinjiang	5516629.94	389663.29	180583.80

初中校数、班数(总计)

Number of Schools, Classes of Lower Secondary Schools (Total)

地 区 Region	学校数(所) Schools	初级中学 Regular Lower Secondary Schools	九年一贯制学校 9-Year Schools	职业初中 Vocational Lower Secondary Schools	班 数(个) Classes	一年级 Grade 1	二年级 Grade 2	三年级 Grade 3	四年级 Grade 4
总 计 Total	**52871**	**34629**	**18233**	**9**	**1098897**	**373288**	**358410**	**355614**	**11585**
北 京 Beijing	335	188	147	0	10925	3647	3662	3579	37
天 津 Tianjin	344	286	58	0	8156	2717	2660	2566	213
河 北 Hebei	2516	1871	645	0	63894	22371	20836	20685	2
山 西 Shanxi	1538	1037	501	0	25524	8547	8244	8733	0
内蒙古 Inner Mongolia	719	470	249	0	15645	5238	5192	5180	35
辽 宁 Liaoning	1528	984	544	0	24028	7859	7996	8173	0
吉 林 Jilin	1189	790	394	5	15150	5107	4849	5194	0
黑龙江 Heilongjiang	1409	844	565	0	20800	6067	5962	6137	2634
上 海 Shanghai	605	375	230	0	14268	3798	3662	3461	3347
江 苏 Jiangsu	2286	1716	570	0	58516	20047	19457	19004	8
浙 江 Zhejiang	1768	1242	526	0	40353	13600	13456	13238	59
安 徽 Anhui	2825	1722	1103	0	51497	17209	17068	17220	0
福 建 Fujian	1265	1029	236	0	32937	11362	11114	10461	0
江 西 Jiangxi	2218	1365	853	0	47147	15476	15116	16555	0
山 东 Shandong	3296	2177	1119	0	84290	27071	26865	25461	4893
河 南 Henan	4726	3456	1270	0	99826	34811	32211	32465	339
湖 北 Hubei	2161	1532	629	0	37079	13047	12214	11800	18
湖 南 Hunan	3412	2043	1369	0	54502	19034	17625	17843	0
广 东 Guangdong	3832	1977	1855	0	93487	33511	30716	29260	0
广 西 Guangxi	1757	1472	285	0	45470	15552	14979	14939	0
海 南 Hainan	404	206	198	0	8346	2923	2781	2642	0
重 庆 Chongqing	854	659	195	0	24213	7710	8138	8365	0
四 川 Sichuan	3522	1620	1900	2	60385	20267	20082	20036	0
贵 州 Guizhou	2013	1450	563	0	37855	13426	12477	11952	0
云 南 Yunnan	1692	1412	278	2	39276	13386	13012	12878	0
西 藏 Tibet	104	102	2	0	3022	1017	1000	1005	0
陕 西 Shaanxi	1646	1083	563	0	26727	9231	8864	8632	0
甘 肃 Gansu	1471	830	641	0	20573	7069	6572	6932	0
青 海 Qinghai	266	108	158	0	4773	1623	1573	1577	0
宁 夏 Ningxia	248	174	74	0	5948	2006	1920	2022	0
新 疆 Xinjiang	922	409	513	0	24285	8559	8107	7619	0

初中校数、班数(城区)
Number of Schools, Classes of Lower Secondary Schools (Urban Area)

地　区 Region	学校数(所) Schools	初级中学 Regular Lower Secondary Schools	九年一贯制学校 9-Year Schools	职业初中 Vocational Lower Secondary Schools	班　数(个) Classes	一年级 Grade 1	二年级 Grade 2	三年级 Grade 3	四年级 Grade 4
总　计 Total	**14715**	**8885**	**5827**	**3**	**439575**	**150030**	**143015**	**139009**	**7521**
北　京 Beijing	213	106	107	0	9378	3140	3133	3068	37
天　津 Tianjin	181	138	43	0	5802	2001	1931	1832	38
河　北 Hebei	541	381	160	0	19375	6810	6344	6221	0
山　西 Shanxi	373	248	125	0	11060	3784	3599	3677	0
内蒙古 Inner Mongolia	214	158	56	0	6592	2196	2158	2205	33
辽　宁 Liaoning	659	494	165	0	14064	4664	4647	4753	0
吉　林 Jilin	288	208	77	3	6719	2309	2115	2295	0
黑龙江 Heilongjiang	404	282	122	0	9962	2872	2782	2842	1466
上　海 Shanghai	490	316	174	0	12466	3305	3207	3038	2916
江　苏 Jiangsu	948	717	231	0	28338	9832	9405	9093	8
浙　江 Zhejiang	879	592	287	0	23091	7822	7723	7487	59
安　徽 Anhui	444	273	171	0	13563	4640	4489	4434	0
福　建 Fujian	275	186	89	0	13922	4907	4688	4327	0
江　西 Jiangxi	414	189	225	0	14903	5131	4795	4977	0
山　东 Shandong	1216	735	481	0	37177	11790	11616	11050	2721
河　南 Henan	966	624	342	0	27373	9481	8824	8843	225
湖　北 Hubei	700	463	237	0	16520	5887	5451	5164	18
湖　南 Hunan	500	294	206	0	16388	5836	5304	5248	0
广　东 Guangdong	1867	717	1150	0	54519	19571	18006	16942	0
广　西 Guangxi	410	248	162	0	13317	4702	4427	4188	0
海　南 Hainan	92	31	61	0	3526	1239	1177	1110	0
重　庆 Chongqing	236	173	63	0	11791	3927	3954	3910	0
四　川 Sichuan	694	335	359	0	21485	7389	7170	6926	0
贵　州 Guizhou	482	253	229	0	9770	3499	3232	3039	0
云　南 Yunnan	244	147	97	0	9047	3113	3047	2887	0
西　藏 Tibet	26	25	1	0	830	283	267	280	0
陕　西 Shaanxi	409	261	148	0	11758	4153	3925	3680	0
甘　肃 Gansu	186	105	81	0	5310	1818	1744	1748	0
青　海 Qinghai	54	29	25	0	1499	516	498	485	0
宁　夏 Ningxia	72	67	5	0	2595	885	853	857	0
新　疆 Xinjiang	238	90	148	0	7435	2528	2504	2403	0

初中校数、班数(镇区)
Number of Schools, Classes of Lower Secondary Schools (County and Town Area)

地 区 Region	学校数(所) Schools	初级中学 Regular Lower Secondary Schools	九年一贯制学校 9-Year Schools	职业初中 Vocational Lower Secondary Schools	班 数(个) Classes	一年级 Grade 1	二年级 Grade 2	三年级 Grade 3	四年级 Grade 4
总 计 Total	**24635**	**17639**	**6992**	**4**	**516499**	**175218**	**168829**	**169182**	**3270**
北 京 Beijing	64	40	24	0	907	299	308	300	0
天 津 Tianjin	100	91	9	0	1594	486	503	499	106
河 北 Hebei	1254	939	315	0	34339	11991	11221	11125	2
山 西 Shanxi	695	518	177	0	11198	3695	3585	3918	0
内蒙古 Inner Mongolia	393	275	118	0	8120	2720	2724	2674	2
辽 宁 Liaoning	580	339	241	0	7595	2443	2550	2602	0
吉 林 Jilin	493	347	144	2	5907	1976	1903	2028	0
黑龙江 Heilongjiang	637	414	223	0	8473	2517	2495	2573	888
上 海 Shanghai	94	50	44	0	1399	381	356	330	332
江 苏 Jiangsu	1151	877	274	0	27738	9391	9238	9109	0
浙 江 Zhejiang	660	527	133	0	14178	4728	4723	4727	0
安 徽 Anhui	1293	852	441	0	28594	9466	9516	9612	0
福 建 Fujian	547	494	53	0	14586	4969	4935	4682	0
江 西 Jiangxi	985	671	314	0	24364	7907	7825	8632	0
山 东 Shandong	1649	1152	497	0	39728	12932	12824	12130	1842
河 南 Henan	2317	1716	601	0	55086	19305	17873	17810	98
湖 北 Hubei	1007	773	234	0	16331	5695	5370	5266	0
湖 南 Hunan	1697	1105	592	0	28989	10131	9370	9488	0
广 东 Guangdong	1374	956	418	0	30972	11082	10088	9802	0
广 西 Guangxi	1004	926	78	0	26864	9123	8805	8936	0
海 南 Hainan	204	133	71	0	3691	1286	1229	1176	0
重 庆 Chongqing	443	364	79	0	10186	3124	3429	3633	0
四 川 Sichuan	1814	1029	784	1	31516	10471	10442	10603	0
贵 州 Guizhou	1082	896	186	0	23299	8231	7665	7403	0
云 南 Yunnan	735	674	60	1	19836	6787	6511	6538	0
西 藏 Tibet	57	57	0	0	1491	502	495	494	0
陕 西 Shaanxi	973	664	309	0	12927	4368	4268	4291	0
甘 肃 Gansu	720	471	249	0	11755	4068	3707	3980	0
青 海 Qinghai	107	53	54	0	2325	791	761	773	0
宁 夏 Ningxia	100	76	24	0	2634	870	849	915	0
新 疆 Xinjiang	406	160	246	0	9877	3483	3261	3133	0

初中校数、班数(乡村)

Number of Schools, Classes of Lower Secondary Schools (Rural Area)

地 区 Region	学校数 (所) Schools	初级中学 Regular Lower Secondary Schools	九年一贯制学校 9-Year Schools	职业初中 Vocational Lower Secondary Schools	班 数 (个) Classes	一年级 Grade 1	二年级 Grade 2	三年级 Grade 3	四年级 Grade 4
总 计 Total	**13521**	**8105**	**5414**	**2**	**142823**	**48040**	**46566**	**47423**	**794**
北 京 Beijing	58	42	16	0	640	208	221	211	0
天 津 Tianjin	63	57	6	0	760	230	226	235	69
河 北 Hebei	721	551	170	0	10180	3570	3271	3339	0
山 西 Shanxi	470	271	199	0	3266	1068	1060	1138	0
内蒙古 Inner Mongolia	112	37	75	0	933	322	310	301	0
辽 宁 Liaoning	289	151	138	0	2369	752	799	818	0
吉 林 Jilin	408	235	173	0	2524	822	831	871	0
黑龙江 Heilongjiang	368	148	220	0	2365	678	685	722	280
上 海 Shanghai	21	9	12	0	403	112	99	93	99
江 苏 Jiangsu	187	122	65	0	2440	824	814	802	0
浙 江 Zhejiang	229	123	106	0	3084	1050	1010	1024	0
安 徽 Anhui	1088	597	491	0	9340	3103	3063	3174	0
福 建 Fujian	443	349	94	0	4429	1486	1491	1452	0
江 西 Jiangxi	819	505	314	0	7880	2438	2496	2946	0
山 东 Shandong	431	290	141	0	7385	2349	2425	2281	330
河 南 Henan	1443	1116	327	0	17367	6025	5514	5812	16
湖 北 Hubei	454	296	158	0	4228	1465	1393	1370	0
湖 南 Hunan	1215	644	571	0	9125	3067	2951	3107	0
广 东 Guangdong	591	304	287	0	7996	2858	2622	2516	0
广 西 Guangxi	343	298	45	0	5289	1727	1747	1815	0
海 南 Hainan	108	42	66	0	1129	398	375	356	0
重 庆 Chongqing	175	122	53	0	2236	659	755	822	0
四 川 Sichuan	1014	256	757	1	7384	2407	2470	2507	0
贵 州 Guizhou	449	301	148	0	4786	1696	1580	1510	0
云 南 Yunnan	713	591	121	1	10393	3486	3454	3453	0
西 藏 Tibet	21	20	1	0	701	232	238	231	0
陕 西 Shaanxi	264	158	106	0	2042	710	671	661	0
甘 肃 Gansu	565	254	311	0	3508	1183	1121	1204	0
青 海 Qinghai	105	26	79	0	949	316	314	319	0
宁 夏 Ningxia	76	31	45	0	719	251	218	250	0
新 疆 Xinjiang	278	159	119	0	6973	2548	2342	2083	0

初中教育学生数(总计)

Number of Students in Lower Secondary Schools (Total)

单位:人
unit:person

地区 Region	毕业生数 Graduates	招生数 Entrants	在校生数 Enrolment	#女 of Which: Female	一年级 Grade 1	二年级 Grade 2	三年级 Grade 3	四年级 Grade 4	预计毕业生数 Estimated Graduates for Next Year
总 计 Total	**15871485**	**17054376**	**50184373**	**23309774**	**17070297**	**16342147**	**16306211**	**465718**	**16300116**
北 京 Beijing	87856	120431	349611	167653	120702	119487	108281	1141	108201
天 津 Tianjin	98175	113051	340858	159020	113691	112203	107078	7886	106567
河 北 Hebei	1011013	1079206	3089361	1442263	1079270	1004133	1005899	59	1005897
山 西 Shanxi	393118	366030	1092565	525140	366105	345228	381232	0	381232
内蒙古 Inner Mongolia	216663	220010	665544	318081	220116	220872	223178	1378	222797
辽 宁 Liaoning	328864	321558	993434	472319	321595	327696	344143	0	344143
吉 林 Jilin	221917	201841	601187	285465	201851	188275	211061	0	211061
黑龙江 Heilongjiang	275174	241714	834518	399697	241831	232385	249748	110554	265877
上 海 Shanghai	93572	141905	497550	238374	142113	126890	119033	109514	109583
江 苏 Jiangsu	791056	904175	2638789	1212834	904175	875949	858390	275	858404
浙 江 Zhejiang	527996	566502	1663693	772936	566523	554431	540741	1998	540593
安 徽 Anhui	701033	761606	2298698	1050402	762953	760518	775227	0	775227
福 建 Fujian	448134	525775	1526120	698567	526004	517309	482807	0	482807
江 西 Jiangxi	743769	703554	2164336	972907	706611	689111	768614	0	768614
山 东 Shandong	1094495	1247046	3881202	1769218	1248321	1244258	1173192	215431	1161880
河 南 Henan	1575964	1674427	4791855	2189085	1674915	1538010	1562145	16785	1561772
湖 北 Hubei	557092	622158	1772054	804482	622878	583997	564482	697	564504
湖 南 Hunan	840161	896581	2574016	1190948	896909	828127	848980	0	848980
广 东 Guangdong	1263627	1546199	4292084	1969507	1546289	1409044	1336751	0	1336751
广 西 Guangxi	736121	779386	2298651	1068072	779579	756225	762847	0	762847
海 南 Hainan	123188	135919	392252	176274	136875	131457	123920	0	123920
重 庆 Chongqing	371664	350912	1132272	536942	353138	381667	397467	0	397464
四 川 Sichuan	925289	932102	2798061	1343162	932828	930426	934807	0	934807
贵 州 Guizhou	622358	642737	1799906	839038	643705	594297	561904	0	561904
云 南 Yunnan	610808	626601	1835147	870981	626883	603753	604511	0	604511
西 藏 Tibet	46543	49160	145089	71178	49191	47667	48231	0	48231
陕 西 Shaanxi	373816	413031	1204702	563872	413561	400516	390625	0	390625
甘 肃 Gansu	294028	305290	884769	416310	305511	279483	299775	0	299775
青 海 Qinghai	76018	74924	222217	107465	75205	73723	73289	0	73289
宁 夏 Ningxia	100026	94289	286945	137045	94421	92668	99856	0	99856
新 疆 Xinjiang	321947	396256	1116887	540537	396548	372342	347997	0	347997

初中教育学生数(城区)
Number of Students in Lower Secondary Schools (Urban Area)

单位:人
unit:person

地区 Region	毕业生数 Graduates	招生数 Entrants	在校生数 Enrolment	#女 of Which: Female	一年级 Grade 1	二年级 Grade 2	三年级 Grade 3	四年级 Grade 4	预计毕业生数 Estimated Graduates for Next Year
总 计 Total	**5981409**	**6909326**	**20172559**	**9340299**	**6915985**	**6563159**	**6388597**	**304818**	**6377047**
北 京 Beijing	75348	105888	305649	146472	106134	104126	94248	1141	94168
天 津 Tianjin	70099	85116	247876	115710	85245	83005	78051	1575	77933
河 北 Hebei	309356	333517	949351	446869	333519	310641	305191	0	305191
山 西 Shanxi	163265	168277	490471	236380	168297	155442	166732	0	166732
内蒙古 Inner Mongolia	91676	98086	297953	143010	98123	97719	100774	1337	100384
辽 宁 Liaoning	186052	199778	604481	286979	199803	197772	206906	0	206906
吉 林 Jilin	100948	101087	293831	139016	101092	90558	102181	0	102181
黑龙江 Heilongjiang	125594	123801	429220	205240	123847	117111	124182	64080	129624
上 海 Shanghai	82385	124811	441206	211576	124992	112784	106183	97247	97316
江 苏 Jiangsu	369196	440601	1269505	582901	440601	420348	408281	275	408295
浙 江 Zhejiang	294007	328472	957455	443623	328486	319513	307458	1998	307310
安 徽 Anhui	178575	213661	626977	283795	214276	206930	205771	0	205771
福 建 Fujian	189625	235901	670480	305433	235951	227277	207252	0	207252
江 西 Jiangxi	229481	238225	701964	312141	239627	225040	237297	0	237297
山 东 Shandong	469453	545613	1722106	792711	545824	538791	512449	125042	505291
河 南 Henan	427523	467156	1345160	602613	467156	431088	435490	11426	435226
湖 北 Hubei	239993	285010	801927	360270	285383	264921	250926	697	250948
湖 南 Hunan	243442	285661	801476	367303	285709	258319	257448	0	257448
广 东 Guangdong	723464	909043	2521491	1139498	909088	833616	778787	0	778787
广 西 Guangxi	193621	237090	672915	308124	237128	223559	212228	0	212228
海 南 Hainan	52614	60303	171500	74906	60310	57649	53541	0	53541
重 庆 Chongqing	166241	181748	558980	268980	183865	188501	186614	0	186611
四 川 Sichuan	304213	347258	1013208	488803	347633	338559	327016	0	327016
贵 州 Guizhou	145469	167838	460257	213478	168061	153026	139170	0	139170
云 南 Yunnan	129267	147535	426162	205444	147563	143186	135413	0	135413
西 藏 Tibet	12454	13214	39051	19173	13219	12496	13336	0	13336
陕 西 Shaanxi	160466	193418	553492	258784	193569	185755	174168	0	174168
甘 肃 Gansu	77669	86377	252028	116863	86449	82398	83181	0	83181
青 海 Qinghai	22880	24617	71915	34788	24729	23871	23315	0	23315
宁 夏 Ningxia	43052	42802	129770	61528	42842	43002	43926	0	43926
新 疆 Xinjiang	103981	117422	344702	167888	117464	116156	111082	0	111082

初中教育学生数(镇区)
Number of Students in Lower Secondary Schools (County and Town Area)

单位:人
unit:person

地　区 Region	毕业生数 Graduates	招生数 Entrants	在校生数 Enrolment	#女 of Which: Female	一年级 Grade 1	二年级 Grade 2	三年级 Grade 3	四年级 Grade 4	预计毕业生数 Estimated Graduates for Next Year
总　计 Total	**7815958**	**8098829**	**23912325**	**11134753**	**8105417**	**7800478**	**7874850**	**131580**	**7878380**
北　京 Beijing	7479	8790	26391	12733	8803	9164	8424	0	8424
天　津 Tianjin	19585	19437	63907	29830	19672	20308	20089	3838	19850
河　北 Hebei	549272	581288	1672599	781420	581343	544553	546644	59	546642
山　西 Shanxi	180285	158007	480260	232048	158032	150740	171488	0	171488
内蒙古 Inner Mongolia	113854	111302	335874	160370	111363	112732	111738	41	111747
辽　宁 Liaoning	110811	94896	302123	143615	94903	100861	106359	0	106359
吉　林 Jilin	86269	75377	226316	107526	75382	71421	79513	0	79513
黑龙江 Heilongjiang	120234	97684	330424	158357	97749	94355	101965	36355	110189
上　海 Shanghai	8723	13236	43610	20723	13251	10977	9963	9419	9419
江　苏 Jiangsu	389969	428084	1264205	581410	428084	420592	415529	0	415529
浙　江 Zhejiang	194082	196525	586119	274579	196531	195751	193837	0	193837
安　徽 Anhui	395168	423446	1290341	588545	424135	427943	438263	0	438263
福　建 Fujian	200789	228764	673098	308739	228929	228562	215607	0	215607
江　西 Jiangxi	390660	365307	1131827	507234	366163	361024	404640	0	404640
山　东 Shandong	527846	597821	1831434	829574	598851	596311	559164	77108	555381
河　南 Henan	875784	935585	2662945	1223299	936073	860178	861934	4760	861799
湖　北 Hubei	255031	271192	779560	357509	271470	256257	251833	0	251833
湖　南 Hunan	454985	482054	1386848	643430	482330	447088	457430	0	457430
广　东 Guangdong	434900	512368	1423287	669637	512407	461665	449215	0	449215
广　西 Guangxi	454728	460978	1371453	643436	461072	448657	461724	0	461724
海　南 Hainan	56205	59470	172703	79807	59549	57927	55227	0	55227
重　庆 Chongqing	169794	141085	474648	222844	141169	160082	173397	0	173397
四　川 Sichuan	507092	486173	1478680	710341	486467	490182	502031	0	502031
贵　州 Guizhou	393712	397534	1124561	524889	398262	370294	356005	0	356005
云　南 Yunnan	318782	322023	942751	450356	322230	307786	312735	0	312735
西　藏 Tibet	24205	24063	71016	34303	24089	23459	23468	0	23468
陕　西 Shaanxi	188102	192975	573388	269190	193181	189059	191148	0	191148
甘　肃 Gansu	170645	177030	508435	239760	177146	158348	172941	0	172941
青　海 Qinghai	39138	36811	109490	53039	36938	36019	36533	0	36533
宁　夏 Ningxia	45635	41144	127474	61337	41220	40991	45263	0	45263
新　疆 Xinjiang	132194	158380	446558	214873	158623	147192	140743	0	140743

初中教育学生数(乡村)

Number of Students in Lower Secondary Schools (Rural Area)

单位:人
unit:person

地 区 Region	毕业生数 Graduates	招生数 Entrants	在校生数 Enrolment	#女 of Which: Female	一年级 Grade 1	二年级 Grade 2	三年级 Grade 3	四年级 Grade 4	预计毕业生数 Estimated Graduates for Next Year
总 计 Total	**2074118**	**2046221**	**6099489**	**2834722**	**2048895**	**1978510**	**2042764**	**29320**	**2044689**
北 京 Beijing	5029	5753	17571	8448	5765	6197	5609	0	5609
天 津 Tianjin	8491	8498	29075	13480	8774	8890	8938	2473	8784
河 北 Hebei	152385	164401	467411	213974	164408	148939	154064	0	154064
山 西 Shanxi	49568	39746	121834	56712	39776	39046	43012	0	43012
内蒙古 Inner Mongolia	11133	10622	31717	14701	10630	10421	10666	0	10666
辽 宁 Liaoning	32001	26884	86830	41725	26889	29063	30878	0	30878
吉 林 Jilin	34700	25377	81040	38923	25377	26296	29367	0	29367
黑龙江 Heilongjiang	29346	20229	74874	36100	20235	20919	23601	10119	26064
上 海 Shanghai	2464	3858	12734	6075	3870	3129	2887	2848	2848
江 苏 Jiangsu	31891	35490	105079	48523	35490	35009	34580	0	34580
浙 江 Zhejiang	39907	41505	120119	54734	41506	39167	39446	0	39446
安 徽 Anhui	127290	124499	381380	178062	124542	125645	131193	0	131193
福 建 Fujian	57720	61110	182542	84395	61124	61470	59948	0	59948
江 西 Jiangxi	123628	100022	330545	153532	100821	103047	126677	0	126677
山 东 Shandong	97196	103612	327662	146933	103646	109156	101579	13281	101208
河 南 Henan	272657	271686	783750	363173	271686	246744	264721	599	264747
湖 北 Hubei	62068	65956	190567	86703	66025	62819	61723	0	61723
湖 南 Hunan	141734	128866	385692	180215	128870	122720	134102	0	134102
广 东 Guangdong	105263	124788	347306	160372	124794	113763	108749	0	108749
广 西 Guangxi	87772	81318	254283	116512	81379	84009	88895	0	88895
海 南 Hainan	14369	16146	48049	21561	17016	15881	15152	0	15152
重 庆 Chongqing	35629	28079	98644	45118	28104	33084	37456	0	37456
四 川 Sichuan	113984	98671	306173	144018	98728	101685	105760	0	105760
贵 州 Guizhou	83177	77365	215088	100671	77382	70977	66729	0	66729
云 南 Yunnan	162759	157043	466234	215181	157090	152781	156363	0	156363
西 藏 Tibet	9884	11883	35022	17702	11883	11712	11427	0	11427
陕 西 Shaanxi	25248	26638	77822	35898	26811	25702	25309	0	25309
甘 肃 Gansu	45714	41883	124306	59687	41916	38737	43653	0	43653
青 海 Qinghai	14000	13496	40812	19638	13538	13833	13441	0	13441
宁 夏 Ningxia	11339	10343	29701	14180	10359	8675	10667	0	10667
新 疆 Xinjiang	85772	120454	325627	157776	120461	108994	96172	0	96172

初中教育女学生数
Number of Female Students in Lower Secondary Schools

单位：人
unit：person

地 区 Region	毕业生数 Graduates	招生数 Entrants	在校生数 Enrolment	一年级 Grade 1	二年级 Grade 2	三年级 Grade 3	四年级 Grade 4	预计毕业生数 Estimated Graduates for Next Year
总 计 Total	**7388171**	**7939481**	**23309774**	**7945835**	**7569804**	**7572761**	**221374**	**7571765**
北 京 Beijing	41601	57847	167653	57970	57245	51886	552	51841
天 津 Tianjin	45984	52765	159020	53046	52095	50115	3764	49864
河 北 Hebei	475595	503503	1442263	503523	469485	469220	35	469226
山 西 Shanxi	188896	177307	525140	177320	165360	182460	0	182460
内蒙古 Inner Mongolia	103841	105203	318081	105222	105367	106879	613	106633
辽 宁 Liaoning	156021	153827	472319	153841	154314	164164	0	164164
吉 林 Jilin	106248	96701	285465	96706	88160	100599	0	100599
黑龙江 Heilongjiang	132214	117002	399697	117027	110929	118731	53010	127522
上 海 Shanghai	44903	67720	238374	67798	60808	57184	52584	52628
江 苏 Jiangsu	363168	416988	1212834	416988	402075	393633	138	393643
浙 江 Zhejiang	246124	262883	772936	262891	257496	251598	951	251527
安 徽 Anhui	317756	348490	1050402	349004	347527	353871	0	353871
福 建 Fujian	206687	240653	698567	240749	236584	221234	0	221234
江 西 Jiangxi	334824	318382	972907	319625	308766	344516	0	344516
山 东 Shandong	504668	565237	1769218	565743	565501	536061	101913	531535
河 南 Henan	715828	771645	2189085	771877	700534	709199	7475	709105
湖 北 Hubei	254504	283746	804482	283939	264405	255799	339	255786
湖 南 Hunan	391192	414991	1190948	415113	382367	393468	0	393468
广 东 Guangdong	579612	711895	1969507	711940	643520	614047	0	614047
广 西 Guangxi	345728	361510	1068072	361583	350727	355762	0	355762
海 南 Hainan	56189	60503	176274	60804	59420	56050	0	56050
重 庆 Chongqing	176299	166026	536942	167046	180554	189342	0	189341
四 川 Sichuan	444188	449305	1343162	449566	445410	448186	0	448186
贵 州 Guizhou	289744	300166	839038	300568	277205	261265	0	261265
云 南 Yunnan	288581	298183	870981	298302	285451	287228	0	287228
西 藏 Tibet	22654	24075	71178	24093	23347	23738	0	23738
陕 西 Shaanxi	175965	193640	563872	193892	186772	183208	0	183208
甘 肃 Gansu	138967	144742	416310	144780	130102	141428	0	141428
青 海 Qinghai	36836	36396	107465	36525	35444	35496	0	35496
宁 夏 Ningxia	47909	45475	137045	45522	43713	47810	0	47810
新 疆 Xinjiang	155445	192675	540537	192832	179121	168584	0	168584

初中教育专任教师分学历、

Number of Full-time Teachers in Lower Secondary Schools

地 区 Region	合 计 Total	#女 of Which: Female	按学历分 By Academic Qualifications					
			博士研究生 Doctoral Degree	硕士研究生 Master's Degree	本科毕业 Under-graduate	专科毕业 Associate Bachelor	高中阶段毕业 High School Graduate	高中阶段毕业以下 Below High School Graduate
总 计 Total	**3971121**	**2373454**	**1003**	**180821**	**3394217**	**391597**	**3338**	**145**
北 京 Beijing	39406	30418	391	10126	28588	299	1	1
天 津 Tianjin	30401	22085	13	4057	25780	524	23	4
河 北 Hebei	230664	168134	22	7169	201205	22182	85	1
山 西 Shanxi	106246	75244	3	4070	88928	13143	98	4
内蒙古 Inner Mongolia	62953	44424	2	4422	54146	4375	8	0
辽 宁 Liaoning	99927	71494	10	5572	86797	7488	50	10
吉 林 Jilin	66843	47112	16	3652	58420	4727	26	2
黑龙江 Heilongjiang	85456	56554	4	2261	74284	8784	120	3
上 海 Shanghai	46052	34313	54	9231	36530	236	1	0
江 苏 Jiangsu	222691	126819	31	16912	203269	2463	16	0
浙 江 Zhejiang	135947	83984	18	8974	123878	3069	8	0
安 徽 Anhui	170244	78430	7	4171	147507	18540	19	0
福 建 Fujian	112737	58485	17	4630	97918	10123	49	0
江 西 Jiangxi	150983	79028	2	2794	119493	28579	114	1
山 东 Shandong	316086	187567	58	17603	272731	25344	293	57
河 南 Henan	350769	236493	21	10662	289981	49445	659	1
湖 北 Hubei	140865	72058	13	5319	111479	23555	483	16
湖 南 Hunan	195541	114506	41	6412	161455	27298	330	5
广 东 Guangdong	315086	186058	202	20125	275045	19639	70	5
广 西 Guangxi	157292	90794	3	2375	132293	22306	306	9
海 南 Hainan	29376	16017	4	869	24868	3597	37	1
重 庆 Chongqing	85756	46182	10	4552	75766	5344	80	4
四 川 Sichuan	224050	120383	10	7093	183180	33741	26	0
贵 州 Guizhou	129760	61775	1	1583	116252	11843	75	6
云 南 Yunnan	139066	74639	6	2314	125072	11512	154	8
西 藏 Tibet	12558	6744	3	228	11478	819	29	1
陕 西 Shaanxi	104282	65346	5	7718	89607	6910	37	5
甘 肃 Gansu	82310	37948	6	2538	70436	9232	98	0
青 海 Qinghai	16982	9845	4	559	14337	2066	16	0
宁 夏 Ningxia	21100	12403	0	764	19128	1201	6	1
新 疆 Xinjiang	89692	58172	26	2066	74366	13213	21	0

分专业技术职务情况（总计）
by Educational Background and Professional Rank (Total)

单位：人
unit：person

按专业技术职务分 By Professional Rank					
正高级 Senior	副高级 Sub-Senior	中 级 Middle	助理级 Associate	员 级 Junior	未定职级 No-Ranking
3985	**839480**	**1510438**	**1003307**	**68956**	**544955**
45	10940	13846	11019	247	3309
10	10570	13094	4604	158	1965
164	41998	83691	51187	5720	47904
81	12507	33711	37963	1051	20933
48	16368	25146	12157	732	8502
92	54844	28782	8919	693	6597
101	17663	24386	17130	768	6795
48	23636	38315	17853	713	4891
36	5517	22048	14996	322	3133
310	54806	93456	43282	2199	28638
127	34425	57326	33434	714	9921
112	34201	65786	37124	4436	28585
72	24303	44800	29543	1173	12846
68	35179	49771	35190	3256	27519
669	62436	115913	86707	4223	46138
86	64003	113519	104862	7865	60434
163	27898	64728	29378	3957	14741
160	29143	80319	47741	7722	30456
324	48355	132966	68165	6670	58606
57	26960	64510	38100	4099	23566
25	5233	10188	9063	472	4395
97	13653	37298	27437	323	6948
148	49666	83508	65280	3969	21479
122	23917	52784	35810	1691	15436
174	52282	44949	28613	876	12172
3	1698	4482	5099	619	657
69	16204	40289	32541	1369	13810
413	16620	31665	27378	547	5687
16	4272	6165	4593	281	1655
12	4786	8184	6239	553	1326
133	15397	24813	31900	1538	15911

初中教育专任教师分学历、
Number of Full-time Teachers in Lower Secondary Schools by

地区 Region	合计 Total	#女 of Which: Female	按学历分 By Academic Qualifications					
			博士研究生 Doctoral Degree	硕士研究生 Master's Degree	本科毕业 Under-graduate	专科毕业 Associate Bachelor	高中阶段毕业 High School Graduate	高中阶段毕业以下 Below High School Graduate
总　计 Total	**1558277**	**1047342**	**808**	**137288**	**1335194**	**83897**	**1019**	**71**
北　京 Beijing	32861	25968	376	9099	23181	203	1	1
天　津 Tianjin	21819	17120	13	3811	17716	262	13	4
河　北 Hebei	70664	54477	0	3891	61895	4866	11	1
山　西 Shanxi	42941	31828	1	2494	36732	3688	26	0
内蒙古 Inner Mongolia	25435	18930	2	2995	21274	1161	3	0
辽　宁 Liaoning	55594	42709	10	4813	48116	2639	14	2
吉　林 Jilin	27703	21049	7	2087	24336	1257	15	1
黑龙江 Heilongjiang	38652	27938	0	1879	34115	2624	34	0
上　海 Shanghai	39780	30218	48	8321	31265	145	1	0
江　苏 Jiangsu	109110	69704	14	12177	96035	877	7	0
浙　江 Zhejiang	77602	50663	10	6877	69390	1322	3	0
安　徽 Anhui	44826	24859	1	2104	39327	3388	6	0
福　建 Fujian	44556	29223	13	3624	38894	2011	14	0
江　西 Jiangxi	47324	28392	1	2084	39470	5743	26	0
山　东 Shandong	138777	91575	40	11981	120898	5726	86	46
河　南 Henan	94288	66624	6	6021	78867	9070	323	1
湖　北 Hubei	61582	35772	9	4441	50652	6341	137	2
湖　南 Hunan	57178	37872	4	4606	47728	4736	103	1
广　东 Guangdong	183643	119179	193	18451	157039	7938	20	2
广　西 Guangxi	45221	31125	0	1910	39563	3683	63	2
海　南 Hainan	12087	7917	1	476	10817	787	6	0
重　庆 Chongqing	40532	24545	9	3896	35316	1299	8	4
四　川 Sichuan	76278	47825	10	5897	65203	5159	9	0
贵　州 Guizhou	33197	20084	0	1082	29533	2562	19	1
云　南 Yunnan	31252	19972	3	1756	28097	1385	11	0
西　藏 Tibet	3462	2097	0	104	3135	203	20	0
陕　西 Shaanxi	40997	29109	5	6252	33356	1375	7	2
甘　肃 Gansu	20554	11865	4	1667	17245	1613	25	0
青　海 Qinghai	5457	3642	2	298	4800	354	3	0
宁　夏 Ningxia	8792	5906	0	538	7999	253	1	1
新　疆 Xinjiang	26113	19155	26	1656	23200	1227	4	0

分专业技术职务情况(城区)
Educational Background and Professional Rank (Urban Area)

单位:人
unit:person

按专业技术职务分 By Professional Rank					
正高级 Senior	副高级 Sub-Senior	中　级 Middle	助理级 Associate	员　级 Junior	未定职级 No-Ranking
2261	**327658**	**593583**	**382132**	**20450**	**232193**
40	9254	11394	9157	236	2780
8	7556	9034	3457	148	1616
102	13399	28928	13998	876	13361
53	5755	13442	13301	243	10147
24	7183	9221	5015	257	3735
63	28668	17090	4811	281	4681
66	6998	10565	7098	381	2595
32	11487	17144	7658	245	2086
33	4838	18920	12966	283	2740
211	28339	44511	20963	652	14434
90	20191	32263	18892	320	5846
53	8211	17520	10754	1286	7002
40	8250	15723	12100	526	7917
38	11667	16345	10985	828	7461
282	22773	52992	40194	1505	21031
63	18229	31110	28485	1264	15137
98	14048	26003	12278	1407	7748
81	7365	23532	13889	1432	10879
260	27968	68370	37864	4158	45023
44	6287	18056	12295	891	7648
13	2069	3745	3693	303	2264
75	6606	16948	12537	177	4189
82	15219	29224	22237	851	8665
65	5622	12150	8611	424	6325
83	9614	10114	6639	187	4615
3	589	1508	1125	155	82
48	6149	15140	12554	417	6689
125	4433	8506	5810	114	1566
11	1319	1898	1543	61	625
6	1816	3624	2490	346	510
69	5756	8563	8733	196	2796

初中教育专任教师分学历、
Number of Full-time Teachers in Lower Secondary Schools by

地　区 Region	合　计 Total	#女 of Which: Female	按学历分 By Academic Qualifications					
			博士研究生 Doctoral Degree	硕士研究生 Master's Degree	本科毕业 Under-graduate	专科毕业 Associate Bachelor	高中阶段毕业 High School Graduate	高中阶段毕业以下 Below High School Graduate
总　计 Total	**1877894**	**1045687**	**151**	**34947**	**1612084**	**229043**	**1618**	**51**
北　京 Beijing	3725	2565	7	642	3023	53	0	0
天　津 Tianjin	5826	3409	0	195	5458	168	5	0
河　北 Hebei	123185	88701	18	2414	107336	13366	51	0
山　西 Shanxi	49127	34128	1	1109	40831	7131	54	1
内蒙古 Inner Mongolia	33499	22848	0	1266	29326	2903	4	0
辽　宁 Liaoning	33783	22077	0	532	29544	3679	22	6
吉　林 Jilin	25896	17801	9	1307	22487	2088	4	1
黑龙江 Heilongjiang	35935	22565	1	293	31426	4174	40	1
上　海 Shanghai	4909	3182	5	654	4184	66	0	0
江　苏 Jiangsu	103956	52845	16	4486	98047	1398	9	0
浙　江 Zhejiang	47720	27405	5	1627	44709	1375	4	0
安　徽 Anhui	92884	41477	6	1791	80493	10589	5	0
福　建 Fujian	51469	23112	4	781	44740	5921	23	0
江　西 Jiangxi	77493	39002	1	605	60294	16534	58	1
山　东 Shandong	150042	82524	18	4992	128535	16320	166	11
河　南 Henan	191755	129605	11	3654	158703	29155	232	0
湖　北 Hubei	62787	29094	2	578	48430	13530	237	10
湖　南 Hunan	103652	58579	35	1527	86156	15790	143	1
广　东 Guangdong	104226	52511	2	1121	93720	9335	45	3
广　西 Guangxi	93610	50486	0	381	78101	14912	210	6
海　南 Hainan	13348	6207	2	221	10966	2136	22	1
重　庆 Chongqing	37282	17716	1	517	33426	3298	40	0
四　川 Sichuan	118798	58682	0	995	95852	21936	15	0
贵　州 Guizhou	79878	34615	0	346	71758	7721	48	5
云　南 Yunnan	70743	36425	1	371	63557	6729	84	1
西　藏 Tibet	6263	3128	3	85	5756	412	7	0
陕　西 Shaanxi	54204	31353	0	1038	48445	4689	29	3
甘　肃 Gansu	47119	20627	2	740	40616	5711	50	0
青　海 Qinghai	8251	4610	1	213	6832	1198	7	0
宁　夏 Ningxia	9516	5204	0	181	8633	700	2	0
新　疆 Xinjiang	37013	23204	0	285	30700	6026	2	0

分专业技术职务情况(镇区)

Educational Background and Professional Rank (County and Town Area)

单位:人
unit:person

按专业技术职务分 By Professional Rank					
正高级 Senior	副高级 Sub-Senior	中 级 Middle	助理级 Associate	员 级 Junior	未定职级 No-Ranking
1371	**399072**	**729482**	**478565**	**35921**	**233483**
4	938	1376	1066	9	332
1	2043	2737	800	4	241
55	21692	42567	28541	3639	26691
19	5430	16250	19679	643	7106
21	8345	14513	6324	390	3906
24	20445	8718	2956	305	1335
27	6757	9273	6835	298	2706
12	9261	16659	7701	374	1928
3	532	2522	1586	33	233
85	24221	44743	20702	1392	12813
30	12061	20701	11578	294	3056
40	18555	35198	19564	2528	16999
21	11986	22126	13107	451	3778
28	17772	26205	18036	1678	13774
328	33201	53077	39052	2250	22134
20	32840	61831	57851	4947	34266
55	10811	31187	13515	1945	5274
63	15941	43612	25330	4506	14200
39	16875	52699	23685	1642	9286
11	17348	39890	21730	2528	12103
5	2579	5112	4125	110	1417
17	5898	17132	12325	85	1825
57	27966	44401	34575	2127	9672
46	15723	34337	21734	1019	7019
67	29635	23523	12803	265	4450
0	844	2159	2682	303	275
18	8749	21736	17170	837	5694
217	9417	18220	16445	251	2569
3	2131	3098	2173	146	700
5	2305	3680	2745	158	623
50	6771	10200	12150	764	7078

初中教育专任教师分学历、
Number of Full-time Teachers in Lower Secondary Schools by

地　区 Region	合　计 Total	#女 of Which: Female	按学历分 By Academic Qualifications					
			博士研究生 Doctoral Degree	硕士研究生 Master's Degree	本科毕业 Under-graduate	专科毕业 Associate Bachelor	高中阶段毕业 High School Graduate	高中阶段毕业以下 Below High School Graduate
总　计 Total	**534950**	**280425**	**44**	**8586**	**446939**	**78657**	**701**	**23**
北　京 Beijing	2820	1885	8	385	2384	43	0	0
天　津 Tianjin	2756	1556	0	51	2606	94	5	0
河　北 Hebei	36815	24956	4	864	31974	3950	23	0
山　西 Shanxi	14178	9288	1	467	11365	2324	18	3
内蒙古 Inner Mongolia	4019	2646	0	161	3546	311	1	0
辽　宁 Liaoning	10550	6708	0	227	9137	1170	14	2
吉　林 Jilin	13244	8262	0	258	11597	1382	7	0
黑龙江 Heilongjiang	10869	6051	3	89	8743	1986	46	2
上　海 Shanghai	1363	913	1	256	1081	25	0	0
江　苏 Jiangsu	9625	4270	1	249	9187	188	0	0
浙　江 Zhejiang	10625	5916	3	470	9779	372	1	0
安　徽 Anhui	32534	12094	0	276	27687	4563	8	0
福　建 Fujian	16712	6150	0	225	14284	2191	12	0
江　西 Jiangxi	26166	11634	0	105	19729	6302	30	0
山　东 Shandong	27267	13468	0	630	23298	3298	41	0
河　南 Henan	64726	40264	4	987	52411	11220	104	0
湖　北 Hubei	16496	7192	2	300	12397	3684	109	4
湖　南 Hunan	34711	18055	2	279	27571	6772	84	3
广　东 Guangdong	27217	14368	7	553	24286	2366	5	0
广　西 Guangxi	18461	9183	3	84	14629	3711	33	1
海　南 Hainan	3941	1893	1	172	3085	674	9	0
重　庆 Chongqing	7942	3921	0	139	7024	747	32	0
四　川 Sichuan	28974	13876	0	201	22125	6646	2	0
贵　州 Guizhou	16685	7076	1	155	14961	1560	8	0
云　南 Yunnan	37071	18242	2	187	33418	3398	59	7
西　藏 Tibet	2833	1519	0	39	2587	204	2	1
陕　西 Shaanxi	9081	4884	0	428	7806	846	1	0
甘　肃 Gansu	14637	5456	0	131	12575	1908	23	0
青　海 Qinghai	3274	1593	1	48	2705	514	6	0
宁　夏 Ningxia	2792	1293	0	45	2496	248	3	0
新　疆 Xinjiang	26566	15813	0	125	20466	5960	15	0

分专业技术职务情况(乡村)
Educational Background and Professional Rank (Rural Area)

单位:人
unit:person

按专业技术职务分 By Professional Rank					
正高级 Senior	副高级 Sub-senior	中 级 Middle	助理级 Associate	员 级 Junior	未定职级 No-Ranking
353	**112750**	**187373**	**142610**	**12585**	**79279**
1	748	1076	796	2	197
1	971	1323	347	6	108
7	6907	12196	8648	1205	7852
9	1322	4019	4983	165	3680
3	840	1412	818	85	861
5	5731	2974	1152	107	581
8	3908	4548	3197	89	1494
4	2888	4512	2494	94	877
0	147	606	444	6	160
14	2246	4202	1617	155	1391
7	2173	4362	2964	100	1019
19	7435	13068	6806	622	4584
11	4067	6951	4336	196	1151
2	5740	7221	6169	750	6284
59	6462	9844	7461	468	2973
3	12934	20578	18526	1654	11031
10	3039	7538	3585	605	1719
16	5837	13175	8522	1784	5377
25	3512	11897	6616	870	4297
2	3325	6564	4075	680	3815
7	585	1331	1245	59	714
5	1149	3218	2575	61	934
9	6481	9883	8468	991	3142
11	2572	6297	5465	248	2092
24	13033	11312	9171	424	3107
0	265	815	1292	161	300
3	1306	3413	2817	115	1427
71	2770	4939	5123	182	1552
2	822	1169	877	74	330
1	665	880	1004	49	193
14	2870	6050	11017	578	6037

初中学校校舍

Condition of School Buildings in

地 区 Region	校舍建筑面积 Floor Space	教学及辅助用房 Buildings for Instruction and Ancillary Uses	教 室 Classroom	专用教室 Professional Classroom	理化生实验室 Physical and Chemical Biology Laboratory	其 他 Others	公共教学用房 Public Teaching Space	图书阅览室 Library	室内体育用房 Gymnasium	心理辅导室 Psychological Counseling Room	其 他 Others
总 计 Total	**755936974.87**	**318691676.67**	**188019159.60**	**68619666.76**	**39602422.12**	**29017244.64**	**62052850.31**	**18532693.10**	**19076208.73**	**2752450.75**	**21691497.73**
北 京 Beijing	4746155.41	2270944.12	924619.99	662835.21	223814.29	439020.92	683488.92	118890.22	187544.49	24410.25	352643.96
天 津 Tianjin	3353641.11	1779426.62	1001027.47	379514.50	200833.65	178680.85	398884.65	101097.48	150041.38	24845.43	122900.36
河 北 Hebei	36388896.89	15284164.18	9594423.60	3450995.44	2313536.01	1137459.43	2238745.14	900045.56	435730.09	93661.85	809307.64
山 西 Shanxi	16565754.53	6037865.87	3358869.52	1553113.72	753661.90	799451.82	1125882.63	383730.65	145337.53	53805.87	543008.58
内蒙古 Inner Mongolia	10946029.69	4993260.45	2097265.93	1451430.08	578716.34	872713.74	1444564.44	256022.21	640839.39	57156.65	490546.19
辽 宁 Liaoning	16069647.08	7713778.87	4121551.66	1860167.92	943070.49	917097.43	1732059.29	384394.93	525683.42	69155.14	752825.80
吉 林 Jilin	9713079.03	4436000.65	2567685.03	1036066.41	584202.63	451863.78	832249.21	247524.10	224582.86	36951.98	323190.27
黑龙江 Heilongjiang	11646886.80	5645514.87	3378303.08	1275054.82	750230.80	524824.02	992156.97	226263.93	336592.92	49423.92	379876.20
上 海 Shanghai	9394156.91	5072288.54	2204860.63	1278940.19	507073.34	771866.85	1588487.72	333785.24	722663.77	60460.31	471578.40
江 苏 Jiangsu	47996973.46	23713796.86	12673305.86	5440598.79	3239991.46	2200607.33	5599892.21	1850273.95	2113077.48	243684.26	1392856.52
浙 江 Zhejiang	38445142.05	16678711.18	8486663.97	3446161.75	1512228.74	1933933.01	4745885.46	1092004.88	2208651.80	188319.01	1256909.77
安 徽 Anhui	35546382.01	15983044.65	10419472.41	3004524.23	1886778.02	1117746.21	2559048.01	902952.39	670072.20	146745.17	839278.25
福 建 Fujian	14851862.09	6259648.47	3342085.60	1507677.81	945594.62	562083.19	1409885.06	458701.04	404620.92	67037.30	479525.80
江 西 Jiangxi	26877597.88	11748241.09	7320434.10	2267838.87	1277664.44	990174.43	2159968.12	728866.51	470454.20	101367.16	859280.25
山 东 Shandong	64294763.77	27290350.65	14424475.71	6824932.97	3740155.13	3084777.84	6040941.97	1702076.36	1712574.86	232463.93	2393826.82
河 南 Henan	66051275.22	23970355.29	16822180.70	3955214.79	2787339.79	1167875.00	3192959.80	1220318.72	661278.42	208799.82	1102562.84
湖 北 Hubei	30630970.18	11300986.17	7254800.49	2238995.30	1425557.35	813437.95	1807190.38	621559.79	429160.95	91767.46	664702.18
湖 南 Hunan	41632229.19	16536733.27	10283245.42	3042930.86	1999187.02	1043743.84	3210556.99	936033.30	1149974.86	129689.14	994859.69
广 东 Guangdong	70362247.91	32048580.31	18947364.71	6200550.53	3370019.33	2830531.20	6900665.07	1678760.93	2697149.27	262539.66	2262215.21
广 西 Guangxi	29527470.05	11203519.04	7552348.99	2121823.87	1487882.60	633941.27	1529346.18	581055.72	429765.99	68821.57	449702.90
海 南 Hainan	4754410.88	1865779.79	1279066.00	335987.10	232059.68	103927.42	250726.69	108976.17	58248.34	8927.96	74574.22
重 庆 Chongqing	13655245.94	5597654.18	3155903.13	1231437.76	650907.24	580530.52	1210313.29	244213.47	256496.68	36462.70	673140.44
四 川 Sichuan	40450221.73	17666933.61	11742371.38	3418259.22	2234405.17	1183854.05	2506303.01	926993.82	599540.67	123475.36	856293.16
贵 州 Guizhou	27039137.44	9120480.80	5852377.60	1857818.75	1212058.84	645759.91	1410284.45	509313.47	323907.14	66289.92	510773.92
云 南 Yunnan	23359472.60	8381912.15	5207497.68	1834761.16	1187026.52	647734.64	1339653.31	497088.74	179582.03	44963.40	618019.14
西 藏 Tibet	2746277.76	878895.96	506017.07	208414.68	96978.01	111436.67	164464.21	36210.56	67396.63	3018.62	57838.40
陕 西 Shaanxi	18688932.79	7207955.97	3799642.66	1877476.25	955866.48	921609.77	1530837.06	452850.22	305215.77	75125.77	697645.30
甘 肃 Gansu	13749753.49	5509671.95	3138082.13	1372271.88	808117.60	564154.28	999317.94	358934.35	153565.69	68803.11	418014.79
青 海 Qinghai	4149486.27	1896691.25	933651.15	616110.72	291899.36	324211.36	346929.38	127586.27	141003.65	15316.25	63023.21
宁 夏 Ningxia	4022473.94	1892350.73	907154.74	641353.04	326970.95	314382.09	343842.95	100549.03	97637.98	18719.13	126936.81
新 疆 Xinjiang	18280400.77	8706139.13	4722411.19	2226408.14	1078594.32	1147813.82	1757319.80	445619.09	577817.35	80242.65	653640.71

情况(总计)

Lower Secondary Schools (Total)

单位:平方米
unit: m^2

行政办公用房 Administrative			生活用房 Residential and Welfare							其他用房 Rooms for Other Purposes
	教师办公室 for Teachers	其 他 Others		教工值班宿舍 Dormitories for Faculty	教师周转宿舍 Accommodation for Circulation of Teachers	学生宿舍 Students' Dormitories	学生餐厅 Students' Canteen	厕 所 Toilets	其 他 Others	
60507707. 83	**37696368. 63**	**22811339. 20**	**312219110. 55**	**26186260. 33**	**31800343. 91**	**133591173. 50**	**58840527. 08**	**25453458. 89**	**36347346. 84**	**64518479. 82**
710625. 67	293538. 35	417087. 32	1660467. 39	61330. 36	54686. 68	188409. 56	244305. 27	219119. 82	892615. 70	104118. 23
446373. 44	264965. 77	181407. 67	702610. 55	29287. 09	16172. 97	79189. 25	127723. 44	158665. 20	291572. 60	425230. 50
2446194. 54	1685949. 95	760244. 59	15818755. 84	962888. 83	664136. 93	8654457. 39	3147771. 79	1047279. 60	1342221. 30	2839782. 33
1559176. 19	1056083. 00	503093. 19	7000684. 65	749046. 87	294012. 77	3447098. 91	1293720. 18	538985. 86	677820. 06	1968027. 82
1073581. 98	694950. 70	378631. 28	3967020. 14	104093. 88	240180. 11	1867898. 72	759537. 90	441209. 88	554099. 65	912167. 12
2119989. 56	1107625. 53	1012364. 03	5599446. 87	89740. 82	136966. 90	1191695. 75	1294903. 35	627099. 84	2259040. 21	636431. 78
1073723. 63	654425. 27	419298. 36	2916388. 82	35513. 25	103773. 59	898460. 92	723945. 42	373879. 01	780816. 63	1286965. 93
1303164. 07	844211. 80	458952. 27	3009270. 01	57654. 72	92125. 96	964666. 43	557823. 54	459554. 87	877444. 49	1688937. 85
1170316. 15	558516. 61	611799. 54	1999124. 96	23401. 58	52798. 77	150885. 90	562282. 34	434184. 59	775571. 78	1152427. 26
4487423. 87	2433793. 43	2053630. 44	15186670. 44	897711. 21	772457. 03	4830977. 96	4293487. 53	1526711. 05	2865325. 66	4609082. 29
2948943. 60	1715009. 04	1233934. 56	13458326. 92	1033231. 97	800167. 62	4792080. 91	3370385. 07	1279805. 22	2182656. 13	5359160. 35
2861704. 49	1796731. 02	1064973. 47	13504909. 84	1250131. 30	1643773. 96	5766969. 92	2548097. 13	1074978. 25	1220959. 28	3196723. 03
1204989. 53	634489. 40	570500. 13	5485727. 04	262311. 59	1137104. 41	1828369. 90	873201. 68	463519. 08	921220. 38	1901497. 05
2238701. 58	1377258. 48	861443. 10	10822699. 69	613766. 62	1741793. 13	4668830. 82	1942126. 34	945443. 74	910739. 04	2067955. 52
5693013. 24	3632931. 72	2060081. 52	24503531. 88	991605. 62	1463794. 04	9909413. 27	5661706. 59	2648440. 17	3828572. 19	6807868. 00
5709823. 56	3867323. 72	1842499. 84	31805315. 88	2571266. 72	2223987. 55	16187684. 16	6469655. 10	2216291. 80	2136430. 55	4565780. 49
2226024. 99	1407600. 98	818424. 01	14715970. 94	2417517. 98	2091575. 07	5473479. 79	2390167. 98	808030. 92	1535199. 20	2387988. 08
2756061. 41	1931384. 10	824677. 31	19361576. 63	2624990. 22	3235053. 75	7224941. 30	3559366. 93	1204496. 00	1512728. 43	2977857. 88
4617530. 50	2887805. 15	1729725. 35	26648255. 98	4061197. 47	3136097. 18	10289961. 80	3582677. 97	2310947. 13	3267374. 43	7047881. 12
1357342. 31	989050. 42	368291. 89	16138441. 74	1664531. 15	1976422. 52	8840581. 90	2250235. 29	723826. 49	682844. 39	828166. 96
243446. 19	166428. 84	77017. 35	2398612. 86	325045. 36	450859. 03	1013499. 03	318226. 21	147215. 62	143767. 61	246572. 04
891212. 42	520829. 82	370382. 60	5953727. 55	542136. 01	601848. 51	2982497. 94	1099981. 23	361165. 85	366098. 01	1212651. 79
2467246. 68	1607711. 16	859535. 52	17566629. 99	1399256. 04	2549290. 50	7564255. 04	3138498. 10	1321500. 30	1593830. 01	2749411. 45
1822856. 89	1091563. 20	731293. 69	14314556. 79	666606. 69	1978555. 62	7914812. 53	2124628. 95	931330. 72	698622. 28	1781242. 96
1329403. 42	846217. 28	483186. 14	12832376. 88	1094897. 84	1438897. 74	6371533. 98	2142361. 49	738500. 07	1046185. 76	815780. 15
156547. 18	112171. 84	44375. 34	1637060. 66	13150. 26	552872. 32	710811. 71	223031. 35	50864. 21	86330. 81	73773. 96
1779148. 00	1220667. 22	558480. 78	7433692. 29	978980. 25	687017. 16	2726074. 62	1317200. 99	737906. 08	986513. 19	2268136. 53
1312888. 12	909489. 52	403398. 60	5484300. 38	472837. 76	648717. 87	2107170. 52	946782. 53	530345. 12	778446. 58	1442893. 04
400754. 41	219642. 96	181111. 45	1655525. 18	33074. 27	198256. 84	619546. 27	286172. 32	210610. 89	307864. 59	196515. 43
381008. 93	217061. 93	163947. 00	1395736. 10	55773. 50	116303. 33	663343. 33	260751. 76	180951. 63	118612. 55	353378. 18
1718491. 28	950940. 42	767550. 86	7241695. 66	103283. 10	700644. 05	3661573. 97	1329771. 31	740599. 88	705823. 35	614074. 70

初中学校校舍

Condition of School Buildings in

地 区 Region	校舍建筑面积 Floor Space	教学及辅助用房 Buildings for Instruction and Ancillary Uses	教 室 Classroom	专用教室 Professional Classroom	理化生实验室 Physical and Chemical Biology Laboratory	其 他 Others	公共教学用房 Public Teaching Space	图书阅览室 Library	室内体育用房 Gymnasium	心理辅导室 Psychological Counseling Room	其 他 Others
总 计 Total	**276041151.08**	**130051888.56**	**71448189.32**	**27563346.64**	**14479656.88**	**13083689.76**	**31040352.60**	**7665938.62**	**12023516.63**	**1126091.26**	**10224806.09**
北 京 Beijing	3173228.78	1610249.67	671276.48	456325.88	143335.82	312990.06	482647.31	87538.08	144065.25	16794.91	234249.07
天 津 Tianjin	2342958.35	1172451.21	613695.20	245071.57	125958.83	119112.74	313684.44	74442.38	131441.05	15689.79	92111.22
河 北 Hebei	9861527.36	4461294.77	2705572.85	985316.92	632754.41	352562.51	770405.00	297391.59	189636.14	29035.08	254342.19
山 西 Shanxi	5110243.69	2142949.80	1176240.31	552080.29	267112.70	284967.59	414629.20	146951.59	68029.92	19041.84	180605.85
内蒙古 Inner Mongolia	3591652.60	1920124.70	811450.08	559043.52	211764.36	347279.16	549631.10	103598.90	238128.58	20251.55	187652.07
辽 宁 Liaoning	8325074.49	4164878.24	2030088.85	1002710.86	462237.67	540473.19	1132078.53	203546.91	422470.24	36418.74	469642.64
吉 林 Jilin	3298961.91	1739580.19	1009419.10	355054.63	195007.74	160046.89	375106.46	88428.46	131820.93	14510.21	140346.86
黑龙江 Heilongjiang	4411148.63	2363685.80	1357881.44	476691.74	275857.72	200834.02	529112.62	93245.83	230380.28	18767.30	186719.21
上 海 Shanghai	7705880.57	4200625.59	1813626.38	1049507.12	414533.77	634973.35	1337492.09	272531.83	627859.69	48754.51	388346.06
江 苏 Jiangsu	24535215.61	12230335.43	6160132.47	2806762.89	1659289.73	1147473.16	3263440.07	988515.06	1429168.86	119697.46	726058.69
浙 江 Zhejiang	22377766.37	9928820.46	4883357.48	2059938.24	834697.00	1225241.24	2985524.74	670499.84	1444042.96	106667.23	764314.71
安 徽 Anhui	8269854.26	4263335.36	2598678.74	814114.31	489423.39	324690.92	850542.31	257252.98	327532.96	34658.19	231098.18
福 建 Fujian	5337453.14	2522029.40	1307852.30	553255.18	298968.30	254286.88	660921.92	191988.59	204950.15	28301.60	235681.58
江 西 Jiangxi	7673271.51	3833597.71	2285575.49	668136.40	355311.44	312824.96	879885.82	244037.64	278075.88	30577.50	327194.80
山 东 Shandong	27196768.71	12762026.48	6420078.66	3171783.01	1602567.58	1569215.43	3170164.81	791201.91	1065230.29	99586.58	1214146.03
河 南 Henan	16763390.81	6932672.94	4616091.18	1172333.94	813455.53	358878.41	1144247.82	351999.61	356406.17	64758.88	371083.16
湖 北 Hubei	11105115.34	4782718.47	3007348.22	920768.66	573242.91	347525.75	854601.59	235222.32	274877.08	39277.13	305225.06
湖 南 Hunan	9567282.50	4254356.26	2403631.00	734607.05	436017.23	298589.82	1116118.21	223563.09	536643.73	31009.15	324902.24
广 东 Guangdong	41628047.40	20267609.27	11584762.40	3793038.37	1943548.09	1849490.28	4889808.50	1025547.54	2160865.26	154387.35	1549008.35
广 西 Guangxi	7098566.73	3106170.64	1949985.29	592935.63	351018.97	241916.66	563249.72	151712.99	234572.04	25429.62	151535.07
海 南 Hainan	1274221.24	524814.06	378920.45	70014.59	43923.02	26091.57	75879.02	22594.42	26965.68	2257.63	24061.29
重 庆 Chongqing	5638587.62	2496977.93	1317688.24	472839.56	248727.23	224112.33	706450.13	109980.99	203417.05	16535.88	376516.21
四 川 Sichuan	12048934.55	5804502.20	3528237.92	1141152.06	616585.68	524566.38	1135112.22	294752.76	406088.47	43678.90	390592.09
贵 州 Guizhou	6513722.94	2461676.24	1445287.61	519051.03	290745.12	228305.91	497337.60	150686.06	177718.71	19403.72	149529.11
云 南 Yunnan	3827130.64	1658516.16	933101.34	349849.14	197079.40	152769.74	375565.68	100822.59	86983.05	9602.77	178157.27
西 藏 Tibet	663403.18	227171.53	130827.43	61240.68	30470.57	30770.11	35103.42	7712.14	14754.10	1305.61	11331.57
陕 西 Shaanxi	6528732.84	2779719.46	1426636.19	652534.40	314112.68	338421.72	700548.87	165146.74	204997.83	21192.66	309211.64
甘 肃 Gansu	2896187.31	1385809.38	756245.46	307943.11	161277.44	146665.67	321620.81	95477.15	88589.60	18146.52	119407.54
青 海 Qinghai	1013789.63	560064.20	254965.90	185357.09	82908.01	102449.08	119741.21	44940.58	40392.57	8124.03	26284.03
宁 夏 Ningxia	1275077.60	702144.12	307630.74	235572.81	116162.84	119409.97	158940.57	33697.19	54966.92	7527.10	62749.36
新 疆 Xinjiang	4987954.77	2790980.89	1561904.12	598315.96	291561.70	306754.26	630760.81	140910.86	222445.19	24701.82	242702.94

情况(城区)

Lower Secondary Schools (Urban Area)

单位:平方米
unit:m^2

行政办公用房 Administrative	教师办公室 for Teachers	其 他 Others	生活用房 Residential and Welfare	教工值班宿舍 Dormitories for Faculty	教师周转宿舍 Accommodation for Circulation of Teachers	学生宿舍 Students' Dormitories	学生餐厅 Students' Canteen	厕 所 Toilets	其 他 Others	其他用房 Rooms for Other Purposes
25525782.76	**15167714.47**	**10358068.29**	**88691503.99**	**5474187.38**	**5377738.29**	**31983435.32**	**18514411.43**	**10485355.07**	**16856376.50**	**31771975.77**
481770.43	205327.74	276442.69	1023749.34	24173.00	21523.49	74827.79	158657.88	145345.27	599221.91	57459.34
321321.57	184441.77	136879.80	512773.88	11906.05	8486.63	62762.79	99989.51	114454.90	215174.00	336411.69
802703.32	553805.45	248897.87	3508749.01	177533.67	46639.96	1824857.15	683542.84	306765.44	469409.95	1088780.26
527748.49	353654.02	174094.47	1768921.46	164578.71	63234.77	838724.48	318529.36	170030.13	213824.01	670623.94
426747.27	271671.09	155076.18	855437.06	20939.15	31915.66	326334.93	143616.52	145724.08	186906.72	389343.57
1161494.45	560833.63	600660.82	2625292.65	28584.14	49754.71	287182.08	531563.73	349251.27	1378956.72	373409.15
397561.54	232118.98	165442.56	702188.32	5436.59	1848.00	148016.23	185199.05	134218.52	227469.93	459631.86
555466.05	347657.50	207808.55	812142.32	10342.22	7472.08	146090.55	122140.82	192320.24	333776.41	679854.46
957178.78	461991.91	495186.87	1630664.03	17206.38	41480.05	117946.65	443738.96	353812.19	656479.80	917412.17
2494677.28	1277641.79	1217035.49	6823467.49	277352.61	229182.64	1700388.50	2112898.26	808795.18	1694850.30	2986735.41
1759575.99	1021526.71	738049.28	6872018.38	372510.04	319814.80	2158546.17	1895554.09	754541.21	1371052.07	3817351.54
883922.12	528123.88	355798.24	1997408.70	86218.87	103610.85	736002.75	440761.08	301939.19	328875.96	1125188.08
466099.68	234030.18	232069.50	1476249.54	46153.72	252520.64	419934.96	270047.50	202957.78	284634.94	873074.52
724328.29	461414.33	262913.96	2188086.78	57085.67	235999.08	808781.18	483217.56	355620.65	247382.64	927258.73
2656238.53	1627740.55	1028497.98	8519295.64	276591.21	285922.98	2547039.83	2080813.99	1231239.15	2097688.48	3259208.06
1809491.25	1183776.86	625714.39	6478073.32	378754.23	215875.19	3120529.81	1402802.43	613246.19	746865.47	1543153.30
1028995.64	672436.46	356559.18	3964747.67	420223.16	419333.17	1326432.65	752666.23	359116.52	686975.94	1328653.56
678107.49	455263.73	222843.76	3729432.34	297557.54	407494.64	1451552.03	849073.33	333042.04	390712.76	905386.41
2806807.73	1733416.29	1073391.44	13927273.29	1689386.83	1233257.56	5273093.46	2023367.38	1512995.70	2195172.36	4626357.11
487715.22	319900.84	167814.38	3150584.95	188844.94	264886.09	1767968.58	466876.09	254923.26	207085.99	354095.92
68306.38	44688.89	23617.49	597817.23	98878.50	65529.06	250189.87	72268.88	52182.61	58768.31	83283.57
436250.31	242333.45	193916.86	1848806.04	81165.35	62868.14	889154.49	425086.58	177065.23	213466.25	856553.34
843886.93	547366.83	296520.10	4192807.53	225147.61	269307.55	1820340.33	906760.24	454393.34	516858.46	1207737.89
617709.57	346032.77	271676.80	2763168.17	150026.65	197506.64	1464452.48	440067.55	270882.32	240232.53	671168.96
308530.39	182061.09	126469.30	1712840.75	145752.96	152475.94	684126.47	283830.44	148726.63	297928.31	147243.34
56775.67	41222.28	15553.39	360686.04	1454.27	139393.78	131063.72	56127.10	11892.92	20754.25	18769.94
588165.42	404069.48	184095.94	2011428.66	130367.90	99281.32	632079.72	403700.33	283786.11	462213.28	1149419.30
326268.67	218685.53	107583.14	710250.08	53292.08	24300.45	237041.76	102458.82	133117.93	160039.04	473859.18
147809.31	64350.77	83458.54	240486.09	5978.00	13933.15	36757.84	22233.97	63170.15	98412.98	65430.03
136455.70	86277.66	50178.04	309702.98	5178.63	12922.18	135860.38	60625.62	63804.93	31311.24	126774.80
567673.29	303852.01	263821.28	1376954.25	25566.70	99967.09	565355.69	276195.29	185993.99	223875.49	252346.34

初中学校校舍

Condition of School Buildings in Lower

地区 Region	校舍建筑面积 Floor Space	教学及辅助用房 Buildings for Instruction and Ancillary Uses	教室 Classroom	专用教室 Professional Classroom	理化生实验室 Physical and Chemical Biology Laboratory	其他 Others	公共教学用房 Public Teaching Space	图书阅览室 Library	室内体育用房 Gymnasium	心理辅导室 Psychological Counseling Room	其他 Others
总计 Total	**359022643.26**	**143012250.29**	**88199099.57**	**30770694.73**	**18704883.11**	**12065811.62**	**24042455.99**	**8233850.58**	**5795876.19**	**1180286.32**	**8832442.90**
北京 Beijing	890986.51	365937.39	132943.40	117995.06	48024.22	69970.84	114998.93	17721.55	22150.29	4163.14	70963.95
天津 Tianjin	685968.60	407935.72	264406.13	83691.10	46366.16	37324.94	59838.49	17462.86	15122.60	5905.48	21347.55
河北 Hebei	20050117.19	8221767.79	5257268.00	1819034.93	1240551.32	578483.61	1145464.86	451213.81	192301.99	45433.60	456515.46
山西 Shanxi	8118444.80	2891759.74	1613284.85	742424.31	357037.33	385386.98	536050.58	171757.56	55419.43	22955.96	285917.63
内蒙古 Inner Mongolia	6280216.19	2638987.47	1101000.77	772510.61	314036.11	458474.50	765476.09	132554.31	339585.12	31383.07	261953.59
辽宁 Liaoning	5834045.98	2665523.13	1578150.86	627450.68	351549.73	275900.95	459921.59	136340.60	80144.21	23556.43	219880.35
吉林 Jilin	4164625.93	1780916.12	1029984.00	432415.31	234289.99	198125.32	318516.81	101363.10	82387.73	14145.92	120620.06
黑龙江 Heilongjiang	5223897.84	2417235.40	1482041.01	584971.97	340192.13	244779.84	350222.42	94887.49	87899.31	20821.14	146614.48
上海 Shanghai	1355399.74	694009.10	300018.77	188752.35	78129.91	110622.44	205237.98	49515.09	73802.57	9424.78	72495.54
江苏 Jiangsu	21300823.69	10485947.67	5927474.97	2397656.94	1434990.54	962666.40	2160815.76	787408.10	647812.15	110906.64	614688.87
浙江 Zhejiang	12571965.26	5400895.09	2897922.28	1103190.28	557707.11	545483.17	1399782.53	336489.22	637660.00	64999.19	360634.12
安徽 Anhui	18946741.67	8377302.20	5579280.87	1530900.56	966780.40	564120.16	1267120.77	455655.89	291121.41	73034.34	447309.13
福建 Fujian	6128640.59	2521842.24	1382678.97	608717.29	420036.09	188681.20	530445.98	183207.33	143279.91	24166.52	179792.22
江西 Jiangxi	13075239.85	5630349.32	3631977.40	1082971.77	622996.41	459975.36	915400.15	338432.80	163263.40	46024.66	367679.29
山东 Shandong	31400190.75	12357571.94	6805600.75	3104548.51	1782743.07	1321805.44	2447422.68	779217.71	576946.12	108386.29	982872.56
河南 Henan	36033089.04	12614883.32	9119068.94	2012621.88	1423899.49	588722.39	1483192.50	628580.02	243776.49	99631.35	511204.64
湖北 Hubei	14906421.88	4964638.15	3221945.31	996930.55	636258.23	360672.32	745762.29	297907.74	127977.73	38128.60	281748.22
湖南 Hunan	22674583.14	8914137.43	5651316.14	1660639.42	1123972.80	536666.62	1602181.87	533632.33	513062.14	68775.54	486711.86
广东 Guangdong	21901072.83	8882016.96	5560085.95	1820131.64	1099561.01	720570.63	1501799.37	499027.65	377921.78	77903.23	546946.71
广西 Guangxi	18086464.04	6520586.43	4544596.46	1210065.73	897823.57	312242.16	765924.24	330478.46	147100.89	33982.92	254361.97
海南 Hainan	2506166.10	943759.97	626336.81	186656.03	129297.66	57358.37	130767.13	63782.57	25731.46	4595.66	36657.44
重庆 Chongqing	6304245.33	2493903.73	1470758.31	613885.61	331364.65	282520.96	409259.81	107601.07	32956.36	15684.78	253017.60
四川 Sichuan	20537571.60	8634737.39	6007923.16	1644398.62	1155390.17	489008.45	982415.61	457933.16	143490.22	55767.37	325224.86
贵州 Guizhou	16553389.01	5354732.98	3497196.21	1086609.88	747966.09	338643.79	770926.89	295995.92	133168.92	35689.18	306072.87
云南 Yunnan	11933004.30	4092396.60	2614395.34	880666.44	577052.64	303613.80	597334.82	239666.93	67921.54	19975.51	269770.84
西藏 Tibet	1481306.31	473318.51	268009.55	112239.38	45133.12	67106.26	93069.58	15795.20	42555.28	1133.78	33585.32
陕西 Shaanxi	10058696.86	3771451.91	2040666.24	1037976.12	535518.70	502457.42	692809.55	239929.34	83001.04	44794.68	325084.49
甘肃 Gansu	7736593.74	2998762.05	1717568.45	764955.40	455878.33	309077.07	516238.20	189002.19	57901.87	34217.52	235116.62
青海 Qinghai	1948413.30	815129.10	426943.93	232143.11	118646.69	113496.42	156042.06	48621.13	75045.86	4271.39	28103.68
宁夏 Ningxia	2009370.20	866285.68	433098.51	288528.40	146536.77	141991.63	144658.77	48127.33	38311.82	6747.90	51471.72
新疆 Xinjiang	8324950.99	3813529.76	2015157.23	1025014.85	485152.67	539862.18	773357.68	184542.12	277056.55	33679.75	278079.26

情况(镇区)

Secondary Schools (County and Town Area)

单位:平方米
unit: m^2

行政办公用房 Administrative	教师办公室 for Teachers	其 他 Others	生活用房 Residential and Welfare	教工值班宿舍 Dormitories for Faculty	教师周转宿舍 Accommodation for Circulation of Teachers	学生宿舍 Students' Dormitories	学生餐厅 Students' Canteen	厕 所 Toilets	其 他 Others	其他用房 Rooms for Other Purposes
26429362.61	**16933777.47**	**9495585.14**	**165235700.62**	**15028665.32**	**18227404.97**	**76072119.01**	**30095567.05**	**11207177.37**	**14604766.90**	**24345329.74**
124084.05	44655.89	79428.16	376615.98	18981.18	20639.71	57758.17	46979.37	45802.98	186454.57	24349.09
87225.51	52691.35	34534.16	140330.51	11554.59	4023.34	16426.46	21419.93	29807.48	57098.71	50476.86
1231314.88	847228.53	384086.35	9311337.56	577398.03	403383.27	5264906.17	1871792.91	554649.42	639207.76	1285696.96
750110.52	515701.66	234408.86	3591342.36	389340.61	136966.64	1824544.79	663624.96	267481.29	309384.07	885232.18
559174.16	362414.71	196759.45	2642707.53	65005.03	152429.27	1322724.92	531478.44	252163.99	318905.88	439347.03
733040.22	414944.84	318095.38	2254880.72	43581.19	61702.08	745995.28	572128.74	206540.94	624932.49	180601.91
425843.32	261094.94	164748.38	1423885.57	19418.26	56844.28	471744.55	337866.36	159197.08	378815.04	533980.92
546024.94	350844.10	195180.84	1492985.57	27193.56	47360.62	565370.94	293640.27	193245.38	366174.80	767651.93
165538.50	75572.05	89966.45	295629.44	3950.78	8149.48	24784.96	94131.70	64310.93	100301.59	200222.70
1822595.36	1048043.81	774551.55	7560866.75	563397.74	451766.99	2836886.55	1978759.92	652641.23	1077414.32	1431413.91
931979.02	547407.28	384571.74	5154285.70	493227.66	359493.73	2054892.68	1189650.60	406883.02	650138.01	1084805.45
1422541.08	898810.23	523730.85	7709983.07	765554.15	939237.80	3424986.21	1399356.13	539578.25	641270.53	1436915.32
474982.72	258343.56	216639.16	2476179.28	121792.25	544791.90	887190.84	365718.84	172423.51	384261.94	655636.35
1083655.27	646503.40	437151.87	5546757.99	355583.23	898449.10	2470206.17	964351.14	416445.44	441722.91	814477.27
2602970.27	1717908.64	885061.63	13410679.53	565453.33	994657.54	6136039.33	3003908.15	1195572.81	1515048.37	3028969.01
2890205.57	1974913.00	915292.57	18330437.00	1526024.33	1309492.01	9693304.63	3651599.58	1175853.16	974163.29	2197563.15
928588.03	569621.16	358966.87	8208607.92	1550919.10	1204939.08	3185397.55	1258196.28	340395.52	668760.39	804587.78
1417347.08	1003412.32	413934.76	10919262.50	1559348.54	1861897.60	4142446.28	1942873.73	621020.83	791675.52	1423836.13
1331099.00	844231.66	486867.34	9964401.42	1807887.68	1533652.38	3990864.11	1221564.23	585876.10	824556.92	1723555.45
712913.63	542986.27	169927.36	10465566.70	1222955.95	1319726.09	5716649.52	1418721.75	373543.23	413970.16	387397.28
124106.06	83927.80	40178.26	1310443.93	168310.10	286422.59	553128.14	179000.63	64761.22	58821.25	127856.14
359912.39	224850.62	135061.77	3207083.35	348919.23	401212.95	1658279.22	533998.21	142067.84	122605.90	243345.86
1194572.61	789714.92	404857.69	9644654.21	808203.05	1502342.80	4278895.17	1637979.87	635712.06	781521.26	1063607.39
1003873.78	609651.64	394222.14	9233580.49	411458.55	1328399.76	5208065.83	1368981.46	540087.38	376587.51	961201.76
636358.87	411410.52	224948.35	6738373.43	547342.00	706657.95	3481791.97	1138891.48	374349.45	489340.58	465875.40
77647.89	54789.01	22858.88	900721.11	11168.98	300710.28	409127.85	112464.51	24987.98	42261.51	29618.80
979552.12	673095.83	306456.29	4458123.47	678485.56	489565.54	1778638.16	744777.59	374536.04	392120.58	849569.36
701328.43	483049.12	218279.31	3336739.52	264037.81	406354.85	1319337.23	592222.00	285828.15	468959.48	699763.74
155831.61	97772.18	58059.43	879125.92	21211.52	119811.88	362509.10	161168.62	89408.10	125016.70	98326.67
189918.61	101933.85	87984.76	780583.15	27946.35	54031.65	411602.55	148112.77	89951.16	48938.67	172582.76
765027.11	426252.58	338774.53	3469528.94	53014.98	322291.81	1777623.68	650206.88	332055.40	334336.19	276865.18

初中学校校舍
Condition of School Buildings in Lower

地 区 Region	校舍建筑面积 Floor Space	教学及辅助用房 Buildings for Instruction and Ancillary Uses	教 室 Classroom	专用教室 Professional Classroom	理化生实验室 Physical and Chemical Biology Laboratory	其 他 Others	公共教学用房 Public Teaching Space	图书阅览室 Library	室内体育用房 Gymnasium	心理辅导室 Psychological Counseling Room	其 他 Others
总 计 Total	**120873180.53**	**45627537.82**	**28371870.71**	**10285625.39**	**6417882.13**	**3867743.26**	**6970041.72**	**2632903.90**	**1256815.91**	**446073.17**	**2634248.74**
北 京 Beijing	681940.12	294757.06	120400.11	88514.27	32454.25	56060.02	85842.68	13630.59	21328.95	3452.20	47430.94
天 津 Tianjin	324714.16	199039.69	122926.14	50751.83	28508.66	22243.17	25361.72	9192.24	3477.73	3250.16	9441.59
河 北 Hebei	6477252.34	2601101.62	1631582.75	646643.59	440230.28	206413.31	322875.28	151440.16	53791.96	19193.17	98449.99
山 西 Shanxi	3337066.04	1003156.33	569344.36	258609.12	129511.87	129097.25	175202.85	65021.50	21888.18	11808.07	76485.10
内蒙古 Inner Mongolia	1074160.90	434148.28	184815.08	119875.95	52915.87	66960.08	129457.25	19869.00	63125.69	5522.03	40940.53
辽 宁 Liaoning	1910526.61	883377.50	513311.95	230006.38	129283.09	100723.29	140059.17	44507.42	23068.97	9179.97	63302.81
吉 林 Jilin	2249491.19	915504.34	528281.93	248596.47	154904.90	93691.57	138625.94	57732.54	10374.20	8295.85	62223.35
黑龙江 Heilongjiang	2011840.33	864593.67	538380.63	213391.11	134180.95	79210.16	112821.93	38130.61	18313.33	9835.48	46542.51
上 海 Shanghai	332876.60	177653.85	91215.48	40680.72	14409.66	26271.06	45757.65	11738.32	21001.51	2281.02	10736.80
江 苏 Jiangsu	2160934.16	997513.76	585698.42	236178.96	145711.19	90467.77	175636.38	74350.79	36096.47	13080.16	52108.96
浙 江 Zhejiang	3495410.42	1348995.63	705384.21	283033.23	119824.63	163208.60	360578.19	85015.82	126948.84	16652.59	131960.94
安 徽 Anhui	8329786.08	3342407.09	2241512.80	659509.36	430574.23	228935.13	441384.93	190043.52	51417.83	39052.64	160870.94
福 建 Fujian	3385768.36	1215776.83	651554.33	345705.34	226590.23	119115.11	218517.16	83505.12	56390.86	14569.18	64052.00
江 西 Jiangxi	6129086.52	2284294.06	1402881.21	516730.70	299356.59	217374.11	364682.15	146396.07	29114.92	24765.00	164406.16
山 东 Shandong	5697804.31	2170752.23	1198796.30	548601.45	354844.48	193756.97	423354.48	131656.74	70398.45	24491.06	196808.23
河 南 Henan	13254795.37	4422799.03	3087020.58	770258.97	549984.77	220274.20	565519.48	239739.09	61095.76	44409.59	220275.04
湖 北 Hubei	4619432.96	1553629.55	1025506.96	321296.09	216056.21	105239.88	206826.50	88429.73	26306.14	14361.73	77728.90
湖 南 Hunan	9390363.55	3368239.58	2228298.28	647684.39	439196.99	208487.40	492256.91	178837.88	100268.99	29904.45	183245.59
广 东 Guangdong	6833127.68	2898954.08	1802516.36	587380.52	326910.23	260470.29	509057.20	154185.74	158362.23	30249.08	166260.15
广 西 Guangxi	4342439.28	1576761.97	1057767.24	318822.51	239040.06	79782.45	200172.22	98864.27	48093.06	9409.03	43805.86
海 南 Hainan	974023.54	397205.76	273808.74	79316.48	58839.00	20477.48	44080.54	22599.18	5551.20	2074.67	13855.49
重 庆 Chongqing	1712412.99	606772.52	367456.58	144712.59	70815.36	73897.23	94603.35	26631.41	20123.27	4242.04	43606.63
四 川 Sichuan	7863715.58	3227694.02	2206210.30	632708.54	462429.32	170279.22	388775.18	174307.90	49961.98	24029.09	140476.21
贵 州 Guizhou	3972025.49	1304071.58	909893.78	252157.84	173347.63	78810.21	142019.96	62631.49	13019.51	11197.02	55171.94
云 南 Yunnan	7599337.66	2630999.39	1660001.00	604245.58	412894.48	191351.10	366752.81	156599.22	24677.44	15385.12	170091.03
西 藏 Tibet	601568.27	178405.92	107180.09	34934.62	21374.32	13560.30	36291.21	12703.22	10087.25	579.23	12921.51
陕 西 Shaanxi	2101503.09	656784.60	332340.23	186965.73	106235.10	80730.63	137478.64	47774.14	17216.90	9138.43	63349.17
甘 肃 Gansu	3116972.44	1125100.52	664268.22	299373.37	190961.83	108411.54	161458.93	74455.01	7074.22	16439.07	63490.63
青 海 Qinghai	1187283.34	521497.95	251741.32	198610.52	90344.66	108265.86	71146.11	34024.56	25565.22	2920.83	8635.50
宁 夏 Ningxia	738026.14	323920.93	166425.49	117251.83	64271.34	52980.49	40243.61	18724.51	4359.24	4444.13	12715.73
新 疆 Xinjiang	4967495.01	2101628.48	1145349.84	603077.33	301879.95	301197.38	353201.31	120166.11	78315.61	21861.08	132858.51

情况(乡村)

Secondary Schools (Rural Area)

单位:平方米
unit: m^2

行政办公用房 Administrative	教师办公室 for Teachers	其他 Others	生活用房 Residential and Welfare	教工值班宿舍 Dormitories for Faculty	教师周转宿舍 Accommodation for Circulation of Teachers	学生宿舍 Students' Dormitories	学生餐厅 Students' Canteen	厕所 Toilets	其他 Others	其他用房 Rooms for Other Purposes
8552562.46	**5594876.69**	**2957685.77**	**58291905.94**	**5683407.63**	**8195200.65**	**25535619.17**	**10230548.60**	**3760926.45**	**4886203.44**	**8401174.31**
104771.19	43554.72	61216.47	260102.07	18176.18	12523.48	55823.60	38668.02	27971.57	106939.22	22309.80
37826.36	27832.65	9993.71	49506.16	5826.45	3663.00	0.00	6314.00	14402.82	19299.89	38341.95
412176.34	284915.97	127260.37	2998669.27	207957.13	214113.70	1564694.07	592436.04	185864.74	233603.59	465305.11
281317.18	186727.32	94589.86	1640420.83	195127.55	93811.36	783829.64	311565.86	101474.44	154611.98	412171.70
87660.55	60864.90	26795.65	468875.55	18149.70	55835.18	218838.87	84442.94	43321.81	48287.05	83476.52
225454.89	131847.06	93607.83	719273.50	17575.49	25510.11	158518.39	191210.88	71307.63	255151.00	82420.72
250318.77	161211.35	89107.42	790314.93	10658.40	45081.31	278700.14	200880.01	80463.41	174531.66	293353.15
201673.08	145710.20	55962.88	704142.12	20118.94	37293.26	253204.94	142042.45	73989.25	177493.28	241431.46
47598.87	20952.65	26646.22	72831.49	2244.42	3169.24	8154.29	24411.68	16061.47	18790.39	34792.39
170151.23	108107.83	62043.40	802336.20	56960.86	91507.40	293702.91	201829.35	65274.64	93061.04	190932.97
257388.59	146075.05	111313.54	1432022.84	167494.27	120859.09	578642.06	285180.38	118380.99	161466.05	457003.36
555241.29	369796.91	185444.38	3797518.07	398358.28	600925.31	1605980.96	707979.92	233460.81	250812.79	634619.63
263907.13	142115.66	121791.47	1533298.22	94365.62	339791.87	521244.10	237435.34	88137.79	252323.50	372786.18
430718.02	269340.75	161377.27	3087854.92	201097.72	607344.95	1389843.47	494557.64	173377.65	221633.49	326219.52
433804.44	287282.53	146521.91	2573556.71	149561.08	183213.52	1226334.11	576984.45	221628.21	215835.34	519690.93
1010126.74	708633.86	301492.88	6996805.56	666488.16	698620.35	3373849.72	1415253.09	427192.45	415401.79	825064.04
268441.32	165543.36	102897.96	2542615.35	446375.72	467302.82	961649.59	379305.47	108518.88	179462.87	254746.74
660606.84	472708.05	187898.79	4712881.79	768084.14	965661.51	1630942.99	767419.87	250433.13	330340.15	648635.34
479623.77	310157.20	169466.57	2756581.27	563922.96	369187.24	1026004.23	337746.36	212075.33	247645.15	697968.56
156713.46	126163.31	30550.15	2522290.09	252730.26	391810.34	1355963.80	364637.45	95360.00	61788.24	86673.76
51033.75	37812.15	13221.60	490351.70	57856.76	98907.38	210181.02	66956.70	30271.79	26178.05	35432.33
95049.72	53645.75	41403.97	897838.16	112051.43	137767.42	435064.23	140896.44	42032.78	30025.86	112752.59
428787.14	270629.41	158157.73	3729168.25	365905.38	777640.15	1465019.54	593757.99	231394.90	295450.29	478066.17
201273.54	135878.79	65394.75	2317808.13	105121.49	452649.22	1242294.22	315579.94	120361.02	81802.24	148872.24
384514.16	252745.67	131768.49	4381162.70	401802.88	579763.85	2205615.54	719639.57	215423.99	258916.87	202661.41
22123.62	16160.55	5963.07	375653.51	527.01	112768.26	170620.14	54439.74	13983.31	23315.05	25385.22
211430.46	143501.91	67928.55	964140.16	170126.79	98170.30	315356.74	168723.07	79583.93	132179.33	269147.87
285291.02	207754.87	77536.15	1437310.78	155507.87	218062.57	550791.53	252101.71	111399.04	149448.06	269270.12
97113.49	57520.01	39593.48	535913.17	5884.75	64511.81	220279.33	102769.73	58032.64	84434.91	32758.73
54634.62	28850.42	25784.20	305449.97	22648.52	49349.50	115880.40	52013.37	27195.54	38362.64	54020.62
385790.88	220835.83	164955.05	2395212.47	24701.42	278385.15	1318594.60	403369.14	222550.49	147611.67	84863.18

地 区 Region	占地面积（平方米）Areas Occupied（m^2）	#绿化用地面积 of Which: Green Areas	#运动场地面积 of Which: Sports Areas	校园足球场（个）Campus Football	11人制足球场 11-a-side Football Field	7人制足球场 7-a-side Football Field	5人制足球场 5-a-side Football Field
总 计 Total	**1746085659.64**	**371386954.28**	**521831133.30**	**39563**	**12464**	**15777**	**11322**
北 京 Beijing	10036576.67	2094864.90	3481537.79	316	96	139	81
天 津 Tianjin	9143821.55	1332202.95	3686257.78	314	82	159	73
河 北 Hebei	87720715.26	11618577.86	27900183.61	1882	560	778	544
山 西 Shanxi	36456217.85	5203385.25	9517829.63	730	193	257	280
内蒙古 Inner Mongolia	35160734.21	6152828.51	9340056.88	804	376	270	158
辽 宁 Liaoning	45565633.73	6581966.98	17701727.46	1388	537	610	241
吉 林 Jilin	33206851.14	7029540.65	9386735.33	877	272	323	282
黑龙江 Heilongjiang	41573813.80	5501528.75	11397135.49	874	318	320	236
上 海 Shanghai	16032734.66	4931298.18	5254522.79	560	111	323	126
江 苏 Jiangsu	104645923.07	30107192.69	33152027.93	2604	1019	1095	490
浙 江 Zhejiang	69485696.45	19454393.98	22552055.63	1681	546	632	503
安 徽 Anhui	94265496.89	17607022.61	24884394.48	2160	532	1006	622
福 建 Fujian	34852580.46	8835332.61	9370625.80	824	169	275	380
江 西 Jiangxi	67876922.13	14077986.46	22128951.54	1584	418	607	559
山 东 Shandong	156410303.81	36173806.05	48276393.77	3458	1777	1168	513
河 南 Henan	141159888.86	22264925.35	36092657.05	2904	756	1035	1113
湖 北 Hubei	72290781.99	22846648.57	17747547.35	1756	557	730	469
湖 南 Hunan	99225633.61	19164854.36	23919598.71	1496	490	563	443
广 东 Guangdong	135422342.74	34180357.80	45106302.72	3146	822	1388	936
广 西 Guangxi	59172018.25	10964076.76	18771574.02	994	345	373	276
海 南 Hainan	16707440.65	3766770.76	3477575.72	345	132	147	66
重 庆 Chongqing	22758238.52	4891981.62	7333602.10	522	106	249	167
四 川 Sichuan	78447392.30	15053525.21	30454104.10	2114	361	821	932
贵 州 Guizhou	61881122.94	14392859.61	20726126.40	1241	307	580	354
云 南 Yunnan	58600649.14	13065565.26	16626200.87	1014	379	399	236
西 藏 Tibet	6986789.13	1168878.57	1285946.36	122	61	36	25
陕 西 Shaanxi	40772510.06	6780208.73	11001303.00	1471	200	647	624
甘 肃 Gansu	33804882.28	6416025.90	9625395.06	1052	199	390	463
青 海 Qinghai	9889469.13	1664524.72	2566893.66	172	68	69	35
宁 夏 Ningxia	11966434.97	2663089.22	3834113.39	234	113	98	23
新 疆 Xinjiang	54566043.39	15400733.41	15231756.88	924	562	290	72

情况(总计)
in Lower Secondary Schools (Total)

图书(册) Books and Magazines in Libraries (Volume)	数字终端数(台) Number of Digital Terminals (Set)	教师终端数 Number of Teachers' Terminals	学生终端数 Number of Student Terminals	教室(间) Classroom (Room)	#网络多媒体教室 of Which: Network Multimedia Classroom	固定资产总值(万元) Total Value of Fixed Asset (10,000 yuan)	#教学仪器设备资产值 of Which: Total Value of Equip and Instru.
1890147306	**10535152**	**3874618**	**6427461**	**1990484**	**1505137**	**127211533.19**	**15125749.48**
10761275	122459	46235	60699	13022	11828	1428075.15	374557.25
11482374	62658	31824	29666	11091	9187	623068.28	103677.18
123624707	498924	195526	298150	100307	77645	4973779.37	537412.97
33860747	230148	91292	131512	44376	30264	2592938.05	239553.80
21195928	151560	59763	90634	22558	19462	2236182.22	262651.35
53607240	323061	110474	188014	53156	39479	2327057.72	410447.80
27708031	145318	56327	79261	35956	20469	1637468.39	231507.30
28262416	184807	59265	117132	46269	30489	1936985.24	303979.30
28334644	216242	107869	104488	29021	25476	3167727.35	551406.94
115731992	739362	287571	439728	123181	101930	10329316.91	1055212.58
95374793	581548	207481	362013	83949	71670	6990131.65	1005329.24
81795624	767807	199214	554097	96045	72239	5545374.88	643153.84
36314605	195164	80166	112285	36573	28436	2356814.57	323633.08
64560674	302815	120470	177538	78612	59415	3526567.51	497653.26
169002166	905095	412022	465011	173257	139385	11923364.06	1209454.29
152659894	711908	288544	408328	181479	121943	8917262.08	792394.10
72743805	312271	121688	186649	71746	49955	4744532.51	469954.66
91281704	372494	115399	246938	109285	72706	6690033.05	750248.55
171200430	1216795	445871	747228	175090	151215	11008384.19	1683553.87
91155909	318123	134948	176102	60254	47740	3701061.37	476193.72
10811623	55666	22074	31997	11644	7635	815621.96	101873.39
21990261	135542	45354	89318	30885	26142	2212403.62	196965.76
88604413	493114	155137	332963	114083	77343	6726447.42	889191.13
73938478	334821	101184	228355	67552	51537	4215717.99	411796.88
59747435	285186	73246	210921	61314	39905	4298241.66	349637.91
3733204	26047	11421	14048	4491	3154	627527.99	35389.70
54787552	287152	95275	189749	47461	36666	3322369.89	372643.91
33107186	192704	59252	132485	38709	28396	2658270.98	265051.92
11411438	60407	18540	40660	8743	6690	984840.45	71317.42
9749596	78428	24012	53156	9504	7897	857065.17	129696.16
41607162	227526	97174	128336	50871	38839	3836901.50	380210.21

地　区 Region	占地面积 （平方米） Areas Occupied （m^2）	#绿化用 地面积 of Which： Green Areas	#运动场 地面积 of Which： Sports Areas	校园足球场 （个） Campus Football	11 人制 足球场 11-a-side Football Field	7 人制 足球场 7-a-side Football Field	5 人制 足球场 5-a-side Football Field
总　计 Total	**508237433. 73**	**117469394. 78**	**176497862. 02**	**13050**	**4382**	**5304**	**3364**
北　京 Beijing	5651444. 83	1005406. 11	2183756. 81	198	53	88	57
天　津 Tianjin	4809662. 87	781292. 65	1911965. 93	170	46	94	30
河　北 Hebei	19850630. 42	3217655. 27	6668354. 95	455	149	173	133
山　西 Shanxi	9787417. 48	1426599. 62	3041955. 51	219	68	89	62
内蒙古 Inner Mongolia	8191965. 41	1340246. 94	2839340. 80	247	111	78	58
辽　宁 Liaoning	18154593. 92	2608033. 54	7813811. 99	662	232	315	115
吉　林 Jilin	6905054. 58	1153471. 26	2869864. 53	210	72	75	63
黑龙江 Heilongjiang	10293077. 15	1317541. 11	3978904. 40	247	82	105	60
上　海 Shanghai	11902623. 05	3487537. 23	4080740. 91	423	92	232	99
江　苏 Jiangsu	43897261. 98	13248215. 49	15128055. 60	1116	423	481	212
浙　江 Zhejiang	36196229. 96	10350105. 70	12585538. 88	902	290	353	259
安　徽 Anhui	17461036. 83	3555004. 10	5812660. 13	425	158	179	88
福　建 Fujian	9220113. 04	2195233. 00	3099440. 24	216	65	88	63
江　西 Jiangxi	15490636. 38	3317170. 84	5380412. 25	320	117	121	82
山　东 Shandong	57081020. 47	13415981. 57	19874656. 03	1300	632	459	209
河　南 Henan	30177288. 59	5490121. 16	8809326. 86	811	217	291	303
湖　北 Hubei	22888288. 41	6804800. 36	6578303. 05	624	200	250	174
湖　南 Hunan	17968086. 48	4234958. 08	5274846. 46	369	149	121	99
广　东 Guangdong	62009429. 68	15307832. 75	23949529. 36	1619	443	663	513
广　西 Guangxi	12712172. 34	2819462. 52	4439070. 30	281	97	108	76
海　南 Hainan	2142635. 21	421318. 80	667920. 57	56	11	28	17
重　庆 Chongqing	8101482. 48	1887193. 19	2746607. 14	190	56	100	34
四　川 Sichuan	20895094. 06	4811964. 29	8461743. 84	636	158	255	223
贵　州 Guizhou	12621185. 27	3153975. 28	4411063. 54	286	70	138	78
云　南 Yunnan	7705395. 75	2242119. 71	2459162. 60	170	67	58	45
西　藏 Tibet	1537267. 27	328933. 36	336906. 30	34	15	9	10
陕　西 Shaanxi	11409247. 77	2054934. 00	3401913. 63	373	83	171	119
甘　肃 Gansu	5423177. 69	970171. 81	2031847. 23	150	56	54	40
青　海 Qinghai	1984000. 74	438753. 01	538104. 10	36	11	18	7
宁　夏 Ningxia	3814933. 17	954046. 25	1222539. 61	86	42	35	9
新　疆 Xinjiang	11954980. 45	3129315. 78	3899518. 47	219	117	75	27

情况(城区)

in Lower Secondary Schools (Urban Area)

图 书 (册) Books and Magazines in Libraries (Volume)	数字终端数 (台) Number of Digital Terminals (Set)	教师终端数 Number of Teachers' Terminals	学生终端数 Number of Student Terminals	教 室 (间) Classroom (Room)	#网络多媒体教室 of Which: Network Multimedia Classroom	固定资产总值 (万元) Total Value of Fixed Asset (10,000 yuan)	#教学仪器设备资产值 of Which: Total Value of Equip and Instru.
721320711	**4413449**	**1731905**	**2587472**	**754027**	**610930**	**53627890. 20**	**7045895. 49**
7894151	91154	34513	46357	9424	8902	987699. 56	282540. 71
7070979	42372	22570	18977	7110	6094	465790. 18	77038. 33
34761414	151476	64435	84906	27023	22046	1488077. 71	164444. 85
11395223	74586	31440	40648	14369	10277	819092. 56	90199. 19
8210162	57641	21595	35866	8595	7571	763663. 57	94174. 53
27893288	175559	64508	101009	26336	21660	1266747. 79	237058. 35
11552679	58235	24230	30129	12640	8557	602559. 47	101106. 03
11821129	80556	26645	49407	17757	12629	686780. 21	135612. 74
23480062	180562	89855	88051	23780	21306	2557818. 41	461576. 78
54499506	365835	146700	213607	60584	51393	5792812. 80	577579. 79
54759115	332547	123606	202497	48720	42252	4153875. 61	578805. 82
21586933	198403	53337	143633	23941	18800	1502052. 96	183882. 79
14456163	81403	35322	44799	14167	11868	1070440. 90	145883. 35
19564235	91642	37467	53200	23681	18779	1266271. 89	162561. 19
76751730	433006	196035	224438	77480	63548	5585764. 73	624034. 22
40213341	213850	93527	115436	49712	34768	2686375. 21	261123. 05
31250372	147759	57661	89094	30003	22477	2102977. 31	240289. 72
20561212	95624	37540	56079	25613	18814	2080570. 46	196546. 91
103330297	754338	287057	452795	107980	96171	7052549. 14	1182508. 68
23001170	89596	41096	46867	17640	14187	1029618. 10	139243. 50
3158966	16275	7837	8052	3511	2305	236263. 58	34250. 56
8923610	56838	21018	35478	11854	10289	1206875. 79	93035. 04
28394097	179639	61227	117031	33781	25012	2351286. 56	347375. 58
17561302	96750	30609	65691	17768	13548	1176629. 77	125242. 09
9676829	53434	17058	36120	11308	8154	728483. 02	68852. 95
908971	7398	3264	4044	1186	871	135487. 07	8595. 74
20606046	111912	39034	71693	17506	14483	1531454. 92	158096. 78
8417704	50002	17553	32337	9020	7122	686209. 42	71206. 53
3353123	19129	6132	12940	2254	1883	289573. 74	23155. 81
3644735	32919	9642	22966	3312	2827	324444. 04	52511. 61
12622167	73009	29392	43325	15972	12337	999643. 74	127362. 28

初中学校资产
Condition of Fixed Assets and Teaching Resources

地 区 Region	占地面积 (平方米) Areas Occupied (m^2)	#绿化用 地面积 of Which: Green Areas	#运动场 地面积 of Which: Sports Areas	校园足球场 (个) Campus Football	11人制 足球场 11-a-side Football Field	7人制 足球场 7-a-side Football Field	5人制 足球场 5-a-side Football Field
总 计 Total	**886849644.11**	**184642694.53**	**254974115.19**	**18751**	**6309**	**7368**	**5074**
北 京 Beijing	2242769.11	569938.88	692455.95	63	26	23	14
天 津 Tianjin	2715797.28	336191.00	1105126.06	86	24	40	22
河 北 Hebei	47977326.09	6091127.49	15203558.87	973	313	395	265
山 西 Shanxi	17628437.13	2445678.99	4664646.65	328	96	112	120
内蒙古 Inner Mongolia	21746284.81	3756847.97	5387035.96	440	216	144	80
辽 宁 Liaoning	19674467.97	2888529.58	7163204.76	510	227	198	85
吉 林 Jilin	14943331.61	3189728.34	4025820.21	391	145	134	112
黑龙江 Heilongjiang	21111084.87	3006537.10	5528109.40	428	189	149	90
上 海 Shanghai	3332917.33	1149807.85	952471.07	108	16	74	18
江 苏 Jiangsu	53723364.13	14994183.71	16096240.44	1299	533	532	234
浙 江 Zhejiang	25694601.15	7082281.06	7980136.48	592	208	212	172
安 徽 Anhui	49215850.63	9234464.96	13189835.91	1062	291	505	266
福 建 Fujian	15924205.09	4091342.49	4052801.58	371	76	120	175
江 西 Jiangxi	34388374.59	7272984.60	11428568.30	767	227	294	246
山 东 Shandong	80927698.83	18335306.69	23528846.61	1738	936	561	241
河 南 Henan	75651798.12	11657570.30	19194444.58	1472	414	526	532
湖 北 Hubei	36989152.33	12051666.08	8466491.93	841	285	351	205
湖 南 Hunan	55833907.56	10629370.94	13346918.82	802	265	321	216
广 东 Guangdong	54354275.25	14240242.34	16075096.19	1100	294	528	278
广 西 Guangxi	36307386.57	6103441.30	11174416.25	581	205	212	164
海 南 Hainan	9749772.10	2379228.26	1901550.64	194	80	83	31
重 庆 Chongqing	11645898.15	2404911.12	3657274.56	260	47	115	98
四 川 Sichuan	41389217.77	7513940.85	15994158.94	1071	165	433	473
贵 州 Guizhou	39080212.59	9040424.63	12792761.42	720	197	336	187
云 南 Yunnan	29919370.67	6447297.30	8487561.23	460	212	172	76
西 藏 Tibet	4047262.10	588673.75	688205.77	64	33	23	8
陕 西 Shaanxi	23709719.84	3751584.18	6373673.68	868	96	376	396
甘 肃 Gansu	18819639.17	3507323.99	5387266.14	551	108	227	216
青 海 Qinghai	5185015.66	764544.41	1320529.32	89	44	28	17
宁 夏 Ningxia	5788332.04	1280236.50	1786984.77	92	58	27	7
新 疆 Xinjiang	27132173.57	7837287.87	7327922.70	430	283	117	30

情况(镇区)
in Lower Secondary Schools (County and Town Area)

图　书 (册) Books and Magazines in Libraries (Volume)	数字终端数 (台) Number of Digital Terminals (Set)	教师终端数 Number of Teachers' Terminals	学生终端数 Number of Student Terminals	教　室 (间) Classroom (Room)	#网络多媒体教室 of Which: Network Multimedia Classroom	固定资产总值 (万元) Total Value of Fixed Asset (10,000 yuan)	#教学仪器设备资产值 of Which: Total Value of Equip and Instru.
892222008	**4617097**	**1644602**	**2873250**	**914979**	**674778**	**56314314. 65**	**6157440. 79**
1626591	18322	7281	8044	2005	1647	214145. 40	53703. 13
3021054	13528	6313	6898	2619	2059	101966. 76	17969. 95
67338663	263204	100196	160860	54618	41896	2690010. 01	288805. 47
17627276	114454	44708	66501	21610	14567	1174113. 55	112022. 62
11369841	80398	32579	46912	11685	9971	1272372. 58	143561. 66
19501994	108829	33200	64964	19968	13283	808330. 29	127617. 94
10801412	56250	21823	31105	15115	8097	655207. 87	91764. 31
12492684	76983	24622	49827	20278	12854	945957. 37	127387. 12
4002201	29230	14884	13386	4192	3381	476672. 90	73302. 54
55360512	338770	128271	205026	56513	45788	4170851. 23	435775. 59
32770062	201742	67562	130147	27805	23364	2325214. 60	346542. 51
43228044	396585	102304	287037	49658	37151	2914708. 49	330420. 70
15042136	74996	29816	44364	14594	11127	874842. 71	120716. 93
32461629	149661	59003	87870	38210	29005	1619498. 28	238101. 86
77683622	396745	182845	200872	79726	63587	5438529. 86	495760. 29
82859001	366885	147928	211196	96544	65957	4907763. 79	401317. 39
31941705	122745	47982	72328	31050	20766	1988611. 68	175714. 44
50422170	190953	57266	130662	58515	39077	3506205. 27	405760. 84
51676762	352448	121683	223337	50287	41300	3055372. 06	381213. 81
55855552	185672	77174	103822	34043	27296	2123691. 10	271309. 89
5284473	26615	9851	15762	5589	3665	435064. 14	47955. 66
10717881	62865	19086	43446	14948	12564	746623. 88	82881. 46
45306008	228218	68534	157340	57120	37849	3222314. 00	396893. 45
45622009	194652	59757	130516	39320	30419	2563983. 37	228499. 60
30308506	138685	34373	103814	30330	19374	2181757. 65	167939. 48
2111468	13812	5849	7555	2335	1558	329259. 80	20016. 10
29680015	148851	46490	101514	25090	18726	1491568. 37	187168. 21
18220989	102779	29979	72184	20718	14989	1445615. 98	139517. 13
5079344	26292	7593	17579	4112	2996	428374. 31	29094. 57
4351419	32848	10529	21655	4225	3568	394218. 39	56518. 96
18456985	103080	45121	56727	22157	16897	1811468. 97	162187. 17

地　区 Region	占地面积 （平方米） Areas Occupied （m^2）	#绿化用 地面积 of Which： Green Areas	#运动场 地面积 of Which： Sports Areas	校园足球场 （个） Campus Football	11 人制 足球场 11-a-side Football Field	7 人制 足球场 7-a-side Football Field	5 人制 足球场 5-a-side Football Field
总　计 Total	**350998581.80**	**69274864.97**	**90359156.09**	**7762**	**1773**	**3105**	**2884**
北　京 Beijing	2142362.73	519519.91	605325.03	55	17	28	10
天　津 Tianjin	1618361.40	214719.30	669165.79	58	12	25	21
河　北 Hebei	19892758.75	2309795.10	6028269.79	454	98	210	146
山　西 Shanxi	9040363.24	1331106.64	1811227.47	183	29	56	98
内蒙古 Inner Mongolia	5222483.99	1055733.60	1113680.12	117	49	48	20
辽　宁 Liaoning	7736571.84	1085403.86	2724710.71	216	78	97	41
吉　林 Jilin	11358464.95	2686341.05	2491050.59	276	55	114	107
黑龙江 Heilongjiang	10169651.78	1177450.54	1890121.69	199	47	66	86
上　海 Shanghai	797194.28	293953.10	221310.81	29	3	17	9
江　苏 Jiangsu	7025296.96	1864793.49	1927731.89	189	63	82	44
浙　江 Zhejiang	7594865.34	2022007.22	1986380.27	187	48	67	72
安　徽 Anhui	27588609.43	4817553.55	5881898.44	673	83	322	268
福　建 Fujian	9708262.33	2548757.12	2218383.98	237	28	67	142
江　西 Jiangxi	17997911.16	3487831.02	5319970.99	497	74	192	231
山　东 Shandong	18401584.51	4422517.79	4872891.13	420	209	148	63
河　南 Henan	35330802.15	5117233.89	8088885.61	621	125	218	278
湖　北 Hubei	12413341.25	3990182.13	2702752.37	291	72	129	90
湖　南 Hunan	25423639.57	4300525.34	5297833.43	325	76	121	128
广　东 Guangdong	19058637.81	4632282.71	5081677.17	427	85	197	145
广　西 Guangxi	10152459.34	2041172.94	3158087.47	132	43	53	36
海　南 Hainan	4815033.34	966223.70	908104.51	95	41	36	18
重　庆 Chongqing	3010857.89	599877.31	929720.40	72	3	34	35
四　川 Sichuan	16163080.47	2727620.07	5998201.32	407	38	133	236
贵　州 Guizhou	10179725.08	2198459.70	3522301.44	235	40	106	89
云　南 Yunnan	20975882.72	4376148.25	5679477.04	384	100	169	115
西　藏 Tibet	1402259.76	251271.46	260834.29	24	13	4	7
陕　西 Shaanxi	5653542.45	973690.55	1225715.69	230	21	100	109
甘　肃 Gansu	9562065.42	1938530.10	2206281.69	351	35	109	207
青　海 Qinghai	2720452.73	461227.30	708260.24	47	13	23	11
宁　夏 Ningxia	2363169.76	428806.47	824589.01	56	13	36	7
新　疆 Xinjiang	15478889.37	4434129.76	4004315.71	275	162	98	15

情况(乡村)
in Lower Secondary Schools (Rural Area)

图书(册) Books and Magazines in Libraries (Volume)	数字终端数(台) Number of Digital Terminals (Set)	教师终端数 Number of Teachers' Terminals	学生终端数 Number of Student Terminals	教室(间) Classroom (Room)	#网络多媒体教室 of Which: Network Multimedia Classroom	固定资产总值(万元) Total Value of Fixed Asset (10,000 yuan)	#教学仪器设备资产值 of Which: Total Value of Equip and Instru.
276604587	**1504606**	**498111**	**966739**	**321478**	**219429**	**17269328.34**	**1922413.20**
1240533	12983	4441	6298	1593	1279	226230.19	38313.41
1390341	6758	2941	3791	1362	1034	55311.34	8668.91
21524630	84244	30895	52384	18666	13703	795691.66	84162.64
4838248	41108	15144	24363	8397	5420	599731.94	37331.98
1615925	13521	5589	7856	2278	1920	200146.07	24915.16
6211958	38673	12766	22041	6852	4536	251979.65	45771.52
5353940	30833	10274	18027	8201	3815	379701.06	38636.96
3948603	27268	7998	17898	8234	5006	304247.67	40979.44
852381	6450	3130	3051	1049	789	133236.04	16527.63
5871974	34757	12600	21095	6084	4749	365652.87	41857.21
7845616	47259	16313	29369	7424	6054	511041.44	79980.92
16980647	172819	43573	123427	22446	16288	1128613.43	128850.34
6816306	38765	15028	23122	7812	5441	411530.96	57032.80
12534810	61512	24000	36468	16721	11631	640797.34	96990.21
14566814	75344	33142	39701	16051	12250	899069.48	89659.77
29587552	131173	47089	81696	35223	21218	1323123.08	129953.67
9551728	41767	16045	25227	10693	6712	652943.52	53950.50
20298322	85917	20593	60197	25157	14815	1103257.32	147940.80
16193371	110009	37131	71096	16823	13744	900462.98	119831.38
12299187	42855	16678	25413	8571	6257	547752.18	65640.32
2368184	12776	4386	8183	2544	1665	144294.24	19667.17
2348770	15839	5250	10394	4083	3289	258903.95	21049.26
14904308	85257	25376	58592	23182	14482	1152846.86	144922.10
10755167	43419	10818	32148	10464	7570	475104.86	58055.18
19762100	93067	21815	70987	19676	12377	1388000.99	112845.48
712765	4837	2308	2449	970	725	162781.12	6777.86
4501491	26389	9751	16542	4865	3457	299346.59	27378.91
6468493	39923	11720	27964	8971	6285	526445.58	54328.26
2978971	14986	4815	10141	2377	1811	266892.40	19067.04
1753442	12661	3841	8535	1967	1502	138402.75	20665.59
10528010	51437	22661	28284	12742	9605	1025788.79	90660.76

小学校数、教学点

Number of Schools, External Teaching

地区 Region	学校数(所) Schools	教学点数(个) External Teaching Sites	班数(个) Classes	一年级 Grade 1
总 计 Total	**154279**	**83623**	**2870637**	**501727**
北 京 Beijing	837	0	29977	5291
天 津 Tianjin	895	0	19907	3388
河 北 Hebei	11604	6546	181768	29923
山 西 Shanxi	4668	1535	69870	11207
内蒙古 Inner Mongolia	1661	635	37468	6673
辽 宁 Liaoning	2601	803	53994	9133
吉 林 Jilin	3199	1047	37867	5759
黑龙江 Heilongjiang	1380	668	35036	5627
上 海 Shanghai	680	0	23899	4982
江 苏 Jiangsu	4116	215	139154	23449
浙 江 Zhejiang	3257	69	98802	17208
安 徽 Anhui	6964	2685	130280	22200
福 建 Fujian	5077	1433	86681	15706
江 西 Jiangxi	6753	8096	118387	21537
山 东 Shandong	9458	1472	191084	34900
河 南 Henan	17500	12495	286636	50109
湖 北 Hubei	5322	3231	94186	16796
湖 南 Hunan	7132	6876	138741	24679
广 东 Guangdong	10599	5533	278070	49252
广 西 Guangxi	7950	9695	137684	25170
海 南 Hainan	1374	1040	23194	4153
重 庆 Chongqing	2717	1002	52435	9024
四 川 Sichuan	5443	4937	137403	23412
贵 州 Guizhou	6709	2404	100945	17159
云 南 Yunnan	10533	2864	109924	18840
西 藏 Tibet	832	44	9598	1730
陕 西 Shaanxi	4559	1706	76479	13173
甘 肃 Gansu	4951	5013	70590	12263
青 海 Qinghai	729	612	13252	2504
宁 夏 Ningxia	1129	438	15484	2855
新 疆 Xinjiang	3650	529	71842	13625

数及班数(总计)
Sites and Classes in Primary Schools (Total)

二年级 Grade 2	三年级 Grade 3	四年级 Grade 4	五年级 Grade 5	六年级 Grade 6	复式班 Multiple-grade Classes
500064	**496463**	**483973**	**455989**	**428485**	**3936**
5572	5194	5149	4547	4224	0
3570	3428	3432	3216	2873	0
32700	30819	30711	29060	28275	280
12261	11908	11805	11284	11219	186
6488	6491	6136	5753	5920	7
9444	9281	9178	8402	8556	0
6293	6374	6530	6307	6604	0
6057	6318	6492	6455	4087	0
4982	4853	4735	4347	0	0
23327	23734	23982	22550	22112	0
16920	16882	16872	15765	15152	3
22185	22136	22191	21187	20197	184
15303	14989	14550	13155	12923	55
21186	20728	19185	17784	16905	1062
33274	32891	32852	31977	25190	0
49787	49686	48168	45924	42935	27
16009	15898	15940	14976	14509	58
24032	23432	23475	21745	21191	187
47574	49981	47146	43189	40913	15
24466	24299	22148	20879	20000	722
4047	4025	3849	3612	3508	0
8713	8854	8784	8487	8568	5
23005	23383	23223	22154	22163	63
17245	17311	16853	16262	16040	75
19224	19042	18520	17286	16978	34
1691	1616	1557	1535	1469	0
13391	12964	12940	12124	11517	370
12569	12046	11590	11138	10421	563
2341	2213	2180	2065	1927	22
2723	2652	2538	2394	2304	18
13685	13035	11262	10430	9805	0

小学校数、教学点
Number of Schools, External Teaching Sites and

地　区 Region	学校数(所) Schools	教学点数(个) External Teaching Sites	班数(个) Classes	
				一年级 Grade 1
总　计 Total	**30055**	**1658**	**1013942**	**183087**
北　京 Beijing	575	0	25536	4550
天　津 Tianjin	468	0	14854	2579
河　北 Hebei	1740	183	44974	7403
山　西 Shanxi	954	57	26260	4489
内蒙古 Inner Mongolia	483	3	14068	2537
辽　宁 Liaoning	1087	16	31596	5556
吉　林 Jilin	479	21	14451	2336
黑龙江 Heilongjiang	544	11	16477	2856
上　海 Shanghai	587	0	20789	4327
江　苏 Jiangsu	1659	20	70099	12820
浙　江 Zhejiang	1382	0	56223	10094
安　徽 Anhui	836	38	30927	5727
福　建 Fujian	1137	27	32520	5993
江　西 Jiangxi	909	236	31390	5508
山　东 Shandong	2203	24	77275	15189
河　南 Henan	1938	238	60518	10609
湖　北 Hubei	1287	88	38337	6928
湖　南 Hunan	1245	122	38958	7020
广　东 Guangdong	3659	210	148947	26451
广　西 Guangxi	990	80	31078	5628
海　南 Hainan	215	17	7752	1367
重　庆 Chongqing	729	14	24911	4678
四　川 Sichuan	1120	96	46634	8747
贵　州 Guizhou	820	33	22127	3812
云　南 Yunnan	778	36	19164	3426
西　藏 Tibet	52	0	1581	285
陕　西 Shaanxi	1097	57	30453	5555
甘　肃 Gansu	423	23	11970	2100
青　海 Qinghai	98	4	2952	543
宁　夏 Ningxia	191	0	5254	971
新　疆 Xinjiang	370	4	15867	3003

数及班数(城区)
Classes in Primary Schools (Urban Area)

二年级 Grade 2	三年级 Grade 3	四年级 Grade 4	五年级 Grade 5	六年级 Grade 6	复式班 Multiple-grade Classes
178570	**177285**	**172664**	**158647**	**143660**	**29**
4769	4426	4381	3850	3560	0
2714	2532	2510	2316	2203	0
8139	7820	7729	7091	6792	0
4805	4549	4381	4071	3963	2
2445	2494	2339	2116	2137	0
5844	5495	5386	4700	4615	0
2522	2497	2501	2277	2318	0
3087	3071	3094	2909	1460	0
4336	4213	4124	3789	0	0
12343	12059	11907	10780	10190	0
9821	9624	9567	8812	8305	0
5442	5267	5215	4795	4481	0
5751	5691	5485	4869	4730	1
5351	5461	5250	4945	4864	11
14126	13570	13208	12437	8745	0
10190	10423	10143	9821	9331	1
6475	6585	6519	6061	5768	1
6665	6721	6698	6040	5809	5
25083	26456	25564	23206	22187	0
5392	5680	5134	4758	4481	5
1325	1316	1325	1231	1188	0
4295	4292	4142	3825	3679	0
8111	8026	7888	7083	6778	1
3754	3834	3764	3549	3414	0
3416	3392	3233	2898	2798	1
274	260	254	258	250	0
5606	5265	5130	4609	4287	1
2122	2061	1969	1892	1826	0
506	506	482	467	448	0
948	905	858	802	770	0
2913	2794	2484	2390	2283	0

小学校数、教学点

Number of Schools, External Teaching Sites and

地　区 Region	学校数(所) Schools	教学点数(个) External Teaching Sites	班数(个) Classes	
				一年级 Grade 1
总　计 Total	**42677**	**9060**	**997151**	**163725**
北　京 Beijing	94	0	2240	386
天　津 Tianjin	134	0	2171	354
河　北 Hebei	3461	935	67704	10337
山　西 Shanxi	1388	94	25156	3960
内蒙古 Inner Mongolia	679	37	17039	2934
辽　宁 Liaoning	554	39	13082	2145
吉　林 Jilin	547	30	12301	1909
黑龙江 Heilongjiang	581	65	13414	2020
上　海 Shanghai	75	0	2489	528
江　苏 Jiangsu	1527	46	56925	8925
浙　江 Zhejiang	984	10	29886	5061
安　徽 Anhui	2017	326	55957	9294
福　建 Fujian	1602	87	32812	5800
江　西 Jiangxi	1907	1032	45648	7521
山　东 Shandong	2633	216	68108	12102
河　南 Henan	4942	1683	108753	17603
湖　北 Hubei	1533	320	33047	5507
湖　南 Hunan	2499	872	59603	9673
广　东 Guangdong	2441	535	69119	11442
广　西 Guangxi	1897	1160	43322	7355
海　南 Hainan	356	96	7597	1300
重　庆 Chongqing	781	33	16483	2643
四　川 Sichuan	2270	380	56402	9016
贵　州 Guizhou	1958	190	42343	6790
云　南 Yunnan	1652	182	28270	4518
西　藏 Tibet	138	0	2283	388
陕　西 Shaanxi	1771	334	31237	5093
甘　肃 Gansu	1241	296	24667	4103
青　海 Qinghai	197	23	4792	772
宁　夏 Ningxia	228	21	4881	883
新　疆 Xinjiang	590	18	19420	3363

数及班数(镇区)

Classes in Primary Schools (Counties and Towns Area)

二年级 Grade 2	三年级 Grade 3	四年级 Grade 4	五年级 Grade 5	六年级 Grade 6	复式班 Multiple-grade Classes
164582	**169812**	**170230**	**165596**	**162868**	**338**
415	381	386	343	329	0
366	383	387	374	307	0
11479	11550	11769	11366	11181	22
4340	4278	4310	4121	4126	21
2869	2944	2818	2680	2791	3
2093	2217	2196	2135	2296	0
2058	2087	2109	2026	2112	0
2139	2340	2445	2546	1924	0
519	511	485	446	0	0
9112	9649	9941	9603	9695	0
5014	5085	5124	4846	4756	0
9337	9462	9634	9237	8982	11
5692	5719	5579	5035	4987	0
7653	7987	7544	7358	7470	115
11381	11481	11804	11677	9663	0
17655	18407	18370	18376	18341	1
5366	5525	5730	5467	5449	3
9655	10027	10307	9909	10020	12
11120	12035	11744	11211	11565	2
7200	7518	7074	7107	7038	30
1247	1286	1295	1248	1221	0
2621	2735	2799	2768	2917	0
8992	9483	9644	9537	9727	3
6859	7264	7230	7097	7090	13
4657	4739	4773	4688	4894	1
393	364	387	380	371	0
5210	5250	5376	5188	5047	73
4205	4174	4113	4074	3972	26
762	827	836	811	784	0
813	821	787	779	796	2
3360	3283	3234	3163	3017	0

小学校数、教学点
Number of Schools, External Teaching Sites and

地 区 Region	学校数(所) Schools	教学点数(个) External Teaching Sites	班数(个) Classes	一年级 Grade 1
总 计 Total	**81547**	**72905**	**859544**	**154915**
北 京 Beijing	168	0	2201	355
天 津 Tianjin	293	0	2882	455
河 北 Hebei	6403	5428	69090	12183
山 西 Shanxi	2326	1384	18454	2758
内蒙古 Inner Mongolia	499	595	6361	1202
辽 宁 Liaoning	960	748	9316	1432
吉 林 Jilin	2173	996	11115	1514
黑龙江 Heilongjiang	255	592	5145	751
上 海 Shanghai	18	0	621	127
江 苏 Jiangsu	930	149	12130	1704
浙 江 Zhejiang	891	59	12693	2053
安 徽 Anhui	4111	2321	43396	7179
福 建 Fujian	2338	1319	21349	3913
江 西 Jiangxi	3937	6828	41349	8508
山 东 Shandong	4622	1232	45701	7609
河 南 Henan	10620	10574	117365	21897
湖 北 Hubei	2502	2823	22802	4361
湖 南 Hunan	3388	5882	40180	7986
广 东 Guangdong	4499	4788	60004	11359
广 西 Guangxi	5063	8455	63284	12187
海 南 Hainan	803	927	7845	1486
重 庆 Chongqing	1207	955	11041	1703
四 川 Sichuan	2053	4461	34367	5649
贵 州 Guizhou	3931	2181	36475	6557
云 南 Yunnan	8103	2646	62490	10896
西 藏 Tibet	642	44	5734	1057
陕 西 Shaanxi	1691	1315	14789	2525
甘 肃 Gansu	3287	4694	33953	6060
青 海 Qinghai	434	585	5508	1189
宁 夏 Ningxia	710	417	5349	1001
新 疆 Xinjiang	2690	507	36555	7259

数及班数(乡村)
Classes in Primary Schools (Rural Area)

二年级 Grade 2	三年级 Grade 3	四年级 Grade 4	五年级 Grade 5	六年级 Grade 6	复式班 Multiple-grade Classes
156912	**149366**	**141079**	**131746**	**121957**	**3569**
388	387	382	354	335	0
490	513	535	526	363	0
13082	11449	11213	10603	10302	258
3116	3081	3114	3092	3130	163
1174	1053	979	957	992	4
1507	1569	1596	1567	1645	0
1713	1790	1920	2004	2174	0
831	907	953	1000	703	0
127	129	126	112	0	0
1872	2026	2134	2167	2227	0
2085	2173	2181	2107	2091	3
7406	7407	7342	7155	6734	173
3860	3579	3486	3251	3206	54
8182	7280	6391	5481	4571	936
7767	7840	7840	7863	6782	0
21942	20856	19655	17727	15263	25
4168	3788	3691	3448	3292	54
7712	6684	6470	5796	5362	170
11371	11490	9838	8772	7161	13
11874	11101	9940	9014	8481	687
1475	1423	1229	1133	1099	0
1797	1827	1843	1894	1972	5
5902	5874	5691	5534	5658	59
6632	6213	5859	5616	5536	62
11151	10911	10514	9700	9286	32
1024	992	916	897	848	0
2575	2449	2434	2327	2183	296
6242	5811	5508	5172	4623	537
1073	880	862	787	695	22
962	926	893	813	738	16
7412	6958	5544	4877	4505	0

小学教育
Number of Students in

地　区 Region	毕业生数 Graduates	招生数 Entrants	招生中接受学前教育 of Which：Those Received the pre-school Education			
			未接受过 Not trained	一年 One Year	两年 Two Years	三年 Three Years
总　计 Total	**17180305**	**17825811**	**96313**	**925891**	**718595**	**16085012**
北　京 Beijing	134051	186440	1115	5322	5365	174638
天　津 Tianjin	111992	124168	2062	9107	6779	106220
河　北 Hebei	1109337	984300	2837	35573	27491	918399
山　西 Shanxi	375892	355801	139	4875	5565	345222
内蒙古 Inner Mongolia	220777	248555	116	6817	6521	235101
辽　宁 Liaoning	323173	330008	4173	64732	35653	225450
吉　林 Jilin	203880	170160	189	37360	19399	113212
黑龙江 Heilongjiang	244980	180533	3430	52004	23880	101219
上　海 Shanghai	148862	187739	297	1927	970	184545
江　苏 Jiangsu	914137	971536	168	182	1166	970020
浙　江 Zhejiang	575168	669635	2645	3472	2016	661502
安　徽 Anhui	757242	766734	534	11940	9396	744864
福　建 Fujian	528205	628520	1044	7007	7043	613426
江　西 Jiangxi	705478	597845	15025	34393	30445	517982
山　东 Shandong	1257272	1379227	4388	16877	23748	1334214
河　南 Henan	1676746	1629255	318	59016	39003	1530918
湖　北 Hubei	621124	644472	4587	28278	21736	589871
湖　南 Hunan	886737	840357	1048	53658	65279	720372
广　东 Guangdong	1590812	1838010	2945	143149	92793	1599123
广　西 Guangxi	774128	860226	14655	122459	60240	662872
海　南 Hainan	138238	143725	3286	4325	3898	132216
重　庆 Chongqing	344834	342700	480	14365	29427	298428
四　川 Sichuan	929839	896387	2464	45895	50581	797447
贵　州 Guizhou	634938	624076	5034	36859	45506	536677
云　南 Yunnan	631803	602770	10239	89812	57297	445422
西　藏 Tibet	52790	65029	5895	8195	8032	42907
陕　西 Shaanxi	413751	488589	554	2779	1139	484117
甘　肃 Gansu	307408	331323	614	2614	6349	321746
青　海 Qinghai	75869	86477	3157	7541	6708	69071
宁　夏 Ningxia	94303	103543	1672	10966	14375	76530
新　疆 Xinjiang	396539	547671	1203	4392	10795	531281

学生数(总计)
Primary Schools (Total)

单位:人
unit: person

在校生数 Enrolment	#女 of Which: Female	一年级 Grade 1	二年级 Grade 2	三年级 Grade 3	四年级 Grade 4	五年级 Grade 5	六年级 Grade 6	预计毕业生数 Estimated Graduates for Next Year
107799349	**50359726**	**17834789**	**18072801**	**18688851**	**18642585**	**17641575**	**16918748**	**17440732**
1036584	498307	186551	202355	182111	181399	151073	133095	134647
751918	354722	124218	135030	130019	130736	121420	110495	118890
6843544	3195297	984334	1169555	1197617	1220066	1149657	1122315	1122459
2328311	1122239	355953	411519	398892	401130	378842	381975	381975
1408464	673674	248725	239897	245794	235035	215079	223934	225669
1973326	941047	330053	347538	340168	342423	300896	312248	312248
1151039	552858	170163	191143	197102	201152	188508	202971	202971
1173409	565428	180533	200940	213620	220298	218323	139695	232659
892789	424270	187861	187848	183228	178695	155157	0	155157
5856796	2718890	971536	972611	1004962	1021757	953332	932598	932598
3833995	1776903	669664	652847	658462	663614	608911	580497	583111
4687309	2155177	767104	780176	797426	816253	775656	750694	750694
3528993	1610190	629048	616968	621168	606555	530781	524473	524473
3957907	1803774	599820	617915	661706	705252	682942	690272	690272
7558069	3431521	1379558	1299572	1281954	1302430	1276002	1018553	1258110
10118713	4727784	1629257	1644951	1735203	1731923	1704735	1672644	1691650
3832002	1749896	645373	623733	651750	665581	626935	618630	619455
5300555	2468823	840439	844536	894883	930090	888411	902196	902203
10790100	4974977	1838190	1773154	1933249	1868382	1713294	1663831	1663852
5159552	2405678	860734	857384	931971	858525	836173	814765	814770
869933	392880	143890	142910	151733	151679	141608	138113	138115
2030863	969431	342877	324080	342733	345430	332403	343340	343340
5489827	2643187	897334	879034	933201	946559	910807	922892	922892
3963246	1844842	624243	646708	688967	680610	662943	659775	659775
3852272	1842054	602993	647023	667828	662608	631367	640453	640453
365581	179727	65057	63240	61646	60397	59044	56197	56197
2964036	1402953	489306	513781	509625	513415	479762	458147	458147
2025009	967394	331334	349006	350204	341601	331884	320980	320980
517669	251620	87002	84615	90321	90053	85169	80509	80509
603706	289121	103734	101762	102953	100571	97336	97350	97350
2933832	1425062	547905	550970	528355	468366	433125	405111	405111

小学教育

Number of Students in

地区 Region	毕业生数 Graduates	招生数 Entrants	招生中接受学前教育 of Which: Those Received the pre-school Education			
			未接受过 Not trained	一年 One Year	两年 Two Years	三年 Three Years
总　计 Total	**6445647**	**7949401**	**42347**	**309603**	**189948**	**7407503**
北　京 Beijing	117367	165473	1090	5144	5111	154128
天　津 Tianjin	82676	100956	1962	8072	4764	86158
河　北 Hebei	298788	326760	1757	17698	7971	299334
山　西 Shanxi	157760	179413	56	3002	3132	173223
内蒙古 Inner Mongolia	92069	114994	61	3481	2688	108764
辽　宁 Liaoning	196975	231347	3352	44939	17484	165572
吉　林 Jilin	89945	89662	66	15905	6911	66780
黑龙江 Heilongjiang	119040	107985	1966	34331	12531	59157
上　海 Shanghai	130280	163291	215	1617	756	160703
江　苏 Jiangsu	418402	546181	69	92	537	545483
浙　江 Zhejiang	320116	410757	2112	2340	1230	405075
安　徽 Anhui	190200	244487	224	4336	1475	238452
福　建 Fujian	220613	280034	543	2883	391	276217
江　西 Jiangxi	220911	222820	8352	6791	3345	204332
山　东 Shandong	491940	663596	1913	8202	6937	646544
河　南 Henan	427597	489470	176	18629	7923	462742
湖　北 Hubei	265088	321304	3328	16508	7673	293795
湖　南 Hunan	261024	319309	167	9654	15158	294330
广　东 Guangdong	926845	1130805	2107	46250	31134	1051314
广　西 Guangxi	203142	270032	5255	22322	4902	237553
海　南 Hainan	54949	62835	2226	1205	1438	57966
重　庆 Chongqing	157183	207476	344	8580	15288	183264
四　川 Sichuan	300220	392041	1171	12368	8348	370154
贵　州 Guizhou	147499	174496	767	4047	6325	163357
云　南 Yunnan	125653	156806	510	3677	2579	150040
西　藏 Tibet	10605	14230	57	881	1295	11997
陕　西 Shaanxi	179273	251961	77	867	121	250896
甘　肃 Gansu	79124	98669	46	289	1504	96830
青　海 Qinghai	21208	26770	509	540	1287	24434
宁　夏 Ningxia	36638	44747	955	1845	2812	39135
新　疆 Xinjiang	102517	140694	914	3108	6898	129774

学生数(城区)
Primary Schools (Urban Area)

单位:人
unit: person

在校生数 Enrolment	#女 of Which: Female	一年级 Grade 1	二年级 Grade 2	三年级 Grade 3	四年级 Grade 4	五年级 Grade 5	六年级 Grade 6	预计毕业生数 Estimated Graduates for Next Year
44602238	**20699489**	**7951315**	**7791580**	**7829912**	**7675397**	**6986833**	**6367201**	**6722051**
912508	438545	165549	178209	160204	159671	132493	116382	117934
593969	280078	100996	109063	101824	101182	92572	88332	90033
2066401	962493	326762	374813	363303	362220	327685	311618	311618
1088685	523007	179428	201766	189603	183966	168250	165672	165672
625083	299382	115043	110145	111094	103764	92254	92783	94486
1332825	635817	231376	250199	231747	232179	195220	192104	192104
574880	274575	89662	100658	100450	100660	90328	93122	93122
642463	309155	107985	120645	121090	121656	113782	57305	116974
778058	370677	163376	163736	159151	156091	135704	0	135704
3026465	1403293	546181	528313	525078	520250	466305	440338	440338
2266703	1048920	410775	394119	390524	389652	353256	328377	330991
1345721	612168	244543	234867	231068	231234	208599	195410	195410
1526604	695770	280245	267912	270142	262192	226581	219532	219532
1361351	612228	222991	217265	226808	241596	225772	226919	226919
3354612	1538233	663637	615240	582652	571057	539153	382873	520663
2800578	1291644	489471	467305	484130	470763	455048	433861	447138
1794163	811443	321451	300297	309337	306976	283435	272667	273492
1816447	837143	319323	303466	311773	313266	287946	280673	280673
6472236	2943794	1130890	1072409	1160227	1125286	1015810	967614	967629
1506268	686729	270076	257518	279664	250234	230426	218350	218350
364685	159226	62838	61089	63333	63510	58089	55826	55826
1107396	531249	207527	187219	191322	185836	170588	164904	164904
2118996	1015998	392445	361435	365452	363523	325727	310414	310414
1025732	470832	174545	172018	179470	175672	165181	158846	158846
887934	423280	156834	159040	158524	151507	133627	128402	128402
75869	37043	14232	13425	12556	12015	11940	11701	11701
1425704	671370	252123	261904	249997	243310	216805	201565	201565
566207	265989	98677	100621	97800	93365	89494	86250	86250
148322	71226	26806	25498	25716	24409	23603	22290	22290
255360	121290	44793	45603	44099	42701	39725	38439	38439
740013	356892	140735	135783	131774	115654	111435	104632	104632

地　区 Region	毕业生数 Graduates	招生数 Entrants	招生中接受学前教育 of Which: Those Received the pre-school Education			
			未接受过 Not trained	一年 One Year	两年 Two Years	三年 Three Years
总　计 Total	**6853935**	**6439156**	**26055**	**287657**	**257491**	**5867953**
北　京 Beijing	8367	11720	11	95	152	11462
天　津 Tianjin	12947	11476	39	365	845	10227
河　北 Hebei	462139	393782	795	11128	11192	370667
山　西 Shanxi	149548	138648	55	819	1757	136017
内蒙古 Inner Mongolia	103688	110863	37	2002	2189	106635
辽　宁 Liaoning	83783	71388	389	14495	13111	43393
吉　林 Jilin	74891	62703	70	16272	9051	37310
黑龙江 Heilongjiang	99689	61273	1410	15398	9348	35117
上　海 Shanghai	14931	19754	69	298	183	19204
江　苏 Jiangsu	404020	371945	85	73	494	371293
浙　江 Zhejiang	183228	193161	396	890	501	191374
安　徽 Anhui	363788	362127	203	3561	3843	354520
福　建 Fujian	214429	250355	98	1950	2762	245545
江　西 Jiangxi	342023	265983	4827	15477	13223	232456
山　东 Shandong	487252	501376	2227	6098	11551	481500
河　南 Henan	758710	682918	51	22491	16383	643993
湖　北 Hubei	240923	225870	756	6924	8409	209781
湖　南 Hunan	443339	383596	364	28162	34156	320914
广　东 Guangdong	444139	439804	307	44382	30334	364781
广　西 Guangxi	302168	311974	3925	39120	16620	252309
海　南 Hainan	53125	51496	724	1285	1126	48361
重　庆 Chongqing	129721	103944	68	3899	9011	90966
四　川 Sichuan	437212	369844	569	15557	19309	334409
贵　州 Guizhou	307940	293018	2046	10819	16660	263493
云　南 Yunnan	202985	180938	2444	15141	12520	150833
西　藏 Tibet	13882	15635	1179	1542	1499	11415
陕　西 Shaanxi	184818	193697	397	1027	259	192014
甘　肃 Gansu	143613	153326	190	748	1475	150913
青　海 Qinghai	31728	33303	1715	2807	2215	26566
宁　夏 Ningxia	33952	37340	387	4149	5739	27065
新　疆 Xinjiang	120957	135899	222	683	1574	133420

学生数(镇区)
Schools (Counties and Towns Area)

单位:人
unit: person

在校生数 Enrolment	#女 of Which: Female	一年级 Grade 1	二年级 Grade 2	三年级 Grade 3	四年级 Grade 4	五年级 Grade 5	六年级 Grade 6	预计毕业生数 Estimated Graduates for Next Year
40723223	**18942694**	**6442774**	**6559754**	**6935769**	**7060054**	**6871321**	**6853551**	**6978587**
67150	32395	11732	13388	11597	11703	9780	8950	8950
74922	35221	11481	12373	13306	13466	13169	11127	13245
2787620	1292278	393797	461286	483691	499233	478164	471449	471593
926199	446319	138750	160297	158026	161507	153053	154566	154566
643420	308240	110957	106743	111718	108054	100166	105782	105814
442751	210325	71396	68495	75097	75051	71510	81202	81202
421941	203288	62704	69470	71681	73498	69376	75212	75212
438719	211705	61273	66704	76734	81341	85194	67473	93742
91646	42839	19784	19365	19256	17780	15461	0	15461
2412189	1119109	371945	383651	410649	425790	408976	411178	411178
1155317	537758	193165	192169	196940	201764	187510	183769	183769
2231757	1017490	362314	367442	377873	388663	370898	364567	364567
1425022	646747	250575	248275	250905	244811	215592	214864	214864
1824973	824120	266870	278152	302776	324186	320850	332139	332139
2825082	1263942	501472	467153	468955	488756	486911	411835	487971
4386848	2026747	682918	688544	739053	748674	755399	772260	777136
1410318	648646	226264	222197	237474	249146	237237	238000	238000
2527433	1174909	383649	391542	424310	444598	433556	449778	449778
2726500	1271171	439842	427925	474920	467730	445754	470329	470329
1918803	884294	312056	309309	337123	316381	322711	321223	321223
320779	146927	51534	51305	55205	56222	53995	52518	52518
676971	322192	103996	102916	112223	116808	116045	124983	124983
2414180	1162306	370202	372805	405603	419300	415935	430335	430335
1904273	882000	293075	303224	330810	328533	323976	324655	324655
1174936	560972	180997	190130	197070	199654	197410	209675	209675
92687	45508	15646	15986	14957	15944	15427	14727	14727
1236732	586377	193992	202556	209074	216142	210014	204954	204954
944213	448351	153368	160997	161580	159420	156522	152326	152326
208951	101879	33547	32397	36275	36623	35576	34533	34533
215101	102616	37439	35491	36468	35272	34727	35704	35704
795790	386023	136034	137467	134420	134004	130427	123438	123438

小学教育
Number of Students in

地 区 Region	毕业生数 Graduates	招生数 Entrants	招生中接受学前教育 of Which: Those Received the pre-school Education			
			未接受过 Not trained	一年 One Year	两年 Two Years	三年 Three Years
总 计 Total	**3880723**	**3437254**	**27911**	**328631**	**271156**	**2809556**
北 京 Beijing	8317	9247	14	83	102	9048
天 津 Tianjin	16369	11736	61	670	1170	9835
河 北 Hebei	348410	263758	285	6747	8328	248398
山 西 Shanxi	68584	37740	28	1054	676	35982
内蒙古 Inner Mongolia	25020	22698	18	1334	1644	19702
辽 宁 Liaoning	42415	27273	432	5298	5058	16485
吉 林 Jilin	39044	17795	53	5183	3437	9122
黑龙江 Heilongjiang	26251	11275	54	2275	2001	6945
上 海 Shanghai	3651	4694	13	12	31	4638
江 苏 Jiangsu	91715	53410	14	17	135	53244
浙 江 Zhejiang	71824	65717	137	242	285	65053
安 徽 Anhui	203254	160120	107	4043	4078	151892
福 建 Fujian	93163	98131	403	2174	3890	91664
江 西 Jiangxi	142544	109042	1846	12125	13877	81194
山 东 Shandong	278080	214255	248	2577	5260	206170
河 南 Henan	490439	456867	91	17896	14697	424183
湖 北 Hubei	115113	97298	503	4846	5654	86295
湖 南 Hunan	182374	137452	517	15842	15965	105128
广 东 Guangdong	219828	267401	531	52517	31325	183028
广 西 Guangxi	268818	278220	5475	61017	38718	173010
海 南 Hainan	30164	29394	336	1835	1334	25889
重 庆 Chongqing	57930	31280	68	1886	5128	24198
四 川 Sichuan	192407	134502	724	17970	22924	92884
贵 州 Guizhou	179499	156562	2221	21993	22521	109827
云 南 Yunnan	303165	265026	7285	70994	42198	144549
西 藏 Tibet	28303	35164	4659	5772	5238	19495
陕 西 Shaanxi	49660	42931	80	885	759	41207
甘 肃 Gansu	84671	79328	378	1577	3370	74003
青 海 Qinghai	22933	26404	933	4194	3206	18071
宁 夏 Ningxia	23713	21456	330	4972	5824	10330
新 疆 Xinjiang	173065	271078	67	601	2323	268087

学生数(乡村)
Primary Schools (Rural Area)

单位:人
unit: person

在校生数 Enrolment	#女 of Which: Female	一年级 Grade 1	二年级 Grade 2	三年级 Grade 3	四年级 Grade 4	五年级 Grade 5	六年级 Grade 6	预计毕业生数 Estimated Graduates for Next Year
22473888	**10717543**	**3440700**	**3721467**	**3923170**	**3907134**	**3783421**	**3697996**	**3740094**
56926	27367	9270	10758	10310	10025	8800	7763	7763
83027	39423	11741	13594	14889	16088	15679	11036	15612
1989523	940526	263775	333456	350623	358613	343808	339248	339248
313427	152913	37775	49456	51263	55657	57539	61737	61737
139961	66052	22725	23009	22982	23217	22659	25369	25369
197750	94905	27281	28844	33324	35193	34166	38942	38942
154218	74995	17797	21015	24971	26994	28804	34637	34637
92227	44568	11275	13591	15796	17301	19347	14917	21943
23085	10754	4701	4747	4821	4824	3992	0	3992
418142	196488	53410	60647	69235	75717	78051	81082	81082
411975	190225	65724	66559	70998	72198	68145	68351	68351
1109831	525519	160247	177867	188485	196356	196159	190717	190717
577367	267673	98228	100781	100121	99552	88608	90077	90077
771583	367426	109959	122498	132122	139470	136320	131214	131214
1378375	629346	214449	217179	230347	242617	249938	223845	249476
2931287	1409393	456868	489102	512020	512486	494288	466523	467376
627521	289807	97658	101239	104939	109459	106263	107963	107963
956675	456771	137467	149528	158800	172226	166909	171745	171752
1591364	760012	267458	272820	298102	275366	251730	225888	225894
1734481	834655	278602	290557	315184	291910	283036	275192	275197
184469	86727	29518	30516	33195	31947	29524	29769	29771
246496	115990	31354	33945	39188	42786	45770	53453	53453
956651	464883	134687	144794	162146	163736	169145	182143	182143
1033241	492010	156623	171466	178687	176405	173786	176274	176274
1789402	857802	265162	297853	312234	311447	300330	302376	302376
197025	97176	35179	33829	34133	32438	31677	29769	29769
301600	145206	43191	49321	50554	53963	52943	51628	51628
514589	253054	79289	87388	90824	88816	85868	82404	82404
160396	78515	26649	26720	28330	29021	25990	23686	23686
133245	65215	21502	20668	22386	22598	22884	23207	23207
1398029	682147	271136	277720	262161	218708	191263	177041	177041

小学女
Number of Female Students

地　区 Region	毕业生数 Graduates	招生数 Entrants	招生中接受学前教育 of Which: Those Received the pre-school Education			
			未接受过 Not trained	一年 One Year	两年 Two Years	三年 Three Years
总　计 Total	**7993192**	**8354491**	**44639**	**436166**	**337573**	**7536113**
北　京 Beijing	63863	89713	517	2412	2456	84328
天　津 Tianjin	52263	58878	980	4235	3232	50431
河　北 Hebei	517365	462107	1298	16661	12741	431407
山　西 Shanxi	180897	170998	65	2186	2665	166082
内蒙古 Inner Mongolia	105508	117599	41	3208	3058	111292
辽　宁 Liaoning	154418	156020	1932	30327	16727	107034
吉　林 Jilin	97396	81290	71	17701	9319	54199
黑龙江 Heilongjiang	118588	86699	1579	24711	11378	49031
上　海 Shanghai	70461	89654	122	997	397	88138
江　苏 Jiangsu	421543	454836	77	91	525	454143
浙　江 Zhejiang	265727	312811	1223	1633	927	309028
安　徽 Anhui	347401	355865	223	5458	4517	345667
福　建 Fujian	241626	286423	442	3215	3189	279577
江　西 Jiangxi	319346	275326	6790	16309	14204	238023
山　东 Shandong	569767	627911	1947	7464	10301	608199
河　南 Henan	772290	770347	123	27855	18276	724093
湖　北 Hubei	283714	297445	2147	12968	9736	272594
湖　南 Hunan	410462	393004	471	24681	30264	337588
广　东 Guangdong	729426	849356	1367	67287	43452	737250
广　西 Guangxi	360273	401414	6801	57613	28662	308338
海　南 Hainan	61756	65028	1486	2050	1739	59753
重　庆 Chongqing	163105	163831	213	6756	14181	142681
四　川 Sichuan	447174	431496	1176	22246	24354	383720
贵　州 Guizhou	297205	289370	2336	17436	21305	248293
云　南 Yunnan	300218	286989	4920	42727	27136	212206
西　藏 Tibet	25758	32057	2893	4085	3965	21114
陕　西 Shaanxi	194317	232428	251	1307	526	230344
甘　肃 Gansu	146135	158473	306	1319	3036	153812
青　海 Qinghai	36983	41655	1498	3722	3218	33217
宁　夏 Ningxia	45390	49510	785	5381	6855	36489
新　疆 Xinjiang	192817	265958	559	2125	5232	258042

学生数
in Primary Schools

单位：人
unit: person

在校生数 Enrolment	一年级 Grade 1	二年级 Grade 2	三年级 Grade 3	四年级 Grade 4	五年级 Grade 5	六年级 Grade 6	预计毕业生数 Estimated Graduates for Next Year
50359726	**8357609**	**8476373**	**8723410**	**8718467**	**8222855**	**7861012**	**8108939**
498307	89744	97468	87744	87322	72528	63501	64260
354722	58892	64231	61390	61356	57176	51677	55678
3195297	462115	549709	558907	569223	533799	521544	521624
1122239	171061	198986	192654	193734	182115	183689	183689
673674	117647	115864	117387	113349	103008	106419	107269
941047	156033	167695	161545	164475	144173	147126	147126
552858	81290	92016	94643	96831	90358	97720	97720
565428	86699	96758	102880	106431	105366	67294	112097
424270	89685	89229	87026	84569	73761	0	73761
2718890	454836	455079	466789	473622	439193	429371	429371
1776903	312816	304464	305779	306915	280864	266065	267284
2155177	355968	359680	366173	374813	356217	342326	342326
1610190	286560	280382	284552	277140	241941	239615	239615
1803774	276136	282882	300874	322384	310025	311473	311473
3431521	628034	592419	583027	592152	580249	455640	569238
4727784	770348	774835	809798	808955	791387	772461	780842
1749896	297689	286460	297214	303619	285037	279877	280281
2468823	393022	395161	416220	433516	412118	418786	418788
4974977	849383	818814	891324	864089	788913	762454	762507
2405678	401618	398973	432768	402519	390227	379573	379574
392880	65051	65173	68567	68400	63685	62004	62007
969431	163898	155114	162993	165428	158948	163050	163059
2643187	431860	423756	446466	457159	438921	445025	445025
1844842	289426	300160	318747	316746	310551	309212	309212
1842054	287071	309684	319453	317818	301762	306266	306266
179727	32073	31021	30279	29743	28971	27640	27640
1402953	232693	243988	241390	242891	226091	215900	215903
967394	158480	167598	167122	163303	158352	152539	152539
251620	41871	41227	43886	44044	41299	39293	39293
289121	49581	48883	48992	48187	46782	46696	46696
1425062	266029	268664	256821	227734	209038	196776	196776

小学学校教职工数(总计)
Number of Educational Personnel in Primary Schools(Total)

单位:人
unit: person

地 区 Region	教职工数 Educational Personnel	专任教师 Full-time Teachers	行政人员 Adm. Personnel	教辅人员 Supporting Staffs	工勤人员 Workers	其他 Others	校外教师 Part-time Teachers	外籍教师 Foreign Teachers
总 计 Total	**6222013**	**5793076**	**114167**	**116732**	**171774**	**26264**	**56737**	**593**
北 京 Beijing	65269	59013	2719	2521	917	99	603	38
天 津 Tianjin	49609	45224	2695	1070	598	22	215	7
河 北 Hebei	416535	390987	11191	4087	10096	174	2996	0
山 西 Shanxi	174550	155267	3117	8643	6432	1091	1657	10
内蒙古 Inner Mongolia	117949	97235	4276	10878	5010	550	294	0
辽 宁 Liaoning	129495	114582	11133	2831	697	252	125	3
吉 林 Jilin	104454	89118	6695	7471	1089	81	431	0
黑龙江 Heilongjiang	95633	82582	4209	6471	2068	303	1598	0
上 海 Shanghai	55778	49079	2446	2256	1932	65	416	50
江 苏 Jiangsu	329993	310704	2844	6353	9093	999	1952	45
浙 江 Zhejiang	202370	193928	2599	2182	3548	113	527	44
安 徽 Anhui	239433	230104	2422	1814	4121	972	2485	5
福 建 Fujian	199321	190488	2567	1822	3194	1250	1734	15
江 西 Jiangxi	214520	210422	500	1675	1720	203	1118	16
山 东 Shandong	410021	399041	2912	3562	3891	615	2414	27
河 南 Henan	584280	548163	10158	7162	16617	2180	11956	30
湖 北 Hubei	209468	194364	3712	2725	7016	1651	4786	18
湖 南 Hunan	269133	261439	2466	1163	3507	558	3690	13
广 东 Guangdong	511483	470478	13113	5504	20512	1876	1988	185
广 西 Guangxi	313768	288367	2119	2829	13985	6468	796	5
海 南 Hainan	51217	46995	536	399	2916	371	544	15
重 庆 Chongqing	136620	129519	1874	1393	3311	523	1486	20
四 川 Sichuan	304732	287131	3693	4854	7816	1238	5291	13
贵 州 Guizhou	228416	199445	3086	6349	18077	1459	176	13
云 南 Yunnan	237572	224502	2054	1262	8309	1445	1617	5
西 藏 Tibet	25392	25169	49	114	60	0	680	0
陕 西 Shaanxi	179824	164658	5131	3869	5350	816	18	0
甘 肃 Gansu	139560	135785	658	1490	1412	215	148	0
青 海 Qinghai	28478	25163	84	138	2946	147	400	1
宁 夏 Ningxia	33248	32669	77	106	306	90	1236	8
新 疆 Xinjiang	163892	141455	3032	13739	5228	438	3360	7

小学教职工数(城区)
Number of Educational Personnel in Primary Schools (Urban Area)

单位:人
unit: person

地 区 Region	教职工数 Educational Personnel	专任教师 Full-time Teachers	行政人员 Adm. Personnel	教辅人员 Supporting Staffs	工勤人员 Workers	其他 Others	校外教师 Part-time Teachers	外籍教师 Foreign Teachers
总 计 Total	**2212651**	**2070082**	**42310**	**35330**	**57948**	**6981**	**22363**	**494**
北 京 Beijing	54227	49623	1992	1928	605	79	570	38
天 津 Tianjin	37260	33778	1998	983	479	22	212	7
河 北 Hebei	106120	99329	2233	1441	3092	25	767	0
山 西 Shanxi	62350	56038	1369	1888	2697	358	689	10
内蒙古 Inner Mongolia	37076	34191	1263	1068	439	115	141	0
辽 宁 Liaoning	73876	66114	5885	1311	409	157	44	2
吉 林 Jilin	38655	34398	1867	2027	358	5	201	0
黑龙江 Heilongjiang	41579	37670	1896	1348	583	82	645	0
上 海 Shanghai	48395	43016	2020	1901	1402	56	394	50
江 苏 Jiangsu	171234	161355	1398	2994	5067	420	1205	38
浙 江 Zhejiang	111468	106508	1315	1267	2320	58	346	44
安 徽 Anhui	60923	59497	461	194	588	183	1040	1
福 建 Fujian	76764	73074	908	788	1404	590	459	2
江 西 Jiangxi	59168	58256	133	313	459	7	210	0
山 东 Shandong	161534	156761	1394	1641	1613	125	691	19
河 南 Henan	130447	122850	1945	1498	3469	685	3263	28
湖 北 Hubei	84139	78924	1833	820	2212	350	3117	13
湖 南 Hunan	85030	83053	626	340	934	77	1262	2
广 东 Guangdong	270199	244423	5037	4405	15134	1200	1130	169
广 西 Guangxi	76748	70779	533	1055	3474	907	209	1
海 南 Hainan	16851	15514	172	168	854	143	342	15
重 庆 Chongqing	62650	59748	755	819	1164	164	1178	20
四 川 Sichuan	100258	94085	1228	1527	2882	536	675	13
贵 州 Guizhou	48130	44944	486	384	2211	105	54	13
云 南 Yunnan	43322	41820	341	229	860	72	59	1
西 藏 Tibet	4701	4595	25	42	39	0	236	0
陕 西 Shaanxi	73081	66535	2534	1386	2276	350	8	0
甘 肃 Gansu	26963	26500	154	95	193	21	39	0
青 海 Qinghai	6857	6719	8	12	96	22	62	0
宁 夏 Ningxia	12438	12242	12	25	125	34	716	8
新 疆 Xinjiang	30208	27743	489	1433	510	33	2399	0

小学教职工数(镇区)

Number of Educational Personnel in Primary Schools (Counties and Towns Area)

单位:人
unit: person

地 区 Region	教职工数 Educational Personnel	专任教师 Full-time Teachers	行政人员 Adm. Personnel	教辅人员 Supporting Staffs	工勤人员 Workers	其他 Others	校外教师 Part-time Teachers	外籍教师 Foreign Teachers
总 计 Total	**2261621**	**2108634**	**37568**	**44412**	**62718**	**8289**	**15686**	**25**
北 京 Beijing	5235	4468	342	274	137	14	6	0
天 津 Tianjin	5080	4740	227	44	69	0	0	0
河 北 Hebei	157037	147089	3943	1573	4334	98	517	0
山 西 Shanxi	66095	59986	929	2805	2000	375	372	0
内蒙古 Inner Mongolia	57819	46125	2009	6477	2905	303	100	0
辽 宁 Liaoning	33433	29112	3099	973	199	50	35	1
吉 林 Jilin	35762	30303	2039	2902	480	38	56	0
黑龙江 Heilongjiang	39511	33638	1601	3067	1069	136	628	0
上 海 Shanghai	5870	4940	334	243	344	9	17	0
江 苏 Jiangsu	130826	122983	1104	2965	3335	439	602	3
浙 江 Zhejiang	65522	63005	889	621	963	44	112	0
安 徽 Anhui	102611	98486	1151	767	1982	225	775	4
福 建 Fujian	78876	75460	1243	695	1115	363	833	1
江 西 Jiangxi	91749	90006	255	772	675	41	293	0
山 东 Shandong	146909	143128	840	1224	1445	272	1242	0
河 南 Henan	223197	207568	3861	3124	7895	749	4221	2
湖 北 Hubei	74816	69692	946	1033	2516	629	652	1
湖 南 Hunan	119927	115964	1287	623	1891	162	1018	2
广 东 Guangdong	132592	124681	3807	701	3050	353	606	1
广 西 Guangxi	110662	102202	722	1182	4894	1662	197	0
海 南 Hainan	18247	16784	189	168	1017	89	130	0
重 庆 Chongqing	46365	43864	640	336	1336	189	189	0
四 川 Sichuan	137840	130782	1378	2070	3180	430	2075	0
贵 州 Guizhou	101994	89098	1376	3058	7719	743	89	0
云 南 Yunnan	68613	64599	703	466	2522	323	232	4
西 藏 Tibet	6593	6537	11	37	8	0	80	0
陕 西 Shaanxi	75743	70279	1546	1704	1962	252	7	0
甘 肃 Gansu	56403	54988	346	489	532	48	23	0
青 海 Qinghai	11252	9686	48	60	1383	75	132	0
宁 夏 Ningxia	11450	11190	39	54	125	42	282	0
新 疆 Xinjiang	43592	37251	664	3905	1636	136	165	6

小学教职工数(乡村)
Number of Educational Personnel in Primary Schools (Rural Area)

单位:人
unit: person

地 区 Region	教职工数 Educational Personnel	专任教师 Full-time Teachers	行政人员 Adm. Personnel	教辅人员 Supporting Staffs	工勤人员 Workers	其他 Others	校外教师 Part-time Teachers	外籍教师 Foreign Teachers
总 计 Total	**1747741**	**1614360**	**34289**	**36990**	**51108**	**10994**	**18688**	**74**
北 京 Beijing	5807	4922	385	319	175	6	27	0
天 津 Tianjin	7269	6706	470	43	50	0	3	0
河 北 Hebei	153378	144569	5015	1073	2670	51	1712	0
山 西 Shanxi	46105	39243	819	3950	1735	358	596	0
内蒙古 Inner Mongolia	23054	16919	1004	3333	1666	132	53	0
辽 宁 Liaoning	22186	19356	2149	547	89	45	46	0
吉 林 Jilin	30037	24417	2789	2542	251	38	174	0
黑龙江 Heilongjiang	14543	11274	712	2056	416	85	325	0
上 海 Shanghai	1513	1123	92	112	186	0	5	0
江 苏 Jiangsu	27933	26366	342	394	691	140	145	4
浙 江 Zhejiang	25380	24415	395	294	265	11	69	0
安 徽 Anhui	75899	72121	810	853	1551	564	670	0
福 建 Fujian	43681	41954	416	339	675	297	442	12
江 西 Jiangxi	63603	62160	112	590	586	155	615	16
山 东 Shandong	101578	99152	678	697	833	218	481	8
河 南 Henan	230636	217745	4352	2540	5253	746	4472	0
湖 北 Hubei	50513	45748	933	872	2288	672	1017	4
湖 南 Hunan	64176	62422	553	200	682	319	1410	9
广 东 Guangdong	108692	101374	4269	398	2328	323	252	15
广 西 Guangxi	126358	115386	864	592	5617	3899	390	4
海 南 Hainan	16119	14697	175	63	1045	139	72	0
重 庆 Chongqing	27605	25907	479	238	811	170	119	0
四 川 Sichuan	66634	62264	1087	1257	1754	272	2541	0
贵 州 Guizhou	78292	65403	1224	2907	8147	611	33	0
云 南 Yunnan	125637	118083	1010	567	4927	1050	1326	0
西 藏 Tibet	14098	14037	13	35	13	0	364	0
陕 西 Shaanxi	31000	27844	1051	779	1112	214	3	0
甘 肃 Gansu	56194	54297	158	906	687	146	86	0
青 海 Qinghai	10369	8758	28	66	1467	50	206	1
宁 夏 Ningxia	9360	9237	26	27	56	14	238	0
新 疆 Xinjiang	90092	76461	1879	8401	3082	269	796	1

小学教职工总数中民办教职工数

Number of Educational Personnel in Non-Government Primary Schools

单位：人
unit: person

地　区 Region	教职工数 Educational Personnel	专任教师 Full-time Teachers	行政人员 Adm. Personnel	教辅人员 Supporting Staffs	工勤人员 Workers	其他 Others	校外教师 Part-time Teachers	外籍教师 Foreign Teachers
总　计 Total	**313195**	**235003**	**12550**	**11743**	**51579**	**2320**	**1102**	**398**
北　京 Beijing	1726	1139	223	85	273	6	5	31
天　津 Tianjin	1583	1329	91	49	113	1	8	6
河　北 Hebei	40650	30130	2045	1441	7020	14	1	0
山　西 Shanxi	15017	10035	678	768	3379	157	41	0
内蒙古 Inner Mongolia	1085	766	89	33	193	4	3	0
辽　宁 Liaoning	1441	1130	128	113	60	10	2	2
吉　林 Jilin	2168	1762	126	89	187	4	0	0
黑龙江 Heilongjiang	347	267	28	34	18	0	0	0
上　海 Shanghai	4240	3470	168	234	364	4	36	47
江　苏 Jiangsu	13250	10775	393	473	1551	58	36	35
浙　江 Zhejiang	13105	10605	354	515	1603	28	41	31
安　徽 Anhui	12002	9021	406	184	2287	104	5	3
福　建 Fujian	5043	3815	265	104	838	21	13	12
江　西 Jiangxi	2103	1772	99	85	145	2	0	16
山　东 Shandong	18616	15204	546	768	1981	117	10	19
河　南 Henan	74816	55436	2987	2897	12898	598	450	29
湖　北 Hubei	5607	3898	210	203	1263	33	202	10
湖　南 Hunan	8695	6632	283	368	1374	38	8	1
广　东 Guangdong	49142	36821	1359	1585	8977	400	36	110
广　西 Guangxi	6911	4770	331	218	1294	298	11	1
海　南 Hainan	3149	2005	169	61	890	24	9	2
重　庆 Chongqing	2398	1690	132	87	486	3	1	18
四　川 Sichuan	7772	5320	256	469	1495	232	19	11
贵　州 Guizhou	5191	3542	224	332	1048	45	0	13
云　南 Yunnan	3339	2824	144	50	311	10	6	1
西　藏 Tibet	0	0	0	0	0	0	151	0
陕　西 Shaanxi	13060	10293	784	447	1428	108	8	0
甘　肃 Gansu	133	113	8	0	12	0	0	0
青　海 Qinghai	35	30	1	0	4	0	0	0
宁　夏 Ningxia	421	295	17	40	69	0	0	0
新　疆 Xinjiang	150	114	6	11	18	1	0	0

小学女教职工数

Number of Female Educational Personnel in Primary Schools

单位：人
unit: person

地　区 Region	教职工数 Educational Personnel	专任教师 Full-time Teachers	行政人员 Adm. Personnel	教辅人员 Supporting Staffs	工勤人员 Workers	其他 Others	校外教师 Part-time Teachers	外籍教师 Foreign Teachers
总　计 Total	**4389408**	**4173908**	**39059**	**65200**	**94394**	**16847**	**45602**	**236**
北　京 Beijing	51772	48077	1540	1807	289	59	475	17
天　津 Tianjin	38057	35731	1428	735	152	11	194	3
河　北 Hebei	332077	320663	3537	2248	5495	134	2759	0
山　西 Shanxi	137225	126923	1238	4643	3793	628	1462	7
内蒙古 Inner Mongolia	82741	75047	1545	4552	1346	251	230	0
辽　宁 Liaoning	98747	90584	5846	1993	131	193	113	1
吉　林 Jilin	75206	68720	2497	3686	268	35	332	0
黑龙江 Heilongjiang	66594	61053	1944	3014	452	131	1269	0
上　海 Shanghai	45873	41410	1689	1709	1015	50	306	15
江　苏 Jiangsu	242216	231631	811	3464	5717	593	1348	19
浙　江 Zhejiang	152962	148611	743	1338	2217	53	381	20
安　徽 Anhui	152916	148998	455	689	2178	596	1774	1
福　建 Fujian	146217	142262	690	1039	1452	774	1435	8
江　西 Jiangxi	152439	150056	158	1242	835	148	816	10
山　东 Shandong	277335	272560	847	1753	1712	463	2110	7
河　南 Henan	442147	422511	3115	5182	9878	1461	10476	19
湖　北 Hubei	139782	132210	1184	1320	4054	1014	3863	5
湖　南 Hunan	196092	192556	661	746	1710	419	3150	2
广　东 Guangdong	368179	349254	2802	4159	10901	1063	1577	71
广　西 Guangxi	222485	206880	603	1795	8622	4585	595	2
海　南 Hainan	30236	28426	143	235	1304	128	445	2
重　庆 Chongqing	88608	85212	403	950	1781	262	1093	6
四　川 Sichuan	203501	194604	869	3191	3877	960	3831	2
贵　州 Guizhou	133020	116581	526	2065	13082	766	121	2
云　南 Yunnan	138956	131673	426	634	5219	1004	1115	5
西　藏 Tibet	14561	14466	12	60	23	0	379	0
陕　西 Shaanxi	131577	124723	1908	2108	2306	532	7	0
甘　肃 Gansu	78060	76815	91	694	337	123	94	0
青　海 Qinghai	17952	15784	17	62	1987	102	179	1
宁　夏 Ningxia	23188	22870	17	75	157	69	1080	7
新　疆 Xinjiang	108687	97017	1314	8012	2104	240	2593	4

小学教育专任教师分学历、
Number of Full-timeTeacher in Primary Schools by

地 区 Region	合计 Total	#女 of Which: Female	按学历分 By Educational Background			
			博士研究生 Doctor's Degree	硕士研究生 Master's Degree	本科毕业 Under-graduate	专科毕业 Associate Bachelor
总 计 Total	**6600799**	**4772017**	**339**	**124226**	**4516064**	**1856305**
北 京 Beijing	74442	60946	66	8706	62283	3316
天 津 Tianjin	49277	39100	19	4010	38793	6081
河 北 Hebei	412528	337628	14	4621	263604	140023
山 西 Shanxi	171741	140671	1	2017	118301	48804
内蒙古 Inner Mongolia	107636	82856	0	2173	81530	23248
辽 宁 Liaoning	140647	110281	5	4756	93668	40889
吉 林 Jilin	104324	79925	8	2777	76314	23964
黑龙江 Heilongjiang	101192	74304	1	1430	62815	34613
上 海 Shanghai	63336	53098	15	6172	50124	6851
江 苏 Jiangsu	359010	268030	14	12290	321711	24269
浙 江 Zhejiang	228272	175515	14	7565	195477	24573
安 徽 Anhui	269012	174626	0	2721	177157	86101
福 建 Fujian	198335	147216	3	1879	127285	62627
江 西 Jiangxi	245240	177293	1	798	136261	101491
山 东 Shandong	468276	325274	21	12535	357073	91312
河 南 Henan	605740	470361	25	5115	388916	201525
湖 北 Hubei	219343	149915	12	4912	132717	75516
湖 南 Hunan	311039	228873	15	3472	204479	99342
广 东 Guangdong	592196	443965	57	15771	446668	124903
广 西 Guangxi	293089	209338	3	1225	161360	120851
海 南 Hainan	56690	35452	3	442	26398	27254
重 庆 Chongqing	133259	86613	10	3267	87001	41581
四 川 Sichuan	349448	233123	12	5611	202132	137326
贵 州 Guizhou	212735	125266	2	617	153231	54607
云 南 Yunnan	236287	139701	5	1373	150139	77307
西 藏 Tibet	25381	14598	1	78	15434	9643
陕 西 Shaanxi	185039	140123	4	5442	141438	36963
甘 肃 Gansu	152144	85800	4	1261	108384	37873
青 海 Qinghai	29995	18733	2	289	19756	9403
宁 夏 Ningxia	34995	24328	1	323	24150	10038
新 疆 Xinjiang	170151	119065	1	578	91465	74011

分专业技术职务情况(总计)

Educational Background and Professional Rank (Total)

单位:人
unit: person

		按专业技术职务分 By Professional Rank					
高中阶段毕业 High School Graduate	高中阶段毕业以下 Below High School Graduate	正高级 Senior	副高级 Sub-Senior	中级 Middle	助理级 Associate	员级 Junior	未定职级 No-Ranking
102507	**1358**	**2589**	**660273**	**2704163**	**1936240**	**197826**	**1099708**
71	0	35	7397	32110	26115	619	8166
360	14	20	5324	27821	11489	317	4306
4195	71	128	35208	155601	127658	13402	80531
2609	9	32	3717	63486	67468	3145	33893
683	2	38	20920	45276	24912	2231	14259
1288	41	57	43451	63978	14625	5034	13502
1257	4	47	22061	46137	23323	1558	11198
2294	39	45	20472	45991	27017	1318	6349
174	0	33	2137	28507	26374	1003	5282
722	4	217	27017	166785	99005	6582	59404
642	1	159	15263	111497	77490	2470	21393
3007	26	78	26668	113502	75227	11907	41630
6444	97	120	6819	90558	56346	5420	39072
6600	89	51	12615	95796	74673	15140	46965
7288	47	374	46639	165579	166832	11305	77547
10140	19	48	42212	222144	194808	17899	128629
6075	111	91	12669	106839	57747	10060	31937
3683	48	73	26202	125026	89379	16385	53974
4786	11	175	29169	274040	120942	17784	150086
9543	107	43	31349	126845	72385	10430	52037
2554	39	34	3311	20623	19896	1323	11503
1380	20	64	11092	58856	50675	913	11659
4337	30	168	51090	127874	117557	12179	40580
4135	143	58	14458	105045	59571	4455	29148
7220	243	7	81018	84790	47621	3592	19259
220	5	6	3587	9036	8151	2469	2132
1158	34	41	9428	67812	65045	3920	38793
4551	71	291	22613	53985	59387	1675	14193
527	18	13	5918	11835	6472	635	5122
478	5	12	6008	14006	11651	623	2695
4086	10	31	14441	42783	56399	12033	44464

小学教育专任教师分学历、
Number of Full-timeTeacher in Primary Schools by

地　区 Region	合计 Total	#女 of Which: Female	按学历分 By Educational Background			
			博士研究生 Doctor's Degree	硕士研究生 Master's Degree	本科毕业 Under-graduate	专科毕业 Associate Bachelor
总　计 Total	**2488913**	**2018210**	**259**	**98991**	**1931400**	**445238**
北　京 Beijing	63030	52735	64	7630	52672	2614
天　津 Tianjin	37369	31192	19	3789	29006	4258
河　北 Hebei	110079	96159	7	2533	82252	24764
山　西 Shanxi	64202	56136	1	1199	47517	15039
内蒙古 Inner Mongolia	38012	31578	0	1436	30952	5512
辽　宁 Liaoning	76399	63914	4	4243	55537	16197
吉　林 Jilin	38807	33094	6	1558	31110	5931
黑龙江 Heilongjiang	43655	35488	1	1252	30322	11433
上　海 Shanghai	54682	46835	12	5469	43642	5437
江　苏 Jiangsu	183884	148251	10	9119	164169	10296
浙　江 Zhejiang	129936	103898	14	6240	111208	12290
安　徽 Anhui	71038	53830	0	1495	53003	16129
福　建 Fujian	80250	66726	3	1574	61213	16641
江　西 Jiangxi	73200	58913	0	597	50088	21993
山　东 Shandong	192840	150480	11	8644	160656	22577
河　南 Henan	145307	124126	8	3199	107210	33890
湖　北 Hubei	93879	73327	6	4307	65027	23243
湖　南 Hunan	96381	79288	6	2495	72169	21362
广　东 Guangdong	344406	276642	56	14747	272487	56216
广　西 Guangxi	78116	65620	2	1006	56404	19715
海　南 Hainan	20021	15574	1	273	12154	7365
重　庆 Chongqing	62022	46541	9	3027	46693	12078
四　川 Sichuan	119040	92961	10	5095	86845	26694
贵　州 Guizhou	51753	39509	1	457	38262	12541
云　南 Yunnan	47612	36542	1	1032	37008	9156
西　藏 Tibet	4776	3283	0	49	3292	1403
陕　西 Shaanxi	76301	63356	3	4848	61125	10210
甘　肃 Gansu	31975	23577	4	898	24340	6489
青　海 Qinghai	8206	6405	0	146	6337	1650
宁　夏 Ningxia	12630	10301	0	242	9907	2423
新　疆 Xinjiang	39105	31929	0	392	28793	9692

分专业技术职务情况(城区)

Educational Background and Professional Rank (Urban Area)

单位:人
unit: person

高中阶段毕业 High School Graduate	高中阶段毕业以下 Below High School Graduate	按专业技术职务分 By Professional Rank 正高级 Senior	副高级 Sub-Senior	中级 Middle	助理级 Associate	员级 Junior	未定职级 No-Ranking
12895	**130**	**1448**	**187866**	**1017858**	**750383**	**53739**	**477619**
50	0	30	6293	26995	22239	577	6896
284	13	19	3811	21030	8972	258	3279
514	9	58	6248	44192	35621	2550	21410
446	0	21	1270	22653	23556	785	15917
111	1	23	7726	15123	9347	584	5209
409	9	33	14174	42558	7634	2139	9861
202	0	27	6899	18930	8613	357	3981
637	10	29	8336	20626	11024	520	3120
122	0	30	1915	24610	22798	776	4553
290	0	149	13062	81400	53645	2827	32801
184	0	130	9336	61975	43670	1337	13488
408	3	46	4698	30289	21546	2519	11940
808	11	74	3130	31331	23751	1825	20139
516	6	34	3828	32545	23452	2574	10767
943	9	160	14823	67498	71223	2648	36488
1000	0	34	8680	53219	52406	3525	27443
1286	10	32	4595	44632	25269	3703	15648
346	3	36	5968	39075	28534	2805	19963
898	2	129	16000	132906	74887	10211	110273
984	5	29	3132	31403	23361	2539	17652
226	2	21	988	5792	6872	594	5754
211	4	44	4472	25484	23620	312	8090
395	1	99	11062	41402	43520	3153	19804
481	11	22	2358	21824	14456	1074	12019
409	6	5	10464	18060	10282	391	8410
32	0	4	897	2163	1318	221	173
104	11	27	3054	25701	25750	1415	20354
244	0	79	4275	12793	12123	177	2528
73	0	5	874	3324	2246	103	1654
57	1	5	1346	5506	4511	265	997
225	3	14	4152	12819	14137	975	7008

小学教育专任教师分学历、
Number of Full-timeTeacher in Primary Schools by

地　区 Region	合计 Total	#女 of Which: Female	按学历分 By Educational Background			
			博士研究生 Doctor's Degree	硕士研究生 Master's Degree	本科毕业 Under- graduate	专科毕业 Associate Bachelor
总　计 Total	**2414174**	**1743354**	**38**	**17843**	**1606432**	**754849**
北　京 Beijing	5748	4143	1	627	4817	291
天　津 Tianjin	5058	3551	0	135	4175	716
河　北 Hebei	162395	136256	4	1374	102107	57545
山　西 Shanxi	66249	55612	0	450	44761	20031
内蒙古 Inner Mongolia	51164	39127	0	532	37656	12614
辽　宁 Liaoning	40326	29814	0	295	24371	15136
吉　林 Jilin	36488	27762	2	1059	26701	8290
黑龙江 Heilongjiang	41027	29058	0	135	24065	15868
上　海 Shanghai	6972	4991	2	454	5256	1216
江　苏 Jiangsu	146313	102331	2	2893	132184	10920
浙　江 Zhejiang	70051	51826	0	899	60275	8640
安　徽 Anhui	118106	78596	0	843	77589	38636
福　建 Fujian	77009	55972	0	197	44901	29204
江　西 Jiangxi	104681	77875	0	146	57720	44304
山　东 Shandong	171315	119065	9	2925	126777	38975
河　南 Henan	242017	198258	1	1159	154778	82673
湖　北 Hubei	78305	51904	3	381	45270	30496
湖　南 Hunan	140704	103746	6	774	90247	48187
广　东 Guangdong	142694	103095	1	644	103601	36978
广　西 Guangxi	103740	77654	1	149	57976	43326
海　南 Hainan	19699	11734	0	107	8636	9986
重　庆 Chongqing	45253	27520	1	162	25966	18528
四　川 Sichuan	154635	99636	2	390	80421	71761
贵　州 Guizhou	94841	57327	1	97	69470	23613
云　南 Yunnan	67780	43286	0	123	41445	24379
西　藏 Tibet	6534	3899	0	11	3995	2461
陕　西 Shaanxi	78870	58531	0	418	59997	17812
甘　肃 Gansu	62973	38370	0	224	47020	14529
青　海 Qinghai	11466	7507	2	82	7554	3696
宁　夏 Ningxia	12005	8748	0	51	8172	3628
新　疆 Xinjiang	49756	36160	0	107	28529	20410

分专业技术职务情况(镇区)

Educational Background and Professional Rank (County and Town Area)

单位:人
unit: person

		按专业技术职务分 By Professional Rank					
高中阶段毕业 High School Graduate	高中阶段毕业以下 Below High School Graduate	正高级 Senior	副高级 Sub-Senior	中级 Middle	助理级 Associate	员级 Junior	未定职级 No-Ranking
34666	**346**	**781**	**268323**	**1016276**	**700055**	**73442**	**355297**
12	0	5	592	2449	1959	20	723
31	1	0	652	2812	1056	16	522
1340	25	32	12922	59808	51053	5041	33539
1007	0	9	1547	26034	27435	1280	9944
361	1	9	10110	23000	11199	1038	5808
507	17	19	18678	14211	4091	1506	1821
435	1	13	7246	15564	8844	744	4077
953	6	13	8198	18845	11496	487	1988
44	0	3	175	3246	2799	199	550
311	3	62	12318	71077	37626	3057	22173
237	0	25	4747	36117	22854	756	5552
1016	22	27	12864	50355	31056	5278	18526
2689	18	22	2772	39036	21521	2107	11551
2494	17	15	5607	41479	32408	6379	18793
2615	14	157	18536	58824	58924	5251	29623
3405	1	14	16647	84264	76067	6831	58194
2111	44	37	5056	39744	20415	3616	9437
1476	14	33	12795	58435	40469	8114	20858
1468	2	31	8585	80160	25908	3817	24193
2259	29	9	13039	45388	24373	3998	16933
959	11	10	1532	7944	6649	449	3115
585	11	10	4266	21485	17226	348	1918
2055	6	48	27309	59401	50880	4978	12019
1622	38	17	7458	49545	26253	1634	9934
1794	39	1	28001	27070	9716	512	2480
64	3	0	1073	2584	1972	448	457
631	12	6	4976	30920	28914	1563	12491
1196	4	133	9717	22971	25768	496	3888
128	4	3	2241	5076	2423	284	1439
154	0	6	2174	4964	3810	148	903
707	3	12	6490	13468	14891	3047	11848

小学教育专任教师分学历、

Number of Full-timeTeacher in Primary Schools by

地　区 Region	合计 Total	#女 of Which: Female	按学历分 By Educational Background 博士研究生 Doctor's Degree	硕士研究生 Master's Degree	本科毕业 Under-graduate	专科毕业 Associate Bachelor
总　计 Total	**1697712**	**1010453**	**42**	**7392**	**978232**	**656218**
北　京 Beijing	5664	4068	1	449	4794	411
天　津 Tianjin	6850	4357	0	86	5612	1107
河　北 Hebei	140054	105213	3	714	79245	57714
山　西 Shanxi	41290	28923	0	368	26023	13734
内蒙古 Inner Mongolia	18460	12151	0	205	12922	5122
辽　宁 Liaoning	23922	16553	1	218	13760	9556
吉　林 Jilin	29029	19069	0	160	18503	9743
黑龙江 Heilongjiang	16510	9758	0	43	8428	7312
上　海 Shanghai	1682	1272	1	249	1226	198
江　苏 Jiangsu	28813	17448	2	278	25358	3053
浙　江 Zhejiang	28285	19791	0	426	23994	3643
安　徽 Anhui	79868	42200	0	383	46565	31336
福　建 Fujian	41076	24518	0	108	21171	16782
江　西 Jiangxi	67359	40505	1	55	28453	35194
山　东 Shandong	104121	55729	1	966	69640	29760
河　南 Henan	218416	147977	16	757	126928	84962
湖　北 Hubei	47159	24684	3	224	22420	21777
湖　南 Hunan	73954	45839	3	203	42063	29793
广　东 Guangdong	105096	64228	0	380	70580	31709
广　西 Guangxi	111233	66064	0	70	46980	57810
海　南 Hainan	16970	8144	2	62	5608	9903
重　庆 Chongqing	25984	12552	0	78	14342	10975
四　川 Sichuan	75773	40526	0	126	34866	38871
贵　州 Guizhou	66141	28430	0	63	45499	18453
云　南 Yunnan	120895	59873	4	218	71686	43772
西　藏 Tibet	14071	7416	1	18	8147	5779
陕　西 Shaanxi	29868	18236	1	176	20316	8941
甘　肃 Gansu	57196	23853	0	139	37024	16855
青　海 Qinghai	10323	4821	0	61	5865	4057
宁　夏 Ningxia	10360	5279	1	30	6071	3987
新　疆 Xinjiang	81290	50976	1	79	34143	43909

分专业技术职务情况(乡村)

Educational Background and Professional Rank (Rural Area)

单位:人
unit: person

高中阶段毕业 High School Graduate	高中阶段毕业以下 Below High School Graduate	按专业技术职务分 By Professional Rank					
		正高级 Senior	副高级 Sub-Senior	中级 Middle	助理级 Associate	员级 Junior	未定职级 No-Ranking
54946	**882**	**360**	**204084**	**670029**	**485802**	**70645**	**266792**
9	0	0	512	2666	1917	22	547
45	0	1	861	3979	1461	43	505
2341	37	38	16038	51601	40984	5811	25582
1156	9	2	900	14799	16477	1080	8032
211	0	6	3084	7153	4366	609	3242
372	15	5	10599	7209	2900	1389	1820
620	3	7	7916	11643	5866	457	3140
704	23	3	3938	6520	4497	311	1241
8	0	0	47	651	777	28	179
121	1	6	1637	14308	7734	698	4430
221	1	4	1180	13405	10966	377	2353
1583	1	5	9106	32858	22625	4110	11164
2947	68	24	917	20191	11074	1488	7382
3590	66	2	3180	21772	18813	6187	17405
3730	24	57	13280	39257	36685	3406	11436
5735	18	0	16885	84661	66335	7543	42992
2678	57	22	3018	22463	12063	2741	6852
1861	31	4	7439	27516	20376	5466	13153
2420	7	15	4584	60974	20147	3756	15620
6300	73	5	15178	50054	24651	3893	17452
1369	26	3	791	6887	6375	280	2634
584	5	10	2354	11887	9829	253	1651
1887	23	21	12719	27071	23157	4048	8757
2032	94	19	4642	33676	18862	1747	7195
5017	198	1	42553	39660	27623	2689	8369
124	2	2	1617	4289	4861	1800	1502
423	11	8	1398	11191	10381	942	5948
3111	67	79	8621	18221	21496	1002	7777
326	14	5	2803	3435	1803	248	2029
267	4	1	2488	3536	3330	210	795
3154	4	5	3799	16496	27371	8011	25608

小学学校
Condition of School Buildings

地 区 Region	校舍建筑面积 Floor Space	教学及辅助用房 Buildings for Instruction and Ancillary Uses	教室 Classroom	专用教室 Professional Classroom	公共教学用房 Public Teaching Space	图书阅览室 Library	室内体育用房 Gymnasium	心理辅导室 Psychological Counseling Room
总 计 Total	**871289751.42**	**474016826.93**	**329155892.97**	**64578527.35**	**80282406.61**	**24580916.98**	**19261985.95**	**4450854.90**
北 京 Beijing	7964759.02	4445713.81	2266449.70	917801.97	1261462.14	191185.66	273579.35	50017.68
天 津 Tianjin	5465087.14	3396715.30	2324080.57	434589.57	638045.16	149234.63	195699.44	40886.40
河 北 Hebei	49082452.10	29180446.65	21689282.62	3887931.07	3603232.96	1562803.78	417446.23	191131.93
山 西 Shanxi	19836745.51	9317157.31	6176494.85	1542819.86	1597842.60	496972.18	174138.47	84298.59
内蒙古 Inner Mongolia	14141565.24	7324186.56	3864386.42	1680202.50	1779597.64	320665.70	633240.08	92928.22
辽 宁 Liaoning	13319963.44	7571511.63	4827369.14	1234966.49	1509176.00	351781.75	349531.27	75388.85
吉 林 Jilin	9729834.18	5358598.49	3755890.27	756401.23	846306.99	296766.16	113346.92	42026.82
黑龙江 Heilongjiang	8637778.66	4870228.28	3366280.99	719470.33	784476.96	173923.41	234725.29	42002.06
上 海 Shanghai	6789880.10	4203045.40	2092655.31	851809.81	1258580.28	250711.65	489823.71	49938.77
江 苏 Jiangsu	51211475.47	31013463.96	18949017.08	5008893.49	7055553.39	1842988.55	2765717.88	314015.77
浙 江 Zhejiang	39825926.58	21127289.29	12600452.93	3346498.80	5180337.56	1084329.98	2239678.33	228955.28
安 徽 Anhui	34958207.42	21645415.55	16145341.07	2427316.19	3072758.29	1139069.31	651368.70	242230.87
福 建 Fujian	28374487.99	14985979.93	10126396.89	2121784.37	2737798.67	837980.81	728311.41	161419.54
江 西 Jiangxi	31950189.25	18403574.18	13260329.38	2229682.43	2913562.37	1093077.55	432038.51	163870.58
山 东 Shandong	57683105.65	31733520.94	20126332.22	5377350.58	6229838.14	1837116.40	1114499.07	455551.49
河 南 Henan	76966887.01	41465345.40	32667458.12	3844735.65	4953151.63	2066621.65	548530.42	306326.59
湖 北 Hubei	32629393.87	16427213.12	12019956.41	2060084.68	2347172.03	809902.41	452488.61	148001.54
湖 南 Hunan	43590461.80	22692697.77	16190233.81	2674373.36	3828090.60	1101115.28	1305665.88	169839.28
广 东 Guangdong	77386161.48	43263537.92	29844406.37	5080594.44	8338537.11	2061060.25	2610004.74	512898.26
广 西 Guangxi	43549985.22	25967070.98	20864645.34	2150547.68	2951877.96	1132014.15	543380.20	168544.85
海 南 Hainan	6766142.52	3508992.47	2730849.96	372530.22	405612.29	164829.70	51305.33	20954.40
重 庆 Chongqing	22013647.13	11396738.99	7483071.55	1602430.22	2311237.22	423042.49	540056.81	72029.69
四 川 Sichuan	42404986.99	23043642.35	17291429.96	2822808.06	2929404.33	1122835.55	553444.82	127838.29
贵 州 Guizhou	31507258.05	14176356.13	10405594.78	1854934.43	1915826.92	729650.21	254844.08	112898.83
云 南 Yunnan	37518968.54	17741994.66	12539345.44	2493392.21	2709257.01	1070009.74	303169.94	135115.60
西 藏 Tibet	5805899.41	2004299.69	1298667.28	281730.13	423902.28	73588.60	182943.73	8106.08
陕 西 Shaanxi	24315164.54	11755847.88	7505685.41	1908988.14	2341174.33	736214.57	337421.22	145575.26
甘 肃 Gansu	16262675.42	8701552.12	6100435.11	1219721.96	1381395.05	531049.79	112587.95	131438.74
青 海 Qinghai	5143981.03	2403814.68	1401588.52	508416.72	493809.44	148700.24	228161.41	14619.39
宁 夏 Ningxia	5176420.54	3010147.43	1857826.13	658534.61	493786.69	145386.88	89006.04	28014.32
新 疆 Xinjiang	21280260.12	11880728.06	7383939.34	2507186.15	1989602.57	636287.95	335830.11	113990.93

校舍情况(总计)
in Primary Schools (Total)

单位:平方米
unit: m^2

其他 Others	行政办公用房 Administrative	教师办公室 for Teachers	其他 Others	生活用房 Residential and Welfare	教工值班宿舍 Dormitories for Faculty	教师周转宿舍 Accommodation for Circulation of Teachers	学生宿舍 Students' Dormitories	学生餐厅 Students' Canteen	厕所 Toilets	其他 Others	其他用房 Rooms for Other Purposes
31988648.78	**73205119.89**	**48813765.22**	**24391354.67**	**232089473.26**	**23015482.46**	**32364169.53**	**46460792.28**	**47331801.86**	**37806569.85**	**45110657.28**	**91978331.34**
746679.45	1170904.72	513683.65	657221.07	2239537.30	75240.13	43936.85	90578.52	247871.06	385124.11	1396786.63	108603.19
252224.69	689679.43	454494.87	235184.56	890094.65	26148.79	16585.99	4531.00	118475.71	318266.36	406086.80	488597.76
1431851.02	3754805.18	2715418.20	1039386.98	10836595.81	833972.09	462198.73	3273157.55	1794937.42	2135695.79	2336634.23	5310604.46
842433.36	2074589.52	1475743.62	598845.90	5210113.34	663817.33	253625.51	1550383.03	819677.30	847070.43	1075539.74	3234885.34
732763.64	1396669.42	914550.71	482118.71	4137311.45	92135.99	324670.27	1553495.16	747820.88	688201.02	730988.13	1283397.81
732474.13	1513354.76	853486.93	659867.83	3693239.04	39660.44	62320.76	198365.84	743770.52	610201.05	2038920.43	541858.01
394167.09	989974.23	655373.76	334600.47	1860159.94	36451.11	54945.34	154230.37	368908.22	461578.70	784046.20	1521101.52
333826.20	889047.71	599628.10	289419.61	1557600.29	25352.70	51115.97	234250.14	232097.85	385385.14	629398.49	1320902.38
468106.15	870037.91	425495.39	444542.52	1174932.58	2939.05	1947.55	2829.19	297702.31	326693.29	542821.19	541864.21
2132831.19	4853082.29	2623791.95	2229290.34	10179295.68	407404.25	481008.04	462783.90	3615850.01	2009221.08	3203028.40	5165633.54
1627373.97	3199072.85	1841054.89	1358017.96	9554340.02	800500.03	782315.89	693371.70	3339820.05	1545518.89	2392813.46	5945224.42
1040089.41	2889259.67	2003931.79	885327.88	6592238.53	631639.82	892174.44	722058.44	1763249.72	1432211.31	1150904.80	3831293.67
1010086.91	2068060.10	1252268.88	815791.22	6073530.21	359873.72	1438720.92	589942.75	501701.55	1296555.38	1886735.89	5246917.75
1224575.73	2823629.14	1965843.47	857785.67	7853555.28	633181.17	2007743.91	988180.46	1539272.14	1490713.35	1194464.25	2869430.65
2822671.18	5400431.81	3500428.66	1900003.15	11997831.82	517700.43	645859.05	1040104.20	2940049.57	3103263.93	3750854.64	8551321.08
2031672.97	7834621.00	5874886.99	1959734.01	20658837.24	2057031.78	1587723.86	5612340.85	4594805.21	3954822.33	2852113.21	7008083.37
936779.47	2424719.53	1635104.03	789615.50	10782344.14	1815334.39	1831389.97	1972348.61	2209139.75	1132597.76	1821533.66	2995117.08
1251470.16	3315703.06	2479302.14	836400.92	13108251.14	2084962.64	2237640.81	1977219.63	3209292.63	1665071.87	1934063.56	4473809.83
3154573.86	5509524.82	3767544.76	1741980.06	17899114.92	3787960.15	3286199.73	2249431.21	1585020.17	3096456.63	3894047.03	10713983.82
1107938.76	2281954.46	1795485.69	486468.77	12740502.28	1684669.67	2648032.28	3214143.33	2107442.95	1734485.39	1351728.66	2560457.50
168522.86	449563.20	326982.34	122580.86	2295213.74	487377.69	747023.75	460777.19	169498.49	248210.82	182325.80	512373.11
1276108.23	1801554.45	1117541.37	684013.08	5795710.77	662939.03	1168711.37	725937.85	1428094.91	787461.62	1022565.99	3019642.92
1125285.67	2798900.44	1936436.72	862463.72	13373558.41	949451.23	2888583.87	3265696.26	2946213.95	1647973.97	1675639.13	3188885.79
818433.80	2385207.27	1512998.55	872208.72	11838845.38	680812.57	2648234.37	3721466.33	2184676.71	1397486.18	1206169.22	3106849.27
1200961.73	2196166.47	1540729.22	655437.25	15923557.23	1785356.59	1954340.64	5614660.04	3279256.48	1461430.99	1828512.49	1657250.18
159263.87	376067.33	282783.40	93283.93	3303580.32	58385.11	1198294.57	1146048.35	552291.29	117141.22	231419.78	121952.07
1121963.28	2409990.75	1715331.90	694658.85	6517239.60	944496.65	585925.05	1115752.71	1366345.51	1164716.41	1340003.27	3632086.31
606318.57	1814320.11	1350407.14	463912.97	4137031.10	626603.20	562261.90	492452.47	698898.60	921432.08	835382.85	1609772.09
102328.40	408032.23	257463.83	150568.40	2062517.75	33855.79	327127.34	719994.52	322085.94	238293.11	421161.05	269616.37
231379.45	494463.80	308135.18	186328.62	1053360.68	90987.52	167593.42	77488.86	222389.88	301898.61	193002.39	618448.63
903493.58	2121732.23	1117437.09	1004295.14	6749432.62	119241.40	1005917.38	2536771.82	1385145.08	901391.03	800965.91	528367.21

小学学校
Condition of School Buildings

地　区 Region	校舍建筑面　积 Floor Space	教学及辅助用　房 Buildings for Instruction and Ancillary Uses	教室 Classroom	专用教室 Professional Classroom	公共教学用　房 Public Teaching Space	图书阅览室 Library	室内体育用　房 Gymnasium	心理辅导室 Psychological Counseling Room
总　计 Total	**291803778. 13**	**168464205. 57**	**107549606. 92**	**24652739. 66**	**36261858. 99**	**7797553. 77**	**12504307. 69**	**1441104. 23**
北　京 Beijing	6396978. 17	3660108. 86	1875450. 40	731183. 66	1053474. 80	150852. 50	230785. 01	38518. 31
天　津 Tianjin	3905788. 48	2417627. 94	1596159. 65	301385. 65	520082. 64	104390. 48	183435. 66	26472. 05
河　北 Hebei	10724387. 10	6688406. 36	5002850. 90	827030. 43	858525. 03	298349. 59	167452. 91	37115. 13
山　西 Shanxi	6787630. 10	3402188. 80	2327955. 04	527454. 93	546778. 83	159428. 40	96532. 76	27078. 44
内蒙古 Inner Mongolia	4448759. 90	2811904. 19	1423696. 20	683486. 16	704721. 83	108603. 57	240637. 13	33431. 80
辽　宁 Liaoning	7764900. 92	4526568. 14	2748055. 13	741112. 28	1037400. 73	193890. 94	290623. 52	42285. 81
吉　林 Jilin	3397554. 63	2105320. 73	1479340. 88	272476. 91	353502. 94	102073. 52	72040. 82	14667. 14
黑龙江 Heilongjiang	3799696. 31	2308980. 58	1561826. 32	331135. 91	416018. 35	75776. 71	165943. 22	17959. 45
上　海 Shanghai	5767281. 71	3644519. 99	1815568. 17	734771. 03	1094180. 79	211994. 66	429565. 29	42762. 98
江　苏 Jiangsu	28708577. 05	16951401. 37	9726752. 16	2772317. 95	4452331. 26	1011307. 35	2012331. 79	144840. 29
浙　江 Zhejiang	22218781. 96	11953120. 46	6766189. 73	1943014. 97	3243915. 76	617212. 57	1515065. 55	119699. 84
安　徽 Anhui	8701396. 48	5555410. 19	4051900. 64	558598. 26	944911. 29	240929. 71	354453. 51	45484. 61
福　建 Fujian	9990585. 49	5381379. 73	3387394. 03	809142. 38	1184843. 32	304889. 85	412085. 29	55873. 24
江　西 Jiangxi	7571459. 50	4654846. 94	3222252. 99	553851. 46	878742. 49	225196. 18	206814. 48	36480. 99
山　东 Shandong	22650663. 80	12533866. 28	7384270. 10	2228273. 03	2921323. 15	640965. 97	756199. 09	121157. 12
河　南 Henan	14481376. 97	8103841. 86	6220430. 58	751561. 49	1131849. 79	320513. 71	224026. 65	65782. 45
湖　北 Hubei	10475779. 70	6121213. 37	4307580. 48	810815. 40	1002817. 49	256238. 58	258234. 66	49668. 13
湖　南 Hunan	11808250. 36	6782386. 95	4308739. 12	777644. 26	1696003. 57	261635. 57	903640. 57	47174. 36
广　东 Guangdong	38546523. 98	21938900. 25	13975121. 66	2898119. 02	5065659. 57	935204. 57	1918227. 89	217199. 51
广　西 Guangxi	8513330. 11	5413031. 08	4028948. 96	523469. 67	860612. 45	211035. 03	295535. 60	37767. 85
海　南 Hainan	1758977. 51	1031373. 54	783828. 65	114518. 47	133026. 42	34584. 60	23669. 87	5185. 56
重　庆 Chongqing	10221986. 71	5808132. 16	3450590. 41	856676. 42	1500865. 33	190730. 18	482853. 77	33858. 94
四　川 Sichuan	12775823. 30	7899262. 77	5382757. 91	1151115. 73	1365389. 13	357084. 51	413749. 35	46272. 60
贵　州 Guizhou	5796868. 22	2942576. 54	2007922. 14	414754. 99	519899. 41	131987. 98	121676. 21	20908. 22
云　南 Yunnan	5315776. 82	3074773. 93	2030125. 16	483211. 38	561437. 39	136222. 12	143723. 21	16757. 13
西　藏 Tibet	774495. 61	346478. 36	254341. 12	43893. 32	48243. 92	8737. 00	10918. 19	1834. 13
陕　西 Shaanxi	9422565. 92	4654209. 35	2851927. 68	761576. 47	1040705. 20	244114. 47	244642. 03	41132. 96
甘　肃 Gansu	2733016. 95	1600968. 14	1094479. 95	215681. 75	290806. 44	71655. 26	54533. 34	18955. 43
青　海 Qinghai	879739. 42	563563. 98	292487. 57	169450. 58	101625. 83	30030. 51	34946. 81	4181. 20
宁　夏 Ningxia	1716968. 90	1106437. 37	672217. 18	236012. 48	198207. 71	45632. 03	64029. 22	9686. 20
新　疆 Xinjiang	3747856. 05	2481405. 36	1518446. 01	429003. 22	533956. 13	116285. 65	175934. 29	20912. 36

校舍情况(城区)
in Primary Schools (Urban Area)

单位:平方米
unit: m^2

其他 Others	行政办公用房 Administrative	教师办公室 for Teachers	其他 Others	生活用房 Residential and Welfare	教工值班宿舍 Dormitories for Faculty	教师周转宿舍 Accommodation for Circulation of Teachers	学生宿舍 Students' Dormitories	学生餐厅 Students' Canteen	厕所 Toilets	其他 Others	其他用房 Rooms for Other Purposes
14518893. 30	**27429440. 55**	**16824760. 84**	**10604679. 71**	**57031730. 56**	**3296601. 53**	**3561686. 75**	**5586057. 05**	**12082059. 21**	**12987713. 09**	**19517612. 93**	**38878401. 45**
633318. 98	946693. 03	420901. 18	525791. 85	1685219. 09	35914. 77	27517. 47	44554. 60	183998. 82	305953. 40	1087280. 03	104957. 19
205784. 45	518558. 61	342682. 01	175876. 60	644710. 79	5624. 36	8130. 77	4531. 00	100474. 60	233521. 20	292428. 86	324891. 14
355607. 40	956142. 86	686664. 57	269478. 29	1738791. 61	66200. 20	25910. 90	409215. 38	214571. 40	441701. 27	581192. 46	1341046. 27
263739. 23	738066. 15	486000. 79	252065. 36	1334351. 21	109619. 84	29057. 18	354627. 99	149065. 70	297309. 46	394671. 04	1313023. 94
322049. 33	464906. 43	303212. 62	161693. 81	639787. 60	9670. 21	20365. 77	114419. 68	58718. 56	203336. 95	233276. 43	532161. 68
510600. 46	894202. 74	467600. 69	426602. 05	2057644. 33	7302. 74	6516. 90	48126. 83	316651. 97	350681. 59	1328364. 30	286485. 71
164721. 46	342497. 29	220243. 35	122253. 94	452739. 37	1518. 15	220. 00	9361. 23	91123. 18	146402. 35	204114. 46	496997. 24
156338. 97	414616. 02	261692. 52	152923. 50	476253. 47	5017. 22	4640. 36	12739. 44	27752. 62	166772. 28	259331. 55	599846. 24
409857. 86	731343. 47	365804. 62	365538. 85	996872. 13	1845. 01	904. 16	2529. 19	235447. 95	272096. 24	484049. 58	394546. 12
1283851. 83	2771748. 09	1418791. 18	1352956. 91	5613140. 35	77825. 22	73867. 64	153602. 42	2031228. 24	1130013. 46	2146603. 37	3372287. 24
991937. 80	1768799. 96	1004674. 20	764125. 76	4766267. 65	201208. 49	249113. 24	335319. 03	1804157. 34	838539. 35	1337930. 20	3730593. 89
304043. 46	827463. 61	542699. 42	284764. 19	1065661. 95	50674. 44	44737. 79	72059. 38	208073. 55	374520. 40	315596. 39	1252860. 73
411994. 94	799699. 31	444180. 30	355519. 01	1542240. 19	82594. 78	241366. 41	90185. 57	121542. 66	475007. 08	531543. 69	2267266. 26
410250. 84	732891. 95	472309. 71	260582. 24	1165493. 30	54697. 64	140265. 43	43153. 77	221763. 29	379818. 90	325794. 27	1018227. 31
1403000. 97	2279596. 41	1359979. 15	919617. 26	4844996. 04	102424. 95	127701. 66	319342. 96	1091285. 77	1158258. 23	2045982. 47	2992205. 07
521526. 98	1682069. 64	1157347. 50	524722. 14	2753754. 06	212348. 83	101464. 73	583878. 48	475128. 36	683808. 26	697125. 40	1941711. 41
438676. 12	951741. 39	617448. 93	334292. 46	2286518. 79	268446. 24	204775. 83	196860. 48	484650. 35	391102. 91	740682. 98	1116306. 15
483553. 07	921026. 63	645956. 37	275070. 26	2543640. 52	239378. 91	232267. 57	310117. 24	672509. 51	481828. 15	607539. 14	1561196. 26
1995027. 60	2722847. 72	1787572. 28	935275. 44	7948734. 36	1109833. 85	1003414. 28	960686. 50	905801. 81	1681604. 56	2287393. 36	5936041. 65
316273. 97	632799. 48	442390. 44	190409. 04	1788793. 86	136980. 93	157968. 90	382341. 48	320650. 82	444999. 74	345851. 99	678705. 69
69586. 39	137002. 88	94131. 32	42871. 56	439311. 60	69505. 61	117869. 87	73772. 12	23947. 46	77765. 06	76451. 48	151289. 49
793422. 44	920385. 61	563018. 32	357367. 29	1823229. 45	52346. 54	99748. 33	112314. 50	618578. 18	395452. 84	544789. 06	1670239. 49
548282. 67	1017075. 91	672102. 50	344973. 41	2423821. 31	105023. 10	178868. 71	323890. 00	681273. 61	543467. 30	591298. 59	1435663. 31
245327. 00	639581. 97	378223. 11	261358. 86	1217449. 36	57070. 49	101098. 28	183257. 12	275317. 84	302254. 94	298450. 69	997260. 35
264734. 93	497440. 80	331157. 78	166283. 02	1366088. 41	80430. 43	78508. 07	126985. 37	198956. 49	255497. 89	625710. 16	377473. 68
26754. 60	80818. 26	59793. 71	21024. 55	328609. 63	7788. 40	154325. 87	64991. 78	61546. 66	14662. 55	25294. 37	18589. 36
510815. 74	871315. 04	616118. 91	255196. 13	1885018. 18	115269. 68	72639. 71	190897. 52	367936. 68	462369. 49	675905. 10	2012023. 35
145662. 41	331774. 71	223898. 20	107876. 51	345358. 65	14907. 20	15385. 60	5097. 20	23144. 43	149910. 49	136913. 73	454915. 45
32467. 31	121711. 54	60216. 63	61494. 91	156916. 38	718. 00	3893. 00	7271. 77	10168. 28	62331. 07	72534. 26	37547. 52
78860. 26	197946. 70	119225. 07	78721. 63	167366. 38	5015. 22	3178. 26	172. 00	4560. 68	102543. 92	51896. 30	245218. 45
220823. 83	516676. 34	258723. 46	257952. 88	532950. 54	9400. 08	35964. 06	49755. 02	102032. 40	164181. 76	171617. 22	216823. 81

小学学校

Condition of School Buildings in

地区 Region	校舍建筑面积 Floor Space	教学及辅助用房 Buildings for Instruction and Ancillary Uses	教室 Classroom	专用教室 Professional Classroom	公共教学用房 Public Teaching Space	图书阅览室 Library	室内体育用房 Gymnasium	心理辅导室 Psychological Counseling Room
总计 Total	**300541613.25**	**163121765.38**	**117187717.45**	**21397809.90**	**24536238.03**	**7932165.26**	**4947384.64**	**1386275.14**
北京 Beijing	779889.17	374992.79	190845.36	79962.47	104184.96	19463.67	23050.07	4818.08
天津 Tianjin	633630.35	393508.54	296283.65	51721.82	45503.07	16443.41	6873.43	5456.77
河北 Hebei	18133234.10	10525561.46	7831901.29	1391220.17	1302440.00	529450.28	180172.49	60885.22
山西 Shanxi	6980303.71	3593014.73	2301430.21	628985.98	662598.54	181049.28	56219.48	26417.46
内蒙古 Inner Mongolia	6922538.39	3468293.04	1848416.93	767532.30	852343.81	151444.79	340253.10	40891.72
辽宁 Liaoning	3083887.87	1706601.30	1168050.67	277997.85	260552.78	73916.02	36949.53	15641.74
吉林 Jilin	3049491.93	1716757.02	1207126.04	242583.71	267047.27	86921.18	29438.82	11517.09
黑龙江 Heilongjiang	3493252.92	1947224.58	1365943.84	290344.16	290936.58	66013.87	60626.47	16796.92
上海 Shanghai	850294.20	452007.99	226180.51	96842.86	128984.62	32118.73	48178.17	5340.37
江苏 Jiangsu	18440631.47	11415348.97	7360516.97	1847608.59	2207223.41	667346.43	699761.53	122632.04
浙江 Zhejiang	12301048.68	6670319.29	4201446.06	1003069.78	1465803.45	335296.35	585123.65	67187.82
安徽 Anhui	14607839.15	9367123.90	7109352.76	1044052.83	1213718.31	450455.65	235159.09	88935.74
福建 Fujian	10609866.26	5875873.20	4083330.65	784254.66	1008287.89	308219.54	244630.79	54154.78
江西 Jiangxi	12655639.83	7352669.53	5320482.88	911655.55	1120531.10	352589.96	186781.58	63402.39
山东 Shandong	19603658.98	10776549.14	7095922.47	1774951.04	1905675.63	608970.15	301034.74	128798.00
河南 Henan	27859271.33	14689096.48	11746247.60	1306703.02	1636145.86	649562.29	185559.10	103043.66
湖北 Hubei	11442888.36	5678408.99	4257823.45	689664.91	730920.63	265559.47	132347.36	45713.64
湖南 Hunan	18261888.50	9337650.83	6817846.99	1150546.82	1369257.02	446989.54	334262.92	68548.09
广东 Guangdong	19433109.53	10932781.33	8211830.05	1079139.60	1641811.68	478971.11	412130.51	109005.09
广西 Guangxi	14269059.20	8306997.26	6873614.49	632397.46	800985.31	311525.66	134795.75	45286.77
海南 Hainan	2349140.94	1177098.91	929916.29	120119.88	127062.74	51895.32	15740.36	6130.87
重庆 Chongqing	6845338.51	3522335.25	2505859.02	482233.94	534242.29	128513.34	42500.17	20694.70
四川 Sichuan	17721718.75	9533562.02	7530189.02	1032637.54	970735.46	413852.57	109052.83	51971.74
贵州 Guizhou	13866400.92	6040979.97	4475583.31	771754.72	793641.94	281325.92	102360.85	43471.41
云南 Yunnan	9609903.80	4622729.71	3361557.04	586818.21	674354.46	240020.42	76919.04	30242.23
西藏 Tibet	1475481.21	489249.00	297935.93	80466.09	110846.98	17090.03	54422.04	1848.20
陕西 Shaanxi	9759983.94	4912294.38	3275345.80	764269.25	872679.33	313043.06	71253.13	62950.26
甘肃 Gansu	6342145.73	3414525.57	2304599.58	542146.66	567779.33	200932.55	42073.21	42588.99
青海 Qinghai	1993249.77	881537.45	525781.15	165053.68	190702.62	56923.64	94465.26	4722.51
宁夏 Ningxia	1674972.39	981959.46	611414.61	205713.44	164831.41	45753.97	20701.36	7987.78
新疆 Xinjiang	5491853.36	2964713.29	1854942.83	595360.91	514409.55	150507.06	84547.81	29193.06

校舍情况(镇区)

Primary Schools (County and Town Area)

单位:平方米
unit: m^2

其他 Others	行政办公用房 Administrative	教师办公室 for Teachers	其他 Others	生活用房 Residential and Welfare	教工值班宿舍 Dormitories for Faculty	教师周转宿舍 Accommodation for Circulation of Teachers	学生宿舍 Students' Dormitories	学生餐厅 Students' Canteen	厕所 Toilets	其他 Others	其他用房 Rooms for Other Purposes
10270412. 99	**24547868. 96**	**16577165. 79**	**7970703. 17**	**85203836. 63**	**8464931. 30**	**12978983. 92**	**20280209. 05**	**17944130. 74**	**12393368. 28**	**13142213. 34**	**27668142. 28**
56853. 14	105656. 59	43468. 41	62188. 18	298519. 79	18298. 43	6709. 00	20968. 66	35945. 02	40483. 94	176114. 74	720. 00
16729. 46	71249. 36	46703. 81	24545. 55	104577. 86	5353. 90	2953. 44	0. 00	9092. 57	35135. 64	52042. 31	64294. 59
531932. 01	1355669. 34	974073. 81	381595. 53	4417778. 68	309272. 93	164988. 39	1536347. 94	796327. 93	768211. 95	842629. 54	1834224. 62
398912. 32	717301. 58	517019. 89	200281. 69	1801828. 20	229260. 31	110656. 88	573654. 97	302850. 89	287077. 49	298327. 66	868159. 20
319754. 20	672398. 58	427537. 44	244861. 14	2309006. 14	41080. 30	157086. 29	987560. 85	458351. 71	341302. 96	323624. 03	472840. 63
134045. 49	340413. 61	209551. 50	130862. 11	911046. 62	10316. 92	30785. 81	106334. 07	268369. 38	125969. 60	369270. 84	125826. 34
139170. 18	291891. 36	186850. 08	105041. 28	674354. 39	10342. 97	37856. 90	97618. 90	176577. 18	128594. 95	223363. 49	366489. 16
147499. 32	339006. 37	239779. 81	99226. 56	711018. 39	9887. 63	26169. 37	160940. 71	132679. 24	155630. 55	225710. 89	496003. 58
43347. 35	110425. 03	47761. 01	62664. 02	147783. 49	1077. 04	900. 93	300. 00	51051. 12	44349. 46	50104. 94	140077. 69
717483. 41	1754559. 17	994956. 82	759602. 35	3813238. 39	263837. 15	313508. 63	255650. 00	1374958. 18	712284. 50	892999. 93	1457484. 94
478195. 63	1012394. 77	588401. 06	423993. 71	3185229. 31	330291. 45	331836. 39	243046. 46	1057370. 66	506204. 09	716480. 26	1433105. 31
439167. 83	1147582. 12	782209. 15	365372. 97	2718113. 05	226455. 98	420456. 46	367113. 62	714184. 93	553526. 25	436375. 81	1375020. 08
401282. 78	770420. 17	477879. 93	292540. 24	2354353. 73	118051. 86	586192. 85	308881. 27	212671. 46	466111. 34	662444. 95	1609219. 16
517757. 17	1122399. 88	742242. 66	380157. 22	3140424. 06	223197. 69	772134. 91	582153. 76	604995. 92	550395. 75	407546. 03	1040146. 36
866872. 74	1829923. 97	1231272. 53	598651. 44	4117467. 76	212606. 17	300136. 63	478991. 17	1122792. 57	1052007. 40	950933. 82	2879718. 11
697980. 81	2724452. 88	2011533. 92	712918. 96	8134476. 03	767167. 17	593246. 33	2653234. 76	1796554. 70	1354008. 99	970264. 08	2311245. 94
287300. 16	782201. 99	543925. 53	238276. 46	4198418. 50	771001. 72	801919. 18	826498. 06	882473. 39	350743. 48	565782. 67	783858. 88
519456. 47	1311375. 99	972651. 68	338724. 31	5969020. 10	974229. 45	1130840. 13	1056134. 40	1458868. 70	626119. 45	722827. 97	1643841. 58
641704. 97	1350502. 50	939415. 39	411087. 11	4918593. 18	1052626. 14	1043506. 74	940841. 44	445682. 54	676178. 98	759757. 34	2231232. 52
309377. 13	692792. 98	552800. 40	139992. 58	4634258. 81	643226. 29	966622. 25	1350062. 75	788502. 75	494004. 68	391840. 09	635010. 15
53296. 19	142505. 01	105052. 00	37453. 01	898418. 07	194054. 42	276904. 28	233659. 35	78967. 30	75901. 44	38931. 28	131118. 95
342534. 08	504209. 81	320879. 12	183330. 69	2035189. 51	262989. 78	529540. 65	279118. 55	463590. 51	224075. 20	275874. 82	783603. 94
395858. 32	1100107. 45	763505. 48	336601. 97	6051596. 81	446151. 48	1381045. 89	1577544. 64	1319752. 67	647498. 36	679603. 77	1036452. 47
366483. 76	1037733. 60	664561. 90	373171. 70	5430088. 51	291107. 25	1112192. 79	1922123. 05	962318. 59	601310. 48	541036. 35	1357598. 84
327172. 77	667358. 22	461792. 66	205565. 56	3768353. 45	325493. 05	504337. 74	1365226. 56	808955. 74	369835. 98	394504. 38	551462. 42
37486. 71	91495. 66	63992. 39	27503. 27	869484. 32	15232. 46	318798. 12	311765. 87	146273. 51	25687. 09	51727. 27	25252. 23
425432. 88	974171. 24	693468. 94	280702. 30	2857300. 28	462191. 97	349691. 18	640255. 19	593224. 28	429594. 68	382342. 98	1016218. 04
282184. 58	663141. 99	471389. 42	191752. 57	1709239. 94	192313. 18	263892. 80	269219. 25	315313. 08	326920. 88	341580. 75	555238. 23
34591. 21	151168. 25	101532. 17	49636. 08	871780. 49	12088. 36	155223. 06	352883. 55	141384. 45	81594. 88	128606. 19	88763. 58
90388. 30	169508. 67	107337. 18	62171. 49	320309. 94	15714. 12	51487. 25	34461. 40	72303. 52	99021. 84	47321. 81	203194. 32
250161. 62	543850. 82	293619. 70	250231. 12	1832568. 83	30013. 73	237362. 65	747617. 85	351746. 25	243586. 00	222242. 35	150720. 42

小学学校

Condition of School Buildings in

地 区 Region	校舍建筑面 积 Floor Space	教学及辅助用 房 Buildings for Instruction and Ancillary Uses	教室 Classroom	专用教室 Professional Classroom	公共教学用 房 Public Teaching Space	图书阅览室 Library	室内体育用 房 Gymnasium	心理辅导室 Psychological Counseling Room
总 计 Total	**278944360. 04**	**142430855. 98**	**104418568. 60**	**18527977. 79**	**19484309. 59**	**8851197. 95**	**1810293. 62**	**1623475. 53**
北 京 Beijing	787891. 68	410612. 16	200153. 94	106655. 84	103802. 38	20869. 49	19744. 27	6681. 29
天 津 Tianjin	925668. 31	585578. 82	431637. 27	81482. 10	72459. 45	28400. 74	5390. 35	8957. 58
河 北 Hebei	20224830. 90	11966478. 83	8854530. 43	1669680. 47	1442267. 93	735003. 91	69820. 83	93131. 58
山 西 Shanxi	6068811. 70	2321953. 78	1547109. 60	386378. 95	388465. 23	156494. 50	21386. 23	30802. 69
内蒙古 Inner Mongolia	2770266. 95	1043989. 33	592273. 29	229184. 04	222532. 00	60617. 34	52349. 85	18604. 70
辽 宁 Liaoning	2471174. 65	1338342. 19	911263. 34	215856. 36	211222. 49	83974. 79	21958. 22	17461. 30
吉 林 Jilin	3282787. 62	1536520. 74	1069423. 35	241340. 61	225756. 78	107771. 46	11867. 28	15842. 59
黑龙江 Heilongjiang	1344829. 43	614023. 12	438510. 83	97990. 26	77522. 03	32132. 83	8155. 60	7245. 69
上 海 Shanghai	172304. 19	106517. 42	50906. 63	20195. 92	35414. 87	6598. 26	12080. 25	1835. 42
江 苏 Jiangsu	4062266. 95	2646713. 62	1861747. 95	388966. 95	395998. 72	164334. 77	53624. 56	46543. 44
浙 江 Zhejiang	5306095. 94	2503849. 54	1632817. 14	400414. 05	470618. 35	131821. 06	139489. 13	42067. 62
安 徽 Anhui	11648971. 79	6722881. 46	4984087. 67	824665. 10	914128. 69	447683. 95	61756. 10	107810. 52
福 建 Fujian	7774036. 24	3728727. 00	2655672. 21	528387. 33	544667. 46	224871. 42	71595. 33	51391. 52
江 西 Jiangxi	11723089. 92	6396057. 71	4717593. 51	764175. 42	914288. 78	515291. 41	38442. 45	63987. 20
山 东 Shandong	15428782. 87	8423105. 52	5646139. 65	1374126. 51	1402839. 36	587180. 28	57265. 24	205596. 37
河 南 Henan	34626238. 71	18672407. 06	14700779. 94	1786471. 14	2185155. 98	1096545. 65	138944. 67	137500. 48
湖 北 Hubei	10710725. 81	4627590. 76	3454552. 48	559604. 37	613433. 91	288104. 36	61906. 59	52619. 77
湖 南 Hunan	13520322. 94	6572659. 99	5063647. 70	746182. 28	762830. 01	392490. 17	67762. 39	54116. 83
广 东 Guangdong	19406527. 97	10391856. 34	7657454. 66	1103335. 82	1631065. 86	646884. 57	279646. 34	186693. 66
广 西 Guangxi	20767595. 91	12247042. 64	9962081. 89	994680. 55	1290280. 20	609453. 46	113048. 85	85490. 23
海 南 Hainan	2658024. 07	1300520. 02	1017105. 02	137891. 87	145523. 13	78349. 78	11895. 10	9637. 97
重 庆 Chongqing	4946321. 91	2066271. 58	1526622. 12	263519. 86	276129. 60	103798. 97	14702. 87	17476. 05
四 川 Sichuan	11907444. 94	5610817. 56	4378483. 03	639054. 79	593279. 74	351898. 47	30642. 64	29593. 95
贵 州 Guizhou	11843988. 91	5192799. 62	3922089. 33	668424. 72	602285. 57	316336. 31	30807. 02	48519. 20
云 南 Yunnan	22593287. 92	10044491. 02	7147663. 24	1423362. 62	1473465. 16	693767. 20	82527. 69	88116. 24
西 藏 Tibet	3555922. 59	1168572. 33	746390. 23	157370. 72	264811. 38	47761. 57	117603. 50	4423. 75
陕 西 Shaanxi	5132614. 68	2189344. 15	1378411. 93	383142. 42	427789. 80	179057. 04	21526. 06	41492. 04
甘 肃 Gansu	7187512. 74	3686058. 41	2701355. 58	461893. 55	522809. 28	258461. 98	15981. 40	69894. 32
青 海 Qinghai	2270991. 84	958713. 25	583319. 80	173912. 46	201480. 99	61746. 09	98749. 34	5715. 68
宁 夏 Ningxia	1784479. 25	921750. 60	574194. 34	216808. 69	130747. 57	54000. 88	4275. 46	10340. 34
新 疆 Xinjiang	12040550. 71	6434609. 41	4010550. 50	1482822. 02	941236. 89	369495. 24	75348. 01	63885. 51

校舍情况(乡村)
Primary Schools (Rural Area)

单位:平方米
unit: m^2

其他 Others	行政办公用房 Administrative	教师办公室 for Teachers	其他 Others	生活用房 Residential and Welfare	教工值班宿舍 Dormitories for Faculty	教师周转宿舍 Accommodation for Circulation of Teachers	学生宿舍 Students' Dormitories	学生餐厅 Students' Canteen	厕所 Toilets	其他 Others	其他用房 Rooms for Other Purposes
7199342.49	**21227810.38**	**15411838.59**	**5815971.79**	**89853906.07**	**11253949.63**	**15823498.86**	**20594526.18**	**17305611.91**	**12425488.48**	**12450831.01**	**25431787.61**
56507.33	118555.10	49314.06	69241.04	255798.42	21026.93	9710.38	25055.26	27927.22	38686.77	133391.86	2926.00
29710.78	99871.46	65109.05	34762.41	140806.00	15170.53	5501.78	0.00	8908.54	49609.52	61615.63	99412.03
544311.61	1442992.98	1054679.82	388313.16	4680025.52	458498.96	271299.44	1327594.23	784038.09	925782.57	912812.23	2135333.57
179781.81	619221.79	472722.94	146498.85	2073933.93	324937.18	113911.45	622100.07	367760.71	262683.48	382541.04	1053702.20
90960.11	259364.41	183800.65	75563.76	1188517.71	41385.48	147218.21	451514.63	230750.61	143561.11	174087.67	278395.50
87828.18	278738.41	176334.74	102403.67	724548.09	22040.78	25018.05	43904.94	158749.17	133549.86	341285.29	129545.96
90275.45	355585.58	248280.33	107305.25	733066.18	24589.99	16868.44	47250.24	101207.86	186581.40	356568.25	657615.12
29987.91	135425.32	98155.77	37269.55	370328.43	10447.85	20306.24	60569.99	71665.99	62982.31	144356.05	225052.56
14900.94	28269.41	11929.76	16339.65	30276.96	17.00	142.46	0.00	11203.24	10247.59	8666.67	7240.40
131495.95	326775.03	210043.95	116731.08	752916.94	65741.88	93631.77	53531.48	209663.59	166923.12	163425.10	335861.36
157240.54	417878.12	247979.63	169898.49	1602843.06	269000.09	201366.26	115006.21	478292.05	200775.45	338403.00	781525.22
296878.12	914213.94	679023.22	235190.72	2808463.53	354509.40	426980.19	282885.44	840991.24	504164.66	398932.60	1203412.86
196809.19	497940.62	330208.65	167731.97	2176936.29	159227.08	611161.66	190875.91	167487.43	355436.96	692747.25	1370432.33
296567.72	968337.31	751291.10	217046.21	3547637.92	355285.84	1095343.57	362872.93	712512.93	560498.70	461123.95	811056.98
552797.47	1290911.43	909176.98	381734.45	3035368.02	202669.31	218020.76	241770.07	725971.23	892998.30	753938.35	2679397.90
812165.18	3428098.48	2706005.57	722092.91	9770607.15	1077515.78	893012.80	2375227.61	2323122.15	1917005.08	1184723.73	2755126.02
210803.19	690776.15	473729.57	217046.58	4297406.85	775886.43	824694.96	948990.07	842016.01	390751.37	515068.01	1094952.05
248460.62	1083300.44	860694.09	222606.35	4595590.52	871354.28	874533.11	610967.99	1077914.42	557124.27	603696.45	1268771.99
517841.29	1436174.60	1040557.09	395617.51	5031787.38	1625500.16	1239278.71	347903.27	233535.82	738673.09	846896.33	2546709.65
482287.66	956362.00	800294.85	156067.15	6317449.61	904462.45	1523441.13	1481739.10	998289.38	795480.97	614036.58	1246741.66
45640.28	170055.31	127799.02	42256.29	957484.07	223817.66	352249.60	153345.72	66583.73	94544.32	66943.04	229964.67
140151.71	376959.03	233643.93	143315.10	1937291.81	347602.71	539422.39	334504.80	345926.22	167933.58	201902.11	565799.49
181144.68	681717.08	500828.74	180888.34	4898140.29	398276.65	1328669.27	1364261.62	945187.67	457008.31	404736.77	716770.01
206623.04	707891.70	470213.54	237678.16	5191307.51	332634.83	1434943.30	1616086.16	947040.28	493920.76	366682.18	751990.08
609054.03	1031367.45	747778.78	283588.67	10789115.37	1379433.11	1371494.83	4122448.11	2271344.25	836097.12	808297.95	728314.08
95022.56	203753.41	158997.30	44756.11	2105486.37	35364.25	725170.58	769290.70	344471.12	76791.58	154398.14	78110.48
185714.66	564504.47	405744.05	158760.42	1774921.14	367035.00	163594.16	284600.00	405184.55	272752.24	281755.19	603844.92
178471.58	819403.41	655119.52	164283.89	2082432.51	419382.82	282983.50	218136.02	360441.09	444600.71	356888.37	599618.41
35269.88	135152.44	95715.03	39437.41	1033820.88	21049.43	168011.28	359839.20	170533.21	94367.16	220020.60	143305.27
62130.89	127008.43	81572.93	45435.50	565684.36	70258.18	112927.91	42855.46	145525.68	100332.85	93784.28	170035.86
432508.13	1061205.07	565093.93	496111.14	4383913.25	79827.59	732590.67	1739398.95	931366.43	493623.27	407106.34	160822.98

	占地面积（平方米）Areas Occupied（m^2）	#绿化用地面积 of Which Green Areas	#运动场地面积 of Which Sports Areas	校园足球场（个）Campus Football	11人制足球场 11-a-side Football Field	7人制足球场 7-a-side Football Field	5人制足球场 5-a-side Football Field
总　计 Total	**2364891616.79**	**436126520.32**	**771749568.98**	**78828**	**7706**	**23944**	**47178**
北　京 Beijing	14466762.14	2417610.84	5766008.35	821	61	385	375
天　津 Tianjin	13670702.92	1778893.07	5839280.30	758	48	340	370
河　北 Hebei	164529631.67	17243625.72	56318706.59	5630	350	1431	3849
山　西 Shanxi	52236885.34	6997892.23	13755743.43	1453	100	276	1077
内蒙古 Inner Mongolia	53725959.29	8515580.41	13537380.52	1861	236	931	694
辽　宁 Liaoning	41038801.58	5105863.09	17536638.78	2004	336	851	817
吉　林 Jilin	52019249.52	10386720.37	11804239.93	1384	145	313	926
黑龙江 Heilongjiang	29485022.49	3664186.62	9943881.47	931	141	286	504
上　海 Shanghai	11043546.57	3109850.33	4279720.74	589	47	295	247
江　苏 Jiangsu	115215080.01	31984636.39	40949141.41	4429	847	1829	1753
浙　江 Zhejiang	75926718.16	18591495.69	27746676.09	2920	364	834	1722
安　徽 Anhui	102433435.50	17075651.84	30811954.91	3600	306	1040	2254
福　建 Fujian	57108974.30	11799590.07	20224630.25	1769	94	392	1283
江　西 Jiangxi	87213870.80	14524986.74	31255748.77	2177	185	520	1472
山　东 Shandong	179309806.76	37486025.44	65016110.32	8796	1349	3202	4245
河　南 Henan	220388732.62	29831279.37	60647981.31	5622	274	1001	4347
湖　北 Hubei	94878969.61	28710322.65	24817554.78	2795	301	751	1743
湖　南 Hunan	109519188.96	16738044.79	29052769.08	1826	239	589	998
广　东 Guangdong	184462997.69	40567671.88	66975816.57	6003	477	2149	3377
广　西 Guangxi	110386533.18	16134235.67	47312767.24	2113	181	468	1464
海　南 Hainan	29976381.60	6076009.94	5985489.19	673	83	252	338
重　庆 Chongqing	41627141.90	7711612.90	13662821.11	1418	91	372	955
四　川 Sichuan	87566984.90	13435974.24	37310294.02	2962	191	805	1966
贵　州 Guizhou	77785636.53	16232590.98	29319246.06	1865	142	535	1188
云　南 Yunnan	99587969.36	18284606.42	29773107.04	1874	153	533	1188
西　藏 Tibet	17727919.94	2193791.95	3501994.93	677	29	332	316
陕　西 Shaanxi	57165745.58	8811358.80	17051898.15	4052	119	750	3183
甘　肃 Gansu	58273711.44	10101744.00	15971787.23	3213	92	382	2739
青　海 Qinghai	15931938.83	2903974.76	3633570.91	369	65	178	126
宁　夏 Ningxia	20116795.36	3852398.01	6446800.26	649	81	335	233
新　疆 Xinjiang	90070522.24	23858295.11	25499809.24	3595	579	1587	1429

资产情况(总计)
Resources in Primary Schools (Total)

图书(册) Books and Magazines in Libraries (Volume)	数字终端数(台) Number of Digital Terminals (Set)	教师终端数 Number of Teachers' Terminals	学生终端数 Number of Student Terminals	教室(间) Classroom (Room)	#网络多媒体教室 of Which: Network Multimedia Classroom	固定资产总值(万元) Total Value of Fixed Asset (10,000 yuan)	#教学仪器设备资产值 of Which: Total Value of Equip and Instru.
2649622398	**16058859**	**5378382**	**10334781**	**3830264**	**2774165**	**145946561. 86**	**20977883. 08**
27969312	260268	101909	128734	31035	29374	2521882. 51	846750. 09
24216296	130736	63413	65901	26357	22512	1077866. 63	213056. 00
198255750	1038801	323126	704371	273193	192254	6272544. 44	892310. 06
48691434	372297	146520	213215	91833	62845	2777009. 85	365112. 68
29448278	230904	87035	141991	43130	36870	2940310. 57	384686. 24
57528213	356735	108538	223734	69011	51332	1835458. 85	422131. 54
33137247	165002	62356	90828	56645	29240	1616792. 84	259919. 54
22382483	174646	52953	115369	47584	32927	1441712. 29	262230. 28
27347948	199801	109325	87180	27699	25585	2331430. 78	495534. 67
165504549	971846	349637	612000	189730	161145	11427895. 42	1417018. 71
130869812	796080	269574	510295	129559	117221	7826007. 88	1356293. 64
99714823	1240357	262953	958555	161723	123053	5648571. 67	898637. 08
92929416	493544	186652	298899	122329	93047	4813707. 58	780547. 81
73618733	380980	169838	202394	165065	115032	4049146. 17	655898. 80
209924511	1172590	462509	667037	263271	212793	11224256. 59	1357605. 58
214004802	1085182	391540	673725	402797	220277	9039032. 96	1033568. 42
100686159	459459	155845	296795	128027	85664	4768709. 11	607440. 04
125070100	474476	146103	313654	186127	114706	6206340. 10	794736. 62
236576474	1855188	594172	1220642	301986	261028	11422844. 66	2091371. 40
163430757	670807	249066	406057	195627	131099	6196973. 12	973094. 80
16536659	101782	38429	60002	26755	16470	1186423. 38	148463. 03
37745735	313706	101471	210293	78880	66777	3700082. 63	391296. 00
95665709	658346	205411	445896	178794	116676	7367523. 64	1143043. 63
95420310	466440	151175	306315	134381	103677	5000952. 04	584268. 67
99506929	550534	140839	406167	167948	107544	7471586. 14	713051. 65
6899965	66426	24384	40736	14416	9082	1775843. 86	71350. 51
93497259	531406	156362	372047	98875	77319	4708133. 96	649706. 89
43555969	298649	84013	213664	89780	63634	3001154. 94	376772. 56
13077510	80285	23977	55729	16585	10879	1160738. 71	74807. 67
13232832	133475	37566	91818	21685	17331	1231848. 93	201694. 98
53176424	328111	121691	200738	89437	66772	3903779. 59	515483. 51

	占地面积（平方米）Areas Occupied（m^2）	#绿化用地面积 of Which Green Areas	#运动场地面积 of Which Sports Areas	校园足球场（个）Campus Football	11人制足球场 11-a-side Football Field	7人制足球场 7-a-side Football Field	5人制足球场 5-a-side Football Field
总　计 Total	**533424076.07**	**109387889.90**	**212885260.68**	**22653**	**2588**	**8806**	**11259**
北　京 Beijing	9518805.95	1494886.79	4023872.82	550	32	269	249
天　津 Tianjin	7615453.72	1097734.56	3397179.59	444	24	244	176
河　北 Hebei	25507326.64	2917341.05	9344638.27	1065	61	352	652
山　西 Shanxi	12478116.71	1742405.91	4301017.63	493	37	149	307
内蒙古 Inner Mongolia	9649341.04	1400024.43	3781065.52	517	70	282	165
辽　宁 Liaoning	16014366.97	1902484.50	7984893.26	939	159	490	290
吉　林 Jilin	7094344.12	867610.53	3294574.28	302	51	113	138
黑龙江 Heilongjiang	7777429.42	844329.15	3691744.81	315	36	107	172
上　海 Shanghai	8910233.70	2419486.92	3559293.88	503	43	243	217
江　苏 Jiangsu	50181105.67	14305464.40	20172356.78	1949	361	860	728
浙　江 Zhejiang	36918774.85	9365066.82	14630123.99	1535	198	472	865
安　徽 Anhui	16542488.39	3020283.73	6802094.46	693	99	282	312
福　建 Fujian	14967129.70	3213022.58	5967040.44	592	36	179	377
江　西 Jiangxi	15364408.41	2842147.92	6305744.60	500	59	158	283
山　东 Shandong	48325915.82	10097057.96	19632170.45	1982	371	938	673
河　南 Henan	26729668.22	3939825.22	9159923.28	1143	67	298	778
湖　北 Hubei	21996750.78	6523660.88	7187905.22	938	115	286	537
湖　南 Hunan	21111692.68	3932635.42	7288860.94	691	95	298	298
广　东 Guangdong	63826645.13	14811272.68	26325649.73	2563	235	980	1348
广　西 Guangxi	14566174.35	2844566.43	6407320.28	499	50	167	282
海　南 Hainan	3105085.77	621858.55	1004260.36	109	16	41	52
重　庆 Chongqing	15696821.15	3231046.63	5924127.27	605	51	232	322
四　川 Sichuan	21474716.50	4002223.87	10383142.79	1054	63	370	621
贵　州 Guizhou	11314005.07	2358485.81	4941012.89	371	34	134	203
云　南 Yunnan	10643283.95	2638483.86	4035865.21	400	46	152	202
西　藏 Tibet	1565948.55	291418.74	463204.69	62	10	36	16
陕　西 Shaanxi	14695278.81	2511752.84	5247452.10	960	53	316	591
甘　肃 Gansu	4973100.71	732205.04	2092578.39	332	22	81	229
青　海 Qinghai	1759645.49	403535.98	588019.81	50	7	24	19
宁　夏 Ningxia	4715330.31	1118974.08	1880106.67	193	26	117	50
新　疆 Xinjiang	8384687.49	1896596.62	3068020.27	304	61	136	107

资产情况(城区)
Resources in Primary Schools (Urban Area)

图书(册) Books and Magazines in Libraries (Volume)	数字终端数(台) Number of Digital Terminals (Set)	教师终端数 Number of Teachers' Terminals	学生终端数 Number of Student Terminals	教室(间) Classroom (Room)	#网络多媒体教室 of Which: Network Multimedia Classroom	固定资产总值(万元) Total Value of Fixed Asset (10,000 yuan)	#教学仪器设备资产值 of Which: Total Value of Equip and Instru.
1012739640	**6203502**	**2294149**	**3770915**	**1167960**	**988961**	**58007848.61**	**9632920.89**
23310689	219446	86069	109120	25149	24219	2126853.55	728021.22
17695817	96604	48995	46551	18323	16512	814203.89	172818.45
52905519	260985	97297	160690	55707	44838	1443595.18	265032.63
19497906	131271	55471	72532	30210	23295	1083656.05	154201.03
12151004	83582	29532	53632	15860	14029	882622.17	143679.39
36753542	218102	71930	134822	37514	32168	1149588.53	288205.26
15519490	74274	29973	39863	18722	13335	687807.06	125863.97
11115547	88968	27812	58436	20965	16276	591404.49	138461.31
23838976	173422	94665	76548	24088	22447	2010526.54	436032.31
84723088	522585	189888	326688	97963	86855	7042810.89	831951.56
71999791	425926	151996	266467	70326	64829	4605889.96	758347.83
27823344	309581	73034	234433	35297	29532	1562899.47	272233.73
38477241	192942	78353	110896	40195	33769	1851152.58	338534.43
21079216	113058	47875	61335	35672	28457	1192811.47	193206.92
82934323	445818	193278	237655	93263	79129	5108835.31	651658.54
50734935	256232	105725	145230	66489	49661	2082327.68	271926.00
41914515	209238	71489	135272	43607	34970	2043339.36	309375.89
39955644	155671	58935	90656	45502	36188	2330805.14	281582.79
125169521	949603	332544	597016	137855	125628	6263929.55	1287070.33
41933126	150569	69676	77587	34966	28837	1463873.29	248346.09
6236418	32576	14560	17168	7085	5487	339645.70	55586.29
19230210	154114	54323	99096	33041	29765	2222747.57	221692.20
34286870	260970	89686	169350	51613	42376	2331240.34	501416.72
21257871	116458	37847	76528	25658	21467	1186593.00	155609.82
18697811	103651	32657	69909	25120	19340	996308.58	153347.52
1410631	11602	4918	6527	2236	1665	195836.38	11206.35
40716832	227717	71926	154725	35640	30943	2277011.87	319402.40
10477065	67975	20848	46980	13343	10645	623952.45	95078.81
3948316	23476	8280	14991	2925	2649	265309.85	23837.00
5289204	53707	15008	37446	6961	6190	431232.66	77083.41
11655178	73379	29559	42766	16665	13460	799038.07	122110.68

	占地面积（平方米）Areas Occupied（m²）	#绿化用地面积 of Which Green Areas	#运动场地面积 of Which Sports Areas	校园足球场（个）Campus Football	11人制足球场 11-a-side Football Field	7人制足球场 7-a-side Football Field	5人制足球场 5-a-side Football Field
总　计 Total	**780732904.05**	**140760306.49**	**266550074.58**	**24714**	**3256**	**8052**	**13406**
北　京 Beijing	1993034.77	430747.86	719046.83	113	12	46	55
天　津 Tianjin	2232798.15	251090.91	960327.49	103	12	38	53
河　北 Hebei	54884001.78	5760832.34	18960539.04	1770	160	490	1120
山　西 Shanxi	17455755.68	2200241.63	5259123.45	480	57	92	331
内蒙古 Inner Mongolia	23299003.78	3693829.40	6421766.09	775	128	397	250
辽　宁 Liaoning	10238302.83	1099873.99	4390821.05	412	102	181	129
吉　林 Jilin	10503925.21	1853474.71	3781562.94	383	68	134	181
黑龙江 Heilongjiang	11875200.30	1417747.19	3964271.11	384	80	132	172
上　海 Shanghai	1699272.57	530550.41	585227.86	69	2	43	24
江　苏 Jiangsu	48735231.69	13464875.39	16169186.84	1682	380	720	582
浙　江 Zhejiang	25488845.35	6086076.37	9127129.34	943	125	249	569
安　徽 Anhui	38407728.35	6335234.68	13451929.33	1302	166	510	626
福　建 Fujian	21048268.35	4323119.98	7870656.58	703	51	152	500
江　西 Jiangxi	33725412.55	5585580.17	12582723.88	829	102	262	465
山　东 Shandong	60179799.45	12590082.96	21910427.79	2494	539	991	964
河　南 Henan	69434093.56	9178675.34	20235266.03	1831	149	407	1275
湖　北 Hubei	32452982.82	9778002.20	9083954.54	960	142	290	528
湖　南 Hunan	45774795.73	6838537.51	12540119.15	717	122	230	365
广　东 Guangdong	49408650.87	10075058.75	18745269.80	1364	137	504	723
广　西 Guangxi	30494435.00	4269919.40	13075251.42	661	76	160	425
海　南 Hainan	8093891.71	1594474.36	2133261.12	226	42	95	89
重　庆 Chongqing	14120222.26	2454060.09	4575490.02	478	34	105	339
四　川 Sichuan	35697022.31	5203054.73	15933250.98	1262	100	343	819
贵　州 Guizhou	33150770.26	6590094.26	12494368.11	833	84	301	448
云　南 Yunnan	23788242.60	4876491.52	8042191.21	496	60	158	278
西　藏 Tibet	4336675.15	539216.56	827400.79	135	9	83	43
陕　西 Shaanxi	23517393.31	3354537.65	7723824.63	1561	55	310	1196
甘　肃 Gansu	17485697.65	2900510.72	5943531.11	892	57	204	631
青　海 Qinghai	5505587.67	1127333.59	1395058.67	129	35	66	28
宁　夏 Ningxia	5587377.44	993794.52	2002604.25	172	34	94	44
新　疆 Xinjiang	20118484.90	5363187.30	5644493.13	555	136	265	154

资产情况(镇区)

Resources in Primary Schools (County and Town Area)

图书(册) Books and Magazines in Libraries (Volume)	数字终端数(台) Number of Digital Terminals (Set)	教师终端数 Number of Teachers' Terminals	学生终端数 Number of Student Terminals	教室(间) Classroom (Room)	#网络多媒体教室 of Which: Network Multimedia Classroom	固定资产总值(万元) Total Value of Fixed Asset (10,000 yuan)	#教学仪器设备资产值 of Which: Total Value of Equip and Instru.
960372310	**5422066**	**1775914**	**3541408**	**1266132**	**943968**	**49581133. 30**	**6728881. 30**
2209797	20415	7665	10059	2692	2309	189010. 99	59399. 55
2736396	13031	6029	6941	3074	2451	106221. 09	16640. 83
76101261	372205	115217	253396	93218	68788	2510959. 27	327785. 73
20176484	142613	54307	84301	32884	23549	980215. 09	138901. 31
13916674	112479	43298	68222	19315	16957	1528190. 92	183972. 99
12861722	81310	21280	51836	16065	10827	421044. 48	80181. 38
11767915	53205	20490	30047	16511	8945	520496. 70	87517. 94
9228377	66247	19228	44502	18785	12719	646948. 11	100094. 36
2922448	21455	11805	8763	3016	2570	260763. 21	49277. 61
64957885	364393	132027	229504	72092	60181	3787137. 71	487921. 80
41959295	262180	81912	173810	41311	36879	2363091. 04	435095. 72
45196634	511042	107022	398140	64215	50474	2416541. 92	393315. 29
36488341	186000	70953	112530	44775	35279	1929838. 94	294001. 35
32810209	161265	73424	85293	58557	43958	1628527. 44	285294. 90
73299918	376812	159188	202721	88525	72128	3679659. 44	426454. 18
83238327	400209	144570	248473	134675	82572	3435780. 56	378390. 95
36730033	141693	50389	89364	42370	28646	1495156. 83	181199. 99
56340196	193525	55093	133779	72900	48427	2513842. 83	349836. 09
62827475	489467	147950	329875	78274	67595	2858400. 45	462104. 96
58590991	213719	85865	123042	56955	41842	2096533. 47	315214. 33
6071003	36806	12591	22777	8523	5557	438157. 95	51132. 86
12460732	98846	27493	70760	24884	21271	950121. 54	112093. 79
41759121	254916	74319	178057	72597	47963	3117580. 00	431488. 91
43067034	197057	65778	126838	52888	43059	2375168. 35	243341. 51
27862153	136922	38551	97604	40798	27974	2020950. 26	184431. 71
1723019	16144	6187	9618	3356	2061	467707. 60	20552. 89
40442866	222604	58636	162502	40351	31104	1728694. 82	255012. 32
19114191	122894	31445	91185	28836	21853	1241520. 92	157017. 19
5098761	27660	8409	19139	5927	4207	408886. 07	27151. 82
4450715	42541	12326	28982	6503	5330	446665. 63	69163. 35
13962337	82411	32467	49348	21260	16493	1017319. 67	124893. 69

	占地面积（平方米）Areas Occupied (m^2)	#绿化用地面积 of Which Green Areas	#运动场地面积 of Which Sports Areas	校园足球场（个）Campus Football	11人制足球场 11-a-side Football Field	7人制足球场 7-a-side Football Field	5人制足球场 5-a-side Football Field
总　计 Total	**1050734636.67**	**185978323.93**	**292314233.72**	**31461**	**1862**	**7086**	**22513**
北　京 Beijing	2954921.42	491976.19	1023088.70	158	17	70	71
天　津 Tianjin	3822451.05	430067.60	1481773.22	211	12	58	141
河　北 Hebei	84138303.25	8565452.33	28013529.28	2795	129	589	2077
山　西 Shanxi	22303012.95	3055244.69	4195602.35	480	6	35	439
内蒙古 Inner Mongolia	20777614.47	3421726.58	3334548.91	569	38	252	279
辽　宁 Liaoning	14786131.78	2103504.60	5160924.47	653	75	180	398
吉　林 Jilin	34420980.19	7665635.13	4728102.71	699	26	66	607
黑龙江 Heilongjiang	9832392.77	1402110.28	2287865.55	232	25	47	160
上　海 Shanghai	434040.30	159813.00	135199.00	17	2	9	6
江　苏 Jiangsu	16298742.65	4214296.60	4607597.79	798	106	249	443
浙　江 Zhejiang	13519097.96	3140352.50	3989422.76	442	41	113	288
安　徽 Anhui	47483218.76	7720133.43	10557931.12	1605	41	248	1316
福　建 Fujian	21093576.25	4263447.51	6386933.23	474	7	61	406
江　西 Jiangxi	38124049.84	6097258.65	12367280.29	848	24	100	724
山　东 Shandong	70804091.49	14798884.52	23473512.08	4320	439	1273	2608
河　南 Henan	124224970.84	16712778.81	31252792.00	2648	58	296	2294
湖　北 Hubei	40429236.01	12408659.57	8545695.02	897	44	175	678
湖　南 Hunan	42632700.55	5966871.86	9223788.99	418	22	61	335
广　东 Guangdong	71227701.69	15681340.45	21904897.04	2076	105	665	1306
广　西 Guangxi	65325923.83	9019749.84	27830195.54	953	55	141	757
海　南 Hainan	18777404.12	3859677.03	2847967.71	338	25	116	197
重　庆 Chongqing	11810098.49	2026506.18	3163203.82	335	6	35	294
四　川 Sichuan	30395246.09	4230695.64	10993900.25	646	28	92	526
贵　州 Guizhou	33320861.20	7284010.91	11883865.06	661	24	100	537
云　南 Yunnan	65156442.81	10769631.04	17695050.62	978	47	223	708
西　藏 Tibet	11825296.24	1363156.65	2211389.45	480	10	213	257
陕　西 Shaanxi	18953073.46	2945068.31	4080621.42	1531	11	124	1396
甘　肃 Gansu	35814913.08	6469028.24	7935677.73	1989	13	97	1879
青　海 Qinghai	8666705.67	1373105.19	1650492.43	190	23	88	79
宁　夏 Ningxia	9814087.61	1739629.41	2564089.34	284	21	124	139
新　疆 Xinjiang	61567349.85	16598511.19	16787295.84	2736	382	1186	1168

资产情况(乡村)
Resources in Primary Schools (Rural Area)

图书(册) Books and Magazines in Libraries (Volume)	数字终端数(台) Number of Digital Terminals (Set)	教师终端数 Number of Teachers' Terminals	学生终端数 Number of Student Terminals	教室(间) Classroom (Room)	#网络多媒体教室 of Which: Network Multimedia Classroom	固定资产总值(万元) Total Value of Fixed Asset (10,000 yuan)	#教学仪器设备资产值 of Which: Total Value of Equip and Instru.
676510448	**4433291**	**1308319**	**3022458**	**1396172**	**841236**	**38357579.94**	**4616080.89**
2448826	20407	8175	9555	3194	2846	206017.97	59329.32
3784083	21101	8389	12409	4960	3549	157441.65	23596.71
69248970	405611	110612	290285	124268	78628	2317989.99	299491.71
9017044	98413	36742	56382	28739	16001	713138.71	72010.34
3380600	34843	14205	20137	7955	5884	529497.47	57033.85
7912949	57323	15328	37076	15432	8337	264825.85	53744.90
5849842	37523	11893	20918	21412	6960	408489.07	46537.63
2038559	19431	5913	12431	7834	3932	203359.70	23674.61
586524	4924	2855	1869	595	568	60141.03	10224.74
15823576	84868	27722	55808	19675	14109	597946.82	97145.34
16910726	107974	35666	70018	17922	15513	857026.88	162850.09
26694845	419734	82897	325982	62211	43047	1669130.29	233088.06
17963834	114602	37346	75473	37359	23999	1032716.06	148012.03
19729308	106657	48539	55766	70836	42617	1227807.26	177396.98
53690270	349960	110043	226661	81483	61536	2435761.84	279492.86
80031540	428741	141245	280022	201633	88044	3520924.71	383251.47
22041611	108528	33967	72159	42050	22048	1230212.93	116864.16
28774260	125280	32075	89219	67725	30091	1361692.14	163317.74
48579478	416118	113678	293751	85857	67805	2300514.67	342196.11
62906640	306519	93525	205428	103706	60420	2636566.36	409534.37
4229238	32400	11278	20057	11147	5426	408619.73	41743.88
6054793	60746	19655	40437	20955	15741	527213.52	57510.01
19619718	142460	41406	98489	54584	26337	1918703.30	210137.99
31095405	152925	47550	102949	55835	39151	1439190.70	185317.34
52946965	309961	69631	238654	102030	60230	4454327.30	375272.41
3766315	38680	13279	24591	8824	5356	1112299.88	39591.28
12337561	81085	25800	54820	22884	15272	702427.28	75292.18
13964713	107780	31720	75499	47601	31136	1135681.57	124676.55
4030433	29149	7288	21599	7733	4023	486542.79	23818.84
3492913	37227	10232	25390	8221	5811	353950.64	55448.22
27558909	172321	59665	108624	51512	36819	2087421.85	268479.15

特殊教育
Basic Statistics of

地　区 Region	学校数（所）Schools	班数（个）Classes	毕业生数 Graduates	招生数 Entrants	在校生数 Enrolment	#女 of Which: Female	学前教育段 Pre-primary Education	小学阶段 一年级 Grade 1	小学阶段 二年级 Grade 2
总　计 Total	**2288**	**32114**	**145899**	**149062**	**919767**	**336940**	**5264**	**71967**	**94349**
北　京 Beijing	20	358	1673	1134	7808	2618	11	514	843
天　津 Tianjin	20	340	801	562	4734	1650	45	315	391
河　北 Hebei	163	1952	5598	5492	40990	15223	262	2774	4190
山　西 Shanxi	86	1040	3251	3498	21073	8313	148	1593	2192
内蒙古 Inner Mongolia	54	711	2392	2446	14339	5533	248	1268	1314
辽　宁 Liaoning	86	991	2249	2280	16242	5690	112	1460	1944
吉　林 Jilin	52	682	2102	2189	12977	4597	27	904	1209
黑龙江 Heilongjiang	73	1097	2017	1451	15764	5659	0	754	1214
上　海 Shanghai	31	594	1707	1449	9044	3174	295	435	515
江　苏 Jiangsu	106	1566	6445	6453	41085	14034	524	3165	4236
浙　江 Zhejiang	86	1174	4208	4359	23493	8301	210	2028	2232
安　徽 Anhui	77	1194	5599	6521	41581	14826	342	3192	4044
福　建 Fujian	76	1188	5159	4879	28719	9594	136	2436	3142
江　西 Jiangxi	92	1565	8537	6577	40514	14531	231	2999	3734
山　东 Shandong	155	2664	7930	8637	51777	18363	799	4426	5197
河　南 Henan	150	1839	6981	10024	68013	25801	102	5952	8834
湖　北 Hubei	88	915	3744	4189	29355	9935	1	2421	3239
湖　南 Hunan	99	1449	6977	8333	53886	18854	611	4480	5492
广　东 Guangdong	150	2544	9289	13198	71170	23656	399	6770	8609
广　西 Guangxi	85	1142	6826	7377	43913	15574	148	3385	4565
海　南 Hainan	14	203	928	1089	6624	2094	6	567	756
重　庆 Chongqing	39	450	4955	4599	27446	10555	51	1684	2255
四　川 Sichuan	135	1659	12054	10919	65981	25367	176	4552	6176
贵　州 Guizhou	77	1224	7900	7419	42351	16195	56	3114	4081
云　南 Yunnan	83	1200	10158	8093	47394	18973	78	3160	4125
西　藏 Tibet	7	105	1391	1215	7185	3421	0	547	770
陕　西 Shaanxi	77	763	3243	2867	19357	7453	138	1447	1902
甘　肃 Gansu	45	542	3340	3576	21968	8480	7	1552	2151
青　海 Qinghai	14	160	1622	1209	7731	3258	3	511	868
宁　夏 Ningxia	15	313	1417	1284	7436	2929	43	580	690
新　疆 Xinjiang	33	490	5406	5744	29817	12289	55	2982	3439

基本情况(总计)
Special Education (Total)

单位:人
unit: person

Primary Education				初中阶段 Lower Secondary Education				高中阶段 Upper Secondary Education		
三年级 Grade 3	四年级 Grade 4	五年级 Grade 5	六年级 Grade 6	一年级 Grade 1	二年级 Grade 2	三年级 Grade 3	四年级 Grade 4	一年级 Grade 1	二年级 Grade 2	三年级及以上 Over Grade 3
107016	**115408**	**119932**	**107784**	**91816**	**96079**	**94546**	**2861**	**4708**	**4100**	**3937**
803	843	914	828	743	1055	1099	4	40	40	71
597	549	569	453	430	494	459	19	141	98	174
4691	5514	5188	4694	4179	4531	4702	0	84	77	104
2420	2317	2590	2611	2070	2399	2201	0	180	169	183
1535	1830	1972	1727	1492	1425	1252	12	118	64	82
1881	1843	1831	1720	1559	1665	1634	12	216	181	184
1485	1595	1454	1553	1550	1474	1405	12	153	77	79
1667	1948	2610	1587	1618	1916	1740	577	43	33	57
762	806	867	0	909	1148	1198	1073	324	288	424
5097	4745	5808	5069	3805	3698	3843	20	373	359	343
2448	2516	2676	2703	2380	2532	2433	10	500	458	367
4459	5374	6048	5408	4437	4082	3771	0	130	100	194
3572	3499	3644	3555	2583	2709	2713	14	316	248	152
4317	4874	5630	5275	4026	4304	4662	0	163	159	140
5320	7356	6810	4673	5042	5134	4863	972	490	414	281
9440	9808	8810	7684	5654	5784	5594	85	113	102	51
3786	3882	3606	3419	2711	3055	3048	1	49	92	45
6285	7017	7360	5843	5193	5626	5833	0	75	26	45
9059	9583	8850	7813	6342	6353	5875	0	586	556	375
5341	5695	5545	5485	4406	4689	4410	29	105	62	48
785	836	764	730	596	757	674	0	58	46	49
2789	3139	3521	3468	3206	3492	3646	0	82	53	60
7241	7671	8763	9230	6807	7672	7339	21	95	127	111
5230	5320	5591	5503	4616	4396	4226	0	89	56	73
5078	5515	6392	5772	5573	5756	5945	0	0	0	0
850	836	860	871	735	818	847	0	11	11	29
2145	2484	2587	2357	1969	2053	2195	0	26	21	33
2474	2718	2888	2819	2309	2344	2508	0	65	51	82
905	1024	1223	975	741	716	726	0	10	14	15
805	761	925	745	888	949	936	0	20	64	30
3749	3510	3636	3214	3247	3053	2769	0	53	54	56

特殊教育
Basic Statistics of

地　区 Region	学校数（所）Schools	班数（个）Classes	毕业生数 Graduates	招生数 Entrants	在校生数 Enrolment	#女 of Which: Female	学前教育段 Pre-primary Education	小学阶段 一年级 Grade 1	小学阶段 二年级 Grade 2
总　计 Total	**1148**	**17725**	**49187**	**52772**	**316785**	**112258**	**4340**	**27259**	**32795**
北　京 Beijing	17	325	1375	955	6672	2202	11	419	722
天　津 Tianjin	20	340	726	486	4255	1478	45	290	356
河　北 Hebei	61	777	1779	1617	12332	4601	216	914	1273
山　西 Shanxi	39	541	1224	1412	8026	3113	138	667	931
内蒙古 Inner Mongolia	20	371	837	944	5239	1991	198	428	478
辽　宁 Liaoning	63	751	1378	1385	10287	3565	112	1008	1350
吉　林 Jilin	36	492	1055	1106	6410	2198	27	510	559
黑龙江 Heilongjiang	38	579	993	727	7594	2623	0	394	620
上　海 Shanghai	28	520	1374	1207	7612	2650	237	382	463
江　苏 Jiangsu	83	1177	3438	3515	23212	7978	372	1853	2333
浙　江 Zhejiang	49	750	2277	2226	12174	4246	131	1096	1142
安　徽 Anhui	26	506	1573	1649	9875	3401	250	834	860
福　建 Fujian	38	635	2112	2106	11528	3902	83	1077	1213
江　西 Jiangxi	34	557	2150	1953	10977	3868	181	956	1055
山　东 Shandong	90	1567	3397	4089	23619	8347	662	2169	2362
河　南 Henan	65	801	1795	2341	14948	5565	88	1526	2003
湖　北 Hubei	45	515	1641	1695	11394	3735	1	1082	1293
湖　南 Hunan	36	629	1574	2221	14390	4907	542	1469	1598
广　东 Guangdong	97	1932	4742	7036	36123	11726	395	3506	4335
广　西 Guangxi	33	515	1502	1982	10187	3461	124	982	1059
海　南 Hainan	4	109	335	379	2168	650	6	200	269
重　庆 Chongqing	25	289	1728	1698	10141	3868	51	707	897
四　川 Sichuan	65	915	2874	3053	17196	6353	144	1481	1774
贵　州 Guizhou	27	454	1628	1752	8773	3327	24	737	885
云　南 Yunnan	29	451	1788	1589	9004	3618	70	716	782
西　藏 Tibet	5	90	291	203	1617	721	0	109	192
陕　西 Shaanxi	30	333	1066	980	6541	2511	137	590	636
甘　肃 Gansu	14	252	734	689	4631	1720	7	359	408
青　海 Qinghai	5	63	365	243	1601	652	0	73	147
宁　夏 Ningxia	7	228	465	469	2578	1017	43	210	217
新　疆 Xinjiang	19	261	971	1065	5681	2264	45	515	583

基本情况(城区)
Special Education (Urban Area)

单位:人
unit: person

Primary Education				初中阶段 Lower Secondary Education				高中阶段 Upper Secondary Educationn		
三年级 Grade 3	四年级 Grade 4	五年级 Grade 5	六年级 Grade 6	一年级 Grade 1	二年级 Grade 2	三年级 Grade 3	四年级 Grade 4	一年级 Grade 1	二年级 Grade 2	三年级及以上 Over Grade 3
36362	**37022**	**38156**	**33542**	**30783**	**32133**	**30989**	**1861**	**4215**	**3680**	**3648**
681	705	787	713	618	921	940	4	40	40	71
543	493	501	401	376	454	383	0	141	98	174
1306	1611	1504	1294	1266	1390	1332	0	84	38	104
995	780	958	903	677	870	692	0	140	131	144
549	622	677	627	477	555	397	11	99	48	73
1202	1119	1043	1048	913	990	916	12	216	181	177
771	717	614	756	809	684	654	0	153	77	79
795	1033	1139	733	782	956	798	290	21	14	19
656	664	737	0	732	943	973	864	298	266	397
2828	2662	3024	2573	2127	2202	2175	8	366	354	335
1266	1324	1363	1373	1155	1224	1196	1	353	289	261
1051	1200	1345	1159	1073	855	824	0	130	100	194
1421	1232	1368	1281	1045	1053	1156	14	234	221	130
1198	1323	1321	1381	1062	1025	1046	0	138	154	137
2290	3187	2792	1769	2206	2362	2123	594	445	385	273
1874	1751	1706	1645	1369	1318	1340	62	113	102	51
1346	1438	1366	1335	1094	1084	1180	1	49	82	43
1774	1700	1716	1542	1255	1360	1288	0	75	26	45
4656	4533	4209	3893	3116	3094	2912	0	570	536	368
1238	1187	1244	1182	1050	1018	915	0	87	58	43
246	233	234	211	183	227	206	0	58	46	49
1124	1135	1242	1157	1168	1219	1273	0	55	53	60
1949	1881	2016	2152	1738	1935	1837	0	76	110	103
1003	1049	1131	976	937	934	879	0	89	56	73
981	945	1232	993	1135	1042	1108	0	0	0	0
173	139	173	156	156	197	271	0	11	11	29
769	805	864	722	666	627	645	0	26	21	33
495	546	593	551	490	476	508	0	65	51	82
186	146	296	220	173	155	166	0	10	14	15
365	240	276	194	306	334	279	0	20	64	30
631	622	685	602	629	629	577	0	53	54	56

特殊教育

Basic Statistics of Special

地　区 Region	学校数（所）Schools	班数（个）Classes	毕业生数 Graduates	招生数 Entrants	在校生数 Enrolment	#女 of Which: Female	学前教育段 Pre-primary Education	小学阶段 一年级 Grade 1	小学阶段 二年级 Grade 2
总　计 Total	**961**	**12301**	**66469**	**64972**	**388112**	**144173**	**771**	**26365**	**35159**
北　京 Beijing	1	6	117	63	500	168	0	46	63
天　津 Tianjin	0	0	48	48	246	87	0	13	9
河　北 Hebei	89	1025	2626	2425	18041	6719	9	1048	1610
山　西 Shanxi	29	287	1265	1326	7536	3022	10	537	703
内蒙古 Inner Mongolia	31	307	1321	1269	7515	2925	50	644	688
辽　宁 Liaoning	19	216	679	640	4381	1519	0	325	402
吉　林 Jilin	15	184	699	746	4419	1621	0	280	436
黑龙江 Heilongjiang	32	492	874	594	7046	2613	0	299	492
上　海 Shanghai	2	40	230	171	1012	371	46	42	36
江　苏 Jiangsu	21	363	2626	2577	14817	5038	152	1111	1551
浙　江 Zhejiang	23	262	1351	1591	7716	2761	36	629	743
安　徽 Anhui	44	592	2624	3038	19157	6810	59	1328	1712
福　建 Fujian	31	450	2221	2028	12148	4029	41	951	1354
江　西 Jiangxi	57	979	4196	2980	19042	6774	50	1216	1627
山　东 Shandong	61	1034	3502	3590	21083	7470	137	1602	1911
河　南 Henan	80	974	3290	4417	30595	11661	14	2311	3551
湖　北 Hubei	37	339	1567	1850	12427	4338	0	873	1185
湖　南 Hunan	58	776	3993	4364	27926	10013	69	2153	2634
广　东 Guangdong	32	370	3168	3833	20102	6865	0	1573	1946
广　西 Guangxi	48	556	3632	3704	19523	6963	16	1141	1507
海　南 Hainan	5	43	425	454	2722	896	0	185	265
重　庆 Chongqing	12	141	2399	2252	12371	4821	0	643	898
四　川 Sichuan	57	612	6606	5922	33897	13220	32	2134	2817
贵　州 Guizhou	48	720	4757	4312	23816	9209	32	1576	2001
云　南 Yunnan	41	599	4443	3651	19911	8038	8	1053	1412
西　藏 Tibet	0	0	597	525	2325	1131	0	109	153
陕　西 Shaanxi	37	353	1713	1493	9988	3846	0	603	908
甘　肃 Gansu	27	257	1807	1845	10462	4044	0	644	879
青　海 Qinghai	8	90	906	665	3879	1625	0	242	428
宁　夏 Ningxia	7	80	640	536	3076	1245	0	234	272
新　疆 Xinjiang	9	154	2147	2063	10433	4331	10	820	966

基本情况(镇区)

Education (County and Town Area)

单位:人
unit: person

Primary Education				初中阶段 Lower Secondary Education				高中阶段 Upper Secondary Education		
三年级 Grade 3	四年级 Grade 4	五年级 Grade 5	六年级 Grade 6	一年级 Grade 1	二年级 Grade 2	三年级 Grade 3	四年级 Grade 4	一年级 Grade 1	二年级 Grade 2	三年级及以上 Over Grade 3
40638	**45931**	**48781**	**44940**	**46751**	**48836**	**48583**	**803**	**263**	**185**	**106**
67	53	52	37	45	55	82	0	0	0	0
25	27	31	24	36	24	49	8	0	0	0
1927	2242	2202	1898	2211	2349	2545	0	0	0	0
758	879	829	857	943	1007	1013	0	0	0	0
818	1014	1022	848	846	803	774	1	0	7	0
496	507	591	472	496	534	551	0	0	0	7
474	592	545	477	517	550	536	12	0	0	0
752	799	1275	748	731	836	797	239	22	18	38
78	104	85	0	124	155	177	143	7	8	7
1826	1628	2178	1977	1513	1339	1510	12	7	5	8
808	809	852	826	934	1034	913	0	37	78	17
1859	2313	2701	2401	2445	2275	2064	0	0	0	0
1480	1559	1497	1499	1188	1280	1202	0	66	17	14
1843	2154	2632	2551	2088	2388	2466	0	22	5	0
2101	2987	2728	1952	2505	2390	2395	321	38	16	0
3968	4314	3799	3353	3053	3206	3009	17	0	0	0
1479	1630	1461	1389	1303	1589	1506	0	0	10	2
2985	3624	3888	2968	3024	3183	3398	0	0	0	0
2099	2506	2425	2379	2453	2446	2275	0	0	0	0
1865	1940	2067	2184	2839	3030	2878	29	18	4	5
264	348	288	299	285	402	386	0	0	0	0
1073	1284	1382	1485	1693	1916	1970	0	27	0	0
3369	3713	4339	4550	4051	4508	4319	21	19	17	8
2718	2737	2863	2956	3096	2936	2901	0	0	0	0
1654	1848	2264	2189	2992	3218	3273	0	0	0	0
164	187	233	195	417	441	426	0	0	0	0
1037	1267	1301	1199	1100	1220	1353	0	0	0	0
996	1130	1185	1323	1374	1424	1507	0	0	0	0
386	476	543	507	457	417	423	0	0	0	0
245	270	332	309	433	446	535	0	0	0	0
1024	990	1191	1088	1559	1435	1350	0	0	0	0

地 区 Region	学校数(所) Schools	班数(个) Classes	毕业生数 Graduates	招生数 Entrants	在校生数 Enrolment	#女 of Which: Female	学前教育段 Pre-primary Education	小学阶段	
								一年级 Grade 1	二年级 Grade 2
总 计 Total	**179**	**2088**	**30243**	**31318**	**214870**	**80509**	**153**	**18343**	**26395**
北 京 Beijing	2	27	181	116	636	248	0	49	58
天 津 Tianjin	0	0	27	28	233	85	0	12	26
河 北 Hebei	13	150	1193	1450	10617	3903	37	812	1307
山 西 Shanxi	18	212	762	760	5511	2178	0	389	558
内蒙古 Inner Mongolia	3	33	234	233	1585	617	0	196	148
辽 宁 Liaoning	4	24	192	255	1574	606	0	127	192
吉 林 Jilin	1	6	348	337	2148	778	0	114	214
黑龙江 Heilongjiang	3	26	150	130	1124	423	0	61	102
上 海 Shanghai	1	34	103	71	420	153	12	11	16
江 苏 Jiangsu	2	26	381	361	3056	1018	0	201	352
浙 江 Zhejiang	14	162	580	542	3603	1294	43	303	347
安 徽 Anhui	7	96	1402	1834	12549	4615	33	1030	1472
福 建 Fujian	7	103	826	745	5043	1663	12	408	575
江 西 Jiangxi	1	29	2191	1644	10495	3889	0	827	1052
山 东 Shandong	4	63	1031	958	7075	2546	0	655	924
河 南 Henan	5	64	1896	3266	22470	8575	0	2115	3280
湖 北 Hubei	6	61	536	644	5534	1862	0	466	761
湖 南 Hunan	5	44	1410	1748	11570	3934	0	858	1260
广 东 Guangdong	21	242	1379	2329	14945	5065	4	1691	2328
广 西 Guangxi	4	71	1692	1691	14203	5150	8	1262	1999
海 南 Hainan	5	51	168	256	1734	548	0	182	222
重 庆 Chongqing	2	20	828	649	4934	1866	0	334	460
四 川 Sichuan	13	132	2574	1944	14888	5794	0	937	1585
贵 州 Guizhou	2	50	1515	1355	9762	3659	0	801	1195
云 南 Yunnan	13	150	3927	2853	18479	7317	0	1391	1931
西 藏 Tibet	2	15	503	487	3243	1569	0	329	425
陕 西 Shaanxi	10	77	464	394	2828	1096	1	254	358
甘 肃 Gansu	4	33	799	1042	6875	2716	0	549	864
青 海 Qinghai	1	7	351	301	2251	981	3	196	293
宁 夏 Ningxia	1	5	312	279	1782	667	0	136	201
新 疆 Xinjiang	5	75	2288	2616	13703	5694	0	1647	1890

基本情况(乡村)
Special Education (Rural Area)

单位:人
unit: person

Primary Education				初中阶段 Lower Secondary Education				高中阶段 Upper Secondary Education		
三年级 Grade 3	四年级 Grade 4	五年级 Grade 5	六年级 Grade 6	一年级 Grade 1	二年级 Grade 2	三年级 Grade 3	四年级 Grade 4	一年级 Grade 1	二年级 Grade 2	三年级及以上 Over Grade 3
30016	**32455**	**32995**	**29302**	**14282**	**15110**	**14974**	**197**	**230**	**235**	**183**
55	85	75	78	80	79	77	0	0	0	0
29	29	37	28	18	16	27	11	0	0	0
1458	1661	1482	1502	702	792	825	0	0	39	0
667	658	803	851	450	522	496	0	40	38	39
168	194	273	252	169	67	81	0	19	9	9
183	217	197	200	150	141	167	0	0	0	0
240	286	295	320	224	240	215	0	0	0	0
120	116	196	106	105	124	145	48	0	1	0
28	38	45	0	53	50	48	66	19	14	20
443	455	606	519	165	157	158	0	0	0	0
374	383	461	504	291	274	324	9	110	91	89
1549	1861	2002	1848	919	952	883	0	0	0	0
671	708	779	775	350	376	355	0	16	10	8
1276	1397	1677	1343	876	891	1150	0	3	0	3
929	1182	1290	952	331	382	345	57	7	13	8
3598	3743	3305	2686	1232	1260	1245	6	0	0	0
961	814	779	695	314	382	362	0	0	0	0
1526	1693	1756	1333	914	1083	1147	0	0	0	0
2304	2544	2216	1541	773	813	688	0	16	20	7
2238	2568	2234	2119	517	641	617	0	0	0	0
275	255	242	220	128	128	82	0	0	0	0
592	720	897	826	345	357	403	0	0	0	0
1923	2077	2408	2528	1018	1229	1183	0	0	0	0
1509	1534	1597	1571	583	526	446	0	0	0	0
2443	2722	2896	2590	1446	1496	1564	0	0	0	0
513	510	454	520	162	180	150	0	0	0	0
339	412	422	436	203	206	197	0	0	0	0
983	1042	1110	945	445	444	493	0	0	0	0
333	402	384	248	111	144	137	0	0	0	0
195	251	317	242	149	169	122	0	0	0	0
2094	1898	1760	1524	1059	989	842	0	0	0	0

地 区 Region	毕业生数 Graduates	招生数 Entrants	在校生数 Enrolment	学前教育段 Pre-primary Education	小学阶段 Primary Education			
					一年级 Grade 1	二年级 Grade 2	三年级 Grade 3	四年级 Grade 4
总 计 Total	**54025**	**55750**	**336940**	**1754**	**26169**	**34019**	**38646**	**41725**
北 京 Beijing	583	374	2618	3	150	273	247	264
天 津 Tianjin	260	189	1650	19	106	126	224	198
河 北 Hebei	2115	2140	15223	83	1104	1571	1701	2020
山 西 Shanxi	1266	1426	8313	41	622	854	926	910
内蒙古 Inner Mongolia	925	957	5533	67	501	510	586	692
辽 宁 Liaoning	755	814	5690	40	507	674	657	643
吉 林 Jilin	716	783	4597	10	321	421	510	573
黑龙江 Heilongjiang	722	539	5659	0	282	419	580	693
上 海 Shanghai	606	531	3174	107	157	178	260	278
江 苏 Jiangsu	2334	2319	14034	195	1099	1426	1682	1550
浙 江 Zhejiang	1462	1596	8301	70	675	744	836	852
安 徽 Anhui	1995	2417	14826	110	1183	1421	1528	1897
福 建 Fujian	1795	1710	9594	36	788	1046	1167	1122
江 西 Jiangxi	3148	2349	14531	63	1015	1314	1548	1695
山 东 Shandong	2738	3004	18363	271	1491	1773	1807	2621
河 南 Henan	2633	3932	25801	40	2305	3316	3610	3641
湖 北 Hubei	1364	1523	9935	1	871	1104	1265	1285
湖 南 Hunan	2461	2941	18854	205	1509	1906	2136	2376
广 东 Guangdong	3014	4576	23656	139	2245	2791	2942	3166
广 西 Guangxi	2471	2684	15574	55	1236	1609	1891	1991
海 南 Hainan	338	345	2094	2	174	204	219	275
重 庆 Chongqing	1859	1778	10555	21	640	833	1057	1199
四 川 Sichuan	4665	4184	25367	52	1695	2346	2807	2915
贵 州 Guizhou	3037	2951	16195	13	1172	1545	2034	2063
云 南 Yunnan	4054	3215	18973	26	1244	1658	2011	2260
西 藏 Tibet	646	586	3421	0	266	357	432	391
陕 西 Shaanxi	1286	1133	7453	47	556	720	775	934
甘 肃 Gansu	1243	1349	8480	1	614	867	970	1035
青 海 Qinghai	679	504	3258	2	204	355	370	442
宁 夏 Ningxia	566	501	2929	15	220	262	292	296
新 疆 Xinjiang	2289	2400	12289	20	1217	1396	1576	1448

女学生数
in Special Education

单位:人
unit: person

		初中阶段 Lower Secondary Education				高中阶段 Upper Secondary Education		
五年级 Grade 5	六年级 Grade 6	一年级 Grade 1	二年级 Grade 2	三年级 Grade 3	四年级 Grade 4	一年级 Grade 1	二年级 Grade 2	三年级及以上 Over Grade 3
43493	**39039**	**34839**	**35655**	**35345**	**1076**	**1857**	**1683**	**1640**
315	265	269	368	401	2	16	13	32
193	162	136	175	167	8	42	33	61
1911	1681	1589	1693	1766	0	37	22	45
998	1024	863	943	890	0	85	79	78
738	686	578	571	494	2	44	29	35
609	572	595	596	587	4	81	65	60
498	538	564	517	516	4	58	37	30
925	551	588	694	657	213	12	17	28
293	0	326	395	415	390	113	115	147
1949	1723	1377	1257	1315	5	148	155	153
962	924	896	886	900	10	201	182	163
2143	1845	1621	1490	1415	0	54	40	79
1182	1179	948	889	949	3	127	96	62
2039	1890	1479	1617	1699	0	68	54	50
2436	1625	1830	1898	1778	381	164	173	115
3276	2833	2223	2216	2192	26	50	46	27
1189	1072	948	1054	1059	0	22	40	25
2544	2087	1913	2036	2080	0	32	3	27
2846	2540	2255	2128	2029	0	216	221	138
1964	1880	1592	1682	1558	15	47	33	21
219	211	204	269	255	0	21	20	21
1339	1361	1244	1349	1405	0	39	29	39
3361	3581	2660	2947	2838	13	52	53	47
2154	2069	1871	1586	1591	0	38	27	32
2504	2320	2249	2293	2408	0	0	0	0
402	414	350	408	383	0	6	2	10
979	925	781	868	829	0	15	8	16
1150	1071	851	885	943	0	29	21	43
483	429	315	333	300	0	7	9	9
388	261	357	391	382	0	10	38	17
1504	1320	1367	1221	1144	0	23	23	30

特殊教育学校教职工数

Number of Female Educational Personnel in Special Education Schools

单位：人
unit: person

地　区 Region	教职工数 Educational Personnel	专任教师 Full-time Teachers	行政人员 Adm. Personnel	教辅人员 Supporting Staffs	工勤人员 Workers	校外教师 Part-time Teachers	外籍教师 Foreign Teachers
总　计 Total	**82529**	**70925**	**3529**	**3524**	**4551**	**615**	**6**
北　京 Beijing	1291	1057	90	106	38	34	0
天　津 Tianjin	831	686	74	37	34	6	0
河　北 Hebei	4276	3808	191	100	177	2	0
山　西 Shanxi	2543	2162	110	126	145	8	0
内蒙古 Inner Mongolia	2187	1863	116	120	88	5	0
辽　宁 Liaoning	3098	2378	522	106	92	1	0
吉　林 Jilin	2051	1764	157	70	60	1	0
黑龙江 Heilongjiang	2464	2195	139	58	72	24	0
上　海 Shanghai	1845	1441	149	103	152	9	0
江　苏 Jiangsu	4512	3912	131	208	261	16	0
浙　江 Zhejiang	3461	3130	62	95	174	28	0
安　徽 Anhui	2463	2216	63	62	122	12	0
福　建 Fujian	3014	2546	145	124	199	56	0
江　西 Jiangxi	2253	2057	29	75	92	32	0
山　东 Shandong	6847	6126	183	278	260	4	0
河　南 Henan	5073	4494	219	137	223	90	0
湖　北 Hubei	2391	2100	92	57	142	41	0
湖　南 Hunan	3328	2959	131	134	104	38	0
广　东 Guangdong	8407	6639	327	793	648	22	0
广　西 Guangxi	2783	2306	45	136	296	15	6
海　南 Hainan	658	450	20	8	180	0	0
重　庆 Chongqing	1304	1114	50	18	122	23	0
四　川 Sichuan	3932	3518	81	150	183	59	0
贵　州 Guizhou	2436	2083	80	57	216	35	0
云　南 Yunnan	2974	2650	61	102	161	22	0
西　藏 Tibet	325	297	9	14	5	2	0
陕　西 Shaanxi	2078	1757	139	60	122	7	0
甘　肃 Gansu	1341	1151	44	85	61	0	0
青　海 Qinghai	311	244	9	2	56	22	0
宁　夏 Ningxia	526	476	9	29	12	0	0
新　疆 Xinjiang	1526	1346	52	74	54	1	0

特殊教育学校女教职工数
Number of Educational Personnel in Special Education Schools

单位:人
unit: person

地区 Region	教职工数 Educational Personnel	专任教师 Full-time Teachers	行政人员 Adm. Personnel	教辅人员 Supporting Staffs	工勤人员 Workers	校外教师 Part-time Teachers	外籍教师 Foreign Teachers
总 计 Total	**59566**	**53136**	**1624**	**2494**	**2312**	**493**	**6**
北 京 Beijing	979	848	45	77	9	27	0
天 津 Tianjin	612	531	49	27	5	4	0
河 北 Hebei	3254	3055	79	58	62	2	0
山 西 Shanxi	1872	1665	53	93	61	8	0
内蒙古 Inner Mongolia	1490	1377	44	53	16	4	0
辽 宁 Liaoning	2311	1907	325	65	14	1	0
吉 林 Jilin	1523	1377	84	40	22	1	0
黑龙江 Heilongjiang	1626	1538	64	19	5	20	0
上 海 Shanghai	1493	1207	109	80	97	5	0
江 苏 Jiangsu	3249	2932	51	159	107	12	0
浙 江 Zhejiang	2629	2427	23	68	111	23	0
安 徽 Anhui	1748	1608	24	52	64	11	0
福 建 Fujian	2253	2008	29	92	124	47	0
江 西 Jiangxi	1727	1580	18	60	69	31	0
山 东 Shandong	4462	4114	75	185	88	2	0
河 南 Henan	3708	3406	91	112	99	78	0
湖 北 Hubei	1598	1454	30	32	82	21	0
湖 南 Hunan	2425	2228	55	100	42	33	0
广 东 Guangdong	6093	4953	138	581	421	17	0
广 西 Guangxi	2201	1878	19	113	191	10	6
海 南 Hainan	477	341	10	7	119	0	0
重 庆 Chongqing	941	832	21	14	74	20	0
四 川 Sichuan	2841	2611	32	118	80	52	0
贵 州 Guizhou	1703	1491	30	45	137	28	0
云 南 Yunnan	2108	1926	24	75	83	12	0
西 藏 Tibet	208	197	3	7	1	1	0
陕 西 Shaanxi	1438	1296	53	37	52	6	0
甘 肃 Gansu	857	790	13	34	20	0	0
青 海 Qinghai	192	155	1	2	34	16	0
宁 夏 Ningxia	410	375	4	28	3	0	0
新 疆 Xinjiang	1138	1029	28	61	20	1	0

特殊教育专任教师分学历、

Number of Full-time Teachers in Special Education Schools

	合计 Total	按学历分 By Educational Attainment				
		博士研究生 Doctor's Degree	硕士研究生 Master's Degree	本科毕业 Under-graduate	专科毕业 Associate Bachelor	高中阶段毕业 High School Graduate
总　计 Total	**69353**	**19**	**2197**	**51431**	**14897**	**770**
北　京 Beijing	958	1	60	874	23	0
天　津 Tianjin	640	0	39	525	74	2
河　北 Hebei	3678	0	54	2577	999	48
山　西 Shanxi	2037	0	18	1431	551	36
内蒙古 Inner Mongolia	1815	0	46	1356	400	13
辽　宁 Liaoning	2271	0	70	1713	478	10
吉　林 Jilin	1734	0	30	1397	296	9
黑龙江 Heilongjiang	2168	3	14	1333	791	27
上　海 Shanghai	1584	8	231	1232	109	4
江　苏 Jiangsu	3828	4	156	3286	371	11
浙　江 Zhejiang	2817	0	137	2365	296	18
安　徽 Anhui	2178	0	29	1545	565	39
福　建 Fujian	2569	0	37	1847	645	39
江　西 Jiangxi	2065	0	19	1158	875	13
山　东 Shandong	6063	0	254	4698	982	129
河　南 Henan	4379	0	35	2908	1383	53
湖　北 Hubei	2009	0	43	1339	593	29
湖　南 Hunan	2946	0	81	1923	887	47
广　东 Guangdong	6589	3	524	5137	785	127
广　西 Guangxi	2309	0	34	1530	723	21
海　南 Hainan	450	0	3	335	110	2
重　庆 Chongqing	1120	0	31	853	226	8
四　川 Sichuan	3427	0	97	2507	806	17
贵　州 Guizhou	2068	0	20	1658	377	12
云　南 Yunnan	2568	0	30	2114	411	13
西　藏 Tibet	297	0	2	221	65	9
陕　西 Shaanxi	1733	0	55	1230	428	16
甘　肃 Gansu	1116	0	25	882	206	3
青　海 Qinghai	239	0	8	175	55	1
宁　夏 Ningxia	389	0	5	305	76	3
新　疆 Xinjiang	1309	0	10	977	311	11

分专业技术职务情况

by Educational Background and Professional Rank

单位：人

unit：person

高中阶段以下毕业 Below High School Graduate	按专业技术职务分 By Professional Rank					
	正高级 Senior	副高级 Sub-Senior	中级 Middle	助理级 Associate	员级 Junior	未定职级 No-Ranking
39	**122**	**11923**	**28004**	**18163**	**2360**	**8781**
0	2	139	423	329	18	47
0	1	88	383	127	11	30
0	24	1023	1592	721	51	267
1	0	117	737	798	57	328
0	2	450	689	364	92	218
0	0	625	1176	206	96	168
2	0	448	781	373	22	110
0	4	696	991	391	38	48
0	1	99	869	554	8	53
0	3	648	1889	870	85	333
1	2	406	1123	908	55	323
0	4	355	761	599	125	334
1	2	231	1219	699	94	324
0	3	327	617	490	270	358
0	20	1204	2506	1366	160	807
0	1	908	1875	1192	148	255
5	2	391	1018	417	66	115
8	6	507	1021	656	163	593
13	8	633	2179	2026	252	1491
1	1	139	959	666	112	432
0	0	47	117	164	48	74
2	2	156	525	354	4	79
0	7	758	1065	1101	60	436
1	4	223	945	681	34	181
0	8	591	785	453	108	623
0	0	54	73	109	53	8
4	0	184	714	511	33	291
0	8	209	472	362	22	43
0	0	71	70	47	10	41
0	3	71	156	113	19	27
0	4	125	274	516	46	344

地区 Region	校舍建筑面积 Floor Space	教学及辅助用房 Buildings for Instruction and Ancillary Uses	普通教室 Classroom	专用教室 Professional Classroom	公共活动及康复用房 Public Activity and Rehabilitation Room	图书阅览室 Library	体育康复训练室 Physical Rehabilitation Training Room	心理咨询室 Psychological Consultation Room
总计 Total	**12288974.60**	**5711073.36**	**2594927.87**	**1846449.16**	**1269696.33**	**208262.46**	**323349.37**	**80505.06**
北京 Beijing	162226.75	80944.05	35082.22	29885.73	15976.10	3019.05	2109.10	908.42
天津 Tianjin	105215.20	53535.36	23652.61	18844.16	11038.59	2853.64	2363.57	739.52
河北 Hebei	580279.87	269732.13	105477.36	110869.72	53385.05	13690.94	15949.84	4356.35
山西 Shanxi	276121.24	114218.57	52907.86	38900.65	22410.06	6104.25	6652.57	1937.64
内蒙古 Inner Mongolia	273815.72	127054.12	53354.71	43893.13	29806.28	3538.53	8524.50	1771.66
辽宁 Liaoning	313586.87	160347.82	48539.38	69714.07	42094.37	5728.51	15418.46	2737.65
吉林 Jilin	224936.60	107837.84	48450.88	40324.95	19062.01	3647.46	4656.96	1538.35
黑龙江 Heilongjiang	265454.61	128326.31	46434.80	60855.84	21035.67	3642.91	7572.62	1672.74
上海 Shanghai	210122.84	105750.00	39463.59	37860.42	28425.99	7062.12	6143.06	2035.71
江苏 Jiangsu	727302.45	355571.29	150302.37	126170.77	79098.15	13129.93	23849.80	5087.59
浙江 Zhejiang	688128.58	267141.20	116893.14	90099.62	60148.44	8318.55	13964.44	3794.87
安徽 Anhui	524013.39	263291.50	139025.23	81414.00	42852.27	11311.68	10658.73	3085.47
福建 Fujian	489565.22	231321.57	93523.74	81344.34	56453.49	7513.29	16336.51	3527.11
江西 Jiangxi	443678.33	214014.94	103994.41	55781.29	54239.24	7807.89	9261.53	3740.39
山东 Shandong	1071720.09	512167.43	211551.77	156249.79	144365.87	17165.11	30965.86	6712.43
河南 Henan	636244.44	284266.26	137275.50	96175.30	50815.46	12759.72	13685.28	4991.15
湖北 Hubei	426986.13	192814.14	102407.63	57508.75	32897.76	6314.71	11432.03	2520.03
湖南 Hunan	494981.52	218263.62	116589.93	63953.71	37719.98	7746.02	13683.35	3694.79
广东 Guangdong	1288250.33	589480.58	258762.31	148616.07	182102.20	17541.62	34236.65	6171.95
广西 Guangxi	397044.40	188120.67	92611.41	63768.67	31740.59	6547.72	5033.84	3053.09
海南 Hainan	95850.82	38050.79	18580.10	14665.63	4805.06	1918.72	1434.77	429.98
重庆 Chongqing	217387.76	96558.53	53748.15	21554.59	21255.79	2816.34	2764.66	1804.52
四川 Sichuan	578816.36	271289.61	137705.90	82423.61	51160.10	10443.11	15282.31	3418.95
贵州 Guizhou	327311.22	152234.91	78624.94	46421.03	27188.94	4678.63	7928.44	2912.15
云南 Yunnan	416271.52	215008.00	118161.09	53353.66	43493.25	6399.40	10437.68	2695.66
西藏 Tibet	79965.92	30588.06	17380.27	7095.17	6112.62	477.09	1936.75	224.24
陕西 Shaanxi	301162.18	129912.83	53573.26	36583.64	39755.93	5349.60	9636.65	1795.34
甘肃 Gansu	207983.10	89261.08	46328.31	23407.78	19524.99	3100.40	7412.41	1324.41
青海 Qinghai	98522.87	43465.52	14753.63	24873.76	3838.13	1835.33	460.40	254.88
宁夏 Ningxia	107982.73	57375.78	27272.04	19048.15	11055.59	1109.00	1123.00	352.00
新疆 Xinjiang	258045.54	123128.85	52499.33	44791.16	25838.36	4691.19	12433.60	1216.02

校舍情况
in Special Education Schools

单位:平方米
unit: m^2

其他 Others	行政办公用房 Administrative	教师办公室 for Teachers	其他 Others	生活用房 Residential and Welfare	学生宿舍 Students' Dormitories	学生餐厅 Students' Canteen	学生厕所 Students' Toilets	其他 Others	其他用房 Rooms for Other Purposes
657579.44	**1178501.88**	**645270.05**	**533231.83**	**3765006.34**	**1760149.91**	**699122.64**	**439835.40**	**865898.39**	**1634393.02**
9939.53	21984.29	8329.64	13654.65	40187.39	8585.40	6822.46	7258.08	17521.45	19111.02
5081.86	11255.37	6110.07	5145.30	20750.00	8304.18	3290.85	4672.42	4482.55	19674.47
19387.92	56431.02	32789.59	23641.43	158488.70	71133.67	34614.32	19656.62	33084.09	95628.02
7715.60	28425.27	17975.78	10449.49	86839.20	40024.50	16225.17	9632.05	20957.48	46638.20
15971.59	27881.02	15157.25	12723.77	82131.44	32608.53	17224.91	11720.67	20577.33	36749.14
18209.75	35206.63	17703.10	17503.53	96554.93	22144.91	19906.31	12040.31	42463.40	21477.49
9219.24	22597.14	13670.63	8926.51	57855.53	22817.39	10801.78	7431.59	16804.77	36646.09
8147.40	23834.80	14365.89	9468.91	69021.58	24851.50	14864.00	7890.02	21416.06	44271.92
13185.10	30506.23	12150.90	18355.33	55447.50	25131.34	7176.08	7417.46	15722.62	18419.11
37030.83	70309.79	34921.31	35388.48	187688.53	76901.88	40115.34	20926.02	49745.29	113732.84
34070.58	50466.40	27175.77	23290.63	199330.56	89876.43	42667.97	20369.23	46416.93	171190.42
17796.39	48853.86	29063.90	19789.96	175646.98	86604.12	35833.49	18122.48	35086.89	36221.05
29076.58	46260.42	23397.23	22863.19	148595.95	79425.67	26283.04	13597.34	29289.90	63387.28
33429.43	53203.09	20685.16	32517.93	142277.71	74183.16	20100.94	20392.23	27601.38	34182.59
89522.47	123933.56	64420.23	59513.33	324760.78	138377.02	57247.32	42627.84	86508.60	110858.32
19379.31	77374.53	46139.50	31235.03	204345.11	102798.41	40639.68	25107.42	35799.60	70258.54
12630.99	37448.67	19747.40	17701.27	135974.14	76171.36	27491.44	11039.13	21272.21	60749.18
12595.82	47283.02	32112.36	15170.66	168164.40	77275.88	38045.57	15516.99	37325.96	61270.48
124151.98	97969.12	55707.79	42261.33	356372.35	153151.80	49313.62	44754.95	109151.98	244428.28
17105.94	29119.67	16447.06	12672.61	145757.22	85099.35	27700.87	16168.64	16788.36	34046.84
1021.59	5211.15	4261.03	950.12	40961.30	22498.68	5129.88	4117.58	9215.16	11627.58
13870.27	20701.80	11306.69	9395.11	70974.38	37263.99	12074.24	7376.63	14259.52	29153.05
22015.73	44232.07	26562.73	17669.34	186018.44	98806.06	35921.23	19565.78	31725.37	77276.24
11669.72	27068.31	18379.68	8688.63	120120.30	71691.76	23282.22	10706.00	14440.32	27887.70
23960.51	36547.64	21230.82	15316.82	135018.88	76676.07	24643.67	16731.07	16968.07	29697.00
3474.54	8932.86	4194.97	4737.89	34898.17	14367.14	5606.05	1465.82	13459.16	5546.83
22974.34	38127.59	18616.07	19511.52	98869.78	33072.41	14853.55	16226.20	34717.62	34251.98
7687.77	21430.53	14957.91	6472.62	67855.53	28445.79	13126.42	8036.64	18246.68	29435.96
1287.52	11682.78	5775.48	5907.30	34136.92	16566.78	5477.24	6335.94	5756.96	9237.65
8471.59	6679.78	3282.16	3397.62	34224.47	21150.30	7808.87	2665.17	2600.13	9702.70
7497.55	17543.47	8631.95	8911.52	85738.17	44144.43	14834.11	10267.08	16492.55	31635.05

地 区 Region	占地面积（平方米） Areas Occupied (m^2)	#绿化用地面积 of Which: Green Areas	#运动场地面积 of Which: Sports Areas	校园足球场（个） Campus Football	11人制足球场 11-a-side Football Field	7人制足球场 7-a-side Football Field	5人制足球场 5-a-side Football Field
总 计 Total	**24484564.77**	**5404165.12**	**6092887.41**	**609**	**64**	**178**	**367**
北 京 Beijing	252726.59	40923.90	68535.88	5	0	2	3
天 津 Tianjin	205407.74	20249.17	63906.62	8	0	4	4
河 北 Hebei	1264957.10	257253.43	333569.19	30	2	6	22
山 西 Shanxi	518609.36	70182.36	120272.24	10	0	1	9
内蒙古 Inner Mongolia	671433.02	134923.64	207318.63	21	4	6	11
辽 宁 Liaoning	707446.12	107473.26	238611.09	28	4	10	14
吉 林 Jilin	553898.03	113124.28	174169.49	21	0	5	16
黑龙江 Heilongjiang	633894.56	90560.38	210688.36	15	2	3	10
上 海 Shanghai	332813.47	118225.80	68365.59	11	0	4	7
江 苏 Jiangsu	1418988.93	412086.95	340683.63	49	6	18	25
浙 江 Zhejiang	1218784.32	372775.67	268857.91	23	4	8	11
安 徽 Anhui	1276059.48	314921.98	270065.21	28	3	9	16
福 建 Fujian	864646.00	232162.71	244159.83	20	2	4	14
江 西 Jiangxi	839124.47	201525.75	247873.16	24	2	7	15
山 东 Shandong	2421231.77	505690.04	595269.42	59	5	21	33
河 南 Henan	1272214.78	220398.08	278315.29	26	3	9	14
湖 北 Hubei	838901.95	215712.86	209348.55	30	6	6	18
湖 南 Hunan	1257549.23	375588.39	224301.00	17	3	2	12
广 东 Guangdong	1866808.53	413230.85	460597.24	40	5	13	22
广 西 Guangxi	660734.87	108877.35	166320.26	7	2	0	5
海 南 Hainan	232013.74	52863.42	42213.35	6	1	3	2
重 庆 Chongqing	301774.37	50986.97	75101.06	9	2	1	6
四 川 Sichuan	882698.60	183637.86	263012.33	26	1	4	21
贵 州 Guizhou	752517.60	149250.37	230432.26	13	1	3	9
云 南 Yunnan	908064.73	190932.97	176278.78	15	1	3	11
西 藏 Tibet	179234.05	28877.43	17517.57	4	0	3	1
陕 西 Shaanxi	576607.30	101895.44	139415.68	29	2	11	16
甘 肃 Gansu	393435.64	82565.90	113612.97	12	2	2	8
青 海 Qinghai	192442.00	42424.97	46783.72	1	0	0	1
宁 夏 Ningxia	226506.07	47959.98	55878.39	6	0	5	1
新 疆 Xinjiang	763040.35	146882.96	141412.71	16	1	5	10

资产情况
Resources in Special Education Schools

图书(册) Books and Magazines in Libraries (Volume)	数字终端数(台) Number of Digital Terminals (Set)			教室(间) Classroom (Room)		固定资产总值(万元) Total Value of Fixed Asset (10,000 yuan)	
		教师终端数 Number of Teachers' Terminals	学生终端数 Number of Student Terminals		#网络多媒体教室 of Which: Network Multimedia Classroom		#教学仪器设备资产值 of Which: Total Value of Equip and Instru.
12346331	**142765**	**82767**	**53657**	**41148**	**21222**	**2741827.22**	**469644.30**
308787	3908	2154	1047	613	425	70910.21	17957.51
110036	1607	1086	515	421	255	37912.18	12043.94
692502	6941	3919	2836	2417	1080	113769.68	22099.91
282021	3133	1634	1264	1147	435	62625.40	10882.69
206574	2921	2106	780	841	494	67849.01	8363.88
553889	5356	3099	1989	1321	669	76968.19	23224.54
208526	3308	1984	1158	748	368	51156.76	10378.81
301433	3982	2166	1742	1402	598	58035.80	16321.89
376001	5342	3186	1882	668	394	84186.36	18340.37
885695	9774	5321	4386	2275	1460	160204.89	30608.34
552799	6639	4072	2329	1691	989	161768.94	17343.87
450671	5313	2917	2365	1744	1044	89461.78	13897.62
543196	4828	3085	1471	2845	854	89761.68	16924.84
291626	3957	2159	1631	1368	812	67174.77	11118.87
1014803	13870	8718	4376	3983	1964	244407.52	36553.49
638555	6986	4199	2554	2209	1129	103306.60	15755.56
292057	3474	2010	1421	1174	500	95036.54	12008.40
620622	4511	2621	1745	1570	861	104089.66	25785.94
968530	14726	8691	5420	3154	1894	300398.73	49672.51
472318	4181	2770	1304	1330	569	87189.02	14165.17
125281	798	484	308	191	61	9773.93	1699.79
136516	2714	1413	1291	659	487	41339.06	8316.63
531040	6332	3576	2577	1942	985	133733.99	16072.42
313070	3312	2079	1194	1036	633	60040.06	7912.52
595678	4528	2316	2150	1481	806	106206.52	14483.49
35457	1642	193	138	67	25	19944.20	3503.75
325934	2982	1732	1204	988	480	81486.48	13018.39
162230	2055	1237	818	641	311	52034.76	6325.85
75421	725	296	429	219	127	23912.74	2807.68
162222	1398	598	800	284	140	33099.32	4899.96
112841	1522	946	533	719	373	54042.42	7155.67

学前教育基本情况(总计)
Basic Statistics of Pre-primary Education (Total)

地　区 Region	园数(所) Kindergartens	班数(个) Classes	入园(班)人数(人) Entrants	在园(班)人数(人) Enrolment	离园(班)人数(人) Leavers
总　计 Total	**294832**	**1797500**	**15262381**	**48052063**	**17147905**
北　京 Beijing	2000	20067	190211	566735	136077
天　津 Tianjin	2346	12958	110471	315967	91243
河　北 Hebei	18818	108097	848789	2470264	872956
山　西 Shanxi	7252	43230	299108	1009673	326246
内蒙古 Inner Mongolia	4436	26566	167889	604183	213243
辽　宁 Liaoning	9273	42105	242704	871638	281203
吉　林 Jilin	3981	21166	120719	419504	151515
黑龙江 Heilongjiang	5639	24583	199433	488748	173500
上　海 Shanghai	1699	20895	178087	560059	189248
江　苏 Jiangsu	8116	81639	750143	2524993	883964
浙　江 Zhejiang	7890	71191	614926	2008352	652374
安　徽 Anhui	11478	77248	688115	2140554	778294
福　建 Fujian	8836	59338	550170	1672656	609213
江　西 Jiangxi	15832	67268	576192	1618274	604728
山　东 Shandong	25203	146289	1156647	3893098	1235255
河　南 Henan	24365	162658	997365	3994784	1509297
湖　北 Hubei	9527	64548	525170	1785349	641882
湖　南 Hunan	16312	83673	724842	2293887	937168
广　东 Guangdong	21101	170173	1672236	5003933	1800294
广　西 Guangxi	14054	84116	872427	2275095	868998
海　南 Hainan	2718	14743	119045	391788	142165
重　庆 Chongqing	5684	34533	276909	995239	346822
四　川 Sichuan	13407	92335	738091	2617586	908107
贵　州 Guizhou	11305	55479	638475	1655347	603782
云　南 Yunnan	13883	59599	714945	1769656	602064
西　藏 Tibet	2337	7292	66064	156438	60461
陕　西 Shaanxi	8226	52293	418438	1373463	463684
甘　肃 Gansu	8159	37599	315967	970256	334521
青　海 Qinghai	1881	8455	89680	227985	87199
宁　夏 Ningxia	1490	8796	103399	261440	104764
新　疆 Xinjiang	7584	38568	295724	1115119	537638

学前教育基本情况(城区)
Basic Statistics of Pre-primary Education (Urban Area)

地 区 Region	园数(所) Kindergartens	班数(个) Classes	入园(班)人数 (人) Entrants	在园(班)人数 (人) Enrolment	离园(班)人数 (人) Leavers
总 计 Total	**99620**	**757797**	**6605905**	**21178133**	**6701169**
北 京 Beijing	1559	16815	160390	478538	116124
天 津 Tianjin	1465	10023	88266	254905	69786
河 北 Hebei	4091	27848	235808	703849	216166
山 西 Shanxi	2309	17030	126875	428429	125791
内蒙古 Inner Mongolia	1447	10599	72175	263958	82344
辽 宁 Liaoning	5753	29136	163903	596566	173810
吉 林 Jilin	2022	11499	64713	236824	79594
黑龙江 Heilongjiang	2952	13964	113241	275015	92303
上 海 Shanghai	1430	17767	149296	474479	161603
江 苏 Jiangsu	4122	45239	427379	1409685	464524
浙 江 Zhejiang	4250	42904	373623	1210616	391263
安 徽 Anhui	2652	21053	209375	617672	191190
福 建 Fujian	3430	25547	252462	756326	252752
江 西 Jiangxi	3613	22242	198759	566016	185765
山 东 Shandong	8498	63980	549763	1823112	528658
河 南 Henan	5310	42781	276935	1131460	352006
湖 北 Hubei	4216	31193	258636	876154	291113
湖 南 Hunan	5256	30956	268800	864367	303946
广 东 Guangdong	11949	103914	998485	3131099	1023452
广 西 Guangxi	3397	24117	238367	665671	211642
海 南 Hainan	1102	6275	51332	165945	55525
重 庆 Chongqing	2959	20540	169611	604207	198087
四 川 Sichuan	5091	39882	314759	1137231	355432
贵 州 Guizhou	2488	15843	172935	463775	144365
云 南 Yunnan	2104	16791	178375	517611	147053
西 藏 Tibet	127	1228	14656	42914	14741
陕 西 Shaanxi	2637	22582	211491	642749	194914
甘 肃 Gansu	1434	10110	94208	310289	92363
青 海 Qinghai	267	2106	25847	69382	24831
宁 夏 Ningxia	459	3921	44677	125762	39678
新 疆 Xinjiang	1231	9912	100763	333527	120348

学前教育基本情况(镇区)
Basic Statistics of Pre-primary Education (County and Town Area)

地　区 Region	园数(所) Kindergartens	班数(个) Classes	入园(班)人数(人) Entrants	在园(班)人数(人) Enrolment	离园(班)人数(人) Leavers
总　计 Total	**96694**	**632386**	**5543277**	**17703736**	**6425061**
北　京 Beijing	181	1682	15590	46540	10356
天　津 Tianjin	317	1313	11210	30413	9935
河　北 Hebei	6818	40343	336534	956361	334943
山　西 Shanxi	2225	15717	121109	412996	136961
内蒙古 Inner Mongolia	1835	11670	76250	276113	102845
辽　宁 Liaoning	2128	9230	58005	203609	75911
吉　林 Jilin	1437	7426	45318	149648	55417
黑龙江 Heilongjiang	1894	8303	70157	173958	63722
上　海 Shanghai	223	2672	24723	73429	23988
江　苏 Jiangsu	2926	30281	272492	941907	347804
浙　江 Zhejiang	2276	21094	182985	606310	195827
安　徽 Anhui	4594	35269	322859	1016123	359721
福　建 Fujian	3472	22550	210068	659849	246184
江　西 Jiangxi	5877	30120	266344	764776	275784
山　东 Shandong	7225	47962	397625	1343588	431021
河　南 Henan	9011	61648	397820	1602167	609848
湖　北 Hubei	3260	22816	194717	659756	242569
湖　南 Hunan	6799	35854	312375	1021086	430678
广　东 Guangdong	5680	42969	432001	1272158	485995
广　西 Guangxi	5455	34011	361881	986614	362075
海　南 Hainan	976	5233	43592	145604	56077
重　庆 Chongqing	1750	10243	82763	307425	112431
四　川 Sichuan	5307	37718	307311	1124410	398544
贵　州 Guizhou	4075	25333	290535	797880	284912
云　南 Yunnan	2843	18367	235793	612372	194576
西　藏 Tibet	186	948	12854	29649	11262
陕　西 Shaanxi	3371	21020	156654	560404	202089
甘　肃 Gansu	2369	15396	153645	458970	154586
青　海 Qinghai	388	2560	30910	78925	31314
宁　夏 Ningxia	437	2971	36658	90895	40336
新　疆 Xinjiang	1359	9667	82499	299801	137350

学前教育基本情况(乡村)
Basic Statistics of Pre-primary Education (Rural Area)

地　区 Region	园数(所) Kindergartens	班数(个) Classes	入园(班)人数(人) Entrants	在园(班)人数(人) Enrolment	离园(班)人数(人) Leavers
总　计 Total	**98518**	**407317**	**3113199**	**9170194**	**4021675**
北　京 Beijing	260	1570	14231	41657	9597
天　津 Tianjin	564	1622	10995	30649	11522
河　北 Hebei	7909	39906	276447	810054	321847
山　西 Shanxi	2718	10483	51124	168248	63494
内蒙古 Inner Mongolia	1154	4297	19464	64112	28054
辽　宁 Liaoning	1392	3739	20796	71463	31482
吉　林 Jilin	522	2241	10688	33032	16504
黑龙江 Heilongjiang	793	2316	16035	39775	17475
上　海 Shanghai	46	456	4068	12151	3657
江　苏 Jiangsu	1068	6119	50272	173401	71636
浙　江 Zhejiang	1364	7193	58318	191426	65284
安　徽 Anhui	4232	20926	155881	506759	227383
福　建 Fujian	1934	11241	87640	256481	110277
江　西 Jiangxi	6342	14906	111089	287482	143179
山　东 Shandong	9480	34347	209259	726398	275576
河　南 Henan	10044	58229	322610	1261157	547443
湖　北 Hubei	2051	10539	71817	249439	108200
湖　南 Hunan	4257	16863	143667	408434	202544
广　东 Guangdong	3472	23290	241750	600676	290847
广　西 Guangxi	5202	25988	272179	622810	295281
海　南 Hainan	640	3235	24121	80239	30563
重　庆 Chongqing	975	3750	24535	83607	36304
四　川 Sichuan	3009	14735	116021	355945	154131
贵　州 Guizhou	4742	14303	175005	393692	174505
云　南 Yunnan	8936	24441	300777	639673	260435
西　藏 Tibet	2024	5116	38554	83875	34458
陕　西 Shaanxi	2218	8691	50293	170310	66681
甘　肃 Gansu	4356	12093	68114	200997	87572
青　海 Qinghai	1226	3789	32923	79678	31054
宁　夏 Ningxia	594	1904	22064	44783	24750
新　疆 Xinjiang	4994	18989	112462	481791	279940

学前教育中女幼儿数
Basic of Female Children in Pre-primary Education

地　区 Region	入园(班)人数 (人) Entrants	在园(班)人数 (人) Enrolment	离园(班)人数 (人) Leavers
总　计 Total	**7244848**	**22734444**	**8062842**
北　京 Beijing	92184	274474	65732
天　津 Tianjin	53572	152517	43375
河　北 Hebei	406374	1182073	413337
山　西 Shanxi	146349	491499	157882
内蒙古 Inner Mongolia	80745	289141	101332
辽　宁 Liaoning	115855	417510	132832
吉　林 Jilin	57702	201352	72676
黑龙江 Heilongjiang	95167	235557	82429
上　海 Shanghai	85296	268117	90519
江　苏 Jiangsu	360232	1204177	418024
浙　江 Zhejiang	292980	950664	305820
安　徽 Anhui	325955	1012532	365326
福　建 Fujian	253383	768223	278652
江　西 Jiangxi	264550	745358	278340
山　东 Shandong	546387	1830928	564464
河　南 Henan	478740	1911688	716907
湖　北 Hubei	245730	833531	296193
湖　南 Hunan	341605	1078762	443057
广　东 Guangdong	786294	2324631	834669
广　西 Guangxi	407446	1054859	404625
海　南 Hainan	54961	178799	64970
重　庆 Chongqing	133522	476878	167142
四　川 Sichuan	356819	1259298	436838
贵　州 Guizhou	299296	771325	280257
云　南 Yunnan	343048	847441	285810
西　藏 Tibet	32307	76349	29657
陕　西 Shaanxi	200323	657811	221054
甘　肃 Gansu	151846	464217	159295
青　海 Qinghai	43632	110233	41776
宁　夏 Ningxia	49557	125440	49807
新　疆 Xinjiang	142991	539060	260045

幼儿园教职工数(总计)
Number of Educational Personnel in Kindergartens (Total)

单位:人
unit: person

地 区 Region	教职工数 Educational Personnel	园长 Kindergarten Principals	专任教师 Full-time Teachers	保育员 Caretakers	卫生保健人员 Health Care workers	行政人员 Adm. Personnel	教辅人员 Supporting Staffs	工勤人员 Workers	校外教师 Part-time Teachers	外籍教师 Foreign Teachers
总 计 Total	**5646384**	**310683**	**3076579**	**1221740**	**168543**	**128633**	**103739**	**636467**	**62949**	**3878**
北 京 Beijing	98322	3473	47973	17051	4972	5222	4683	14948	1083	424
天 津 Tianjin	49837	2560	25203	9674	1889	2245	1873	6393	212	45
河 北 Hebei	259688	19068	149643	49118	8578	6128	4681	22472	4854	28
山 西 Shanxi	121794	7151	72340	20683	3854	3314	2447	12005	2185	8
内蒙古 Inner Mongolia	87121	4273	49992	13631	2418	3473	3609	9725	796	13
辽 宁 Liaoning	137739	10536	72786	27623	3324	4333	3790	15347	470	19
吉 林 Jilin	64040	4363	31354	14910	2737	2451	3007	5218	162	14
黑龙江 Heilongjiang	75442	6049	36507	16105	3748	1677	2731	8625	4567	12
上 海 Shanghai	84565	1987	45462	20072	3696	2543	3134	7671	462	911
江 苏 Jiangsu	315956	11957	173466	77915	12527	3538	4960	31593	919	436
浙 江 Zhejiang	284061	7881	151629	69498	9588	3174	2825	39466	111	254
安 徽 Anhui	221386	13026	125664	49835	6982	3767	2958	19154	2355	35
福 建 Fujian	198965	10898	106448	45327	5074	3458	2912	24848	1776	99
江 西 Jiangxi	196164	11963	116503	47026	3428	922	1476	14846	3395	0
山 东 Shandong	424852	26374	267060	71816	8359	5957	5785	39501	5420	98
河 南 Henan	418138	26068	236166	88858	12963	9535	6154	38394	5959	55
湖 北 Hubei	222887	13290	108438	53306	8005	6626	5397	27825	2469	101
湖 南 Hunan	268230	16263	127504	72653	9776	7808	4228	29998	2105	37
广 东 Guangdong	652841	29958	334740	144458	21524	21304	11864	88993	662	893
广 西 Guangxi	225261	15787	111341	53157	5050	3864	3139	32923	653	34
海 南 Hainan	57805	3085	27920	12991	1853	1125	626	10205	326	64
重 庆 Chongqing	114849	6597	57260	28611	3347	2490	1676	14868	630	101
四 川 Sichuan	269127	14833	141886	60149	7259	6953	5430	32617	10612	160
贵 州 Guizhou	192258	10034	102448	47093	4020	2686	1897	24080	747	2
云 南 Yunnan	151484	9804	85928	27080	3548	2776	2047	20301	5163	25
西 藏 Tibet	10140	475	8771	368	33	62	125	306	1991	0
陕 西 Shaanxi	180389	8952	100509	35625	5776	7516	3489	18522	49	1
甘 肃 Gansu	85393	5694	57139	10877	1760	997	1487	7439	475	8
青 海 Qinghai	23099	1162	12784	5292	207	319	124	3211	49	0
宁 夏 Ningxia	32020	1528	15775	6276	962	1205	1193	5081	796	1
新 疆 Xinjiang	122531	5594	75940	24662	1286	1165	3992	9892	1496	0

幼儿园教职工数(城区)

Number of Educational Personnel in Kindergartens (Urban Area)

单位:人
unit: person

地　区 Region	教职工数 Educational Personnel	园长 Kindergarten Principals	专任教师 Full-time Teachers	保育员 Caretakers	卫生保健人　员 Health Care workers	行政人员 Adm. Personnel	教辅人员 Supporting Staffs	工勤人员 Workers	校外教师 Part-time Teachers	外籍教师 Foreign Teachers
总　计 Total	**2948635**	**133074**	**1541881**	**649625**	**97755**	**89887**	**61990**	**374423**	**14542**	**3473**
北　京 Beijing	84168	2843	40909	14590	4376	4572	3919	12959	781	401
天　津 Tianjin	42416	1898	20886	8403	1647	2146	1739	5697	129	45
河　北 Hebei	98603	5365	53126	19871	3207	3638	2310	11086	1033	13
山　西 Shanxi	62857	3060	35536	11234	2017	2520	1241	7249	134	4
内蒙古 Inner Mongolia	42284	1597	22590	7485	1301	2222	1698	5391	212	10
辽　宁 Liaoning	105413	6935	54304	22329	2819	3703	2444	12879	266	16
吉　林 Jilin	38661	2303	18386	9556	1630	1622	1983	3181	92	5
黑龙江 Heilongjiang	46631	3381	21455	10446	2428	1263	1725	5933	2192	4
上　海 Shanghai	72115	1694	38920	16931	3185	2134	2872	6379	423	864
江　苏 Jiangsu	184069	6451	98963	45394	7463	2441	3420	19937	350	336
浙　江 Zhejiang	175369	4387	93396	42728	5945	2068	1927	24918	46	235
安　徽 Anhui	79591	3908	42433	18857	2717	2091	1176	8409	459	20
福　建 Fujian	99859	4840	52256	23423	2924	2324	1720	12372	378	93
江　西 Jiangxi	74832	3958	43153	18252	1596	503	696	6674	1048	0
山　东 Shandong	224229	10677	135187	39909	5035	4262	3219	25940	906	44
河　南 Henan	152054	6712	83884	32404	4726	5262	2880	16186	1322	49
湖　北 Hubei	125675	6843	60771	29190	4448	4483	3075	16865	1296	86
湖　南 Hunan	119526	6084	56542	31300	4573	4903	1880	14244	548	28
广　东 Guangdong	446829	18786	221320	99297	15487	16421	10098	65420	400	872
广　西 Guangxi	87096	4754	44044	20427	2231	2257	1100	12283	150	17
海　南 Hainan	26635	1327	13046	5783	1004	764	362	4349	256	43
重　庆 Chongqing	78657	4092	38912	19383	2547	2054	1202	10467	278	99
四　川 Sichuan	160495	7355	80539	37142	4950	5365	3359	21785	644	160
贵　州 Guizhou	63275	3030	32283	15447	1767	1536	709	8503	151	1
云　南 Yunnan	62669	2532	34123	12459	1924	1766	934	8931	284	19
西　藏 Tibet	3777	212	2698	359	32	60	116	300	74	0
陕　西 Shaanxi	92154	3611	48080	18819	3404	5056	1887	11297	9	0
甘　肃 Gansu	34907	1871	20109	5993	951	719	538	4726	108	8
青　海 Qinghai	8794	337	4249	2276	131	263	73	1465	8	0
宁　夏 Ningxia	16836	689	8512	2985	470	769	563	2848	68	1
新　疆 Xinjiang	38159	1542	21269	6953	820	700	1125	5750	497	0

幼儿园教职工数(镇区)
Number of Educational Personnel in Kindergartens (County and Town Area)

单位:人
unit: person

地 区 Region	教职工数 Educational Personnel	园长 Kindergarten Principals	专任教师 Full-time Teachers	保育员 Caretakers	卫生保健人员 Health Care workers	行政人员 Adm. Personnel	教辅人员 Supporting Staffs	工勤人员 Workers	校外教师 Part-time Teachers	外籍教师 Foreign Teachers
总 计 Total	**1891148**	**106937**	**1075865**	**409465**	**50034**	**30113**	**30123**	**188611**	**27115**	**308**
北 京 Beijing	7446	307	3829	1330	305	343	367	965	219	6
天 津 Tianjin	3643	295	2034	693	131	67	82	341	47	0
河 北 Hebei	103888	7331	60786	20434	3477	2056	1749	8055	1762	9
山 西 Shanxi	42576	2343	26984	6956	1202	656	918	3517	1655	0
内蒙古 Inner Mongolia	37100	1902	22720	5230	934	1101	1654	3559	450	3
辽 宁 Liaoning	24279	2438	13874	4174	370	501	1106	1816	131	3
吉 林 Jilin	21340	1596	10849	4597	914	708	864	1812	60	9
黑龙江 Heilongjiang	23774	1960	12478	4724	1069	347	844	2352	1631	8
上 海 Shanghai	10551	242	5617	2689	428	314	209	1052	38	38
江 苏 Jiangsu	110675	4381	62656	27376	4211	948	1359	9744	550	98
浙 江 Zhejiang	81065	2360	43790	20108	2698	873	754	10482	60	11
安 徽 Anhui	100649	5495	58907	22375	3063	1419	1334	8056	1352	10
福 建 Fujian	75261	4226	41351	16761	1671	922	995	9335	990	1
江 西 Jiangxi	88832	5328	53468	21306	1396	381	635	6318	1416	0
山 东 Shandong	132562	7989	87827	21798	2230	1339	1724	9655	2122	39
河 南 Henan	164633	9959	95748	34602	4947	3110	2263	14004	3137	6
湖 北 Hubei	72957	4468	36420	18123	2504	1739	1560	8143	881	13
湖 南 Hunan	110686	6653	53816	30879	3726	2307	1735	11570	1065	8
广 东 Guangdong	149121	7542	81763	32921	4323	3624	1295	17653	194	21
广 西 Guangxi	95777	6471	47155	23405	1927	1256	1578	13985	318	8
海 南 Hainan	19694	1085	9537	4536	523	238	151	3624	55	12
重 庆 Chongqing	29674	1910	15218	7510	661	373	372	3630	273	2
四 川 Sichuan	87852	5440	50707	18534	1820	1334	1372	8645	5639	0
贵 州 Guizhou	89207	4272	48556	22121	1596	929	903	10830	376	1
云 南 Yunnan	50903	2789	30192	8840	999	671	608	6804	1524	1
西 藏 Tibet	2130	104	2012	7	0	0	3	4	201	0
陕 西 Shaanxi	65857	3555	40108	12250	1563	1734	1342	5305	32	1
甘 肃 Gansu	37098	2361	27087	3957	679	250	570	2194	183	0
青 海 Qinghai	8038	375	4833	1652	56	44	42	1036	26	0
宁 夏 Ningxia	10773	491	5066	2401	340	337	484	1654	428	0
新 疆 Xinjiang	33107	1269	20477	7176	271	192	1251	2471	300	0

幼儿园教职工数(乡村)

Number of Educational Personnel in Kindergartens (Rural Area)

单位:人
unit: person

地 区 Region	教职工数 Educational Personnel	园长 Kindergarten Principals	专任教师 Full-time Teachers	保育员 Caretakers	卫生保健人员 Health Care workers	行政人员 Adm. Personnel	教辅人员 Supporting Staffs	工勤人员 Workers	校外教师 Part-time Teachers	外籍教师 Foreign Teachers
总 计 Total	**806601**	**70672**	**458833**	**162650**	**20754**	**8633**	**11626**	**73433**	**21292**	**97**
北 京 Beijing	6708	323	3235	1131	291	307	397	1024	83	17
天 津 Tianjin	3778	367	2283	578	111	32	52	355	36	0
河 北 Hebei	57197	6372	35731	8813	1894	434	622	3331	2059	6
山 西 Shanxi	16361	1748	9820	2493	635	138	288	1239	396	4
内蒙古 Inner Mongolia	7737	774	4682	916	183	150	257	775	134	0
辽 宁 Liaoning	8047	1163	4608	1120	135	129	240	652	73	0
吉 林 Jilin	4039	464	2119	757	193	121	160	225	10	0
黑龙江 Heilongjiang	5037	708	2574	935	251	67	162	340	744	0
上 海 Shanghai	1899	51	925	452	83	95	53	240	1	9
江 苏 Jiangsu	21212	1125	11847	5145	853	149	181	1912	19	2
浙 江 Zhejiang	27627	1134	14443	6662	945	233	144	4066	5	8
安 徽 Anhui	41146	3623	24324	8603	1202	257	448	2689	544	5
福 建 Fujian	23845	1832	12841	5143	479	212	197	3141	408	5
江 西 Jiangxi	32500	2677	19882	7468	436	38	145	1854	931	0
山 东 Shandong	68061	7708	44046	10109	1094	356	842	3906	2392	15
河 南 Henan	101451	9397	56534	21852	3290	1163	1011	8204	1500	0
湖 北 Hubei	24255	1979	11247	5993	1053	404	762	2817	292	2
湖 南 Hunan	38018	3526	17146	10474	1477	598	613	4184	492	1
广 东 Guangdong	56891	3630	31657	12240	1714	1259	471	5920	68	0
广 西 Guangxi	42388	4562	20142	9325	892	351	461	6655	185	9
海 南 Hainan	11476	673	5337	2672	326	123	113	2232	15	9
重 庆 Chongqing	6518	595	3130	1718	139	63	102	771	79	0
四 川 Sichuan	20780	2038	10640	4473	489	254	699	2187	4329	0
贵 州 Guizhou	39776	2732	21609	9525	657	221	285	4747	220	0
云 南 Yunnan	37912	4483	21613	5781	625	339	505	4566	3355	5
西 藏 Tibet	4233	159	4061	2	1	2	6	2	1716	0
陕 西 Shaanxi	22378	1786	12321	4556	809	726	260	1920	8	0
甘 肃 Gansu	13388	1462	9943	927	130	28	379	519	184	0
青 海 Qinghai	6267	450	3702	1364	20	12	9	710	15	0
宁 夏 Ningxia	4411	348	2197	890	152	99	146	579	300	0
新 疆 Xinjiang	51265	2783	34194	10533	195	273	1616	1671	699	0

幼儿园女教职工数

Number of Female Educational Personnel in Kindergartens

单位:人
unit: person

地区 Region	教职工数 Educational Personnel	园长 Kindergarten Principals	专任教师 Full-time Teachers	保育员 Caretakers	卫生保健人员 Health Care workers	行政人员 Adm. Personnel	教辅人员 Supporting Staffs	工勤人员 Workers	校外教师 Part-time Teachers	外籍教师 Foreign Teachers
总计 Total	**5231849**	**280782**	**3008836**	**1209415**	**158449**	**109725**	**84300**	**380342**	**54997**	**1969**
北京 Beijing	88229	3298	46995	16944	4906	4470	3932	7684	1040	202
天津 Tianjin	45437	2326	24713	9527	1835	2008	1558	3470	188	23
河北 Hebei	241776	16188	147003	48442	7599	5324	3938	13282	4599	8
山西 Shanxi	113596	6244	71342	20330	3520	2820	1964	7376	2048	3
内蒙古 Inner Mongolia	78877	3850	47916	13351	2194	2924	2649	5993	685	6
辽宁 Liaoning	128379	9699	71984	27523	3181	3672	3300	9020	415	8
吉林 Jilin	59444	4054	30805	14723	2582	2040	2230	3010	126	9
黑龙江 Heilongjiang	69611	5588	35732	15782	3525	1431	2050	5503	3954	7
上海 Shanghai	79598	1959	44661	19974	3672	2188	2539	4605	403	543
江苏 Jiangsu	296550	11494	168301	77528	12291	3147	4113	19676	761	257
浙江 Zhejiang	264720	7617	149412	69352	9431	2689	2325	23894	84	124
安徽 Anhui	208939	11466	124392	49325	6469	3175	2419	11693	2075	14
福建 Fujian	187286	10667	105481	45153	4839	3054	2437	15655	1676	54
江西 Jiangxi	186276	10950	114465	46387	3000	792	1196	9486	3164	0
山东 Shandong	394306	22813	261218	71034	7770	4788	4808	21875	5103	76
河南 Henan	389783	22661	234048	87901	11693	7935	4949	20596	5235	26
湖北 Hubei	205070	11922	107192	52877	7548	5584	4371	15576	2218	56
湖南 Hunan	249291	15102	126155	72159	9013	6548	3143	17171	1802	12
广东 Guangdong	602311	28455	330517	143391	20422	18662	9919	50945	371	366
广西 Guangxi	209760	14825	109996	52853	4728	3360	2692	21306	512	14
海南 Hainan	52569	2951	27558	12945	1759	948	511	5897	219	37
重庆 Chongqing	107730	6111	56512	28412	3201	2204	1378	9912	503	52
四川 Sichuan	250248	13955	140017	59587	6911	6065	4601	19112	8643	53
贵州 Guizhou	178056	8760	98295	46304	3673	2235	1525	17264	714	1
云南 Yunnan	136482	8240	81285	26409	3297	2123	1708	13420	4611	14
西藏 Tibet	8493	370	7449	362	29	38	91	154	1346	0
陕西 Shaanxi	165286	7437	97661	35026	5434	6387	2760	10581	42	1
甘肃 Gansu	76311	4783	52368	10433	1578	838	1258	5053	424	3
青海 Qinghai	20211	895	11780	4999	182	266	97	1992	37	0
宁夏 Ningxia	29605	1264	15507	6215	926	1054	1077	3562	771	0
新疆 Xinjiang	107619	4838	68076	24167	1241	956	2762	5579	1228	0

学前教育专任教师分学历、
Breakdown of Full-time Teachers by

	合计 Total	按学历分 By Educational Background				
		博士研究生 Doctor's Degree	硕士研究生 Master's Degree	本科毕业 Under-graduate	专科毕业 Associate Bachelor	高中阶段毕业 High School Graduate
总　计 Total	**3190989**	**66**	**7423**	**920388**	**1867484**	**364760**
北　京 Beijing	48407	14	632	24648	21669	1421
天　津 Tianjin	25300	2	384	13263	9759	1510
河　北 Hebei	165647	11	257	37007	98340	28003
山　西 Shanxi	76965	0	153	21015	44117	10976
内蒙古 Inner Mongolia	52053	0	201	23428	25764	2564
辽　宁 Liaoning	73013	0	243	17130	45527	8474
吉　林 Jilin	35023	1	167	12028	19893	2686
黑龙江 Heilongjiang	36809	5	54	11302	22753	2401
上　海 Shanghai	45520	2	744	36752	7586	429
江　苏 Jiangsu	174560	2	552	99729	72106	2077
浙　江 Zhejiang	151762	1	761	79075	70311	1607
安　徽 Anhui	130501	1	85	32570	87441	10092
福　建 Fujian	112183	1	88	32003	61250	17245
江　西 Jiangxi	117522	0	38	13425	74273	23766
山　东 Shandong	269592	3	534	70282	165314	31765
河　南 Henan	252165	2	199	39964	161508	49925
湖　北 Hubei	113428	2	162	21420	65549	23753
湖　南 Hunan	130210	1	87	19199	90332	19385
广　东 Guangdong	345057	4	796	73137	226928	42148
广　西 Guangxi	119463	6	47	21991	71525	21941
海　南 Hainan	28219	0	30	6161	17725	3864
重　庆 Chongqing	61978	2	153	14678	41945	4885
四　川 Sichuan	158076	0	270	37295	107896	11969
贵　州 Guizhou	104954	0	42	35342	57227	11319
云　南 Yunnan	87210	3	114	28121	48386	8819
西　藏 Tibet	8832	0	21	4307	4344	138
陕　西 Shaanxi	101036	2	398	35183	56625	8190
甘　肃 Gansu	60336	1	136	27747	28689	3601
青　海 Qinghai	13111	0	10	3622	7728	1555
宁　夏 Ningxia	15824	0	22	3334	11424	974
新　疆 Xinjiang	76233	0	43	25230	43550	7278

分专业技术职务情况(总计)

Educational Background and Professional Rank (Total)

单位:人
unit:person

高中阶段以下毕业 School Graduate	按专业技术职务分 By Professional Rank 正高级 Senior	副高级 Sub-Senior	中级 Middle	助理级 Associate	员级 Junior	未定职级 No-Ranking
30868	**425**	**36620**	**236556**	**420977**	**151705**	**2344706**
23	4	939	6323	12046	4981	24114
382	11	666	4630	3197	289	16507
2029	37	3115	18379	18536	6178	119402
704	18	254	5933	10267	2271	58222
96	1	1609	6024	9555	1650	33214
1639	6	1352	3862	2432	2123	63238
248	7	1849	4210	3066	655	25236
294	4	1268	3868	4507	1083	26079
7	10	395	12876	17512	1954	12773
94	28	1388	20318	47236	7876	97714
7	15	926	21237	57917	13307	58360
312	13	863	7003	13775	9863	98984
1596	18	446	9965	15391	5858	80505
6020	2	369	4013	6694	4626	101818
1694	54	2371	11203	23454	8889	223621
567	5	1446	11696	19541	8891	210586
2542	18	592	6201	8719	5434	92464
1206	12	442	4277	7543	5971	111965
2044	38	1222	14695	21644	19772	287686
3953	5	291	4724	8511	3828	102104
439	3	46	942	3084	1119	23025
315	8	446	3162	6135	1715	50512
646	23	2448	9715	18513	7691	119686
1024	2	1021	9547	18805	4925	70654
1767	1	5690	9670	9208	3410	59231
22	0	210	1017	2876	2188	2541
638	9	690	6933	16014	3506	73884
162	62	3163	8649	16251	1229	30982
196	1	75	436	708	794	11097
70	3	213	635	922	196	13855
132	7	815	4413	16918	9433	44647

学前教育专任教师分学历、
Breakdown of Full-time Teachers by

	合计 Total	按学历分 By Educational Background				
		博士研究生 Doctor's Degree	硕士研究生 Master's Degree	本科毕业 Under-graduate	专科毕业 Associate Bachelor	高中阶段毕业 High School Graduate
总　计 Total	**1559463**	**32**	**6384**	**515634**	**918734**	**113117**
北　京 Beijing	41160	13	596	20785	18565	1185
天　津 Tianjin	20960	2	373	11708	7845	881
河　北 Hebei	54553	1	156	14747	34595	4879
山　西 Shanxi	36389	0	122	10109	21808	4194
内蒙古 Inner Mongolia	22740	0	137	9588	12356	648
辽　宁 Liaoning	54326	0	230	13967	34661	4858
吉　林 Jilin	19562	0	100	6457	11487	1410
黑龙江 Heilongjiang	21536	3	41	6216	14185	1020
上　海 Shanghai	38968	1	687	31512	6458	305
江　苏 Jiangsu	99299	1	451	63449	34968	413
浙　江 Zhejiang	93524	1	701	52172	39884	764
安　徽 Anhui	42903	0	58	12636	28869	1305
福　建 Fujian	53248	1	81	16569	29929	6390
江　西 Jiangxi	43220	0	29	5751	30105	6230
山　东 Shandong	135837	0	421	42160	84568	8481
河　南 Henan	85232	1	141	18261	56202	10507
湖　北 Hubei	61845	1	142	14390	38440	8310
湖　南 Hunan	56740	1	78	8537	41412	6500
广　东 Guangdong	222636	3	756	56008	143601	21610
广　西 Guangxi	44766	0	42	11019	28658	4723
海　南 Hainan	13065	0	17	2369	9288	1312
重　庆 Chongqing	40955	2	143	9576	28899	2266
四　川 Sichuan	84230	0	262	20622	59383	3831
贵　州 Guizhou	32318	0	30	10108	18896	3177
云　南 Yunnan	34270	0	88	11955	20240	1850
西　藏 Tibet	2752	0	14	1556	1057	105
陕　西 Shaanxi	48152	0	349	16488	29102	2156
甘　肃 Gansu	20229	1	93	6638	12431	1047
青　海 Qinghai	4250	0	6	1107	2627	477
宁　夏 Ningxia	8509	0	20	1916	6203	346
新　疆 Xinjiang	21289	0	20	7258	12012	1937

分专业技术职务情况(城区)

Educational Background and Professional Rank (Urban Area)

单位:人
unit:person

高中阶段以下毕业 School Graduate	按专业技术职务分 By Professional Rank					
	正高级 Senior	副高级 Sub-Senior	中级 Middle	助理级 Associate	员级 Junior	未定职级 No-Ranking
5562	**178**	**12490**	**115732**	**208069**	**71485**	**1151509**
16	3	862	5325	10023	4375	20572
151	8	575	4091	2741	263	13282
175	9	453	4709	5694	1973	41715
156	3	105	2355	3508	924	29494
11	1	503	1926	3228	438	16644
610	3	500	2784	1901	1682	47456
108	1	475	1708	1530	416	15432
71	0	489	1953	1662	512	16920
5	9	361	11030	15026	1741	10801
17	18	933	13451	30286	4084	50527
2	11	643	14198	36553	7755	34364
35	10	199	2314	4576	3565	32239
278	13	244	4670	6669	2383	39269
1105	1	156	1694	2589	1491	37289
207	18	1018	5705	13004	4338	111754
120	5	534	4327	7732	3370	69264
562	5	276	3341	4961	2645	50617
212	11	104	1441	2250	2219	50715
658	19	528	8573	15936	13895	183685
324	2	69	2167	3969	1358	37201
79	1	31	406	930	330	11367
69	4	207	1416	2837	962	35529
132	10	777	4157	8061	4308	66917
107	0	149	1951	3676	948	25594
137	1	1207	3413	3690	1441	24518
20	0	87	427	1039	341	858
57	0	182	2303	6507	1518	37642
19	9	423	1920	2686	349	14842
33	0	9	171	290	333	3447
24	0	44	304	512	181	7468
62	3	347	1502	4003	1347	14087

学前教育专任教师分学历、
Breakdown of Full-time Teachers by

	合计 Total	按学历分 By Educational Background				
		博士研究生 Doctor's Degree	硕士研究生 Master's Degree	本科毕业 Under-graduate	专科毕业 Associate Bachelor	高中阶段毕业 High School Graduate
总　计 Total	**1109449**	**16**	**786**	**295969**	**654070**	**145806**
北　京 Beijing	3868	1	18	2096	1666	86
天　津 Tianjin	2051	0	5	682	1012	258
河　北 Hebei	65211	1	72	13427	39201	11690
山　西 Shanxi	28306	0	20	8236	16091	3724
内蒙古 Inner Mongolia	23599	0	50	11229	10912	1375
辽　宁 Liaoning	13889	0	10	2476	8330	2407
吉　林 Jilin	12360	1	56	4408	6821	970
黑龙江 Heilongjiang	12605	1	9	4299	7081	1042
上　海 Shanghai	5625	1	49	4587	890	98
江　苏 Jiangsu	62953	1	99	31559	30065	1181
浙　江 Zhejiang	43790	0	41	20324	22854	568
安　徽 Anhui	60406	0	22	15031	40473	4738
福　建 Fujian	42734	0	4	11793	23299	6971
江　西 Jiangxi	53758	0	6	5803	33275	12025
山　东 Shandong	88971	2	90	21612	54526	12025
河　南 Henan	99732	1	48	14414	66007	19094
湖　北 Hubei	37636	1	13	5561	20308	10642
湖　南 Hunan	54644	0	8	8304	36847	8839
广　东 Guangdong	83906	0	34	12138	57453	13387
广　西 Guangxi	48978	2	5	8501	29373	9514
海　南 Hainan	9573	0	3	2508	5345	1548
重　庆 Chongqing	16564	0	8	4044	10441	1933
四　川 Sichuan	58616	0	5	13999	38357	5917
贵　州 Guizhou	48926	0	9	17637	25802	5066
云　南 Yunnan	30280	2	15	10546	16508	2768
西　藏 Tibet	2015	0	2	1082	916	15
陕　西 Shaanxi	40284	2	35	15256	20695	3905
甘　肃 Gansu	27683	0	37	14446	11566	1554
青　海 Qinghai	4869	0	2	1496	2840	488
宁　夏 Ningxia	5079	0	2	1052	3631	374
新　疆 Xinjiang	20538	0	9	7423	11485	1604

分专业技术职务情况(镇区)

Educational Background and Professional Rank (County and Town Area)

单位:人
unit:person

	按专业技术职务分 By Professional Rank					
高中阶段以下毕业 School Graduate	正高级 Senior	副高级 Sub-Senior	中级 Middle	助理级 Associate	员级 Junior	未定职级 No-Ranking
12802	**171**	**15124**	**85867**	**150090**	**51462**	**806735**
1	0	39	514	1135	339	1841
94	3	41	218	193	13	1583
820	10	1060	6863	6822	2136	48320
235	15	100	2669	4960	1033	19529
33	0	735	3233	5025	959	13647
666	2	568	892	390	288	11749
104	3	780	1745	1179	190	8463
173	4	531	1556	2327	506	7681
0	1	32	1671	2144	174	1603
48	8	392	6067	14542	2946	38998
3	1	254	5601	16034	4082	17818
142	3	504	3418	6480	4540	45461
667	4	179	4275	6545	2443	29288
2649	1	171	1684	3084	2208	46610
716	29	975	3606	7800	3190	73371
168	0	574	4593	7532	3246	83787
1111	8	241	2122	2819	2098	30348
646	1	253	2215	3906	2643	45626
894	11	329	3490	4003	4078	71995
1583	3	139	2008	3598	1687	41543
169	2	13	398	1511	457	7192
138	2	199	1302	2432	568	12061
338	10	1447	4699	8449	2573	41438
412	1	621	5284	10460	2317	30243
441	0	2360	4576	3345	986	19013
0	0	59	345	756	404	451
391	7	444	3921	7708	1591	26613
80	37	1585	4554	9050	502	11955
43	1	42	214	337	262	4013
20	3	88	269	330	13	4376
17	1	369	1865	5194	2990	10119

学前教育专任教师分学历、
Breakdown of Full-time Teachers by

	合计 Total	按学历分 By Educational Background				
		博士研究生 Doctor's Degree	硕士研究生 Master's Degree	本科毕业 Under-graduate	专科毕业 Associate Bachelor	高中阶段毕业 High School Graduate
总　计 Total	**522077**	**18**	**253**	**108785**	**294680**	**105837**
北　京 Beijing	3379	0	18	1767	1438	150
天　津 Tianjin	2289	0	6	873	902	371
河　北 Hebei	45883	9	29	8833	24544	11434
山　西 Shanxi	12270	0	11	2670	6218	3058
内蒙古 Inner Mongolia	5714	0	14	2611	2496	541
辽　宁 Liaoning	4798	0	3	687	2536	1209
吉　林 Jilin	3101	0	11	1163	1585	306
黑龙江 Heilongjiang	2668	1	4	787	1487	339
上　海 Shanghai	927	0	8	653	238	26
江　苏 Jiangsu	12308	0	2	4721	7073	483
浙　江 Zhejiang	14448	0	19	6579	7573	275
安　徽 Anhui	27192	1	5	4903	18099	4049
福　建 Fujian	16201	0	3	3641	8022	3884
江　西 Jiangxi	20544	0	3	1871	10893	5511
山　东 Shandong	44784	1	23	6510	26220	11259
河　南 Henan	67201	0	10	7289	39299	20324
湖　北 Hubei	13947	0	7	1469	6801	4801
湖　南 Hunan	18826	0	1	2358	12073	4046
广　东 Guangdong	38515	1	6	4991	25874	7151
广　西 Guangxi	25719	4	0	2471	13494	7704
海　南 Hainan	5581	0	10	1284	3092	1004
重　庆 Chongqing	4459	0	2	1058	2605	686
四　川 Sichuan	15230	0	3	2674	10156	2221
贵　州 Guizhou	23710	0	3	7597	12529	3076
云　南 Yunnan	22660	1	11	5620	11638	4201
西　藏 Tibet	4065	0	5	1669	2371	18
陕　西 Shaanxi	12600	0	14	3439	6828	2129
甘　肃 Gansu	12424	0	6	6663	4692	1000
青　海 Qinghai	3992	0	2	1019	2261	590
宁　夏 Ningxia	2236	0	0	366	1590	254
新　疆 Xinjiang	34406	0	14	10549	20053	3737

分专业技术职务情况(乡村)

Educational Background and Professional Rank (Rural Area)

单位:人
unit:person

高中阶段以下毕业 School Graduate	按专业技术职务分 By Professional Rank					
	正高级 Senior	副高级 Sub-Senior	中级 Middle	助理级 Associate	员级 Junior	未定职级 No-Ranking
12504	**76**	**9006**	**34957**	**62818**	**28758**	**386462**
6	1	38	484	888	267	1701
137	0	50	321	263	13	1642
1034	18	1602	6807	6020	2069	29367
313	0	49	909	1799	314	9199
52	0	371	865	1302	253	2923
363	1	284	186	141	153	4033
36	3	594	757	357	49	1341
50	0	248	359	518	65	1478
2	0	2	175	342	39	369
29	2	63	800	2408	846	8189
2	3	29	1438	5330	1470	6178
135	0	160	1271	2719	1758	21284
651	1	23	1020	2177	1032	11948
2266	0	42	635	1021	927	17919
771	7	378	1892	2650	1361	38496
279	0	338	2776	4277	2275	57535
869	5	75	738	939	691	11499
348	0	85	621	1387	1109	15624
492	8	365	2632	1705	1799	32006
2046	0	83	549	944	783	23360
191	0	2	138	643	332	4466
108	2	40	444	866	185	2922
176	3	224	859	2003	810	11331
505	1	251	2312	4669	1660	14817
1189	0	2123	1681	2173	983	15700
2	0	64	245	1081	1443	1232
190	2	64	709	1799	397	9629
63	16	1155	2175	4515	378	4185
120	0	24	51	81	199	3637
26	0	81	62	80	2	2011
53	3	99	1046	7721	5096	20441

地　区 Region	校舍建筑面　积 Floor Space	教学及辅助用　房 Buildings for Instruction and Ancillary Uses	班级活动单元 Class Activities Unit	活动室 Recreational	寝室 Bedroom	卫生间 Toilet	其他 Others
总　计 Total	**460645200.21**	**328722261.56**	**302268781.52**	**180234366.65**	**72433228.38**	**31500632.67**	**18100553.82**
北　京 Beijing	6188000.25	4225414.04	3797447.03	2117217.95	836036.46	433004.12	411188.50
天　津 Tianjin	3413076.43	2299364.83	2111928.05	1303466.67	408446.72	254905.25	145109.41
河　北 Hebei	19442924.79	14229973.13	13237074.92	8148242.32	3030658.81	1333417.03	724756.76
山　西 Shanxi	8900625.11	6094737.96	5768241.63	3714613.38	1167918.95	611845.94	273863.36
内蒙古 Inner Mongolia	7758025.18	5260045.97	4746446.78	2845582.72	1129164.26	498775.08	272924.72
辽　宁 Liaoning	9327084.21	6865148.19	6217923.14	3660195.88	1469694.82	648148.48	439883.96
吉　林 Jilin	4142484.93	2892830.37	2665130.38	1564508.35	682442.96	269788.94	148390.13
黑龙江 Heilongjiang	5552244.12	3723761.42	3444627.04	1975782.75	901729.83	357610.01	209504.45
上　海 Shanghai	7494372.73	5138206.55	4404553.19	2775009.97	862758.87	451845.38	314938.97
江　苏 Jiangsu	30898272.56	21694831.27	19760961.70	12142841.31	4440097.52	2083776.32	1094246.55
浙　江 Zhejiang	23931595.30	16020632.83	14247535.68	8477860.78	3294936.99	1503251.58	971486.33
安　徽 Anhui	18364003.06	13655197.44	12542669.52	7840401.71	2653714.48	1281955.04	766598.29
福　建 Fujian	16517672.11	11308691.59	10495237.80	6329434.92	2438942.72	1185569.25	541290.91
江　西 Jiangxi	18492259.27	13524512.31	12141613.28	6458759.80	3025790.19	1291442.45	1365620.84
山　东 Shandong	35872627.99	25171942.33	23391118.82	14660600.42	4727833.84	2541845.03	1460839.53
河　南 Henan	32352668.49	23930034.17	22457737.14	14047563.50	4864210.47	2352182.14	1193781.03
湖　北 Hubei	17091037.17	12434396.96	11562844.87	6744240.44	2948033.10	1205340.63	665230.70
湖　南 Hunan	22254256.06	16386972.14	15196878.99	8331360.41	4420880.28	1593607.56	851030.74
广　东 Guangdong	47536451.49	33839228.70	30677194.20	19160747.49	6724063.16	2939946.33	1852437.22
广　西 Guangxi	17922975.64	13512894.24	12501404.18	6892230.91	3719059.96	1301449.12	588664.19
海　南 Hainan	4601479.27	3209457.27	2994073.05	1730443.13	757298.24	318832.86	187498.82
重　庆 Chongqing	8612490.13	6466921.39	5967412.53	3586640.71	1518052.28	563812.33	298907.21
四　川 Sichuan	22562801.81	16676583.59	15281276.47	9228842.31	3707548.78	1497151.45	847733.93
贵　州 Guizhou	15892047.41	11503296.07	10673007.93	5839685.17	3052631.49	1099066.94	681624.33
云　南 Yunnan	14800448.43	10691353.14	9963677.58	5462343.90	2879938.56	1040558.95	580836.17
西　藏 Tibet	1994332.92	1215270.44	1107427.74	647030.24	286677.47	103005.86	70714.17
陕　西 Shaanxi	14444560.67	9847774.00	9103907.21	5515831.61	2134578.25	1009745.97	443751.38
甘　肃 Gansu	6985125.30	4593310.40	4256886.16	2563226.63	945643.90	491575.96	256439.67
青　海 Qinghai	2169010.96	1525371.70	1431474.05	936205.20	277198.75	160448.52	57621.58
宁　夏 Ningxia	2977958.33	2024612.47	1858216.96	1141855.32	395109.75	219145.93	102105.96
新　疆 Xinjiang	12152288.09	8759494.65	8262853.50	4391600.75	2732136.52	857582.22	281534.01

校舍情况(总计)
Kindergarten Buildings (Total)

单位:平方米
unit: m^2

综合活动室 Multi-functional Room	行政办公用房 Administrative	办公室 Office	保健观察室 Health Observation Room	其他 Others	生活用房 Residential and Welfare	厨房 Kitchen	其他 Others	其他用房 Rooms for Other Purposes
26453480.04	36704324.84	20136200.26	7032848.89	9535275.69	45617047.57	23533723.48	22083324.09	49601566.24
427967.01	751529.90	358248.27	80440.69	312840.94	1147638.06	361691.16	785946.90	63418.25
187436.78	327379.27	164348.44	53321.83	109709.00	384684.14	205777.21	178906.93	401648.19
992898.21	1563637.23	825088.85	404969.51	333578.87	1736677.82	930100.54	806577.28	1912636.61
326496.33	850145.86	502773.47	141609.20	205763.19	815043.97	408589.08	406454.89	1140697.32
513599.19	634788.73	351205.55	107278.30	176304.88	918233.35	441231.96	477001.39	944957.13
647225.05	867470.36	413427.38	180025.58	274017.40	1303073.84	611221.58	691852.26	291391.82
227699.99	343340.85	174532.65	83288.41	85519.79	392879.27	226189.54	166689.73	513434.44
279134.38	465687.91	230970.86	123225.08	111491.97	617383.43	345142.62	272240.81	745411.36
733653.36	671555.79	297463.90	92711.32	281380.57	905807.67	378614.96	527192.71	778802.72
1933869.57	2196467.76	1138356.31	363890.49	694220.96	3014119.96	1384753.66	1629366.30	3992853.57
1773097.15	1715356.76	895532.55	240001.31	579822.90	2296792.81	1109671.98	1187120.83	3898812.90
1112527.92	1468477.71	846279.79	305452.65	316745.27	1477489.85	887949.95	589539.90	1762838.06
813453.79	1190057.99	690650.65	186875.67	312531.67	1430446.40	750570.90	679875.50	2588476.13
1382899.03	1731178.70	857008.57	334043.25	540126.88	1896792.03	888646.13	1008145.90	1339776.23
1780823.51	2984108.12	1592932.38	610263.51	780912.23	3359717.50	1857946.92	1501770.58	4356860.04
1472297.03	2810007.25	1642629.31	578601.53	588776.41	2733964.99	1652466.91	1081498.08	2878662.08
871552.09	1277949.06	681688.81	268852.08	327408.17	1648698.33	967360.75	681337.58	1729992.82
1190093.15	1715173.38	983591.53	400503.27	331078.58	2001377.30	1134327.95	867049.35	2150733.24
3162034.50	3070562.12	1757159.57	555032.46	758370.09	4923797.39	2271963.89	2651833.50	5702863.28
1011490.06	1171000.60	667733.99	269749.85	233516.76	1625881.67	1045780.46	580101.21	1613199.13
215384.22	341009.47	185603.74	74997.13	80408.60	483819.45	253661.23	230158.22	567193.08
499508.86	585736.96	339141.45	118036.40	128559.11	729038.85	421638.44	307400.41	830792.93
1395307.12	1616770.29	948857.74	283531.24	384381.31	2009157.08	1148505.75	860651.33	2260290.85
830288.14	1273575.26	724278.30	253359.22	295937.74	1495667.24	849909.55	645757.69	1619508.84
727675.56	1194236.28	668734.55	234318.03	291183.70	1817496.70	893019.98	924476.72	1097362.31
107842.70	197983.06	121848.39	32931.52	43203.15	427458.84	136946.00	290512.84	153620.58
743866.79	1431965.43	805566.88	218457.96	407940.59	1376018.72	686464.65	689554.07	1788802.52
336424.24	771084.83	489613.30	131789.18	149682.35	640919.55	314695.49	326224.06	979810.52
93897.65	183789.24	131453.33	21901.55	30434.36	324553.09	129805.35	194747.74	135296.93
166395.51	250220.60	141665.81	39067.30	69487.49	273335.41	160592.40	112743.01	429789.85
496641.15	1052078.07	507813.94	244323.37	299940.76	1409082.86	678486.49	730596.37	931632.51

幼儿园
Statistics of Kindergarten

地　区 Region	校舍建筑面　积 Floor Space	教学及辅助用　房 Buildings for Instruction and Ancillary Uses	班级活动单元 Class Activities Unit	活动室 Recreational	寝室 Bedroom	卫生间 Toilet	其他 Others
总　计 Total	**213857908. 18**	**152801834. 37**	**139134181. 05**	**83568467. 83**	**33050106. 93**	**14252630. 17**	**8262976. 12**
北　京 Beijing	5182522. 40	3576159. 39	3207118. 55	1779936. 00	717233. 80	366625. 15	343323. 60
天　津 Tianjin	2700565. 62	1811390. 70	1652840. 67	1011250. 27	331103. 35	195781. 77	114705. 28
河　北 Hebei	6219827. 99	4560725. 32	4237919. 32	2520194. 97	1091661. 48	437379. 81	188683. 06
山　西 Shanxi	4061966. 85	2853339. 21	2680793. 85	1668976. 88	626589. 84	269875. 76	115351. 37
内蒙古 Inner Mongolia	3269653. 29	2295715. 81	2059559. 83	1269050. 80	472997. 44	207354. 68	110156. 91
辽　宁 Liaoning	6710000. 69	4961633. 49	4474224. 63	2667044. 79	1030510. 26	464416. 93	312252. 65
吉　林 Jilin	2229356. 22	1593734. 13	1481474. 98	891185. 21	370050. 16	143020. 57	77219. 04
黑龙江 Heilongjiang	3052562. 82	2066849. 61	1903045. 27	1086161. 52	506229. 43	195371. 11	115283. 21
上　海 Shanghai	6236257. 33	4305540. 93	3708915. 44	2361143. 88	712213. 53	380295. 33	255262. 70
江　苏 Jiangsu	17208863. 70	11845473. 19	10737548. 48	6586314. 38	2458872. 33	1121554. 53	570807. 24
浙　江 Zhejiang	14603615. 53	9797633. 63	8618257. 96	5195104. 42	1937779. 46	902142. 25	583231. 83
安　徽 Anhui	5719845. 75	4294375. 94	3915536. 27	2354019. 90	935678. 92	390999. 79	234837. 66
福　建 Fujian	7403978. 57	5166810. 40	4787408. 73	2936415. 32	1083681. 49	526512. 88	240799. 04
江　西 Jiangxi	6049642. 01	4538825. 20	4085798. 62	2227736. 95	999589. 22	397460. 24	461012. 21
山　东 Shandong	16658048. 33	11730734. 73	10851511. 85	6612223. 75	2358721. 04	1171036. 44	709530. 62
河　南 Henan	9836867. 14	7267198. 53	6817903. 98	4174006. 69	1642073. 72	691780. 67	310042. 90
湖　北 Hubei	8392746. 52	6154326. 33	5710815. 90	3398835. 07	1439989. 49	578180. 14	293811. 20
湖　南 Hunan	8724955. 93	6596235. 51	6033388. 15	3326394. 33	1759587. 44	632253. 10	315153. 28
广　东 Guangdong	31440064. 54	22277407. 55	20061422. 94	12799469. 26	4068219. 68	1931543. 34	1262190. 66
广　西 Guangxi	6057054. 35	4650093. 84	4290822. 19	2434253. 14	1245387. 22	433557. 26	177624. 57
海　南 Hainan	1965348. 45	1381284. 92	1281539. 13	756171. 07	313111. 35	136342. 29	75914. 42
重　庆 Chongqing	5258953. 16	4048562. 99	3714221. 61	2231759. 32	954220. 29	345270. 85	182971. 15
四　川 Sichuan	11533725. 62	8481589. 95	7629632. 01	4448925. 26	1995823. 01	769763. 27	415120. 47
贵　州 Guizhou	4649367. 19	3431953. 86	3152057. 96	1748235. 74	897324. 09	311159. 23	195338. 90
云　南 Yunnan	4793738. 92	3530697. 43	3245677. 41	1850828. 55	911203. 63	304597. 95	179047. 28
西　藏 Tibet	451251. 97	287542. 41	249531. 14	144951. 94	64508. 53	21553. 85	18516. 82
陕　西 Shaanxi	6181065. 98	4285478. 96	3929746. 08	2441147. 56	885967. 76	427664. 81	174965. 95
甘　肃 Gansu	2290577. 87	1539678. 46	1396563. 97	794745. 45	388689. 97	140734. 00	72394. 55
青　海 Qinghai	556206. 10	415930. 60	386994. 16	264006. 67	72104. 19	41038. 68	9844. 62
宁　夏 Ningxia	1255283. 89	867915. 79	801051. 93	489658. 74	177053. 16	89240. 14	45099. 89
新　疆 Xinjiang	3163993. 45	2186995. 56	2030858. 04	1098320. 00	601931. 65	228123. 35	102483. 04

校舍情况(城区)
Buildings (Urban Area)

单位:平方米
unit: m^2

综合活动室 Multi-functional Room	行政办公用房 Administrative	办公室 Office	保健观察室 Health Observation Room	其他 Others	生活用房 Residential and Welfare	厨房 Kitchen	其他 Others	其他用房 Rooms for Other Purposes
13667653.32	**15827219.08**	**8381779.52**	**2689433.16**	**4756006.40**	**21088287.38**	**10683561.34**	**10404726.04**	**24140567.35**
369040.84	620396.87	297317.95	64582.16	258496.76	929390.40	298587.33	630803.07	56575.74
158550.03	263822.35	133217.69	37843.93	92760.73	306022.08	163876.21	142145.87	319330.49
322806.00	457763.42	238064.86	97731.04	121967.52	569999.84	322618.57	247381.27	631339.41
172545.36	353900.46	193254.01	59083.00	101563.45	371780.75	201210.00	170570.75	482946.43
236155.98	246955.46	136659.58	40373.78	69922.10	368286.10	180062.59	188223.51	358695.92
487408.86	607640.00	286099.59	117180.80	204359.61	949481.81	434810.80	514671.01	191245.39
112259.15	178118.49	85957.59	43153.47	49007.43	203500.73	123309.76	80190.97	254002.87
163804.34	249655.44	115991.81	66405.06	67258.57	342335.24	190925.13	151410.11	393722.53
596625.49	549843.05	248061.45	77092.09	224689.51	754807.40	317125.39	437682.01	626065.95
1107924.71	1141826.19	589068.62	166167.69	386589.88	1728237.33	753100.89	975136.44	2493326.99
1179375.67	1015489.99	527023.69	133473.73	354992.57	1354611.63	642359.13	712252.50	2435880.28
378839.67	417720.52	228372.72	74389.49	114958.31	435457.45	268804.19	166653.26	572291.84
379401.67	511052.60	293189.35	75322.03	142541.22	611293.69	328383.07	282910.62	1114821.88
453026.58	471881.88	214936.41	88507.36	168438.11	551797.68	266679.91	285117.77	487137.25
879222.88	1322044.93	666703.94	238651.16	416689.83	1672530.84	924846.88	747683.96	1932737.83
449294.55	758682.38	428114.55	135328.84	195238.99	818550.20	485086.96	333463.24	992436.03
443510.43	574763.63	310757.81	110650.98	153354.84	739512.10	443366.99	296145.11	924144.46
562847.36	583041.38	322433.07	133567.19	127041.12	687167.96	412692.17	274475.79	858511.08
2215984.61	1984452.54	1142888.53	320652.34	520911.67	3290613.02	1499852.95	1790760.07	3887591.43
359271.65	382067.69	216927.74	75429.24	89710.71	496078.78	317041.68	179037.10	528814.04
99745.79	147543.47	78288.49	31339.35	37915.63	196240.68	99964.34	96276.34	240279.38
334341.38	323338.23	182873.11	65845.79	74619.33	399072.23	245536.36	153535.87	487979.71
851957.94	798610.54	440148.51	131190.25	227271.78	982915.11	573802.85	409112.26	1270610.02
279895.90	352559.21	194406.60	65426.45	92726.16	398763.23	236196.60	162566.63	466090.89
285020.02	365290.56	201449.21	58772.75	105068.60	611561.31	247886.77	363674.54	286189.62
38011.27	47717.39	25409.62	4413.14	17894.63	91078.68	21952.76	69125.92	24913.49
355732.88	503553.16	253975.09	77426.61	172151.46	521096.89	292091.04	229005.85	870936.97
143114.49	177267.84	102250.09	36757.97	38259.78	195868.91	122763.68	73105.23	377762.66
28936.44	51798.08	38787.12	5177.57	7833.39	67169.31	36080.10	31089.21	21308.11
66863.86	104850.23	61024.28	14417.61	29408.34	106073.10	69517.21	36555.89	176444.77
156137.52	263571.10	128126.44	43080.29	92364.37	336992.90	163029.03	173963.87	376433.89

地　区 Region	校舍建筑面　积 Floor Space	教学及辅助用　房 Buildings for Instruction and Ancillary Uses	班级活动单元 Class Activities Unit	活动室 Recreational	寝室 Bedroom	卫生间 Toilet	其他 Others
总　计 Total	**164931071.93**	**118258232.24**	**109465251.16**	**64883099.04**	**26799216.64**	**11377813.56**	**6405121.92**
北　京 Beijing	531049.94	345851.09	313422.39	179663.37	64895.04	34911.34	33952.64
天　津 Tianjin	336427.11	229984.25	214701.01	126076.80	49372.91	27297.46	11953.84
河　北 Hebei	7981420.31	5876202.63	5459956.76	3339983.21	1290021.47	536463.58	293488.50
山　西 Shanxi	3291652.08	2233557.55	2125186.08	1404828.41	396940.15	227809.00	95608.52
内蒙古 Inner Mongolia	3599518.20	2402798.89	2171251.02	1279549.64	532665.40	231639.61	127396.37
辽　宁 Liaoning	1882207.94	1381883.07	1268418.75	721038.86	325612.71	129273.27	92493.91
吉　林 Jilin	1528567.83	1044044.55	948395.99	547689.21	246614.99	101495.67	52596.12
黑龙江 Heilongjiang	1956395.17	1302496.72	1210336.89	698187.67	316262.83	124347.38	71539.01
上　海 Shanghai	1076475.68	704236.72	592546.79	352712.40	128926.19	60511.73	50396.47
江　苏 Jiangsu	11353641.37	8194300.94	7499939.58	4635805.02	1638128.71	790190.65	435815.20
浙　江 Zhejiang	6965863.58	4659240.64	4207961.36	2457113.06	1005464.59	446512.59	298871.12
安　徽 Anhui	8457412.60	6288327.48	5793491.01	3675068.74	1184487.79	594947.19	338987.29
福　建 Fujian	6778818.11	4590725.96	4266370.61	2549790.95	1014106.38	486938.33	215534.95
江　西 Jiangxi	8461523.20	6229938.46	5599952.08	2951131.18	1444171.81	590349.67	614299.42
山　东 Shandong	12039797.58	8352535.84	7780364.26	4907364.49	1589123.89	832169.17	451706.71
河　南 Henan	13070271.31	9754362.58	9142371.62	5756131.70	1948739.82	957459.25	480040.85
湖　北 Hubei	6245483.33	4559751.10	4247558.49	2444093.23	1095032.06	451229.98	257203.22
湖　南 Hunan	9742464.88	7158635.71	6699551.51	3682671.91	1958116.40	689801.09	368962.11
广　东 Guangdong	11677067.33	8420248.47	7742903.63	4660264.95	1954714.05	728502.12	399422.51
广　西 Guangxi	7905184.61	5967420.13	5533756.98	3035526.07	1655477.82	575016.01	267737.08
海　南 Hainan	1634358.51	1147480.73	1072994.40	621542.19	268697.36	114793.63	67961.22
重　庆 Chongqing	2617327.35	1907314.95	1774623.92	1067866.07	448992.02	169236.50	88529.33
四　川 Sichuan	8426972.76	6321573.51	5887414.07	3668123.28	1341164.32	544067.58	334058.89
贵　州 Guizhou	7663951.71	5574035.68	5196800.10	2842220.72	1506551.25	532366.95	315661.18
云　南 Yunnan	5035151.24	3590890.52	3363757.76	1814313.58	1023687.01	342979.94	182777.23
西　藏 Tibet	338501.76	209732.00	191179.52	112166.16	45376.92	17030.43	16606.01
陕　西 Shaanxi	5983984.34	4078250.31	3783710.93	2250310.98	926603.08	419945.98	186850.89
甘　肃 Gansu	3177150.32	2060979.52	1918248.55	1161063.72	420719.38	220034.11	116431.34
青　海 Qinghai	786181.55	552575.30	521064.89	329661.57	106048.83	58578.50	26775.99
宁　夏 Ningxia	1057030.52	713199.77	647873.86	404140.75	131349.26	80017.32	32366.53
新　疆 Xinjiang	3329219.71	2405657.17	2289146.35	1206999.15	741152.20	261897.53	79097.47

校舍情况(镇区)
Buildings (County and Town Area)

单位:平方米
unit: m²

综合活动室 Multi-functional Room	行政办公用房 Administrative	办公室 Office	保健观察室 Health Observation Room	其他 Others	生活用房 Residential and Welfare	厨房 Kitchen	其他 Others	其他用房 Rooms for Other Purposes
8792981. 08	**13253470. 07**	**7391103. 73**	**2587104. 57**	**3275261. 77**	**15664097. 27**	**8164173. 94**	**7499923. 33**	**17755272. 35**
32428. 70	71741. 24	32193. 09	8367. 38	31180. 77	110203. 61	33121. 69	77081. 92	3254. 00
15283. 24	29278. 55	14313. 79	6646. 64	8318. 12	37471. 02	21322. 64	16148. 38	39693. 29
416245. 87	621074. 05	328955. 66	159168. 00	132950. 39	708286. 83	371784. 86	336501. 97	775856. 80
108371. 47	307892. 82	187396. 27	50334. 84	70161. 71	286822. 34	135887. 03	150935. 31	463379. 37
231547. 87	303803. 49	165841. 49	49537. 77	88424. 23	430897. 68	201039. 05	229858. 63	462018. 14
113464. 32	181294. 37	86464. 19	43830. 70	50999. 48	247863. 90	122711. 95	125151. 95	71166. 60
95648. 56	126517. 47	66209. 86	30569. 26	29738. 35	156217. 31	83844. 82	72372. 49	201788. 50
92159. 83	166381. 78	86070. 34	43110. 01	37201. 43	207152. 36	119576. 31	87576. 05	280364. 31
111689. 93	102545. 63	41914. 10	13601. 59	47029. 94	131744. 63	52179. 30	79565. 33	137948. 70
694361. 36	858473. 85	450351. 13	151552. 55	256570. 17	1055297. 75	506430. 18	548867. 57	1245568. 83
451279. 28	513224. 27	273294. 95	71965. 01	167964. 31	695796. 58	337623. 18	358173. 40	1097602. 09
494836. 47	662085. 83	383824. 19	139055. 72	139205. 92	659368. 55	397594. 79	261773. 76	847630. 74
324355. 35	497589. 53	290243. 46	77786. 36	129559. 71	586452. 03	310410. 33	276041. 70	1104050. 59
629986. 38	782888. 75	376142. 62	156668. 43	250077. 70	849382. 01	391587. 92	457794. 09	599313. 98
572171. 58	974352. 66	536292. 41	199928. 81	238131. 44	1089186. 26	602194. 41	486991. 85	1623722. 82
611990. 96	1125563. 10	653305. 15	229764. 42	242493. 53	1068128. 02	645578. 96	422549. 06	1122217. 61
312192. 61	477756. 97	256435. 35	106256. 44	115065. 18	644716. 83	367202. 19	277514. 64	563258. 43
459084. 20	770451. 15	447112. 35	176762. 99	146575. 81	895055. 12	491469. 98	403585. 14	918322. 90
677344. 84	753848. 23	424763. 96	155602. 30	173481. 97	1156680. 57	541935. 39	614745. 18	1346290. 06
433663. 15	499986. 58	282923. 33	116678. 90	100384. 35	696165. 12	438375. 05	257790. 07	741612. 78
74486. 33	116189. 06	67058. 65	26402. 56	22727. 85	175820. 95	94635. 93	81185. 02	194867. 77
132691. 03	201261. 95	118598. 30	39085. 29	43578. 36	236891. 93	129080. 88	107811. 05	271858. 52
434159. 44	614087. 01	379079. 96	110747. 13	124259. 92	740083. 22	415461. 97	324621. 25	751229. 02
377235. 58	589344. 35	337714. 37	115007. 12	136622. 86	695305. 47	379278. 31	316027. 16	805266. 21
227132. 76	424409. 33	235843. 96	76460. 21	112105. 16	545400. 93	274064. 34	271336. 59	474450. 46
18552. 48	31837. 16	19669. 23	4571. 10	7596. 83	70420. 76	18655. 02	51765. 74	26511. 84
294539. 38	647126. 68	387953. 17	92504. 82	166668. 69	609369. 89	273701. 57	335668. 32	649237. 46
142730. 97	361060. 63	223236. 59	60191. 38	77632. 66	309335. 48	136921. 20	172414. 28	445774. 69
31510. 41	61451. 91	41724. 13	7039. 73	12688. 05	115794. 77	40662. 92	75131. 85	56359. 57
65325. 91	84837. 00	47574. 62	13810. 42	23451. 96	92658. 86	52356. 06	40302. 80	166334. 89
116510. 82	295114. 67	148603. 06	54096. 69	92414. 92	360126. 49	177485. 71	182640. 78	268321. 38

地区 Region	校舍建筑面积 Floor Space	教学及辅助用房 Buildings for Instruction and Ancillary Uses	班级活动单元 Class Activities Unit	活动室 Recreational	寝室 Bedroom	卫生间 Toilet	其他 Others
总　计 Total	**81856220.10**	**57662194.95**	**53669349.31**	**31782799.78**	**12583904.81**	**5870188.94**	**3432455.78**
北　京 Beijing	474427.91	303403.56	276906.09	157618.58	53907.62	31467.63	33912.26
天　津 Tianjin	376083.70	257989.88	244386.37	166139.60	27970.46	31826.02	18450.29
河　北 Hebei	5241676.49	3793045.18	3539198.84	2288064.14	648975.86	359573.64	242585.20
山　西 Shanxi	1547006.18	1007841.20	962261.70	640808.09	144388.96	114161.18	62903.47
内蒙古 Inner Mongolia	888853.69	561531.27	515635.93	296982.28	123501.42	59780.79	35371.44
辽　宁 Liaoning	734875.58	521631.63	475279.76	272112.23	113571.85	54458.28	35137.40
吉　林 Jilin	384560.88	255051.69	235259.41	125633.93	65777.81	25272.70	18574.97
黑龙江 Heilongjiang	543286.13	354415.09	331244.88	191433.56	79237.57	37891.52	22682.23
上　海 Shanghai	181639.72	128428.90	103090.96	61153.69	21619.15	11038.32	9279.80
江　苏 Jiangsu	2335767.49	1655057.14	1523473.64	920721.91	343096.48	172031.14	87624.11
浙　江 Zhejiang	2362116.19	1563758.56	1421316.36	825643.30	351692.94	154596.74	89383.38
安　徽 Anhui	4186744.71	3072494.02	2833642.24	1811313.07	533547.77	296008.06	192773.34
福　建 Fujian	2334875.43	1551155.23	1441458.46	843228.65	341154.85	172118.04	84956.92
江　西 Jiangxi	3981094.06	2755748.65	2455862.58	1279891.67	582029.16	303632.54	290309.21
山　东 Shandong	7174782.08	5088671.76	4759242.71	3141012.18	779988.91	538639.42	299602.20
河　南 Henan	9445530.04	6908473.06	6497461.54	4117425.11	1273396.93	702942.22	403697.28
湖　北 Hubei	2452807.32	1720319.53	1604470.48	901312.14	413011.55	175930.51	114216.28
湖　南 Hunan	3786835.25	2632100.92	2463939.33	1322294.17	703176.44	271553.37	166915.35
广　东 Guangdong	4419319.62	3141572.68	2872867.63	1701013.28	701129.43	279900.87	190824.05
广　西 Guangxi	3960736.68	2895380.27	2676825.01	1422451.70	818194.92	292875.85	143302.54
海　南 Hainan	1001772.31	680691.62	639539.52	352729.87	175489.53	67696.94	43623.18
重　庆 Chongqing	736209.62	511043.45	478567.00	287015.32	114839.97	49304.98	27406.73
四　川 Sichuan	2602103.43	1873420.13	1764230.39	1111793.77	370561.45	183320.60	98554.57
贵　州 Guizhou	3578728.51	2497306.53	2324149.87	1249228.71	648756.15	255540.76	170624.25
云　南 Yunnan	4971558.27	3569765.19	3354242.41	1797201.77	945047.92	392981.06	219011.66
西　藏 Tibet	1204579.19	717996.03	666717.08	389912.14	176792.02	64421.58	35591.34
陕　西 Shaanxi	2279510.35	1484044.73	1390450.20	824373.07	322007.41	162135.18	81934.54
甘　肃 Gansu	1517397.11	992652.42	942073.64	607417.46	136234.55	130807.85	67613.78
青　海 Qinghai	826623.31	556865.80	523415.00	342536.96	99045.73	60831.34	21000.97
宁　夏 Ningxia	665643.92	443496.91	409291.17	248055.83	86707.33	49888.47	24639.54
新　疆 Xinjiang	5659074.93	4166841.92	3942849.11	2086281.60	1389052.67	367561.34	99953.50

校舍情况(乡村)
Buildings (Rural Area)

单位:平方米
unit: m^2

综合活动室 Multi-functional Room	行政办公用房 Administrative	办公室 Office	保健观察室 Health Observation Room	其他 Others	生活用房 Residential and Welfare	厨房 Kitchen	其他 Others	其他用房 Rooms for Other Purposes
3992845.64	**7623635.69**	**4363317.01**	**1756311.16**	**1504007.52**	**8864662.92**	**4685988.20**	**4178674.72**	**7705726.54**
26497.47	59391.79	28737.23	7491.15	23163.41	108044.05	29982.14	78061.91	3588.51
13603.51	34278.37	16816.96	8831.26	8630.15	41191.04	20578.36	20612.68	42624.41
253846.34	484799.76	258068.33	148070.47	78660.96	458391.15	235697.11	222694.04	505440.40
45579.50	188352.58	122123.19	32191.36	34038.03	156440.88	71492.05	84948.83	194371.52
45895.34	84029.78	48704.48	17366.75	17958.55	119049.57	60130.32	58919.25	124243.07
46351.87	78535.99	40863.60	19014.08	18658.31	105728.13	53698.83	52029.30	28979.83
19792.28	38704.89	22365.20	9565.68	6774.01	33161.23	19034.96	14126.27	57643.07
23170.21	49650.69	28908.71	13710.01	7031.97	67895.83	34641.18	33254.65	71324.52
25337.94	19167.11	7488.35	2017.64	9661.12	19255.64	9310.27	9945.37	14788.07
131583.50	196167.72	98936.56	46170.25	51060.91	230584.88	125222.59	105362.29	253957.75
142442.20	186642.50	95213.91	34562.57	56866.02	246384.60	129689.67	116694.93	365330.53
238851.78	388671.36	234082.88	92007.44	62581.04	382663.85	221550.97	161112.88	342915.48
109696.77	181415.86	107217.84	33767.28	40430.74	232700.68	111777.50	120923.18	369603.66
299886.07	476408.07	265929.54	88867.46	121611.07	495612.34	230378.30	265234.04	253325.00
329429.05	687710.53	389936.03	171683.54	126090.96	598000.40	330905.63	267094.77	800399.39
411011.52	925761.77	561209.61	213508.27	151043.89	847286.77	521800.99	325485.78	764008.44
115849.05	225428.46	114495.65	51944.66	58988.15	264469.40	156791.57	107677.83	242589.93
168161.59	361680.85	214046.11	90173.09	57461.65	419154.22	230165.80	188988.42	373899.26
268705.05	332261.35	189507.08	78777.82	63976.45	476503.80	230175.55	246328.25	468981.79
218555.26	288946.33	167882.92	77641.71	43421.70	433637.77	290363.73	143274.04	342772.31
41152.10	77276.94	40256.60	17255.22	19765.12	111757.82	59060.96	52696.86	132045.93
32476.45	61136.78	37670.04	13105.32	10361.42	93074.69	47021.20	46053.49	70954.70
109189.74	204072.74	129629.27	41593.86	32849.61	286158.75	159240.93	126917.82	238451.81
173156.66	331671.70	192157.33	72925.65	66588.72	401598.54	234434.64	167163.90	348151.74
215522.78	404536.39	231441.38	99085.07	74009.94	660534.46	371068.87	289465.59	336722.23
51278.95	118428.51	76769.54	23947.28	17711.69	265959.40	96338.22	169621.18	102195.25
93594.53	281285.59	163638.62	48526.53	69120.44	245551.94	120672.04	124879.90	268628.09
50578.78	232756.36	164126.62	34839.83	33789.91	135715.16	55010.61	80704.55	156273.17
33450.80	70539.25	50942.08	9684.25	9912.92	141589.01	53062.33	88526.68	57629.25
34205.74	60533.37	33066.91	10839.27	16627.19	74603.45	38719.13	35884.32	87010.19
223992.81	493392.30	231084.44	147146.39	115161.47	711963.47	337971.75	373991.72	286877.24

幼儿园资产情况(总计)
Condition of Fixed Assets and Teaching Resources in Kindergartens (Total)

	占地面积(平方米) Areas Occupied (m^2)	#绿化用地面积 of Which: Green Areas	#室外游戏场地 of Which: Outdoor Playground	图书(册) Books and Magazines in Libraries (Volume)
总　计 Total	**760462304.92**	**136393073.21**	**262772377.45**	**534905638**
北　京 Beijing	8930258.29	1571277.48	3193802.29	8637013
天　津 Tianjin	5738534.28	851799.17	2044694.72	4526120
河　北 Hebei	40583956.25	5023970.80	14007434.15	27906169
山　西 Shanxi	15902572.54	2092832.29	5254196.54	10025702
内蒙古 Inner Mongolia	17366666.55	2938961.24	5659735.36	7416405
辽　宁 Liaoning	15748979.31	2331103.64	6111020.83	9806216
吉　林 Jilin	7188798.13	1063993.16	2499308.89	4496664
黑龙江 Heilongjiang	10003679.56	1245653.95	3526740.03	4540736
上　海 Shanghai	10338171.27	2916948.17	2668216.79	6809866
江　苏 Jiangsu	50447322.96	11550286.66	19979776.86	48739713
浙　江 Zhejiang	31940499.35	7158113.53	11689453.28	32049420
安　徽 Anhui	31740839.55	5439876.83	10436615.33	19339791
福　建 Fujian	19932252.04	3455796.52	7743876.24	11891583
江　西 Jiangxi	29524327.31	4835195.15	10266218.89	14713513
山　东 Shandong	69700568.82	12997206.01	24799099.17	45817076
河　南 Henan	60157752.12	9444327.05	19856691.57	34967065
湖　北 Hubei	27578826.85	5839800.07	8687907.61	19934987
湖　南 Hunan	33376983.88	5490357.25	9891096.04	29325806
广　东 Guangdong	57412537.36	10765943.26	22644577.64	59162588
广　西 Guangxi	22504293.34	3716087.89	8323052.12	16787451
海　南 Hainan	6684155.20	1292165.89	2288563.79	4991509
重　庆 Chongqing	11068842.99	1725828.21	4062947.07	10070673
四　川 Sichuan	30731081.67	5159176.86	10767914.77	22893757
贵　州 Guizhou	26337080.29	4248307.37	9856699.67	19003897
云　南 Yunnan	26130445.78	4699339.95	7965959.92	16955576
西　藏 Tibet	5238716.86	772957.76	1016281.99	937876
陕　西 Shaanxi	24676125.35	3825638.60	8101404.94	22865030
甘　肃 Gansu	14592015.68	2236312.54	5000968.07	9883124
青　海 Qinghai	5652948.22	889957.01	1536674.95	1981783
宁　夏 Ningxia	5820709.12	1003670.82	2023048.75	2897906
新　疆 Xinjiang	37412364.00	9810188.08	10868399.18	5530623

幼儿园资产情况(城区)

Condition of Fixed Assets and Teaching Resources in Kindergartens (Urban Area)

	占地面积(平方米) Areas Occupied (m^2)	#绿化用地面积 of Which: Green Areas	#室外游戏场地 of Which: Outdoor Playground	图书(册) Books and Magazines in Libraries (Volume)
总　计 Total	**285769085.95**	**52227496.12**	**104090329.67**	**251144470**
北　京 Beijing	7004255.66	1203531.43	2538702.50	7142105
天　津 Tianjin	4049693.93	616935.82	1424274.98	3684831
河　北 Hebei	9531272.88	1167653.14	3402717.92	7965562
山　西 Shanxi	5670456.35	720642.65	1941143.25	4614459
内蒙古 Inner Mongolia	4997516.41	754243.10	1875273.09	3037274
辽　宁 Liaoning	9860202.19	1476261.28	3708986.65	6905584
吉　林 Jilin	3249363.54	414131.69	1149657.71	2481316
黑龙江 Heilongjiang	4385465.80	536544.91	1516207.59	2489256
上　海 Shanghai	8500046.80	2377498.97	2198573.88	5843315
江　苏 Jiangsu	25407453.56	5992077.27	10434689.44	25999673
浙　江 Zhejiang	18373671.05	4151150.27	6747990.53	20098227
安　徽 Anhui	7751109.17	1413336.99	2813433.02	5530850
福　建 Fujian	8161799.66	1374215.94	3239170.72	5652361
江　西 Jiangxi	8174683.31	1383189.97	2818823.79	4551595
山　东 Shandong	26510120.10	4741628.04	9643591.09	22964020
河　南 Henan	14317711.25	2285055.44	5124852.89	10265201
湖　北 Hubei	11496775.50	2234686.39	3792873.98	9268761
湖　南 Hunan	10912174.10	1898720.45	3462936.11	11764688
广　东 Guangdong	34741341.80	6457882.09	14113611.12	36414227
广　西 Guangxi	6827863.17	1226642.91	2577198.01	5818688
海　南 Hainan	2260358.44	406103.86	819085.08	2213582
重　庆 Chongqing	6143642.02	971822.99	2278694.91	6293977
四　川 Sichuan	14709365.78	2699904.42	5116587.78	10792726
贵　州 Guizhou	6177990.83	910231.43	2270249.54	6332026
云　南 Yunnan	5966360.38	1182355.79	1990134.08	5482332
西　藏 Tibet	731488.40	138342.20	174380.36	405121
陕　西 Shaanxi	8067958.65	1261726.60	2847624.75	9191667
甘　肃 Gansu	3124791.64	453554.09	1080312.19	3663401
青　海 Qinghai	849558.29	118194.00	274957.20	782286
宁　夏 Ningxia	1997821.09	348238.48	728897.13	1292259
新　疆 Xinjiang	5816774.20	1310993.51	1984698.38	2203100

幼儿园资产情况(镇区)

Condition of Fixed Assets and Teaching Resources in Kindergartens (County and Town Area)

	占地面积(平方米) Areas Occupied (m^2)	#绿化用地面积 of Which: Green Areas	#室外游戏场地 of Which: Outdoor Playground	图书(册) Books and Magazines in Libraries (Volume)
总　计 Total	**272286358.36**	**47994565.52**	**93253881.37**	**193865110**
北　京 Beijing	946723.42	180282.23	334418.67	883078
天　津 Tianjin	717204.05	94432.57	268998.96	433565
河　北 Hebei	15229631.32	1905664.76	5118135.65	11130918
山　西 Shanxi	5648685.82	759887.48	1861130.74	3748033
内蒙古 Inner Mongolia	7790130.60	1383846.12	2582693.07	3564207
辽　宁 Liaoning	3887584.34	575291.44	1539779.50	2042640
吉　林 Jilin	2809624.07	437397.36	953948.95	1611121
黑龙江 Heilongjiang	3831709.37	455934.67	1396484.66	1648955
上　海 Shanghai	1580849.44	470700.79	398675.49	834303
江　苏 Jiangsu	20127551.10	4521177.53	7725660.27	19046476
浙　江 Zhejiang	9721821.44	2165465.44	3550945.03	8962630
安　徽 Anhui	14127443.66	2427651.20	4550191.05	9077353
福　建 Fujian	8269834.31	1456633.07	3244153.80	4795018
江　西 Jiangxi	12643930.54	2023231.55	4371406.50	6755201
山　东 Shandong	23358574.66	4458259.91	8072834.98	14874404
河　南 Henan	23429708.53	3673383.20	7568458.29	13928464
湖　北 Hubei	10810422.80	2385288.64	3286908.66	7832840
湖　南 Hunan	14678596.72	2329918.06	4311207.57	12592133
广　东 Guangdong	15105516.36	2799663.66	5698162.73	16346002
广　西 Guangxi	9542128.77	1563553.29	3538512.80	7686147
海　南 Hainan	2557463.20	506246.90	887531.65	1764013
重　庆 Chongqing	3637139.30	567515.37	1322631.26	2971420
四　川 Sichuan	11824824.61	1834691.91	4163263.19	9414206
贵　州 Guizhou	12207948.66	1931384.19	4543098.95	8686266
云　南 Yunnan	7788622.27	1414718.85	2437994.81	5666878
西　藏 Tibet	835715.88	112236.38	151420.07	153348
陕　西 Shaanxi	10694956.80	1620134.06	3512582.76	9826846
甘　肃 Gansu	5947563.22	911627.27	2045755.90	4180266
青　海 Qinghai	1581070.79	216837.57	446224.84	630084
宁　夏 Ningxia	2057381.84	379418.59	724319.03	1150113
新　疆 Xinjiang	8896000.47	2432091.46	2646351.54	1628182

幼儿园资产情况(乡村)

Condition of Fixed Assets and Teaching Resources in Kindergartens (Rural Area)

	占地面积(平方米) Areas Occupied (m^2)	#绿化用地面积 of Which: Green Areas	#室外游戏场地 of Which: Outdoor Playground	图书(册) Books and Magazines in Libraries (Volume)
总　计 Total	**202406860. 61**	**36171011. 57**	**65428166. 41**	**89896058**
北　京 Beijing	979279. 21	187463. 82	320681. 12	611830
天　津 Tianjin	971636. 30	140430. 78	351420. 78	407724
河　北 Hebei	15823052. 05	1950652. 90	5486580. 58	8809689
山　西 Shanxi	4583430. 37	612302. 16	1451922. 55	1663210
内蒙古 Inner Mongolia	4579019. 54	800872. 02	1201769. 20	814924
辽　宁 Liaoning	2001192. 78	279550. 92	862254. 68	857992
吉　林 Jilin	1129810. 52	212464. 11	395702. 23	404227
黑龙江 Heilongjiang	1786504. 39	253174. 37	614047. 78	402525
上　海 Shanghai	257275. 03	68748. 41	70967. 42	132248
江　苏 Jiangsu	4912318. 30	1037031. 86	1819427. 15	3693564
浙　江 Zhejiang	3845006. 86	841497. 82	1390517. 72	2988563
安　徽 Anhui	9862286. 72	1598888. 64	3072991. 26	4731588
福　建 Fujian	3500618. 07	624947. 51	1260551. 72	1444204
江　西 Jiangxi	8705713. 46	1428773. 63	3075988. 60	3406717
山　东 Shandong	19831874. 06	3797318. 06	7082673. 10	7978652
河　南 Henan	22410332. 34	3485888. 41	7163380. 39	10773400
湖　北 Hubei	5271628. 55	1219825. 04	1608124. 97	2833386
湖　南 Hunan	7786213. 06	1261718. 74	2116952. 36	4968985
广　东 Guangdong	7565679. 20	1508397. 51	2832803. 79	6402359
广　西 Guangxi	6134301. 40	925891. 69	2207341. 31	3282616
海　南 Hainan	1866333. 56	379815. 13	581947. 06	1013914
重　庆 Chongqing	1288061. 67	186489. 85	461620. 90	805276
四　川 Sichuan	4196891. 28	624580. 53	1488063. 80	2686825
贵　州 Guizhou	7951140. 80	1406691. 75	3043351. 18	3985605
云　南 Yunnan	12375463. 13	2102265. 31	3537831. 03	5806366
西　藏 Tibet	3671512. 58	522379. 18	690481. 56	379407
陕　西 Shaanxi	5913209. 90	943777. 94	1741197. 43	3846517
甘　肃 Gansu	5519660. 82	871131. 18	1874899. 98	2039457
青　海 Qinghai	3222319. 14	554925. 44	815492. 91	569413
宁　夏 Ningxia	1765506. 19	276013. 75	569832. 59	455534
新　疆 Xinjiang	22699589. 33	6067103. 11	6237349. 26	1699341

专门学校基本情况
Basic Statistics of Specialized Schools

单位:人
unit:person

地 区 Region	学校数(所) Schools	班数(个) Classes	离校人数 Sclools Leavers	入校人数 No. of Persons Enrolled	在校生数 Enrolment	教职工数 Educational Personnel	#专任教师 of Which: Full-time Teachers
总 计 Total	**104**	**368**	**4244**	**5746**	**7160**	**3149**	**2249**
北 京 Beijing	6	29	217	204	479	295	220
天 津 Tianjin	1	0	0	0	0	26	16
河 北 Hebei	0	0	0	0	0	0	0
山 西 Shanxi	1	15	124	204	589	80	71
内蒙古 Inner Mongolia	0	0	0	0	0	0	0
辽 宁 Liaoning	10	10	45	33	139	252	191
吉 林 Jilin	3	5	23	14	26	43	33
黑龙江 Heilongjiang	1	1	0	2	2	21	17
上 海 Shanghai	12	70	251	323	797	360	271
江 苏 Jiangsu	1	9	199	105	131	55	46
浙 江 Zhejiang	1	16	269	275	449	76	56
安 徽 Anhui	2	0	0	0	0	14	13
福 建 Fujian	0	0	0	0	0	0	0
江 西 Jiangxi	5	21	157	385	512	132	88
山 东 Shandong	0	0	0	0	0	0	0
河 南 Henan	3	13	48	81	218	67	61
湖 北 Hubei	2	7	18	20	21	45	42
湖 南 Hunan	3	21	7	71	513	97	57
广 东 Guangdong	5	32	144	361	643	285	165
广 西 Guangxi	4	3	10	75	78	69	55
海 南 Hainan	0	0	0	0	0	3	2
重 庆 Chongqing	2	4	26	53	53	28	26
四 川 Sichuan	10	27	332	407	472	253	173
贵 州 Guizhou	22	63	2158	2822	1578	466	363
云 南 Yunnan	4	14	206	156	293	77	66
西 藏 Tibet	0	0	0	0	0	0	0
陕 西 Shaanxi	1	3	10	7	16	43	32
甘 肃 Gansu	0	0	0	0	0	0	0
青 海 Qinghai	0	0	0	0	0	0	0
宁 夏 Ningxia	0	0	0	0	0	0	0
新 疆 Xinjiang	5	5	0	148	151	362	185

第二部分
Part Ⅱ

办 学 条 件
PHYSICAL FACILITIES

一、教育经费
Public Expenditure on Education

各类学校教育经费来源
Sources of Educational Funds and Expenditure

学校类别 Type of Schools	合　计 Total	国家财政性教育经费 Government Appropriation for Education	#一般公共预算教育经费 Public Expenditure On Education
全国总计 National Total	**530338681.0**	**429081542.7**	**363104728.1**
按学校类别分组 Grouped by Type of Schools			
高等学校 HEIs	140037783.1	89111211.2	68369607.4
普通高等学校 Regular HEIs	138295153.3	88232015.6	67643250.2
成人高等学校 Adult HEIs	1742629.8	879195.6	726357.2
中等职业学校 Secondary Vocational Schools	28693624.0	25477130.5	20703946.4
普通中专 Regular Specialized Secondary Schools	13288813.0	11854708.6	9648919.2
成人中专 Adult Specialized Secondary Schools	1120597.5	969010.3	810299.3
职业高中 Vocational High Schools	10314085.5	9453193.1	7593932.5
技工学校 Skilled Workers Schools	3970128.0	3200218.6	2650795.5
中 学 Secondary Schools	149981590.0	131082472.5	114740274.9
普通中学 Regular Secondary Schools	149912504.2	131020540.9	114683531.3
普通高中 Regular Senior Secondary Schools	55553027.2	45511080.9	39288638.5
普通初中 Regular Lower Secondary Schools	94359476.9	85509460.0	75394892.8
#农村 Rural	50715089.5	47694113.4	42584275.8
成人中学 Adult Secondary Schools	69085.9	61931.6	56743.6
小 学 Primary Schools	146709062.0	136932220.7	120807459.6
普通小学 Regular Primary Schools	146708473.5	136931632.2	120806878.6
#农 村 Rural	83147937.2	80079150.4	70840554.9
成人小学 Adult Primary Schools	588.5	588.5	581.0
特殊教育 Special Education	1969270.4	1942780.5	1682783.2
幼儿园 Kindergartens	42046284.1	25336520.2	22009451.3
教育行政单位 Education Administrative Department	4087600.6	3938078.8	3255642.9
教育事业单位 Education Public Institutions	8383543.4	7131185.0	6121022.3
其 它 Others	8429923.4	8129943.3	5414540.0

和支出情况（2020年）

for Education in Various School (2020)

单位：万元
unit:10,000 yuan

民办学校中举办者投入 School Funding for Private Schools	社会捐赠经费 Donor Funding for the Community	事业收入 Income from Teaching Research and Other Auxiliary Activity	学费 Tuition	其他教育经费 Other Educational Funds
2292515.6	**1172354.7**	**87041176.7**	**67614302.3**	**10751091.3**
291988.8	608192.1	43010471.3	29041177.2	7015919.6
291988.8	608105.3	42193579.6	28397767.6	6969464.0
0.0	86.8	816891.7	643409.7	46455.6
150484.7	10172.4	2537603.2	1554515.6	518233.1
66500.4	4109.1	1146596.1	675826.3	216898.9
6422.9	237.7	129819.9	79034.8	15106.7
73700.9	4604.4	655007.0	430006.6	127580.1
3860.6	1221.3	606180.2	369647.8	158647.4
785040.2	223304.9	16601161.5	14183183.7	1289610.9
785040.2	223301.0	16597621.4	14181478.8	1286000.6
402510.9	122111.8	8888826.3	7258831.5	628497.3
382529.3	101189.2	7708795.1	6922647.3	657503.3
200291.9	32205.2	2518637.0	2176240.1	269841.9
0.0	3.9	3540.0	1704.9	3610.3
426021.6	160355.3	8248324.7	7572819.6	942139.8
426021.6	160355.3	8248324.7	7572819.6	942139.8
232988.8	65512.5	2385803.5	2074390.1	384482.1
0.0	0.0	0.0	0.0	0.0
822.7	2549.9	9010.9	4928.8	14106.3
638157.6	60607.7	15542962.4	15196156.9	468036.2
0.0	12987.9	12382.0	0.0	124151.8
0.0	93377.8	868265.2	0.0	290715.4
0.0	806.6	210995.4	61520.5	88178.1

各地区教育经费来源
Sources of Educational Fund and Expenditure

地 区 Region	合 计 Total	国家财政性教育经费 Government Appropriation for Education	#一般公共预算教育经费 Public Expenditure On Education
中 央 Central Government	40674105.8	27096198.7	16072090.6
地 方 Local Government	489664575.2	401985344.0	347032637.5
北 京 Beijing	15085043.4	13130881.0	11279952.8
天 津 Tianjin	6031843.6	5035674.3	4405333.6
河 北 Hebei	21282804.2	17793662.4	15817361.0
山 西 Shanxi	10071574.6	8316902.8	7304836.5
内蒙古 Inner Mongolia	8510491.8	7758612.2	6353942.6
辽 宁 Liaoning	10988599.1	8945696.8	7405621.0
吉 林 Jilin	7204781.4	6020482.9	5225820.1
黑龙江 Heilongjiang	8422727.6	7354052.1	6236095.4
上 海 Shanghai	14427630.9	11844027.3	9729314.8
江 苏 Jiangsu	33717331.5	27497925.8	24192276.6
浙 江 Zhejiang	28846115.0	22022326.7	18797024.1
安 徽 Anhui	17478564.7	14462349.0	12601054.6
福 建 Fujian	14160989.0	11593784.5	10260538.4
江 西 Jiangxi	15772883.9	13129953.6	12204759.5
山 东 Shandong	31022594.2	25265110.3	22818214.0
河 南 Henan	28022275.2	21897805.0	18453073.5
湖 北 Hubei	16783124.7	13529514.5	11906233.5
湖 南 Hunan	18852586.6	14497135.2	13566661.9
广 东 Guangdong	53869558.4	41803231.7	35378186.2
广 西 Guangxi	15418301.8	12835127.5	10512199.3
海 南 Hainan	4632077.3	3952894.8	3022020.6
重 庆 Chongqing	11823943.2	9765615.7	7588119.8
四 川 Sichuan	24660021.1	19761599.4	16824264.4
贵 州 Guizhou	14479368.3	12443314.0	10740085.8
云 南 Yunnan	16571342.1	14307642.1	11565799.5
西 藏 Tibet	3164861.0	3120455.2	2933721.0
陕 西 Shaanxi	13169806.5	10700777.3	9930277.8
甘 肃 Gansu	8440554.1	7711029.2	6629911.3
青 海 Qinghai	2931350.6	2718155.3	2180121.2
宁 夏 Ningxia	2791932.6	2461992.6	2072174.6
新 疆 Xinjiang	11029496.4	10307612.8	9097642.1

和支出情况(2020 年)
for Education by Region (2020)

单位：万元
unit：(10,000 yuan)

民办学校中举办者投入 School Funding for Private Schools	社会捐赠经费 Donor Funding for the Community	事业收入 Income from Teaching Research and Other Auxiliary Activity	学费 Tuition	其他教育经费 Other Educational Funds
0.0	457242.0	10298508.6	3551782.7	2822156.6
2292515.6	715112.7	76742668.1	64062519.6	7928934.8
11903.1	5731.6	1531203.2	1251681.3	405324.6
28486.7	4761.5	873020.0	753272.9	89901.2
43298.3	8013.7	3353440.3	2883391.8	84389.4
37453.8	2417.9	1637827.6	1362299.1	76972.5
9909.0	6226.5	666788.1	564897.7	68956.0
18693.6	7636.7	1925442.0	1568614.7	91129.9
31915.6	2509.0	1059974.7	913359.5	89899.1
8955.7	2859.7	986589.2	869954.5	70270.8
17344.2	11721.1	2328016.3	1939391.3	226522.0
87825.1	70608.2	5164767.6	4215614.9	896204.8
251879.7	107429.4	5304608.4	4250407.1	1159870.8
103860.0	9024.8	2648783.9	2161249.1	254547.0
64427.2	48068.1	2190788.2	1836406.0	263921.0
78148.4	18427.0	2351980.0	1859756.9	194374.8
203662.5	19011.5	5145069.1	4398938.4	389740.9
271095.2	11219.4	5549568.9	4751255.9	292586.8
48909.9	31863.1	2970655.9	2520318.4	202181.2
251568.2	31163.3	3815212.8	3093013.4	257507.2
293126.1	103610.4	11181132.6	9828304.2	488457.5
39942.7	11456.4	2324977.3	1872691.1	206797.9
29141.7	780.7	612333.3	504375.4	36926.9
18849.3	27408.6	1787153.3	1414128.1	224916.3
188005.9	50634.7	4078472.2	3376605.0	581308.9
52162.0	24213.1	1578277.6	1284096.0	381401.6
59506.4	31360.5	1987172.3	1680079.2	185660.8
60.0	13154.2	21660.6	14263.8	9531.0
22278.9	11632.5	2256258.5	1781043.4	178859.3
8959.4	6213.2	649554.2	525293.9	64798.1
858.5	7418.0	135153.2	94320.2	69765.6
5829.9	4258.7	251064.2	201830.0	68787.3
4458.6	24279.2	375722.5	291666.4	317423.3

二、教育基本建设投资
Capital Construction Investment in the Educational Sector

教育基本建设
Data on the Completion of Capital Construction

学校类别 Type of School	投资合计 Total Investment Completed in the Current year (in 10 Thousand Yuan)	本年完成投资按 Investment by Source of			
		国家预算内 Budgetary Allocation			
		小计 Subtotal	中央 Central	省级 Local	小计 Subtotal
总　计 Total	**91287933**	**62588166**	**9669448**	**52918719**	**24499902**
高等教育学校 Higher Education Schools	22925777	8582827	2061561	6521266	13003145
中等职业学校 Secondary Vocational Schools	4718442	3084921	488108	2596813	1418389
普通中学 Regular Secondary Schools	36797575	29583172	3183993	26399180	6189982
职业初中 Vocational Lower Secondary Schools	0	0	0	0	0
小　学 Primary Schools	14711917	13032307	2806418	10225889	1010488
特殊教育学校 Special Education Schools	314298	296572	27896	268676	12047
幼儿园 Kindergartens	11819924	8008366	1101471	6906895	2865852

投资完成情况(总计)
Investment in the Educational Sector(Regional Aggregates)

资金来源分(万元) Fund (in 10 Thousand Yuan)			本年竣工建筑面积(平方米) Building Floor Area Completed (in m^2)			
自筹资金 Self-raised Fund		其他 Other Sources	合计 Total	教学及辅助用房 Buildings for Instruction and Ancillary Uses	行政办公用房 Administrative	其他用房 Rooms for Other Purposes
其中 of Which:						
学校自筹 Raised by School	个人捐资 Individual Donations					
23889232	**610670**	**4199864**	**240679342**	**134067550**	**10869197**	**95742595**
12894581	108564	1339804	66708438	32231716	2486195. 9	31990526. 5
1375891	42499	215132	18524087	9772190	1372612. 5	7379283. 8
5925386	264596	1024421	89497580	46829757	3919030. 1	38748793. 1
0	0	0	0	0	0	0
985948	24539	669122	45210900	30070411	2020033. 7	13120455. 3
11267	780	5680	990010	583032	51739	355238. 8
2696159	169693	945706	19748329	14580445	1019585. 8	4148297. 5

学校类别 Type of School	投资合计 Total Investment Completed in the Current year (in 10 Thousand Yuan)	本年完成投资按 Investment by Source of			
		国家预算内 Budgetary Allocation			
		小计 Subtotal	中央 Central	省级 Local	小计 Subtotal
合　计 Total	**91287933**	**62588166**	**9669448**	**52918719**	**24499902**
北　京 Beijing	1340865	736689	245523	491166	604176
天　津 Tianjin	624494	504514	203062	301452	97742
河　北 Hebei	2384332	1584115	291082	1293032	705173
山　西 Shanxi	994205	694422	80547	613875	273377
内蒙古 Inner Mongolia	883409	702647	149090	553557	159084
辽　宁 Liaoning	968907	435837	115084	320754	442249
吉　林 Jilin	1046799	846167	319521	526646	196800
黑龙江 Heilongjiang	473327	336978	146762	190216	115650
上　海 Shanghai	1025533	609036	67466	541570	382731
江　苏 Jiangsu	5564470	4411645	102413	4309232	1084448
浙　江 Zhejiang	5742163	4406219	76325	4329893	963332
安　徽 Anhui	3465856	1937455	321448	1616007	1342964
福　建 Fujian	2117719	1429421	144147	1285273	616587
江　西 Jiangxi	2507439	1531674	283301	1248373	913654
山　东 Shandong	5466876	3069309	190386	2878924	1869806
河　南 henan	3496023	1953633	469282	1484351	1326782
湖　北 Hubei	3039821	1723236	519123	1204114	1179064
湖　南 Hunan	5528449	3111677	1320361	1791316	2363060
广　东 Guangdong	21700781	17987327	133290	17854037	3066737
广　西 Guangxi	3233252	1906316	545973	1360343	1160771
海　南 Hainan	705657	534001	135908	398094	140775
重　庆 Chongqing	1830656	1282489	282484	1000005	512437
四　川 Sichuan	4288602	2460022	567477	1892545	1707892
贵　州 guizhou	1581282	1218207	480648	737559	333434
云　南 Yunnan	2868924	1278556	463640	814916	1382311
西　藏 Tibet	632104	452523	299452	153071	20586
陕　西 Shaanxi	4145639	2750886	574296	2176590	1070707
甘　肃 Gansu	1233624	860179	425495	434684	234457
青　海 Qinghai	348629	285771	92971	192800	57323
宁　夏 Ningxia	598417	398454	129399	269055	20656
新　疆 Xinjiang	1449679	1148763	493491	655271	155137

投资完成情况
Investment in the Educational Sector

资金来源分(万元) Fund (in 10 Thousand Yuan)			本年竣工建筑面积(平方米) Building Floor Area Completed (in m^2)			
自筹资金 Self-raised Fund		其他 Other Sources	合计 Total	教学及辅助用房 Buildings for Instruction and Ancillary Uses	行政办公用房 Administrative	其他用房 Rooms for Other Purposes
其中 of Which:						
学校自筹 Raised by School	个人捐资 Individual Donations					
23889232	**610670**	**4199864**	**240679343**	**134067551**	**10869197**	**95742595**
604176	0	0	2371292	1028943	80383	1261966
97736	6	22238	1246101	651303	106569	488229
689243	15930	95045	9286925	5206968	375942	3704015
269584	3794	26406	4088444	2229239	126623	1732582
158128	956	21677	2875463	1786379	103464	985620
440781	1469	90820	3660858	2202372	200657	1257829
196725	75	3832	3178556	1929112	140427	1109017
113256	2394	20698	2229612	1383273	80722	765617
382670	61	33767	1674567	795992	66809	811765
1066136	18312	68377	12983857	7627371	838989	4517497
947420	15912	372613	13922024	7546468	687674	5687882
1324587	18377	185436	12466335	7610264	397009	4459063
612772	3814	71712	6893019	4023314	324547	2545158
866214	47440	62111	11989737	6711290	457668	4820779
1803333	66473	527761	16684636	9121008	876180	6687448
1197258	129524	215609	13107288	6483915	598589	6024783
1167512	11551	137521	14553822	7875330	1190360	5488131
2334622	28438	53712	15108032	8415825	499991	6192216
2974816	91921	646718	25252105	13415026	1012432	10824647
1116228	44544	166164	11376918	5836627	406890	5133400
114085	26691	30880	2047397	1116366	72300	858731
505904	6534	35729	5275554	2740473	295720	2239362
1705461	2432	120688	10535250	6080670	488259	3966321
324281	9154	29640	7830974	5228046	212368	2390560
1370845	11466	208057	8046660	4389418	265501	3391742
20086	500	158995	1245044	538341	55971	650732
1019374	51333	324046	10555798	6175338	510877	3869583
233309	1148	138988	3927191	2456759	152406	1318026
56986	337	5536	1077480	666227	27550	383703
20571	85	179308	1111670	687328	56222	368121
155137	0	145780	4076736	2108565	160100	1808071

第三部分
Part Ⅲ

科学研究活动及其他
SCIENTIFIC RESEARCH ACTIVITIES AND OTHER

一、自然科学与技术
Natural Science and Technology

	教学与科研人员 Personnel Engaged in S and T Activities		研究与发展人员 R and D Personnel	
	合计 Total	其中:科学家和工程师 of Which: Scientists and Engineers	合计 Total	其中:科学家和工程师 of Which: Scientists and Engineers
合计: Total	**1345872**	**1145159**	**557291**	**546050**
按学校规格分 Breakdown by category of HEIs				
本科院校 Academic HEIs	1152758	963861	525339	514365
高职(专科)院校 Vocational HEIs	193114	181298	31952	31685
按学校隶属分 Breakdown by Control				
部委院校 HEIs under Other Central Ministries	42811	38307	43741	23664
教育部直属院校 HEIs under Ministry of Education	256381	243843	230181	136039
地方院校 HEIs under Local Govermments	969778	940612	381862	345078
按学校类型分 Breakdown by Type of HEIs				
综合大学 Comprehensive Universities	376470	359559	220928	159133
工科院校 Engineering	409738	397429	234291	171937
农林院校 Agriculture	62302	60210	35500	26857
医药院校 Medicine and Pharmacy	308453	295913	111299	98931
师范院校 Teachers Training	77104	75343	42007	36646
其他院校 Others	34903	34308	11759	11277

科技人力情况
Manpower in Regular HEIs

单位:人
Unit: in Person

研究与发展全时人员 R and D FTEs (Full-time Equivalents)		R and D 成果应用及科技服务人员 R and D Personnel		R and D 成果应用及科技服务全时人员 R and D FTEs(Full-time Equivalents)	
合计 Total	其中:科学家和工程师 of Which: Scientists and Engineers	合计 Total	其中:科学家和工程师 of Which: Scientists and Engineers	合计 Total	其中:科学家和工程师 of Which: Scientists and Engineers
334343	**327596**	**74632**	**73296**	**44749**	**43945**
315185	308601	67822	66521	40675	39893
19158	18995	6810	6775	4074	4052
38939	18931	3846	2092	3422	1673
202071	108831	28908	16601	25425	13277
311473	275970	51302	46638	41727	37250
188063	127294	31331	22233	26697	17778
199454	137512	37090	30080	30930	24028
29954	21484	7038	5514	5901	4412
90982	79122	3294	2712	2740	2168
34558	29311	4129	3652	3376	2918
9472	9009	1174	1140	930	896

	拨　入 Revenues			
	合　计 Total	政府资金 Government Funds	企事业单位委托 Contract Research Fund	其　他 Others
合计：Total	**282856896**	**168697351**	**84754144**	**61249112**
按学校规格分 Breakdown by category of HEIs				
本科院校 Academic HEIs	277506617	166796616	83229899	59989895
高职(专科)院校 Vocational HEIs	5350279	1900735	1524245	1259217
按学校隶属分 Breakdown by Control				
部委院校 HEIs under Other Central Ministries	33630920	22748154	9788477	6008570
教育部直属院校 HEIs under Ministry of Education	123540673	77587057	41381565	27867635
地方院校 HEIs under Local Govermments	125685303	68362140	33584102	27372907
按学校类型分 Breakdown by Type of HEIs				
综合大学 Comprehensive Universities	102073982	64696245	26700212	19884501
工科院校 Engineering	130269091	71696040	49769153	34805152
农林院校 Agriculture	13004383	9415801	2426836	1867797
医药院校 Medicine and Pharmacy	19757386	12993232	2411980	1943829
师范院校 Teachers Training	14935857	8328990	2930721	2335888
其他院校 Others	2816197	1567043	515242	411945

科技经费情况
in Regular HEIs

单位：千元
Unit：1000 Yuan

支　出 Expenditures				
合　计 Total	劳　务　费 Personnel Costs	业　务　费 Non-Personnel Expenses	转拨外单位经费 Expenses on Extramural Services	其　他 Others
710179	**242941480**	**60414613**	**193893118**	**171213912**
640981	237882902	59060560	190444025	168033485
69198	5058578	1354053	3449093	3180427
2510	27216148	5239389	24368310	21098147
192328	101154218	26670404	83930172	71354068
515341	114571114	28504820	85594636	78761697
125439	85395975	22297329	69120942	59213129
304481	112222859	26183136	89897796	81189901
142047	11782475	3010168	8694148	8204383
53585	17513377	4647314	13869973	11973700
73821	13452753	3656854	10247863	8849408
10806	2574041	619812	2062396	1783391

普通高等学校研究与
Statistics of R and D Projects and

	科技课题 R and D Projects			出版科技专著(部) No. of Mono-graphs Published
	课题数(项) No. of projects	投入人数 No. of Input of S and D Manpower	实际支出(千元) Actual Exp. (1,000yuan)	
合计：Total	**924771**	**421164**	**153616842**	**6810**
按学校规格分 Breakdown by category of HEIs				
本科院校 Academic HEIs	879164	395361	151610868	6322
高职(专科)院校 Vocational HEIs	45607	25803	2005974	488
按学校隶属分 Breakdown by Control				
部委院校 HEIs under Other Central Ministries	55448	19251	21752461	266
教育部直属院校 HEIs under Ministry of Education	315156	112823	73375429	1695
地方院校 HEIs under Local Govermments	554167	289090	58488952	4849
按学校类型分 Breakdown by Type of HEIs				
综合大学 Comprehensive Universities	303866	133811	50924023	1722
工科院校 Engineering	371482	150552	80561283	2626
农林院校 Agriculture	55852	23568	7253741	429
医药院校 Medicine and Pharmacy	110092	74640	7945756	1256
师范院校 Teachers Training	64035	29469	5852368	513
其他院校 Others	19444	9124	1079671	264

发展课题、成果情况
Achievements in Regular HEIs

发表学士论文（篇）No. of Papers Published	成果获奖 Achieverment Awards		技术转让 Techonlogical Transfer		知识产权授权数 No. of Awarded	专利出售 Income from License Arrangements	
	合计 Total	其中：国家奖 of Which: National Awards	合同数 No. of Contracts	收入（千元）Actual Revenues (1,000 yuan)		项数 No. of Items	实现金额（千元）Income (1,000 yuan)
1203369	**4977**	**246**	**23416**	**5018494**	**308548**	**16015**	**10014590**
1143762	4920	246	20633	4913374	265217	13846	9919750
59607	57	0	2783	105120	43331	2169	94840
85675	311	17	810	274477	14129	645	845425
436718	1714	155	4180	2178186	81777	3519	6342872
680976	2952	74	18426	2565831	212642	11851	2826293
400873	1445	89	5504	1459643	90646	4214	4980979
466198	2124	118	13875	2903500	148702	9232	3798839
68934	472	22	1179	182466	19405	869	278746
185374	638	14	1074	241456	24674	496	794182
64022	225	3	1316	196582	16652	846	142514
17968	73	0	468	34847	8469	358	19330

二、社会科学
Social Science

普通高等学校人文、
Professional Manpower in Regular HEIs in the

		学校数（所）No. Of HEIs	社科活动人员（人）Personnel Engaged in Social Science Research (person)				
			合　计 Total	高　级 Senior	中　级 Middle	初　级 Junior	其他人员 Others
合计 Total		**2543**	**896954**	**322607**	**413117**	**160755**	**475**
按学校隶属关系分 Breakdown by Control	教育部直属院校 HEIs under Ministry of Education	73	70855	40972	27963	1902	18
	其他部委院校 HEIs under Other Central Ministries	41	20761	9406	9830	1525	0
	地方院校 HEIs under Local Governments	2429	805338	272229	375324	157328	457
按学校规格分 Breakdown by Category of HEIs	本科院校 Academic HEIs	1229	662314	257028	307182	97845	259
	专科院校 Vocational HEIs	1314	234640	65579	105935	62910	216
按学校类型分 Breakdown by Type of HEIs	综合大学 Comprehensive Universities	612	253101	93020	115488	44495	98
	理工农医院校 HEIs Science and Technology, Agriculture and Medicine	1186	300618	102155	143499	54756	208
	师范院校 Teachers Training	241	135486	54056	61137	20213	80
	语文院校 Language and Literature	49	23421	8745	11022	3654	0
	财经院校 Finance and Economics	254	112741	37446	50667	24572	56
	政法院校 Political Science and Law	61	18661	7880	8524	2257	0
	体育院校 Physical Culture	33	9036	3348	4115	1571	2
	艺术院校 Art	89	32139	10669	13651	7792	27
	民族院校 Ethnic Nationality	18	11751	5288	5014	1445	4

社会科学人力情况
Fields of the Humanities and Social Science

研究与发展人员(人) R and D Personnel (person)						研究与发展人员(人年) R and D Personnel (man/year)					
合计 Total	高级 Senior	中级 Middle	初级 Junior	其他人员 Others	研究生 Post graduates	合计 Total	高级 Senior	中级 Middle	初级 Junior	其他人员 Others	研究生 Post graduates
697460	**287696**	**267998**	**65083**	**5545**	**71138**	**147108.3**	**66961.5**	**55756.4**	**12169.3**	**848.5**	**11372.6**
102772	44960	24399	1782	1656	29975	22978.6	12060.8	5393.3	324.1	264.2	4936.2
22185	10270	7875	830	272	2938	4939.3	2534.5	1748.2	161.8	37.2	457.6
572503	232466	235724	62471	3617	38225	119190.4	52366.2	48614.9	11683.4	547.1	5978.8
584856	248862	215337	44704	4826	71127	126088.8	59397.9	46001.6	8577.8	740.8	11370.7
112604	38834	52661	20379	719	11	21019.5	7563.6	9754.8	3591.5	107.7	1.9
209601	86171	77332	18209	1998	25891	44432.4	20403.8	16187.7	3360.0	290.1	4190.8
205524	82274	84699	20077	1107	17367	43285.6	18854.3	17547.1	3758.4	191.5	2934.3
117308	51675	44415	10752	1000	9466	25698.7	12225.8	9611.3	2128.4	142.7	1590.5
22783	9927	8843	1872	123	2018	4602.2	2239.9	1678.8	310.8	21.3	351.4
88146	35487	34277	9186	866	8330	17770.2	7889.0	6821.4	1652.1	136.3	1271.4
17599	7162	5751	1049	198	3439	3411.7	1725.2	1131.7	181.1	27.7	346.0
7341	2560	2242	696	27	1816	1678.0	734.2	542.6	138.5	5.4	257.3
16283	6337	6147	2319	126	1354	3675.3	1580.4	1379.2	474.2	21.2	220.3
12875	6103	4292	923	100	1457	2554.2	1308.9	856.6	165.8	12.3	210.6

		学校数(所) No. Of HEIs	拨入 Revenues						
			合计 Total	科研活动经费 Funds for R and D	科技活动人员工资 Personnel Costs	科研基建费 Capital Constr-uction Funds for R and D	企事业单位委托项目经费 Contract Research Funds Provided by Ent. and Inst.	金融机构贷款 Loans Provided by Financial Inst.	自筹经费 Self-raised Funds
合计 Total		**2543**	**31248184.68**	**10309360.10**	**5675249.28**	**99366.44**	**9148181.78**	**19034.52**	**5655865.25**
按学校隶属关系分 Breakdown by Control	教育部直属院校 HEIs under Ministry of Education	73	8114936.35	3533304.76	786501.95	4000.00	3164564.07	0.00	420555.66
	其他部委院校 HEIs under Other Central Ministries	41	1119335.82	516762.28	200726.11	6083.20	197672.02	0.00	195964.35
	地方院校 HEIs under Local Govermments	2429	22013912.52	6259293.06	4688021.21	89283.24	5785945.69	19034.52	5039345.24
按学校规格分 Breakdown by Category of HEIs	本科院校 Academic HEIs	1229	29181452.56	9867579.23	4923356.13	31209.24	8846834.34	18586.79	5165032.54
	专科院校 Vocational HEIs	1314	2066732.12	441780.87	751893.15	68157.20	301347.44	447.73	490832.72
按学校类型分 Breakdown by Type of HEIs	综合大学 Comprehensive Universities	612	11100881.06	3667783.25	1727901.50	2017.00	3581722.91	6742.70	1961262.36
	理工农医院校 HEIs Science and Technology, Agriculture and Medicine	1186	7291399.05	2073788.50	1588247.96	5272.80	2576183.65	652.73	954678.97
	师范院校 Teachers Training	241	5894024.41	1879672.26	1061150.04	5724.00	1516542.24	0.00	1388008.46
	语文院校 Language and Literature	49	1171925.09	436989.92	197517.22	0.00	249317.32	0.00	272365.85
	财经院校 Finance and Economics	254	3316966.85	1236700.76	696861.23	9559.48	670690.23	11639.09	679332.97
	政法院校 Political Science and Law	61	653756.89	291268.41	114981.73	0.00	106486.93	0.00	128198.76
	体育院校 Physical Culture	33	295087.92	147841.67	57463.07	7190.30	57784.42	0.00	21638.17
	艺术院校 Art	89	1028209.36	370878.06	132797.88	63519.66	313530.64	0.00	139404.22
	民族院校 Ethnic Nationality	18	495934.06	204437.27	98328.64	6083.20	75923.45	0.00	110975.50

研究与发展经费情况
R and D Expenditure in Regular HEIs

单位:千元
unit: 1000 yuan

		支出 Expenditures									转拨给外单位经费 Extra-mural Exp.
			内部支出 Intramural Expenditures								
国外资金 Foreign Funds	其他收入 Others Revenues	合计 Total	小计 Subtotal	科研人员费 Personnel Costs	业务费 Non-Personnel Expenses	科研基建费 Capital Construction Funds for R and D	仪器设备费 Instruments and Equipment	图书资料费 Books and Information	管理费 Manage-ment	其他 Others	
124431. 72	**216695. 60**	**29478514. 35**	**29082915. 26**	**8375580. 17**	**14478824. 21**	**134560. 94**	**1441279. 43**	**2002968. 69**	**614844. 03**	**447668. 31**	**395599. 09**
110753. 80	95256. 10	7477366. 15	7314773. 21	1172017. 88	4349867. 69	5300. 00	288995. 23	476731. 43	287537. 30	143663. 48	162592. 93
1077. 95	1049. 92	1046526. 09	1022889. 51	254013. 22	603397. 95	4163. 20	38784. 82	51910. 55	18733. 81	8005. 56	23636. 57
12599. 97	120389. 57	20954622. 12	20745252. 54	6949549. 07	9525558. 57	125097. 74	1113499. 38	1474326. 72	308572. 92	295999. 27	209369. 58
123182. 15	205672. 15	27512340. 68	27128203. 51	7440792. 45	13833462. 53	66132. 69	1339420. 60	1898849. 52	597852. 27	408856. 87	384137. 17
1249. 57	11023. 45	1966173. 67	1954711. 75	934787. 71	645361. 68	68428. 25	101858. 83	104119. 17	16991. 76	38811. 44	11461. 92
37358. 20	116093. 14	10316327. 23	10140344. 40	2599472. 82	5313970. 40	8330. 11	479558. 31	726747. 03	238293. 12	169940. 06	175982. 82
53063. 93	39510. 50	6851301. 91	6738300. 42	2148559. 05	3240712. 40	14601. 05	243663. 50	462074. 81	188565. 24	113512. 89	113001. 49
13056. 34	29871. 08	5594295. 24	5558850. 71	1729795. 10	2540472. 76	7995. 42	397182. 03	440389. 80	84108. 50	84165. 98	35444. 53
4759. 93	10974. 86	1096484. 06	1077021. 13	289132. 92	573326. 95	10370. 00	48307. 09	53133. 85	18540. 06	2987. 69	19462. 92
3140. 65	9042. 44	3210681. 24	3191890. 43	1040791. 80	1484474. 85	18090. 31	133856. 81	199194. 61	60677. 69	56286. 82	18790. 81
12129. 49	691. 57	654740. 91	639688. 81	163685. 22	360855. 23	1300. 00	38227. 56	26981. 28	4484. 35	5382. 62	15052. 10
155. 41	3014. 89	288803. 58	281290. 73	76953. 47	152150. 37	7190. 30	18783. 07	3842. 45	4632. 17	2014. 24	7512. 85
767. 77	7311. 12	1005877. 09	999487. 48	190050. 15	611093. 86	62520. 56	54885. 83	37862. 80	9034. 40	10243. 52	6389. 60
0. 00	186. 00	460003. 11	456041. 15	137139. 65	201767. 40	4163. 20	26815. 24	52742. 08	6508. 48	3134. 49	3961. 96

普通高等学校人文、社会科学
Basic Statistics of Humunities and Social Sciences

		课题数（项）No. Of Projects	当年投入人数（人年）Input of Man-year（man/year）	其中：研究生 of Which: Graduate Students	当年拨入经费（千元）Revenues（1000 yuan）	当年支出经费（千元）Expenditures（1000 yuan）
合计 Total		**640568**	**147075.4**	**11372.6**	**16189416.36**	**14410602.32**
按学校隶属关系分 Breakdown by Control	教育部直属院校 HEIs under Ministry of Education	121099	22962.9	4936.2	5642758.33	4864196.10
	其他部委院校 HEIs under Other Central Ministries	19854	4937.9	457.6	653778.67	585672.36
	地方院校 HEIs under Local Govermments	499615	119174.6	5978.8	9892879.36	8960733.86
按学校规格分 Breakdown by Category of HEIs	本科院校 Academic HEIs	550264	126054.7	11370.7	15588155.71	13873276.43
	专科院校 Vocational HEIs	90304	21020.7	1.9	601260.64	537325.89
按学校类型分 Breakdown by Type of HEIs	综合大学 Comprehensive Universities	206857	44421.4	4190.8	6187920.77	5388291.84
	理工农医院校 HEIs Science and Technology, Agriculture and Medicine	190618	43274.4	2934.3	4281432.22	3808630.72
	师范院校 Teachers Training	105681	25699.3	1590.5	2652914.45	2412388.61
	语文院校 Language and Literature	21941	4597.6	351.4	497975.04	401748.17
	财经院校 Finance and Economics	71138	17766.5	1271.4	1442178.65	1386414.58
	政法院校 Political Science and Law	16374	3410.8	346.0	316374.66	318314.94
	体育院校 Physical Culture	4810	1677.6	257.3	128775.41	125075.45
	艺术院校 Art	14197	3674.3	220.3	454999.78	359103.74
	民族院校 Ethnic Nationality	8952	2553.5	210.6	226845.37	210634.26

研究与发展课题、成果情况
R and D and Achievements in Regular HEIs

出版专著(部) Monographs Published (titles)	发表论文(篇) No. Of Papers Published				研究与咨询报告 Research and Consulting Report	
	合计 Total	国内学术刊物 In Domestic Journals	国外学术刊物 In Foreign Journals	港澳台刊物 In Hong Kong and Macao Journals	合计 Total	其中：被采纳数 of Which: Accepted Number
17203	**375093**	**345871**	**28801**	**421**	**44874**	**21967**
3834	69848	57898	11723	227	9291	7004
439	9553	8523	1011	19	1317	682
12930	295692	279450	16067	175	34266	14281
15969	295239	267456	27367	416	38473	19632
1234	79854	78415	1434	5	6401	2335
5752	119013	108507	10287	219	14762	7870
4164	107238	99835	7360	43	13686	6112
3219	61617	57562	3969	86	6336	3386
617	12098	10191	1884	23	2091	977
1952	46971	42483	4462	26	5550	2557
464	9279	9019	240	20	1153	605
113	3006	2745	261	0	384	92
598	11531	11337	193	1	483	173
324	4340	4192	145	3	429	195

附　　表

Appendixes

（摘自国家统计局《中国统计年鉴 2020》）

Data from "China Statistical Yearbook 2020"

国内生产总值
Gross Domestic Product

本表按当年价格计算 单位:亿元

Data in this table are calculated at current prices. unit: in 100 million yuan

年份 Year	国民总收入 Gross National Income	国内生产总值 Gross Domestic Product	第一产业 Primary Industry	第二产业 Secondary Industry	第三产业 Tertiary Industry	工业 Industry	建筑业 Construction	人均国内生产总值(元) Per Capita GDP (yuan)
1978	3678.7	3678.7	1018.5	1755.1	905.1	1621.4	138.9	385
1979	4100.5	4100.5	1259.0	1925.3	916.1	1786.5	144.6	423
1980	4587.6	4587.6	1359.5	2204.7	1023.4	2014.8	196.3	468
1981	4933.7	4935.8	1545.7	2269.0	1121.1	2067.7	208.0	497
1982	5380.5	5373.4	1761.7	2397.6	1214.0	2183.0	221.6	533
1983	6043.8	6020.9	1960.9	2663.0	1397.1	2399.0	271.7	588
1984	7314.2	7278.5	2295.6	3124.7	1858.2	2815.8	317.9	702
1985	9123.6	9098.9	2541.7	3886.4	2670.8	3478.2	419.3	866
1986	10375.4	10376.2	2764.1	4515.1	3097.0	4000.7	527.3	973
1987	12166.6	12174.6	3204.5	5273.8	3696.3	4621.1	667.5	1123
1988	15174.4	15180.4	3831.2	6607.2	4742.0	5814.0	811.8	1378
1989	17188.4	17179.7	4228.2	7300.7	5650.8	6525.5	796.1	1536
1990	18923.3	18872.9	5017.2	7744.1	6111.6	6904.5	861.7	1663
1991	22050.3	22005.6	5288.8	9129.6	7587.2	8137.9	1017.7	1912
1992	27208.2	27194.5	5800.3	11725.0	9669.2	10340.2	1417.9	2334
1993	35599.2	35673.2	6887.6	16472.7	12313.0	14248.4	2269.9	3027
1994	48548.2	48637.5	9471.8	22452.5	16713.1	19546.3	2968.8	4081
1995	60356.6	61339.9	12020.5	28676.7	20642.7	25023.2	3733.7	5091
1996	70779.6	71813.6	13878.3	33827.3	24108.0	29528.9	4393.0	5898
1997	78802.9	79715.0	14265.2	37545.0	27904.8	33022.6	4628.3	6481
1998	83817.6	85195.5	14618.7	39017.5	31559.3	34133.9	4993.0	6860
1999	89366.5	90564.4	14549.0	41079.9	34935.5	36014.4	5180.9	7229
2000	99066.1	100280.1	14717.4	45663.7	39899.1	40258.5	5534.0	7942
2001	109276.2	110863.1	15502.5	49659.4	45701.2	43854.3	5945.5	8717
2002	120480.4	121717.4	16190.2	54104.1	51423.1	47774.9	6482.1	9506
2003	136576.3	137422.0	16970.2	62695.8	57756.0	55362.2	7510.8	10666
2004	161415.4	161840.2	20904.3	74285.0	66650.9	65774.9	8720.5	12487
2005	185998.9	187318.9	21806.7	88082.2	77430.0	77958.3	10400.5	14368
2006	219028.5	219438.5	23317.0	104359.2	91762.2	92235.8	12450.1	16738
2007	270704.0	270092.3	27674.1	126630.5	115787.7	111690.8	15348.0	20494
2008	321229.5	319244.6	32464.1	149952.9	136827.5	131724.0	18807.6	24100
2009	347934.9	348517.7	33583.8	160168.8	154765.1	138092.6	22681.5	26180
2010	410354.1	412119.3	38430.8	191626.5	182061.9	165123.1	27259.3	30808
2011	483392.8	487940.2	44781.5	227035.1	216123.6	195139.1	32926.5	36277
2012	537329.0	538580.0	49084.6	244639.1	244856.2	208901.4	36896.1	39771
2013	588141.2	592963.2	53028.1	261951.6	277983.5	222333.2	40896.8	43497
2014	644380.2	643563.1	55626.3	277282.8	310654.0	233197.4	45401.7	46912
2015	685571.2	688858.2	57774.6	281338.9	349744.7	234968.9	47761.3	49922
2016	742694.1	746395.1	60139.2	295427.8	390828.1	245406.4	51498.9	53783
2017	830945.7	832035.9	62099.5	331580.5	438355.9	275119.3	57905.6	59592
2018	915243.5	919281.1	64745.2	364835.2	489700.8	301089.3	65493.0	65534
2019	983751.2	986515.2	70473.6	380670.6	535371.0	311858.7	70648.1	70328
2020	1008782.5	1015986.2	77754.1	384255.3	553976.8	313071.1	72995.7	72000

注:1. 数据来源:摘自国家统计局《2021 中国统计年鉴》。

2. 1980 年以后国民总收入(原称国民生产总值)与国内生产总值的差额为国外净要素收入。

Note:1. Data sources:National Bureau of Statistics《2021 China Statistical Yearbook》.

2. Since 1980,the difference between the Gross Domestic Product and the Gross National Income (formerly, the Gross National Product) is the net factor income from the rest of the world.

分地区国内生产总值(2020年)

Gross Domestic Product by Region (2020)

本表绝对数按当年价格计算,指数按可比价格计算　　单位:亿元

Absolute figures in this table are calculated at current prices while indices are calculated at comparable prices.　　unit: in 100 million yuan

地　区 Region	地区生产总值 Gross Regional Product	三次产业增加值 Value-Added by Three Strata of Industry			人均地区生产总值(元) Per Capita Gross Regional Product (yuan)
		第一产业 Primary Industry	第二产业 Secondary Industry	第三产业 Tertiary Industry	
北　京 Beijing	36102.55	107.61	5716.37	30278.57	164889
天　津 Tianjin	14083.73	210.18	4804.08	9069.47	101614
河　北 Hebei	36206.89	3880.14	13597.20	18729.54	48564
山　西 Shanxi	17651.93	946.68	7675.44	9029.81	50528
内蒙古 Inner Mongolia	17359.82	2025.12	6868.03	8466.66	72062
辽　宁 Liaoning	25114.96	2284.61	9400.91	13429.44	58872
吉　林 Jilin	12311.32	1553.00	4326.22	6432.10	50800
黑龙江 Heilongjiang	13698.50	3438.29	3483.51	6776.70	42635
上　海 Shanghai	38700.58	103.57	10289.47	28307.54	155768
江　苏 Jiangsu	102718.98	4536.72	44226.43	53955.83	121231
浙　江 Zhejiang	64613.34	2169.23	26412.95	36031.16	100620
安　徽 Anhui	38680.63	3184.68	15671.69	19824.26	63426
福　建 Fujian	43903.89	2732.32	20328.80	20842.78	105818
江　西 Jiangxi	25691.50	2241.59	11084.83	12365.08	56871
山　东 Shandong	73129.00	5363.76	28612.19	39153.05	72151
河　南 Henan	54997.07	5353.74	22875.33	26768.01	55435
湖　北 Hubei	43443.46	4131.91	17023.90	22287.65	74440
湖　南 Hunan	41781.49	4240.45	15937.69	21603.36	62900
广　东 Guangdong	110760.94	4769.99	43450.17	62540.78	88210
广　西 Guangxi	22156.69	3555.82	7108.49	11492.38	44309
海　南 Hainan	5532.39	1135.98	1055.26	3341.15	55131
重　庆 Chongqing	25002.79	1803.33	9992.21	13207.25	78170
四　川 Sichuan	48598.76	5556.58	17571.11	25471.07	58126
贵　州 Guizhou	17826.56	2539.88	6211.62	9075.07	46267
云　南 Yunnan	24521.90	3598.91	8287.54	12635.46	51975
西　藏 Tibet	1902.74	150.65	798.25	953.84	52345
陕　西 Shaanxi	26181.86	2267.54	11362.58	12551.74	66292
甘　肃 Gansu	9016.70	1198.14	2852.03	4966.52	35995
青　海 Qinghai	3005.92	334.30	1143.55	1528.07	50819
宁　夏 Ningxia	3920.55	338.01	1608.96	1973.58	54528
新　疆 Xinjiang	13797.58	1981.28	4744.45	7071.85	53593

数据来源:摘自国家统计局《2021中国统计年鉴》。

Data sources: National Bureau of Statistics《2021 China Statistical Yearbook》.

一般公共预算收支总额及增长速度

General Public Budget Revenue and Expenditures and Their Increase Rate

年　份 Year	一般公共预算收入（亿元） General Public Budget Revenue (100 million yuan)	一般公共预算支出（亿元） General Public Budget Expenditures (100 million yuan)	增长速度 Increase Rate（%）	
			一般公共预算收入 General Public Budget Revenue	一般公共预算支出 General Public Budget Expenditures
1978	1132. 26	1122. 09	29. 50	33. 00
1979	1146. 38	1281. 79	1. 20	14. 20
1980	1159. 93	1228. 83	1. 18	-4. 13
1981	1175. 79	1138. 41	1. 40	-7. 50
1982	1212. 33	1229. 98	3. 10	8. 00
1983	1366. 95	1409. 52	12. 80	14. 60
1984	1642. 86	1701. 02	20. 20	20. 70
1985	2004. 82	2004. 25	22. 03	17. 83
1986	2122. 01	2204. 91	5. 80	10. 00
1987	2199. 35	2262. 18	3. 60	2. 60
1988	2357. 24	2491. 21	7. 20	10. 10
1989	2664. 90	2823. 78	13. 10	13. 30
1990	2937. 10	3083. 59	10. 21	9. 20
1991	3149. 48	3386. 62	7. 23	9. 83
1992	3483. 37	3742. 20	10. 60	10. 50
1993	4348. 95	4642. 30	24. 85	24. 05
1994	5218. 10	5792. 62	19. 99	24. 78
1995	6242. 20	6823. 72	19. 63	17. 80
1996	7407. 99	7937. 55	18. 68	16. 32
1997	8651. 14	9233. 56	16. 78	16. 33
1998	9875. 95	10798. 18	14. 16	16. 94
1999	11444. 08	13187. 67	15. 88	22. 13
2000	13395. 23	15886. 50	17. 05	20. 46
2001	16386. 04	18902. 58	22. 33	18. 99
2002	18903. 64	22053. 15	15. 36	16. 67
2003	21715. 25	24649. 95	14. 87	11. 78
2004	26396. 47	28486. 89	21. 60	15. 60
2005	31649. 29	33930. 28	19. 90	19. 11
2006	38760. 20	40422. 73	22. 47	19. 13
2007	51321. 78	49781. 35	32. 40	23. 20
2008	61330. 35	62592. 66	19. 50	25. 70
2009	68518. 30	76299. 93	11. 72	21. 90
2010	83101. 51	89874. 16	21. 30	17. 80
2011	103874. 43	109247. 79	25. 00	21. 60
2012	117253. 52	125952. 97	12. 90	15. 30
2013	129209. 64	140212. 10	10. 20	11. 30
2014	140370. 03	151785. 56	8. 60	8. 30
2015	152269. 23	175877. 77	5. 80	13. 20
2016	159604. 97	187755. 21	4. 50	6. 30
2017	172592. 77	203085. 49	7. 40	7. 60
2018	183359. 84	220904. 13	6. 20	8. 70
2019	190390. 08	238858. 37	3. 80	8. 10
2020	182913. 88	245679. 03	-3. 90	2. 90

数据来源：摘自国家统计局《2021 中国统计年鉴》。

Data sources：National Bureau of Statistics《2021 China Statistical Yearbook》.

一般公共预算收支总额

General Public Budget Revenue and Expenditure of Central and Local Governments

单位:亿元

unit: in 100 million yuan

年 份 Year	一般公共预算收入(亿元) General Public Budget Revenue (100 million yuan)			一般公共预算支出(亿元) General Public Budget Expenditures (100 million yuan)		
	合 计 Total	中 央 Central Government	地 方 Local Government	合 计 Total	中 央 Central Government	地 方 Local Government
1978	1132.26	175.77	956.49	1122.09	532.12	589.97
1979	1146.38	231.34	915.04	1281.79	655.08	626.71
1980	1159.93	284.45	875.48	1228.83	666.81	562.02
1981	1175.79	311.07	864.72	1138.41	625.65	512.76
1982	1212.33	346.84	865.49	1229.98	651.81	578.17
1983	1366.95	490.01	876.94	1409.52	759.60	649.92
1984	1642.86	665.47	977.39	1701.02	893.33	807.69
1985	2004.82	769.63	1235.19	2004.25	795.25	1209.00
1986	2122.01	778.42	1343.59	2204.91	836.36	1368.55
1987	2199.35	736.29	1463.06	2262.18	845.63	1416.55
1988	2357.24	774.76	1582.48	2491.21	845.04	1646.17
1989	2664.90	822.52	1842.38	2823.78	888.77	1935.01
1990	2937.10	992.42	1944.68	3083.59	1004.47	2079.12
1991	3149.48	938.25	2211.23	3386.62	1090.81	2295.81
1992	3483.37	979.51	2503.86	3742.20	1170.44	2571.76
1993	4348.95	957.51	3391.44	4642.30	1312.06	3330.24
1994	5218.10	2906.50	2311.60	5792.62	1754.43	4038.19
1995	6242.20	3256.62	2985.58	6823.72	1995.39	4828.33
1996	7407.99	3661.07	3746.92	7937.55	2151.27	5786.28
1997	8651.14	4226.92	4424.22	9233.56	2532.50	6701.06
1998	9875.95	4892.00	4983.95	10798.18	3125.60	7672.58
1999	11444.08	5849.21	5594.87	13187.67	4152.33	9035.34
2000	13395.23	6989.17	6406.06	15886.50	5519.85	10366.65
2001	16386.04	8582.74	7803.30	18902.58	5768.02	13134.56
2002	18903.64	10388.64	8515.00	22053.15	6771.70	15281.45
2003	21715.25	11865.27	9849.98	24649.95	7420.10	17229.85
2004	26396.47	14503.10	11893.37	28486.89	7894.08	20592.81
2005	31649.29	16548.53	15100.76	33930.28	8775.97	25154.31
2006	38760.20	20456.62	18303.58	40422.73	9991.40	30431.33
2007	51321.78	27749.16	23572.62	49781.35	11442.06	38339.29
2008	61330.35	32680.56	28649.79	62592.66	13344.17	49248.49
2009	68518.30	35915.71	32602.59	76299.93	15255.79	61044.14
2010	83101.51	42488.47	40613.04	89874.16	15989.73	73884.43
2011	103874.43	51327.32	52547.11	109247.79	16514.11	92733.68
2012	117253.52	56175.23	61078.29	125952.97	18764.63	107188.34
2013	129209.64	60198.48	69011.16	140212.10	20471.76	119740.34
2014	140370.03	64493.45	75876.58	151785.56	22570.07	129215.49
2015	152269.23	69267.19	83002.04	175877.77	25542.15	150335.62
2016	159604.97	72365.62	87239.35	187755.21	27403.85	160351.36
2017	172592.77	81123.36	91469.41	203085.49	29857.15	173228.34
2018	183359.84	85456.46	97903.38	220904.13	32707.81	188196.32
2019	190390.08	89309.47	101080.61	238858.37	35115.15	203743.22
2020	182913.88	82770.72	100143.16	245679.03	35095.57	210583.46

数据来源:摘自国家统计局《2021 中国统计年鉴》。

Data sources: National Bureau of Statistics《2021 China Statistical Yearbook》.

人口数及构成

Population and Its Composition

单位:万人
unit: in 10 thousand persons

年 份 Year	年底总人口 Total Population (year-end)	按性别分 By Sex				按城乡分 By Residence			
		男 Male		女 Female		城镇 Urban		乡村 Rural	
		人口数 Population	比重(%) Proportion	人口数 Population	比重(%) Proportion	人口数 Population	比重(%) Proportion	人口数 Population	比重(%) Proportion
1978	96259	49567	51.49	46692	48.51	17245	17.92	79014	82.08
1979	97542	50192	51.46	47350	48.54	18495	18.96	79047	81.04
1980	98705	50785	51.45	47920	48.55	19140	19.39	79565	80.61
1981	100072	51519	51.48	48553	48.52	20171	20.16	79901	79.84
1982	101654	52352	51.50	49302	48.50	21480	21.13	80174	78.87
1983	103008	53152	51.60	49856	48.40	22274	21.62	80734	78.38
1984	104357	53848	51.60	50509	48.40	24017	23.01	80340	76.99
1985	105851	54725	51.70	51126	48.30	25094	23.71	80757	76.29
1986	107507	55581	51.70	51926	48.30	26366	24.52	81141	75.48
1987	109300	56290	51.50	53010	48.50	27674	25.32	81626	74.68
1988	111026	57201	51.52	53825	48.48	28661	25.81	82365	74.19
1989	112704	58099	51.55	54605	48.45	29540	26.21	83164	73.79
1990	114333	58904	51.52	55429	48.48	30195	26.41	84138	73.59
1991	115823	59466	51.34	56357	48.66	31203	26.94	84620	73.06
1992	117171	59811	51.05	57360	48.95	32175	27.46	84996	72.54
1993	118517	60472	51.02	58045	48.98	33173	27.99	85344	72.01
1994	119850	61246	51.10	58604	48.90	34169	28.51	85681	71.49
1995	121121	61808	51.03	59313	48.97	35174	29.04	85947	70.96
1996	122389	62200	50.82	60189	49.18	37304	30.48	85085	69.52
1997	123626	63131	51.07	60495	48.93	39449	31.91	84177	68.09
1998	124761	63940	51.25	60821	48.75	41608	33.35	83153	66.65
1999	125786	64692	51.43	61094	48.57	43748	34.78	82038	65.22
2000	126743	65437	51.63	61306	48.37	45906	36.22	80837	63.78
2001	127627	65672	51.46	61955	48.54	48064	37.66	79563	62.34
2002	128453	66115	51.47	62338	48.53	50212	39.09	78241	60.91
2003	129227	66556	51.50	62671	48.50	52376	40.53	76851	59.47
2004	129988	66976	51.52	63012	48.48	54283	41.76	75705	58.24
2005	130756	67375	51.53	63381	48.47	56212	42.99	74544	57.01
2006	131448	67728	51.52	63720	48.48	58288	44.34	73160	55.66
2007	132129	68048	51.50	64081	48.50	60633	45.89	71496	54.11
2008	132802	68357	51.47	64445	48.53	62403	46.99	70399	53.01
2009	133450	68647	51.44	64803	48.56	64512	48.34	68938	51.66
2010	134091	68748	51.27	65343	48.73	66978	49.95	67113	50.05
2011	134916	69161	51.26	65755	48.74	69927	51.83	64989	48.17
2012	135922	69660	51.25	66262	48.75	72175	53.10	63747	46.90
2013	136726	70063	51.24	66663	48.76	74502	54.49	62224	45.51
2014	137646	70522	51.23	67124	48.77	76738	55.75	60908	44.25
2015	138326	70857	51.22	67469	48.78	79302	57.33	59024	42.67
2016	139232	71307	51.21	67925	48.79	81924	58.84	57308	41.16
2017	140011	71650	51.17	68361	48.83	84343	60.24	55668	39.76
2018	140541	71864	51.13	68677	48.87	86433	61.50	54108	38.50
2019	141008	72039	51.09	68969	48.91	88426	62.71	52582	37.29
2020	141212	72357	51.24	68855	48.76	90220	63.89	50992	36.11

注:总人口和城镇人口中包括中国人民解放军现役军人,按城乡分人口中现役军人计入城镇人口。
Note: Urban Population include the military personnel of Chinese People's Liberation Army.

分地区按性别分的15岁及以上文盲人口(2020)
Illterate Population Aged 15 and Over by Sex and Region(2020)

地区 Region	15岁及以上人口(人) Population Aged 15 and Over			文盲人口(人) Illiterate			文盲人口占15岁及以上人口比重 Percentage to total Population Aged 15 and Over (%)		
	合计 Total	男 Male	女 Female	合计 Total	男 Male	女 Female	合计 Total	男 Male	女 Female
合　计 Total	**1156394786**	**586822815**	**569571971**	**37750200**	**9518082**	**28232118**	**3.26**	**1.62**	**4.96**
北　京 Beijing	19301588	9847962	9453626	172244	38270	133974	0.89	0.39	1.42
天　津 Tianjin	11997953	6162151	5835802	169973	41646	128327	1.42	0.68	2.20
河　北 Hebei	59521267	29691311	29829956	1128423	260881	867542	1.90	0.88	2.91
山　西 Shanxi	29205721	14857263	14348458	422524	123823	298701	1.45	0.83	2.08
内蒙古 Inner Mongolia	20671482	10519559	10151923	793074	216560	576514	3.84	2.06	5.68
辽　宁 Liaoning	37853468	18801024	19052444	382208	105686	276522	1.01	0.56	1.45
吉　林 Jilin	21254730	10556023	10698707	321318	96020	225298	1.51	0.91	2.11
黑龙江 Heilongjiang	28563622	14253881	14309741	437943	132119	305824	1.53	0.93	2.14
上　海 Shanghai	22434599	11600663	10833936	401585	81132	320453	1.79	0.70	2.96
江　苏 Jiangsu	71856068	36156582	35699486	2211291	460758	1750533	3.08	1.27	4.90
浙　江 Zhejiang	55885807	29069882	26815925	1754402	437933	1316469	3.14	1.51	4.91
安　徽 Anhui	49284489	24775087	24509402	2739952	668212	2071740	5.56	2.70	8.45
福　建 Fujian	33514861	17115416	16399445	970202	174482	795720	2.89	1.02	4.85
江　西 Jiangxi	35266271	17908471	17357800	876897	179241	697656	2.49	1.00	4.02
山　东 Shandong	82464815	41142117	41322698	3308280	735197	2573083	4.01	1.79	6.23
河　南 Henan	76376565	37582340	38794225	2228594	544348	1684246	2.92	1.45	4.34
湖　北 Hubei	48332080	24601435	23730645	1341340	294484	1046856	2.78	1.20	4.41
湖　南 Hunan	53475342	27071624	26403718	1137340	287428	849912	2.13	1.06	3.22
广　东 Guangdong	102262628	54125030	48137598	1826344	394059	1432285	1.79	0.73	2.98
广　西 Guangxi	38284303	19595172	18689131	1188381	248888	939493	3.10	1.27	5.03
海　南 Hainan	8067507	4244519	3822988	327406	77970	249436	4.06	1.84	6.52
重　庆 Chongqing	26955796	13541057	13414739	521169	138879	382290	1.93	1.03	2.85
四　川 Sichuan	70203754	35298112	34905642	3330733	954914	2375819	4.74	2.71	6.81
贵　州 Guizhou	29320110	14772958	14547152	2574322	604189	1970133	8.78	4.09	13.54
云　南 Yunnan	37971803	19601151	18370652	2193281	641814	1551467	5.78	3.27	8.45
西　藏 Tibet	2753235	1457393	1295842	773442	297954	475488	28.09	20.44	36.69
陕　西 Shaanxi	32676794	16632837	16043957	1088905	313163	775742	3.33	1.88	4.84
甘　肃 Gansu	20166288	10168955	9997333	1680299	474829	1205470	8.33	4.67	12.06
青　海 Qinghai	4691001	2398640	2292361	470197	147534	322663	10.02	6.15	14.08
宁　夏 Ningxia	5734650	2906355	2828295	291030	77018	214012	5.07	2.65	7.57
新　疆 Xinjiang	20046189	10367845	9678344	687101	268651	418450	3.43	2.59	4.32

注：本表“文盲人口”指15岁及15岁以上不识字及识字很少人口。

Note: Illiterate population in this table refers to the population aged 15 and over, who are unable or have difficulty in reading.

分地区按性别和受

Population by Sex, Educational

地　区 Region	6岁及6岁以上人口 Population Aged 6 and Over			未上过学 Illiterate			小　学 Primary School			初　中 Lower Secondary School		
	合计 Total	男 Male	女 Female	合计 Total	男 Male	女 Female	合计 Total	男 Male	女 Female	合计 Total	男 Male	女 Female
全　国 National Total	**1315347565**	**671681215**	**643666350**	**51407479**	**15678886**	**35728593**	**347410503**	**163696640**	**183713863**	**487095010**	**263448804**	**223646206**
北　京 Beijing	20703522	10578708	10124814	279900	87766	192134	2282300	1074810	1207490	5098789	2835520	2263269
天　津 Tianjin	13147602	6772080	6375522	254429	82421	172008	2222887	1064610	1158277	4477871	2441338	2036533
河　北 Hebei	69573757	35046721	34527036	1896778	638100	1258678	18263614	8507807	9755807	29806993	15793154	14013839
山　西 Shanxi	32815557	16726919	16088638	632175	228280	403895	6767442	3113078	3654364	13599508	7211213	6388295
内蒙古 Inner Mongolia	22794639	11626306	11168333	933016	286892	646124	5661318	2649402	3011916	8143252	4453870	3689382
辽　宁 Liaoning	40878677	20380622	20498055	634325	227953	406372	8009163	3697748	4311415	18228529	9332828	8895701
吉　林 Jilin	23149460	11541906	11607554	449954	159089	290865	5353871	2508440	2845431	9204361	4746766	4457595
黑龙江 Heilongjiang	30857096	15440329	15416767	633702	226935	406767	6937700	3243373	3694327	13629637	7042829	6586808
上　海 Shanghai	23831641	12334395	11497246	524993	135606	389387	2955653	1363711	1591942	7196422	3940356	3256066
江　苏 Jiangsu	80046507	40567178	39479329	3118252	822092	2296160	19161646	8643044	10518602	28227982	15058047	13169935
浙　江 Zhejiang	61029579	31818816	29210763	2552311	745747	1806564	16992024	8205712	8786312	21117295	11865837	9251458
安　徽 Anhui	56618804	28763377	27855427	3550180	967242	2582938	16269694	7581262	8688432	20581055	11211154	9369901
福　建 Fujian	38380642	19753631	18627011	1628918	422982	1205936	11587586	5303876	6283710	13383222	7585075	5798147
江　西 Jiangxi	41861535	21518701	20342834	1264854	351105	913749	12334710	5617170	6717540	16042444	8695411	7347033
山　东 Shandong	93771911	47312563	46459348	4408718	1206478	3202240	23882751	10940932	12941819	36324213	19499036	16825177
河　南 Henan	91662174	45812887	45849287	3451389	1087077	2364312	24118792	11269371	12849421	37279869	19423408	17856461
湖　北 Hubei	54126000	27760788	26365212	1829136	496242	1332894	13481849	6248390	7233459	19797523	10615140	9182383
湖　南 Hunan	61884569	31573120	30311449	1658183	538664	1119519	16605023	7847679	8757344	23678161	12491345	11186816
广　东 Guangdong	116379547	61727421	54652126	3054164	1028675	2025489	25863130	12191322	13671808	44714248	24895602	19818646
广　西 Guangxi	45727812	23576513	22151299	1705137	541499	1163638	13868231	6613030	7255201	18240352	10106028	8134324
海　南 Hainan	9316151	4928859	4387292	325538	93578	231960	1968658	934286	1034372	4050000	2227745	1822255
重　庆 Chongqing	30197599	15238160	14959439	796277	259888	536389	9543543	4524714	5018829	9802882	5201319	4601563
四　川 Sichuan	78735442	39728965	39006477	4096195	1286787	2809408	26099143	12584059	13515084	26309511	14188760	12120751
贵　州 Guizhou	34977275	17797834	17179441	2918476	768147	2150329	12250509	6089266	6161243	11747605	6680427	5067178
云　南 Yunnan	43586787	22536524	21050263	2657178	849502	1807676	16768092	8314082	8454010	13804371	7979378	5824993
西　藏 Tibet	3276331	1723676	1552655	877738	359363	518375	1164556	645530	519026	574831	355820	219011
陕　西 Shaanxi	36818525	18817082	18001443	1459288	479882	979406	8496315	3983070	4513245	13431688	7214803	6216885
甘　肃 Gansu	23104504	11707531	11396973	1960184	595385	1364799	7416829	3519617	3897212	6861224	3839670	3021554
青　海 Qinghai	5450137	2789423	2660714	572852	198843	374009	1927604	954451	973153	1442149	838949	603200
宁　夏 Ningxia	6621978	3368850	3253128	395264	119240	276024	1869944	883783	986161	2140403	1208827	931576
新　疆 Xinjiang	24021805	12411330	11610475	887975	387426	500549	7285926	3579015	3706911	8158620	4469149	3689471

注:本表数据摘自《2021 中国统计年鉴》

Note: Data sources: National Bureau of Statistics《2021 China Statistical Yearbook》.

教育程度分的人口(2020)
Level and Region(2020)

单位:人
unit: person

高　中 Senior Secondary School			大学专科 College Students			大学本科 Undergraduates			研究生 Postgraduates		
合计 Total	男 Male	女 Female	合计 Total	男 Male	女 Female	合计 Total	男 Male	女 Female	合计 Total	男 Male	女 Female
212209922	**116996970**	**95212952**	**112303002**	**58727560**	**53575442**	**94156072**	**47637012**	**46519060**	**10765577**	**5495343**	**5270234**
3851750	1998990	1852760	2928407	1473704	1454703	4771495	2353594	2417901	1490881	754324	736557
2456872	1283238	1173634	1521915	799341	722574	1949699	974316	975383	263929	126816	137113
10341463	5555492	4785971	5270623	2649100	2621523	3709065	1773591	1935474	285221	129477	155744
5755952	3138030	2617922	3263029	1692381	1570648	2569948	1245712	1324236	227503	98225	129278
3562745	1932094	1630651	2399015	1288416	1110599	1943502	950199	993303	151791	65433	86358
6248324	3216122	3032202	3769813	1922438	1847375	3631684	1814004	1817680	356839	169529	187310
4111787	2114922	1996865	1813601	936634	876967	2025967	988951	1037016	189919	87104	102815
4944614	2544418	2400196	2334507	1217073	1117434	2193435	1077875	1115560	183501	87826	95675
4730359	2543192	2187167	3071823	1630768	1441055	4280759	2167527	2113232	1071632	553235	518397
13721862	7673049	6048813	8187482	4412757	3774725	6806564	3510224	3296340	822719	447965	374754
9397637	5366119	4031518	5475328	2877746	2597582	4951134	2467073	2484061	543850	290582	253268
8113247	4622745	3490502	4411306	2353427	2057879	3351127	1834059	1517068	342195	193488	148707
5903843	3372383	2531460	2900588	1520534	1380054	2754214	1432220	1321994	222271	116561	105710
6843632	3930875	2912757	3038109	1652911	1385198	2170366	1179874	990492	167420	91355	76065
14552759	8064406	6488353	7848001	4151742	3696259	6082292	3119051	2963241	673177	330918	342259
15142250	8189929	6952321	6803340	3474543	3328797	4500926	2193216	2307710	365608	175343	190265
10064948	5597853	4467095	4697717	2551279	2146438	3775459	1995037	1780422	479368	256847	222521
11810957	6513011	5297946	4717827	2447913	2269914	3141800	1594082	1547718	272618	140426	132192
22965096	13224360	9740736	10824882	5690177	5134705	8075009	4213472	3861537	883018	483813	399205
6497534	3593806	2903728	3037733	1574358	1463375	2235496	1075565	1159931	143329	72227	71102
1568761	911574	657187	736645	409354	327291	625359	331459	293900	41190	20863	20327
5114680	2756774	2357906	2614730	1337036	1277694	2119899	1053865	1066034	205588	104564	101024
11129746	6035213	5094533	6046102	3067955	2978147	4578724	2315609	2263115	476021	250582	225439
3837415	2091886	1745529	2150649	1119230	1031419	1976937	1002236	974701	95684	46642	49042
4880416	2662907	2217509	2874410	1473842	1400568	2442457	1180513	1261944	159863	76300	83563
257226	147301	109925	188989	104041	84948	204734	106716	98018	8257	4905	3352
6159204	3365801	2793403	3805304	2009046	1796258	3088054	1572133	1515921	378672	192347	186325
3236918	1824369	1412549	1931242	1037137	894105	1578442	831116	747326	119665	60237	59428
626038	338930	287108	462335	247576	214759	398133	200337	197796	21026	10337	10689
967429	528316	439113	645523	331865	313658	565068	279437	285631	38347	17382	20965
3414458	1858865	1555593	2532027	1273236	1258791	1658324	803949	854375	84475	39690	44785